073, 074, 075, 070,
080

Vahlens Handbücher
der Wirtschafts- und Sozialwissenschaften

# Produktmanagement

von

## Dr. Andreas Herrmann

Universitätsprofessor

Lehrstuhl für Allgemeine Betriebswirtschaftslehre
und Marketing an der Universität Mainz

Verlag Franz Vahlen München

Die Deutsche Bibliothek – CIP-Einheitsaufnahme

*Herrmann, Andreas:*
Produktmanagement / von Andreas Herrmann. – München :
Vahlen, 1998
   (Vahlens Handbücher der Wirtschafts- und Sozial-
   wissenschaften)
   ISBN 3 8006 2204 1

## ISBN 3 8006 22041

© 1998 Verlag Franz Vahlen GmbH, München
Satz: DTP-Vorlagen des Autors
Druck und Bindung: C.H.Beck'sche Buchdruckerei, Nördlingen
Gedruckt auf säurefreiem, alterungsbeständigem Papier
(hergestellt aus chlorfrei gebleichtem Zellstoff)

# Vorwort

*Der Leser, traurig aber wahr,*
*ist häufig unberechenbar:*
*Hat er nicht Lust, hat er nicht Zeit,*
*dann gähnt er: "Alles viel zu breit!"*
*Doch wenn er selber etwas sucht,*
*was ich, aus Raumnot nicht verbucht,*
*wirft er voll Stolz sich in die Brust,*
*"Aha, das hat er nicht gewußt!"*
*Man weiß, die Hoffnung wär zum Lachen,*
*es allen Leuten recht zu machen.*

*Eugen Roth*

Die Idee, einen Überblick über das Produktmanagement zu verfassen, existiert schon seit langer Zeit. Schon immer war es mir ein Anliegen, Fragen nach einer marktorientierten Produktgestaltung zu beantworten. Inspiriert durch meinen akademischen Lehrer, Professor Dr. *Hans H. Bauer*, bildet das Produktmanagement den Schwerpunkt unserer langjährigen gemeinsamen Forschungstätigkeit. Vieles von dem, was in den Augen des Lesers auf Anerkennung stößt, geht auch auf seine wissenschaftlichen Arbeiten und vielfältigen Anregungen zurück.

Das in diesem Buch präsentierte Konzept des Produktmanagement basiert auf umfassenden theoretischen Überlegungen aber auch auf vielfältigen praktischen Erfahrungen. Die Zusammenarbeit zum Beispiel mit *Audi, Daimler Benz, Deutsche Bahn, Deutsche Bank* und *Lufthansa* sowie einigen kleinen und mittleren Unternehmen bei der marktorientierten Gestaltung von Erzeugnissen gibt mir die Überzeugung, daß der Ansatz seine empirische Bewährung besteht.

Ohne den Anstoß, das Drängen und die Ermunterung meines Freundes Dipl.-Kfm. *Frank Huber* wäre dieses Lehrbuch wohl nie zustandegekommen. Die Zusammenarbeit mit ihm, seine ständige und intensive Diskussionsbereitschaft sowie seine zahlreichen Hinweise ließen dieses Werk entstehen. Darüber hinaus möchte ich meinen Freunden, Weggefährten und Ratgebern Professor *Michael D. Johnson* Ph. D., Professor *Anders*

*Gustafsson* Ph. D. und Dr. *Ralph Fürderer* für zahlreiche Gespräche danken. Außerdem trug Professor Dr. *Christian Homburg* durch vielfältige Diskussionen bei der Bearbeitung gemeinsamer wissenschaftlicher Projekte zum Vorankommen bei.

Ein herzlicher Dank gilt auch meinem Lehrstuhlteam, Dipl.-Kff. *Christine Braunstein*, Dipl.-Kff. *Annette Kopsch*, Dipl.-Kff. *Ingrid Vetter*, Dipl.-Vw. *Christian Seilheimer*, Dipl.-Kfm. *Martin Wricke* und *Imma Lang*. Ihre kritischen Anmerkungen und ihre tatkräftige Unterstützung bei der Gestaltung des Texts, der Tabellen und Abbildungen trugen entscheidend zur Erstellung des Buchs bei.

Dank schulde ich auch Herrn Dipl.-Vw. *Hermann Schenk* vom Verlag *Franz Vahlen*, der dieses Vorhaben von Anfang an tatkräftig unterstützte und sich auch durch die Verzögerung bei der Fertigstellung des Manuskripts nicht entmutigen ließ.

*Last but not least* möchte ich meiner Frau *Michaela* danken, daß sie die zahlreichen Vertröstungen "*danach wird alles besser*" mit dem notwendigen Humor aufnahm. In der Tat könnte jetzt alles besser werden, gäbe es in diesem Lehrbuch nicht so viele Passagen, die ich noch verbessern, überarbeiten oder erweitern möchte.

Mainz, im Juni 1998                                    *Andreas Herrmann*

# Inhaltsübersicht

# Inhaltsverzeichnis

## Erster Teil
## Die Relevanz des Produktmanagement für den Unternehmenserfolg

## Zweiter Teil
## Das Konzept des Produktmanagement im Überblick

# Dritter Teil
# Grundlagen des Produktmanagement-Konzepts

# Vierter Teil
# Die Elemente des Produktmanagement-Konzepts

## Fünfter Teil
## Handlungsoptionen im Produktmanagement

**Erster Teil**

**Die Relevanz des Produktmanagement für den Unternehmenserfolg**

## Überblick

- Die Entwicklung und Gestaltung bedürfnisgerechter Leistungen bildet das Anliegen des Produktmanagement.

- Produkte lassen sich in einer Hierarchie darstellen, die von abstrakten Produktkategorien bis zu konkreten Marken reicht.

- Es bietet sich an, zwischen dem substantiellen, dem erweiterten und dem generischen Produkt zu unterscheiden. Letzteres besitzt eine besondere Relevanz für die bedürfnisgerechte Leistungserstellung.

- Aus der Idee, dem Nachfrager nicht Bündel von Eigenschaften, sondern Problemlösungen anzubieten, ergeben sich für ein Unternehmen vier produktpolitische Herausforderungen.

# 1 Ziele und Aufgaben des Produktmanagement

Ganz allgemein verkörpert das **Marketing** eine im Unternehmen verbreitete Grundhaltung, die eine **konsequente Ausrichtung** aller unmittelbar und mittelbar den **Markt berührenden Entscheidungen** an den **Erfordernissen** und **Bedürfnissen** der **Verbraucher** beziehungsweise der **Bedarfsträger** verlangt (vgl. *Meffert*, 1998, S. 3 ff., und *Nieschlag/Dichtl/Hörschgen*, 1997, S. 13 ff.). Dieser Idee zufolge muß ein Produzent seine Leistung darauf ausrichten, **vorhandene** und **latente Wünsche** der Abnehmer zu **befriedigen**, das heißt, Güter und Dienste zur Erfüllung der Bedürfnisse von Nachfragern anzubieten. Die **Erfordernisse** der **Konsumenten** sollten die **absatzwirtschaftlichen Aktivitäten** eines Anbieters in allen ihren Verästelungen bestimmen, da die **Reaktionen des Markts** letztlich über den **Erfolg** eines Herstellers entscheiden.

Hinter dieser konsequenten **Kundenorientierung** verbirgt sich das Anliegen eines Unternehmens einen bestimmten **Absatz** beziehungsweise **Umsatz** zu erreichen. Aus einem Vergleich des Umsatzes mit den Kosten resultiert der **Gewinn**, das eigentliche **Ziel** des **unternehmerischen Tuns**. *Abbildung* 1.1 verdeutlicht, daß die Befriedigung der Nachfragerbedürfnisse **keinen Selbstzweck** darstellt. Vielmehr streben Anbieter danach, durch eine bedürfnisgerechte Leistung Umsatz zu generieren und unter Berücksichtigung der dafür **anfallenden Kosten** einen **Gewinn** zu erzielen (vgl. *Urban/Hauser*, 1993, S. 3 ff.).

Neben den **Wünschen** und **Vorstellungen** der **Nachfrager** determinieren auch die **Angebotsentscheidungen** der **Wettbewerber** und die **Umweltbedingungen** das **Marktgeschehen** (vgl. *Porter*, 1984, S. 23 ff.). Gleichwohl interessiert im Marketing vornehmlich das Kauf- und Konsumverhalten der Individuen, da dieses den **Erfolg** der **absatzwirtschaftlichen Aktivitäten** unmittelbar berührt. Mittels der Marketinginstrumente vermag ein Anbieter den Absatz seiner Güter und den der Konkurrenten zu beeinflussen. Erscheint dies nicht möglich oder aus ökonomischen Gründen wenig sinnvoll, muß der Hersteller sich an den Wandel der auf dem Markt herrschenden Bedingungen anpassen.

Eine solche **Marktveränderung** resultiert beispielsweise aus dem **gesellschaftlichen**, **ökonomischen** und **technischen Fortschritt**. Darüber hinaus können die marketingpolitischen Maßnahmen der Wettbewerber dazu führen, daß die Nachfrager **modifizierte** oder **völlig neu entwickelte Erzeugnisse** verlangen. Insofern erweisen sich auch die **Veränderungen** der **Umwelt** und die **Handlungen** der **Konkurrenten** als relevant für das Marketing und damit auch für das **Produktmanagement**, allerdings nur mittelbar, über ihre Wirkung auf das Kauf- beziehungsweise Konsumverhalten.

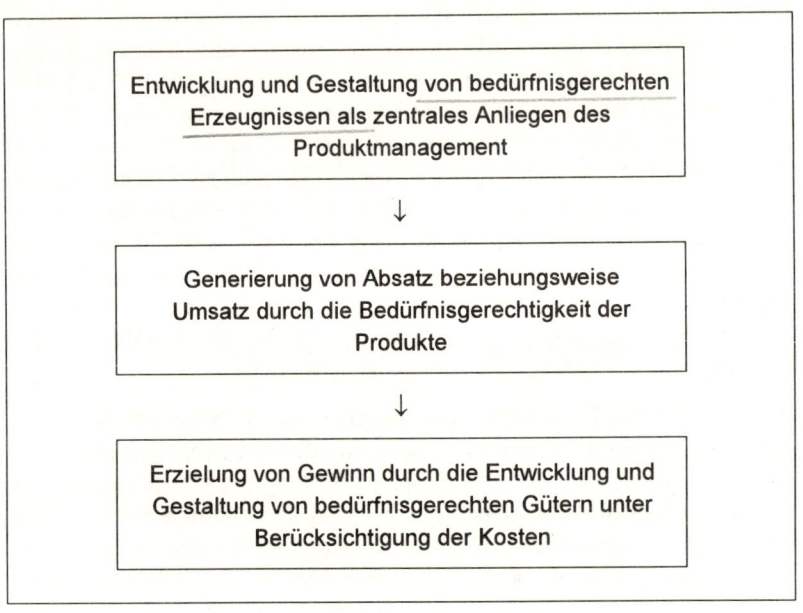

*Abbildung 1.1: Ziele im Produktmanagement*

Die Fähigkeit eines Produkts, in den Augen der tatsächlichen und potentiellen Nachfrager Bedürfnisse zu befriedigen, resultiert aus dem **Zusammenwirken absatzwirtschaftlicher Instrumente** (vgl. *Hruschka*, 1996, S. 63 ff.). Allerdings lassen sich die Beiträge der einzelnen **Instrumente**, wie **Produkt, Preis, Kommunikation** und **Distribution**, zum Zustandekommen der **Leistung** eines **Unternehmens** kaum voneinander trennen (vgl. *Gatignon*, 1993, S. 697 ff.). Eine Untersuchung des komplexen, ineinander verwobenen **Wirkungsgesamt** erscheint jedoch weder gedanklich bewältigbar noch methodisch durchdringbar.

Insofern bedarf es einer **Auflösung** dieses **Wirkungsverbunds** in der Weise, daß ein **Produkt** den eigentlichen Gegenstand der **Vermarktung** bildet. Im Kern geht es hierbei um eine physische Einheit (**Sachgut**) oder eine Verrichtung (**Dienstleistung**), die ein mit interindividuell variierenden Nutzenerwartungen verknüpftes **Bündel** von **Eigenschaften** bildet. Folglich zählen zum **Produktmanagement** alle Überlegungen, Entscheidungen und Handlungen eines Anbieters, die im Zusammenhang mit der **Kombination** und **Variation** dieser Eigenschaften stehen.

Die Gesamtheit aller **Leistungen** eines **Unternehmens** bildet die Angebotspalette, die in der Industrie **Produktionsprogramm** und im Handel **Sortiment** lautet. Dabei ist das einzelne Erzeugnis in vielfältiger Weise Gegenstand produktpolitischer Entscheidungen. Es wird **kreiert**, auf dem Markt **eingeführt**, dort **gepflegt**, bei Bedarf **modifiziert** und gegebenenfalls **eliminiert** (vgl. *Brockhoff*, 1993, S. 94 ff.). Wie aus *Abbildung* 1.2 hervorgeht, spielen im Rahmen des Produktmanagement auch Entscheidungen über **begleitende Dienste**, die **Verpackungsgestaltung** und die **Markenbildung** eine Rolle. Zu den begleitenden Diensten gehören beispielsweise Montage-, Beratungs-, Zustellungs- und Reparaturleistungen, aber auch Garantieversprechen und Schulungsveranstaltungen.

| Handlungsoptionen im Produktmanagement | |
|---|---|
| **Produktpolitischer Gestaltungsspielraum** | **Programmpolitische Entscheidungsfelder** |
| • Spezifikation des Leistungskerns<br>• Festlegung begleitender Dienste<br>• Entscheidungen über die Verpackung<br>• Bildung und Profilierung von Marken | • Umfang und Struktur der Angebotspalette<br>• Veränderung der Angebotspalette<br>• Diversifikation der Unternehmensleistung<br>• Bündelung von Gütern und Diensten |

*Abbildung 1.2: Aufgaben im Produktmanagement*

Obgleich ein Angebotsprogramm aus einzelnen Erzeugnissen besteht, bezieht sich die **Programmpolitik** nicht nur auf das **einzelne Erzeugnis**, sondern auf die **Zusammenstellung verschiedener Güter** oder ganzer **Gütergruppen** zu einer **Gesamtheit** (vgl. *Brockhoff*, 1993, S. 57 ff.). Dies hat zur Folge, daß der Marketer auch Fragen hinsichtlich **Umfang** und **Struktur** der **Angebotspalette** zu beantworten hat. Außerdem interessieren ihn Möglichkeiten zur **Veränderung** des **Produktprogramms** im Hinblick auf die **Breite** (Anzahl der geführten Produktlinien) und die **Tiefe** (Anzahl der Varianten innerhalb einer Produktlinie).

Daneben bedarf es einer **Entscheidung** darüber, ob und inwieweit **neue Produkte** und **Dienstleistungen** ins Angebot aufgenommen werden sollen (**Diversifikation**). Diese produktpolitische Maßnahme führt zu einer **Erweiterung** der **Angebotspalette**, vermag neue **Ertragsquellen** zu erschließen und das **unternehmerische Risiko** zu reduzieren, setzt aber voraus, daß sich das Unternehmen eine bislang unbekannte Technologie möglichst rasch zu eigen macht.

Eine zum Beispiel in der **Automobilindustrie** populäre Aktivität besteht darin, **einzelne Komponenten** (z. B. Aluminiumfelgen, Sportlenkrad, Sportsitze und Metalliclackierung) zu einem **Bündel** zusammenzufassen, dieses mit einem bestimmten **Nutzenversprechen** zu versehen (z. B. Sportpaket) und am **Markt** zu offerieren. Hierzu gehört auch die Verknüpfung von Erzeugnissen, die **funktional nicht zwingend zusammengehören** (z. B. ein aus einer Armbanduhr und einem Parfüm bestehendes Paket), und die Verquickung eines **Hauptprodukts** mit einem oder mehreren **Nebenprodukten** (z. B. ein aus einem CD-Player und einer *disk* zusammengefügtes Bündel).

# 2 Das Produkt als Problemlösung

## 2.1 Zum Produktbegriff und zur Produkthierarchie

Die Beschäftigung mit dem **Produkt**, dem Gegenstand der Vermarktung eines Unternehmens, und dem **Angebotsprogramm**, der Gesamtheit aller **produktbezogenen absatzwirtschaftlichen Aktivitäten**, bildet den Kern des Marketing (vgl. *Lehmann/Winer*, 1997, S. 5 ff.). In Gütern konkretisieren sich einerseits die **Wünsche** und **Vorstellungen** der **Nachfrager** vor dem Hintergrund eines **bestimmten Verwendungszwecks**. Andererseits bieten Erzeugnisse die **Erfüllung** eines **Bündels** von **Funktionen**, von denen sich der Anbieter erhofft, daß sie den Bedürfnissen potentieller und tatsächlicher Käufer entsprechen.

Für die Gestaltung von **produktpolitischen Maßnahmen** ist es erforderlich, zwischen verschiedenen **Abstraktionsstufen** des Begriffs Produkt zu unterscheiden. Beispielsweise steht das **Gut an sich**, wie etwa Kaffee, im Mittelpunkt der Betrachtung, sofern sich der Hersteller im Vorfeld der Produktkonzeption für **alternative Frühstücksgetränke**, zum Beispiel Kaffee, Tee, Milch und Fruchtsaft, interessiert. Geht es hingegen darum, die aus Käufersicht für die Wahl einer **konkreten Marke** relevanten Produkteigenschaften zu identifizieren, gilt das Augenmerk dem **Gut am Markt**, wie *Jacobs* Kaffee Krönung, gemahlen, 500 g, 8,99 DM.

Zwischen diesen **unterschiedlichen Abstraktionsebenen** (**Gut an sich** und **Gut am Markt**) existiert ein Zusammenhang, den die in *Abbildung* 1.3 dargestellte **Güterhierarchie** zeigt. Dieses Konzept entspricht einem zentralen Anliegen von Individuen, **sinnlich wahrnehmbare** oder rein **gedankliche Objekte** (also auch Produkte) zu kategorisieren und die entstehenden **Objektmengen** zu **kennzeichnen**, das heißt, **Typen** zu bestimmen (vgl. *Holbrook/Howard*, 1976, S. 3 ff., und *Vogel*, 1975, S. 7 ff.). Unterteilt eine Person eine vorliegende Menge von Produkten **ein-** oder **mehrmals hintereinander** in **Teilmengen**, entsteht eine **typologische Hierarchie**. Dabei resultiert eine **Objekttypologie** aus einer ein- oder mehrmaligen Aufspaltung einer betrachteten Produktmenge jeweils nach Maßgabe eines bestimmten **Merkmals**, bezüglich dessen sich die Elemente voneinander unterscheiden (vgl. *Böcker/Thomas*, 1981, S. 15 ff., und *Knoblich*, 1969, S. 26 ff.). Eine von der Kultur geprägte **Hierarchie** dieser Art repräsentiert entweder als **Konvention** ein für eine Gruppe von Betroffenen gültiges Bild oder einen **Ausschnitt** der Bemühungen eines einzelnen, Produkte in ein System zu bringen.

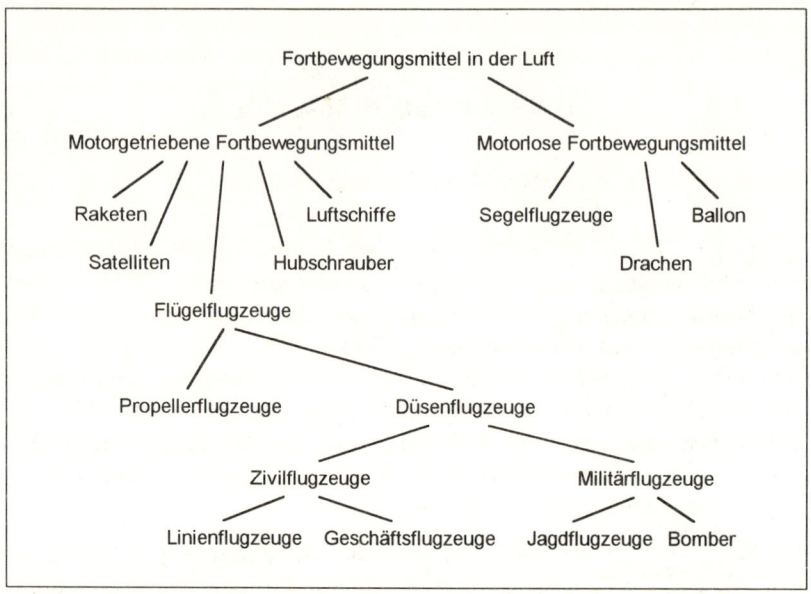

Quelle: angelehnt an *Bauer*, 1989, S. 158

*Abbildung 1.3: Beispiel für eine unvollständige, individuelle*
*Produkthierarchie*

Das vorliegende Beispiel als Abbild einer **individuellen Objekthierar-**
**chie** zeigt, daß jede Position einen Teil der **Kenntnisse** eines **Befragten**
verkörpert. Ganz konkret verbergen sich hinter den **Begriffen** (z. B. Dü-
senflugzeug) **bestimmte Eigenschaften** (hohe Geschwindigkeit, leiser
Motor), die das Individuum mit **Nutzenvorstellungen** (Reisekomfort)
und **Verwendungszwecken** (Geschäftsreisen) in Verbindung bringt. Der
**Umfang** und die **Tiefe** einer solchen **Hierarchie** richten sich nach der
Komplexität des Grundbedürfnisses, dessen Erfüllung mit dem Terminus
an der Spitze der Hierarchie in Zusammenhang steht. Am betrachteten
Beispiel lassen sich die Schwierigkeiten der Bildung von Produkttypen
verdeutlichen (vgl. *Bauer*, 1989, S. 156 ff.):

- Es ist eine **Auswahl** von **Merkmalen** zu treffen, deren Ausprägungen
  die Objekte im Hinblick auf den Zweck der Kategorisierung hinreichend kennzeichnen. Luftschiffe unterscheiden sich nicht nur durch
  das Auftriebsprinzip, das der Namensgebung zugrunde liegt, sondern
  auch durch zum Beispiel Flugverhalten, Geschwindigkeit und Größe
  von anderen Flugzeugen.

- Der Marktforscher muß die **Reihenfolge** festlegen, mit der die Merkmale zur Kategorisierung von Produkten in Betracht kommen. So lassen sich Flugzeuge zuerst nach der Art des verwendeten Auftriebsprinzips oder nach der Art des Antriebs unterteilen.

- Für die einzelnen Objektmengen und für die Gesamtheit der Gruppen sind zweckmäßige **Bezeichnungen** zu finden. Beispielsweise liegt es auf der Hand, Düsenflugzeuge auch Turbinenflugzeuge zu nennen.

Für Produkthierarchien im Sinne von **allgemeinen Begriffskonzepten** bleibt die Lösung dieser Probleme der Konvention überlassen. Sollen Objekttypologien zur **Gestaltung produktpolitischer Aktivitäten** beitragen, setzt die Beantwortung dieser Fragen am Erklärungszweck an. Dieser besteht im Produktmanagement ganz allgemein gesprochen darin, die **produktbezogenen Determinanten** der **Entscheidung** eines **Individuums** für eine **bestimmte Marke** zu erforschen. Eine auf diese Weise rekonstruierte Objekthierarchie ist etwas anderes als die aus dem Bemühen von Betroffenen nach **geistiger Ordnung** ihrer **dinglichen** und **gedanklichen Umwelt** hervorgehende Typologie.

Eine auf das **Verständnis** des **Kaufverhaltens** ausgerichtete Güterhierarchie zielt darauf ab, die Objekte so in Teilmengen aufzuspalten, daß die daraus resultierende Typologie eine Vorstellung über den Prozeß der Produktwahl vermittelt. In der Literatur finden zwei Ansätze zur Rekonstruktion von Güterhierarchien prinzipiell Anwendung, weil sie Produkte in der geschilderten Weise kategorisieren: das **Konzept** der **Warentypologie** und das **Konzept** der **Produkthierarchie**.

Unter **Warentypologie** ist die Lehre von den **Warentypen** beziehungsweise die Methode der **Typenbildung** zu verstehen. Ihr Anliegen besteht darin, eine Ordnung der Waren entsprechend ihren Merkmalen zu erstellen (vgl. *Knoblich*, 1972, S. 142 ff., und *Lehmann*, 1972, S. 331 ff.). Darin konkretisiert sich die geschichtliche Fortsetzung und methodische Weiterentwicklung der **kaufmännischen Warenkunde**. Generell läßt sich dieser Ansatz für verschiedene Zwecke der Produktpolitik einsetzen, das heißt, die **Zuordnung** der **Waren** zu **Klassen** kann vor dem Hintergrund zum Beispiel **beschaffungs-**, **fertigungs-** und **absatzwirtschaftlicher Erfordernisse** erfolgen. Der ältesten, zugleich bekanntesten **Wareneinteilung** in *convenience goods*, *shopping goods* und *speciality goods* liegen drei nicht näher spezifizierte und operationalisierte Kriterien zugrunde: der Aufwand zur Beschaffung und zur Erlangung von Markttransparenz sowie die Attraktivität der Produktgattung.

Individuen erwerben *convenience goods*, wie Zigaretten, Zeitungen und Lebensmittel, mit einem geringen zeitlichen und gedanklichen Aufwand, da die Betroffenen ihre Lieblingsmarke(n) genau kennen. Häufig verfügen die Nachfrager über ein *evoked set of alternatives*, das heißt, eine Menge von qualitativ und preislich etwa gleichwertigen Optionen. Ist das bevorzugte Gut nicht verfügbar, weicht der Interessent eher auf ein ihm vertrautes Ersatzerzeugnis aus, als zusätzliche Beschaffungsanstrengungen zu unternehmen. Er ist also nicht bedacht, durch aufwendiges Suchen die allerbeste Variante zu finden, sondern darauf aus, seinen Beschaffungsaufwand möglichst gering zu halten.

Dagegen werden *shopping goods*, zum Beispiel Möbel, Schuhe und ein Fernsehgerät, relativ selten und erst nach einem sorgfältigen Vergleich von Qualität und Preisen gekauft. Für solche Güter besitzen die Nachfrager kein vorgegebenes Entscheidungsmuster beziehungsweise Präferenzsystem, das ihnen einen aufwendigen Selektionsprozeß ersparen würde. Da die Käufer die Eigenschaftsausprägungen der zur Auswahl stehenden Objekte häufig nicht kennen, spielen die Erfahrungen anderer Verbraucher bei der Produktbeurteilung eine wichtige Rolle. Darüber hinaus greifen die Entscheider auch Berichte zum Beispiel der *Stiftung Warentest* auf oder orientieren sich an den Empfehlungen des Verkäufers.

Käufer beziehen *speciality goods*, wie einen Herrenanzug, eine Wohnung und ein Automobil, in größeren zeitlichen Abständen, weshalb **beachtliche Kaufanstrengungen** gerechtfertigt erscheinen. Hierbei handelt es sich um Erzeugnisse, für die im Bewußtsein des Interessenten (ähnlich wie bei den *convenience goods*) ganz konkrete Vorstellungen über deren Beschaffenheit existieren. Da sie für die Verbraucher von besonderer Bedeutung sind (*ego involvement*), begnügen sich diese zumeist nicht mit einem einfachen Muster zur Produktauswahl. Vielmehr trachten die Käufer nach einer Identifikation der allerbesten Alternative, mit dem Ziel, den Nutzen zu maximieren.

Die zuletzt skizzierte Einteilung überschneidet sich mit dem in der Literatur weit verbreiteten Begriffspaar der *high interest products* und der *low interest products*. Hiernach schenkt ein Kaufwilliger den Alternativen in Abhängigkeit ihrer **Beschaffenheit** und ihrer **Preise hohe** oder **geringe Aufmerksamkeit**. Damit vergleichbar ist die Unterscheidung zwischen **problemlosen Erzeugnissen**, die sich selbst verkaufen, zum Beispiel Milch, Brot, Obst, Getränke und Gemüse, und **problemvollen Gütern**, die beim Verkauf häufig eine Beratung der Interessenten erfordern, wie Computer und Videoanlage.

Aufgrund des **wissenschaftlichen Interesses** am *business to business-Marketing* ist es nicht verwunderlich, daß in den letzten Jahren auch **Investitionsgütertypologien** entstanden. Sie dienen dem Anliegen, aus der Ähnlichkeit von Produkten, Technologien und Prozessen Hinweise für die Gestaltung des Marketing-Mix abzuleiten (vgl. *Backhaus*, 1997, S. 23

ff.). Ein Beispiel bildet die als nützlich anerkannte Einteilung von Investitionsobjekten nach ihrem **Wert**, ihrer **Neuartigkeit** und dem durch sie bedingten Grad an **organisatorischem Wandel**. Bei **Dienstleistungstypologien** beruht die Unterteilung zum Beispiel darauf, ob sich die Dienstleistung auf ein **physisches Gut** richtet oder nicht und ob dieses **gemietet ist** oder zum **Eigentum des Nutzers** gehört. Darüber hinaus ist beispielsweise zu klären, ob der **Service andauernd** oder **zeitweise anfällt** und ob er **individuell** oder lediglich **gemeinsam** mit **anderen** erfahren werden kann (vgl. *Meffert/Bruhn*, 1997, S. 23 ff.).

Ungeachtet der zu typisierenden Objekte taucht bei allen Hierarchien die Schwierigkeit auf, daß die Konkurrenzbeziehungen zwischen den Gütern unklar bleibt. Insofern taugen solche Objekttypologien allenfalls zur Beschreibung realer Gegebenheiten, ohne jedoch Anhaltspunkte für eine am Wettbewerb orientierte Produktgestaltung zu vermitteln.

Ein für das Marketing bedeutsamer **Ansatz** zur **Systematisierung** von **Erzeugnissen** ist das **Konzept** der **Produkthierarchie**. Es vereinigt die **Grundidee** der **Warentypologie**, die hierarchische Einteilung von Produkten nach ihren Merkmalen, mit dem **zentralen Gedanken der Konkurrenzanalyse**, die Austauschbarkeit von Gütern als essentiell zur Erfassung der zwischen Objekten herrschenden Wettbewerbsrelationen zu sehen. Diesem Konzept liegt die Vorstellung zugrunde, daß ein Nachfrager bereits bestehende oder völlig neue Alternativen in die Produkthierarchie einordnet, um über eine gedankliche Marktstruktur zu verfügen, die ihn bei der Kaufentscheidung leitet. Jede Wahlhandlung erfordert in der Regel die **Auswahl** eines **Guts** aus einer **Vielzahl konkurrierender Erzeugnisse** in Abhängigkeit von den **gewünschten Eigenschaften**, den **gesuchten Nutzenkomponenten** und den **beabsichtigten Verwendungszwecken**. Eine Offenlegung der Substitutionsbeziehungen zwischen Produkten liefert Anhaltspunkte dafür, inwieweit diese Objekte miteinander konkurrieren.

Das von *Vershofen* formulierte Konzept der **totalen Konkurrenz**, bei dem jedes Gut mit jedem anderen um die Kaufkraft der Nachfrager im Wettbewerb steht, erscheint für konkrete Anwendungen nicht praktikabel. Folglich bildet das andere Extrem, die **horizontale Konkurrenz** zwischen **physikalisch-chemisch-technisch gleichen Waren** einer Produktgruppe, differenziert nach Preisklassen, Marken oder Geschmacksvarianten, den Ausgangspunkt von Studien über die Austauschbarkeit von Erzeugnissen. Nur die Konkretisierung der auf dem Kontinuum an den beiden Polen angesiedelten **vertikalen Wettbewerbsrelationen** zwischen Waren **verschiedener Produktgruppen** aber **gleicher Verwendungszweckerfüllung** (zum Beispiel kommen die *Lufthansa* AG, die *Deutsche Bahn* AG und der eigene Pkw dazu in Betracht, um von *München* nach

*Hamburg* zu gelangen) bereitet ein Problem. Hierzu meint *Schäfer* (1966, S. 191), "... *daß diese sphärischen Konkurrenzbeziehungen um so ausgedehnter sind, je weniger scharf umrissen der Bedarf des Käufers ist ...*" und fügt hinzu (1966, S. 192): "... *die vertikale oder sphärische Konkurrenz wird auf einem höheren, früheren Entscheidungsfeld ausgetragen als die horizontale ...*".

Diese Überlegungen suggerieren, daß der Nachfrager bei der **Produktwahl** eine **Hierarchie** von **Entscheidungen** durchläuft. An einem in *Abbildung* 1.4 dargestellten fiktiven Beispiel läßt sich dieser Gedanke verdeutlichen:

* Zunächst unterscheidet das Individuum zwischen verschiedenen Verwendungsmöglichkeiten des Einkommens (**Produktklassenwahl**), wie Konsumgüter und Spareinlagen.

* Daraufhin fällt der Betroffene innerhalb der jeweiligen Produktklasse (z. B. Konsumgüter) eine Entscheidung für bestimmte **Produkttypen**, wie Süßigkeiten und alkoholfreie Erfrischungsgetränke. Diese Alternativen zeichnen sich durch unterschiedliche Verwendungszwecke und Problemlösungspotentiale aus.

* Ferner entschließt sich der Kaufwillige für die Wahl einer bestimmten **Produktform**, wie diätische Erfrischungsgetränke und zuckerhaltige *soft drinks*. Hierbei handelt es sich um Güter mit gleichem Verwendungszweck, aber möglicherweise ganz unterschiedlichen objektiven (physikalisch-chemisch-technischen) Eigenschaften.

* Abschließend erfolgt die Selektion einer **Marke**, wie etwa *Pepsi*, 0,33 Liter, 0,59 DM und *Coke*, 1,5 Liter, 1,99 DM. In diesem Fall stehen Objekte zur Wahl, die den gleichen Verwendungszweck und (nahezu) die gleichen physikalisch-chemisch-technischen Eigenschaften aufweisen.

Aus der Idee der Güterhierarchie resultieren **unterschiedliche Vorstellungen** über das **Wesen** eines **Produkts**. Ein Blick ins Schrifttum zeigt drei verschiedene Versuche zur Deutung dieses Terminus (vgl. *Böcker*, 1994, S. 190 ff., und *Brockhoff*, 1993, S. 16 ff.). Dem **substantiellen Produktbegriff** zufolge läßt sich ein Erzeugnis als ein **Bündel** aus **verschiedenen nutzenstiftenden Eigenschaften** beschreiben. Häufig sind die **physikalisch-chemisch-technischen Merkmale** eines Objekts ohne große Mühe zu erkennen. Beispielsweise besteht das Angebot eines Herstellers von Schokolade aus Vollmilch, Kakao und Zucker, während ein Produzent von Fruchtsäften zum Beispiel Wasser, Zucker und Fruchtmark zu einem Gesamt verquickt (vgl. *Abbildung* 1.5).

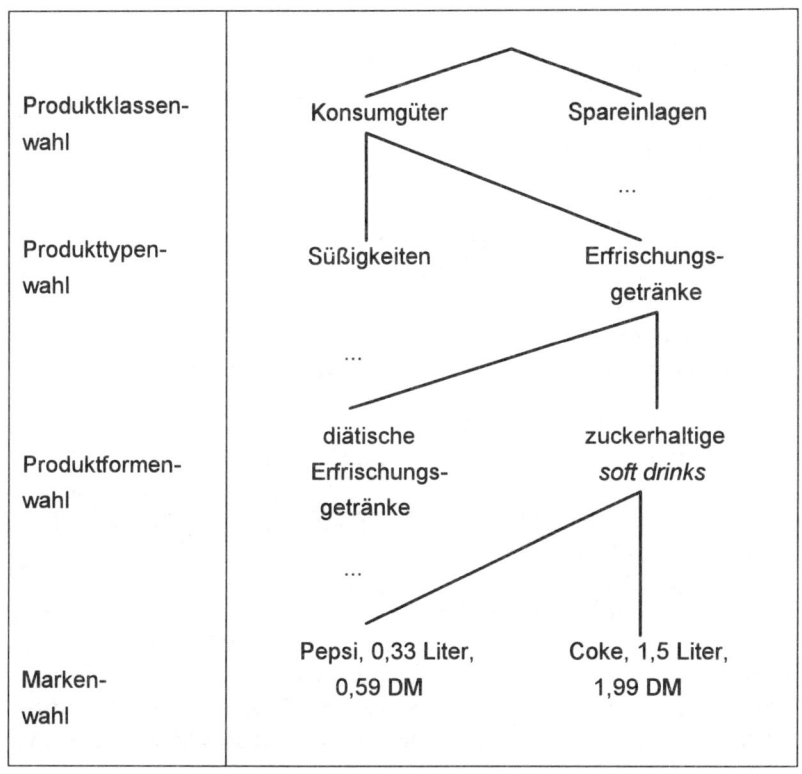

*Abbildung 1.4: Hierarchie fiktiver Entscheidungen*

Nicht ganz so einfach ist die Frage nach der Leistung eines Anbieters von schlüsselfertigen Wohnhäusern zu beantworten. Ein **konkretes Produkt** besteht in diesem Fall aus zum Beispiel den Elementen Beton, Eisen, Glas, Holz und Kunststoff, die ein fertiggestelltes Wohnhaus verkörpern.

- Kauft ein Bauherr tatsächlich eine bestimmte Menge der einzelnen Materialien?

- Oder interessiert er sich nicht eher für die Fähigkeit des Unternehmens, aus diesen Materialien ein Wohnhaus zu bauen?

Sofern neben dem **substantiellen Produkt** (Beton, Eisen, Glas, Holz und Kunststoff) auch eine **Dienstleistung** (Erstellung des Wohnhauses) eine Rolle spielt, sprechen Marketer vom **erweiterten Produkt**. Hierbei stehen weniger die physikalisch-chemisch-technischen (objektiven) Merkmale eines Objekts im Mittelpunkt der Betrachtung, sondern vielmehr die Serviceleistung im Sinne einer Problemlösung.

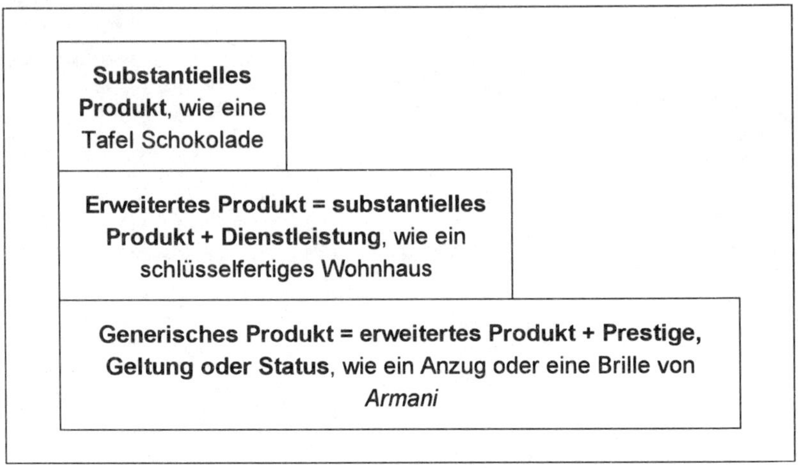

**Substantielles
Produkt**, wie eine
Tafel Schokolade

**Erweitertes Produkt = substantielles
Produkt + Dienstleistung**, wie ein
schlüsselfertiges Wohnhaus

**Generisches Produkt = erweitertes Produkt + Prestige,
Geltung oder Status**, wie ein Anzug oder eine Brille von
*Armani*

*Abbildung 1.5: Produktbegriffe im Überblick*

Sehr viel problematischer erscheint die Spezifikation der beispielsweise
von *Armani* offerierten Erzeugnisse, wie Anzüge oder Brillen. Das **Kernprodukt** läßt sich als ein **Paket** kennzeichnen, das aus verschiedenen
Stoffarten beziehungsweise aus Glas und Metall besteht. Darüber hinaus
bieten Geschäfte, die solche Güter führen, dem Kaufwilligen eine umfassende Beratungsleistung an.

• Geht es bei der Entscheidung für ein Erzeugnis von *Armani* in der Tat
  um ein aus Kernleistung und Service zusammengesetztes erweitertes
  Produkt?

• Oder verkauft dieser Designer seinen Kunden gar Status, Prestige und
  Seriosität?

Zur Erfassung von Leistungen dieser Art taucht in der Marketingliteratur
der Begriff des **generischen Produkts** auf. Es umfaßt nicht nur das durch
**physikalisch-chemisch-technische Eigenschaften** definierte Erzeugnis
und die **begleitenden Dienste**, sondern auch alle **darüberhinausgehen-
den Produktfacetten**, wie Prestige, Geltung und Status.

## 2.2  Die Problemlösung und ihre Konsequenzen

Ein Kaufwilliger bewertet das vorliegende Gut durch einen **Vergleich**
des damit verbundenen **Nutzens** mit den **Kosten**, die mit dessen Erwerb
auftreten. Damit läßt sich die Gesamtheit aller positiven Facetten des An-

gebots als **Leistung** kennzeichnen, wohingegen alle Kosten zum Erwerb der Alternative den **Preis** verkörpern. Die Leistung erteilt Auskunft über die Fähigkeit eines Produzenten, die **Bedürfnisse** der **Nachfrager** zu befriedigen, das heißt, ihnen **Problemlösungen** zu vermitteln. Insofern ist es für den Erfolg eines Unternehmens unerläßlich, die **Fähigkeit** seiner **Erzeugnisse** zur **Problemlösung** in den Blickpunkt zu stellen (vgl. *Herrmann*, 1996, S. 57 ff.). *Abbildung* 1.6 zeigt fiktive Beispiele für **klassische, eigenschaftsbezogene** Produktdefinitionen und **moderne, nutzenorientierte** Interpretationen der Unternehmensleistung.

| Beispiel für die klassische, eigenschaftsbezogene Definition der Unternehmensleistung | → | Beispiel für die moderne, nutzenorientierte Definition der Unternehmensleistung |
|---|---|---|
| • Wir stellen Computer her. | → | • Wir leisten Textverarbeitung. |
| • Wir produzieren Medikamente. | → | • Wir tragen zur Gesundheit bei. |
| • Wir bauen Wein an. | → | • Wir liefern Lebensgenuß. |
| • Wir fliegen um die Welt. | → | • Wir schaffen Mobilität. |
| • Wir fördern Erdöl. | → | • Wir stellen Energie bereit. |
| • Wir machen Fernsehen. | → | • Wir bieten Unterhaltung. |

*Abbildung 1.6: Eigenschaftsbezogene versus nutzenorientierte Leistungsdefinition*

Will ein Unternehmen erfolgreich sein, muß es die **Leistungsgestaltung** an den **Ansprüchen** der **Individuen** orientieren. Das Postulat der umfassenden **Marktadäquanz** bildet somit den Ausgangspunkt aller leistungsbezogenen Gestaltungsmaßnahmen. In diesem Konzept enthalten ist die Forderung, nicht zwingend eine nutzenmaximale Leistung zu generieren, sondern die Bedürfnisse lediglich besser zu befriedigen, als es der Wettbewerber zu tun vermag.

Beispielsweise sollte ein Pkw-Hersteller ein im Kraftstoffverbrauch sehr günstiges Fahrzeug nur dann entwickeln, produzieren und vermarkten, wenn er die Vermutung hegt, auf Nachfrage für dieses Produkt zu stoßen. Eine Erhöhung der Nutzenstiftung, etwa durch eine Reduzierung des Kraftstoffverbrauchs, muß nicht zwingend den Vorstellungen und Wünschen der potentiellen Käufer entsprechen. Auch ist darauf zu achten, daß dieses Gut im Hinblick auf die relevanten Nutzendimensionen in den Augen der Nachfrager besser abschneidet als die Konkurrenzprodukte. Insofern lautet das **erste Problem** der Produktkonzeption wie folgt:

- Ein Anbieter hat darauf zu achten, daß die **Nutzenstiftung** seines Produkts möglichst exakt den **Nutzenerwartungen** der Nachfrager entspricht. Die Kongruenz von **Nachfragerbedürfnissen** und **offerierter Leistung** entscheidet über den Erfolg des Unternehmens am Markt. Allerdings ist nicht unbedingt ein nutzenmaximales Gut zu entwickeln, da es lediglich die **Wettbewerbsprodukte** bei allen **relevanten Nutzendimensionen** schlagen sollte.

Ob beziehungsweise inwieweit ein Angebot den Erwartungen des Konsumenten entspricht, geht aus dem **Wahrnehmungs-** und **Bewertungsverhalten** hervor. Eine **Leistung** läßt sich **nicht durch** ihre **objektive Beschaffenheit** mittels technisch-konstruktiver und physikalisch-chemischer Merkmale (Sachgut) oder die **Art** der **Verrichtung** (Dienstleistung) charakterisieren. Vielmehr bildet das Urteil über die Zwecktauglichkeit einer Offerte das Ergebnis eines komplexen Informationsaufnahme- und -verarbeitungsprozesses, der im Innern der Käuferpsyche abläuft. Erst der Wirkungsverbund aus zum Beispiel Wahrnehmung, Erfahrung, Einstellung, Präferenzbildung und Lernen läßt im Bewußtsein des Individuums eine Vorstellung über die erwartete Problemlösungskraft des Angebots entstehen (vgl. *Trommsdorff/Bleicker/Hildebrandt*, 1980, S. 269 ff.).

Der Betroffene stellt die **Leistung** im Rahmen eines **psychischen Beurteilungsprozesses** dem **Preis** gegenüber und gelangt zu einer Vorstellung über die Vorziehenswürdigkeit der interessierenden Alternative. Offenbar bestimmen nicht die physikalisch-chemisch-technischen Merkmale eines Erzeugnisses die Kaufentscheidung, sondern die mitunter von **objektiven Gegebenheiten** abweichende **subjektive Einschätzung** seines **Problemlösungspotentials**. Beispielsweise gelten **Fahrzeuge** der *Daimler-Benz* AG in den Augen vieler Pkw-Fahrer als zuverlässig, sicher und solide, obgleich diese Automobile in der Pannenstatistik des *ADAC* im Mittelfeld rangieren. Hieraus ergibt sich die **zweite Herausforderung** für die Produktgestaltung:

- **Nicht** das **reale Produkt**, sondern seine **Wahrnehmung** und **Beurteilung** determiniert das Kauf- und Konsumverhalten der Individuen. Insofern bildet die Analyse des Informationsaufnahme- und -verarbeitungsprozesses eine zentrale Aufgabe im Rahmen des Produktmanagement. Der folgende Ausdruck verdeutlicht die Relevanz dieser Idee: *" ... in the factories we make cosmetics, and in the drugstores we sell hope ..."*.

Dies gilt auch dort, wo mehrere Personen an der Kaufentscheidung beteiligt sind, wie beispielsweise bei der Beschaffung von **Investitionsgütern**. Zwar liegen Erkenntnisse darüber vor, daß insgesamt gesehen die Bedeutung der Wahrnehmung gegenüber objektiven Produktmerkmalen in den Hintergrund tritt. Allerdings tendieren die Mitglieder eines *buying center* mitunter dazu, einen bestimmten Sachverhalt isoliert zu betrachten und subjektiv zu erfassen.

In Analogie zur bisherigen Überlegung läßt sich formulieren, daß **Nachfrager** nicht **Eigenschaftsbündel**, sondern einen **Komplex an Nutzenkomponenten** kaufen. Diese Vorstellung ist naheliegend, da die Abnehmer selten alle **nutzenstiftenden Eigenschaften** eines Erzeugnisses kennen. Außerdem gilt in zahlreichen Fällen, daß verschiedene Merkmale einen **konkreten Nutzen** erfüllen und ein Attribut auf **verschiedene Nutzenbereiche** wirkt. Wie *Bauer* (1989, S. 121 ff.) zeigt, besteht zwischen den **physikalisch-chemisch-technischen Eigenschaften** und den **Nutzenkomponenten** jedoch **zumeist keine "1 zu 1"-Beziehung**. Beispielsweise wirkt das Merkmal Bereifung eines Pkw auf die Nutzenkomponenten Fahrgeräusch, Aquaplaning und Kurvenstabilität, wohingegen die Nutzenkomponente Fahrgeräusch nicht nur aus der Pkw-Eigenschaft Bereifung, sondern auch aus dem Luftwiderstandsbeiwert und der Anzahl der Zylinder resultiert. Dieser Gedanke verdeutlicht eine **dritte Schwierigkeit** der Produktkonzeption:

- Ein Anbieter vermag bei der Entwicklung eines Erzeugnisses lediglich **Entscheidungen** über die **Ausprägungen** der physikalisch-chemisch-technischen Merkmale zu treffen. Dagegen legt ein Abnehmer der Entscheidung die aus der Wahrnehmung der **Produkteigenschaften** stammenden **Nutzenvorstellungen** zugrunde.

Die konsequente Orientierung der Unternehmensleistung an den **Nutzenvorstellungen** der **Nachfrager** führt häufig zu einer **Aufhebung** der **traditionellen Branchengrenzen**. Aus Banken enstehen All-Finanz-Unternehmen, die den Kunden nicht nur günstige Kredite und attraktive Kapitalanlagen vermitteln, sondern auch Versicherungen und Immobilien anbieten. Darüber hinaus wandeln sich Tenniscenter zu Freizeitparks, deren Angebotspalette zum Beispiel Squash und Badminton, einen Sauna-, Fitneß- und Badebetrieb sowie ein Restaurant umfaßt. Aus dieser strategischen Ausrichtung resultieren ganz neue Konkurrenzrelationen zwischen Unternehmen, die bislang nicht im Wettbewerb miteinander standen und sogar als sich ergänzende Anbieter (z. B. Banken und Versicherungen, Getränkeanbieter und Tenniscenter) am Markt agierten. Damit ergibt sich das **vierte Problem** der Produktgestaltung:

- Ein Unternehmen überschreitet bei der **nutzenorientierten Gestaltung** seiner Leistung häufig die **traditionellen Branchengrenzen**. Hieraus entstehen bislang nicht näher analysierte Wettbewerbsbeziehungen, die im Vorfeld einer Produktkonzeption einer genauen Auslotung bedürfen.

*Abbildung* 1.7 vermittelt die **zentralen produktpolitischen Herausforderungen** aus einer Gesamtschau heraus, die zugleich die Konsequenzen einer problemlösungsorientierten Produktgestaltung bilden.

| Herausforderungen an das Produktmanagement | |
|---|---|
| 1. | Die Nutzenstiftung muß der Nutzenerwartung in allen Belangen entsprechen. |
| 2. | Nicht die objektive Beschaffenheit eines Guts, sondern seine Wahrnehmung und Beurteilung bestimmen das Kauf- und Konsumverhalten. |
| 3. | Der Anbieter vermag nur die physikalisch-chemisch-technischen Eigenschaften eines Produkts direkt zu beeinflussen. Abnehmer entscheiden jedoch auf der Basis von Nutzenvorstellungen. |
| 4. | Die nutzenorientierte Produktgestaltung führt dazu, daß neue Wettbewerbsrelationen zwischen Unternehmen entstehen. |

*Abbildung 1.7: Herausforderungen an das Produktmanagement*

# 3 Produktqualität, Kundenzufriedenheit und Unternehmenserfolg

In der Diskussion um den Erhalt beziehungsweise die **Steigerung** des **Unternehmenserfolgs** erheischen die **Produktqualität (Zwecktauglichkeit** beziehungsweise **Bedürfnisgerechtigkeit)** und die **Kundenzufriedenheit** großes Interesse (vgl. *Anderson/Sullivan*, 1993, S. 125 ff.). So belegen zahlreiche empirische Untersuchungen, daß eine **Verbesserung** der **Produktqualität** die **Zufriedenheit** der **Kunden** zu **erhöhen vermag.** Da die Kundenzufriedenheit wiederum als die entscheidende Determinante des zukünftigen **Unternehmenserfolgs** gilt, liegt die Relevanz zwecktauglicher beziehungsweise bedürfnisgerechter Leistungen für die Existenzsicherung des Anbieters auf der Hand.

In einer umfassenden Studie dokumentieren *Capon*, *Farley* und *Hoenig* (1990, S. 1143 ff.) eine **positive Korrelation** zwischen der **Produktqualität** und dem **Unternehmenserfolg.** *Buzzell* und *Gale* (1987, S. 20 ff.) und *Phillips*, *Chang* und *Buzzell* (1983, S. 26 ff.) gelangen auf der Basis einer Analyse von *PIMS*-**Daten** zu dem Ergebnis, daß eine **Qualitätsverbesserung** der angebotenen Leistung bei den meisten der betrachteten Unternehmen mit einer **Steigerung** der **Rentabilität** einhergeht. Die Begründung für die positive Assoziation zwischen den beiden im Blickfeld stehenden Größen beruht auf der Argumentation, daß zufriedene Kunden einem einmal gekauften Gut **treu bleiben** und auf diese Weise zu einer dauerhaften Absatzsicherung des Anbieters beitragen. Darüber hinaus informieren diese Individuen andere Verbraucher über das Produkterlebnis und betreiben dadurch **positive Mundpropaganda**, die als ganz besonders glaubwürdig gilt.

Im Mittelpunkt des Interesses stehen **zwei Hypothesen:** Die **erste** behauptet einen **positiven Zusammenhang** zwischen der vom Individuum **wahrgenommenen Qualität (Zwecktauglichkeit** beziehungsweise **Bedürfnisgerechtigkeit)** eines **Produkts** und der **Zufriedenheit** des **Kunden**, die wiederum, so die Aussage der **zweiten Hypothese**, maßgeblich zur **Verbesserung** des **Unternehmenserfolgs** beiträgt (vgl. *Abbildung* 1.8). Den Kern der betrachteten Kausalbeziehung bildet folglich das Konstrukt **Kundenzufriedenheit**, das gerade in der neueren Marketingliteratur eine beachtliche Bedeutung erfährt (vgl. *Schütze*, 1992, S. 120 ff.).

Die **(Un-)Zufriedenheit** ergibt sich aus einem komplexen Informationsverarbeitungsprozeß, der im Kern aus einem **Soll-Ist-Vergleich** zwischen der **Erfahrung** eines Nachfragers mit der **erlebten Leistung (Ist)** und seiner **Erwartung** hinsichtlich der **Zwecktauglichkeit (Qualität** beziehungsweise **Bedürfnisgerechtigkeit)** des **Produkts (Soll)** besteht. Die aus dem **Vergleich resultierende Kongruenz** beziehungsweise **Divergenz** zwischen der **erlebten** und **erwarteten Produktqualität** bildet das Konstrukt **(Nicht-)Bestätigung** ab.

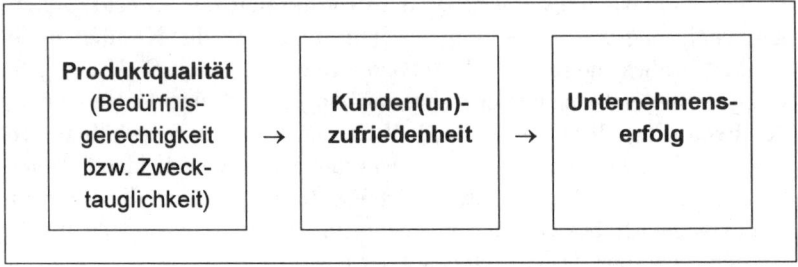

*Abbildung 1.8: Basishypothesen bezüglich des Zusammenhangs zwischen Produktqualität, Kunden(un)zufriedenheit und Unternehmenserfolg*

Ob und inwieweit ein Kunde nach dem Kauf und Konsum seine Erwartung als bestätigt erachtet und demzufolge mit der Leistung des Anbieters **zufrieden ist**, hängt in erster Linie von der **wahrgenommenen Qualität** ab. Die Qualitätswahrnehmung geht unmittelbar mit dem Konsumerlebnis einher und läßt sich als **globales Urteil** eines **Nachfragers** bezüglich der **Bedürfnisgerechtigkeit** beziehungsweise **Zwecktauglichkeit** eines Produkts charakterisieren (vgl. *Zeithaml*, 1988, S. 3 ff.).

Die Postulierung der **zweiten Hypothese**, einer **positiven Assoziation** zwischen **Kundenzufriedenheit** und **Unternehmenserfolg**, knüpft an folgenden Überlegungen an (vgl. *Fornell*, 1992, S. 16 ff.):

- Wie zahlreiche Untersuchungen verdeutlichen, weisen zufriedene Individuen eine **große Loyalität** gegenüber der einmal **erworbenen Leistung** eines bestimmten Anbieters auf. Die damit verbundene **Wiederkaufrate** sichert dem **Unternehmen** eine **dauerhafte Absatzbasis**, und die **loyalen Kunden** verkörpern somit einen *asset value*.

- Ferner entsteht ein weiterer positiver Effekt auf den Unternehmenserfolg durch die **verstärkte Neigung** zufriedener Kunden, die **Vorteile** eines **Produkts** anderen Konsumenten zu vermitteln. Diese **Mundwerbung** zeichnet sich durch ein hohes Maß an **Glaubwürdigkeit** aus und erleichtert dadurch die **Akquisition** von **Neukunden**.

Die folgenden Ausführungen dienen dem Zweck, die Elemente dieses Wirkungsgefüges zu erläutern. Hierbei interessieren vor allem die produktpolitischen Handlungsmöglichkeiten zur Verbesserung des Unternehmenserfolgs.

# Quellen

*Anderson, E. W./Sullivan, M. W.*, The Antecedents and Consequences of Customer Satisfaction for Firms, in: Marketing Science, 1993, S. 125-143.

*Backhaus, K.*, Investitionsgütermarketing, 4., überarb. Aufl., München 1997.

*Bauer, H. H.*, Marktabgrenzung: Konzeption und Problematik von Ansätzen und Methoden zur Abgrenzung und Strukturierung von Märkten unter besonderer Berücksichtigung von marketingtheoretischen Verfahren, Berlin 1989.

*Böcker, F.*, Marketing, 5. Aufl., Stuttgart 1994.

*Böcker, F./Thomas, L.*, Marketing, Stuttgart 1981.

*Brockhoff, K.*, Produktpolitik, 3., erw. Aufl., Stuttgart 1993.

*Buzzell, R. D./Gale, B. T.*, The PIMS Principles, New York 1987.

*Capon, N./Farley, J. U./Hoenig, S.*, Determinants of Financial Performance: A Meta-Analysis, in: Management Science, 1990, S. 1143-1159.

*Fornell, C.*, A National Customer Satisfaction Barometer: The Swedish Experience, in: Journal of Marketing, 1992, S. 6-21.

*Gatignon, H.*, Marketing-Mix Models, in: *Eliashberg, J./Lilien, G.*, (Hrsg.), Handbooks in Operations Research and Management Science, Vol. 5, S. 697-732, Amsterdam 1993.

*Herrmann, A.*, Nachfragerorientierte Produktgestaltung - Ein Ansatz auf Basis der "means end"-Theorie, Wiesbaden 1996.

*Holbrook, M. B./Howard, J. A.*, Frequently Purchased Nondurables Goods and Services, National Science Foundation, New York 1976.

*Hruschka, H.*, Marketing-Entscheidungen, München 1996.

*Knoblich, H.*, Betriebswirtschaftliche Warentypologie, Köln 1969.

Derselbe, Die typologische Methode in der Betriebswirtschaftslehre, in: Wirtschaftswissenschaftliches Studium, 1972, S. 142-147.

*Lehmann, D. R.*, Judged Similarity and Brand-Switching Data as Similarity Measures, in: Journal of Marketing Research, 1972, S. 331-334.

*Lehmann, D. R./Winer, R. S.*, Product Management, Chicago 1997.

*Meffert, H.*, Marketing: Grundlagen marktorientierter Unternehmensführung: Konzepte - Instrumente - Praxisbeispiele, 8., vollst. neubearb. und erw. Aufl., Wiesbaden 1998.

*Meffert, H./Bruhn, M.*, Dienstleistungsmarketing, 2., überarb. und erw. Aufl., Wiesbaden 1997.

*Nieschlag, R./Dichtl, E./Hörschgen, H.*, Marketing, 18., neu bearb. und erg. Aufl., Berlin 1997.

*Phillips, L. W./Chang, D./Buzzell, R.*, Product Quality, Cost Position, and Business Performance: A Test of some Key Hypotheses, in: Journal of Marketing, 1983, S. 26-42.

*Porter, M.*, Wettbewerbsstrategie, 2., durchges. Aufl., Frankfurt a. M. 1984.

*Schäfer, E.*, Grundlagen der Marktforschung, 4. Aufl., Köln 1966.

*Schütze, R.,* Kundenzufriedenheit: After-Sales-Marketing auf industriellen Märkten, Wiesbaden 1992.

*Trommsdorff, V./Bleicker, U./Hildebrandt, L.,* Nutzen und Einstellung, in: Wirtschaftswissenschaftliches Studium, 1980, S. 269-276.

*Urban, G. L./Hauser, J. R.,* Design and Marketing of New Products, 2. Aufl., Englewood Cliffs 1993.

*Vogel, F.,* Probleme und Verfahren der numerischen Klassifikation, Göttingen 1975.

*Zeithaml, V. A.,* Consumer Perceptions of Price, Quality, and Value: A Means-End Model and Synthesis of Evidence, in: Journal of Marketing, 1988, S. 2-22.

**Zweiter Teil**

**Das Konzept des Produktmanagement im Überblick**

## Überblick

- Das Grundkonzept des Produktmanagement besteht aus der *means end*-Theorie, dem Qualitätsmanagement und dem Kundenzufriedenheitskonzept.

- Der *means end*-Ansatz zielt darauf ab, die Treiber des Kauf- und Konsumverhaltens (Nutzenkomponenten und Werthaltungen) mit den Faktoren zur Gestaltung eines Guts, den physikalisch-chemisch-technischen Eigenschaften, zu verzahnen.

- Das Qualitätsmanagement verfolgt das Anliegen, die Stimme des Kunden in die Sprache des Ingenieurs zu übertragen.

- Aus einer Erfassung der Kundenzufriedenheit lassen sich Rückschlüsse ableiten, ob und inwieweit die Unternehmensleistung den Bedürfnissen der Nachfrager entspricht.

# 4 Die Grundidee

Seit langem schon weisen Autoren auf die Bedeutung der **Zwecktaug-lichkeit** von **Erzeugnissen** (Produktqualität) für den **Unternehmenser-folg** hin (vgl. *Stauss*, 1994, S. 149 ff., und *Kamiske/Hummel/Malorny/ Zoschke*, 1994, S. 181 ff.). Auf umkämpften Märkten mit kritischen und anspruchsvollen Kunden gibt es für die konsequente **Qualitätsorientie-rung** (Zwecktauglichkeit der Erzeugnisse) keine Alternative. Doch erst in jüngster Zeit verstehen (vor allem *deutsche*) Anbieter die Produktgestal-tung nicht mehr nur als Aufgabe einer **funktionalen Einheit**, sondern vielmehr als zentrale **unternehmerische Herausforderung**.

Diesem Perspektivenwechsel geht die Erkenntnis voraus, daß die Erzeug-nisse (vor allem) der *japanischen* Produzenten in vielen Branchen sowohl im Hinblick auf den Preis beziehungsweise die Kosten als auch in bezug auf die Qualität überlegen sind. Zudem setzt sich die Einsicht durch, daß die Leistungsfähigkeit der *japanischen* Hersteller weniger aus einer kul-turell bedingten höheren Einsatzbereitschaft der Mitarbeiter bei gleichzei-tig niedrigerem **Anspruchsniveau** resultiert. Daher erscheint ein **kunden-orientiertes, alle betrieblichen Funktionen umfassendes Produktma-nagement**, das seinen Ausgangspunkt im **Qualitätsmanagement** findet, für den Erfolg eines Unternehmens am Markt unerläßlich.

Das **Qualitätsmanagement** läßt sich als ein Ansatz zur Gestaltung der Produktqualität kennzeichnen, der darauf abzielt, die "**Stimme des Kun-den**" in die "**Sprache des Ingenieurs**" zu übersetzen (vgl. *Akao*, 1992, S. 15 ff., und *Bergmann/Klefsjö*, 1994, S. 50 ff.). Den Kern dieses Kon-zepts bildet die systematische Transformation von Kundenanforderungen und -erwartungen in meßbare Produkt- und Prozeßparameter. Hierzu er-scheint es ratsam, die aus **Kundenwünschen** abgeleitete **Produktgestal-tung** in vier Phasen zu unterteilen (*house of quality*).

Das Anliegen des *house of quality*-Ansatzes besteht darin, die **kaufent-scheidungsrelevanten Produkteigenschaften** in **Konstruktionsmerk-male** zu übersetzen. In der sich anschließenden **Teileentwicklung** lassen sich **Konstruktionsmerkmale** in **Teilemerkmale** übertragen, bevor es in der **Arbeitsvorbereitung** um die Festlegung entscheidender **Betriebsab-läufe** auf Basis der spezifizierten **Teilemerkmale** geht. Die relevanten **Betriebsabläufe** dienen dazu, die **Produktionserfordernisse** detailliert zu bestimmen.

Bei diesem Prozeß fällt auf, daß sich die Identifikation der Kundenwünsche (trotz gegenteiliger Bekundungen) häufig auf die Erfassung der **physikalisch-chemisch-technischen** (**objektiven**) **Produktmerkmale** beschränkt. Diese Vorgehensweise basiert auf einer Überlegung von *Lancaster* (vgl. 1966, S. 132 ff., sowie *Herrmann*, 1992, S. 43 ff.), die besagt, daß Nachfrager **nicht Güter, sondern Eigenschaftsbündel** kaufen.

Folgerichtig bestimmen die Produktmerkmale das Urteil des Abnehmers über die **Zwecktauglichkeit** beziehungsweise die **Bedürfnisgerechtigkeit** eines **Erzeugnisses**. Bereits volkswirtschaftliche Schriften verdeutlichen jedoch die mitunter geringe Bedeutung der **intrinsischen** (physikalisch-chemisch-technischen) **Gütermerkmale** für das Qualitätsurteil einer Auskunftsperson. Vielmehr hängt die einem Erzeugnis entgegengebrachte Wertschätzung häufig von den **extrinsischen** (eher immateriellen, daher nicht-funktionalen) **Eigenschaften**, wie Marke und Ästhetik, ab. Daneben dokumentieren verhaltenswissenschaftliche Studien, daß die unter Umständen von objektiven Gegebenheiten abweichende Wahrnehmung der Produkteigenschaften durch den Verbraucher das Kaufverhalten steuert. Insofern verkörpern die **Attribute** (wahrgenommenen Merkmale) die angemessenen Determinanten der Konzeption absatzwirtschaftlicher Maßnahmen (vgl. *Brockhoff*, 1993, S. 10 ff., und *Urban/Hauser*, 1993, S. 201 ff.).

Wie in Abschnitt 2.2 ausführlich diskutiert, fragen Konsumenten nicht **Eigenschaftsbündel**, sondern einen **Komplex** an **Nutzenkomponenten** nach (vgl. *Bauer*, 1989, S. 121 ff., und *Myers/Tauber*, 1977, S. 11 ff.). Diese Vorstellung ist naheliegend, da die Abnehmer in Nutzenkategorien denken und selten alle **nutzenstiftenden Eigenschaften** der Erzeugnisse kennen (vgl. *Albers*, 1989, S. 188 ff.).

Außerdem erscheinen berechtigte Zweifel angebracht, ob die Nutzenerwartungen ihrerseits den "**letzten Grund**" des **Kauf-** beziehungsweise **Konsumverhaltens** repräsentieren. Vielmehr dienen in der **Marketingtheorie** die **Antriebskräfte**, wie Einstellungen, Motive, Emotionen und Werte, dazu, die Ursachen des individuellen Handelns zu erklären (vgl. *Kroeber-Riel/Weinberg*, 1996, S. 53 ff., und *Trommsdorff*, 1993, S. 59 ff.). Gleichwohl finden diese **hypothetischen Konstrukte** bei der Spezifikation der Unternehmensleistung kaum Beachtung. Hierfür lassen sich insbesondere **zwei Gründe** anführen (vgl. *Nieschlag/Dichtl/Hörschgen*, 1997, S. 950 ff.):

- Einerseits dokumentieren einige Studien eine unbestimmte, **schwache Assoziation** zwischen diesen **Variablen** und dem **Kaufverhalten**. Es gilt als unbestritten, daß sich spezifische Verhaltensweisen durch ganz bestimmte Einstellungen oder Motive nicht vorhersagen lassen.

- Andererseits liegt bislang **keine Theorie** über den **Wirkungszusammenhang** zwischen den **hypothetischen Konstrukten** und den relevanten **Nutzenkomponenten** beziehungsweise **Produkteigenschaften** vor. Folglich existieren keine Anhaltspunkte für eine an den Antriebskräften des Kaufverhaltens orientierte Gestaltung der Produktqualität.

Zur Lösung dieser aufgeworfenen Probleme bietet sich das in *Abbildung 2.1* präsentierte **Produktmanagement-Konzept** an (vgl. *Herrmann, 1997, S. 185 ff.*). Zunächst fungiert die *means end*-**Theorie** dazu, die **Werthaltungen** des Individuums (Element 1) mit den **Nutzenkomponenten** (Element 2) beziehungsweise **Eigenschaften** (Element 3) der Produkte zu verknüpfen. Die **kaufverhaltensrelevanten Attribute** lassen sich daraufhin mit Hilfe des **Qualitätsmanagement** in **Konstruktions-** (Element 4) und **Teilemerkmale** (Element 5), **Betriebsabläufe** (Element 6) sowie **Produktionserfordernisse** (Element 7) transformieren. Zum Abschluß erteilt eine **Analyse** der **Kundenzufriedenheit** Auskunft darüber, inwieweit das **entwickelte Erzeugnis** (Element 8) den **Nutzenvorstellungen** (Element 9) und **Werthaltungen** (Element 10) des Nachfragers entspricht.

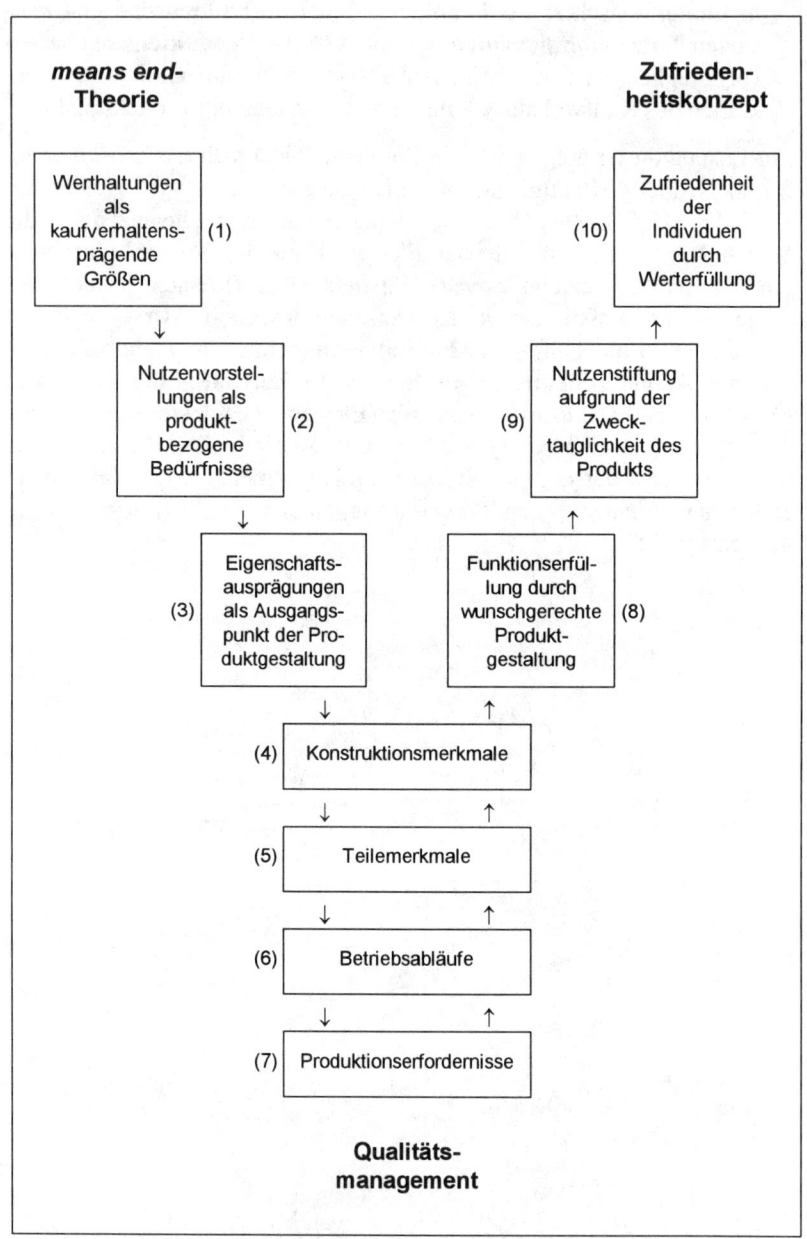

*Abbildung 2.1: Grundstruktur des Produktmanagement-Konzepts*

# 5 Die Elemente

## 5.1 Grundzüge der *means end*-Theorie

Die *means end*-Theorie geht auf die Arbeit von *Tolman* zurück. Er machte bereits in den 30er Jahren auf die **Zielorientierung** des **individuellen Verhaltens** aufmerksam. Den Grundgedanken dieses Ansatzes erläutern *Kroeber-Riel* und *Weinberg* (1996, S. 152) auf folgende Weise: *"Die Motivation zum Kauf eines Produkts kommt dadurch zustande, daß der Konsument das Produkt als geeignetes Mittel wahrnimmt, um angenehme Gefühle zu verwirklichen und seine Triebe zu befriedigen ..."*. Diese Idee suggeriert, daß ein Individuum im Rahmen der Verarbeitung von Informationen eine Vorstellung über die **Tauglichkeit** des betrachteten Guts (Mittel beziehungsweise *mean*) zur **Erfüllung** eines bestimmten Wunschs (Ziel beziehungsweise *end*) entwickelt (vgl. *Herrmann*, 1996, S. 154 ff.). Dabei versucht der Anbieter, diesen kognitiven Prozeß zu seinen Gunsten in Gang zu setzen und zu beeinflussen. Es geht insbesondere darum, die Antriebskräfte einer Person auf ein Erzeugnis zu lenken und eine Kaufmotivation zu erzeugen (vgl. *Zeithaml*, 1988, S. 16 ff.).

Anknüpfend an *Tolmans* Schriften legten *Cohen* (1979, S. 54 ff.), *Myers* und *Shocker* (1980, S. 3 ff.) sowie *Howard* (1977, S. 23 ff.) in den 70er und 80er Jahren erste *means end*-**Modelle** vor. Allen Ansätzen gemeinsam ist die Idee, eine **ausgewählte Antriebskraft**, wie Werthaltung und Lebensziel, mit den für die Produktgestaltung bedeutsamen physikalisch-chemisch-technischen (**objektiven**) **Eigenschaften** zu verquicken. In den 80er Jahren entwickelten *Reynolds* und *Gutman* (1984, S. 155 ff., und 1988, S. 11 ff.) ein *means end*-**Modell**, das sich als Kombination aller bislang bekannten Ansätze kennzeichnen läßt. Wie *Abbildung 2.2* veranschaulicht, besteht seine Grundstruktur aus den drei Elementen **Eigenschaft**, **Nutzenkomponente** und **Werthaltung**.

Zunächst erscheint eine Unterteilung der Attribute im Hinblick auf ihren **Abstraktionsgrad** naheliegend (vgl. *Johnson*, 1984, S. 741 ff.). Eine **Eigenschaft** gilt als **konkret**, sofern ihre Ausprägungen die **physikalisch-chemisch-technische Beschaffenheit** eines Erzeugnisses (*Nike* Sportschuhe) beschreiben (etwa mit Fersenstütze). Sie läßt sich im allgemeinen direkt beobachten oder objektiv messen und weist häufig eine endliche Zahl diskreter Zustände auf. Während ein solches Merkmal häufig nur eine Facette einer Erscheinung zu spezifizieren vermag, ermöglicht eine

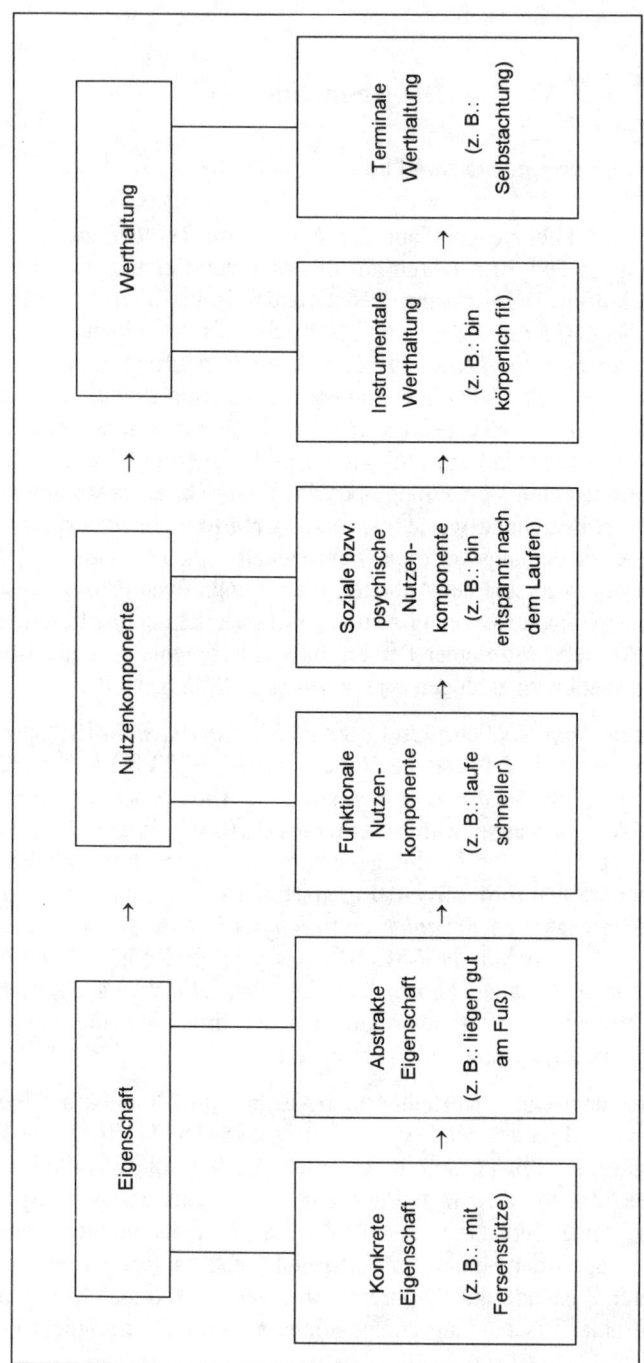

*Abbildung 2.2: Grundstruktur der means end-Kette*

**abstrakte Eigenschaft** eine umfassende Beschreibung eines Guts (liegt gut am Fuß). Dabei hängt ihre Ausprägung bei einem Produkt weniger von **objektiven Gegebenheiten**, sondern vielmehr vom **Empfinden** des **Individuums** ab (vgl. *Tversky/Hemenway*, 1984, S. 169 ff.).

Gemäß der **Nutzentheorie** von *Vershofen* (1959, S. 89 ff., vgl. auch *Berekoven*, 1979, S. 2 ff., und *Bierfelder*, 1979, S. 343 ff.) stiftet ein **Erzeugnis** einen **funktionalen Grundnutzen**, der sich aus seinen physikalisch-chemisch-technischen Eigenschaften ergibt. Er verkörpert die **Qualität (Zwecktauglichkeit)** eines **Guts** und schließt die aus der eigentlichen Produktverwendung resultierenden Konsequenzen ein (ich laufe schneller). Dagegen umschließt der **soziale** beziehungsweise **psychische Nutzen** alle für die Funktionsfähigkeit des Erzeugnisses **nicht zwingend erforderlichen Extras**. Hierzu gehören solche Produktmerkmale, die etwa die ästhetische Erscheinung des Guts oder die soziale Akzeptanz des Nachfragers steigern (ich bin entspannt nach dem Laufen).

Den Ausführungen von *Graumann* und *Willig* (1983, S. 326 ff.) zufolge fungieren **Werthaltungen** als individuelle, im Zeitverlauf konstante Maßstäbe für die **Generierung** von **Lebenszielen** und deren **Umsetzung** in **alltägliches Handeln** (vgl. *Silberer*, 1983, S. 533 ff.). Insofern bildet eine Werthaltung eine explizite oder implizite, für ein Individuum charakteristische **Konzeption** des **Wünschenswerten**, welche die Auswahl unter verfügbaren Handlungsarten, -mitteln und -zielen beeinflußt. Diese Auffassung vertritt auch *Rokeach* (1973, S. 5), der eine Werthaltung als "... *an enduring belief that a specific mode of conduct or end-state of existence is personally or socially preferable to an opposite or converse mode of conduct or end-state of existence ...*" auffaßt. Hierbei versteht der Forscher unter der **überdauernden Überzeugung** von zu **bevorzugenden Zweckhandlungen** und **Zielzuständen** nicht nur eine kognitive Repräsentation beziehungsweise eine Vorstellung über mögliche Handlungspläne. Vielmehr schreibt er der Werthaltung (dem Lebensziel) neben der **kognitiven** auch eine **affektive** und **konative Komponente** zu. Diese Vorstellung geht aus einer Definition hervor, in der *Rokeach* den Terminus *value* als eine "... *intervening variable that leads to action when activated ...*" (1973, S. 7) umschreibt.

Diese Begriffsbestimmung legt den Gedanken nahe, **terminale** (*end-states of existence*) und **instrumentale** (*modes of conduct*) **Werthaltungen** voneinander zu unterscheiden. Dabei zerfallen die terminalen Werthaltungen, die **wünschenswerte Lebensziele** verkörpern, in **persönliche** und **soziale**. Die Gruppe der **persönlichen Werthaltungen** umfaßt beispielsweise die innere Harmonie, das Heil der Seele und die reife Liebe, wohingegen zum Beispiel eine friedliche Welt, die nationale Sicherheit und eine Welt voll Schönheit zur Klasse der **sozialen Werthaltungen** gehören. Die instrumentalen Lebensziele, die **wünschenswerte Verhaltensformen** repräsentieren, bestehen aus **moralischen** und **leistungsorientierten**. Während zum Beispiel tolerant, hilfsbereit und verantwortungsvoll zu den **moralischen Werthaltungen** zählen, umfaßt die Menge der **leistungsorientierten Werthaltungen** beispielsweise die Attribute logisch, intellektuell und phantasievoll. Im vorliegenden Beispiel läßt sich die körperliche Fitness als instrumentale und die Selbstachtung als terminale Werthaltung kennzeichnen.

Mittels der spezifizierten *means end*-**Elemente** läßt sich die in *Abbildung* 2.2 wiedergegebene Kette konstruieren, die einen Ausschnitt aus der **Wissenstruktur** eines **Individuums** verkörpert. Hiernach führt die Absicht einer Person, ein Produkt zu kaufen (*Nike* Sportschuhe), in einem ersten Schritt zu einer Aktivierung der mit ihm verknüpften **konkreten** (mit Fersenstütze) und **abstrakten** (liegt gut am Fuß) **Merkmale**. In einem zweiten Schritt breitet sich dieser Impuls auf die **funktionalen** (ich laufe schneller) und **sozialen** (ich bin entspannt nach dem Laufen) **Nutzenkomponenten** aus, bevor er in einem dritten Schritt die **instrumentalen** (ich bin köperlich fit) und **terminalen** (Selbstachtung) **Werthaltungen** erreicht.

### 5.2 Grundidee des Qualitätsmanagement

Obgleich Erzeugnisse im allgemeinen keine gedanklichen, sondern reale Phänomene darstellen, erweist es sich als **untauglich**, von einem **objektiven Maßstab** zur **Beurteilung** der **Produktgestaltung** (objektive Produktqualität) auszugehen. Die Erfassung der **objektiven Produktqualität** setzt ein **eindimensionales Bewertungskriterium** voraus, während **in Wirklichkeit** die Güter ganze **Bündel** von **Eigenschaften** und **Nutzenkomponenten** bilden. Jedes Gut repräsentiert ein vielschichtiges Gefüge aus zum Beispiel **physischer Gestalt** (z. B. Material, Größe, Gewicht, Design), **funktionaler Leistungsfähigkeit** (z. B. Wirkungsprinzip, Einsatzmöglichkeit) und **wirtschaftlicher Adäquanz** (z. B. Wertbeständigkeit, Haltbarkeit, Wirtschaftlichkeit). Insofern liegt es nahe, von einem **teleologischen Qualitätsbegriff** auszugehen, der auf dem in der Literatur weit verbreiteten **Konzept** der **Zwecktauglichkeit** basiert. Hiernach reflektiert ein Qualitätsurteil **nicht** die **objektive Beschaffenheit** eines Erzeugnisses, sondern dessen **Wahrnehmung** und **Bewertung** im Lichte **individueller Nutzenerwartungen**. Folglich bringt die **subjektive Qualitätseinschätzung** die Eignung eines Produkts für einen **intendierten Verwendungszweck** zum Ausdruck.

*Bergman* und *Klefsjö* (1994, S. 16) verdeutlichen diesen Gedanken sehr anschaulich: "... **the quality of a product is its ability to satisfy the needs and expectations of the customers** ...". Ganz ähnlich argumentiert auch *Tribus* (1990, S. 2): "... *quality is what makes it possible for a customer to have a love affair with your product or service. Telling lies, decreasing the price or adding features, you create a temporary infatuation. It takes quality to sustain a love affair* ...". Weiter unten fügt er hinzu: "... *love is always fickle. Therefore, it is necessary to remain close to the person whose loyalty you wish to retain. You must be ever on the alert to understand what pleases the customer, because only customers define what constitutes quality. The wooing of the customer is never done* ...".

Zur Transformation der "**Stimme** des **Kunden**" in die "**Sprache** des **Ingenieurs**" kommt das *quality function deployment*-**Konzept** in Betracht. Diesem Ansatz liegt die Idee zugrunde, zunächst die Wünsche und Vorstellungen der Abnehmer zu erfassen und die Leistungsfähigkeit der Konkurrenzprodukte einzuschätzen. Daraufhin gilt es, die Schlüsselfaktoren für eine erfolgreiche Vermarktung von Produkten auf dem Absatzmarkt zu ermitteln und diese in **Konstruktions-** und **Teilemerkmale** sowie in **Betriebsabläufe** und **Produktionserfordernisse** zu übertragen. Im Mittelpunkt des *quality function deployment*-**Konzepts** steht das in *Abbildung* 2.3 dargestellte vier Häuser umfassende *house of quality* (vgl. *Cohen*, 1995, S. 11 ff., und *Griffin/Hauser*, 1993, S. 3 ff.).

- In der ersten Phase besteht das Anliegen darin, die **Bedürfnisse** der **Individuen** in **Konstruktionsmerkmale** zu übersetzen. Daneben vermittelt eine Konkurrenzanalyse Aufschluß über die **relativen Vorteile** und **Nachteile** des angebotenen Guts **gegenüber** den **Leistungen** der **Wettbewerber**.

- In der zweiten Phase gilt das Augenmerk der Aufgabe, die für den Erfolg am Markt als relevant erachteten **Konstruktionsmerkmale** in **Teilemerkmale** zu übertragen. Damit lassen sich jene Bauteile identifizieren, die es **noch** zu **verbessern** oder sogar erst **noch** zu **gestalten** gilt.

- In der dritten Phase sind aus den **Teilemerkmalen** die für die Produktion erforderlichen **Betriebsabläufe** abzuleiten. Diese Analyse liefert Hinweise zum Beispiel auf **Engpässe** im **Betriebsablauf** und auf bislang noch nicht **überschaubare Arbeitsschritte**.

- Die vierte Phase zeichnet sich dadurch aus, daß **Betriebsabläufe** in **Produktionserfordernisse** zu transformieren sind. Hierzu bedarf es einer genauen **Beschreibung** der **Bauteile** sowie der **Verwendungszwecke** und der **Verwendungsintensität**.

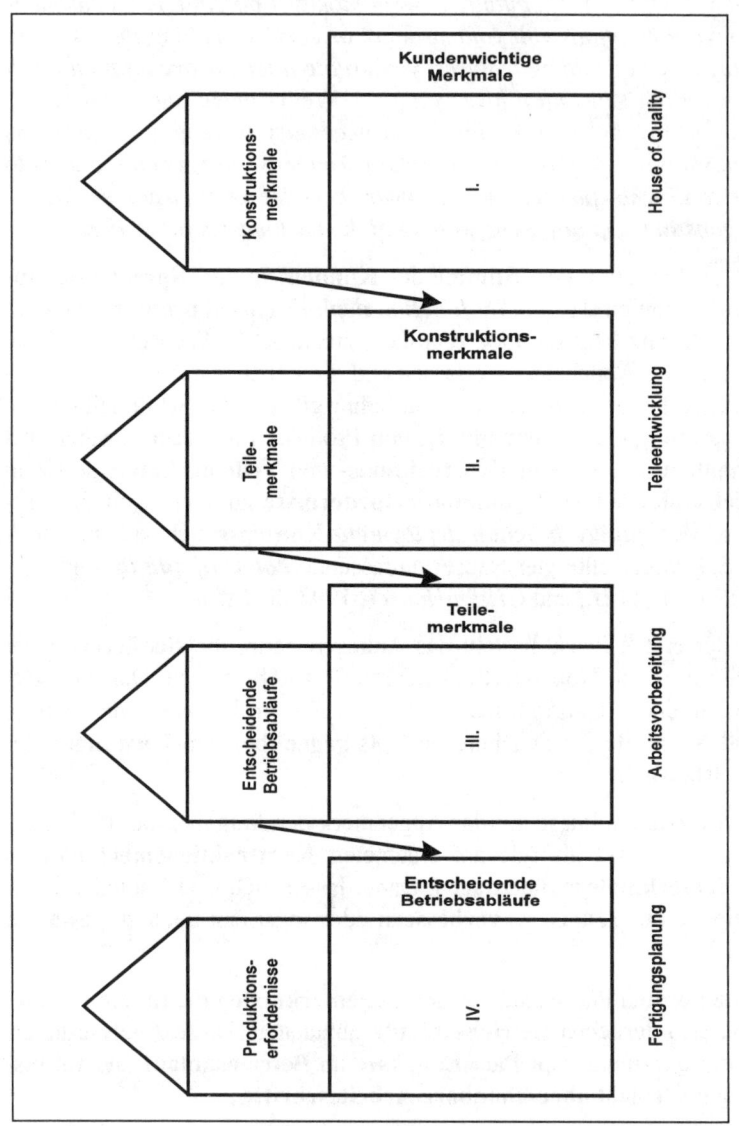

*Abbildung 2.3: Die vier Häuser des house of quality*

Zwei Beispiele verdeutlichen das breite Spektrum der möglichen Anwendungen des *quality function deployment*-Ansatzes:

- Bei *Philips* wurde das *quality function deployment*-Konzept zur Entwicklung eines **Mikrowellenherds** verwendet. Dabei stellte sich heraus, daß die Nachfrager großen Wert auf eine Glasscheibe zur Beobachtung der Gerichte legten. Außerdem sollte die zur Anordnung der Speisen erforderliche Platte rotieren, obwohl dieses Produktmerkmal für das Kochen, Garen und Erhitzen ohne Belang ist.

- Bei *Saab* kam der *quality function deployment*-Ansatz zur Konzeption eines **Handschuhfachs** zum Einsatz. Lange Zeit waren Ingenieure und Techniker davon überzeugt, daß ein Handschuhfach einen **DIN A4-Briefumschlag** und einen **Fotoapparat** fassen sollte. Es stellte sich jedoch heraus, daß der Zugang und die Handhabung bei der Beurteilung des Handschuhfachs wesentlich wichtiger waren.

### 5.3 Grundzüge des Kundenzufriedenheitskonzepts

Das Postulat der Kundenorientierung vor Augen sieht sich ein Anbieter unablässig herausgefordert, ein Höchstmaß an **Kundenzufriedenheit** zu erreichen. Die Bedeutung des **Zufriedenheitsurteils** für die **Bewertung** der **Qualität** eines **Produkts** resultiert aus seiner Indikatorfunktion für das tatsächliche Kaufverhalten (vgl. *Simon/Homburg*, 1997, S. 17 ff., und *Homburg/Rudolph*, 1997, S. 31 ff.). Wie in Abschnitt 3 erläutert, ergibt sich die (**Un-**)**Zufriedenheit** aus einem komplexen Informationsverarbeitungsprozeß, der im Kern aus einem **Soll-Ist-Vergleich** zwischen der **Erfahrung** eines **Nachfragers** mit der **erlebten Leistung** (Ist) und seiner **Erwartung** hinsichtlich der **Qualität** (Zwecktauglichkeit) des Guts (Soll) besteht.

Die aus dem **Vergleich** resultierende **Kongruenz** oder **Divergenz** zwischen der erlebten und erwarteten Produktqualität kommt in der (**Nicht-**)**Bestätigung** zum Ausdruck (vgl. *Abbildung* 2.4). Aus der Fülle der Definitionsansätze eignet sich die Begriffsbestimmung von *Anderson* (1994, S. 20): "... *consumer satisfaction is generally construed to be a postconsumption evaluation dependent on perceived quality or value, expectations, and confirmation/disconfirmation - the degree (if any) of discrepancy between actual and expected quality* ...".

*Abbildung* 2.4 verdeutlicht, daß das Ausmaß der (Nicht-)Bestätigung der Erwartungen an die Produktqualität von der subjektiv erfahrenen abhängt. Die **Qualitätswahrnehmung** geht unmittelbar mit dem Kauf- und Kon-

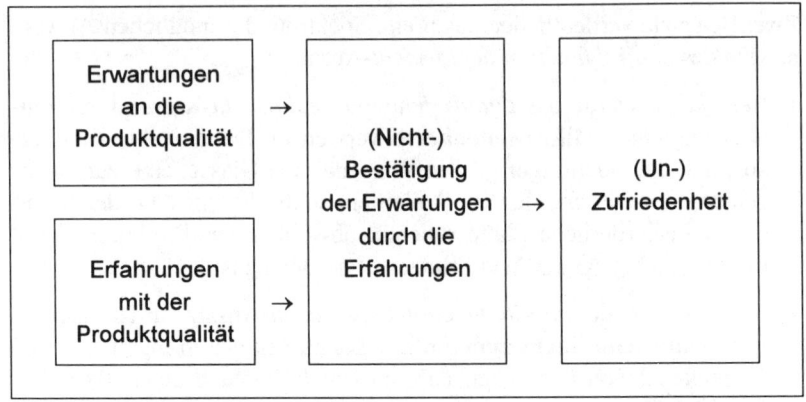

Abbildung 2.4: Zusammenhang zwischen Produktqualität und (Un-)
Zufriedenheit

sumerlebnis einher und läßt sich als **globales Urteil** eines Nachfragers
bezüglich der **Zwecktauglichkeit** eines **Erzeugnisses** charakterisieren.
Dabei schätzt der Betroffene jede für ihn relevante Eigenschaft des erworbenen Produkts im Hinblick auf den beabsichtigten **Verwendungszweck** ein, um anschließend die Teilurteile auf der Basis einer **Entscheidungsregel** zu einem **Qualitätsurteil** zu verknüpfen.

Die Erwartung des Abnehmers repräsentiert ein bestimmtes **Qualitätsniveau**, das sich dieser von einem Gut erhofft (vgl. *Fornell*, 1992, S. 8 ff.).
Sie dient dem Käufer als Beurteilungsmaßstab, an dem er die Qualität der
konsumierten Leistung mißt. Das Niveau der Erwartung entsteht dabei
zum einen aus den **vorangegangenen Konsumerlebnissen**, also der Erfahrung mit dem interessierenden Produkt. Zum anderen, und dies gilt im
besonderen Maße für den Fall des erstmaligen Erwerbs und Konsums eines bestimmten Erzeugnisses, leitet der Nachfrager neben anderen Informationen vor allem aus den **Preisen** der zur **Auswahl stehenden Alternativen** eine Vorstellung über die Qualität des ins Auge gefaßten Produkts ab. Entspricht das vorliegende Gut in allen Belangen den Vorstellungen des Nachfragers, stellt sich Zufriedenheit ein (vgl. *Oliver/DeSar-
bo*, 1988, S. 495 ff., sowie *Churchill/Suprenant*, 1982, S. 491 ff.).

Die Relevanz eines **Zufriedenheitsurteils** für den **Unternehmenserfolg**
liegt auf der Hand (vgl. *Abbildung* 2.5): Wie zahlreiche Studien verdeutlichen, weisen **zufriedene Kunden** eine **große Loyalität** gegenüber einer
einmal erworbenen Leistung eines bestimmten Anbieters auf (vgl. *Burmann*, 1991, S. 249 ff., und *Dichtl/Peter*, 1996, S. 15 ff.). Die damit verbundene **Wiederkaufrate** sichert dem Unternehmen eine dauerhafte Ab-

satzbasis, und die loyalen Kunden verkörpern somit einen **bedeutsamen immateriellen Wert**. Dies sei anhand eines Beispiels dokumentiert: Mit Hilfe der Kapitalwertmethode läßt sich zeigen, daß der Barwert des Umsatzes, den zum Beispiel ein Restaurant mit 100 loyalen Besuchern, die an 200 Arbeitstagen pro Jahr jeweils ein Menü für 8 DM verzehren, bei einem Zinssatz von acht Prozent und einem Zeitraum von fünf Jahren etwa 640.000 DM beträgt.

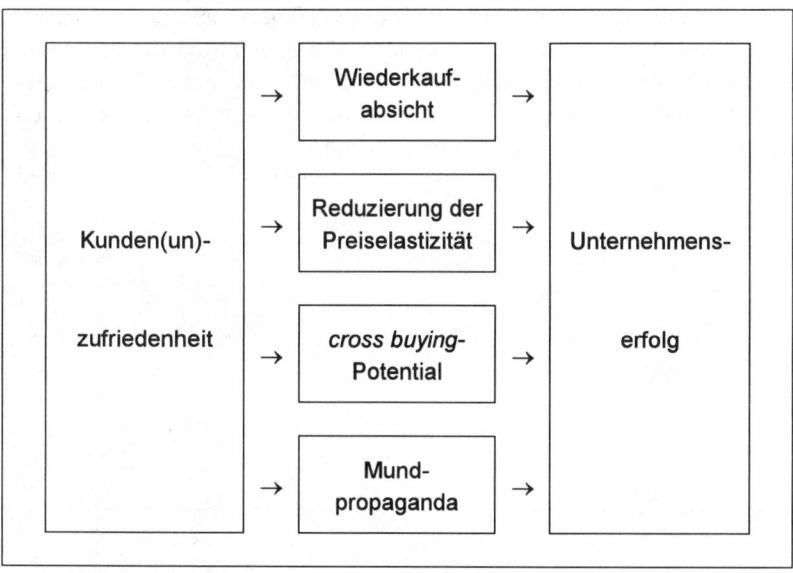

*Abbildung 2.5: Zusammenhang zwischen Zufriedenheit und Unternehmenserfolg*

Ein weiteres Argument, das ins Feld geführt werden kann, bildet die mit einer hohen Zufriedenheit einhergehende **Reduzierung** der **Preiselastizität** der **Kunden** (vgl. *Anderson/Fornell/Lehmann*, 1994, S. 55 ff.). Zufriedene Nachfrager zeigen eine höhere Bereitschaft, mehr für eine Leistung zu bezahlen und wandern dementsprechend bei einer Preiserhöhung nicht sofort zu einem Wettbewerber mit einem preisgünstigeren Angebot ab. Diese **niedrige Preissensibilität** eröffnet dem betreffenden Anbieter eine Fülle **preispolitischer Aktionsmöglichkeiten** und reduziert gleichzeitig die **taktischen Optionen** der **Konkurrenten**. Häufig reichen **beachtliche Preisabschläge** und **unentgeltliche Zusatzleistungen**, wie kostenlose Zulieferung und Wartung, nicht aus, um einen zufriedenen Nachfrager abzuwerben.

Außerdem erhöht die Kundenzufriedenheit auch das *cross selling*-Potential eines Anbieters, da **zufriedene Kunden** eher geneigt sind, **größere Mengen** zu beziehen und unter Umständen auch zu **anderen Leistungen** aus dem Sortiment zu greifen (vgl. *Reichheld/Sasser*, 1990, S. 108 ff.).

Schließlich entsteht ein weiterer positiver Effekt auf den Unternehmenserfolg durch die verstärkte Neigung zufriedener Kunden, die Vorteile eines Produkts (und möglicherweise die Nachteile des Konkurrenzangebots) anderen Konsumenten zu vermitteln. Die **Mundpropaganda** zeichnet sich durch ein **hohes Maß** an **Glaubwürdigkeit** aus und erleichtert dadurch die Akquisition von Neukunden. Zusätzlich trägt die damit einhergehende gute Reputation des Anbieters dazu bei, neue Güter erfolgreich am Markt zu plazieren, die entscheidenden Absatzkanäle zu besetzen und leistungsfähige Zulieferer zu gewinnen.

# Quellen

*Akao, Y.*, Eine Einführung in Quality Function Deployment, in: *Akao, Y.*, (Hrsg.), QFD - Quality Function Deployment, Landsberg 1992, S. 15-34.

*Albers, S.*, Gewinnorientierte Neuproduktpositionierung in einem Eigenschaftsraum, in: Zeitschrift für betriebswirtschaftliche Forschung, 1989, S. 186-209.

*Anderson, E. W.*, Cross-Category Variation in Customer Satisfaction and Retention, in: Marketing Letters, 1994, S. 19-30.

*Anderson, E./Fornell, C./Lehmann, D.*, Customer Satisfaction, Market Share, and Profitability: Findings from Sweden, in: Journal of Marketing, 1994, S. 53-66.

*Bauer, H. H.*, Marktabgrenzung: Konzeption und Problematik von Ansätzen und Methoden zur Abgrenzung und Strukturierung von Märkten unter besonderer Berücksichtigung von marketingtheoretischen Verfahren, Berlin 1989.

*Berekoven, L.*, Die Bedeutung Wilhelm Vershofen für die Absatzwirtschaft, in: Jahrbuch der Absatz- und Verbrauchsforschung, 1979, S. 2-10.

*Bergman, B./Klefsjö, B.*, Quality, Lund 1994.

*Bierfelder, W.*, Vershofens Nutzen-Leiter reaktiviert, in: Jahrbuch der Absatz- und Verbrauchsforschung, 1979, S. 343-350.

*Brockhoff, K.*, Produktpolitik, 3., erw. Aufl., Stuttgart 1993.

*Burmann, C.*, Konsumentenzufriedenheit als Determinante der Marken- und Händlerloyalität - Das Beispiel Automobilindustrie, in: Marketing ZFP, 1991, S. 249-258.

*Churchill, G. A./Suprenant, C.*, An Investigation into the Determinants of Customer Satisfaction, in: Journal of Marketing Research, 1982, S. 491-504.

*Cohen, J. B.*, The Structure of Product Attributes: Defining Attribute Dimensions for Planning and Evaluation, in: *Shocker, A. D.*, (Hrsg.), Analytic Approaches to Product and Marketing Planning, Cambridge 1979, S. 54-86.

*Cohen, L.*, Quality Function Deployment Reading, 1995.

*Dichtl, E./Peter, S.*, Kundenzufriedenheit und Kundenbindung in der Automobilindustrie: Ergebnisse einer empirischen Untersuchung, in: *Bauer, H. H./Dichtl, E./Herrmann, A.*, (Hrsg.), Marktforschung im Automobilsektor, München 1996, S. 15-31.

*Fornell, C.*, A National Customer Satisfaction Barometer: The Swedish Experience, in: Journal of Marketing, 1992, S. 6-21.

*Graumann, C.-F./Willig, R.*, Wert, Wertung, Werthaltung, in: *Thomae, H.*, (Hrsg.), Enzyklopädie der Psychologie, Themenbereich C, Serie IV, Bd. 1, Theorien und Formen der Motivation, Göttingen 1983, S. 313-396.

*Griffin, A./Hauser, J.*, The Voice of the Customer, in: Marketing Science, 1993, S. 1-27.

*Herrmann, A.*, Produktwahlverhalten: Erläuterung und Weiterentwicklung von Modellen zur Analyse des Produktwahlverhaltens aus marketingtheoretischer Sicht, Stuttgart 1992.

Derselbe, Wertorientierte Produkt- und Werbegestaltung, in: Marketing ZFP, 1996, S. 153-163.

Derselbe, Marktorientiertes Qualitätsmanagement - eine Erweiterung des Quality Function Deployment-Ansatzes aus marketingtheoretischer Sicht, in: Zeitschrift für Planung, 1997, S. 185-196.

*Homburg, C./Rudolph, B.*, Theoretische Perspektiven zur Kundenzufriedenheit, in: *Simon, H./Homburg, C.*, (Hrsg.), Kundenzufriedenheit: Konzepte - Methoden - Erfahrungen, 2., aktual. und erw. Aufl., Wiesbaden 1997, S. 31-54.

*Howard, J. A.*, Consumer Behavior: Application and Theory, New York 1977.

*Johnson, M. D.*, Consumer Choice Strategies for Comparing noncomparable Alternatives, in: Journal of Consumer Research, 1984, S. 741-753.

*Kamiske, G. F./Hummel, T. G. C./Malorny, C./Zoschke, M.*, Quality Function Deployment - oder das systematische Überbringen der Kundenwünsche, in: Marketing ZFP, 1994, S. 181-190.

*Kroeber-Riel, W./Weinberg, P.*, Konsumentenverhalten, 6., völlig überarb. Aufl., München 1996.

*Lancaster, K. J.*, A new Approach to Consumer Theory, in: Journal of Political Economy, 1966, S. 132-157.

*Myers, J./Shocker, A. D.*, The Nature of Product related Attributes, Arbeitspapier, University of Chicago, Chicago 1980.

*Myers, J. H./Tauber, E.*, Market Structure Analysis, Chicago 1977.

*Nieschlag, R./Dichtl, E./Hörschgen, H.*, Marketing, 18., neu bearb. Aufl., Berlin 1997.

*Oliver, R. L./DeSarbo, W.*, Response Determinants in Satisfaction Judgements, in: Journal of Consumer Research, 1988, S. 495-507.

*Reichheld, F. F./Sasser, W. E.*, Zero Defections: Quality comes to Services, in: Harvard Business Review, 1990, S. 105-111.

*Reynolds, T. J./Gutman, J.*, Laddering: Extending the Repertory Grid Methodology to construct Attribute-Consequence-Value Hierarchies, in: *Pitts, R. E./Woodside, A. G.* (Hrsg.), Personal Values and Consumer Psychology, Lexington 1984, S. 155-168.

Dieselben, Laddering Theory, Methods, Analysis, and Interpretation, in: Journal of Advertising Research, 1988, S. 11-31.

*Rokeach, M.*, The Nature of Human Values, New York 1973.

*Silberer, G.*, Einstellungen und Werthaltungen, in: *Irle, M./Bussmann, W.*, (Hrsg.), Enzyklopädie der Psychologie, Themenbereich D, Serie III, Bd. 4, Marktpsychologie als Sozialwissenschaft, Göttingen 1983, S. 533-625.

*Simon, H./Homburg, C.*, Kundenzufriedenheit als strategischer Erfolgsfaktor - Einführende Überlegungen, in: *Simon, H./Homburg, C.*, (Hrsg.), Kundenzufriedenheit: Konzepte - Methoden - Erfahrungen, 2., aktual. und erw. Aufl., Wiesbaden 1997, S. 17-30.

*Stauss, B.*, Total Quality Management und Marketing, in: Marketing ZFP, 1994, S. 149-159.

*Trommsdorff, V.*, Konsumentenverhalten, 2., überarb. Aufl., Stuttgart 1993.

*Tribus, M.*, Quality, in: ASQC Statistics Division Newsletter, 1990/Nr. 3, S. 2.

*Tversky, A./Hemenway, K.*, Objects, Parts, and Categories, in: Journal of Experimental Psychology, 1984, S. 169-193.

*Urban, G. L./Hauser, J. R.*, Design and Marketing of New Products, 2. Aufl., Englewood Cliffs 1993.

*Vershofen, W.*, Die Marktentnahme als Kernstück der Wirtschaftsforschung, Berlin 1959.

*Zeithaml, V. A.*, Consumer Perceptions of Price, Quality, and Value: A Means-End Model and Synthesis of Evidence, in: Journal of Marketing, 1988, S. 2-22.

# Dritter Teil

# Grundlagen des Produktmanagement-Konzepts

## Überblick

- Das Augenmerk gilt dem Produktwahlverhalten als Erkenntnisgegenstand im Produktmanagement. Nach einer Beschreibung und Spezifikation dieses Realphänomens interessieren vor allem die konstitutiven Elemente und die modelltheoretischen Facetten einer Theorie des Produktwahlverhaltens.

- Die Gedanken zur Konzeptualisierung, Spezifizierung, Operationalisierung und Messung eines hypothetischen Konstrukts vermitteln eine Vorstellung über die Vorgehensweise zur Verankerung hypothetischer Phänomene in der empirischen Ebene.

- Das Interesse richtet sich auf die inhaltliche Präzisierung der sozialpsychologischen Konzepte, wie Einstellung, Präferenzbildung und Lernen. Sie bilden die Basis für das Verständnis der in der Psyche des Nachfragers ablaufenden aktivierenden und kognitiven Prozesse.

- Die Modelle zur Erfassung von Produktwahlverhalten stehen im Mittelpunkt der Betrachtung. Die Ansätze zur Rekonstruktion von rationalen Entscheidungen erfahren vor allem in der mikroökonomischen Theorie ihre Würdigung. Daneben existieren auch Modelle zur Abbildung von Entscheidungsanomalien, die vor allem zur Erklärung und Prognose von Kauf- und Konsumhandlungen Relevanz besitzen.

# 6 Produktwahlverhalten als Erkenntnisgegenstand im Produktmanagement

## 6.1 Zum Realphänomen Produktwahlverhalten

Kein Anbieter weiß im voraus, ob und inwieweit die potentiellen Abnehmer sein Erzeugnis durch **Kauf honorieren** oder durch **Nicht-Kauf bestrafen**. Um jedoch am Markt erfolgreich zu sein, ist das Unternehmen bemüht, seine Leistung so zu gestalten, daß sie den Wünschen und Vorstellungen der im Visier stehenden Personen entspricht. Dies setzt die Offenlegung jener **Determinanten** und **Mechanismen** voraus, die dafür verantwortlich sind, daß ein Produkt in den Augen der Individuen begehrenswert ist und ein anderes nur auf eine geringe Nachfrage stößt.

Aus diesen Überlegungen geht hervor, daß die **Erklärung** und **Prognose** des **Kauf-** und **Konsumverhaltens** ein zentraler Gegenstand im Produktmanagement sein muß. Allerdings explizieren Wissenschaftler und Praktiker dieses Anliegen nur in seltenen Fällen, sondern bringen es anhand bedeutsamer Fragen zum Ausdruck:

- Zu welchem Zeitpunkt kauft ein Nachfrager?
- Welche Marke wird von einem Individuum bevorzugt?
- Welche Einkaufsstätte wählt ein Konsument?

Hinter den aufgeworfenen Problemen stecken bestimmte **Vorstellungen** von **Produktwahlverhalten**, die in mehrfacher Hinsicht voneinander abweichen. Einige Marketer konzentrieren sich auf die Beantwortung der Frage nach der vom Nachfrager besonders oft aufgesuchten **Einkaufsstätte** (z. B. Supermarkt oder Fachgeschäft). In anderen Studien steht der vom Individuum bevorzugte **Einkaufszeitpunkt** (z. B. Mittagspause oder Abend) im Mittelpunkt der Betrachtung.

Ein Blick in die Literatur zum Kauf- und Konsumverhalten zeigt, daß die besondere Aufmerksamkeit der **Produkt-** beziehungsweise **Markenwahl** gilt. Dies verwundert nicht, da der Erfolg eines Unternehmens direkt vom Absatz der produzierten Güter oder offerierten Dienste abhängt. Die Beantwortung der Fragen, **wann** und **wo** ein Nachfrager diese Erzeugnisse kauft, bildet für den Anbieter so gesehen kein vordringliches Anliegen. Außerdem verkörpern die zuletzt genannten Fragen den Erkenntnisgegenstand der **distributions-** und **werbepolitischen** Forschungsbemühungen.

Der Herausbildung einer Kaufentscheidung liegt ein psychischer Prozeß zugrunde, in dem eine **Vielzahl** von **Faktoren** aus dem **ökonomischen**, **politisch-rechtlichen** und **sozialen** Umfeld ihre Wirksamkeit erlangen (vgl. *Bänsch*, 1996, S. 11 ff.). Darüber hinaus spielen auch die **situativen Gegebenheiten**, die **spezifischen Lebensumstände** und die **individuelle Markenwechselneigung** eine Rolle (vgl. *Hoyer/MacInnis*, 1997, S. 28 ff.). Allerdings läßt sich nur der Input (das **Marketing-Mix**) und der Output (der **Kauf** oder **Nicht-Kauf**) des Kaufentscheidungsprozesses beobachten. Alles was sich im Innern der Nachfragerpsyche abspielt, ist hingegen nicht direkt feststellbar. Hieraus ergeben sich die folgenden Konsequenzen für die **Erfassung** des **Produktwahlverhaltens** (vgl. *Herrmann*, 1992, S. 75 ff.):

- Einerseits besteht die Möglichkeit darin, die **psychischen Vorgänge** bei der Produktwahlhandlung auszusparen. Ansätze dieser Art (*black box*-**Modelle**) beschränken sich auf die Analyse der **beobachtbaren Stimuli** und der damit **einhergehenden Reaktionen**. Dabei stellt das **sichtbare Verhalten** einer Person in den Augen der Vertreter dieser Verfahren eine Funktion der zuvor von ihr aufgenommenen Reize dar. Zur Beschreibung des Zusammenhangs zwischen Stimuli und Reaktion kommen **mathematisch-statistische Ausdrücke** in Betracht. Allerdings finden die **kognitiven** und **aktivierenden Prozesse** im Innern des Individuums keine Berücksichtigung.

- Andererseits erscheint die Vorgehensweise naheliegend, der **Käuferpsyche** eine **hypothetische Struktur** zuzuschreiben und über die Abläufe im Innenleben sinnvolle Aussagen zu treffen. Hierzu bedarf es **hypothetischer Konstrukte**, wie Motivation, Einstellung und Wahrnehmung, die über eine **Operationalisierung** ihre empirische Verankerung erfahren. Durch die Formulierung von **Hypothesen** über den **Wirkungszusammenhang** zwischen diesen **theoretischen Begriffen** (den hyothetischen Konstrukten) entstehen aus *black box*-Ansätzen **verhaltenswissenschaftliche Modelle**.

Anknüpfend an *Kroeber-Riel* und *Weinberg* (1996, S. 49 ff.) lassen sich zwei Arten von Vorgängen in der Nachfragerpsyche voneinander unterscheiden:

- **Aktivierende Prozesse** sorgen gewissermaßen für die Initialzündung des Verhaltens, in dem sie das Individuum in einen Zustand der **Spannung** und **Erregung** versetzen. Durch die **Versorgung** der **menschlichen Existenz** mit Energie ist **zielorientiertes Handeln** erst möglich.

- Das bewußte Erleben und Reflektieren erfolgt durch **kognitive Prozesse**, durch die eine Person sich selbst und ihre Umwelt erkennt. Dadurch gelingt es, das **Verhalten willentlich** zu **steuern** und **auf Ziele** beziehungsweise beim Kaufakt auf Objekte **auszurichten**.

Aufgrund einer Berücksichtigung **hypothetischer Konstrukte** erweitern sich die Möglichkeiten zur Beschreibung und Erklärung des Realphänomens Produktwahlverhalten. Damit erschließt sich der Marktforscher eine umfangreiche Palette ganz unterschiedlicher theoretischer und methodischer Erkenntnisse aus verschiedenen wissenschaftlichen Traditionen, wie Psychologie und Soziologie. Gleichwohl ist nicht zu übersehen, daß diese Ansätze eine beachtliche **Komplexität** erreichen und das Problem der **Operationalisierung** und **Messung** solcher Termini auftritt.

Nach herrschender Meinung besteht keine allgemein gültige Vorgehensweise zur Analyse von Produktwahlverhalten. Häufig beginnt eine solche Untersuchung damit, daß der Marktforscher eine Fülle von **Produkt-** und **Nachfragertypen** nennt und ihre zentralen **Wesensmerkmale** herausarbeitet. Dieses **kasuistische Aufzählen** der **Analyseobjekte** und der zwischen ihnen **existierenden Relationen** kann aus **wissenschaftstheoretischer Sicht** nicht befriedigen. Hier gilt die Forderung, in Aussagen, die den Begriff Produktwahlverhalten betreffen, eine **zweckadäquate Festlegung** dieses **Terminus** zu integrieren.

## 6.2 Eine Definition von Produktwahlverhalten

Eine analytische Betrachtung des Ausdrucks Produktwahlverhalten läßt **zwei semantische Bedeutungen** erkennen: Eine **erste Spielart** knüpft an die Idee an, daß der Terminus nicht nur auf eine zumeist direkt beobachtbare, in einer bestimmten Sequenz ablaufende Kaufhandlung anzuwenden ist. Vielmehr berücksichtigt man auch die der Produktwahl voranstehende **Suche** nach **Informationen** über die zur Auswahl stehenden Objekte, die dem Kaufakt nachgelagerte **Überprüfung** der **erworbenen Alternative** und das sich hieran anschließende **Verbrauchs-** oder **Gebrauchserlebnis**. Darüber hinaus werden diesem Begriff auch die integralen Bestandteile des individuellen Verhaltens, zum Beispiel Markenwechselneigung und situative Einflüsse, subsumiert, die das Kaufverhalten maßgeblich beeinflussen, das heißt, es **steuern** und **prägen**.

So verstanden, umfaßt Produktwahlverhalten sowohl die "... *simple association between a stimulus and a response* ..." (*Nicosia*, 1966, S. 9) im Sinne eines nach dem **Stimulus-Reaktions-Schema** ablaufenden **Interaktionsprozesses** zwischen Anbieter und Nachfrager als auch die "... *very complex interaction among many behavior determinants* ..." (*Nicosia*, 1966, S. 9). In dieser sehr weiten Fassung finden auch die Verankerung des **Verhaltens** im **sozialen Kontext** und der **Einfluß** der **Persönlichkeitsstruktur** auf den Entscheidungsprozeß ihre Beachtung (vgl. *Schiffman/Kanuk*, 1983, S. 6 ff., und *Zaltman/Wallendorf*, 1983, S. 5 ff.).

Einer **zweiten Bedeutungsvariante** liegt die Überlegung zugrunde, die **eigentliche Wahlhandlung** aus dem **Wirkungsverbund** des **Kauf-** und **Konsumakts** herauszulösen. Dieser Begriffsbestimmung zufolge spricht man nur dann von Produktwahlverhalten, wenn das Verhalten unmittelbar **vor, während** oder unmittelbar **nach** dem **Kaufvorgang** gemeint ist. Infolgedessen wird Kaufverhalten als ein Gefüge von Relationen zwischen Elementen verstanden, das aus **Produkten, Eigenschaften** und dem **Nachfrager** besteht (vgl. *Abbildung* 3.1).

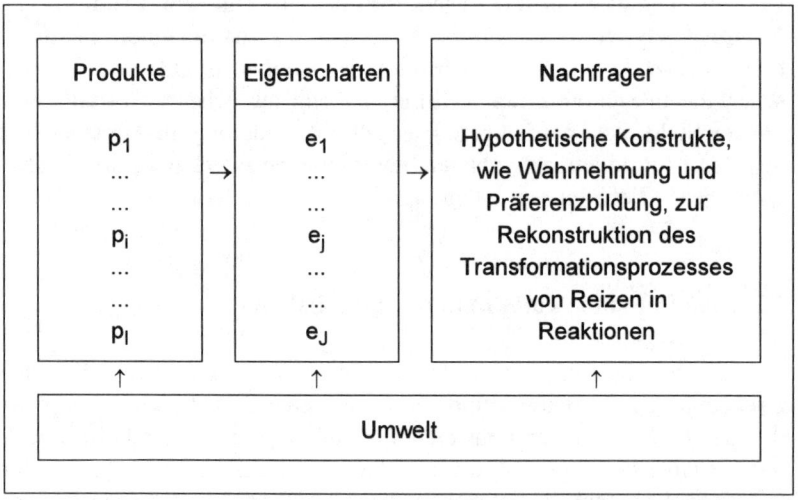

*Abbildung 3.1: Produktwahlverhalten als System von Beziehungen zwischen Elementen*

Darüber hinaus sind in der Psyche des Individuums Phänomene wirksam, die eine **Transformation** der **Reize** in **Reaktionen** bewirken. Diese Erscheinungen lassen sich als nicht beobachtbare Facetten einer Person beziehungsweise als **hypothetische Konstrukte** auffassen. Jede Einwirkung auf dieses Geflecht führt zu veränderten Beziehungen zwischen den Elementen und zeigt Auswirkungen auf das Produktwahlverhalten (vgl. *Herrmann*, 1992, S. 4 ff.).

## 6.3 Elemente einer Theorie des Produktwahlverhaltens

Die Erfahrungswissenschaften streben vor dem Hintergrund ihres theoretischen Wissenschaftsziels eine **Erklärung früherer** oder **gegenwärtiger** und eine **Vorhersage zukünftiger Sachverhalte** an (vgl. *Chmielewicz*, 1979, S. 80 ff. und 150 ff.). Hierzu dienen **Aussagen (Theorien)**, die im allgemeinen aus **mehreren Elementen (Begriffen)** bestehen. Zur Formulierung von Theorien über das Verhalten eines Individuums beim Produktkauf bedarf es im Sinne einer einheitlichen Sprachregelung der Präzisierung aller hierzu verwendeten Begriffe. Wie erläutert, lauten die in Betracht kommenden Termini **Produkte, Eigenschaften, Nachfrager** und **hypothetische Konstrukte**.

Die in Abschnitt 2.1 geführten Überlegungen zum Wesen eines Guts suggerieren seine Bedeutung als Mittel zur Befriedigung der Bedürfnisse von Abnehmern. Dabei steht die Leistung eines Erzeugnisses für die Fähigkeit des Anbieters, die **Probleme** der Nachfrager zu **lösen**. Die Einschätzung der Tauglichkeit eines Produkts zur Problemlösung hängt nicht vornehmlich von der **physikalisch-chemisch-technischen Beschaffenheit** ab. Vielmehr determiniert der unter Umständen von den objektiven Gegebenheiten abweichende **subjektive Informationsverarbeitungsprozeß** das Urteil des Individuums über die Leistungsfähigkeit des Objekts (vgl. *Urban/Hauser*, 1993, S. 201 ff.).

Erst das **Zusammenwirken** von **Wahrnehmung** und **technischer Leistung**, eingebettet im Umfeld begleitender **preis-, kommunikations-** und **distributionspolitischer Maßnahmen** und konfrontiert mit **Nutzenvorstellungen** und **Werthaltungen**, läßt das **Wahrnehmungsgesamt**, also die **subjektiv empfundene Leistung**, entstehen. Da die Leistung aus dem Wirkungsverbund des gesamten absatzwirtschaftlichen Instrumentariums resultiert, erscheint eine **synthetische Herauslösung** des Produkts aus dem Gefüge des Marketing-Mix unerläßlich. Insofern liegt die Idee nahe, ein Produkt als eine **physische Einheit** oder **Verrichtung** aus **wahrgenommenen, mit Nutzenerwartungen verknüpften Eigenschaften** aufzufassen (vgl. die in Abschnitt 2.1 diskutierten Definitionen).

Eigenschaften lassen sich ganz allgemein als das einem Objekt (Produkt, aber auch Individuen) **Eigene** kennzeichnen. Welche Merkmale ein Objekt aufweist und wie diese in Erscheinung treten, hängt sowohl von der **Beschaffenheit** des **Objekts** als auch von der Art der **Wechselwirkung** mit **anderen Objekten** und von der **Beschaffenheit** dieser **anderen Objekte** ab. Damit bilden Attribute die Basis dafür, daß Objekte in Beziehungen zueinander stehen und miteinander in Interaktion treten. Folglich fungieren Eigenschaften als **Deskriptoren** der **zwischen Objekten existierenden Relationen** (vgl. *Riepe*, 1984, S. 10 ff.).

Diese Ausführungen suggerieren die **Loslösung** der Eigenschaften von den Objekten und deren Interpretation als **ideelle, selbständige Wesen**. Die Vertreter einer konkurrierenden Sichtweise fordern dazu auf, die Eigenschaften mit den **individuellen Empfindungen** zu verknüpfen. Danach existieren Eigenschaften nur dann, wenn das Individuum sie auch wahrnimmt. Dies bedeutet, daß nicht die objektiven, **physikalisch-chemisch-technischen Eigenschaften** das Kaufverhalten steuern, sondern die in der Regel davon abweichende **subjektive Wahrnehmung** dieser Merkmale durch den Nachfrager.

Abnehmer, Käufer, Konsumenten und Nachfrager gelten allesamt als Träger von Bedürfnissen, die **autonom entstandene** oder durch **Sozialisation** erlernte **Antriebskräfte** im Innern eines Individuums verkörpern. Solche Kräfte stellen **handlungswirksame, aber unspezifizierte Impulse** dar, die auf kein konkretes Erzeugnis gerichtet sind. Bei der Kaufhandlung steht der Betroffene zahlreichen Gütern gegenüber, über die zumeist vielfältige Informationen vorliegen. Die Aufnahme und Verarbeitung dieser Produktinformationen bleibt von eigenen **Werten** und **Einstellungen** nicht unberührt. Ferner existieren **Sitten**, **Normen** und **Traditionen**, die alle Mittel zur Bedürfnisbefriedigung als gut oder schlecht einstufen (vgl. *Meffert*, 1992, S. 37 ff.).

Hierdurch entsteht eine **objektorientierte Handlungsabsicht**, die man als **Bedarf** bezeichnet. Dieser richtet sich im allgemeinen auf eine Produktart (z. B. Pkw der Mittelklasse), das heißt auf eine Menge von ähnlichen, mitunter konkurrierenden Erzeugnissen. Doch auch der Bedarf determiniert die Wahl einer Alternative (z. B. *BMW* 320) noch nicht unmittelbar. Erst wenn er sich soweit konkretisiert, daß das Individuum auch **Beschaffungsdispositionen** trifft, wird aus dem Bedarf die **absatzwirksame Nachfrage**. Der Abnehmer verteilt **knappe Ressourcen** (z. B. Zeit und Geld) auf die im Wettbewerb miteinander stehenden Produkte, und entscheidet sich für die Wahl einer Alternative.

Obwohl die Bedürfnisbefriedigung als **emotionaler** und **geistiger Prozeß** im Verborgenen abläuft, herrscht die Vorstellung, daß in der *Black Box* aller Personen die **gleichen hypothetischen Konstrukte** wirksam sind (vgl. *Trommsdorff*, 1993, S. 59 ff.), deren **Intensität** und **Ausprägung** allerdings **interindividuell variieren**. So entsteht ein **begrifflicher** und **theoretischer Bezugsrahmen**, der es erlaubt, Aussagen über die Wirkungsweise der im Innern einer Nachfragerpsyche ablaufenden Mechanismen zu formulieren. Hierzu kommen **Modelle** des **Produktwahlverhaltens** in Betracht, die die **theoretischen Begriffe** durch **Hypothesen miteinander verknüpfen** und durch **Operationalisierungsanweisungen empirisch verankern**.

## 6.4 Zur Analyse von Produktwahlverhalten mit Modellen

### 6.4.1 Der Begriff Modell

Ist von einem **Modell** die Rede, gilt das Augenmerk **zwei Systemen** und dem zwischen ihnen **existierenden Zusammenhang**. Einem **abzubildenden** oder zu **erklärenden System (Original)** steht ein **abbildendes** oder **erklärendes System (Modell)** gegenüber. Vor einer Analyse der Beziehungen zwischen den beiden Systemen lassen sich die zur Modellbildung erforderlichen Relationen mit dem Begriff **Ähnlichkeit** umschreiben. Eine Erläuterung des Wesens von Modellen erfordert eine Erweiterung der zwischen den beiden Systemen bestehenden Assoziation um jene **Subjekte**, die eine modellhafte Darstellung eines Realphänomens anstreben. Diese Ergänzung erscheint ratsam, weil in die **Konstruktion** von **Modellen** das Anliegen der Untersuchung und die **Wertungen** des Marktforschers einfließen (vgl. *Herrmann*, 1992, S. 11 ff.).

Ein Blick in die Literatur zeigt, daß der Terminus Modell durch die Bezugnahme auf jeweils andere **Originalobjekte**, durch die Zuordnung verschiedener **Modellarten** und durch die unterschiedliche Berücksichtigung der **Modellsubjekte** keine einheitliche Bestimmung erfährt. Allen Deutungsversuchen gemeinsam ist die Verwendung der zuvor erwähnten **Elemente** (Original, Modell und Modellsubjekt) und **bestimmter Anforderungen** an die **Ähnlichkeit zwischen Original** und **Modell**. Das noch zu lösende Problem besteht daher in der **Spezifikation** dieser **Ähnlichkeit**. Die strengste Anforderung hinsichtlich der **Ähnlichkeit zweier Mengen** konkretisiert sich im Anspruch auf **Isomorphie**. Sie liegt vor, sofern zwischen zwei Mengen eine **umkehrbar eindeutige** Zuordnung besteht. Jedem Element des Originals ist genau ein Element des Modells zugeordnet und umgekehrt. Darüber hinaus bestehen zwischen den beiden Mengen übereinstimmende Verknüpfungen der Elemente.

Eine Analyse realer Erscheinungen signalisiert, daß die einen **Produktmanager interessierenden Erkenntnisgegenstände**, wie Markenwechsel, Werbewirkung und Produktgestaltung, **sehr komplex** sind. Insofern erweist sich eine modellhafte Repräsentation der Wirklichkeit im Sinne der Isomorphie häufig weder **methodisch durchführbar** noch **gedanklich erfaßbar**. Da der Marktforscher außerstande ist, die Fülle des realen Geschehens in allen Einzelheiten zu erfassen, ergibt sich für die Modellbildung folgendes: Mit einem Modell wird versucht, "... *mittels isolierender Abstraktion die charakteristischen Tatbestände aus der Mannigfaltigkeit der Gegebenheiten herauszuheben, um so den komplexen Zusammenhang auf ein vereinfachtes gedankliches Gebilde zu reduzieren* ..." (*Kosiol*, 1961, S. 319). Aus der Fülle von Beziehungen, die das betrachtete Ereignis ausmachen, löst man jene heraus, die für die im Visier stehende Studie relevant erscheinen.

Aus wissenschaftstheoretischer Sicht impliziert diese Vorgehensweise eine Auflösung des Anspruchs auf Isomorphie. Eine Abbildung eines **Originals** durch ein **Modell** ist zwar **nach wie vor eindeutig**, jedoch **nicht zwingend umkehrbar eindeutig (Homomorphie)**. Hiernach bilden die im Modell dargestellten Verquickungen der Elemente eine zum Original analoge, aber nicht notwendigerweise dieselbe Struktur. Folglich läßt sich ein Modell als "... *ein System von Elementen ..., das zu einem gegebenen Aspekt der Wirklichkeit so in Beziehung gesetzt wird, daß ... Elemente und Relationen des Modells ein homomorphes Bild ... bestimmter Elemente ... und Relationen der Wirklichkeit sind ...*" definieren (*Klein*, 1971, S. 37).

Häufig setzt man die Begriffe **Modell** und **Theorie** gleich, da auch theoretische Aussagen einen Versuch zur Abbildung realer Phänomene verkörpern. Nach herrschender Meinung gelten Theorien jedoch als Systeme **generalisierender Aussagen** mit **möglichst umfassendem sachlichem** und **unbegrenztem räumlich-zeitlichem Geltungsbereich**. Aus dieser Wesensbestimmung folgt, daß sich Theorien auf **weit mehr beziehen**, als aus dem **gegenwärtigen Gegenstandsbereich** hervorgeht. Jede theoretische Aussage schließt unendlich viele zukünftige Ereignisse ein, die aus der vorliegenden Erscheinung resultieren. Da Theorien in räumlich-zeitlich begrenzten Testsituationen ihre Überprüfung erfahren, existiert vordergründig eine **Affinität** zwischen **Aussagensystem** und Originalobjekt. *Köhler* (1974, S. 2708) meint hierzu folgendes: "... *da gerade diese, am konkreten Fall zu überprüfende Ähnlichkeitsbeziehung als Modellkriterium hervorgehoben worden ist*, erscheint es nur konsequent, wenn man unter Modellen ... nur solche Aussagengebilde versteht, die auf die *Beschreibung, Erklärung, Vorhersage ... eines raum-zeitlich spezifizierten Problemgegenstandes zugeschnitten sind ...*".

### 6.4.2 Modelltypen im Überblick

Aus verhaltenswissenschaftlichen Beiträgen geht hervor, daß eine Vielzahl von Faktoren aus dem **psychischen** und **sozialen Bereich** das Produktwahlverhalten beeinflussen (vgl. *Wiendick/Bungard/Lück*, 1983, S. 23 ff.).

- Zu den **psychischen Einflüssen** gehören zum Beispiel die Markenwechselneigung oder momentanen Gefühlsregungen, wie Freude oder Angst.

• Die **sozialen Effekte** umfassen beispielsweise die Ratschläge von Freunden und Bekannten oder die sozialen Normen.

Was vor allem interessiert, ist deren **Verzahnung** mit den **absatzpolitischen Handlungsmöglichkeiten** eines Unternehmens. Hierzu kommen **formalisierte** und **operationalisierte Marketingmodelle** in Betracht, von denen zwei Varianten, die *black box-* und die **Strukturmodelle** (**verhaltenswissenschaftliche Ansätze**), existieren (vgl. *Corstjens/Gautschi*, 1983, S. 20 ff.).

Den *black box-***Ansätzen** liegt die Idee zugrunde, daß sich die Analyse des Produktwahlverhaltens auf die Daseinsäußerungen des Individuums (Reaktion) sowie auf die äußeren, auslösenden und bekräftigenden Reize (Stimuli) beschränkt und sich jeder spekulativen Annahme über innere Zustände des Nachfragers enthält. Die **methodische Einfachheit** dieser Modelle beruht auf der vom **Behaviorismus** postulierten Prämisse, derzufolge im Innern der Käuferpsyche **Vorgänge wirksam sind,** die sich als **mechanistische Prozesse** kennzeichnen lassen. Dabei klammert man die **Psyche** nicht aus, sondern verbirgt sie in einer *Black Box* mit implizit vermuteten, nicht weiter reflektierten Eigenschaften, die als **homo oeconomicus** symbolisiert werden (vgl. *Abbildung* 3.2).

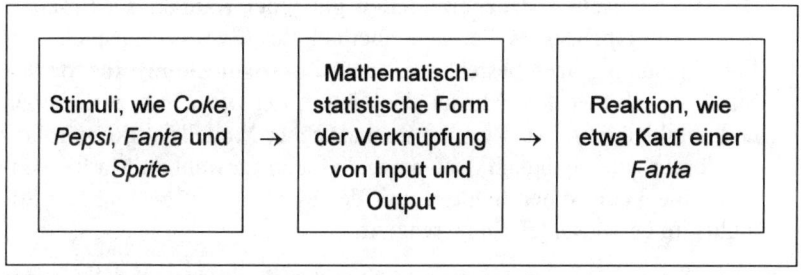

*Abbildung 3.2: Grundstruktur der black box-Modelle*

Das Anliegen der *black box-***Ansätze** besteht darin, einen beobachteten Output (z. B. Kauf von *Pepsi*) in **mathematisch-statistischer Form** mit Inputvariablen (z. B. Attribute der zur Auswahl stehenden *soft drinks*) zu verknüpfen (vgl. *Bänsch*, 1996, S. 139 ff.). Hierzu liegt die folgende Vorgehensweise nahe: Den Ausgangspunkt bilden Stimuli (z. B. *Pepsi, Coke, Sprite* und *Fanta*), die auf den Nachfrager einwirken. **Wie er diese Reize verarbeitet** und **warum bestimmte Reaktionen** erfolgen, bleibt der Betrachtung verborgen. Was den Marktforscher interessiert, sind die beobachtbaren Reaktionen der Konsumenten (z. B. Kauf einer *Fanta*). Die

**funktionale Verzahnung** von **Input-** und **Outputvariablen** basiert auf folgender Idee:

- Zunächst lassen sich durch eine **Variation** der **Stimuli** bei gleichzeitiger **Überprüfung** der **Reaktionen** Hypothesen über den Wirkungszusammenhang dieser Größen formulieren.

- Daraufhin dienen Experimente zur **sukzessiven Durchdringung** des zwischen **Stimuli** und **Reaktionen** existierenden **Beziehungsgefüges**.

Aus der Vielzahl dieser Modelle ragen zwei Typen, **regressionsanalytische** und **stochastische Ansätze**, hervor (vgl. *Meyer/Kahn*, 1991, S. 85 ff., und *Wagner*, 1985, S. 24 ff.).

- **Regressionsanalytische Modelle** bestehen aus einer abhängigen, zu erklärenden Größe und einer oder mehreren unabhängigen, erklärenden Variablen. In der **Struktur** der **Regressionsgleichung** spiegelt sich die Funktionsweise der *Black Box* wider, die jedoch nicht Gegenstand inhaltlicher Hypothesen ist. Ansätze dieser Art zielen beispielsweise darauf ab, Schwankungen der Absatzmenge aus Veränderungen der produktpolitischen Aktivitäten eines Anbieters zu erklären. Zu diesen als **Marktreaktionsmodelle** bezeichneten Ansätzen gehört auch die aus dem Preismanagement bekannte **Preis-Absatz-Funktion**.

- Bei **stochastischen Prozeßmodellen** gilt jeder Kaufakt als Ergebnis eines **Zufallsprozesses**, der sich innerhalb der *black box* abspielt. Der Entscheidungsprozeß besteht aus einem **Zufallsmechanismus**, dessen Struktur sich aus dem Muster des Output der *black box* erschließen und abbilden läßt. Das Resultat stochastischer Modelle verkörpert keine Voraussage bezüglich der vom Individuum gewählten Marke, sondern eine **Wahrscheinlichkeit**, mit der es auf einen bestimmten Stimulus im gewünschten Sinne reagiert.

Die Einführung des **Organismus** in Stimulus-Reaktions-Modelle bringt zum Ausdruck, daß die zuvor vermeintlich ausgeklammerten, tatsächlich jedoch stets existierenden Prozesse im Innern der Nachfragerpsyche den Gegenstand der Untersuchung bilden. Diese Ansätze entstammen allerdings noch immer der **neobehavioristischen Forschungstradition**, die eine Abhängigkeit der Konsumentenreaktionen von vorliegenden Reizen suggeriert, gleichwohl nicht mehr unmittelbar, sondern modifiziert durch eine Fülle hypothetischer Konstrukte (vgl. *Herkner*, 1991, S. 21 ff., und *Zimbardo*, 1992, S. 5 ff.). Die Hinwendung zum Käufer bedeutet nicht, daß die **Einzigartigkeit** eines Individuums im Mittelpunkt einer Untersuchung steht, auch nicht, daß die **wirklichkeitsgetreue Rekonstruktion psychischer Prozesse** interessiert. Vielmehr verkörpern diese Modelle einen Versuch, das Produktwahlverhalten anhand weniger, aber verhaltenskorrelierter Merkmale offenzulegen. Zur Erhellung des im Innern einer Person ablaufenden Vorgangs bietet sich folgende Vorgehensweise an (vgl. *Bettman/Johnson/Payne*, 1991, S. 50 ff., und *Howard/Sheth*, 1969, S. 19 ff.):

- Zunächst wird eine Menge von als bedeutsam erachteten hypothetischen Konstrukten bestimmt.

- Daraufhin formuliert man Hypothesen über den zwischen ihnen existierenden Zusammenhang.

Zu den prominentesten Vertretern dieser Ansätzen gehören beispielsweise die *joint space*-**Modelle** und das *Conjoint Measurement* (vgl. die Abschnitte 8.2.3 und 8.3.2). Ein Blick in die Literatur verdeutlicht die **vielfältigen Anwendungsmöglichkeiten** und die **produktpolitische Relevanz** dieser Ansätze. Der Wert der Befunde erscheint jedoch dann fraglich, wenn Ergebnisse vorliegen, die sich einer theoriegeleiteten Interpretation verschließen. Dies liegt im wesentlichen an zwei Gründen:

- Es taucht das Argument auf, daß das Produktwahlverhalten durch den Einfluß kaum spezifizierbarer Variablen, wie **situative Faktoren** oder **Markenwechselneigung**, gekennzeichnet und deshalb kaum prognostizierbar ist.

- Außerdem fällt auf, daß die bislang konstruierten Modelle und die eingesetzten Meßverfahren noch **unzureichend entwickelt sind**, da sie sich jeweils nur auf bestimmte **Facetten** des **Produktwahlverhaltens** beziehen.

Diese kritischen Einwände bewirken den Übergang von den **einfachen Strukturmodellen** zu den **komplexen Stimulus-Organismus-Reaktions-Ansätzen**, zu denen vor allem die Konzeptionen von *Nicosia*, von *Howard* und *Sheth* sowie von *Engel, Kollat* und *Blackwell* zählen (vgl. *Bänsch*, 1996, S. 11 ff.). Diese Modelle zeichnen sich dadurch aus, daß sie ein **Gefüge** von hypothetischen Konstrukten verkörpern, wobei die selbstbestimmte Rolle des Käufers akzeptiert wird. Hierbei fängt man die **wenig zufriedenstellende prognostische Validität** dieser Ansätze nicht über den Hinweis auf eine Fehlervarianz auf, sondern erklärt sie mit der **Entscheidungsautonomie** des Konsumenten.

Die Vertreter dieser Modelle postulieren aufgrund theoretischer Gedanken die Existenz einer bestimmten **psychischen Struktur**, das heißt eines stimmigen Gefüges von aufeinander abgestimmten Hypothesen. Sie teilen die **mentalen Prozesse** in **Phasen** ein, die durch Variablen wie **Motive**, **Einstellungen** und **Präferenzen**, gekennzeichnet sind. Wird ein derart modellierter Organismus mit einem Reiz konfrontiert, läßt sich der Prozeß seiner Verarbeitung daran ablesen, wie die einzelnen Variablen variieren. Es fällt auf, daß man die Gültigkeit der behaupteten Prozeßstruktur kaum überprüfen kann. Dies liegt sowohl an der **Vielschichtigkeit** der einzelnen **hypothetischen Konstrukte** als auch am **wenig präzisen Zusammenhang** zwischen jeweils zwei **Variablen**.

Das in *Abbildung* 3.3 dargestellte **Modell** von *Howard* und *Sheth* verzahnt **empirisch meßbare Inputvariablen** (Stimuli) mit gleichfalls beobachtbaren **Outputvariablen** (Reaktionen). Die Transformation von Input in Output erfolgt im Organismus, der aus einer Reihe miteinander vernetzter hypothetischer Konstrukte, wie Motive und Aufmerksamkeit, besteht. Psychographische und soziodemographische Faktoren kommen als exogene Größen in Betracht, die im Modell keine explizite Berücksichtigung finden. **Inputvariablen**, zu denen zum Beispiel **Qualität**, **Preis** und **Service** gehören, wirken von außen und verursachen eine **Erregung** des **Organismus**. Hinter den **hypothetischen Konstrukten** verbergen sich zwei Mechanismen der Reizverarbeitung, das **Wahrnehmen** und das **Lernen**. Im Bereich der **Outputvariablen** differenziert das Modell zwischen mehreren Möglichkeiten der Stimuluswirkung. Neben der **Markenwahl** kommen unter anderem auch die **Kaufabsicht** und die **Einstellung** als Outputgrößen in Betracht. Diese Variablen unterscheiden sich von den Wahrnehmungs- und Lernkonstrukten dadurch, daß sie einer Beobachtung zugänglich und im Grunde meßbar sind.

## 6.5 Konzeptualisierung, Operationalisierung und Messung eines hypothetischen Konstrukts

### 6.5.1 Zentrale Begriffe

Die in Modellen des Produktwahlverhaltens **verwendeten Begriffe** und **formulierten Aussagen** (Theorien) gehören der **theoretischen Sprache** an. Zur Überprüfung des Erklärungs- und Prognosegehalts von Theorien erscheint folglich eine **Konfrontation** dieser Theorien mit dem **realen Geschehen** unerläßlich. Dabei taucht die Schwierigkeit auf, daß die theoretische Sprache keinen direkten Bezug zu wirklichen Gegebenheiten besitzt. Dies bedeutet, daß die Termini der theoretischen und empirischen Sprache **logisch unverbunden** sind und sich zwischen ihnen auch **keine zwingende Verbindung** herstellen läßt. Die Bestimmung der **Relevanz theoretischer Aussagen** setzt daher eine Übersetzung der theoretischen Begriffe in die Beobachtungssprache mit Hilfe geeigneter **Dimensionen**, **Faktoren** und **Indikatoren** voraus. Hierzu bedarf es einer **Konzeptualisierung**, **Operationalisierung** und **Messung** der vorliegenden hypothetischen Konstrukte (vgl. *Bagozzi/Fornell*, 1982, S. 24 ff.).

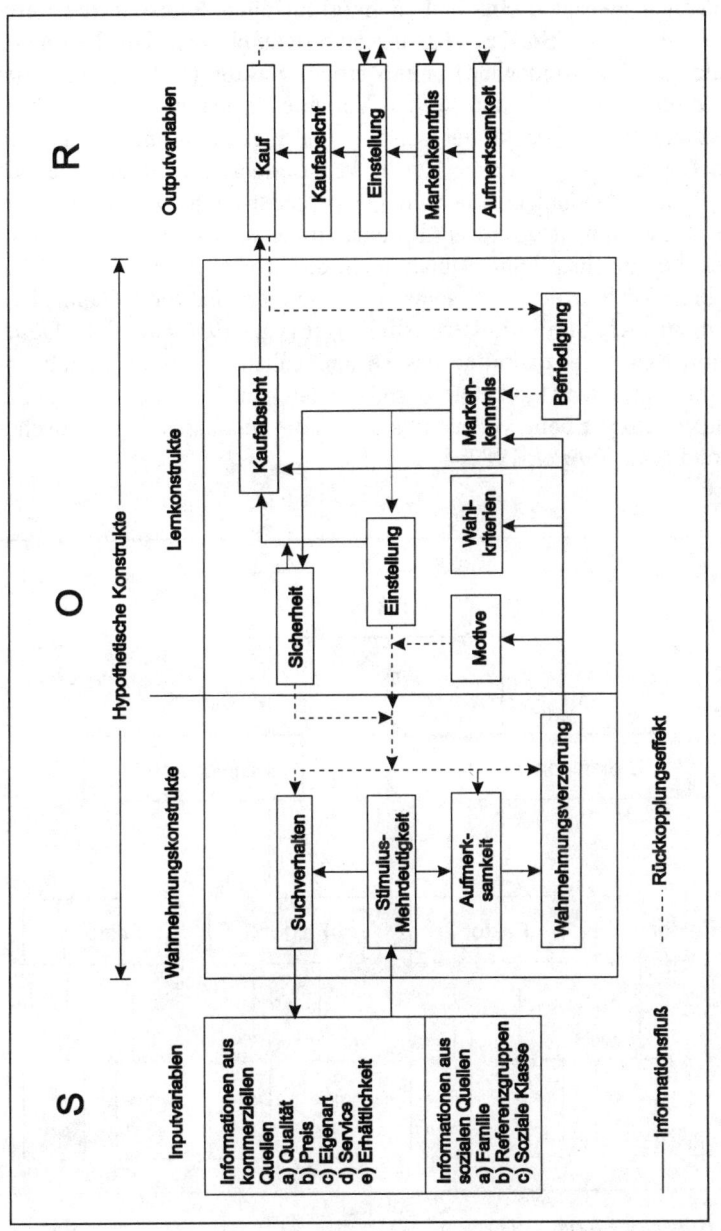

*Abbildung 3.3: Das Modell von Howard und Sheth*

Im Hinblick auf die **Konzeptualisierung** theoretischer Begriffe läßt sich grundsätzlich zwischen **ein-** und **mehrfaktoriellen Konstrukten** differenzieren. Die erste Spielart zeichnet sich dadurch aus, daß die latente Variable (z. B. Zufriedenheit) **genau einem Faktor** (z. B. Qualität der Leistung) entspricht. Bei der zweiten Variante dienen **zwei** oder **mehrere Faktoren** (z. B. Qualität der Leistung und Flexibilität im Umgang mit Kunden) dazu, das betrachtete Konstrukt zu erfassen. Hierbei ist jedoch eine Fallunterscheidung erforderlich: Gehört jeder Faktor zu ein- und derselben **Dimension**, liegt ein **eindimensionales Konstrukt** vor. Sind allerdings die einzelnen Dimensionen nicht direkt über die Indikatoren beobachtbar, sondern bestehen selbst aus mehreren Faktoren, handelt es sich um ein **mehrdimensionales Konstrukt** (vgl. *Abbildung* 3.4). Durch diese **sukzessive Spezifikation** des Zusammenhangs zwischen den beobachtbaren Variablen (Indikatoren) und der latenten Größe entsteht ein in der **empirischen Ebene** verankertes und damit meßbares hypothetisches Konstrukt (vgl. *Fornell*, 1987, S. 153 ff.).

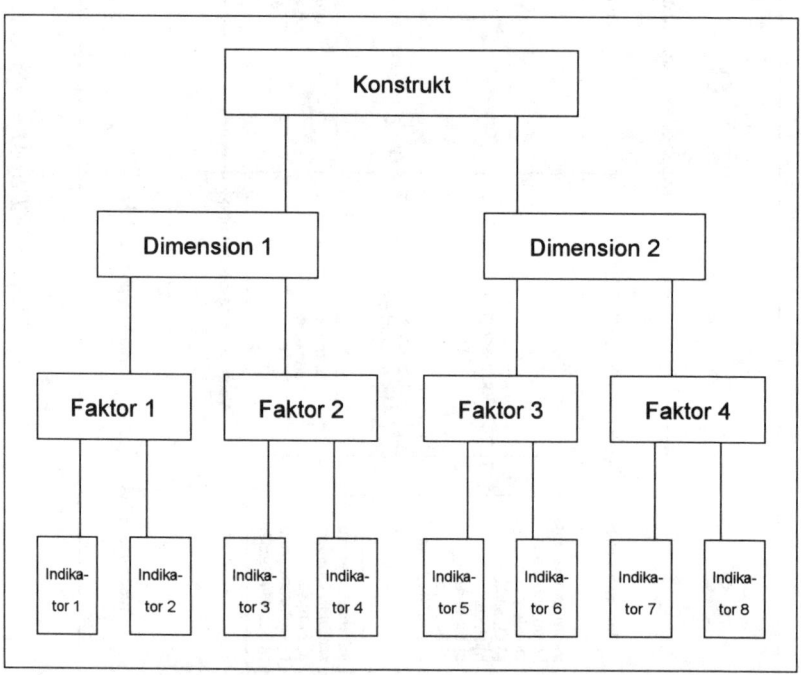

Quelle: *Homburg/Giering*, 1996, S. 6

*Abbildung 3.4: Konzeptualisierung eines hypothetischen Konstrukts*

Die **Operationalisierung** zielt darauf ab, für die spezifizierten Dimensionen und Faktoren **geeignete Indikatoren** zu finden, mit denen sich die latente Variable darstellen läßt und bestimmte **Schlußfolgerungen** möglich und gültig sind. In Abhängigkeit der **Richtung** der **Assoziation** zwischen einem Faktor und seinem Indikator ist von **reflektiven** und **formativen** Indikatoren die Rede (vgl. *Fornell*, 1986, S. 224 ff., *Bagozzi*, 1994, S. 317 ff. und *Abbildung 3.5*):

- In einem auf **reflektive Indikatoren** basierenden Modell verursacht der Faktor die zugeordnete beobachtbare Variable, das heißt, die Indikatoren repräsentieren die zumeist fehlerbehafteten empirischen Zahlenwerte des Faktors.

- Bilden **formative Indikatoren** das Modell, so resultiert der Faktor aus seinen Indikatoren, das heißt, die beobachteten Variablen üben einen Einfluß auf den Faktor aus.

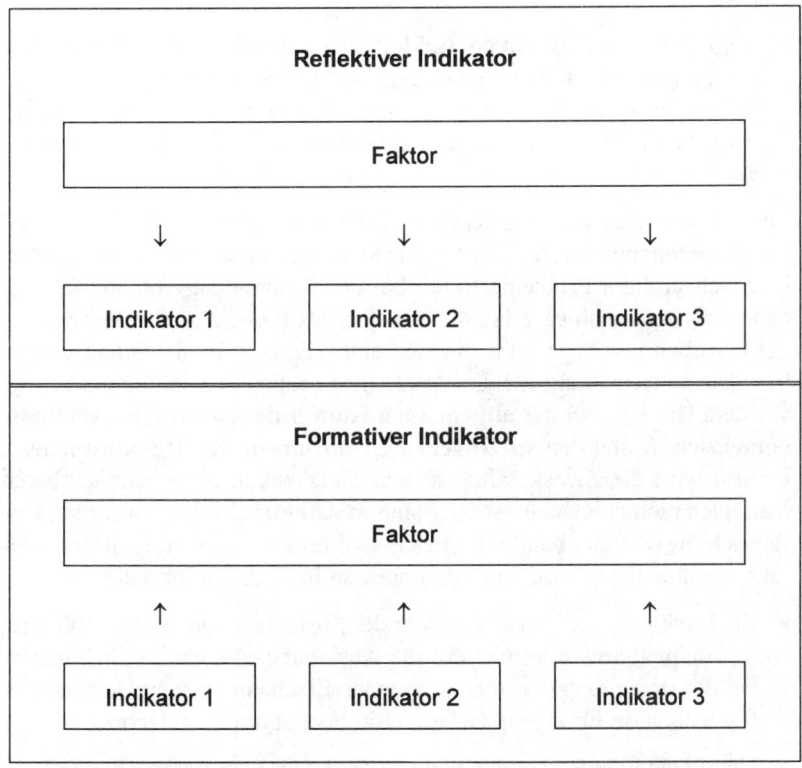

Quelle: *Homburg/Giering*, 1996, S. 7

*Abbildung 3.5: Reflektiver und formativer Indikator*

In vielen Untersuchungen stehen Ansätze mit **reflektiven** Indikatoren im Mittelpunkt, da Modelle dieser Art aufgrund der Berücksichtigung von Meßfehlern den Umständen beim Kaufakt Rechnung tragen.

Zur Verdeutlichung des **Unterschieds** zwischen einem **reflektiven** und einem **formativen Indikator** sei ein Nachfrager betrachtet, der einen Pkw kauft, dessen Aschenbecher nicht funktioniert. Einerseits mag das Individuum diesen Mangel als völlig unbedeutend einschätzen, andererseits könnte dieser Defekt in seinen Augen die unzureichende Qualität des Wagens reflektieren. In Abhängigkeit der **Einschätzung** dieses Problems durch das Individuum erscheinen unterschiedliche Modelle zur Rekonstruktion des Kauf- und Gebrauchsverhalten ratsam.

• Einem auf **formativen Indikatoren** basierenden Ansatz liegt die Vorstellung zugrunde, daß der Wagen aus einem Bündel an nutzenstiftenden Eigenschaften besteht. Dabei ergibt sich der Gesamtnutzen des Pkw aus der Summe der nutzenstiftenden Beiträge der einzelnen Attribute.

• Bei einem aus **reflektiven Indikatoren** entwickelten Modell gilt die Idee, daß jedes Merkmal eine gewünschte Nutzenstiftung (z. B. Qualität) repräsentiert. In diesem Fall sind die Attribute Indikatoren dafür, inwieweit ein Gut eine Nutzenkomponente (z. B. Qualität) zu befriedigen vermag.

Theoretische Begriffe, wie Körpergewicht und Körpergröße, lassen sich leicht operationalisieren, weil sie **direkt beobachtbar** und **meßbar** sind. Ungleich größere Probleme treten bei der Bestimmung von Indikatoren dann auf, wenn man (wie bei der Analyse des Produktwahlverhaltens üblich) Größen ins Auge faßt, die sich einer direkten Beobachtung entziehen. Die Entscheidung für die Wahl eines bestimmten Indikators erfolgt vor dem Hintergrund der **allgemeinen Konventionen** einer **Forschungsgemeinschaft** und den **spezifischen Erfahrungen** des **Marktforschers**. Ebenso wird die Zweckmäßigkeit und Tauglichkeit einer beobachtbaren Variablen nicht allgemein, sondern nur in **Anbetracht** des jeweiligen **Untersuchungszwecks** beurteilt. Gleichwohl lassen sich einige, in der Literatur weithin akzeptierte Anforderungen an Indikatoren formulieren:

• Ein Indikator, wie Zuverlässigkeit der Zustellung von Waren, sollte jene **Ausprägungen** aufweisen, die Auskunftspersonen im allgemeinen bei der Bewertung der interessierenden Erscheinung, zum Beispiel Zufriedenheit, in Erwägung ziehen, etwa hoch, mittel und niedrig.

• Häufig sind die Probanden nicht in der Lage, vom vorgegebenen Indikator auf das interessierende Konstrukt zu schließen. Daher ist durch eine **begriffliche Präzisierung** sicherzustellen, daß der Befragte und der Marktforscher dem Indikator **ein** und **denselben** semantischen Gehalt beimessen.

- Ein Indikator sollte bei den anderen Vertretern der Forschungsdisziplin auf **große Zustimmung** stoßen. In diesem Fall läßt sich die **Akzeptanz** der erzielten Untersuchungsergebnisse steigern und die intersubjektive Überprüfbarkeit der vorliegenden Studie erleichtern.

Das **Anliegen** der **Messung** besteht darin, eine **Zuordnung** von **Zahlen** zur Wiedergabe solcher Eigenschaften von **Konstrukten, Dimensionen** oder **Faktoren** vorzunehmen, die **nicht selbst numerisch sind.** Hierzu wird jede Eigenschaft einer latenten Variablen in einen Wert übertragen, der den **Grad** der **Ausprägung** ausdrückt, den die **latente Größe** bei dieser **Eigenschaft** besitzt. Dabei ist die Frage zu beantworten, ob und inwieweit die **gewählte Meßtechnik** die ihr **unterstellte Fähigkeit** zur Problemlösung bei der Abbildung der Eigenschaften einer latenten Variablen durch reelle Zahlen tatsächlich besitzt.

- Bei der Analyse von Studien zum Produktwahlverhalten fällt auf, daß die meisten Indikatoren **ordinales** oder **nominales** Skalenniveau aufweisen. Folglich ist es nicht möglich, **indikatorspezifische Meßeinheiten** festzulegen und dadurch die Voraussetzung für die Erfassung von Abständen zwischen den Ausprägungen der beobachtbaren Variablen zu schaffen. Ein Indikator, wie Image, läßt sich im Unterschied zum Indikator Geschwindigkeit nicht durch eine stetige Reihe **reeller Zahlen** abbilden, deren Abstände gleichzeitig der natürlichen Ausprägungen dieser Eigenschaft entsprechen. Gleichwohl betrachten viele Marktforscher Meßgrößen dieser Art trotz der postulierten Bedenken als **intervallskalierbar.** Dies läßt sich darauf zurückführen, daß zahlreiche **mathematisch-statistische Techniken** zur Auswertung solcher Rohdaten existieren.

- Außerdem ist darauf hinzuweisen, daß Theorien über das Verhalten der Nachfrager im allgemeinen aus Termini bestehen, die sich einer **direkten Beobachtung** durch den Marketer **entziehen.** Insofern erfordert die numerische Abbildung dieser Begriffe häufig eine Beteiligung der Auskunftsperson. Hierbei liegt einem Probanden die Aufforderung vor, eine Menge von Produkten im Hinblick auf ihre Ausprägungen bei bestimmten Eigenschaften einzuschätzen. Zur Bewältigung dieser Aufgabe erhalten die Individuen zumeist eine Skala, die zum Beispiel von 1 (= schwach ausgeprägt) bis 7 (= stark ausgeprägt) reicht. Die Vorgabe einer **Zuordnungsregel** und einer **Bewertungsskala** basiert auf der Annahme, daß die sich in **Zahlenwerten konkretisierenden Antworten** die zwischen den Objekten bestehenden Beziehungen verkörpern. Eine solche Isomorphie impliziert zudem die Prämisse, derzufolge die Personen in der Lage sind, die Strukturierung der Objektmenge in der vorgegebenen Weise zu bewältigen.

Diese Ausführungen legen den Schluß nahe, daß die ermittelten Werte die **tatsächliche Wirkung** zwischen Faktoren, Dimensionen oder Konstrukten **nicht immer exakt repräsentieren**. So ist ein Modell vorstellbar, bei dem die **Isomorphiebedingung** (vgl. Abschnitt 6.4.1) nur für die zwischen bestimmten (und nicht allen) Modellelementen existierenden Relationen zutrifft. Beispielsweise kann es zwischen Konstrukten Beziehungen geben, obwohl zwischen den Zahlen keine entsprechenden Relationen existieren. Umgekehrt ist nicht jede zwischen Zahlenwerten konstruierbare Assoziation in der Weise interpretierbar, daß ihr zwingend ein Zusammenhang zwischen den Konstrukten entspricht.

### 6.5.2 Reliabilität und Validität

Die **Güte** der **Erfassung** eines hypothetischen Konstrukts über beobachtbare Größen hängt **im wesentlichen** von der **Reliabilität (Zuverlässigkeit)** und der **Validität (Gültigkeit)** der zugrundeliegenden Messung ab.

*Peter* und *Churchill* (1986, S. 4) definieren **Reliabilität** als "... *the degree to which measures are free from random error* ...". Hiernach liefert ein Indikator dann reliable Messungen, wenn sich ein **wesentlicher Anteil** seiner **Varianz** durch die **Assoziation** mit dem **Faktor** erklären läßt.

**Validität** ist gegeben, "... *when the differences in observed scores reflect true differences* ..." (*Churchill*, 1979, S. 65 und *Peter*, 1979, S. 7 ff.). Folglich gilt ein Indikator als valide, sofern er auch wirklich das mißt, was er zu messen vorgibt.

In Anlehnung an *Homburg* und *Giering* (1996, S. 7 ff.) läßt sich der Zusammenhang zwischen **Reliabilität** und **Validität** anhand der folgenden Gleichung verdeutlichen:

$$X_0 = X_T + X_S + X_R \tag{3.1}$$

Dabei gilt:

$X_0$ = beobachteter Wert
$X_T$ = wahrer Wert
$X_S$ = systematischer Fehler
$X_R$ = zufälliger Fehler

Diesem Ausdruck zufolge entspricht der im Rahmen einer Messung ermittelte Wert $X_0$ (*observed score*) dem tatsächlichen, wahren Wert der Variablen $X_T$ (*true score*) zuzüglich **zweier Fehlerarten** ($X_S$ und $X_R$).

Dabei bezeichnet $X_S$ (*systematic error*) den **systematischen Fehler**, der bei einer Messung unabhängig von zufälligen Effekten bei jeder Wiederholung im gleichen Ausmaß auftritt. Dagegen umfaßt der **Zufallsfehler** $X_R$ (*random error*) alle Einflüsse, die bei jeder Messung ohne erkennbare Systematik das Resultat der Messung beeinflussen. Bezogen auf die Spezifikation von Reliabilität und Validität läßt sich folgendes behaupten: Eine **Messung** ist dann **reliabel**, wenn sie zu konsistenten Ergebnissen führt ($X_R = 0$). Eine **valide** Messung liegt vor, sofern kein systematischer Fehler auftritt ($X_S = 0$). Folglich gilt bei einer reliablen und validen Messung folgendes:

$$X_0 = X_T \tag{3.2}$$

Dabei bedeuten:

$X_0$ = beobachteter Wert
$X_T$ = wahrer Wert

In der Literatur existieren **zahlreiche Facetten** des **Validitätsbegriffs**, von denen vor allem vier Arten zentrale Bedeutung besitzen:

- Die **Inhaltsvalidität** bringt das Ausmaß zum Ausdruck, in dem der Indikator im Hinblick auf Inhalt und Semantik zum Konstrukt paßt.

- **Konvergenzvalidität** liegt vor, sofern sich zwischen den einem Konstrukt zugewiesenen Indikatoren oder Faktoren ein deutlicher Zusammenhang feststellen läßt.

- Die **Diskriminanzvalidität** verlangt, daß Indikatoren (Faktoren), die unterschiedlichen Faktoren (Dimensionen) zugeordnet sind, untereinander eine schwächere Assoziation aufweisen als solche, die denselben Faktor (dieselbe Dimension) messen.

- Zur Überprüfung der **nomologischen Validität** ist es erforderlich, die Messung des interessierenden Konstrukts der zuvor als valide nachgewiesenen Messung eines vergleichbaren oder etwa in einer engen Beziehung stehenden Konstrukts gegenüberzustellen. Erst aus einem solchen Vergleich geht hervor, ob und inwieweit sich der theoretisch postulierte Zusammenhang auch wirklich nachweisen läßt.

Genügt das vom Marktforscher konzipierte Meßmodel jeder der vier Validitätsarten, liegt eine valide Konstruktmessung vor. In diesem Fall lassen sich die zwischen hypothetischen Konstrukten bestehenden Beziehungen auf Basis der ermittelten Werte interpretieren.


### 6.5.3 Die Vorgehensweise

*Abbildung* 3.6 zeigt eine **Vorgehensweise** zur **Konzeptualisierung** und **Operationalisierung** hypothetischer Konstrukte. Die einzelnen Schritte lassen sich folgendermaßen kennzeichnen (vgl. *Bagozzi*, 1984, S. 17 ff., und *Homburg/Giering*, 1996, S. 11 ff.):

Im **ersten Schritt** geht es darum, den interessierenden Terminus mittels qualitativer Techniken, wie Expertenbefragung und Literaturauswertung, aus verschiedenen Perspektiven zu beleuchten. Auf diese Weise entwickelt der Marketer ein **grundlegendes** und **umfassendes Verständnis** über die **einzelnen Facetten** des Begriffs. Hieraus resultiert die dem hypothetischen Konstrukt zugrundeliegende Faktorenstruktur, aus der sich eine Menge möglicher Indikatoren ergibt.

Vor der eigentlichen Datenerfassung erscheint es im **zweiten Schritt** ratsam, die zuvor entwickelten Indikatoren einer kritischen Prüfung zu unterziehen. Dabei ist insbesondere auf die **inhaltliche Relevanz** der **Indikatoren** für die zu messende Größe zu achten. Außerdem bietet es sich an, die **Umschreibungen** der *items* hinsichtlich ihrer **Verständlichkeit** und **Eindeutigkeit** zu untersuchen. Alle Variablen, die eine unklare Formulierung oder einen unzureichenden inhaltlichen Bezug zum Konstrukt aufweisen, sollten eliminiert werden.

An die Bestimmung der Menge relevanter Indikatoren schließt sich im **dritten Schritt** die **Datenerhebung** an. Sie liefert die Grundlage für eine **quantitative Analyse (vierter Schritt)** des für das **hypothetische Konstrukt** gestalteten **Meßmodell**. Hierzu existieren zahlreiche Testgrößen, wie das *Cronbach*sche Alpha und die *item to total*-Korrelation, die allesamt eine Vorstellung über die **Tauglichkeit** des **Meßmodells** vermitteln. Eine Erläuterung dieser Maße am konkreten Beispiel findet sich in den Kapiteln 9.4.4 und 10.3.2.

Nach einer durch geeignete Maßgrößen unterstützten Operationalisierung des hypothetischen Konstrukts kommt im **fünften Schritt** eine **erneute Datenerfassung** in Betracht. Dabei kann die Stichprobe aus der **gleichen Zielgruppe** stammen oder auch dazu fungieren, eine **ganz andere Facette** des **Begriffs** zu beleuchten. Ungeachtet einer Festlegung des *sample* erfolgt die Datenerhebung mittels der zuvor bestimmten Indikatoren.

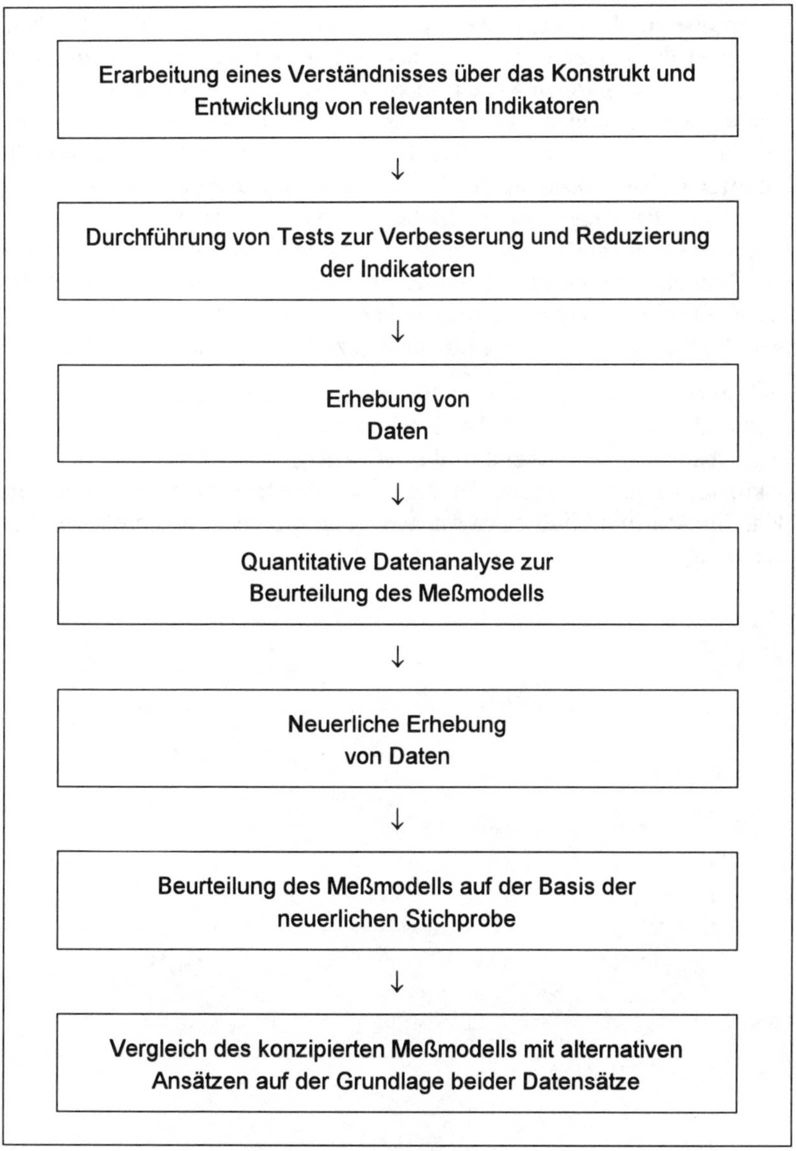

| Erarbeitung eines Verständnisses über das Konstrukt und Entwicklung von relevanten Indikatoren |
|---|

↓

| Durchführung von Tests zur Verbesserung und Reduzierung der Indikatoren |
|---|

↓

| Erhebung von Daten |
|---|

↓

| Quantitative Datenanalyse zur Beurteilung des Meßmodells |
|---|

↓

| Neuerliche Erhebung von Daten |
|---|

↓

| Beurteilung des Meßmodells auf der Basis der neuerlichen Stichprobe |
|---|

↓

| Vergleich des konzipierten Meßmodells mit alternativen Ansätzen auf der Grundlage beider Datensätze |
|---|

Quelle: angelehnt an *Homburg/Giering*, 1996, S. 12

*Abbildung 3.6: Vorgehensweise zur Konzeptualisierung und Operationalisierung eines hypothetischen Konstrukts*

Der **sechste Schritt** dient dazu, das Meßmodell auf der Basis der zweiten Stichprobe zu überprüfen. Diese Analyse liefert einen Eindruck darüber, inwieweit die Faktoren, Dimensionen und Indikatoren auch beim neuen Datensatz zu **sinnvollen Erkenntnissen** führen. Ist der Marktforscher mit dem Resultat zufrieden, gilt die Stichprobenunabhängigkeit des Ansatzes. Darüber hinaus läßt sich ein **Vergleich** des **spezifizierten Meßmodells** mit **alternativen Ansätzen** durchführen. Insbesondere geht es um die Beantwortung der Frage, ob das Meßmodell vor dem Hintergrund **spezifischer Besonderheiten** der erhobenen Daten konzipiert wurde. Finden sich Modelle mit weniger Faktoren, Dimensionen und Indikatoren, die zudem die realen Gegebenheiten ähnlich oder gleich gut abbilden wie der ursprüngliche Ansatz, ist das Meßmodell zu überarbeiten.

Im **siebten Schritt** erteilt eine **Kreuzvalidierung** Auskunft über jenes Meßmodell, das das wirkliche Geschehen mit möglichst wenigen Variablen, aber noch ausreichend exakt, reflektiert. Dabei favorisiert der Produktmanager jenen Ansatz, der die in der zweiten Stichprobe vorgefundene Struktur mit Hilfe einer Anpassung an die erste Stichprobe am besten erklärt.

# 7 Grundstruktur des Produktwahlprozesses

Wie erinnerlich veranlassen **aktivierende Prozesse** ein Individuum zum Erleben und Reflektieren, indem sie es in einen Zustand der **Spannung** und **Erregung** versetzen. Die willentliche Steuerung des Verhaltens erfolgt durch die **kognitiven Prozesse**, die es dem Betroffenen ermöglichen, **sich selbst** und seine **Umwelt** zu **erkennen**.

## 7.1 Aktivierende psychische Prozesse

### 7.1.1 Die Emotion

Statt von **Emotionen**, zu denen zum Beispiel **Angst, Glück, Eifersucht** und **Sympathie** gehören, sprechen viele Autoren auch von **Affekten** und **Stimmungen**. Hierbei gelten **Affekte** als **kurzfristig auftretende, kaum differenzierte Gefühle** der Akzeptanz oder der Ablehnung eines Erzeugnisses. Sie kommen vor allem dazu in Betracht, die **impulsive Produktwahlhandlung** eines Individuums zu erklären. Dagegen lassen sich **Stimmungen** als lang anhaltende, häufig sehr diffuse Empfindungen auffassen. Sie liefern wichtige Anhaltspunkte für die Beschreibung und Erklärung der **selektiven Wahrnehmung** und der **Informationsspeicherung**.

In Anbetracht der Vielzahl der beobachtbaren Emotionen ist der Versuch ihrer Klassifikation nahezu aussichtslos. Vielmehr scheint es sich zu bewähren, die allen Emotionen **gemeinsamen Charakteristika** zu erfassen. Hierzu gehören nach verbreiteter Auffassung die **Erregung** (Aktivierung), die **Richtung** (angenehm, unangenehm), die **Qualität** (Erlebnisinhalt) und das **Bewußtsein**. Ferner zählen *Kroeber-Riel* und *Weinberg* (1996, S. 105 ff.) noch die **Dauer** und **Auslösbarkeit** sowie die **Konkretheit** und **Komplexität** als Unterscheidungsmerkmale hinzu.

Die Relevanz der vier Kriterien zur Analyse von Emotionen läßt sich an einem Beispiel verdeutlichen: Eine Emotion, wie **Freude**, besitzt für einige Individuen die gleiche Intensität wie die deutlich komplexere Emotion **Behaglichkeit**. Dies bedeutet, daß beide Gefühle die **gleiche Erregung** bewirken und auch die **gleiche Richtung** aufweisen. Außerdem empfindet eine Person beide Emotionen als äußerst positiv. Was jedoch die beiden **Gefühle voneinander unterscheidet**, ist die **Erlebnisqualität**. Mit Freude sind Eindrücke wie Glück, Helligkeit und Lachen verbunden, wohingegen Behaglichkeit für Geborgenheit, Wärme und menschliche Nähe steht (vgl. *Trommsdorff*, 1993, S. 59 ff.).

Die **Qualität** der **Emotion** bezieht sich auf das **subjektive Erleben**, oder mit anderen Worten: auf die Wahrnehmung der eigenen emotionalen Erregung. Lange Zeit dominierte die Vorstellung, daß dieses **Erleben** ein mehr oder weniger bewußter Vorgang ist. Manche Autoren nahmen sogar an, daß sich diese Erfahrungen sprachlich mitteilen und auf dem Wege der Exploration messen lassen (vgl. *Plutchik*, 1994, S. 13 ff.).

Den Erkenntnissen der **Gehirn-** und **Imageryforschung** zufolge sind Emotionen jedoch nur anhand **innerer Bilder**, das heißt visueller, verbalisierbarer Vorstellungen des Menschen, nachvollziehbar. Dies hängt damit zusammen, daß emotionale Vorgänge vor allem in der rechten Gehirnhälfte ablaufen, während die linke Gehirnsphäre das menschliche Bewußtsein beherrscht. Das erscheinen eines inneren Gedächtnisbildes, das eine gespeicherte Emotion verkörpert, bildet den Anstoß für emotionales Verhalten. Diesen inneren Bildern kommt bei der Kaufentscheidung eine zentrale Bedeutung zu, da diesbezügliche Präferenzen **weniger** durch die **kognitive Informationsverarbeitung** als **vielmehr** durch **emotionale Eindrücke** entstehen. Durch Emotionen determinierte Wahlhandlungen lassen sich insbesondere auf einem **gesättigten Markt** mit **standardisierten Produkten** beobachten, da dort nur **geringe Qualitätsunterschiede** auftreten. Unter diesen Bedingungen bietet sich die Schaffung eines emotionalen Erlebniswerts an, der den Aufbau eines inneren Bildes beziehungsweise Markenbildes, wie einen *cowboy*, und dessen Verknüpfung mit einer Marke, zum Beispiel *Marlboro*, ermöglicht.

Bei der Umsetzung dieser Erkenntnisse im Rahmen der Produktgestaltung spielen vor allem die **Stärke** und die **Qualität** von **Emotionen** eine wichtige Rolle. Die bei emotionalen Erlebnissen auftretende innere Erregung führt zu einer **Stimulierung** der **Leistung** des **Konsumenten**. Auf diese Weise **aktivierte Verbraucher nehmen mehr Informationen** auf und **verarbeiten diese wesentlich schneller**.

Individuen suchen ganz spezifische emotionale Erlebnisse: *Marlboro* rauchen bedeutet, Abenteuer suchen, *BMW* fahren heißt, Sportlichkeit erleben, *Champagner* trinken, signalisiert den Wunsch nach Erotik. In einer Überflußgesellschaft vermittelt der Konsum emotionale Zusatzreize, die mit den **eigentlichen funktional-technischen Facetten** eines **Produkts** nichts mehr zu tun haben. In vielen Wirtschaftszweigen verkörpern diese emotionalen Zusatzstimuli den vorrangigen Grund für den Kauf einer Marke (vgl. *Vershofen*, 1959, S. 85 ff.). Besonders verbreitet sind Appelle an **Erotik, Freiheit, Abenteuer, Anerkennung, Lebensfreude** und **Gesundheit** (vgl. *Bänsch*, 1996, S. 12 ff.).

Zur Vermittlung von Erlebnissen eignen sich insbesondere **nicht-sprachliche Reize**, wie **Bilder**, **Musik** und **Duftstoffe**. **Bilder** schaffen ein günstiges Wahrnehmungsklima und sorgen als Umfeld von Produktpräsentationen dafür, daß die Objekte eine sehr gute Beurteilung erfahren. Insbesondere erscheint es möglich, die sich anschließenden Prozesse der Aufnahme und Verarbeitung von Produktinformationen zu beeinflussen. Mit Bildern gelingt es in der Regel, die kognitive Kontrolle der auf das Individuum einwirkenden Informationen zu umgehen. Darüber hinaus setzen viele Marktforscher **emotionale Bilder** als Stimuli für die **Konditionierung** von Konsumenten ein. Häufig ist es möglich, eine dauerhafte Haltung der Abnehmer gegenüber einem Gut zu erzeugen.

Die verschiedenen **Elemente** der **Musikgestaltung**, wie **Melodie, Modulation, Tempo** und **Lautstärke**, besitzen eine stimulierende Wirkung, der sich kaum ein Individuum entziehen kann. Hörer nehmen beispielsweise **Moll** als melancholisch, traurig, depressiv und geheimnisvoll war, während ein **schnelles Tempo** einen fröhlichen, heiteren und unruhigen Eindruck hervorruft. Durch die Wahl der Musikinstrumente und Musikstücke lassen sich spezifische Emotionen, wie französisches *savoir vivre* oder Sehnsucht nach der Ferne, auslösen. Daher setzen Unternehmen die Musik als stimmungsvollen Hintergrund ein, um eine angenehme Kommunikation und eine günstige Einkaufsatmosphäre zu schaffen. Außerdem vermögen **Melodie, Modulation, Tempo** und **Lautstärke** der **Musik** die **Geschwindigkeit** zu beeinflussen, mit der Kunden durch einen Laden schreiten.

Auch **Gerüche** gehören zu den **wirksamen Auslösern** des emotionalen Verhaltens, da das Reagieren auf Duftstoffe biologisch vorprogrammiert ist. Zahlreiche geruchspsychologische Untersuchungen erteilen Auskunft über die emotionale Wirkung der verschiedenen Riechstoffe und Möglichkeiten zur Nutzung solcher Gerüche im Rahmen der Produktparfümierung. Im Produktmanagement dient die Verwendung von Duftstoffen dazu, eine **aktivierende** und **emotional anregende Atmosphäre** zu schaffen oder **spezifische produktbezogene Konsumerlebnisse** zu vermitteln. Ein Beispiel für eine Produktpositionierung mit Hilfe von Duftstoffen bietet der Markt für Reinigungsmittel. So signalisieren der frische Duft von *Ajax* und *Meister Proper* insbesondere Reinlichkeit, die sich durch die Verwendung dieser Mittel erreichen läßt.

Durch den **gleichzeitigen Einsatz mehrerer Reizmodalitäten** erscheint es möglich, das **gleiche Erlebnis mehrfach** und damit **wirksamer** zu vermitteln. Hierzu ist es erforderlich, daß der Proband mehrere **modalspezifisch ausgelöste Einzelerlebnisse** zu einem **Gesamterlebnis** kombiniert. Beispielsweise läßt sich ein emotionales Frischeerlebnis auslösen durch helle, klare, fröhliche Töne, grün-gelbe Farben, Bilder mit Blumen,

Frühlingslandschaften, Wasserlandschaften oder junge Menschen, Zitrusdüfte, grasig-grüne Düfte, Menthol- oder Pfefferminzgeschmack und glatte Oberflächen wie Glas, Metall oder Holz.

## 7.1.2 Die Motivation

Die **Motivation** bildet ein hypothetisches Konstrukt, das zur Erklärung der **Antriebe** (Ursachen) des **Verhaltens** dient. Diese **Antriebskräfte** lassen sich in **Emotionen** und **Triebe** unterteilen. **Emotionen** werden im wesentlichen durch äußere Reize ausgelöst, wie etwa ein Geschenk, das den Verbraucher erfreut. Dagegen werden **Triebe** durch eine innere Stimulierung hervorgerufen, die der Aufrechterhaltung des psychischen und physischen Gleichgewichts dient. Grundsätzlich lassen sich alle Antriebskräfte (Emotionen und Triebe) nach dem gleichen Schema analysieren. Diesem liegt die Idee zugrunde, daß Emotionen und Triebe über **spezifische** und **allgemeine Erregungen** das Individuum dazu veranlassen, **Aktivitäten** zu **entfalten**. Darüber hinaus bestimmen diese Antriebskräfte bereits die **Richtung** des **Verhaltens**. Ist die Person positiv erregt, wendet sie sich der Situation zu, im umgekehrten Fall versucht sie, die Situation zu meiden (vgl. *Hoyer/MacInnes*, 1997, S. 28 ff.).

Das Vorhandensein von Emotionen und Trieben genügt aber nicht, um das (Kauf-)Verhalten auf ein bestimmtes Ziel, etwa eine Marke, auszurichten. Hierzu bedarf es zusätzlicher kognitiver Anstrengungen, die im Wirkungsverbund mit den Emotionen und Trieben die Motivation ausmachen. Aus dem **Zusammenwirken emotionaler** und **triebhafter Vorgänge** sowie den **gedanklichen Prozessen**, die zu **Zielbestimmungen** und **Handlungsprogrammen** führen, entsteht die **Motivation**. Ein fiktives Beispiel verdeutlicht diese Idee: Durch die **Interaktion** des Triebs **Durst** mit der aus einem Werbespot für *Coke* resultierenden **Emotion** und den entsprechenden **kognitiven Vorgängen** kommt die **Motivation** zustande, im Supermarkt diesen *soft drink* nachzufragen (vgl. *Meffert*, 1992, S. 52 ff.).

Obgleich der Begriff der Motivation in der Literatur eine unterschiedliche inhaltliche Präzisierung erfährt, herrscht Einigkeit darüber, daß er aus einer **aktivierenden** und einer **kognitiven Komponente** besteht. Die **aktivierende Komponente** umfaßt alle **Triebe** und **Emotionen**, die das **Verhalten stimulieren** und in eine bestimmte **Richtung lenken**. Zu den bekanntesten Trieben gehören Hunger, Durst, Sexualität sowie Schlaf (nach Wachsein) und Aktivität (nach Untätigkeit). Die **kognitive Komponente** besteht aus **gedanklichen Vorgängen**, zu denen die **Wahrnehmung** und **Interpretation** der **Handlungssituationen** sowie Überlegungen über die

**Handlungsziele** gehören. Dabei läßt sich die Motivation umschreiben als das ins Auge fassen von Zielen oder als Wille, etwas zu tun.

Ein Blick ins Schrifttum verdeutlicht, daß viele Marktforscher dazu tendieren, die emotionalen und kognitiven Facetten der Motivation getrennt zu operationalisieren und zu messen. Jene Wissenschaftler, die sich auf die Antriebskräfte des Verhaltens (Emotionen und Triebe) konzentrieren, vernachlässigen häufig die **kognitiven Aspekte** des **motivationalen Verhaltens**, also die gedankliche und willentliche Zielorientierung. Jene anderen, die ihr Interesse auf die kognitiven Prozesse richten, ignorieren die **Rolle** der **Antriebskräfte** bei der **Herausbildung** der **Motivation**. Nach dem gegenwärtigen Erkenntnisstand erscheint es ratsam, eine **Kombination** von **Meßverfahren** heranzuziehen. Dabei stammen die **Methoden** zur **Antriebsmessung** vor allem aus der **Emotionsforschung**, während die **Ansätze** zur **Erfassung** der **gedanklichen Komponente** aus der **Einstellungsforschung** kommen.

Aus vielen empirischen Untersuchungen zu diesem Thema geht hervor, daß zwischen den unterschiedlichen Antriebskräften und den verschieden Motivationen keine "1 zu 1"-Beziehung existiert. So schlägt sich das **Prestigestreben (Antriebskraft)** im Kauf und Ge- beziehungsweise Verbrauch diverser, auffälliger Marken aus dem Pkw-, Mode- und Schmucksektor nieder (**Motivationen**). Demgegenüber läßt sich zum Beispiel aus der **Typologie** der **Wünsche** des *Burda*-Verlags entnehmen, daß sich die Wahl einer bestimmten Zeitschrift (**Motivation**) etwa auf das Streben nach Abwechslung, Information und Erfolg (**Antriebskräfte**) zurückführen läßt.

Es ist jedoch völlig unrealistisch anzunehmen, daß ein Individuum zu jedem Zeitpunkt von nur einer Motivation geleitet würde. Dort wo **zahlreiche Antriebsfaktoren** zu gleich wirksam sind, müssen zwangsläufig **antagonistische Tendenzen** entstehen. Hierbei ist es zweckmäßig, unter **motivationalen Konflikten** solche zu verstehen, die auf widersprüchliche Antriebskräfte zurückgehen und zu gegensätzlichen Handlungsabsichten führen. **Kognitive Konflikte** spielen sich dagegen mehr im assoziativen Bereich ab und führen zu einer **Umorganisation** von **gedanklichen Wissenselementen**.

Anknüpfend an *Kroeber-Riel* und *Weinberg* (1996, S. 160 ff.) verdeutlichen zwei Beispiele diesen Unterschied:

- Ein **motivationaler Konflikt** tritt auf, sofern ein Nachfrager aufgrund seines Prestigemotivs bestrebt ist, die Automarke A zu kaufen, und in Anbetracht seines Sicherheitsbedürfnisses zum Kauf der Automarke B neigt. Da er nur einen Pkw erwerben kann, ist er von zwei sich **wider-**

**strebenden Verhaltenstendenzen** hin- und hergezogen und erlebt eine Spannung.

- Bei einem **kognitiven Konflikt** stellt der Käufer der Marke A nach dem Erwerb fest, daß die zurückgewiesene Marke B beachtliche Vorteile aufweist. Die Ansicht, daß er sich für die Marke B hätte entscheiden sollen, löst einen Konflikt aus, der ganz unterschiedliche Verhaltensweisen impliziert.

Ausgehend von dieser Unterscheidung in **motivationale** und **kognitive Konflikte** entwickelten *Levin, Hull* und *Miller* (vgl. *Ulich*, 1989, S. 85 ff.) elementare **theoretische Konfliktmodelle**, die dazu dienen, Hypothesen über die Verhaltenswirkung von Konflikten abzuleiten. Dabei lassen sich zwei grundsätzliche Konfliktarten voneinander unterscheiden:

- Ein **Appetenz-Appetenz-Konflikt** entsteht, sofern zwei Motivationen mit unterschiedlicher Handlungsorientierung und gleicher Intensität eine Aktivierung erfahren. Dieser Konflikt liegt beispielsweise dann vor, wenn das Bedürfnis nach **Unterhaltung** mit jenem nach **Ruhe** und **Schlaf kollidiert**.

- Bei einem **Appetenz-Aversions-Konflikt** liegt ein Zielzustand vor, der die Befriedigung einer Motivation ermöglicht und zugleich etwas repräsentiert, was eine andere Motivation zu vermeiden sucht. Eine Konfliktsituation dieser Art ist im Alltagsleben durchaus üblich, weil die meisten **Mittel** zur **Bedürfnisbefriedigung** die Ausgabe von Geld voraussetzen (Konsum versus Sparen).

Aus der Analyse dieser **Konfliktarten** ergeben sich wichtige Hinweise für ein tieferes Verständnis des Produktwahlverhaltens. So streben Individuen danach, Möglichkeiten zu suchen, um solche **Spannungssituationen zu überwinden**. Als **typische Verhaltensweisen** in solchen **Konfliktsituationen** gelten das **Ausweichen** (impulsive Wahl eines Ersatzerzeugnisses) und das **Verdrängen** (Senkung des Anspruchsniveaus und Kauf einer bewährten Alternative). Darüber hinaus nehmen Individuen gelegentlich einen Konflikt vorübergehend hin, um die ausgelöste Unsicherheit zumindest mittelfristig zu reduzieren (aufgeschobener Kauf mit weiterer Informationssuche).

### 7.1.3 Die Einstellung

Die **Einstellung** bildet einen Schlüsselbegriff in den Sozialwissenschaften und spielt auch bei der Analyse des Produktwahlverhaltens eine zentrale Rolle. Einstellung läßt sich ganz allgemein als **Bereitschaft** zur **po-**

**sitiven** oder **negativen Bewertung** eines **Objekts** charakterisieren. Aus dieser **Prädisposition** geht die subjektiv empfundene Eignung eines Gegenstands zur Befriedigung einer Motivation hervor. Bezugsobjekt von Einstellungen kann alles sein, was physisch oder psychisch existiert, also **Individuen** und **Produkte** aber auch **Werte** und **Tugenden** (vgl. *Balderjahn*, 1995, Sp. 542 ff.).

Entscheidend bei der Herausbildung von Einstellungen ist die **Verquickung** von **Motivation** und **kognitiver Gegenstandsbeurteilung**. Das folgende Beispiel verdeutlicht diese Überlegung: Ein Nachfrager besitzt eine starke positive Einstellung zur Marke *Mercedes*. Diese geht etwa darauf zurück, daß er ein sicheres Auto kaufen will (**Motivation**) und weiß, daß jeder Pkw von *Mercedes* ein sicheres Auto ist (**kognitive Produktbeurteilung**). Eine schwach positive oder leicht negative Einstellung läßt sich demzufolge auf zwei Ursachen zurückführen.

- Die Person kann einerseits wissen, daß *Mercedes* sichere Autos baut, aber sie hat nur ein geringes Sicherheitsstreben, weshalb ihr ein Fahrzeug von *Mercedes* mangels Motivation ziemlich gleichgültig ist.

- Andererseits kann dieser Abnehmer die Motivation aufweisen, ein sicheres Auto zu kaufen, aber er schätzt die Pkw von *Mercedes* als unsicher ein.

In der modernen Literatur schlagen viele Autoren eine Erweiterung des Einstellungsbegriffs vor (**drei Komponenten-Theorie**). Danach bestehen Einstellungen aus einer **kognitiven** (Wissen über den Einstellungsgegenstand), einer **affektiven** (das mit dem Gegenstand verbundene Gefühl) und einer **Handlungskomponente** (Tendenz, sich in bezug auf den Gegenstand zu verhalten). Hierbei dominiert die Vorstellung, daß die **drei Komponenten** aufeinander abgestimmt und miteinander konsistent sind. Diese **Konsistenz** von **Denken**, **Fühlen**, **Handeln** gegenüber einem Objekt gilt für Einstellungen als kennzeichnend. So verursacht eine **Änderung** der **gefühlsmäßigen Haltung** gegenüber einem Gegenstand einen Druck zu einer entsprechenden Änderung des Verhaltens gegenüber diesem Objekt.

Diese Vorstellung ist der Grund für das große Interesse, das Marktforscher dem Phänomen **Einstellung** beziehungsweise dem inhaltlich ähnlichen Begriff **Image** entgegenbringen. Sie glauben, mit diesem hypothetischen Konstrukt einen Weg dafür gefunden zu haben, um aus **Aussagen** einer Person über die **Prädisposition gegenüber** einem **Gut** auf ihr **zukünftiges beobachtbares Verhalten** schließen zu können. Diese Sichtweise schlägt sich in der **Einstellungs-Verhaltens-Hypothese** nieder, die zum Ausdruck bringt, daß Einstellungen das Verhalten determinieren. Hat ein Konsument beispielsweise zur Marke *Opel* eine überaus positive

Einstellung, so impliziert dies eine **gewisse Neigung**, bei der nächsten Gelegenheit einen entsprechenden Wagen zu kaufen.

Bei der Beschreibung der Abhängigkeit des **Verhaltens** von der **Einstellung** ist zu beachten, daß es **keine generell gültige Verlaufsform** gibt. Es handelt sich vielmehr um eine Abhängigkeit, die bei **verschiedenen Objekten** (Produkten) eine **unterschiedliche Ausprägung aufweist**. Allerdings deuten die Ergebnisse einiger empirischer Untersuchungen auf eine **positive Korrelation** zwischen diesen beiden Variablen hin. Daher lassen sich die Resultate über den Einfluß von Einstellungen auf das Verhalten nicht ohne weiteres verallgemeinern. Hinzu kommt, daß viele Autoren den nachgewiesenen Zusammenhang zwischen den beiden Größen im Sinne der Prädisposition interpretieren, derzufolge Einstellungen das Verhalten bestimmen.

Eine Auswertung der Forschungsaktivitäten zu diesem Sachverhalt legt die Vermutung nahe, daß sich **Einstellungen** und **Verhalten wechselseitig beeinflussen**: Die Einstellung zu einer Marke bestimmt das Kaufverhalten, und die Produktwahl beeinflußt die Einstellung. Gerade bei Gütern des täglichen Bedarfs, die ein Individuum gewohnheitsmäßig, impulsiv oder zum ersten Mal kauft, bildet die Einstellung zur Marke nicht die Voraussetzung für die Wahl, sondern das Ergebnis des Kaufs.

Den empirischen Studien von *Fazio* und *Zanna* (1981, S. 165 ff.) zufolge existiert zwischen der Einstellung und dem Verhalten nur dann ein Zusammenhang, wenn die folgenden Bedingungen erfüllt sind:

- Die Verhaltenswirksamkeit von Einstellungen läßt sich feststellen, sofern der Konsument **kognitiv involviert ist** und seine Produktwahlhandlung in einem gewissen Ausmaß **gedanklich steuert** oder ganz bewußt **verfestigten Vorlieben folgt**.

- **Situative Faktoren**, wie soziale und persönliche Normen, sowie die Gegebenheiten der Kauf- und Konsumsituation, wie Verfügbarkeit des Produkts, dürfen den Einfluß der Einstellungen auf das Verhalten nicht beeinträchtigen.

- Spezifische, **durch Erfahrung erlernte**, schnell **verfügbare** und zeitlich **stabile Einstellungen** üben einen **beachtlichen Effekt** auf das Verhalten aus. Dabei geht von den durch **Kommunikation** erlernten Einstellungen nur ein unbedeutender Einfluß auf das Verhalten aus.

Zur Aufhellung des **Zusammenhangs** zwischen Einstellungen und Verhalten bemühen sich die Vertreter einer Reihe von **Einstellungstheorien**. Ein für produktpolitische Zwecke besonders interessanter Ansatz bildet die **Theorien** der **kognitiven Konsistenz** beziehungsweise **Inkonsistenz** (Dissonanz). Diese **Gleichgewichtstheorien** gehen vor allem auf *Heider*

(1965), *Osgood* und *Tannenbaum* (1955), *Festinger* (1978) sowie *Abelson* und *Rosenberg* (1958) zurück. Allen Ansätzen gemeinsam ist die Idee, daß Individuen danach streben, ihr **System** von **Überzeugungen, Meinungen** und **Einstellungen** im **Gleichgewicht zu halten**.

Beobachtungen des Kauf- und Konsumverhaltens von Personen legen jedoch die Vermutung nahe, daß **dies nicht immer gelingt**. Ein Abnehmer hat beispielsweise eine positive emotionale Haltung (**affektive Komponente**) zu einer Marke. Nun liest er einen Testbericht, in dem diese Marke eine schlechte Beurteilung erfährt (**kognitive Komponente**). Da die kognitive Komponente somit im Widerspruch zur affektiven steht, ist der Nachfrager bemüht, diese Ungereimtheiten zu beseitigen und die Harmonie wieder herzustellen. Hierzu kann der Betroffene vier Wege einschlagen:

- Zunächst besteht die Möglichkeit, **Inkonsistenzen** zu **vermeiden**, indem das Individuum Informationen von vornherein ausblendet, nicht wahrnimmt oder verleugnet. Ein Beispiel bildet jener Konsument, der einer Marke treu bleibt, um bei der Güterwahl die zu erwartenden Inkonsistenzen zu umgehen.

- Ferner sind Personen bemüht, die auftretenden Inkonsistenzen durch **Veränderungen** der **kognitiven Einheit** oder des **Verhaltens** zu reduzieren. Dies ist beispielsweise dann der Fall, wenn das Individuum die Einstellung zu einer Marke ändert, weil ein von ihm nicht akzeptierter Supermarkt dieses Erzeugnis anbietet.

- Weiterhin erscheint es möglich, eine **Umdefinition** der die Inkonsistenz erzeugenden **Situation** vorzunehmen. Beispielsweise schreibt ein Nachfrager den ungeliebten Rat eines Fachmanns nicht dessen Urteilsfähigkeit, sondern einer momentanen Stimmung zu.

- Schließlich ist zu beobachten, daß viele Personen **Konsistenzen** aus dem Bewußtsein **verdrängen**. Im Fall sehr negativer Kauferfahrungen liegt es nahe, einfach nicht mehr über diese nachzudenken.

Zur Erfassung von Einstellungen kommen die aus der **Imagemessung** bekannten Methoden zum Einsatz. Dabei gibt das Image die **Vorstellungen** und **Ansichten** wieder, die sich ein Individuum von einem Gegenstand macht. Dieses **subjektive Bild** eines Objekts entsteht sowohl aus dem Wissen über den Sachverhalt als auch aus gefühlsmäßigen Wertungen. Folglich läßt sich das Image als mehrdimensionales Konstrukt auffassen, das in etwa die gleichen Charakteristika wie die Einstellung aufweist.

Das bekannteste Verfahren der mehrdimensionalen Imagemessung ist das **Semantische Differential**, dem die Idee zugrundeliegt, die semantischen Relationen eines Worts zu messen. Hierzu gibt der Marktforscher ein

Wort vor und protokolliert die von den Auskunftspersonen **geäußerten Assoziationen**. Ist die Vorgehensweise standardisiert, kann der Befragte nicht frei assoziieren, sondern muß sich an vorgegebenen Assoziationen orientieren. Wie aus *Abbildung* 3.7 hervorgeht, dienen dazu eine Menge **gegensätzlicher Eigenschaftswörter**, wie etwa sicher - unsicher, sportlich - unsportlich und elegant - nicht elegant. Jede Versuchsperson gibt auf einer Skala an, inwieweit die einzelnen Eigenschaftswörter eine Assoziation zum jeweiligen Stimuluswort, wie *Mercedes* oder *BMW*, widerspiegeln.

| Positiver Pol | 1 | 2 | 3 | 4 | 5 | 6 | 7 | Negativer Pol |
|---|---|---|---|---|---|---|---|---|
| Sicher |  | M |  | B |  |  |  | Unsicher |
| Sportlich |  |  | B |  | M |  |  | Unsportlich |
| Elegant |  |  | B | M |  |  |  | Nicht elegant |
| Preiswert |  |  |  | B | M |  |  | Teuer |
| Geräumig |  | M |  | B |  |  |  | Eng |
| Sparsam |  |  | B |  |  | M |  | Nicht sparsam |
| M = Mercedes, B = BMW | | | | | | | | |

*Abbildung 3.7: Auszug aus einem Semantischen Differential für zwei Pkw-Marken*

Eine dem Semantischen Differential ähnliche **Technik** der **mehrdimensionalen Einstellungsmessung** repräsentieren die **Multiattributmodelle** (vgl. *Müller-Hagedorn*, 1994, S. 184 ff., und *Kroeber-Riel/Weinberg*, 1996, S. 196 ff.).

Der *Rosenberg*-**Ansatz** basiert auf der Vorstellung, daß der Verbraucher ein Produkt danach beurteilt, inwieweit es geeignet erscheint, seine Motive zu befriedigen. Folglich hängt die Einstellung eines Konsumenten zu einem **Objekt** von der **Wichtigkeit** seiner **Motive (affektive Komponente)** und der **wahrgenommenen Eignung** des **Objekts** zur **Motiverreichung (kognitive Komponente)** ab:

$$A_{ij} = \sum_{k=1}^{n} x_{ik} \cdot y_{ijk} \qquad (3.3)$$

Dabei gilt:

$A_{ij}$ = Einstellung der Person i zu Objekt j
$x_{ik}$ = Wichtigkeit des Motivs k für die Person i
$y_{ijk}$ = Meinung der Person i über die Eignung des Objekts j zur Befriedigung des Motivs k

Beim *Fishbein*-**Modell** gilt die Idee, daß die Einstellung zu einem Produkt aus der subjektiven Wahrnehmung dieser Eigenschaft und ihrer Bewertung resultiert. Dabei gibt der Eindruckswert an, inwieweit ein Nachfrager eine **Gütereigenschaft wahrnimmt** und **positiv** oder **negativ einschätzt**:

$$A_{ij} = \sum_{k=1}^{n} B_{jik} \cdot a_{ijk} \qquad (3.4)$$

Dabei bedeuten:

$A_{ij}$ = Einstellung der Person i zu Objekt j
$B_{ijk}$ = Wahrscheinlichkeit, mit der Person i die Eigenschaft k an Objekt j für vorhanden hält
$a_{ijk}$ = Bewertung von Eigenschaft k an Objekt j durch Person i

*Trommsdorff* (1975, S. 65 ff.) wies nach, daß es nicht sinnvoll ist, zwei auf individueller Ebene durch *rating*-Skalen gewonnenen Werte mittels einer Multiplikation zu einer **Teileinstellung** zu verzahnen. Daher schlägt er einen Ansatz vor, der die getrennte Ermittlung von kognitiver und affektiver Komponente nicht aufgibt, aber die meßtechnischen Schwierigkeiten vermeidet.

$$E_{ij} = \sum_{k=1}^{n} \left| B_{ijk} - I_{ik} \right| \qquad (3.5)$$

Dabei gilt:

$E_{ij}$ = Einstellung der Person i zu Objekt j
$B_{ijk}$ = Die von Person i wahrgenommene Ausprägung der Eigenschaft k an Objekt (Marke) j
$I_{ik}$ = Die von Person i an Objekten (Marken) der gleichen Produktklasse als ideal empfundene Ausprägung der Eigenschaft k

Alle beschriebenen Modelle der mehrdimensionalen Einstellungsmessung gehören zu den **Kompositionsverfahren**. Hierbei beurteilt der Proband die einzelnen Produktmerkmale getrennt voneinander und faßt sie anschließend zu einem Gesamturteil zusammen. Bei den **Dekompositionsverfahren**, wie den *Methoden der Mehrdimensionalen Skalierung* und dem *Conjoint Measurement*, liefert der Befragte globale Einschätzungen der Produkte. Aus diesen Nennungen läßt sich die Relevanz der einzelnen Produktmerkmale rekonstruieren.

## 7.2  Kognitive psychische Prozesse

### 7.2.1  Die Repräsentation von Wissen

Ein Ansatz zur Beschreibung und Erklärung der kognitiven psychischen Vorgänge besteht in der Analyse des im **Gedächtnis gespeicherten Wissens**. Dieses Wissen ist dafür verantwortlich, daß ein Individuum die aus der Umwelt stammenden Reize (Informationen) **aufnimmt, verarbeitet** und **speichert**. Zur Repräsentation von Wissen in der Nachfragerpsyche kommen **hierarchische** und **semantische Netzwerke** in Betracht. Ihnen liegt die Idee zugrunde, daß die im **Gedächtnis** verankerten **Bausteine** des **Wissens** aus Begriffen bestehen, die ein Gefüge bilden (vgl. *Kroeber-Riel/Weinberg*, 1996, S. 228 ff.).

Dabei lassen sich **Termini** als **Knoten** symbolisieren, während die **Kanten** den zwischen ihnen existierenden **Zusammenhang** reflektieren. Aus der gedanklichen Verzahnung einzelner Knoten, wie *BMW* und Fahrfreude, entsteht Wissen, das sich im Ausdruck "ein Pkw der Marke *BMW* vermittelt Fahrfreude" konkretisiert. Dies ist der Grund dafür, weshalb Begriffe als **Wissenselemente** gelten, aus deren **Verquickung** zu einem **Netz** eine **Wissensstruktur** entsteht (vgl. *Wessells*, 1994, S. 249 ff.).

### 7.2.1.1 Das hierarchische Netz

Der historisch gesehen erste bedeutsame Ansatz zur **Verknüpfung** von **Termini** geht auf *Collins* und *Quillian* (1969, S. 240 ff., und 1972, S. 309 ff.) zurück. Die beiden Autoren stützen ihre Ausführungen zur Rekonstruktion des individuellen Begriffsgefüges auf die zuvor diskutierte Idee. Wie erinnerlich, besteht ein zentrales (weil notwendiges) Anliegen von Menschen darin, Objekte der sinnlich wahrnehmbaren sowie der rein **gedanklichen Welt** zu **kategorisieren** und die jeweils **entstehende Objektmenge** zu **kennzeichnen**, das heißt **Typen** zu **bilden** (vgl. Abschnitt

2.1). Spalten Individuen eine vorliegende Menge von Gegenständen nach Maßgabe vorgegebener Kriterien **ein- oder mehrmals hintereinander** in **Teilmengen auf**, ergibt sich eine **typologische Hierarchie**.

Eine solche von Kultur und Sprache geprägte **Objekthierarchie** verkörpert entweder als Konvention ein für eine Gruppe von Personen **gültiges Bild** oder einen **Schnappschuß** der **mentalen Bemühungen** eines einzelnen, Gegenstände in ein System zu bringen (vgl. *Lindsay/Norman,* 1981, S. 293 ff.). Das in *Abbildung* 3.8 wiedergegebene Beispiel quasi als Ausschnitt einer individuellen Objekthierarchie zeigt, daß jede **Position** einen **Teil** des **Gedächtnisses** mit einem **spezifischen Inhalt repräsentiert**. Dieser Gedächtnisinhalt besteht aus einer Erzeugniskategorie (z. B. *soft drinks*) mit bestimmten Eigenschaften (z. B. süß, alkoholfrei). Dabei lassen sich mit zunehmender Abstraktionshöhe immer mehr Kategorien (z. B. *soft drinks* und Bier) einschließen und einem gemeinsamen Terminus (Getränk) subsumieren. **Umfang** und **Tiefe** der **Hierarchie** richten sich nach der Anzahl der im Gedächtnis verfügbaren Begriffe und den erlernten Objektverknüpfungen (vgl. *Anderson,* 1989, S. 104 ff.).

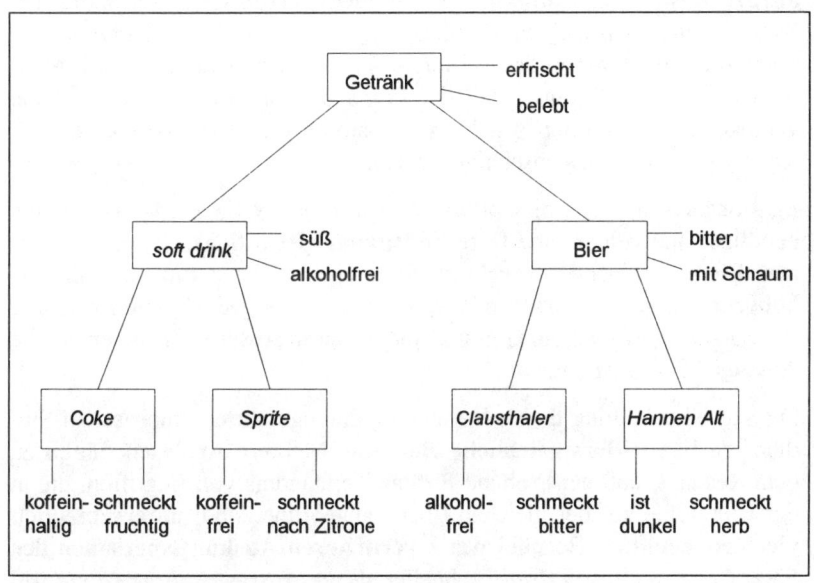

Quelle: in Anlehnung an *Wessells,* 1994, S. 252

*Abbildung 3.8: Ein Ausschnitt aus einem hierarchischen Netz*

Mit Blick auf das interessierende Kauf- und Konsumverhalten weist das **hierarchische Netz** zwei zentrale Charakteristika auf (vgl. *Banyard/Hayes*, 1995, S. 133 ff., und *Brander/Kompa/Peltzer*, 1989, S. 34 ff.):

- Zunächst fällt die **ökonomische Speicherung** von **Objekteigenschaften** auf. Jedes Merkmal erscheint nur einmal und zwar auf der höchstmöglichen Hierarchiestufe. Obwohl *Coke* und *Sprite* alkoholfrei sind, taucht dieses Attribut erst beim entsprechenden Gattungsbegriff auf.

- Ferner läßt sich das in der Hierarchie **repräsentierte Wissen** als **hoch organisiert kennzeichnen**. Zwischen den einzelnen Knoten existieren eindeutige, durch Kanten markierte Relationen, die das Auffinden des interessierenden Terminus ermöglichen. Solche Kanten, wie zwischen Getränk und *soft drink*, erlauben eine Beschreibung des betrachteten Guts, zum Beispiel *Coke*, mittels der Attribute aller darüber angeordneter Hierarchieelemente, wie süß und erfrischt.

Gemäß dieser Vorstellung erfordert die **Verifikation** der Aussage "*Sprite* schmeckt nach Zitrone", daß der Befragte das Element *Sprite* in seinem **Begriffsgefüge findet** und die dort **gespeicherten Objekteigenschaften abruft**. Besteht die **Aufgabe** der **Versuchsperson** hingegen darin, den Satz "*Sprite* erfrischt" im Hinblick auf seine Wahrheit zu überprüfen, reicht die Identifikation des Terminus *Sprite* allein nicht aus. Die Lösung dieses Problems verlangt, daß der Proband entlang den im Gedächtnis verankerten Kanten den Ausdruck Getränk erreicht und die diesem Objekt zugewiesenen Eigenschaften erkennt.

Empirischen Studien von *Collins* und *Quillian* (1969, S. 244 ff.) zufolge benötigen Individuen eine **feste Zeitspanne (Reaktionszeit)**, um von einem **Element** einer **Hierarchiestufe** zu einem **Gegenstand** der **nächsthöheren Ebene** zu gelangen. Folglich müßte die gedankliche Erfassung des Satzes "*Sprite* ist ein Getränk" mehr Zeit in Anspruch nehmen als die Aussage "*Sprite* ist ein *soft drink*".

Die zur Überprüfung dieser Vermutung durchgeführten empirischen Studien ergeben **widersprüchliche Befunde**. Mehrere Analysen führen zu dem Resultat, daß ein Proband für das Verständnis von Begriffen, die in der Hierarchie auf der gleichen Ebene angeordnet sind, **unterschiedlich viel Zeit benötigt**. Beispielsweise **verifizieren Auskunftspersonen** den Satz "*Coke* ist ein *soft drink*" schneller als die Aussage "*Sprite* ist ein *soft drink*", obgleich *Coke* und *Sprite*, wie *Abbildung* 3.8 verdeutlicht, in einer **direkten Verbindung** zum Gattungsbegriff *soft drink* stehen. Diese Erscheinung läßt sich mit einem Hinweis auf die **Typikalität** eines **Terminus** erklären. Offenbar halten Individuen *Sprite* für einen atypischen *soft drink*, während *Coke* als geeigneter Repräsentant dieser Gattung gilt (vgl. *McCloskey/Glucksberg*, 1978, S. 462 ff.). Insofern beeinflußt das

Ausmaß der **Typikalität** eines **Objekts** die **Reaktionszeit** eines **Befragten**.

Außerdem liefert ein Experiment von *Conrad* (1972, S. 149 ff.) einen Beleg dafür, daß die zur Verifikation eines Satzes benötigte Zeit stärker von der **Prägnanz** der **Assoziation** zwischen dem fraglichen Objekt und seinen auf verschiedenen Hierarchiestufen angesiedelten Eigenschaften abhängt als von der **Anzahl** der **Ebenen**, die den Gegenstand von seinen Merkmalen trennen. Beispielsweise versteht eine Versuchsperson den Satz "*Hannen Alt* erfrischt" **sehr schnell**, obwohl zwei Hierarchiestufen zwischen den beiden Elementen *Hannen Alt* und erfrischt liegen. Dagegen benötigt ein Proband **mehr Zeit** für das Verständnis der Aussage "*Hannen Alt* ist dunkel", obgleich sich der Begriff "ist dunkel" auf der gleichen Ebene wie der Terminus *Hannen Alt* befindet.

### 7.2.1.2 Das semantische Netz

In Anbetracht der Kritik, die viele Autoren an der bislang dominierenden Vorstellung über die Repräsentation von Wissen äußerten, entwickelten *Collins* und *Loftus* (1975, S. 407 ff.) das **Basismodell** des **semantischen Netzes**. Während der Ansatz des hierarchischen Netzes auf dem Gedanken fußt, Objekte im Hinblick auf ihre Merkmale in eine hierarchische Ordnung von Teilmengen zu bringen, zielt das modifizierte Modell darauf ab, die Relationen der Gegenstände zueinander nach **Maßgabe** ihrer **Attribute** ohne **Rekonstruktion** einer **Hierarchie** abzubilden. Dies ist deshalb ein geringerer Anspruch, weil mit einem solchen Gedächtnismodell weder eine Bildung von **Submengen** noch eine Ermittlung von **Art** und **Reihenfolge** der Vereinigung dieser Objekte einhergehen (vgl. *Schermer*, 1991, S. 148 ff., *Haberlandt*, 1994, S. 195 ff., und *Cassells*, 1995, S. 153 ff.).

Ein Begriffsgefüge wie das in *Abbildung* 3.9 gezeigte Beispiel verkörpert ganz allgemein die zwischen Objekten und Attributen bestehenden Relationen, hinter denen sich im konkreten Fall **Gemeinsamkeiten, Unterschiede, Ähnlichkeit** und **Unähnlichkeit** verbergen. Da üblicherweise eine Fülle von Gegenständen und Eigenschaften das Verhalten determinieren, bedarf es naturgemäß vergleichsweise **komplexer semantischer Netze**, um die zwischen den Elementen in der Realität bestehenden Beziehungen modellhaft zu repräsentieren.

Die Verarbeitung von **Informationen** im semantischen Netz läßt sich wie folgt beschreiben (vgl. *Klix*, 1988, S. 31 ff.): Das Anliegen, die Aussage "*Löwenbräu* ist ein Bier" im Hinblick auf ihre **Wahrheit zu überprüfen**, führt zu einer **Aktivierung** der in diesem Satz enthaltenen Elemente *Löwenbräu* und Bier. Die **Erregung** bleibt jedoch **nicht** auf diese Begriffe **begrenzt**, sondern breitet sich entlang den Kanten auf benachbarte Termini aus. Dieser **gedankliche Vorgang** ähnelt der **Bewegung** einer **konzentrischen Welle**, die durch den Fall eines Steins in einen Teich entsteht. Das Ausmaß der Wellenbewegung hängt vom Gewicht des Steins, von der Weite des Wurfs und der seit dem Aufprall verstrichenen Zeit ab (vgl. *Wender*, 1988, S. 57 ff.).

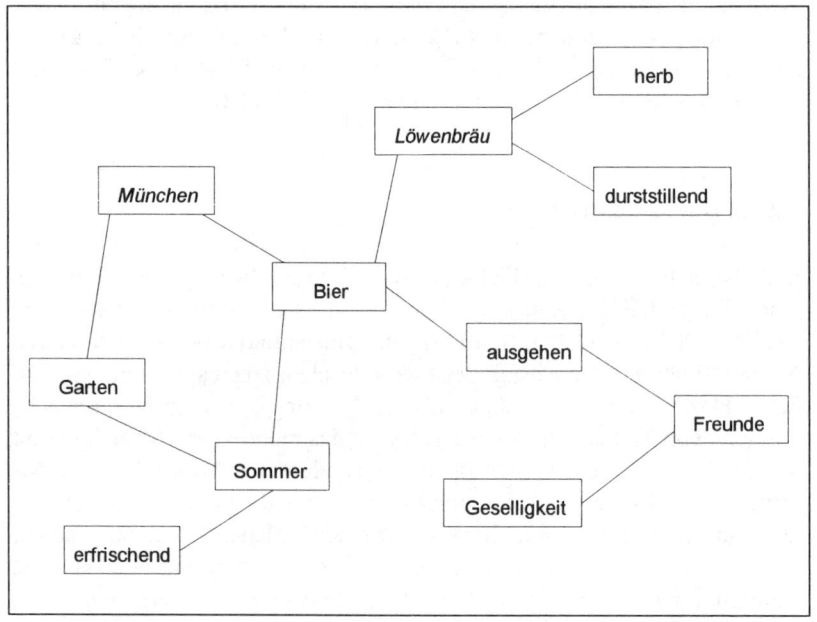

Quelle: in Anlehnung an *Wessells*, 1994, S. 258

*Abbildung 3.9: Ein Ausschnitt aus einem semantischen Netz*

Auf analoge Weise lassen sich **Geschwindigkeit** und **Ausdehnung** eines **Impulses** im semantischen Netz durch die **Stärke** der **anfänglichen Aktivierung** und die seit der **Erregung verstrichenen Zeit** erklären. Dabei nimmt die Intensität des Anstoßes im Laufe der Zeit und mit zunehmender Distanz vom Startknoten ab. Außerdem **differieren** die Kanten hinsichtlich ihrer **Stärke** und **Zugänglichkeit**. Treten zwei Begriffe, wie *Löwenbräu* und Bier, in der Erfahrung eines Individuums häufig gemeinsam auf, entsteht eine **starke** und **leicht zugängliche Verbindung** zwischen ihnen. Dagegen existiert zwischen zwei Termini, die in der Vorstellung des Probanden selten zusammen erscheinen, wie Garten und Geselligkeit, eine **schwache** und **schwer zugängliche Verknüpfung.**

## 7.2.2 Die Aufnahme von Informationen

Die Sinnesorgane nehmen die auf ein Individuum treffenden Produkt- und Umfeldinformationen auf. Diese Stimuli gelangen zunächst in den **sensorischen Informationsspeicher**, wo eine **fundamentale Entschlüsselung** (Dekodierung) erfolgt. Von dort aus wandern die Reize in die **zentralen Prozessoren** des Gehirns, das **Kurzzeit-** und das **Langzeitgedächtnis**. Nach ihrer genauen Dekodierung stimulieren die aufgenommenen Informationen **kognitive** und **aktivierende Prozesse**: Zum Beispiel rufen sie Gefühle hervor, lösen Assoziationen aus und regen Entscheidungen an (vgl. *Kroeber-Riel/Weinberg*, 1996, S. 242 ff.).

Das in *Abbildung* 3.10 dargestellte **Gedächtnismodell** verdeutlicht den Zusammenhang zwischen dem **sensorischen**, dem **Kurzzeit-** und dem **Langzeitspeicher**. Die einzelnen Elemente dieses Ansatzes lassen sich folgendermaßen beschreiben (vgl. *Wessels*, 1994, S. 249 ff.):

* Der **sensorische Speicher** (Ultra-Kurzzeitgedächtnis) behält die Sinneseindrücke nur für eine ganz kurze Zeit. Für visuelle Reize bedeutet dies, daß das Auge die erfaßten Stimuli in bioelektrische Impulse umwandelt und weiterverarbeitet.

* Der **Kurzzeitspeicher** greift auf das umfassende Arsenal der im Ultra-Kurzzeitgedächtnis abgelegten Sinneseindrücke zurück. Die Intensität und der Umfang dieser entschlüsselten Umweltinformationen hängen entscheidend von ihrem Aktivierungspotential ab.

* Der **Langzeitspeicher** entspricht dem Gedächtnis des Menschen, das die zuvor verarbeiteten und zu kognitiven Einheiten organisierten Informationsbausteine langfristig speichert. Die dauerhafte Verankerung von Sinneseindrücken ist an den Aufbau **biochemischer Substanzen** gebunden, die zu substantiellen Gedächtnisspuren führen.

Allerdings nimmt ein Individuum im Rahmen einer Produktwahlhandlung **nicht** nur **Güter-** und **Umweltinformationen** auf (**externe Informationsaufnahme**). Vielmehr bilden die aus zurückliegenden Kauf- und Konsumprozessen gewonnenen **Erfahrungen** einen Informationsvorrat, auf den es bei den anstehenden Problemlösungsprozessen zurückgreift (**interne Informationsaufnahme**). Dabei ruft der **zentrale Prozessor** (der Kurzzeitspeicher) die aus dem Langzeitgedächtnis stammenden internen Informationen ab. Dies geschieht im allgemeinen dadurch, daß sich das

Individuum eine **gespeicherte, aber nicht bewußte Informationseinheit** willentlich ins Gedächtnis ruft (vgl. *Cohen*, 1981, S. 304 ff., und *Sternthal/Craig*, 1982, S. 59 ff.).

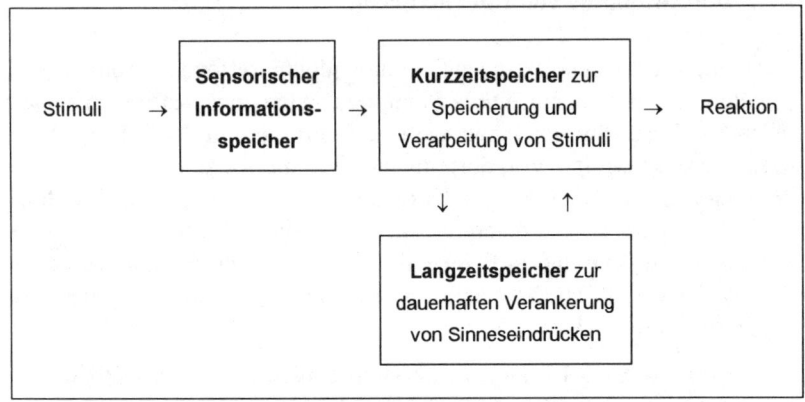

Quelle: angelehnt an *Kroeber-Riel/Weinberg*, 1996, S. 225

*Abbildung 3.10: Gedächtnismodell zur Rekonstruktion kognitiver Prozesse*

Die Aufnahme von internen und externen Informationen kann auf zweierlei Wegen erfolgen: Entweder sucht der Betroffene aktiv nach Reizen, oder er übernimmt passiv, das heißt ohne Absicht und willentliche Bemühung, die bereitgestellten Stimuli. **Aktives Suchen** nach Produkt- und Umfeldinformationen geschieht **impulsiv, gewohnheitsmäßig** oder aber **überlegt** und **bewußt**.

- Häufig löst die individuelle Neugier eine **impulsive Informationssuche** aus. Durch dieses Streben läßt sich das menschliche Bedürfnis nach Exploration im Rahmen alltäglicher Handlungen befriedigen.

- Die **gewohnheitsmäßige Informationssuche** besteht aus verfestigten Verhaltensmustern, die sich in den Augen des Betroffenen in vergangenen Kauf- und Konsumsituationen bewährten.

- Die **überlegte** und **bewußte Suche** von Produkt- und Umfeldinformationen dient dazu, einen bereits initiierten Entscheidungsprozeß voranzutreiben und die Produktwahlhandlung vorzubereiten.

Ein Blick auf das Verhalten der Individuen bei der Güterwahl zeigt, daß viele von ihnen vor dem Kauf keine Informationen suchen und während des Erwerbs kaum Aktivitäten entfalten. Dies deutet darauf hin, daß Personen selbst bei Gebrauchsgütern **limitierte** oder **habitualisierte Kauf-entscheidungen** treffen (vgl. Abschnitt 7.2.3.2).

Hierbei neigen sie dazu, auf **externe Informationen** zurückzugreifen und sich diese im Laden bestätigen zu lassen. Konsumenten, die aktiv nach Informationen suchen, berücksichtigen vor allem das Verkaufsgespräch, die Beratung durch Bekannte, die Anzeigen in Zeitschriften, das Schaufenster und die Fernseh- und Radiowerbung als Quellen für Informationen. Allerdings fällt auf, daß diese Verbraucher unterschiedliches Verhalten bei der Suche nach Informationen an den Tag legen. Hierfür lassen sich die folgenden Gründe anführen:

- Dem **Arousal-** und **Komplexitätsansatz** zufolge versucht ein Individuum eine bestimmte **innere Erregung** auf Grund äußerer Reize aufrechtzuerhalten, indem es reizarme Situationen ebenso meidet wie von übermäßiger Fülle gekennzeichnete Reizkonstellationen.

- Der **risikotheoretische Ansatz** basiert auf der Idee, daß der Erwerb eines Erzeugnisses mit zum Beispiel finanziellen, zeitlichen und persönlichen **Risiken** verbunden ist. Die Beschaffung von Informationen läßt sich daher als Möglichkeit kennzeichnen, die empfundene Unsicherheit zu reduzieren.

- Gemäß dem **Kosten-Nutzen-Ansatz** hängen der Umfang, der Inhalt und die Richtung der Informationsbeschaffung von den jeweils erwarteten Kosten und Erträgen ab. Ein Nachfrager besorgt sich seine Stimuli dann und dort, wenn beziehungsweise wo der Nutzen der Reize die mit ihrer Beschaffung verbundenen Kosten rechtfertigt.

- Aus dem **gedächtnistheoretischen Ansatz** geht hervor, daß Informationen auf dem Weg vom sensorischen in den Kurzzeit- und Langzeitspeicher verlorengehen. Die **Intensität** des Informationsverlusts variiert über die verschiedenen Kauf- und Konsumsituationen sehr stark.

Nur selten berichten Forscher über die **passive, zufällige Aufnahme** von Produkt- und Umweltinformationen, obgleich diese Art der Informationsbeschaffung eine große Bedeutung besitzt. Sie erfolgt **bewußt**, etwa bei der Betrachtung einer Anzeige, oder **automatisiert**, ohne daß der Kaufwillige das an ihn herangetragene Informationsmaterial bewußt registriert (**unterschwellige Werbung**).

Aber auch **Gewohnheiten** spielen bei der Erfassung und Weiterverarbeitung von Stimuli auf ganz unterschiedliche Art eine zentrale Rolle. Zum Beispiel ist gewohnheitsmäßiges Blickverhalten eine immer **wiederkehrende Dechiffrierung visueller Vorlagen**, die sich im Zeitverlauf in der Psyche des Individuums verfestigt. Beispielsweise konzentriert sich die Informationsaufnahme beim flüchtigen Betrachten einer Anzeige auf die

Bildmitte. Durch eine Blickaufzeichnung ist es möglich, die Blickverlaufslinie mit den wichtigen Fixationen zu erfassen. Diese Fixationen bilden Punkte, an denen der **Blick kurz verweilt** und **Informationen aufnimmt.**

### 7.2.3 Die Verarbeitung von Informationen

### 7.2.3.1 Die Wahrnehmung

Aus **erkenntnistheoretischer Sicht** läßt sich **Wahrnehmung** als einen **Transformationsprozeß** charakterisieren, durch den ein bislang bloß **erfahrenes Sein** zu einem **Denken über das Sein** wird. Als Urmodus der sinnlichen Anschauung bildet die Wahrnehmung eine Vermittlungsinstanz zwischen der **sinnlichen Empfindung** (z. B. sehen, hören) und der **Vorstellung** über das **Empfundene** (z. B. die Erinnerungsbilder an das zuvor Wahrgenommene) (vgl. *Wilkening,* 1988, S. 203 ff.).

Im Lichte dieser Analyse läßt sich Wahrnehmung als **Prozeß** der **Informationsverarbeitung** beschreiben, bei dem ein Individuum **innere Signale entschlüsselt** und **Umweltreize aufnimmt** (vgl. *Schiffman/Kanuk,* 1994, S. 146 ff.). Dadurch erhalten die **interessierenden Stimuli** einen **Sinn** und ermöglichen dem Betroffenen, ein **Bild** über die **Umwelt** und die **eigene Person** zu rekonstruieren. Aufgrund der gedanklichen Bewältigung von Informationen erhält das Individuum Kenntnis von sich und seinem Umfeld. Das in *Abbildung* 3.11 gezeigte Schema hebt die **Vielzahl** der **Wahrnehmungsvorgänge** entsprechend den Sinnesmodalitäten hervor, und weist auf die zur Verarbeitung der Sinneseindrücke notwendigen kognitiven Prozesse hin. Von zentraler Relevanz für das Verständnis der Wahrnehmungsprozesse ist ihre **Subjektivität, Aktivität** und **Selektivität.**

Jeder Einzelne lebt in einer **subjektiv wahrgenommenen Welt,** die mehr oder weniger vom subjektiv perzipierten Umfeld anderer abweicht. Es gibt **keine objektive Wirklichkeit,** die alle Individuen auf gleiche Weise und in der gleichen Intensität erleben. Wahrnehmung ist also nicht eine passive Aufnahme von Sinneseindrücken, sondern ein **aktiver Vorgang** der **Informationsaufnahme** und **-verarbeitung,** durch den ein Individuum seine Umwelt konstruiert. Hierzu wählt es jedoch nur einen **Teil** der auf seine **Sinnesorgane einwirkenden Stimuli** aus. Ohne diese **selektive Wahrnehmung** wäre das System der Informationsaufnahme und -verarbeitung überfordert (vgl. *Wyer/Scrull,* 1986, S. 322 ff.).

| Objektbereich | Sinnesmodalität | Kognitiver Prozeß |
|---|---|---|
| Gegenstände<br>Vorgänge<br>Beziehungen | sehen<br>hören<br>tasten<br>schmecken<br>riechen<br>empfinden | Interpretation<br>der<br>Sinneseindrücke |

Quelle: *Kroeber-Riel/Weinberg*, 1996, S. 266

*Abbildung 3.11: Schema der Wahrnehmung*

Eine Analyse des Verhaltens von Nachfragern setzt somit voraus, daß der Marktforscher um die **subjektive Perzeption** weiß. Nicht die **objektive Produktqualität**, sondern die mitunter davon abweichende **subjektive** Interpretation determiniert die Kaufentscheidung. Ebenso bestimmt nicht der **objektive Preis**, sondern der vom Individuum **wahrgenommene** sein Verhalten bei der Produktwahlhandlung.

Aus zahlreichen Experimenten geht hervor, daß Individuen dazu neigen, die Kaufentscheidung durch **gezielte** und **reduzierte Informationswahrnehmung** zu vereinfachen. Nachfrager, denen die Möglichkeit offensteht, aus einer beträchtlichen Angebotspalette beliebig zu wählen, benutzen zur Produktbeurteilung nur einen sehr kleinen Teil der verfügbaren Informationen (vgl. *Peter/Olson*, 1993, S. 145 ff.). Solche **Schlüsselinformationen** (*information chunks*) umfassen mehrere andere Informationen und besitzen bei der Urteilsbildung eine große Bedeutung. Konsumenten, die auf diese *information chunks* zurückgreifen, wie etwa **Marke**, **Preis** und **Testurteile**, brauchen weniger Informationen für die Produktbewertung als solche, die dies nicht tun.

Um festzustellen, wie viele und welche Produktinformationen ein Nachfrager wahrnimmt, kommen vier Verfahren in Betracht (vgl. *Kroeber-Riel/Weinberg*, 1996, S. 277 ff.). Hierzu gehören die **Methode** des **lauten Denkens**, die **direkte Beobachtung**, die **Blickaufzeichnung** und die **Informationsdisplay-Matrix**.

- Mit der **Methode** des **lauten Denkens** lassen sich verbale Auskünfte über die gerade stattfindende **Aufnahme** und **Verarbeitung** von **Informationen** gewinnen. Dabei liegt dem Probanden die Aufforderung vor, alle Gedanken, die ihm beim Ablauf kognitiver Tätigkeiten in den Kopf kommen, sofort laut zu äußern. Aus dem Inhalt dieser Protokolle schließt der Forscher auf die Denkstruktur des Individuums, ohne allerdings emotionale Aspekte des Kaufverhaltens zu berücksichtigen.

- Bei der **direkten Beobachtung** bietet es sich an, die Produkte so darzubieten, daß die für die Wahlhandlung erforderlichen **Informationen nicht unmittelbar** und **vollständig sichtbar sind**. Der Proband ist daher gezwungen, das Erzeugnis in die Hand zu nehmen, die Verpackung zu lesen oder das Produkt sogar zu testen. Dabei erhält der Beobachter eine Vorstellung über die von der Versuchsperson berücksichtigten Produktfacetten.

- Die **Blickaufzeichnung** liefert dem Forscher wichtige Hinweise über die Abfolge der Betrachtung eines Objekts. Da jede Aufnahme von Informationen eine kurze **Fixation** des **Blicks** voraussetzt, läßt sich die **Übernahme visueller Informationen** in das **Gedächtnis** nachvollziehen. Das Individuum ergänzt dieses Wissen auch mit Hilfe **peripherer Informationen** zu möglichst sinnvollen und umfassenden Einheiten. Solche **Einheiten** der **Informationsaufnahme** sind deshalb im allgemeinen keine Buchstaben oder Wörter, sondern umfassende Sinnlichkeiten, wie etwa Sätze oder ganze Figuren.

- Der **Informationsdisplay-Matrix** liegt die Idee zu Grunde, den Konsumenten dazu zu bringen, aus einer Menge von Informationen durch beobachtbares Verhalten bestimmte Informationen auszuwählen. Hierzu dient eine **Matrix**, die aus einer Vielzahl von **Produkteigenschaften** und den interessierenden **Erzeugnissen** besteht. In den Zellen der Matrix finden sich die Ausprägungen der Güter bei den Merkmalen. Der Nachfrager erhält die Aufgabe unter Vorgabe der **Produkte** und **Merkmale** eine **Entscheidung** über die ihn interessierenden **Merkmalsausprägungen** zu fällen. Dadurch erfährt der Versuchsleiter, wie viele und welche Informationen in welcher Reihenfolge die Auskunftsperson aufnimmt.

Zum Umfeld des Stimulus, das seine Wahrnehmung maßgeblich determiniert, gehören nicht nur Reize gleicher Art, wie etwa die anderen Erzeugnisse, sondern **alle aufgenommenen Informationen**, die sich zum Beispiel auch aus **sozialen Interaktionen** ergeben. Zur Beschreibung und Erklärung der Güterwahl kommen insbesondere die **Gestaltgesetze** in Betracht, aus denen der grundlegende Anhaltspunkt hervorgeht, daß bereits die Modifikation eines Elements das Wahrnehmungsumfeld und alle anderen Elemente zu verändern vermag.

Ein Beispiel verdeutlicht diese Idee: In einem Experiment von *Loftus* und *Palmer* (1974, S. 585 ff.) beobachteten Versuchspersonen die Geschwindigkeit von Fahrzeugen. Anschließend wurden sie mittels verschiedener Formulierungen gefragt, wie schnell wohl die Autos gefahren seien als sie

**sich berührten, aufeinanderstießen, zusammenprallten, aufeinander zu rasten** und **zerschmettert wurden.** In Abhängigkeit des gewählten Verbs schwankten die Geschwindigkeitsschätzungen zwischen **31,8** Meilen pro Stunde beim Ausdruck **sich berührten** und **40,8** Meilen pro Stunde bei der Bezeichnung **zerschmettert wurden.**

Diese Erkenntnis vor Augen bemühen sich Marktforscher darum, gleichzeitig mit den Produktinformationen auch **Interpretationshilfen** zu vermitteln, um die Aufnahme und Verarbeitung von Informationen in eine **bestimmte Richtung zu lenken.** Typisch dafür sind die Gesten und Reden des Verkäufers, die die Zwecktauglichkeit des Erzeugnisses herausstellen sowie die Gestaltung des Verkaufsraums, der die Leistungsfähigkeit des Produkts unterstreicht.

Die Abhängigkeit der **Perzeption** eines **Guts** von seinem **emotionalen Umfeld** geht aus mehreren Studien hervor. In einer Untersuchung von *Smith* und *Engel* (1968, S. 123 ff.) erhielten Gruppen von Probanden unterschiedliche Anzeigen eines Mittelklassefahrzeugs. Die eine Personenschar wurde lediglich mit einem **Bild** des fraglichen **Autos** konfrontiert. Dagegen war auf dem der zweiten Gruppe von Individuen vorgelegten **Bild** neben dem **Pkw** auch ein **Mädchen** zu sehen. Dieses hatte jedoch keine erkennbare Funktion, die es in einen **sinnvollen Zusammenhang** mit dem Fahrzeug brachte.

Nach der Betrachtung der Anzeigen beurteilten die Auskunftspersonen den Pkw anhand eines **Semantischen Differentials.** Hierbei gewannen die Nachfrager der zweiten Gruppen im Vergleich zu denen der ersten einen sehr emotionalen Eindruck vom Auto. Der Pkw galt in ihren Augen als **ansprechend, jugendlich, aufregend,** aber auch **teuer** und **nicht sicher.** Offenbar entfaltet das Umfeld zwei Wirkungen auf die Produktbeurteilung:

- Zunächst erzeugt es ein **Wahrnehmungsklima**, das zu einer **selektiven** (positiven oder negativen) **Betonung** von wahrgenommenen Gütermerkmalen führt.

- Ferner vermittelt es **spezifische Assoziationen** zwischen Umwelt- und Produktinformationen, die es dem Nachfrager oftmals unmöglich machen, die Informationsquelle exakt zu erfassen.

Offenbar determinieren die gefällige Darbietung und das ansprechende Umfeld die Beurteilung eines Objekts. Dabei treten häufig die sachlichen Facetten des Gegenstands bei der Herausbildung eines Urteils in den Hintergrund.

Gemäß dem **Schemakonzept** läßt sich Wahrnehmung auch als ein mehrstufiger Prozeß des **Mustervergleichs** auffassen. Das Individuum sucht bei der Perzeption eines Guts ein Schema, das für die Erfassung und Bewertung des Reizes geeignet erscheint. Dieses Schema fungiert daraufhin als Muster für die mit der Wahrnehmung verbundene Informationsaufnahme und -verarbeitung. Folglich hängt die Wahrnehmung von Gütern ganz entscheidend von den **Produkt-** beziehungsweise **Markenschemata** ab, über die der Nachfrager aufgrund seiner **Kauf-** und **Konsumerfahrung** verfügt. Liegt der Wahrnehmung von Erzeugnissen ein solches Schema zugrunde, lassen sich Informationen **schneller aufnehmen** und **verarbeiten, leichter beurteilen** und **besser erinnern.**

Diese Erkenntnis bildet die Grundlage für zwei Ansatzpunkte zur Beeinflussung der Perzeption:

- Zunächst liegt die Idee nahe, einen **Reiz** auf das vom Konsumenten **verwendete Schema** zur **Produktbeurteilung anzupassen.** Ein Beispiel veranschaulicht diesen Gedanken: Viele Konsumenten besitzen ein **visuelles Schema,** demzufolge gut gekleidete, beruflich erfolgreiche und materiell wohlhabende Individuen gelegentlich *Champagner* trinken. Sofern die Werbung dieses Produkt im entsprechenden Umfeld darstellt, ist mit der gewünschten Wirkung zu rechnen.

- Ferner erscheint es möglich, ein **gegebenes Schema** durch den Einsatz der marketingpolitischen Aktivitäten **zu verändern.** Dabei versucht ein Anbieter, dieses **Muster** so zu **modifizieren,** daß ein Erzeugnis im Rahmen des **Beurteilungsprozesses möglichst gut abschneidet.** Zum Beispiel ist es der *Volkswagen* AG in den USA gelungen, die Bedeutung eines kleinen, kompakten und wendigen Fahrzeugs durch Werbung zu vermitteln. In der Folge spielten genau diese Kriterien eine wichtige Rolle bei der Beurteilung von Pkw durch *US-Amerikaner.*

Zusammenfassend läßt sich anhand von *Abbildung* 3.12 veranschaulichen, daß ein Kaufwilliger neben den **Produktinformationen** auch **Umweltinformationen** erfaßt. Dabei ergänzt er diese **aktuellen Informationen** (z. B. Leistungsfähigkeit des Pkw und Sauberkeit des *showroom*) um Rückschlüsse auf die beim Kauf nicht erlebbaren Facetten eines Erzeugnisses (**abgeleitete Informationen,** wie etwa die Vermutung, daß der Händler einen sehr guten Reparaturservice anbietet). Diese Informationen führen gemeinsam mit den **inneren Signalen** zur Repräsentation der Produkte im Bewußtsein.

### 7.2.3.2 Die Präferenzbildung

Aufgrund der wahrgenommenen Reize kann ein Individuum noch keine Auskunft darüber erteilen, ob es ein **Gut vorzieht** oder **ablehnt.** Was of-

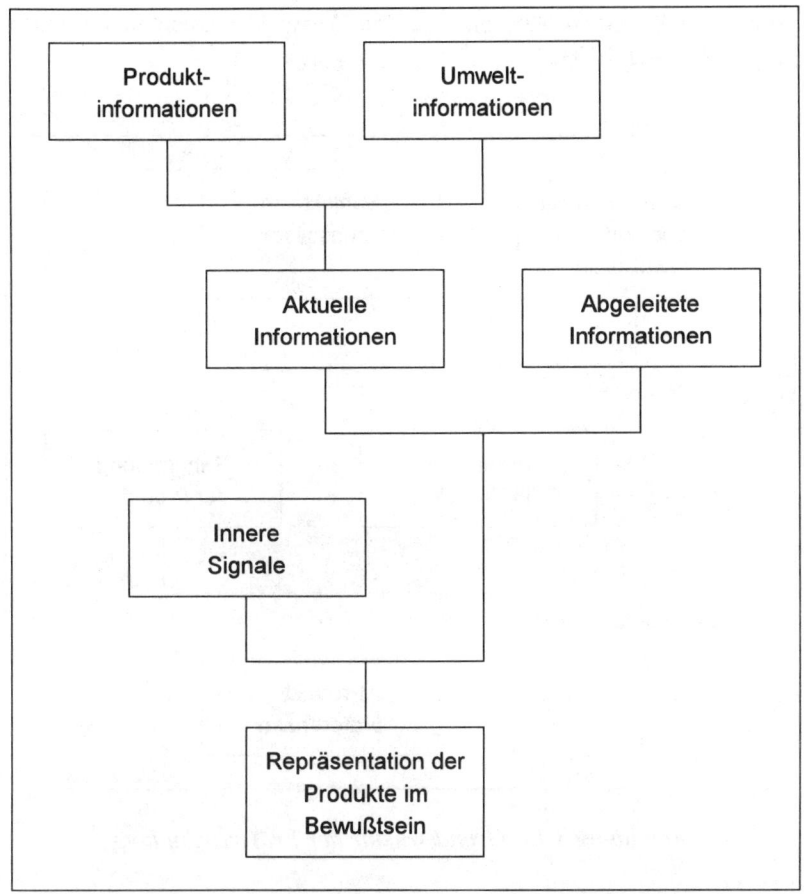

*Abbildung 3.12: Grundstruktur der Wahrnehmung*

fenbar fehlt, sind **Präferenzen**, die eine Bewertung der aufgenommenen Reize voraussetzen (vgl. *Nieschlag/Dichtl/Hörschgen*, 1997, S. 179 ff.). Hierbei sind grundsätzlich **zwei Programme wirksam**: Während **Beurteilungsprogramme** zur Verarbeitung von Informationen dienen, ermöglichen **Auswahlprogramme** die Selektion eines Objekts.

Programme, die zur **Beurteilung** eines **Produkts** führen, reichen jedoch im allgemeinen nicht aus, um die Auswahl eines Guts zu beschreiben. So mag eine Person die Qualität eines Erzeugnisses als sehr hoch einschätzen, ohne es allerdings zu kaufen, da es zu teuer ist, oder ein anderes Gut eine noch bessere Qualität aufweist. Offenbar erfordert das Zustandekommen von **Präferenzen**, etwa im Unterschied zur Herausbildung eines

**Nutzenurteils**, einen **Vergleich** der zur **Auswahl stehenden Optionen** (vgl. *Abbildung* 3.13).

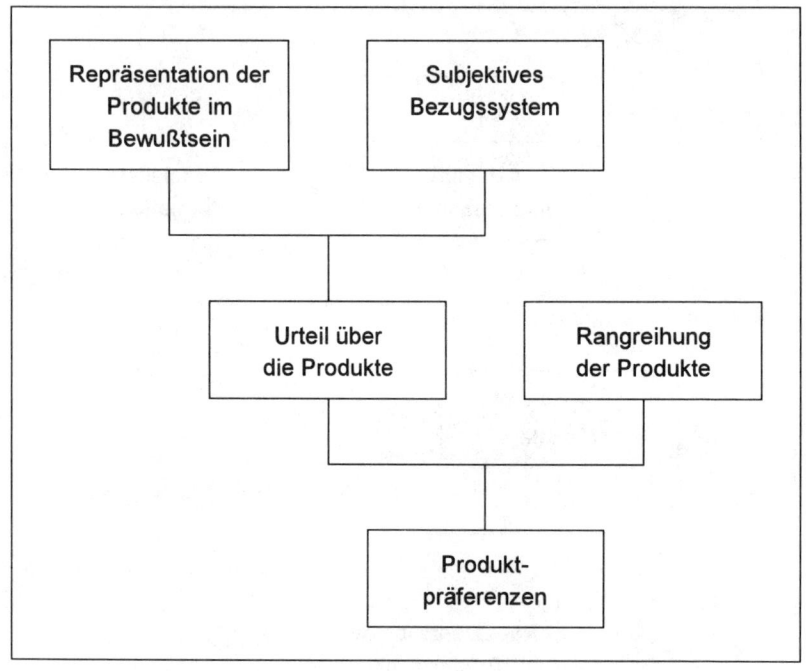

*Abbildung 3.13: Grundstruktur der Präferenzbildung*

Den Entscheidungs- und Informationsverarbeitungstheorien liegt die Vorstellung zugrunde, daß sich die Denkprogramme an der **formalen Logik** orientieren und eine **formalisierte Struktur** besitzen. Gleichwohl sind Kauf- und Konsumsituationen vorstellbar, in denen Individuen nicht zu einem großen psychischen Aufwand neigen und eher auf **vereinfachte Beurteilungsprogramme** zurückgreifen. Zu diesen gehören:

- Die **Attributsdominanz** verkörpert ein Beurteilungsprogramm, bei dem der Konsument von einer **Gütereigenschaft** auf die **Produktqualität** schließt. Dieser relevante Eindruck dient also als Schlüsselinformation und erspart dem Käufer die Berücksichtigung anderer Attribute. Als Schlüsselmerkmale kommen sehr häufig der Preis und die Marke in Betracht (vgl. Abschnitt 7.2.3.1).

- Von **Irradiationen** ist dann die Rede, wenn ein Verbraucher von einem **Produktmerkmal** auf ein anderes folgert. Beispielsweise besteht in den Augen vieler Individuen ein Zusammenhang zwischen dem Geschmack und der Farbe einiger Lebensmittel, wie etwa bei Margarine oder Speiseöl.

• Der **Halo-Effekt** steht für eine Erscheinung, derzufolge die Wahrnehmung einzelner Attribute eines Erzeugnisses von einem **bereits gebildeten Qualitätsurteil** abhängt. Dieses Phänomen äußert sich darin, daß ein Nachfrager bei Gütern, die er schätzt, auch alle Eigenschaften für gut hält.

Obgleich diese Ansätze ihre große Bedeutung besitzen, deuten zahlreiche empirische Studien darauf hin, daß selbst dann, wenn **Individuen nach Regeln** verfahren und **überlegte Urteile** fällen, erhebliche Verzerrungen auftreten. Diese subjektiven Verzerrungen setzen die **Logik** der **Urteilsbildung nicht außer Kraft**, aber sie beeinflussen das Ergebnis der Urteilsbildung in vielfältiger Weise. Dabei unterscheiden *Kroeber-Riel* und *Weinberg* (1996, S. 293 ff.) drei unterschiedliche Ursachen von Verzerrungen:

• Ein Individuum verarbeitet im allgemeinen die eingehenden Informationen mittels eines Schemas. Hieraus resultiert ein **schablonenhaftes Denkmuster**, das es dem Betroffenen erlaubt, mit einer Fülle von Stimuli schnell und wirksam umzugehen.

• Ein Nachfrager entscheidet sich oft spontan oder auf der Basis unvollständiger Informationen für ein Gut. Erst hinterher ordnet er aufgrund **subjektiver Attribuierung** dem eigenen Verhalten oder dem Verhalten anderer logische Argumente zu.

• Im Rahmen der Produktwahlhandlung spielen **emotionale Effekte** eine große Rolle. Dies zeigt sich beispielsweise in der **Fehleinschätzung** von **Wahrscheinlichkeiten** und der deutlich stärkeren Berücksichtigung von leicht verfügbaren und persönlich gewonnenen Informationen im Vergleich zu schwer erlangbaren und externen Informationen bei der Urteilsbildung.

Um zu klären, inwiefern Produktwahlhandlungen kognitive Informationsverarbeitungsprozesse einschließen, liegt eine Unterteilung der Kaufentscheidungsprozesse in vier Typen nahe. Hierzu gehören im einzelnen die **intensive Kaufentscheidung**, die **limitierte**, die **habitualisierte** und die **impulsive** (vgl. *Bettman*, 1979, S. 34 ff.).

• Bei der **intensiven Kaufentscheidung** ist die kognitive Beteiligung sehr stark ausgeprägt, weil sich die generelle Kaufabsicht erst im Entscheidungsprozeß herausbildet. Dabei verschafft sich die Person Klarheit über das Anliegen des Güterkaufs und prüft die Eignung der Alternativen zur Erreichung dieses Ziels. Dieses Muster gilt vor allem dann, wenn das Individuum ein **unbekanntes Produkt erwirbt** oder ein **neuartiges Bedürfnis artikuliert.** Außerdem ist diese Spielart vor allem auch dort zu finden, wo eine Fehlentscheidung beim Kauf zu schwerwiegenden Konsequenzen (z. B. soziale Mißachtung) führt.

- Verfügt der Nachfrager bereits über Kauferfahrungen entspricht sein Entscheidungsmuster im allgemeinen der **limitierten Kaufentscheidung.** Ohne daß der Betroffene auf eine bestimmte Marke ausgerichtet ist, läuft im Laden ein **gespeichertes Auswahlprogramm** ab. Der kognitive Aufwand ist begrenzt, doch trifft das Individuum seine Entscheidung weitgehend frei von emotionalen Einflüssen. Diese Variante tritt dann auf, wenn mit dem Produktkauf keine gravierenden psychischen oder sozialen Konsequenzen verbunden sind.

- Bestimmen **Gewohnheiten** die Güterwahl einer Person, liegt eine **habitualisierte Kaufentscheidung** vor. Hierbei schwindet die gedankliche Steuerung bei der Herausbildung einer Kaufentscheidung. Häufig orientiert sich der Käufer bei der Produktselektion an der bislang erworbenen Marke oder an einigen wenigen Schlüsselinformationen.

- Eine **impulsive Kaufentscheidung** zeichnet sich dadurch aus, daß der Nachfrager **emotional geladen** und **sehr spontan** ein Gut auswählt. Diese Variante des Güterkaufs unterliegt nur einer sehr geringen kognitiven Steuerung.

Im Mittelpunkt der weiteren Ausführungen stehen Kaufentscheidungsprozesse mit einer **starken gedanklichen Kontrolle.** Hierzu zählen insbesondere die intensive und die limitierte Kaufentscheidung. Weitere Anmerkungen zur habitualisierten und impulsiven Kaufentscheidung vermitteln etwa *Meffert*, 1992, S. 39 ff., und *Weinberg*, 1981, S. 17 ff.

Von zentraler Bedeutung für das Verständnis des Zustandekommens einer Produktwahlhandlung ist die **empirische Entscheidungsforschung,** die sich mit der **Durchdringung psychischer Abläufe** bei **tatsächlichen Wahlakten** beschäftigt. Sie liefert Belege dafür, daß in **realen Entscheidungssituationen** zwei grundlegende Muster der Produktselektion wirksam sind, die **Auswahl nach Produkten** und jene **nach Attributen.**

**(1) Auswahl nach Produkten**

Hierbei handelt es sich um ein Auswahlprogramm, bei dem der Entscheider jede der verfügbaren beziehungsweise für ihn in Betracht kommenden Produktalternativen einzeln beurteilt. Anschließend wählt er jene aus, die die höchste wahrgenommene Zwecktauglichkeit (Qualität) aufweist.

## (2) Auswahl nach Attributen

Bei einem Kaufakt nach Attributen betrachtet das Individuum nicht jede Alternative für sich, sondern vergleicht **alle** zur **Auswahl stehenden Produkte** bezüglich der ihm **besonders wichtigen Merkmale** miteinander. Folglich liegt kein eindeutiges **eindimensionales** Entscheidungskriterium vor, das unmittelbar die Bevorzugung eines Guts präjudizieren würde. Da die Nachfrager dennoch zu Präferenzurteilen gelangen, gilt es zu untersuchen, nach welchen Regeln (Heuristiken) sie verfahren (vgl. *Bybee*, 1981, S. 343 ff., und *Cohen*, 1981, S. 23 ff.).

Ein Blick in die einschlägige Literatur (vgl. *Aschenbrenner*, 1977, S. 21 ff.) zeigt **zwei grundlegende Heuristiken**, die **kompensatorische** und die **nicht-kompensatorische Regel**. Ein Nachfrager setzt die **kompensatorische Heuristik** ein, sofern er die Ausprägungen aller relevanten Eigenschaften eines Objekts einschätzt, im Hinblick auf ihre Relevanz beurteilt und zu einem Indikator für die Bevorzugung der Wahlalternative zusammenfaßt. Dabei läßt sich eine **unerwünschte** (und daher mit einem negativen Wert belegte) **Ausprägung** einer **Eigenschaft** durch eine **beliebte** (und deshalb positiv bewertete) **Ausprägung** eines anderen **Merkmals** ausgleichen. Die Aggregation dieser Teilurteile zu einem Gesamturteil erfolgt entweder auf **linear-additive, nicht-linear-additive** oder sogar **multiplikative Weise**. Häufig trägt der Entscheider der unterschiedlichen Bedeutung von Gütereigenschaften dadurch Rechnung, daß die Eigenschaften Gewichtungsfaktoren erhalten.

Bei der **nicht-kompensatorischen Regel** bringt der Betroffene die Produktmerkmale entsprechend ihrer Relevanz für ihn in eine Rangordnung. Daraufhin beurteilt er **jedes Erzeugnis hinsichtlich seiner Ausprägung** bei einem bestimmten (**im allgemeinen dem wichtigsten**) Attribut und trifft eine Entscheidung, ob die betrachtete Alternative verworfen oder beibehalten wird. Im Schrifttum finden sich mehrere Spielarten nicht-kompensatorischer Heuristiken:

- Der **lexikographischen Regel** zufolge sind die Gütermerkmale vom Probanden zunächst in eine Rangfolge zu bringen. Hierbei besitzt das oben (unten) angeordnete Attribut die größte (kleinste) Bedeutung für die Produktwahl des Konsumenten. Danach vergleicht er alle vorliegenden Erzeugnisse im Hinblick auf ihre Ausprägungen beim wichtigsten Merkmal. Erweist sich ein Gut als dominierend, wird es ohne Berücksichtigung anderer Eigenschaften gewählt. Erfüllen mehrere Objekte die Anforderungen in gleicher Weise, dehnt der Nachfrager den Vergleich auf das zweit- und drittwichtigste Attribut aus.

• Der **Dominanzregel** liegt die Idee zugrunde, daß der Kaufwillige ein Gut dann nicht präferiert, wenn ein anderes bekannt ist, das ihm bei allen Merkmalen mindestens ebenbürtig und bei einem oder mehreren überlegen ist.

• Bei der **konjunktiven Heuristik** gibt der Betroffene für alle wichtigen Attribute bestimmte Ausprägungen als Standards vor, die nicht unterschritten werden dürfen. Liegt ein Erzeugnis bei einer Eigenschaft unter dem vorgegebenen Niveau, scheidet diese Alternative aus. Erfüllen mehrere Produkte die gewünschte Ausprägung, läßt sich der Standard so weit erhöhen, bis nur noch ein Gut, welches dann den Vorzug erhält, übrig bleibt.

• Bei der **disjunktiven Regel** geht der Nachfrager umgekehrt vor und legt für die wichtigsten Attribute bestimmte Standards fest, die das in Betracht kommende Produkt aufweisen sollte. Entspricht ein Erzeugnis zumindest bei einem Merkmal dem vorgegebenen Niveau, wählt es der Proband aus.

• Die **Minimax-Heuristik** besagt, daß der Verbraucher die vorliegenden Produkte hinsichtlich ihrer Ausprägungen bei den wichtigsten Attributen beurteilt. Im Anschluß greift er die bei allen Erzeugnissen am schlechtesten bewertete Eigenschaft heraus und vergleicht die Güter in bezug auf ihre Ausprägungen bei diesem Merkmal erneut miteinander. Ragt ein Produkt hervor, wird es ohne Beachtung der anderen Teilqualitäten bevorzugt. Gibt es mehrere Produkte, deren Ausprägungen auf der interessierenden Eigenschaft als gleich eingestuft werden, weitet der Proband den Vergleich auf das zweit- und drittschlechteste Attribut aus.

• Die **sequentielle Heuristik** läßt sich als eine Kombination der konjunktiven und lexikographischen Regel auffassen. Zunächst legt das Individuum bestimmte Ausprägungen als Standards vor (vgl. die konjunktive Regel), bevor es die Merkmale im Hinblick auf ihre Relevanz in eine Rangreihung bringt (vgl. die lexikographische Regel). Daraufhin sondert der Befragte jene Produkte aus, die das gewünschte Niveau beim wichtigsten Merkmal nicht erreichen. Für die verbleibenden Güter zieht er den Standard des zweit-, drittwichtigsten Attributs zu deren schrittweisen Elimination heran.

### 7.2.4 Die Informationsspeicherung

Nahezu alle Verhaltensweisen des Menschen sind durch die Erfahrungen geprägt, die er im Laufe seines Lebens macht. Das Individuum hat bestimmte **geistige** und **körperliche Fähigkeiten** entwickelt und gewisse **Verhaltensmuster** erkannt, die sich in einer Situation als zweckmäßig beziehungsweise unzweckmäßig erweisen. Die mehr oder weniger **dauerhafte Veränderung**, mit der eine Person auf eine **Reizkonstellation reagiert**, bezeichnen viele Autoren als **Lernen**. So verstanden, ist Lernen zwingend an eine Verhaltensänderung gebunden, die auf Erfahrungen und zum Beispiel nicht auf biologische Reifungsprozesse zurückgeht (vgl. *Kroeber-Riel/Weinberg*, 1996, S. 314 ff.).

Den Ausgangspunkt für das Lernen bildet eine Umweltkonstellation, in der sich das Individuum befindet und Informationen aufnimmt und verarbeitet. Dabei bleibt es der Konvention überlassen, ob etwa eine **beobachtete Verhaltensänderung**, die auf die Informationsverarbeitung zurückgeht, das Lernen ausmacht oder ob der **nicht beobachtbare Informationsverarbeitungsprozeß**, durch den eine Möglichkeit zu **verändertem Verhalten** besteht, bereits als Lernen zu definieren ist (Erweiterung des Verhaltensrepertoire).

Wie auch immer dieses Phänomen spezifiziert ist, bleibt festzuhalten, daß sich durch den **Lernvorgang** die **Verbindung** zwischen **Stimulus** und **Reaktion verändert**. Die Wahrscheinlichkeit des Auftretens bestimmter Verhaltensweisen steigt, die der anderen verringert sich. Allerdings hätte das Lernen im Sinne einer Bewältigung der Lebensanforderungen dann keinen Sinn, wenn immer nur die gleichen Reize eine bestimmte Reaktion auslösen und wenn bereits geringfügig abweichende Stimuli als völlig neue Reizkonstellation gelten. Umgekehrt wäre es nicht hilfreich, falls ein Individuum konfrontiert mit einem spezifischen Stimulus nicht auf unterschiedliche Weise reagieren könnte (vgl. *Bänsch*, 1996, S. 85 ff.).

Diese Erscheinung läßt sich als **Generalisierung** auffassen, die aus den beiden Spielarten **Stimulusgeneralisierung** und **Reaktionsgeneralisierung** besteht (vgl. *Abbildung* 3.14).

| Stimulusgeneralisierung | Reaktionsgeneralisierung |
|---|---|
| Ähnliche Reize führen zur gleichen Reaktion | Gleicher Reiz führt zu ähnlichen Reaktionen |

*Abbildung 3.14: Stimulus- und Reaktionsgeneralisierung im Vergleich*

- Bei der **Reizgeneralisierung** reagiert der **Organismus auf alle ähnlichen Stimuli in gleicher Weise**. Auf diese Erkenntnis stützen sich

Unternehmen dann, wenn sie im Rahmen einer *me too*-**Strategie** ein erfolgreiches Konkurrenzprodukt imitieren.

• Unter **Reaktionsgeneralisierung** ist ein Verhaltensmuster zu verstehen, das auf einen **bestimmten Stimulus** nicht nur die ursprüngliche Reaktion, sondern auch **ähnliche Verhaltensweisen** zuläßt. Ein Beispiel dafür bildet ein Nachfrager, der im Zuge einer Kauf- und Konsumhandlung neue Verwendungszwecke für ein Produkt entdeckt.

Die **Reizdiskriminierung** verkörpert einen zur Reizgeneralisierung komplementären Vorgang. Die Fähigkeit zur **Unterscheidung** von **Reizen** ist eine entscheidende Voraussetzung für den **Aufbau** eines **umfassenden Verhaltensrepertoire**. Ein Individuum, das Umweltsituationen auseinanderhalten kann und die Reizkonstellation zu unterscheiden weiß, ist in der Lage, in einer spezifischen Kauf- und Konsumsituation auf bestimmte Weise zu reagieren. Beispielsweise setzt das Anliegen eines Anbieters, eine **Marke** zu schaffen, das **Diskriminierungsvermögen** der Abnehmer voraus (vgl. *Trommsdorff*, 1993, S. 238 ff.).

Zur Beschreibung, Erklärung und Prognose von Lernen kommen zahlreiche **Lerntheorien** in Betracht. Vor dem Hintergrund der Vielschichtigkeit des Erkenntnisgegenstands kann es nicht verwundern, daß Ansätze mit ganz unterschiedlichem Geltungsbereich entstanden sind. Da diese Theorien zudem aus verschiedenen wissenschaftlichen Traditionen stammen, zielen sie auf die Erhellung sehr diverser Facetten des Lernens ab. Ein Überblick vermag eine Vorstellung über die Leistungsfähigkeit und produktpolitische Relevanz der einzelnen Ansätze zu vermitteln.

**(1) Lernen durch Konditionierung**

Dieser Kategorie lassen sich zwei Arten von Lerntheorien subsumieren: Die einen erklären das Ergebnis des **gemeinsamen Auftretens zweier Reize** (**Kontiguitätsprinzip**). Dagegen verstehen die anderen das Lernen als **Resultat** einer **Verstärkung**, die eine bestimmte Reaktion erfährt (**Verstärkungsprinzip**). Bei einem Lernvorgang nach dem **Kontiguitätsprinzip** verknüpft ein Individuum einen **neutralen Reiz**, der keine Bedeutung besitzt, mit einem **unbedingten Stimulus**, der eine ganz bestimmte Reaktion auslöst. Durch die Verzahnung der beiden Reize löst auch der neutrale Reiz die bislang nur vom unbedingten Reiz **bewirkte Reaktion** aus. Ein typischer Anwendungsfall dieses Kontiguitätsprinzips ist die gemeinsame Präsentation eines **neutralen Guts** (z. B. Pkw) und eines **unbedingten Stimulus** (z. B. erotische Person) im Rahmen einer Werbekampagne.

Das **Prinzip** der **Verstärkung** basiert auf der Vorstellung, daß sich das Verhalten aufgrund der **Konsequenzen** ändert, die es für die Individuen hat. Die Konsequenzen bestehen aus **Umweltreizen**, die als Folge des Verhaltens auf den Betroffenen einwirken und als **Belohnung** oder **Bestrafung** zu verstehen sind. Ein Beispiel hierfür ist ein Werbespot, der eine Person zeigt, die aufgrund der Wahl einer bestimmten Marke (z. B. *Jacobs* Kaffee) die Anerkennung anderer Individuen erfährt.

**(2) Lernen am Modell**

Auch durch **Nachahmung** lassen sich neue Reaktionen spontan lernen, wobei sich die **imitative Übernahme** der **Verhaltensweise** eines **Modells**, zum Beispiel einer anderen Person, durch **bloßes Beobachten** vollziehen läßt. Ein Modell gilt als um so wirksamer, je größer sein Prestige und seine soziale Macht sind. Dies erklärt die Bedeutung von Prominenten, die in der Werbung die Vorzüge eines Produkts hervorheben.

**(3) Kognitive Lerntheorien**

Anknüpfend an die Ausführungen zum **semantischen Netz** (vgl. Kapitel 7.2.1.2) läßt sich das **kognitive Lernen** als die Modifikation eines bestehenden **Begriffsgefüges** kennzeichnen. Die wechselnden Eindrücke, die ein Individuum von seiner **sinnlich wahrnehmbaren** oder **rein gedanklichen Welt** aufnimmt, spiegeln sich in einer ständigen Veränderung seines semantischen Netzes wider. Neue Objekte kommen hinzu, andere fallen weg, wieder andere erfahren eine Ergänzung um bestimmte Eigenschaften. Daher bezeichnen *Lindsay* und *Normen* (1981, S. 379 ff.) das kognitive Lernen als eine permanente **Aktualisierung** der **Wissensstruktur** oder mit anderen Worten, als einen **ständigen Eingriff** in das existierende **Begriffsgefüge** (vgl. *Mandl/Friedrich/Horn*, 1988, S. 126 ff.).

In Anlehnung an *Rumelhart* und *Norman* (1978, S. 38 ff.) lassen sich drei Arten des kognitiven Lernens voneinander unterscheiden.

• Eine erste Spielart zeichnet sich dadurch aus, daß der Betroffene sein semantisches Netz an einer Stelle um eine **Eigenschaft ergänzt**. Ein solcher Wissenszuwachs entsteht, falls der Proband, wie in *Abbildung* 3.15, Feld 1, dargestellt, eine **neue Schokoladenmarke** entdeckt. Sein Schokoladenwissen bleibt davon unberührt, da er lediglich dem Element Marke einen weiteren Begriff zuweist.

• Die zweite Variante läßt sich dadurch charakterisieren, daß die Versuchsperson ihr Begriffsgefüge gleichzeitig um **mehrere Elemente erweitert**. Bei dieser in Feld 2 abgebildeten Modifikation des semantischen Netzes erfährt sie von der Existenz der **neuen Variante** *Cola-*

Schokolade. Dadurch nimmt ihr Wissen über die verschiedenen Schokoladeneigenschaften, wie Geschmack und Wirkung, zu.

* Die dritte Form des kognitiven Lernens besteht darin, das semantische **Netz** um mehrere bereits durch Kanten miteinander verknüpfte Elemente **zu vergrößern.** Eine gravierende Veränderung des Begriffsgefüges erscheint erforderlich, sofern der Befragte, wie in Feld 3 angedeutet, die **neue Kategorie** Schokoladen-Chips erlebt. In diesem Fall reicht das bestehende Schema nicht mehr aus, um die Eigenschaften des neuen Erzeugnisses zu repräsentieren.

Das im Gedächtnis verankerte Begriffsgefüge bestimmt die **Aufmerksamkeit** und die **Schnelligkeit** des Betroffenen beim **Lernen.** Er speichert und ruft Informationen um so besser ab, je leichter sie sich in das bestehende semantische Netz einordnen lassen. Erweisen sich **Informationen** dagegen als **schemainkonsistent,** erfordert ihre Integration in das existierende Begriffsgefüge eine **zusätzliche kognitive Leistung.** In diesem Fall steigert die Person ihre Aufmerksamkeit und regt auf diese Weise die Fähigkeit des Gedächtnisses zur Verarbeitung der Informationen an (vgl. *Anderson,* 1989, S. 58 ff., *Edelmann,* 1993, S. 48 ff., und *Lindsay/Norman,* 1981, S. 22 ff.).

### 7.3 Produktwahlmodelle

### 7.3.1 Ansätze zur Erfassung rationaler Entscheidungen

#### 7.3.1.1 Begriffe und Elemente

Den Verfahren der **diskreten Entscheidungsanalyse (discrete choice analysis)** liegt die Idee zugrunde, das **Verhalten** der **Nachfrager** unmittelbar aus dem Prozeß der **multiattributiven Produktbeurteilung** abzuleiten. Da diese Ansätze auf einem **verhaltenswissenschaftlichen Entscheidungsmodell** basieren, läßt sich die **Wirkung** der **marketingpolitischen Instrumente** auf die **Reaktionen** der **Individuen erklären** und **prognostizieren** (vgl. *Hensher/Johnson,* 1981, S. 28 ff., und *Louviere/ Hensher,* 1983, S. 348 ff.).

Das Grundmodell besteht aus **vier Annahmen** über die Markt- beziehungsweise Entscheidungsbedingungen, aus denen **zwei Postulate** über das Verhalten der Probanden resultieren (vgl. *Malhotra,* 1984, S. 20 ff., und 1988, S. 1 ff.):

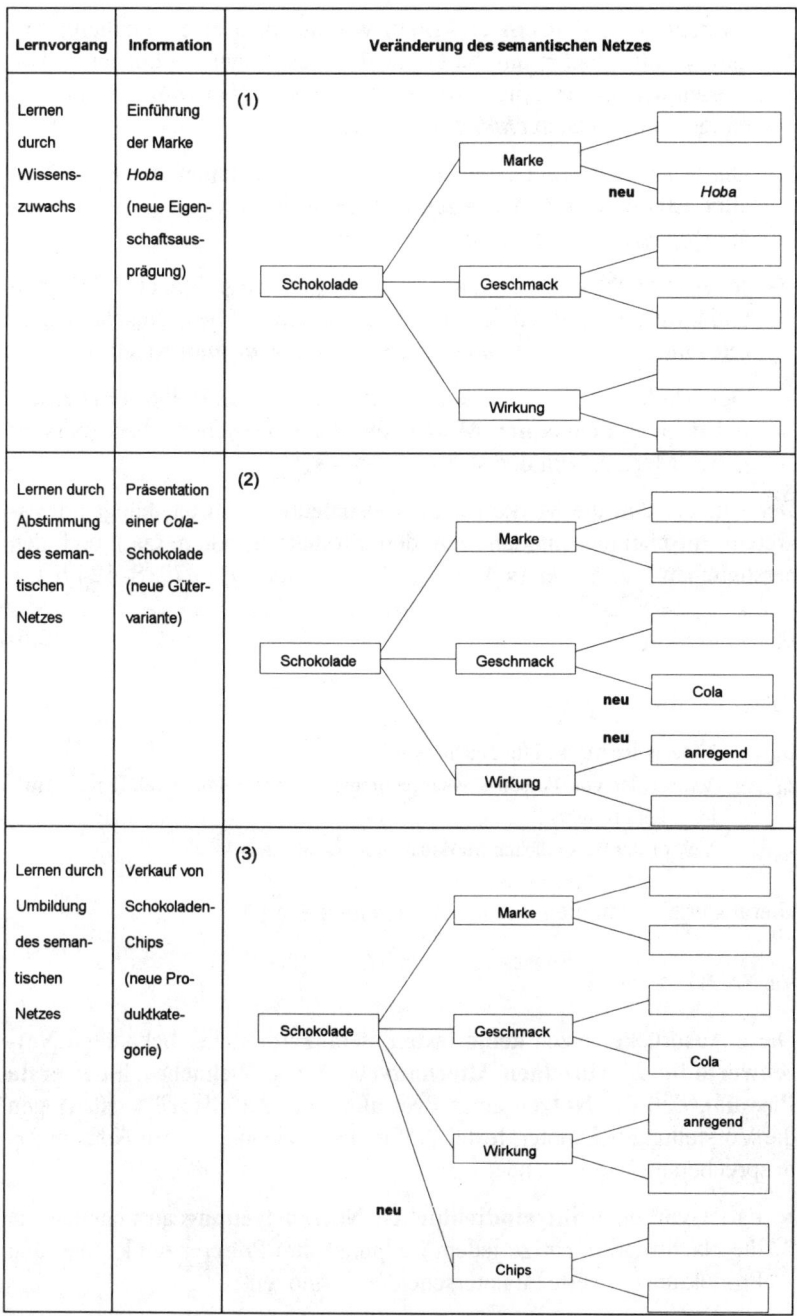

Quelle: angelehnt an *Kroeber-Riel/Weinberg*, 1996, S. 336

*Abbildung 3.15: Kognitives Lernen im semantischen Netz*

(1) Es liegt ein **abgegrenzter Markt** vor, auf dem eine bestimmte Anzahl von Produkten um die Gunst der Nachfrager konkurrieren. Die Gesamtheit dieser Alternativen bildet das **Markenuniversum**, das einige Autoren auch *choice set* nennen.

(2) Die Nachfrager ziehen bei ihrer Produktwahlhandlung nur **einen Teil** aller **Elemente** des **Markenuniversums** in Erwägung. Diese Teilmenge lautet *evoked set of alternatives*.

(3) Jedes Produkt läßt sich durch eine Anzahl von **präferenzbildenden** und **kaufhemmenden Attributen** beschreiben. Diese entscheidungsrelevanten Eigenschaften kommen im Vektor $z_{ik}$ zum Ausdruck.

(4) Der Marktforscher kann jede Person durch eine Reihe **marketingpolitisch bedeutsamer Merkmale** charakterisieren. Diese persönlichen Merkmale finden sich im Vektor $s_k$.

Der Nutzen, den die Marke i dem Konsumenten k stiftet, hängt im diskreten Entscheidungsmodell von den Produktattributen ($z_{ik}$) und den persönlichen Merkmalen ($s_k$) ab (vgl. *Gensch/Recker*, 1979, S. 124 ff.):

$$U_{ik} = U_{ik} (z_{ik}, s_k) \qquad\qquad (3.6)$$

Dabei bedeuten:

$U_{ik}$ = Nutzen der Marke i für Nachfrager k

$z_{ik}$ = Vektor der von Person k wahrgenommenen entscheidungsrelevanten Attribute des Produkts i

$s_k$ = Vektor der persönlichen Merkmale des Nachfragers k

Hieraus ergibt sich die folgende Entscheidungsregel:

$$U_{ik} (z_{ik}, s_k) \to \text{max !}$$

Diese Ausdrücke setzen **keine festen**, dem Verbraucher bekannten **Nutzenwerte** für die **einzelnen Alternativen** voraus. Vielmehr gilt das **erste Postulat**, daß der **Nutzen** eines **Produkts** eine **Zufallsgröße** ist. Gegen die Vorstellung bekannter, fester Präferenz- beziehungsweise Nutzenwerte sprechen mehrere Gründe:

• Es ist von einer **intraindividuellen Nutzenstreuung** auszugehen, da die Nachfrager nicht zu jedem Zeitpunkt ihre Präferenzen kennen und Produktnutzenwerte zu unterscheiden vermögen.

• Es ist nicht zu vermuten, daß eine für ein Marktsegment unterstellte Nutzenfunktion alle individuellen Bewertungsunterschiede (**interindi-**

**viduelle Nutzenstreuung**) und Zufallseinflüsse im Entscheidungsverhalten auffängt.

- Im Rahmen der Operationalisierung und Messung treten **Meß-** und **Spezifikationsfehler** auf, die in einer **Zufallskomponente** zum Ausdruck kommen.

Zur Erklärung der **intraindividuellen Nutzenstreuung** kommen die folgenden Gründe in Betracht:

- Eine **begrenzte Informationsaufnahme-** und **-verarbeitungskapazität** verwehrt es dem Betroffenen, alle nutzenrelevanten Informationen aufzunehmen und zu verarbeiten.

- Um sich **kognitiv** und **emotional zu entlasten**, streben Individuen nicht zwingend ein optimales Entscheidungsresultat an (*satisfying not optimizing*).

- Die **wechselhafte physische** und **psychische Verfassung** (z. B. Streß oder Ermüdung) sowie die **situativen Effekte** (z. B. Zeitdruck) begründen Zufälligkeiten in Entscheidungssituationen.

Zu den **forschungsmethodischen Determinanten**, die für eine probabilistische Modellierung des Nutzens sprechen, gehören:

- Der Marktforscher kennt nicht alle nutzenstiftenden Produktattribute und nicht alle persönlichen Merkmale (**Spezifikationsfehler**). Zudem läßt sich der individuelle Prozeß der Produktbewertung und der Herausbildung einer Kaufentscheidung nicht exakt rekonstruieren.

- Es ist zu vermuten, daß die individuelle Nutzenfunktion mehr oder weniger deutlich von der für ein Nachfragersegment unterstellten Nutzenfunktion abweicht (**Aggregationsfehler**).

Offenbar reichen das Wissen und die Erfahrung des Managers nicht aus, sämtliche kaufentscheidenden Faktoren zu identifizieren und valide zu spezifizieren. Daher erscheint es zweckmäßig, **anstelle** eines möglicherweise **fehlspezifizierten deterministischen Modells**, das **Zufallseinflüsse ignoriert**, einen **probabilistischen Modellansatz** zu verfolgen. Die diskrete Entscheidungsanalyse ergänzt folglich die deterministische Nutzenkomponente durch einen Zufallsterm, der die Unsicherheit der Modellierung reflektiert:

$$U_{ik} = U_{ik}(z_{ik}, s_k, \varepsilon_{ik}) \tag{3.7}$$

und

$$U_{ik} = U_{ik}\,(v_{ik}, \varepsilon_{ik}) \qquad\qquad (3.8)$$

mit

$$v_{ik} = v_{ik}\,(z_{ik}, s_k) \qquad\qquad (3.9)$$

Dabei bedeuten:

$U_{ik}$ = Nutzen der Marke i für Nachfrager k

$v_{ik}$ = Deterministische Nutzenkomponente, das heißt die vom Nachfrager wahrgenommenen Produkteigenschaften und seine persönlichen Merkmale

$\varepsilon_{ik}$ = Stochastische Nutzenkomponente, das heißt alle zufälligen Effekte, die auf die Nutzenbewertung einwirken

$z_{ik}$ = Vektor der von Person k wahrgenommenen entscheidungsrelevanten Attribute des Produkts i

$s_k$ = Vektor der persönlichen Merkmale des Nachfragers k

Dem **zweiten Postulat** zufolge, lassen sich die Nutzenvorstellungen der Individuen unmittelbar aus dem **beobachteten Produktwahlverhalten** rekonstruieren. Offenbar fungiert die tatsächlich erfaßte (**manifeste**) Verteilung der Nachfrage als Indikator für die nicht direkt feststellbare (**latente**) Verteilung des Nutzens. Diese Hypothese schafft eine Verbindung zwischen den nicht **beobachtbaren Nutzenvorstellungen** der **Probanden** und **ihrem Kauf-** und **Konsumverhalten**. Der Zusammenhang zwischen dem Prozeß der Nutzenbewertung und dem Nachfrageverhalten läßt sich folgendermaßen darstellen:

$$P_{ik} = P_{ik}\,(U_{ik} \geq U_{jk}) \qquad\qquad (3.10)$$

Dieser Gleichung zufolge ist die Wahrscheinlichkeit, mit der sich Person k für Erzeugnis i entscheidet ($P_{ik}$), gleich der Wahrscheinlichkeit, daß der Nutzen von Gut i ($U_{ik}$) mindestens so groß ist wie der Nutzen einer anderen Marke j ($U_{jk}$) im *evoked set*.

### 7.3.1.2 Grundmodelle der diskreten Entscheidungsanalyse

### 7.3.1.2.1　Das Konstantnutzenmodell

Aus Gleichung 3.10 geht das Grundmodell der diskreten Entscheidungsanalyse hervor, das sich mittels zweier Ansätze konkretisieren läßt. Das erste, häufig auch als **Attraktions-** oder ***Bruce-Terry-Luce*-Modell** bezeichnet, geht auf die Arbeit von ***Luce*** (1959, S. 5 ff.) zurück. Nach diesem Ansatz ergibt sich die Wahrscheinlichkeit für den Kauf von Gut i durch den Nachfrager k ($P_{ik}$) aus dem Quotienten des **Nutzens** der **Marke i** für den Abnehmer k ($U_{ik}$) und der **Summe** der **Nutzenwerte aller Produkte** ($U_{1k}$, $U_{2k}$, ..., $U_{ik}$, ..., $U_{Jk}$):

$$P_{ik} = \frac{U_{ik}}{\sum\limits_{j=1}^{J} U_{jk}} \qquad (3.11)$$

Dabei gilt:

$P_{ik}$ = Wahrscheinlichkeit für den Kauf von Gut i durch Nachfrager k
$U_{gk}$ = Nutzen der Marke g für Nachfrager k

Das *Luce*-Modell setzt **konstante,** dem **Konsumenten bekannte Nutzenwerte** für die einzelnen Objekte der Alternativenmenge voraus. Obwohl dieser Ansatz nicht unterstellt, daß die Person den Zufallsnutzen maximiert, ist ihr daraus abgeleitetes Verhalten **probabilistisch.** Danach kauft das Individuum nicht mit Sicherheit die ihm den höchsten Nutzen stiftende Marke. Vielmehr ist die **Wahrscheinlichkeit** für die Wahl der Alternative i durch den Betroffenen k **proportional** zum **Nutzen** dieses Guts ($U_{ik}$). Dafür, daß der Ansatz nicht das eigentliche Produkt, sondern lediglich die Kaufwahrscheinlichkeit ermittelt, macht *Luce* den Einfluß situativer Einflüsse, wie Ermüdung bei der Kaufentscheidung, verantwortlich.

Die **Nutzenwerte** gehen aus den **Modellparametern** hervor, die es empirisch zu schätzen gilt. Hierzu stützt *Luce* seinen Ansatz auf das sogenannte **Entscheidungsaxiom.** Demzufolge hängt $P_{ik}$ nur von den n Alternativen ab, die zum Produktset gehören. Alle anderen Produkte finden bei der Entscheidung des Individuums keine Beachtung (vgl. *Greene*, 1990, S. 23 ff.).

Außerdem suggeriert dieses Entscheidungsaxiom, daß die **relative Auswahlwahrscheinlichkeit** zweier Produkte ($P_{ik}/P_{jk}$) unabhängig von den Objekten ist, die sich sonst noch im Güterset befinden. Folglich bleibt die **relative Vorteilhaftigkeit** der **Marke i** gegenüber der **Marke j** für den Nachfrager k auch dann erhalten, wenn dieser andere Güter zusätzlich als Alternativen akzeptiert oder bislang betrachtete Erzeugnisse nicht mehr berücksichtigt. Diesen Sachverhalt, daß der relative Nutzen zweier Marken in einer Produktmenge unabhängig von den anderen Objekten in diesem *set* ist, bezeichnen Wissenschaftler als die **IIA-Eigenschaft** *(independence of irrelevant alternatives*) von **Kaufverhaltensmodellen.**

Besteht eine Gütermenge aus den Elementen i und j, so reduzieren sich $(P_{ik})$ und $(P_{jk})$ proportional um den Faktor $(1 - P_{hk})$, sofern der Nachfrager die Alternative h in sein *set* aufnimmt. Allerdings bleibt die relative Austauschwahrscheinlichkeit zwischen den Erzeugnissen i und j $(P_{ik}/P_{jk})$ davon unberührt.

Ein fiktives Beispiel verdeutlicht diese IIA-Charakteristik (vgl. *Ben-Akiva/Lerman*, 1985, S. 51 ff.): Den Ausgangspunkt bildet eine Person, die die Möglichkeit besitzt, entweder mit **ihrem Pkw** oder mit einem **roten Bus** zur Arbeit zu fahren. Da die Nutzungswahrscheinlichkeit für beide Optionen 0,50 lautet, beträgt der Quotient aus $P_{Pkw}$ und $P_{roter\ Bus}$ 1,00. Setzt das Fuhrunternehmen nicht nur den **roten Bus**, sondern auch einen **blauen** ein, erweitert sich das *set* der Transportmittel um eine Alternative. Unter der Voraussetzung der Unabhängigkeit von irrelevanten Alternativen erhöht sich die Wahrscheinlichkeit, daß diese Person den Bus benutzt, von 0,50 auf 0,67 und zwar deshalb, weil neben dem roten auch ein blauer Bus fährt. Die Wahrscheinlichkeit, daß der Betroffene mit dem Auto zur Arbeit gelangt, reduziert sich entsprechend von 0,50 auf 0,33. Dieses Ergebnis erscheint jedoch wenig plausibel und unglaubwürdig, da die Vermutung nahe liegt, daß der Nachfrager zwischen einer Fahrt mit dem **roten Bus** und dem **blauen indifferent ist** (vgl. *Hausman/McFadden*, 1984, S. 1219 ff.).

Aufgrund der **IIA-Eigenschaft** kommt das **Modell** von *Luce* dort zum Einsatz, wo es um eine Entscheidung zwischen **tatsächlichen Alternativen** geht. Hierbei handelt es sich um Erzeugnisse, die im Hinblick auf relevante Merkmale deutlich voneinander abweichen (vgl. *Batsell*, 1982, S. 244 ff.). Diese Voraussetzung ist im vorliegenden Beispiel nicht gegeben, da ein **roter** und ein **blauer Bus** nahezu **identische Optionen** bilden, die sich nur in bezug auf ein in der betrachteten Verwendungssituation völlig unwichtiges Merkmal unterscheiden. Allerdings schränkt die IIA-Charakteristik die Leistungsfähigkeit des *Luce*-Ansatzes kaum ein:

- Es lassen sich **Entscheidungshierarchien** in die Struktur des Kaufentscheidungsmodells einbauen, die den Entscheidungsprozeß in mehrere Stufen unterteilen. Hiernach wählt das Individuum zunächst zwischen dem Pkw und dem Bus, bevor es gegebenenfalls über den roten und den blauen Bus befindet.

- Die Unabhängigkeit der relativen Austauschwahrscheinlichkeit zweier Güter von anderen Erzeugnissen gilt **nur individuell oder** für **homogene Segmente**. Bei einer im Hinblick auf kaufverhaltensrelevante Attribute, wie psychographische Merkmale, heterogenen Population beeinflußt die IIA-Bedingung die Marktanteilsschätzung kaum noch.

Als **wesentlich gravierender** erweist sich die Vorstellung, es liegen konstante, dem Konsumenten bekannte Nutzenwerte für die Marken der interessierenden Objektmenge vor. Zur Lösung dieses Problems bietet sich eine Weiterentwicklung des **Konstantnutzenmodells** zum **Zufallsnutzenmodell** an.

### 7.3.1.2.2  Das Zufallsnutzenmodell

Der Prozeß der Nutzenbewertung und die sich anschließende Wahl eines Erzeugnisses unterliegen einer Vielzahl von Effekten, die zeitlich instabil, kaum meßbar oder völlig unbekannt sind. Deshalb liegt es nahe, die Herausbildung einer Kaufentscheidung **probabilistisch** zu begreifen und das **Konzept** des **Zufallsnutzen** zum **methodischen Rahmen** zu erheben. Diesem Ansatz zufolge ergibt sich der Nutzen einer Marke i für den Verbraucher k aus einer **deterministischen Komponente** und einer **stochastischen Komponente**. Erstere beschreibt den systematischen Einfluß der vom Konsumenten wahrgenommenen Produkteigenschaften und seine persönlichen Merkmale. Dagegen erfaßt letztere alle zufälligen Einflüsse, die auf die individuelle Bewertung des Nutzens von Erzeugnissen einwirken (vgl. *McFadden*, 1981, S. 198 ff.).

Gemäß dem **additiven Zufallsnutzenmodell** resultiert der **Nutzen** der **Marke i** für den Probanden k ($U_{ik}$) aus der Summe der deterministischen Komponente ($v_{ik}$) und der stochastischen Komponente ($\varepsilon_{ik}$):

$$U_{ik} = v_{ik} + \varepsilon_{ik} \tag{3.12}$$

Mit:

$U_{ik}$ = Nutzen der Marke i für Nachfrager k
$v_{ik}$ = Deterministische Nutzenkomponente, das heißt die vom Nachfrager wahrgenommenen Produkteigenschaften und seine persönlichen Merkmale
$\varepsilon_{ik}$ = Stochastische Nutzenkomponente, das heißt alle zufälligen Effekte, die auf die Nutzenbewertung einwirken

Eingesetzt in Gleichung 3.10, ergibt sich:

$$P_{ik} = P(v_{ik} + \varepsilon_{ik} \geq v_{jk} + \varepsilon_{jk}), \quad \text{für alle j, die dem Set angehören} \tag{3.13}$$

Hieraus folgt:

$$P_{ik} = P(v_{ik} - v_{jk} \geq \varepsilon_{jk} - \varepsilon_{ik}) \tag{3.14}$$

Dieser Ausdruck läßt sich vereinfachen zu:

$$P_{ik} = P(v_{ik} - v_{jk} \geq \varepsilon_k) \tag{3.15}$$

Zur Bestimmung der Wahrscheinlichkeit für den Kauf von Gut i durch Konsument k ($P_{ik}$) bedarf es einer Konzeptualisierung und Operationalisierung der deterministischen ($v_{ik} - v_{jk}$) und stochastischen ($\varepsilon_k$) Nutzengröße. Dabei besteht die **deterministische Komponente** aus den von der Person k wahrgenommenen **entscheidungsrelevanten Eigenschaften** des **Produkts i** ($z_{ik1}, z_{ik2}, ..., z_{ikm}, ..., z_{ikM}$) und **ihren persönlichen Merkmalen** ($s_{k1}, s_{k2}, ..., s_{kn}, ..., s_{kN}$):

$$v_{ik} = \beta` \cdot z_{ik} + \alpha` \cdot s_{ik} \tag{3.16}$$

Mit:

$z_{ik}$     = Vektor der von Person k wahrgenommenen entscheidungsrelevanten Attribute des Produkts i

$s_{ik}$     = Vektor der persönlichen Merkmale des Nachfragers k

$\beta, \alpha$     = Parametervektoren

Die Produkteigenschaften **variieren** zwischen den **Marken** und den **Verbrauchern** und lassen sich insofern zur Erklärung der Attributbewertung und der Güterwahl heranziehen. Die Parameter im Vektor $\beta$ erteilen Auskunft über die Einschätzung der **Produktattribute** durch den Abnehmer unabhängig von seinen persönlichen Merkmalen. Da die persönlichen Eigenschaften in einer spezifischen Auswahlsituation konstant sind, liefern sie keinen Beitrag zur Erklärung der getroffenen Entscheidung. Variieren diese Eigenschaften in einem Segment, so liegen Hinweise auf die Abhängigkeit der Markenbewertung (nicht der Attributbewertung) von individuellen Größen vor. Entscheiden sich Verbraucher trotz identischer Attributbewertung für unterschiedliche Erzeugnisse, kommen offenbar persönliche Gründe ins Spiel, die aus dem Vektor $\alpha$ hervorgehen.

In Abhängigkeit von der Spezifikation der **stochastischen Komponente** gelangen die Forscher zu **ganz unterschiedlichen Kaufentscheidungsmodellen**. Für den Zufallsterm ($\varepsilon_k$) läßt sich jedoch ohne Einschränkung der Allgemeingültigkeit annehmen, daß der **Erwartungswert Null lautet** und die **Varianz** einen festen Wert annimmt. Als mögliche **Wahrscheinlichkeitsverteilungen** dieser Zufallsgröße tauchen in der Literatur die **Normalverteilung** und die **logistische Verteilung** auf (vgl. *Ben-Akiva/ Lerman*, 1985, S. 66 ff.).

Vor dem Hintergrund der Vorstellung, daß die **Zufallskomponente** die **voneinander unabhängigen Effekte** einer **Vielzahl** von **Faktoren** umfaßt, läßt sich eine **Normalverteilung** für das Residuum ($\varepsilon_k$) begründen.

Für den einfachen Fall, daß sich ein Individuum k zwischen den beiden Alternativen i und j entscheidet, lautet die Wahrscheinlichkeit für den Kauf von i durch die Person k folgendermaßen (vgl. *Daganzo*, 1979, S. 16 ff.):

$$P_{ik} = \Phi \, [ \, \beta` \, (x_{ik} - x_{jk})/\sigma] \tag{3.17}$$

Es bedeutet:

$x_{ik}$  =  Ein aus den Vektoren $z_{ik}$ und $s_{ik}$ zusammengefaßter Vektor

Dabei repräsentiert $\Phi$ die **Verteilungsfunktion** der **Standardnormalverteilung**, während $\sigma$ den **Skalierungsfaktor** verkörpert. Gleichung 3.17 bringt das **binominale *probit*-Modell** zum Ausdruck, das sich bei mehr als zwei Entscheidungsalternativen zum **multinominalen Ansatz** erweitern läßt. Das *probit*-Modell weist die Annehmlichkeit auf, **ohne** die **IIA-Restriktion auszukommen** und aus diesem Grund sehr flexibel für die Analyse der zwischen Marken, Produktgattungen und Güterklassen existierenden Relationen einsetzbar zu sein. Darüber hinaus bereitet der binominale *probit*-Ansatz **keine rechentechnischen Schwierigkeiten**, wohingegen die **multinominale Version** die Lösung von **Mehrfachintegralen** verlangt.

Sind die Zufallsgrößen **logistisch** verteilt, läßt sich die Wahrscheinlichkeit für den Kauf der Marke i durch den Nachfrager k bei einer Alternativenmenge, die aus i und j besteht, wie folgt bestimmen:

$$P_{ik} = 1/[1 + \exp(-\beta` \, (x_{ik} - x_{jk}))] \tag{3.18}$$

Beim **binominalen *logit*-Modell** vermag der Marktforscher die Auswahlwahrscheinlichkeit algebraisch zu bestimmen. Daher ist eine Erweiterung für den Fall mit **mehr** als **zwei Entscheidungsalternativen** ohne Problem möglich (vgl. *McFadden*, 1974, S. 105 ff.).

Die Frage nach der Vorziehenswürdigkeit der einen oder anderen Verteilung (Normalverteilung oder logistische Verteilung) läßt sich nicht generell beantworten. Zudem ist die logistische Verteilung der Normalverteilung im mittleren Bereich des Funktionsverlaufs sehr ähnlich. Es treten jedoch Unterschiede auf, falls eine extreme Ungleichverteilung der Nachfrage bezüglich der Marken vorliegt oder entscheidungsrelevante Variablen sehr stark variieren.

Zur **Schätzung** der **Parameter** eines **diskreten Entscheidungsmodells** kommt das *maximum likelihood*-**Prinzip** in Betracht. Dieser Schätzansatz setzt voraus, daß die Daten nach dem **Zufallsprinzip** der **Grundge-**

**samtheit** entnommen wurden. Neben den vom Konsumenten **wahrge-nommen Produktattributen** und seinen **persönlichen Merkmalen** ist auch die von ihm **tatsächlich nachgefragte Marke** zu erfassen. Eine Erläuterung der Vorgehensweise zur Parameterschätzung findet sich etwa bei *Balderjahn*, 1992, S. 143 ff., *Ben-Akiva/Lerman*, 1985, S. 117 ff., und *Maddala*, 1983, S. 119 ff.

### 7.3.2 Ansätze zur Erfassung von Entscheidungsanomalien

#### 7.3.2.1 Anomalien bei Kaufentscheidungen

Der **Kauf** eines **Produkts** läßt sich als **Entscheidungsproblem** auffassen, zu dessen Lösung die **Entscheidungstheorie** eine Reihe von Ansatzpunkten liefert. Die **präskriptive Entscheidungstheorie** als bedeutender Zweig untersucht die **logischen Grundlagen** einer im Hinblick auf einen bestimmten Zweck optimalen Entscheidung. Sie verfolgt das Anliegen, **Optimierungsregeln** für eine **rationale Entscheidung** vor dem Hintergrund eines bestimmten Ziels zu vermitteln (vgl. *Eisenführ/Weber*, 1994, S. 4 ff.). Obwohl rationale Entscheidungen nicht immer zum gewünschten Erfolg führen, besitzen sie im Durchschnitt eine größere Erfolgsaussicht als nicht-rationale. Bei der Ermittlung der für die Entscheidungsfindung benötigten **Werte-, Nutzen-** und **Wahrscheinlichkeitsfunktionen** zeigt sich, daß die präskriptive Entscheidungstheorie hohe Anforderungen an die **Konsistenz** der **Urteile** von Individuen stellt. Eine Entscheidung erweist sich erst dann als rational, wenn sie dem Postulat der **Zukunftsorientierung**, der **Dominanz**, der **Transitivität** und der **Invarianz** genügt.

**Verhaltenswissenschaftliche Experimente** decken jedoch immer wieder systematische Fehleinschätzungen auf, denen Entscheider unterliegen. Hierbei widerspricht das Verhalten vieler Individuen vor allem dem **Invarianzprinzip**, das die Unabhängigkeit einer Entscheidung von der Art der Umrahmung einer Entscheidungssituation verlangt. Ein Beispiel, das auf zwei unterschiedliche Situationen abhebt, verdeutlicht diesen Sachverhalt (vgl. etwa *Tversky/Kahneman*, 1981, S. 453 ff., und *Kahneman/Tversky*, 1984, S. 347 ff.):

- In der ersten Situation geht es um einen Nachfrager, der eine Theaterkarte für 60 DM erwarb. Am Theatereingang stellt er den Verlust der Eintrittskarte fest. Kauft dieser Besucher eine neue Karte?

- In der zweiten Situation geht es um eine Person, die einen Platz im Theater reservierte. An der Abendkasse bemerkt sie, daß im Portemonnaie 60 DM fehlen. Allerdings besitzt dieser Besucher noch genug

Geld, um die Eintrittskarte zu bezahlen. Holt dieses Individuum die bestellte Karte ab?

Obwohl sich die geschilderten Entscheidungssituationen in ihren **Rahmenhandlungen** voneinander unterscheiden, sind sie **ökonomisch gesehen identisch**. Trotzdem zeigen empirische Untersuchungen, daß die meisten Probanden im ersten Fall keine neue Karte kaufen, während die gleichen Personen im zweiten Fall die reservierte Karte für 60 DM erwerben. Dieses Verhalten **verletzt** jedoch das **Invarianzprinzip**.

In einem anderen Beispiel widerspricht das Verhalten zahlreicher Individuen einem zentralen Prinzip der ökonomischen Theorie, das die **Identität** des **Kauf-** und **Verkaufspreises** verlangt (vgl. *Weber*, 1993, S. 479 ff.). Hierzu ist es erforderlich, zwischen einer Kauf- und Verkaufssituation zu unterscheiden.

* In der ersten Situation geht es um einen Tennisfan, der eine Eintrittskarte für das Endspiel des Tennisturniers in *Wimbledon* kaufen kann. Wieviel wird er für das Ticket maximal bezahlen?

* In der zweiten Situation steht ein Tennisbegeisterter im Blickpunkt, der eine Eintrittskarte geschenkt bekam. Welchen Betrag muß man ihm bieten, damit er das Ticket verkauft?

Der ökonomischen Theorie zufolge müßte der maximale Betrag, den ein Individuum für die Karte zu zahlen bereit ist, dem minimalen Betrag entsprechen, für den es das Ticket verkaufen würde. Empirische Studien zeigen jedoch, daß die meisten Probanden im ersten Fall einen deutlich geringeren Preis nennen als im zweiten Fall (vgl. *Eisenberger/Weber*, 1995, S. 223 ff., und *Samuelson/Zeckhauser*, 1988, S. 7 ff.). Folglich hängt der **Wert** eines **Erzeugnisses** für die Person davon ab, ob es **gekauft** oder **verkauft** wird (vgl. *Herrmann/Bauer/Huber*, 1997, S. 279 ff.).

Die **deskriptive Entscheidungstheorie** erleichtert das Verständnis dieser Phänomene. Im Unterschied zur präskriptiven Sichtweise bilden ihre Axiome nicht mehr die Grundlage für eine optimale Entscheidung auf der Basis rationalen Verhaltens, sondern dienen der Beschreibung des **individuellen Entscheidungskalküls**. Diese Richtung der Entscheidungstheorie strebt nach einem möglichst umfassenden System empirisch gehaltvoller und daher durch die Realität widerlegbarer Hypothesen, die das Entscheidungsverhalten der Individuen erklären. Die Kenntnis solcher **Gesetzmäßigkeiten** läßt prinzipiell auch eine Prognose des Verhaltens von Individuen in Entscheidungssituationen zu.

Im folgenden sind drei deskriptive Entscheidungstheorien dargestellt, die zur Beschreibung und Erklärung der für die Produktpolitik relevanten Facetten des Kauf- und Konsumverhaltens in Betracht kommen. Im einzelnen handelt es sich um die *prospect*-Theorie, die *regret*-Theorie und die *information integration*-Theorie.

### 7.3.2.2 Ausgewählte Theorien im Überblick

### 7.3.2.2.1 Das Grundmodell der *prospect*-Theorie

Die *prospect*-Theorie geht auf die Ende der 70er Jahre veröffentlichten Arbeiten von *Kahneman* und *Tversky* (1979, S. 263 ff.) zurück. Neben einer Herleitung ihrer **axiomatisch-deduktiven Grundlagen** liefern die Autoren eine Fülle von Beispielen, die den Effekt unterschiedlicher Entscheidungssituationen auf die **Vorziehenswürdigkeit** von **ökonomisch identischen Ereignissen** veranschaulichen. In den 80er Jahren weist vor allem *Thaler* (1985, S. 199 ff.) in seinen Ausführungen auf die Bedeutung dieser wohl bekanntesten deskriptiven Entscheidungstheorie für die Lösung marketingrelevanter Probleme hin. Er dokumentiert anhand zahlreicher Studien ihre Leistungsfähigkeit zur Erklärung der Reaktionen von Individuen auf Preisänderungen für Güter des täglichen Bedarfs und zur Abbildung des Entscheidungsverhaltens von Käufern bei der Wahl risikobehafteter Produkte (vgl. *Salminen/Wallenius*, 1993, S. 279 ff., und *Harless/Camerer*, 1994, S. 1251 ff.).

Im Kern liefert die *prospect*-Theorie Hinweise dafür, wie sich **zwei ökonomisch gleiche Handlungsmöglichkeiten** durch unterschiedliche situative Bedingungen so verändern lassen, daß ein Entscheider die **eine der anderen** vorzieht. *Thaler* (1985, S. 201) beschreibt den Grundgedanken der *prospect*-Theorie in Anlehnung an die dominierende präskriptive Entscheidungstheorie auf folgende Weise: "*... the utility function is replaced with the value function ... and price is introduced directly into the value function using the concept of a reference price ...*". Im Mittelpunkt steht die **Wertfunktion** (vgl. *Abbildung* 3.16), der die folgenden Annahmen zugrunde liegen:

- Zunächst ist die Funktion über **positive** und **negative Abweichungen** von einem **Referenzpunkt** (Gewinne bzw. Verluste) definiert. Jene Position auf der Kurve, bei der weder ein Gewinn noch ein Verlust entsteht, bestimmt den Ankerpunkt. Da er ökonomisch gesehen einen Zustand des unveränderten Wohlstands repräsentiert, lautet sein Wert Null. Insofern entspricht die räumliche Position des Referenzpunkts dem Ursprung der Wertfunktion. Liegt hingegen ein Gewinn (x) vor, entsteht eine Vermehrung des Wohlstands, die sich in einem positiven Wert (v(x)) konkretisiert, während bei einem Verlust (-x) und der damit verbundenen Verminderung des Wohlstands ein negativer Wert (v(-x)) auftritt (**Referenzpunktbezogenheit**).

- Darüber hinaus besitzt diese Funktion einen **konkaven Verlauf** in der **Gewinnzone** und einen **konvexen** in der **Verlustzone**. Dies entspricht dem Ergebnis psychophysischer Forschung, daß der Unterschied zwischen beispielsweise 10 DM und 20 DM größer erscheint als der zwischen 1.110 DM und 1.120 DM (**abnehmende Sensitivität**).

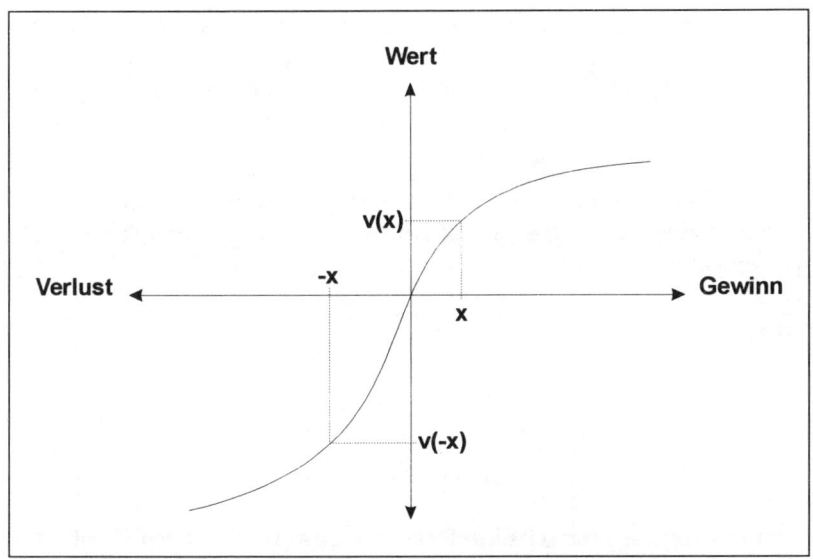

*Abbildung 3.16: Wertfunktion der prospect-Theorie*

- Schließlich weist die Wertfunktion einen **steileren Verlauf** für **negative Abweichungen** vom **Ankerpunkt** auf als für **positive**. Dies steht im Einklang mit der verhaltenswissenschaftlichen Erkenntnis, derzufolge ein Verlust bei allen Individuen stärker wiegt als ein im Ausmaß gleicher Gewinn (**Verlustaversion**).

In **Analogie** zum **Bernoulli-Prinzip** bestimmt also nicht die positive beziehungsweise negative Abweichung vom Referenzpunkt, sondern deren **moralische Erwartung**, ihr Wert, die Entscheidung eines Individuums. Insofern läßt sich mittels der Wertfunktion feststellen, welche Wertschätzung eine Person einzelnen Ereignissen (Gewinne beziehungsweise Verluste) und deren Kombination zu einem Bündel entgegenbringt. Eine Beschränkung auf zwei Ereignisse vereinfacht die folgende Überlegung.

Für zwei Gewinne läßt sich auf Grund des **konkaven** Verlaufs der **Wertfunktion** folgende Ungleichung formulieren:

$$[v(x) + v(y)] > [v(x + y)], \text{ für } x, y > 0 \tag{3.19}$$

Dabei bedeuten:

x bzw. y        =  Gewinn
v(x) bzw. v(y)  =  Wert des Gewinns x bzw. y

Offenbar besitzen die **beiden Einzelgewinne** x und y einen **größeren Wert** als deren Verknüpfung zu einem **Gesamtgewinn** (x + y). Diese Erkenntnis entspricht einer Vielzahl von Erfahrungen aus dem Alltag. Beispielsweise freuen sich Individuen im allgemeinen mehr über einige kleine, getrennt voneinander überreichte Geschenke als über ein großes.

Da die **Wertfunktion** im Bereich der negativen Abweichungen vom Ankerpunkt einen **konvexen** Verlauf besitzt, gilt für zwei Verluste folgender Ausdruck:

$$[v(-x) + v(-y)] < [v(-x -y)], \text{ für } x, y > 0 \tag{3.20}$$

Dabei bedeuten:

-x bzw. -y          =  Verlust
v(-x) bzw. v(-y)    =  Wert des Verlusts -x bzw. -y

Demzufolge wiegen **zwei Einzelverluste schwerer** als deren Kombination zu einem **Gesamtverlust**. Auch hierfür gibt es eine Reihe von praktischen Beispielen. Für viele Käufer bildet die Kreditkarte ein beliebtes Zahlungsmittel, weil sie mehrere kleine Verluste am Ende einer Abrechnungsperiode zu einem großen Abrechnungsbetrag verknüpft.

Erfährt ein Verbraucher gleichzeitig einen **Gewinn** (x) und einen **Verlust** (-y), lassen sich zwei Fälle unterscheiden. Falls die **positive Abweichung** vom Referenzpunkt die **negative übersteigt**, vermittelt deren **Kombination**, das heißt der Ausweis des Überschusses, einen **größeren Wert** als die Segregation von Gewinn und Verlust. Insofern erscheint es ratsam, eine Person, die beispielsweise an der Börse 2.000 DM verliert und zum gleichen Zeitpunkt in einer Lotterie 10.000 DM gewinnt, lediglich über den Überschuß von 8.000 DM zu informieren.

**Überwiegt** die **negative Abweichung** vom Referenzpunkt hingegen die **positive**, erweist sich deren **Segregation** als vorteilhaft, da sie weniger schwer wiegt als die Kombination von Gewinn und Verlust. Folglich liegt es nahe, einem Pkw-Käufer zum Beispiel ein kostenloses Radio zum

Preis von 600 DM zu überlassen, anstatt einen Nachlaß in gleicher Höhe auf den Listenpreis des Fahrzeugs zu gewähren.

Diese einfache Spielart der *prospect*-Theorie hat in den letzten Jahren in der Literatur Beachtung gefunden. Zum Beispiel entwickelten *Herrmann* und *Bauer* (1996, S. 675 ff.) einen Ansatz zur Preisbündelung, der sich auf das Postulat der **Verlustaversion** von Nachfragern stützt. Ausgehend von der Idee der **abnehmenden Sensitivität** legt *Purohit* (1995, S. 101 ff.) ein Modell zur Bestimmung des Kauf- und Verkaufspreises für ein Produkt vor.

Trotz einer weiten Verbreitung dieser Variante im Schrifttum taucht bei ihrer praktischen Anwendung ein großes Problem auf (vgl. *Hardie/Johnson/Fader*, 1993, S. 378 ff.): Dem Grundmodell des *prospect*-Ansatzes liegt die Vorstellung zugrunde, daß sich die von einem Entscheider betrachteten Wahlmöglichkeiten anhand **eines Attributs** beschreiben lassen. Aus den Abweichungen der Ausprägungen der Handlungsoptionen bei diesem Attribut von einem Ankerpunkt (Gewinne bzw. Verluste gegenüber einem Referenzpunkt) resultieren die Werte der einzelnen Alternativen. Da die Begriffe **Gewinn** und **Verlust** die Verwendung einer **monetären erklärenden Größe** suggerieren, erscheint in nahezu allen empirischen Untersuchungen im Marketing der Preis als Merkmal zur Deskription der vorliegenden Optionen.

### 7.3.2.2.2 Das allgemeine Referenzpunktmodell

Diesen grundsätzlichen Kritikpunkt vor Augen modifizierten *Tversky* und *Kahneman* das Grundmodell der *prospect*-Theorie und legten das **Referenzpunktmodell** vor (vgl. 1991, S. 1039 ff.), das es erlaubt, die Handlungsoptionen auf der Basis mehrerer Eigenschaften zu beschreiben. Dieser modifizierte Ansatz weist neben den bereits erläuterten Charakteristika des voranstehenden Modells die folgenden Prämissen auf:

- Die beiden Autoren weisen darauf hin, daß der **Preis nur eines** von **vielen Merkmalen** zur Beschreibung der Handlungsoptionen bildet. Häufig ist es unerläßlich, eine Fülle anderer für die Entscheidung des Individuums gleichsam relevanter Attribute in einer Studie zu berücksichtigen.

- Darüber hinaus postulieren *Kahneman* und *Tversky*, daß jedes Attribut eine **eigene Wertfunktion** besitzt, die zur Beurteilung aller vorliegenden Alternativen gilt. Folglich bezieht ein Entscheider die wahrgenommenen Ausprägungen aller Handlungsoptionen bei einem Merkmal auf den gleichen Referenzpunkt und zwar auf den Ursprung der entsprechenden Wertfunktion.

Zur Verdeutlichung dieser Überlegungen dient der in *Abbildung* 3.17 dargestellte, durch die Attribute **Qualität** und **Preis** aufgespannte **Produktmarktraum**. Diese Konfiguration zeigt neben den Positionen der zwei Produkte x und y auch die räumliche Lage der drei Referenzpunkte p, q und r. Dabei fällt auf, daß sich die Ankerpunkte lediglich im Hinblick auf den Preis voneinander unterscheiden. Es sei nun ein Entscheider betrachtet, der indifferent ist zwischen x und y, sofern er die beiden Erzeugnisse vom Ankerprodukt q aus beurteilt. Während die **Qualität** von y die des Referenzprodukts q **deutlich übersteigt**, zeichnet sich x nur durch einen **geringfügigen Gewinn** bei der **Qualität** gegenüber q aus, weist aber dafür einen **Gewinn** beim **Preis** auf (der Preis von x unterschreitet den Preis des Ankerprodukts q). Offenbar gleicht der **große Gewinn** von y bei der **Qualität** die **kleinen Gewinne** von x bei der **Qualität** und dem **Preis** aus.

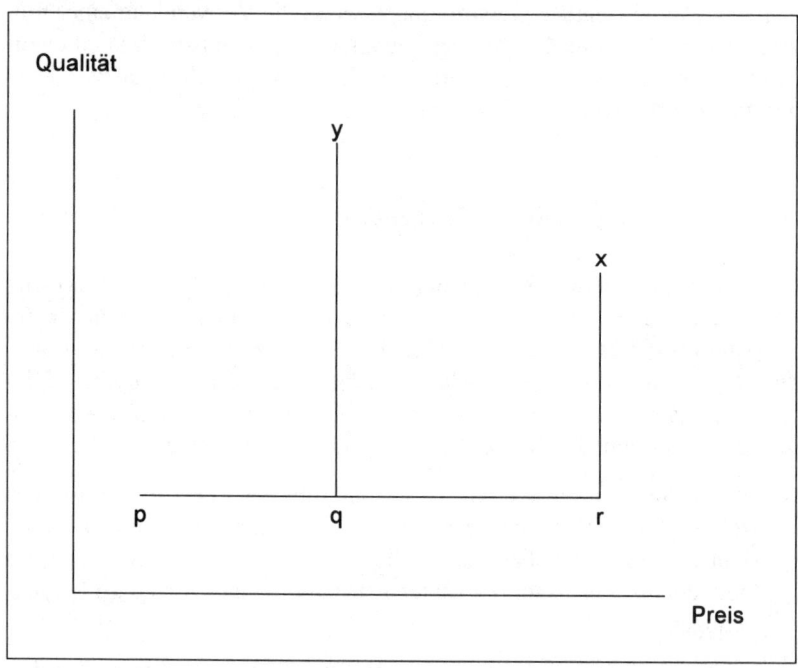

*Abbildung 3.17: Referenzpunktbezogene Produktbeurteilung*

**Verlagert** der Entscheider seinen **Referenzpunkt** von q nach r, verliert x seinen **Gewinn** beim **Preis** (der Preis von x entspricht dem Preis des Ankerprodukts r) und y erleidet einen **Verlust** beim **Preis** (der Preis von y überschreitet den Preis des Referenzprodukts r). Hierbei entspricht der realisierte **Verlust** von y beim **Preis** (die Strecke zwischen q und r) genau dem **auf Null reduzierten Gewinn** von x beim Preis (die Strecke zwischen r und q). Da das Individuum vor dem Hintergrund seiner Verlustaversion den Verlust von y stärker gewichtet als den im Ausmaß gleichen entgangenen Gewinn von x, präferiert es x gegenüber y.

**Wandert** der **Referenzpunkt** hingegen von q nach p, erhöht sich bei beiden Produkten der **Gewinn** beim **Preis** um diese Strecke. Allerdings führt diese Verschiebung des Ankerpunkts bei x zu einer Steigerung eines bereits existierenden Gewinns (die Strecke zwischen q und r), wohingegen bei y erst ein Gewinn entsteht. Aufgrund des Postulats der abnehmenden Sensitivität (in diesem Fall von Gewinnen) schätzt das Individuum den Zuwachs von x beim Gewinn kleiner ein als den bei y und bevorzugt daher y gegenüber x.

Aus diesen Gedanken leiten *Tversky* und *Kahneman* die Wertfunktion für Gut x ($v(x_1, x_2, ..., x_n)$) ab, die über den Ausprägungen von x bei den **Eigenschaften** 1, 2, ..., n ($x_1, x_2, ..., x_n$) und dem **Referenzpunkt** r definiert ist:

$$v(x_1, x_2, ..., x_n) = R_1(x_1) + R_2(x_2) + ... + R_n(x_n) \qquad (3.21)$$

Dabei verkörpert $R_i$ die **Referenzfunktion** über dem Merkmal i und dem entsprechenden **Ankerpunkt** r. Zur Analyse der Wirkung der unabhängigen Größen auf die Zielvariable liegt es nahe, drei Fälle voneinander zu unterscheiden:

**(1) Fall 1**

Zunächst werden (wie in Gleichung 3.21) die **Referenzpunktbezogenheit**, die **Verlustaversion** und die **abnehmenden Sensitivität** bei **Entscheidungen** vernachlässigt. In diesem Fall resultiert der Wert des Guts x aus einer additiven Verknüpfung der Ausprägungen von x bei den betrachteten Eigenschaften. Darüber hinaus existiert zwischen den Ausprägungsstufen des jeweiligen Merkmals und dem Wert von x ein linearer Zusammenhang (vgl. *Abbildung* 3.18, Fall 1).

| Fall 1 | Fall 2 | Fall 3 |
|--------|--------|--------|

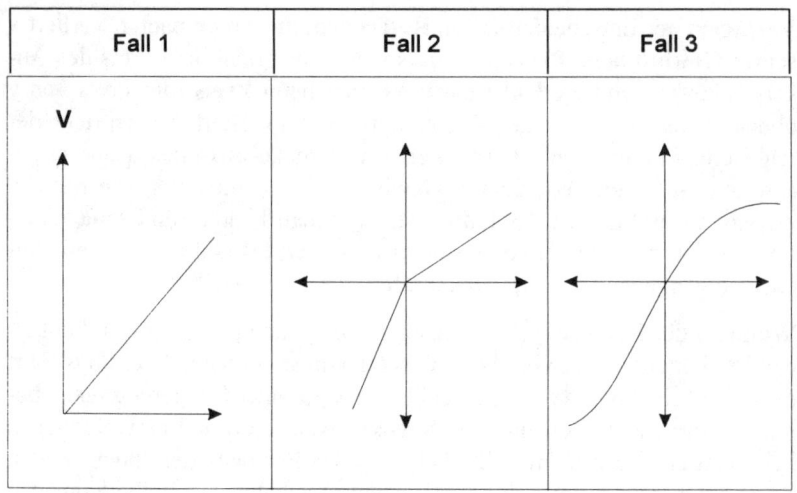

*Abbildung 3.18: Drei Fälle zur Bestimmung des Werts von x*

**(2) Fall 2**

Betrachtet man hingegen die **Referenzpunktbezogenheit** und die **Verlustaversion** (unter Vernachlässigung der abnehmenden Sensitivität) bei Entscheidungen, gilt zur Ermittlung des Werts von Produkt x der folgende Ausdruck:

$$R_i(x_i) = \begin{cases} u_i(x_i) - u_i(r_i), & \text{für} \quad x_i \geq r_i \\ \lambda_i[u_i(x_i) - u_i(r_i)], & \text{für} \quad x_i < r_i, \lambda_i > 1 \end{cases}, \tag{3.22}$$

wobei $r_i$ die Ausprägung des Ankerprodukts beim Merkmal i repräsentiert. Liegt ein Gewinn vor ($x_i \geq r_i$), ergibt sich $R_i(x_i)$ aus der Differenz zwischen $u_i(x_i)$ und $u_i(r_i)$. Bei einem Verlust ($x_i < r_i$) erfährt dieser Ausdruck eine Multiplikation mit dem Faktor $\lambda_i$. Dieser Parameter signalisiert die Verlustaversion der Individuen (vgl. *Abbildung* 3.18, Fall 2).

**(3) Fall 3**

Interessiert neben der Referenzpunktbezogenheit und der Verlustaversion auch die **abnehmende Sensitivität** bei Entscheidungen, kommt in Anlehnung an *Currim* und *Sarin* (1989, S. 22 ff.) folgende Formel zur Bestimmung des Werts von x in Betracht:

$$R_i(x_i) = \begin{cases} \ln\left[u_i(x_i) - u_i(r_i) + 1\right], & \text{für } x_i \geq r_i \\ -\ln\left[\lambda_i\left(\left|u_i(x_i) - u_i(r_i)\right| + 1\right)\right] & \text{für } x_i < r_i \end{cases}, \qquad (3.23)$$

Dabei bewirkt die **ln-Funktion** einen **konkaven Verlauf** der Wertfunktion in der **Gewinnzone** ($x_i \geq r_i$) und einen **konvexen Verlauf** in der **Verlustzone** ($x_i < r_i$). Die Addition des Faktors 1 führt zu einer Verschiebung der beiden ln-Funktionen durch den Koordinatenursprung (vgl. *Abbildung* 3.18, Fall 3).

Die zuvor hergeleiteten Modelle lassen sich zur **Analyse** der **Herausbildung** von **Entscheidungen** heranziehen, wobei der multiple Regressionsansatz als Methodik in Betracht kommt. Hierzu bedarf es einer **Spezifikation** der **unabhängigen Variablen** und einer **Operationalisierung** des **Begriffs Wert**, der abhängigen Größe in der *prospect*-Theorie. In diesem Beispiel verkörpert die **Zufriedenheit** eines Probanden mit der Unternehmensleistung die **abhängige Variable**, während die **wahrgenommenen Ausprägungen einzelner Attribute**, wie Preis und Qualität, die **unabhängigen Größen** repräsentieren. Für den **Fall 1** läßt sich unter Berücksichtigung von Gleichung 3.21 folgender Ausdruck formulieren:

$$Z_j = \beta_0 + \sum_{i=1}^{n} \beta_i \cdot x_{ij} + \varepsilon_j \qquad (3.24)$$

Dabei bedeuten:

$Z_j$ = Urteil des Probanden j über die Zufriedenheit mit der Leistung eines Unternehmens

$x_{ij}$ = Urteil des Probanden j über die Ausprägung der betrachteten Unternehmensleistung beim Attribut i

$\beta_i$ = i-ter Funktionsparameter

$\varepsilon_j$ = Residuum

Im **Fall 2**, der sich durch die Erfassung der **Referenzpunktbezogenheit** und der **Verlustaversion** bei **Kundenzufriedenheitsurteilen** auszeichnet, bedarf es einer Modifikation von Gleichung 3.24. Ganz konkret ist die Variable $x_{ij}$ so zu verändern, daß die vom Probanden wahrgenommenen Ausprägungsdifferenzen zwischen dem betrachteten Produkt und dem Referenzprodukt bei bestimmten Attributen, wie Qualität und Preis, zum Ausdruck kommen. Darüber hinaus ist ein Parameter in die Modellstruktur zu integrieren, der die **Aversion der Probanden** gegenüber einer **negativen Abweichung** des vorliegenden **Produkts** vom **Ankerprodukt** bei einem bestimmten **Merkmal** widerspiegelt. Unter Rückgriff auf Gleichung 3.22 ergibt sich folgender Ausdruck:

$$Z_j = \beta_0 + \sum_{i=1}^{n} \beta_i \cdot (x\text{-}GEW_{ij} + \lambda_i \cdot x\text{-}VER_{ij}) + \varepsilon_j \qquad (3.25)$$

Es gelten:

$Z_j$ = Urteil des Probanden j über die Zufriedenheit mit der Leistung eines Unternehmens

$x\text{-}GEW_{ij}$ = Urteil des Individuums j über das Ausmaß, in dem die Ausprägung der interessierenden Leistung, zum Beispiel *Mercedes* C 180, bei der Eigenschaft i (Qualität), zum Beispiel $x_i$ = hohe Qualität, die Ausprägung der Referenzleistung, etwa *BMW* 318, bei diesem Merkmal, beispielsweise $x_{ir}$ = mittlere Qualität, übersteigt

$x\text{-}VER_{ij}$ = Urteil des Probanden j über das Ausmaß, in dem die Ausprägung der interessierenden Leistung, zum Beispiel *Mercedes* C 180, bei der Eigenschaft i (Qualität), beispielsweise $x_i$ = niedrige Qualität, die Ausprägung der Referenzleistung, etwa *BMW* 318, bei diesem Merkmal, zum Beispiel $x_{ir}$ = mittlere Qualität, unterschreitet

$\lambda_i$ = i-ter Faktor der Verlustaversion

$\beta_i$ = i-ter Funktionsparameter

$\varepsilon_j$ = Residuum

Liegt ein Gewinn vor, das heißt, die Ausprägung der betrachteten Leistung beim Attribut i ($x_i$) ist **besser** als die Ausprägung der Referenzleistung bei diesem Merkmal ($x_{ir}$), gilt folgender Zusammenhang ($x_i \geq x_{ir}$):

$x\text{-}GEW_{ij}$ = $x_i$ - $x_{ir}$,      $x\text{-}VER_{ij}$ = 0

Bei einem Verlust, das heißt, die Ausprägung der vorliegenden Leistung beim Merkmal i ($x_i$) ist **schlechter** als die Ausprägung der Referenzleistung bei dieser Eigenschaft ($x_{ir}$), lauten diese Ausdrücke so ($x_i < x_{ir}$):

$x\text{-}VER_{ij}$ = $x_i$ - $x_{ir}$,      $x\text{-}GEW_{ij}$ = 0

Im **Fall 3** geht es darum, die **Referenzpunktbezogenheit**, die **Verlustaversion** und die **abnehmende Sensitivität** bei Kundenzufriedenheitsurteilen zu erfassen. Neben einer Festlegung der wahrgenommenen Ausprägungsunterschiede zwischen der vorliegenden Alternative und dem **Referenzprodukt** bei bestimmten Merkmalen sowie einer Bestimmung des Parameters der **Verlustaversion** ist der **nicht-lineare Verlauf** der Wertfunktion zu modellieren. Hierzu dient der natürliche Logarithmus, der einen konkaven Verlauf dieser Funktion in der Gewinnzone ($x_i \geq r_i$) und einen konvexen Verlauf in der Verlustzone ($x_i < r_i$) bewirkt. Vor dem Hintergrund von Gleichung 3.23 ergibt sich:

$$Z_j = \beta_0 + \sum_{i=1}^{n} \beta_i \cdot [\ln(x\text{-GEW}_{ij}) - \ln(\lambda_i \cdot |x\text{-VER}_{ij}|)] + \varepsilon_j \qquad (3.26)$$

Neben den zuvor festgelegten Notationen gelten die folgenden Nebenbedingungen: Ist die Ausprägung der betrachteten Leistung beim Attribut i ($x_i$) **besser** als die Ausprägung der Referenzleistung ($x_{ir}$), $x_i \geq x_{ir}$, so entspricht x-GEW$_{ij}$ dem Ausdruck $x_i - x_{ir}$, während $\lambda_i \cdot |x\text{-VER}_{ij}|$ Eins lautet. Ist hingegen die Ausprägung der vorliegenden Leistung beim Merkmal i ($x_i$) **schlechter** als die Ausprägung der Referenzleistung bei dieser Eigenschaft ($x_{ir}$), $x_i < x_{ir}$, so entspricht x-VER$_{ij}$ der Differenz $x_i - x_{ir}$ und x-GEW$_{ij}$ erhält den Wert Eins.

Die Relevanz dieses **allgemeinen Referenzpunktmodells** zur Erklärung und Prognose von Produktwahlverhalten geht aus einer im Kapitel 10.2.4 präsentierten empirischen Untersuchung hervor. Dabei interessiert eine Analyse der Herausbildung mittels der drei spezifizierten Modelle. Es ist leicht vorstellbar, daß Ansatz 3 die realen Gegebenheiten am besten reflektiert.

### 7.3.2.2.3 Die *regret*-Theorie

**Sozialpsychologische Theorien** erklären unter anderem das **Entstehen** von **Urteilen** über **Produkterlebnisse** aus **Erkenntnisvorgängen**. Das was eine Person beim Kauf und Konsum eines Erzeugnisses erlebt, steht im Mittelpunkt des Interesses. Insbesondere die **kognitive Dissonanztheorie**, die sich mit der Beurteilung von Produkterlebnissen befaßt, liefert hierzu bedeutsame Hinweise.

*Festinger* (1957, S. 323 ff.) postuliert in seiner **Theorie der kognitiven Dissonanz** die Existenz **kognitiver Spannungen**, die aus dem Streben nach Gleichgewicht heraus entstehen. Hierbei verliert ein nach **individueller Psychologik** gebildetes System seine Stabilität, weil widersprüchliche Informationen oder unerfüllte Erwartungen die bisherigen Relationen zwischen bestimmten Systemelementen in Frage stellen. Unmittelbar nach dem Kauf- und Konsumakt erfolgt eine Umbewertung der ursprünglich betrachteten Wahlalternative zu Lasten der abgelehnten Produkte. Falls auch die zurückgewiesenen Erzeugnisse wesentliche Vorzüge aufweisen, stellen sich beim Nachfrager kognitive Spannungen ein. Dies äußert sich in der Befürchtung des Individuums, daß man **sich doch besser für eine andere Alternative hätte entscheiden sollen**. Dies gilt insbesondere dann, wenn mit der Entscheidung große Anstrengungen verbunden sind, das heißt, eine gewisse Einmaligkeit der Entscheidung vorliegt (vgl. *Raffée/Sauter/Silberer*, 1973, S. 156 ff.).

Darüber hinaus treten kognitive Spannungen besonders häufig nach dem Erwerb eines sehr teuren oder nur schwer erhältlichen Produkts auf. Außerdem geht aus empirischen Studien hervor, daß kognitive Dissonanzen um so wahrscheinlicher sind, je **größer** die Zahl der **Alternativen** ist, je **größer** die Attraktivität der **verworfenen Optionen** ist und je **ähnlicher** die zur **Wahl stehenden Güter** sind. Da Spannungen dieser Art in verschiedenen Phasen des Kauf- und Konsumprozesses aufkommen, bildet der von *Festinger* entwickelte Ansatz eine Universaltheorie zur Beschreibung, Erklärung und Prognose kognitiver Dissonanzen.

Im Mittelpunkt der folgenden Gedanken steht jedoch speziell eine Anomalie bei der Herausbildung von Urteilen über die Zwecktauglichkeit eines Erzeugnisses bei Alternativenbetrachtung in der Nachkaufphase. Zur Erörterung dieses Phänomens kommt ein aus der **allgemeinen Erwartungsnutzentheorie** abgeleiteter Ansatz, die *regret*-**Theorie**, in Betracht. Im Unterschied zur Theorie der kognitiven Dissonanz liefert der *regret*-Ansatz ein tieferes Verständnis der interessierenden Erscheinung und erleichtert die Ableitung von Handlungsempfehlungen.

Den Grundgedanken des von *Bell* (1982, S. 1156 ff.) sowie *Loomes* und *Sugden* (1982, S. 805 ff.) unabhängig voneinander entwickelten *regret*-Ansatzes beschreibt *Loomes* (1988, S. 463 ff.) auf folgende Weise: "... *the psychological intuition behind regret theory is that if an individual chooses A (and therefore rejects B) and state j occurs, the overall level of satisfaction he experiences will depend not simply upon $x_{Aj}$ but also upon how $x_{Aj}$ compares with $x_{Bj}$. If what he gets is worse than what he might have had, it is suggested that the satisfaction associated with $x_{Aj}$ will be reduced by a decrement of utility due to regret ...*".

Hiernach vergleicht ein Individuum vor der Wahl einer Alternative die mit den einzelnen Optionen verbundenen Konsequenzen. Dem Postulat der Erwartungsnutzentheorie zufolge wählt es jenes Produkt aus, das ihm den **höchsten erwarteten Nutzen** stiftet. Nach dem Produkterlebnis beurteilt die Person die aus dem Kauf und Konsum resultierenden Konsequenzen. Um zu diesem Urteil zu gelangen, stellt sie diese Erfahrungen jenen Konsequenzen gegenüber, die sich in ihren Augen aus dem **Kauf** und **Konsum** der **Alternative ergeben hätten**.

**Übersteigen** die **Erfahrungen** mit dem **tatsächlich erworbenen Gut** die **vermuteten Konsequenzen** aus dem **Erleben** der **Alternative**, ist der

Betroffene mit seiner Entscheidung **zufrieden**. **Unterschreiten** die **erlebten Konsequenzen** jedoch die aus seiner Sicht aus dem **Kauf** und **Konsum** der **verworfenen Optionen** resultierenden **Erfahrungen, bedauert** er seine Entscheidung. In diesem Fall stellt sich das Gefühl ein, daß die Wahl einer **Alternative** wohl die bessere Option gewesen wäre.

Dieser Ansatz erscheint insbesondere dazu geeignet, die Herausbildung eines Urteils über die **Zufriedenheit** des Nachfragers bei **Alternativenbetrachtung** zu erklären. Insofern läßt sich das in Kapitel 10.2.3 dargestellte Kundenzufriedenheitskonzept unter Rückgriff auf die *regret*-Theorie erweitern: Die zentrale Idee des modifizierten Ansatzes besagt, daß die **Zufriedenheit** mit einer **Leistung** auch von der **erwarteten Zwecktauglichkeit** der **zurückgewiesenen Alternative** abhängt. Folglich zeigt sich ein Individuum mit dem erlebten Produkt zufrieden, sofern die Erfahrungen mit diesem Erzeugnis die vermuteten Konsequenzen aus dem Kauf und Konsum der verworfenen Option übersteigen. Liegen die erlebten Konsequenzen in den Augen des Betroffenen jedoch unterhalb der mit dem Kauf und Konsum der Alternativen verbundenen Erwartungen, tritt Unzufriedenheit ein. Dies gilt auch dann, wenn sich das **tatsächlich gekaufte** und **konsumierte Gut** als voll **funktionsfähig** erweist und als **zwecktauglich eingestuft** wird. Hieraus ergibt sich die erste Hypothese:

• Je höher die Erwartungen an die Alternative sind, desto geringer ist die Zufriedenheit mit dem erlebten Produkt.

Ferner behaupten *Ritov* und *Baron* (1995, S. 119 ff.) eine **Asymmetrie** im Rahmen der Herausbildung eines Kundenzufriedenheitsurteils bei Alternativenbetrachtung. Hiernach wirken **Über-** und **Unterschreitung** der **vermuteten Konsequenzen zurückgewiesener Optionen** gegenüber den Erfahrungen mit dem erlebten Erzeugnis **nicht im gleichen Maße** auf die Zufriedenheit (vgl. *Inman/Dyer/Jia*, 1997, S. 97 ff.). Entsprechen die Erfahrungen einer Person mit dem erlebten Erzeugnis ihren Erwartungen an dieses Produkt, kommt den Konsequenzen, die sich vermutlich aus dem Kauf und Konsum der Alternative ergeben, bei der Herausbildung eines Zufriedenheitsurteils keine zentrale Bedeutung zu. Dagegen spielen die Erwartungen bezüglich der Zwecktauglichkeit der zurückgewiesenen Option eine große Rolle bei der Urteilsbildung, sofern die mit dem tatsächlich gekauften und konsumierten Gut verknüpften Vorstellungen nicht erfüllt wurden. Hieraus resultiert die zweite Hypothese:

• Werden die Erwartungen an das erlebte Produkt (nicht) bestätigt, besitzen die Erwartungen an die Alternativen einen mäßig starken (sehr starken) Einfluß auf die Zufriedenheit.

In Kapitel 10.2.4 findet sich eine Anwendung der *regret*-Theorie. Dort interessiert die Erklärung der Herausbildung eines Urteils über die Zufriedenheit des Nachfragers bei Alternativenbetrachtung. Das erzielte Ergebnis signalisiert die Leistungsfähigkeit dieses Ansatzes zur Analyse von Kauf- beziehungsweise Konsumverhalten.

### 7.3.2.2.4  Die *information integration*-Theorie

Die *information integration*-Theorie geht auf die Arbeiten von *Anderson, Shanteau* und *Troutman* (vgl. *Anderson/Shanteau*, 1970, S. 441 ff., *Shanteau*, 1975[a], S. 83 ff., und 1975[b], S. 109 ff., sowie *Birnbaum*, 1982, S. 401 ff.) zurück. Sie verdeutlichen in zahlreichen Studien die Leistungsfähigkeit dieses Ansatzes zur Erklärung des **kognitiven Prozesses** der **Verknüpfung** von **Informationen** zu einem **Urteil**. Im Marketing wurde die *information integration*-Theorie bislang insbesondere von *Bettman, Capon* und *Lutz* (1975, S. 151 ff.) zur Analyse der Herausbildung von Einstellungen und von *Gaeth* et al. (1991, S. 47 ff.) zur Untersuchung der gedanklichen Vorgänge bei der Beurteilung von Produktbündeln herangezogen.

Der Grundgedanke dieses Ansatzes läßt sich anhand des in *Abbildung* 3.19 gezeigten Schemas erläutern. Den Ausgangspunkt bilden die **Stimuli** $P_1$ bis $P_k$, die die Ausprägungen der Produkteigenschaften zum Beispiel eines Fahrzeugs (mit 50 PS Leistung, 1850 ccm Hubraum und 194 km/h Höchstgeschwindigkeit) repräsentieren. Ein Individuum transformiert diese **wahrgenommenen Ausprägungen** der Reize in **subjektive Teilurteile** auf einer von ihm selbst bestimmten oder vom Marktforscher vorgegebenen **Urteilsdimension** ($S_1$ bis $S_k$). Lautet die Urteilsdimension etwa Zwecktauglichkeit, so gilt der **Hubraum** als **ausreichend**, die **Leistung** als **gut** und die **Höchstgeschwindigkeit** als **zufriedenstellend**. Die **Teilurteile** lassen sich mittels einer **Integrationsfunktion** zu einem **Gesamturteil** (I) verknüpfen, bevor sich dieses in einer Reaktion (R, Kauf bzw. Nicht-Kauf des betrachteten Erzeugnisses) konkretisiert.

Ungeachtet der Art der vorliegenden Stimuli geht aus kognitionspsychologischen Analysen hervor, daß die **menschliche Fähigkeit** zur **Verarbeitung** von **Informationen beschränkt ist**. Vor allem das **Kurzzeitgedächtnis** besitzt nur eine **limitierte Speicherkapazität**, so daß die erfaßten Informationen sehr schnell wieder vergessen werden. Angesichts der begrenzten Möglichkeit zur Informationsverarbeitung ist die Frage zu beantworten, auf welche Weise ein Proband ausgehend von den Teilurteilen über die wahrgenommenen Ausprägungen der Produkteigenschaften zu einem Gesamturteil über das betrachtete Angebot gelangt. Ausgehend von der Literatur zu diesem Thema lassen sich zwei zentrale Ergebnisse zahlreicher empirischer Studien zusammenfassen:

- Nachfrager neigen dazu, die **Teilurteile** auf **linear-additive** Weise zu einem **Gesamturteil** zu verknüpfen. Auf einer **Siebener-Skala** (1 = sehr untauglich, 7 = sehr tauglich) erhält beispielsweise der Hubraum den Wert 3, die Höchstgeschwindigkeit den Wert 4 und die Leistung den Wert 5. Der **Gesamtwert** dieser Teilurteile, der die **Zwecktauglichkeit** des **betrachteten Guts ausdrückt**, lautet 12.

- Häufig besitzen alle **Beurteilungsdimensionen** (Produktattribute) die **gleiche Wichtigkeit** für den Nachfrager. Offenbar baut er keine **Gewichtungsfaktoren** in sein **Beurteilungsschema** ein, die eine unterschiedliche Relevanz der Merkmale suggerieren. Es wäre leicht vorstellbar, daß die Person zum Beispiel dem Hubraum den Gewichtungsfaktor 0,5, der Höchstgeschwindigkeit den Wert 0,2 und der Leistung die Größe 0,3 zuweist.

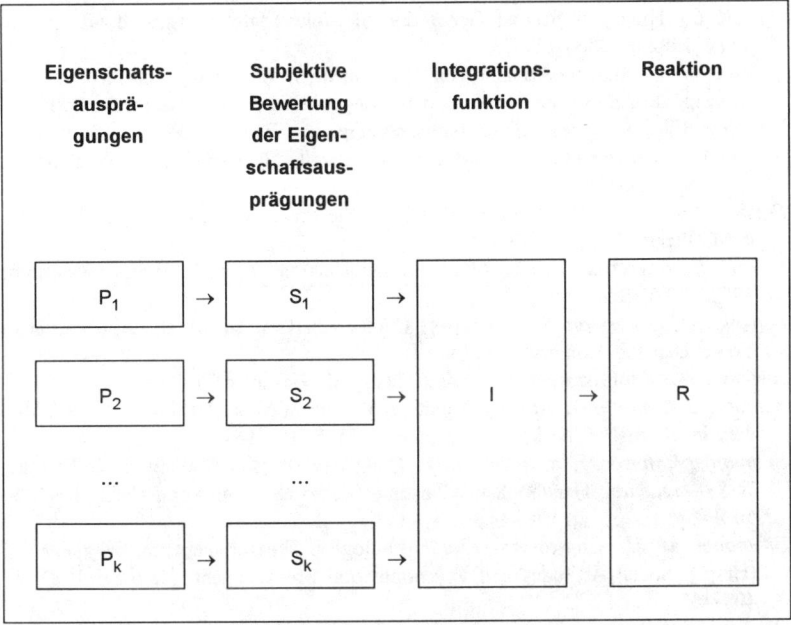

*Abbildung 3.19: Grundstruktur der information integration-Theorie*

Eine empirische Untersuchung auf der Basis der *information integration-*Theorie findet sich im Kapitel 11.6.4. Dort geht es darum, den Prozeß der Wahrnehmung und Beurteilung von Produktbündeln zu analysieren.

# Quellen

*Abelson, R. P./Rosenberg, J.*, Symbolic Psycho-Logic: a Model of Attitudinal Cognition, in: Behavioral Science, 1958, S. 1-13.

*Anderson, J.*, Kognitive Psychologie: eine Einführung, 2. Aufl., Heidelberg 1989.

*Anderson, N. H./Shanteau, J. C.*, Information Integration in Risky Decision Making, in: Journal of Experimental Psychology, 1970, S. 441-451.

*Aschenbrenner, K. M.*, Komplexes Wahlverhalten, in: Hartmann, K. D./Koeppler, K. (Hrsg.), Marktpsychologie, Frankfurt am Main 1977.

*Bänsch, A.*, Käuferverhalten, 7., vollst. überarb. und erw. Aufl., München 1996.

*Bagozzi, R.*, Structural Equation Models in Marketing Research: Basic Principles, in: Bagozzi, R. (Hrsg.), Principles of Marketing Research, Cambridge 1994.

Derselbe, A Prospectus for Theory Construction in Marketing, in: Journal of Marketing, 1984, S. 11-29.

*Bagozzi, R./Fornell, C.*, Theoretical Concepts, Measurement, and Meaning, in: *Fornell, C.* (Hrsg.), A Second Generation of Multivariate Analysis, Band 2, New York, 1982, S. 386-422.

*Balderjahn, I.*, Marktreaktionen von Konsumenten: Ein theoretisch-methodisches Konzept zur Analyse der Wirkung marketingpolitischer Instrumente, Berlin 1993.

Derselbe, Einstellung und Einstellungsmessung, in: *Titz, B./Köhler, R./Zentes, J.* (Hrsg.), Handwörterbuch des Marketing, 2., vollst. überarbeitete Aufl., Stuttgart 1995, Sp. 542-554.

*Batsell, R. R.*, On Utility, Substitutability and the Prediction of Choice, in: Research in Marketing, 1982, S. 243-258.

*Bell, D. E.*, Regret in Decision Making under Uncertainty, in: Operations Research, 1982, S. 961-981.

*Ben-Akiva, M./ Lerman, S. R.*, Discrete Choice Analysis: Theory and Application to Travel Demand, Cambridge 1985.

*Bettman, J.*, An Information Processing Theory of Consumer Choice, London 1979.

*Bettman, J./Capon, N./Lutz, H.*, Cognitive Algebra in Multi-Attribute Attitude Models, in: Journal of Marketing Research, 1975, S. 151-164.

*Bettman, J./Johnson, E. J./Payne, J. W.*, Consumer Decision Making, in: *Robertson, T. S./Kassarjian*, Handbook of Consumer Research, Englewood Cliffs, 1991, S. 50-84.

*Birnbaum, M. H.*, Controversies in Psychological Measurement, in: *Wegener, B.* (Hrsg.), Social Attitudes and Psychophysical Measurement, Hillsdale 1982, S. 401-485.

*Brander, S./Kompa, A./Peltzer, U.*, Denken und Problemlösen: Einführung in die kognitive Psychologie, 2., durchges. Aufl., Opladen 1989.

*Bybee, C. R.*, Fitting Information Presentation Formats to Decision Making, in: Communication Research, 1981, S. 343-370.

*Cassells, A.*, Erinnern und Vergessen, in: *Banyard, P.* et al. (Hrsg.), Einführung in die Kognitionspsychologie, München 1995.

*Chmielewicz, K.*, Forschungskonzeptionen der Wirtschaftswissenschaft, 2. Aufl., Stuttgart 1979.

*Churchill, G.,* A Paradigm for Developing better Measures of Marketing Constructs, in: Journal of Marketing Research, 1979, S. 64-73.

*Cohen, D.,* Consumer Behavior, New York 1981.

*Collins, A./Loftus, E.,* A Spreading-Activation Theory of semantic Processing, in: Psychological Review, 1975, S. 407-428.

*Collins, A./Quillian, M.,* Retrieval Time from Semantic Memory, in: Journal of Verbal Learning and Verbal Behavior, 1969, S. 240-247.

*Dieselben,* How to make a Language User, in: *Tulving, E./Donaldson, W.* (Hrsg.), Organization of Memory, New York 1972, S. 309-351.

*Conrad, C.,* Cognitive Economy and visible Persistence, in: Perception and Psychophysics, 1972, S. 183-228.

*Corstjens, M. L./Gautschi, D. A.,* Formal Choice Models in Marketing, in: Marketing Science, 1983, S. 19-56.

*Daganzo, C.,* Multinominal Probit, The Theory and its Application to Demand Forecasting, New York 1979.

*Edelmann, W.,* Lernpsychologie, 3., neu bearb. Aufl., Weinheim 1993.

*Eisenberger, R./Weber, M.,* Willingness to pay and Willingness to accept for State Contingent Claims, in: Journal of Risk and Uncertainty, 1995, S. 223-233.

*Eisenführ, F./Weber, M.,* Rationales Entscheiden, 2., verb. Aufl., Berlin 1994.

*Fazio, R. N./Zanna, M. P.,* Direct Experience and Attitude-Behavior Consistency, in: Advances in Experimental Social Psychology, 1981, S. 161-202.

*Festinger, L.,* Theorie der kognitiven Dissonanz, Bern 1957.

*Fornell, C.,* A Second Generation of Multivariate Analysis: Classification of Methods and Implications for Marketing Research, Ann Arbor 1986.

Derselbe, The Blending of Theoretical and Empirical Knowledge in Structural Equations with Unobservables, in: *Wold, H.* (Hrsg.), Theoretical Empiricism, New York 1987, S. 153-174.

*Gaeth, G. J./Levin, I. P./Chakraborty, G./Levin, A. M.,* Consumer Evaluation of Multi-Product Bundles: An Information Integration Analysis, in: Marketing Letters, 1990, S. 47-57.

*Gensch, D. H./Recker, W. W.,* The multinominal, multi Attribute Logit Choice Model, in: Journal of Marketing Research, 1979, S. 124-132.

*Greene, W. H.,* Econometric Analysis, New York 1990.

*Haberlandt, K.,* Cognitive Psychology, Boston 1994.

*Hardie, B. G. S./Johnson, E. J./Fader, P. S.,* Modeling Loss Aversion and Reference Dependence Effects on Brand Choice, in: Marketing Science, 1993, S. 378-394.

*Harless, D. W./Camerer, C.,* The Predictive Utility of Generalized Expected Utility Theories, in: Econometrica, 1994, S. 1251-1289.

*Hausman, J. A./McFadden, D.,* A Specification Test for the multinominal Logit Model, in: Econometrica, 1984, S. 1219-1240.

*Heider, F.,* Attitude and Cognitive Organizations, in: Journal of Psychology, 1965, S. 107-112.

*Hensher, D. A.,* Achieving Representativeness of the observable Component of the indirect Utility Function in Logit Choice Models: an Empirical Revelation, in: Journal of Business, 1984, S. 265-280.

*Hensher, D. A./Johnson, L. W.,* Applied Discrete Choice Modeling, London 1981.

*Herkner, W.,* Sozialpsychologie, 5., korr. und stark erw. Aufl., Stuttgart 1991.

*Herrmann, A.*, Produktwahlverhalten: Erläuterung und Weiterentwicklung von Modellen zur Analyse des Produktwahlverhaltens aus marketingtheoretischer Sicht, Stuttgart 1992.

*Herrmann, A./Bauer, H. H.*, Ein Ansatz zur Preisbündelung auf der Basis der Prospect-Theory, in: Zeitschrift für betriebswirtschaftliche Forschung, 1996, S. 675-694.

*Herrmann, A./Bauer, H. H./Huber, F.*, Eine entscheidungstheoretische Interpretation der Nutzenlehre von *Wilhelm Vershofen*, in: Wirtschaftswissenschaftliches Studium, 1997, S. 279-283.

*Homburg, C./Giering, A.*, Konzeptualisierung und Operationalisierung komplexer Konstrukte, in: Marketing ZFP, 1996, S. 5-24.

*Howard, J. A./Sheth, J. N.*, The Theory of Buyer Behavior, New York 1969.

*Hoyer, W./MacInnes, D. J.*, Consumer Behavior, Boston 1997.

*Inman, J. J./Dayer, J. S./Jia, J.*, A Generalized Utility Model of Disappointment and Regret Effects on Post-Choice Behavior, in: Marketing Science, 1997, S. 97-111.

*Kahneman, D./Tversky, A.*, Prospect Theory: An Analysis of Decision under Risk, in: Econometrica, 1979, S. 263-291.

Dieselben, Choices, Values, and Frames, in: American Psychologist, 1984, S. 341-350.

*Klein, H. K.*, Heuristische Entscheidungsmodelle, Wiesbaden 1971.

*Klix, F.*, Gedächtnis und Wissen, in: *Mandl, H./Spada, H.* (Hrsg.), Wissenspsychologie, München 1988, S. 19-54.

*Köhler, R.*, Modelle, in: *Grochla, E./Wittmann, W.*, (Hrsg.), Handwörterbuch der Betriebswirtschaft, 4. völlig neu gestaltete Aufl., Stuttgart 1974, Sp. 2701-2719.

*Kosiol, E.*, Modellanalyse als Grundlage unternehmerischer Entscheidungen, in: Zeitschrift für betriebswirtschaftliche Forschung, 1961, S. 318-334.

*Kroeber-Riel, W./Weinberg, P.*, Konsumentenverhalten, 6., überarb. Aufl., München 1996.

*Lindsay, P./Norman, D. A.*, Einführung in die Psychologie: Informationsaufnahme und -verarbeitung bei Menschen, Berlin 1981.

*Loftus, E. F./Palmer, J. C.*, Reconstruction of Automobil Destruction: an Example of the Interaction between Language and Memory, in: Journal of Verbal Learning and Verbal Behavior, 1974, S. 585-589.

*Loomes, G.*, When Actions speak louder than Prospects, in: American Economic Review, 1988, S. 463-470.

*Loomes, G./Sudgen, R.*, Regret Theory: An Alternative Theory of Rational Choice under Uncertainty, in: The Economic Journal, 1982, S. 805-824.

*Luce, R. D.*, Individual Choice Behavior, New York 1959.

*Maddala, G. S.*, Limited-dependent and qualitative Variables in Econometrics, Cambridge 1983.

*Malhotra, N. K.*, Self Concept and Product Choice: An integrated Perspective, in: Journal of Economic Psychology, 1988, S. 1-28.

Derselbe, The Use of Linear Logit Models in Marketing Research, in: Journal of Marketing Research, 1994, S. 20-31.

*Mandl, H./Friedrich, H. F./Hron, A.*, Theoretische Ansätze zum Wissenserwerb, in: *Mandl, H./Spada, H.* (Hrsg.), Wissenspsychologie, München 1988, S. 123-160.

*McCloskey, M./Glucksberg, S.*, Natural Categories: well-defined or fuzzy Sets? in: Memory and Cognition, 1978, S. 462-472.

*McFadden, D.,* Conditional Logit Analysis of qualitative Choice Behavior, in: *Zarembka, P.* (Hrsg.), Frontiers in Econometrics, New York 1974, S. 105-142.

Derselbe, Econometric Models of Probabilistic Choice, in: *Manski, C. F./McFadden, D.* (Hrsg.), Structural Analysis of Discrete Choice Data with Econometric Applications, Cambridge 1981, S. 198-272.

*Meffert, H.,* Marketingforschung und Käuferverhalten, 2., vollst. überarb. und erw. Aufl., Wiesbaden 1992.

*Meyer, R. J./Kahn, B. E.,* Probabilistic Models of Consumer Choice Behavior, in: *Robertson, T. S./Kassarjian,* Handbook of Consumer Research, Englewood Cliffs, 1991, S. 85-123.

*Müller-Hagedorn, L.,* Konsumentenverhalten, 2. Aufl., Wiesbaden 1994.

*Nicosia, F. M.,* Consumer Decision Processes, Englewood Cliffs 1996.

*Nieschlag, R./Dichtl, E./Hörschgen, H.,* Marketing, 18., durchgesehene Aufl., Berlin 1997.

*Osgood, C. E./Tannenbaum, P. H.,* The Principle of Congruity in the Prediction of Attitude Change, in: Psychological Review, 1958, S. 52-55.

*Peter, J.,* Reliability: a Review of Psychometric Basics and Recent Marketing Practices, in: Journal of Marketing Research, 1979, S. 6-17.

*Peter, J./Churchill, G.,* Relationships among Research Design Choices and Psychometric Properties of Rating Scales: a Meta-Analysis, in Journal of Marketing Research, 1986, S. 1-10.

*Peter, J./Olson, J. T.,* Consumer Behavior, 3. Aufl., Homewood 1993.

*Plutchik, R.,* The Psychology and Biology of Emotions, New York 1994.

*Purohit, D.,* Playing the Role of Buyer and Seller, in: Marketing Letters, 1995, S. 101-110.

*Raffée, H./Sauter, B./Silberer, G.,* Theorie der kognitiven Dissonanz und Konsumgüter-Marketing, Wiesbaden 1973.

*Riepe, C.,* Produkteigenschaften und das Nachfrageverhalten von Konsumenten, Frankfurt am Main 1984.

*Ritov, I./Baron, J.,* Outcome Knowledge, Regret, and Omission Bias, in: Organizational Behavior and Human Decision Processes, 1995, S. 119-127.

*Rumelhart, D. E./Norman, D. A.,* Accretion, Tuning, and Restructuring: Three Models of Learning, in: *Cotton, J./Klatzky, R. L.* (Hrsg.), Semantic Factors in Cognition, Hillsdale 1978, S. 37-54.

*Salminen, P./Wallenius, J.,* Testing Prospect Theory in a Deterministic Multiple Criteria Decision-Making Environment, in: Decision Science, 1993, S. 279-293.

*Samuelson, W./Zeckhauser, R.,* Status Quo Bias in Decision Making, in: Journal of Risk and Uncertainty, 1988, S. 7-29.

*Schermer, F. J.,* Lernen und Gedächtnis, Stuttgart 1991.

*Schiffman, L. G./Kanuk, L. L.,* Consumer Behavior, 2. Aufl., New York 1983.

*Schiffman, L. G./Kanuk, L.,* Consumer Behavior, 5. Aufl., London 1994.

*Shanteau, J.,* Averaging versus Multiplying Combination Rules of Inference Judgement, in: Acta Psychologica, 1975a, S. 83-89.

Derselbe, An Information Integration Analysis of Risky Decision Making, in: *Kaplan, M. F./Schwartz, S.* (Hrsg.), Human Judgement and Decision Processes, New York, 1975b, S. 109-138.

*Smith, G. H./Engel, R.,* Influence of a female Model on perceived Characteristics of an Automobil, in: Proceedings of the 76th Annual Convention of the American Psychological Association, New York 1968, S. 681-682.

*Sternthal, B./Craig, S. C.*, Consumer Behavior: An Information Processing Perspective, Englewood Cliffs 1982.

*Thaler, R.*, Mental Accounting and Consumer Choice, in: Marketing Science, 1985, S. 199-214.

*Trommsdorff, V.*, Konsumentenverhalten, 2., überarb. Aufl., Stuttgart 1993.

Derselbe, Die Messung von Produktimages für das Marketing, Köln 1975.

*Tversky, A./Kahneman, D.*, The Framing of Decisions and the Psychology of Choice, in: Science, 1981, S. 453-458.

Dieselben, Loss Aversion and Riskless Choice: A Reference Dependent Model, in: Quarterly Journal of Economics, 1991, 1039-1061.

*Ulich, D.*, Konflikt-Modelle, 2. Aufl., München 1989.

*Urban, G. L./Hauser, J. R.*, Design and Marketing of New Products, 2. Aufl., Englewood Cliffs 1993.

*Wagner, U.*, Vollstochastische Kaufverhaltensmodelle, Königsstein 1985.

*Weber, M.*, Besitztumseffekte: eine theoretische und experimentelle Analyse, in: Die Betriebswirtschaft, 1993, S. 479-490.

*Weinberg, P.*, Das Entscheidungsverhalten der Konsumenten, Paderborn 1981.

*Wender, K. F.*, Semantische Netzwerke als Bestandteil gedächtnispsychologischer Theorien, in: *Mandl, H./Spada, H.* (Hrsg.), Wissenspsychologie, München 1988, S. 55-73.

*Wessells, M. G.*, Kognitive Psychologie, 3., verb. Aufl., München 1994.

*Wiendick, G./Bungard, W./Lück, H. E.*, Konsumentenentscheidungen, in: *Irle, M./Bussmann, W.* (Hrsg.), Methoden und Anwendungen in der Marktpsychologie, Göttingen 1983, S. 1-63.

*Wilkening, F.*, Zur Rolle des Wissens in der Wahrnehmung, in: *Mandel, H./ Spada, H.* (Hrsg.), Wissenspsychologie, München 1988, S. 203-226.

*Wyer, R. S./Scrull, T. K.*, Human Cognition in its Social Context, in: Psychological Review, 1986, S. 322-359.

*Zaltman, G./Wallendorf, M.*, Consumer Behavior, 2. Aufl., New York 1983.

*Zimbardo, P. G.*, Psychologie, 4. Aufl., 1992.

**Vierter Teil**

**Die Elemente des Produktmanagement-Konzepts**

## Überblick

- Aus Teil 2 geht hervor, daß das Grundkonzept des Produktmanagement die *means end*-Theorie, das Qualitätsmanagement und das Kundenzufriedenheitskonzept umfaßt. Dieser Teil hat zum Ziel, eine Vorstellung über diese drei Elemente des Produktmanagement-Konzepts zu vermitteln.

- Eine *means end*-Untersuchung legt den Zusammenhang zwischen den Triebkräften des Kauf- beziehungsweise Konsumverhaltens (Werthaltungen) und den Faktoren zur Gestaltung eines Guts, also den physikalisch-chemisch-technischen Eigenschaften, offen.

- Mit einem Qualitätsmanagement gelingt es, die Stimme des Kunden in die Sprache des Ingenieurs zu übertragen. Hierzu erfolgt eine Transformation der Kundenwünsche in Konstruktionsmerkmale, Teilemerkmale, Betriebsabläufe und Produktionserfordernisse.

- Aus einer Erfassung der Kundenzufriedenheit lassen sich Rückschlüsse ableiten, ob und inwieweit die Unternehmensleistung den Bedürfnissen der Abnehmer entspricht. Darüber hinaus ergeben sich aus Studien dieser Art Hinweise über den Zusammenhang zwischen Produktqualität, Kundenzufriedenheit und Unternehmenserfolg.

# 8 Die *means end*-Theorie

## 8.1 Die Grundstruktur

Die in Abschnitt 7.2.1.2 geführten Überlegungen verdeutlichen, daß das **semantische Netz** einer Person ihr Wissen über sinnlich wahrnehmbare oder lediglich in der Gedankenwelt existierende Phänomene verkörpert (vgl. *Wessels*, 1994, S. 247 ff.). Zu diesem **Wissen** gehören auch ihre Vorstellungen über die **Eigenschaften** eines Produkts sowie die mit seinem Ge- oder Verbrauch verknüpften **Nutzenkomponenten** und **Werthaltungen** (vgl. *Grunert*, 1990, S. 61 ff.). Folglich liegt der Gedanke nahe, eine *means end-Kette* als einen Ausschnitt aus einem **individuellen Begriffsgefüge** aufzufassen.

Die Rekonstruktion einer solchen Wissensstruktur setzt die Spezifikation ihrer Elemente (Eigenschaften, Nutzenkomponenten und Werthaltungen) voraus. Hierzu dient *Abbildung* 4.1, die ein aus den *means end*-**Bausteinen** rekonstruiertes semantisches Netz zeigt. Im Mittelpunkt dieses Begriffsgefüges befindet sich der Terminus *Nike* Sportschuhe, der als **Startknoten** für die **Aktivierung** der **einzelnen Komponenten** fungiert. Ein Blick auf diese Wissensstruktur läßt verschiedene Arten von **Attributen**, **Nutzenkomponenten** und **Werthaltungen** erkennen.

Wie in Kapitel 5.1 erläutert, erscheint eine Unterteilung der **Attribute** im Hinblick auf den Abstraktionsgrad naheliegend (vgl. *Herrmann*, 1992, S. 199 ff., und *Johnson*, 1984, S. 741 ff.). Eine **Eigenschaft** gilt als **konkret**, sofern ihre Ausprägungen die **physikalisch-chemisch-technische Beschaffenheit** des Guts (z. B. *Nike* Sportschuhe) beschreiben (etwa mit Fersenstütze). Dagegen ermöglicht eine **abstrakte Eigenschaft** eine **umfassende Beschreibung** eines **Guts** (z. B. liegt gut am Fuß).

Gemäß der **Nutzentheorie** von *Vershofen* (vgl. *Vershofen*, 1959, S. 81 ff., und *Herrmann/Bauer/Huber*, 1997, S. 279 ff.) stiftet ein Erzeugnis einen **funktionalen Nutzen**, der sich aus seinen physikalisch-chemisch-technischen Eigenschaften ergibt. Im Unterschied dazu umfaßt der **soziale** beziehungsweise **psychische Nutzen** alle für die eigentliche Funktionsfähigkeit des Erzeugnisses **nicht zwingend erforderlichen Extras** (z. B. ich bin entspannt nach dem Laufen).

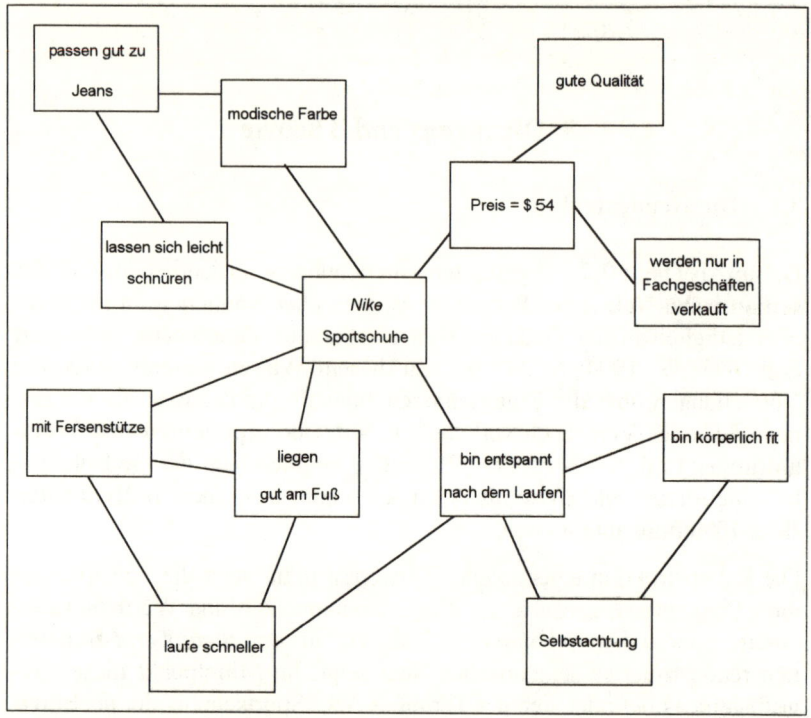

Quelle: *Herrmann*, 1996, S. 73

*Abbildung 4.1: Ein fiktives semantisches Netz mit dem Startkonten*
*Nike Sportschuhe*

Zur Charakterisierung der **einzelnen Elemente** des **semantischen Netzes** kommt auch die **Wertetheorie von *Rokeach*** in Betracht (vgl. *Rokeach*, 1973, S. 215 ff., und *Silberer*, 1983, S. 539 ff.). Aus ihr geht hervor, daß eine **instrumentale Werthaltung** eine wünschenswerte Verhaltensweise verkörpert (z. B. ich bin körperlich fit). Dagegen läßt sich eine **terminale Werthaltung** als ein erstrebenswertes Lebensziel kennzeichnen (z. B. Selbstachtung).

Aus den ***means end*-Elementen** formt der **Marktforscher** eine ***means end*-Kette**, die einen Ausschnitt aus der zuvor dargestellten **Wissensstruktur** eines Individuums bildet. Hiernach führt die Absicht einer Person, ein Erzeugnis zu kaufen (z. B. *Nike* **Sportschuhe**), zunächst zu einer Aktivierung der mit ihm verknüpften **konkreten** (z. B. **mit Fersenstütze**) und **abstrakten** (z. B. **liegen gut am Fuß**) Eigenschaften. Daraufhin breitet sich dieser Impuls auf die **funktionalen** (z. B. **ich laufe schneller**) und sozialen beziehungsweise **psychischen** (z. B. **bin entspannt nach dem Laufen**) Nutzenkomponenten aus, bevor er die **instrumentale** (z. B. **ich bin körperlich fit**) und **terminale** (z. B. **Selbstachtung**) Werthaltung erreicht. Zur Veranschaulichung dieser Idee zeigt *Abbildung* 4.2 drei fiktive *means end-Ketten*, die aus **unterschiedlichen Lebensbereichen** stammen und **verschiedene Erzeugnisse** beziehungsweise **Produktgattungen** betreffen.

| means end- | Produkt | | |
|---|---|---|---|
| Element | Haar-spray | Kartoffel-chips | Französischer Wein |
| Konkrete Eigenschaft | besitzt einen Zerstäuber | sind sehr gut gewürzt | Wein kommt aus Frankreich |
| Abstrakte Eigenschaft | generiert einen Nebel | weisen hohe Qualität auf | besitzt Qualität und Image |
| Funktionale Nutzenkomponente | Haare verkleben nicht | es schmeckt den Gästen | - |
| Psychische Nutzenkomponente | ich fühle mich attraktiv | Stimmung auf der Party steigt | damit kann ich mich motivieren |
| Instrumentale Werthaltung | - | ich bin ein guter Gastgeber | verfolge Ziele mit Ehrgeiz |
| Terminale Werthaltung | erlebe Selbstachtung | genieße Freundschaft | erfahre Anerkennung |

*Abbildung 4.2: Ausgewählte means end-Ketten im Überblick*

Es ist zu erkennen, daß eine Person bei der Wahl eines **Haarsprays** auf den **Zerstäuber** achtet (konkrete Eigenschaft). Sein Vorzug besteht darin, daß er beim Sprühen **einen Nebel generiert** (abstrakte Eigenschaft). Da die Haare **nicht verkleben** (funktionale Nutzenkomponente), fühlt sich der Betroffene **attraktiv** (soziale und psychische Nutzenkomponente). Hinter dem Wunsch nach einem attraktiven Erscheinen verbirgt sich das Bedürfnis, **Selbstachtung** zu besitzen (terminale Werthaltung).

Ferner zeigt sich, daß ein Konsument beim Kauf von **Kartoffelchips** großen Wert auf die **Würze** (konkrete Eigenschaft) legt. Ein würziger Geschmack signalisiert aus der Sicht des Probanden eine **hohe Qualität** (abstrakte Eigenschaft). Solche Kartoffelchips **schmecken** den **Gästen** besonders gut (funktionale Nutzenkomponente), was zur **Steigerung** der **Stimmung** bei einer Party beiträgt (soziale und psychische Nutzenkomponente). Sofern sich die Gäste amüsieren, gilt der Befragte als ein **guter Gastgeber** (instrumentale Werthaltung). Dieses Urteil vermittelt ihm das Gefühl, in **Freundschaft** mit anderen zu leben (terminale Werthaltung).

Schließlich bringt diese Darstellung zum Ausdruck, daß die Versuchsperson **französischen Wein** bevorzugt (konkrete Eigenschaft). Weine aus Frankreich besitzen aus ihrer Sicht eine **gehobene Qualität** und ein **gutes Image** (abstrakte Eigenschaft). Der Genuß eines besonderen Produkts bildet eine **Belohnung** zum Beispiel für eine zuvor erbrachte Leistung oder dient der **Motivation** bei einer bevorstehende Aufgabe (soziale und psychische Nutzenkomponente). Der große **Ehrgeiz**, mit dem der Betroffene seine Ziele verfolgt (instrumentale Werthaltung), äußert sich in dem Streben, die **Anerkennung** anderer zu gewinnen (terminale Werthaltung).

## 8.2 Die Eigenschaften

### 8.2.1 Zum Eigenschaftsbegriff

Die Begriffe **Merkmale, Attribute, Eigenschaften** und **Charakteristika** beschreiben tatsächlich beobachtete oder rein gedanklich erfaßte **Bestandteile** eines **Objekts (Dings)**. Ganz allgemein lassen sich **Eigenschaften** als das einem **Ding Eigene, sein Wesen Ausmachende, ihm Zugehörende** und aus ihm nur durch **Abstraktion Herauslösbare** kennzeichnen (vgl. Abschnitt 6.3). Welche Merkmale ein Ding aufweist und auf welche Weise diese in der Realität auftreten, hängt sowohl von seiner Beschaffenheit als auch von der Art der Wechselwirkung mit anderen Objekten und deren Wesen ab. Damit bilden Attribute die Basis dafür, daß Objekte in bestimmten Beziehungen zueinander stehen. Dieser Gedanke suggeriert die Relevanz von Merkmalen als Deskriptoren der zwischen Dingen bestehenden Relationen.

Zur Beschreibung von Beziehungen zwischen Objekten (z. B. zwei Pkw unterschiedlicher Marke) kommen verschiedene Arten von Attributen in Betracht (vgl. *Bauer*, 1989, S. 118 ff., und *Herrmann*, 1992, S. 43 ff.).

Alle Eigenschaften eines Objekts, die sich bei einem **Wechsel** des **Bezugssystems**, das heißt im Rahmen der **Wechselwirkung** mit anderen Dingen, nicht verändern (z. B. PS-Zahl), heißen **innere** Merkmale. Sie verkörpern die **Qualität** eines **Objekts**, die in vielen Fällen der unmittelbaren Perzeption nicht zugänglich ist. Dagegen lassen sich die **äußeren** Eigenschaften (z. B. Anmutung, Eleganz, Image) leicht feststellen. Eine Prüfung der Invarianz dieser Attribute erlaubt es, wesentliche von unwesentlichen zu unterscheiden (vgl. *Albers*, 1989, S. 186 ff.).

- Dabei wird ein Merkmal als **quantitativ** bezeichnet, sofern seine Ausprägungen jeden Wert eines Intervalls annehmen (z. B. Geschwindigkeit). Dagegen spricht man von einem **qualitativen** Attribut, falls sich jedes Produkt durch eine endliche Zahl von Zuständen bezüglich dieser Eigenschaft beschreiben läßt (z. B. Antriebsart).

- Treten nur zwei Zustände auf (z. B. Vierradantrieb, Zweiradantrieb), liegt ein **binäres** oder **dichotomes** im Gegensatz zu einem **mehrstufigen** oder **multichotomen** Merkmal vor.

- Mit einer **abstrakten** Eigenschaft (z. B. Image) läßt sich ein Objekt (z. B. Pkw) umfassend beschreiben, während ein **konkretes** Attribut (z. B. Bremssystem) nur eine Facette eines Phänomens zum Ausdruck bringt.

Unterscheiden sich zwei Eigenschaften nur **quantitativ**, gelten sie als **inhaltlich identisch**. **Qualitativ** verschiedene **Merkmale** stehen beispielsweise durch Ober- und Unterbegriffe in einem **hierarchischen Verhältnis** zueinander. Deshalb lassen sie sich unter einem gemeinsamen Terminus zu einer Klasse zusammenfassen. Jedes Merkmal verkörpert eine bestimmte **qualitative** oder **quantitative Komponente** eines **komplexen** Attributs. Umgekehrt besteht jedes Attribut aus mehreren, zumeist nicht explizierten **eindimensionalen** Merkmalen. Die Ausprägungsgrade solcher Eigenschaften (z. B. PS-Zahl) bilden Punkte auf einem Fahrstrahl. Für **komplexe** Eigenschaften (z. B. Kurvenstabilität) reicht ein Kontinuum zur Repräsentation der möglichen Ausprägungen nicht mehr aus, da die Kurvenstabilität bedingt zum Beispiel durch Bremssystem und Bereifung variiert (vgl. *Tversky/Hemenway*, 1984, S. 169 ff.).

Da ein Erzeugnis nahezu unendlich viele Merkmale aufweist, besteht die Schwierigkeit darin, die **relevanten Attribute** auszuwählen. Die Selektion erweist sich als problematisch, weil die ausgewählten Eigenschaften den Realitätsausschnitt festlegen, der in die anschließende Analyse des Kauf- beziehungsweise Konsumverhaltens eingeht.

Die Forschung bedient sich für die Zwecke der Erhebung von Produkteigenschaften verschiedener Befragungstechniken, zu denen zum Beispiel die **direkte** und die **duale Befragung**, die **freie Assoziation**, der **prospektive Ansatz** sowie das **Gruppen-** und das **Tiefeninterview** gehören (vgl. *Berekoven/Eckert/Ellenrieder*, 1993, S. 88 ff.). Durch eine sehr gezielte Vorgehensweise zeichnet sich die *repertory grid*-**Methode** aus (vgl. *Müller-Hagedorn/Vornberger*, 1979, S. 193 ff.). Hierbei liegen den Auskunftspersonen in mehreren aufeinanderfolgenden Befragungsrunden jeweils Tripel von bekannten Produkten mit der Aufforderung vor, die Merkmale zu nennen, bei denen zwei der Objekte einander ähnlich, beide aber dem dritten unähnlich sind. Dieses Verfahren wird so lange fortgesetzt, bis die Probanden keine neuen Attribute mehr nennen und eine umfassende Liste von Eigenschaften mit der Häufigkeit ihrer Nennung existiert (vgl. hierzu Kapitel 11.2.1).

Insofern bildet die Sammlung einer Menge von Merkmalen kein wesentliches Problem. Als kritisch in dieser Phase stellt sich jedoch die **Beseitigung** von **Redundanz** heraus. Da in den meisten Fällen nur eine **Eigenschaftsaufzählung** allenfalls eine **Nennungshäufigkeit** vorliegt, besteht die Notwendigkeit, die intersubjektiv unterschiedliche Bedeutung der genannten Begriffe zu erfassen. Als nicht weniger problematisch erweist sich die Beantwortung der Frage, welcher Erhebungsaufwand erforderlich ist, um **keines** der **tatsächlich relevanten Merkmale** zu übersehen.

Zur **Aufdeckung** der **bedeutsamen Attribute** gelangen meist statistische Methoden, wie die **Faktorenanalyse**, die **Clusteranalyse** und die **Mehrdimensionale Skalierung**, zur Anwendung (vgl. *Hair/Anderson/Tatham/Black*, 1995, S. 364 ff., und *Backhaus/Erichson/Plinke/Weiber*, 1994, S. 188 ff.).

- Allerdings geht aus Studien hervor, daß selbst bei einer sorgfältigen Vorgehensweise die als relevant identifizierte Merkmalsmenge in Abhängigkeit von der Befragungsmethode und dem Auswahlverfahren eine **deutlich unterschiedliche Zusammensetzung** aufweist.

- Außerdem besteht die Gefahr, daß eine große Zahl von Merkmalen zu einer **inkonsistenten Wahrnehmung** und **Beurteilung** dieser Reize durch die Probanden führt.

- Ein weiteres gravierendes Problem tritt dann auf, wenn die Personen **unterschiedliche Aggregations-** und **Bewertungsheuristiken** heranziehen, um zu einem Urteil über das betrachtete Produkt zu gelangen.

Die Festlegung der relevanten **Merkmalsmenge** erweist sich offenbar als äußerst kompliziert. Es stellt sich daher die Frage, inwieweit das Konzept des **bedingten** *evoked set* einen Beitrag zur Lösung dieser Schwierigkeit leistet (vgl. *Dichtl/Andritzky/Schobert*, 1977, S. 290 ff.). Die Grundidee dieses ursprünglich für die Auswahl von Produkten entwickelten Verfahrens besteht darin, ein bestimmtes Gut zum Ankerreiz für zwei Gruppen von Probanden zu erheben. Die eine erhält die Aufgabe, zu diesem Bezugsobjekt **alternative Güter** zu nennen, während die andere **Verwendungszwecke** für den Stimulus angibt. Beide *sets* fungieren in der nächsten Befragungsrunde als Startmengen. Dabei erhält die erste Gruppe die **Liste** der **Verwendungszwecke** und hat hierzu **passende Güter** zu nennen, wohingegen der zweiten die **Produktliste** mit der Aufforderung vorliegt, **Verwendungszwecke** dafür anzugeben.

Bei dem Versuch, diese Methode zur Bestimmung der relevanten Eigenschaftsmenge heranzuziehen, treten zwei Beschränkungen auf:

- Einerseits lassen sich die Antworten der Probanden trotz eines genau bezeichneten Stimulus in Anbetracht der **Mehrdeutigkeit** der Sprache nicht exakt interpretieren.

- Andererseits besitzen nur wenige Individuen die Fähigkeit, zu einem vorgegebenen Stimulus vorab **nicht näher spezifizierte Merkmale** zu nennen.

Einen Ausweg aus diesen Problemen ermöglichen Ansätze, die eine Rekonstruktion des Kaufentscheidungsprozesses erlauben, ohne daß Gütereigenschaften vorliegen. An die Stelle einer Merkmalsmenge treten hypothetische **Konstrukte**, zum Beispiel **Ähnlichkeit** und **Austauschbarkeit**, die allesamt als globale Beurteilungskriterien fungieren (vgl. *Bauer/Herrmann*, 1992, S. 1341 ff.). Der Verzicht auf die Offenlegung **spezifischer Produktunterschiede** erweist sich als Vorteil, da jeder Proband bei der Konkretisierung dieser theoretischen Begriffe von seinen Kauf- und Konsumerfahrungen ausgeht. Gleichwohl bedarf es für die Erklärung der Ursachen des beobachteten Verhaltens einer Berücksichtigung der Gütermerkmale. Dabei taucht die Schwierigkeit auf, daß jeder Befragte **mehr oder weniger** viele und zudem womöglich **ganz unterschiedliche** Attribute bei der Urteilsbildung heranzieht.

## 8.2.2 Der Eigenschaftsraum

### 8.2.2.1 Das Nachfragemodell der neoklassischen Haushaltstheorie

Ein zentrales Anliegen der **mikroökonomischen Theorie** besteht darin, die Abstimmung der individuellen Beschaffungspläne der Haushalte und der Produktionspläne der Anbieter, insbesondere durch die Preisbildung, auf den Produkt- und Faktormärkten zu erklären. Den Ausgangspunkt bildet die Analyse der Kaufentscheidungen von Haushalten, wobei die Prämisse gilt, daß die Personen eines Haushalts ihre Bedürfnisse miteinander abstimmen. Insofern läßt sich im **Basismodell** der **neoklassischen Haushaltstheorie** ein Haushalt als ein Wirtschaftssubjekt (Nachfrager) kennzeichnen. Zur **Modellerläuterung** kommen die folgenden **Notationen** in Betracht (vgl. *Kaas*, 1987, S. 229 ff.):

$x_1, ..., x_n, ..., x_N$    =   Gütermengen

$p_1, ..., p_n, ..., p_N$    =   Preise der Gütermengen $x_1, ..., x_n, ..., x_N$

$Y$              =   Einkommen des Nachfragers

Die vorliegenden Alternativen verkörpern Mengenkombinationen der betrachteten Erzeugnisse, zu deren Bewertung eine **Nutzenfunktion** dient, die den **Vektor** der **Gütermengen** $(x_1, ..., x_n, ..., x_N)$ umfaßt. Für einen Nachfrager, der bei gegebenen Güterpreisen und gegebenem Einkommen seinen **Nutzen maximiert**, gilt folgende Gleichung:

$$U = U(x_1, ..., x_n ..., x_N) = max !,\qquad (4.1)$$

wobei die folgende Nebenbedingung gilt:

$$Y \geq (p_1 \cdot x_1 + ... + p_n \cdot x_n + ... + p_N \cdot x_N)\qquad (4.2)$$

Offenbar handelt es sich beim **Grundmodell** der **neoklassischen Haushaltstheorie** um einen Ansatz zur **Allokation** von **Einkommen**. Zwischen den Gütern existiert eine **allgemeine Substitutionsbeziehung**, weil alle um das **gleiche Einkommen** konkurrieren. Dieser Ansatz erfährt in der Marketingliteratur zumeist wegen seiner **unrealistischen Prämissen**, wie unendliche Anpassungsgeschwindigkeit und vollkommene Information, heftige Kritik.

Die zentrale Schwäche besteht jedoch darin, daß dieses Modell von einer **ganzheitlichen Bewertung** der Mengenkombinationen ausgeht. Aus diesem Grund lassen sich die aus produktpolitischer Sicht interessierenden **Substitutionsbeziehungen** zwischen Gütern nicht analysieren. Folglich werden zwei Objekte **einer bestimmten Produktgruppe**, die fast (aber eben nicht ganz) identisch sind, als genauso unterschiedlich eingestuft, wie zwei Produkte, die man **verschiedenen Gütergruppen** zuordnet.

Hieraus ergeben sich die folgenden, für das **Produktmanagement relevanten Konsequenzen** (vgl. *Herrmann*, 1994, S. 1303 ff.):

- Zunächst erscheint eine **empirische Kalibrierung** des Ansatzes unmöglich, da die Interdependenz der Nutzenbewertung alle Güter umfaßt.

• Ferner lassen sich lediglich die Auswirkungen **preispolitischer Aktivitäten** auf das Verhalten der Nachfrager abbilden. Jede produktpolitische Maßnahme bewirkt den **Übergang** in einen anderen **Produktraum** beziehungsweise zu einer anderen Nutzenfunktion.

Die Schwierigkeit der empirischen Fundierung dieses Ansatzes läßt sich durch die Berücksichtigung **separierbarer Präferenzen** und einer **mehrstufigen Budgetallokation** lösen (vgl. *Hauser/Urban*, 1986, S. 446 ff.). Hierbei gelten Präferenzen als separierbar, sofern sich die Gesamtheit der Güter in disjunkte Gruppen zerlegen läßt. Da für jede Gruppe eine Nutzenfunktion existiert, gilt unter Beachtung der zuvor spezifizierten Budgetrestriktion der folgende Ausdruck:

$$U = U[U_1(x_1) + ... + U_q(x_q) + ... + U_Q(x_Q)] = max! \qquad (4.3)$$

Dabei bedeuten:

$U_q$ = Teilnutzenfunktion der Gütergruppe q
$x_q$ = Vektor der Gütermengen in Gruppe q

Hiernach verteilt eine Person ihr Einkommen zunächst auf die vorliegenden **Produktgruppen** (z. B. Kleidung, Nahrungsmittel, Möbel) und zwar in **Abhängigkeit** vom **Preisniveau** in diesen Kategorien. Daraufhin ordnet sie das jeweilige Teilbudget unabhängig von den relativen Preisen in den anderen Gütergruppen den einzelnen Erzeugnissen zu.

Aufgrund der Annahme, **Präferenzen seien separierbar**, erscheint eine Erklärung der Einflüsse preispolitischer Aktivitäten auf die Entscheidung des Individuums zur Allokation von Einkommen möglich. Da allerdings das Problem der **ganzheitlichen Produktbewertung** ungelöst bleibt, läßt sich die Reaktion des Nachfragers auf **produktpolitische Maßnahmen** nicht erfassen.

### 8.2.2.2 Das "neue" Nachfragemodell von *Lancaster*

Anknüpfend an die **kritische Würdigung** des Nachfragemodells der **neoklassischen Haushaltstheorie** entstanden Ansätze mit dem Ziel, zu einer besseren, vor allem wirklichkeitsnäheren Erklärung der Güternachfrage zu gelangen. Ein Modell verdient besondere Beachtung, weil es für **produktpolitische** Zwecke eine zentrale Bedeutung erlangte. Es ist das **Konzept** der **relevanten Gütereigenschaften** von *Lancaster*, dem die Vorstellung zugrunde liegt, der Nachfrager bewerte Eigenschaften von Produkten, also die **Mengen** von objektiven, in **Gütern enthaltenen Eigen-**

**schaften** (vgl. *Lancaster*, 1966, S. 132 ff., und *Kürble*, 1994, S. 25 ff.). Beispielsweise läßt sich ein Pkw durch objektiv feststellbare Werte für den Luftwiderstandsbeiwert, die PS-Zahl, den Kraftstoffverbrauch und die Höchstgeschwindigkeit kennzeichnen.

Den Ausgangspunkt des Modells von *Lancaster* bildet die **Prämisse**, ein Individuum **handle rational** und sei daher bestrebt, den **Gesamtnutzen** der konsumierten Güter zu **maximieren**. Insofern gilt:

$$U = U(y_1, ..., y_m, ..., y_M) = \max !, \tag{4.4}$$

wobei $(y_1, ..., y_m, ..., y_M)$ den Vektor der **Eigenschaftsmengen** verkörpert. Die **Budgetrestriktion** fungiert wie im neoklassischen Ansatz als Nebenbedingung:

$$Y \geq (p_1 \cdot x_1 + ... + p_n \cdot x_n + ... + p_N \cdot x_N) \tag{4.5}$$

Die **Konsumtechnologie (B)** dient dazu, die über Eigenschaften definierte **Nutzenfunktion** (vgl. Gleichung 4.4) mit der über Gütermengen spezifizierten **Budgetrestriktion** (vgl. Gleichung 4.5) zu verknüpfen. Dabei stellt **B** eine Matrix dar, deren Elemente angeben, wieviel eine Mengeneinheit des Guts i von der Eigenschaft j enthält ($B = [b_{ij}]$). Multipliziert man den Vektor der Produktmengen $(x_1, ..., x_n, ..., x_N)$ mit der Matrix der Konsumtechnologie (**B**), ergibt sich der Vektor jener Merkmalsmengen, die in der **betrachteten Gütermenge enthalten** sind und in der Nutzenfunktion bewertet werden:

$$(y_1, ..., y_m, ..., y_M) = (x_1, ..., x_n, ..., x_N) \cdot (b_{ij}) \tag{4.6}$$

Ein Rückgriff auf die aus der **neoklassischen Haushaltstheorie** bekannte **Indifferenzkurvenanalyse** erleichtert das Verständnis der Idee von *Lancaster*. Auf der Basis dieses mikroökonomischen Instrumentariums lassen sich die Auswirkungen **preis-** und **produktpolitischer Maßnahmen** auf das **Verhalten** der **Nachfrager** graphisch darstellen. Aus einer Untersuchung dieser Art geht beispielsweise hervor, daß eine **Preissenkung** für ein **Gut** und die **Modifikation** eines **Erzeugnisses** bei einer **Eigenschaft** die vom Individuum bislang **gewünschte Merkmalskombination** verändert.

Zur Verdeutlichung dieser Idee dient *Abbildung* 4.3: Den Ausgangspunkt bilden die Produkte $x_1$ und $x_2$, die aus der Sicht einer Auskunftsperson die **charakteristischen Eigenschaften** $z_1$ und $z_2$ aufweisen. Für jede beliebige Menge eines Guts bleibt das **Verhältnis** von $z_1$ und $z_2$ (**Eigenschaftsmischung**) gleich. Aufgrund des begrenzten Einkommens (**Bud-**

**getrestriktion**) ist es dem Konsumenten jedoch nicht möglich, jede beliebige Merkmalskombination zu kaufen. Daher erwirbt ein nach Nutzenmaximierung strebender Verbraucher jene **Eigenschaftsmischung**, die er sich unter Berücksichtigung der **Budgetrestriktion** gerade noch leisten kann.

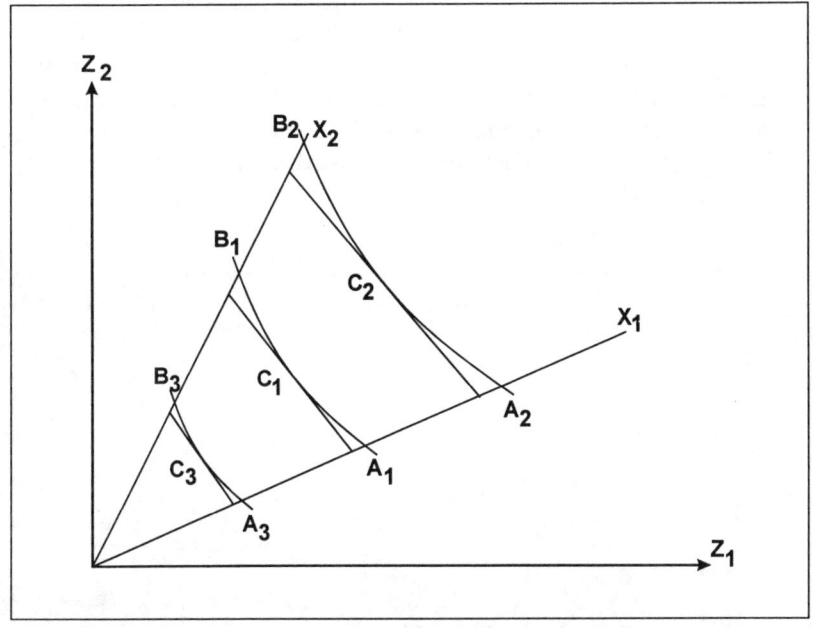

*Abbildung 4.3: Einkommensvariationen im Eigenschaftsraum*

Hierbei kommt entweder Gut $x_1$ mit der Eigenschaftskombination $A_1$, Erzeugnis $x_2$ mit der Merkmalsmischung $B_1$ oder ein aus $x_1$ und $x_2$ bestehendes, auf der **Budgetgerade angesiedeltes Bündel** (z. B. $C_1$) in Betracht. Welches Produkt beziehungsweise welche Produktkombination das Individuum tatsächlich auswählt, hängt von seinem Präferenzgefüge ab, das die **Indifferenzkurve** zum Ausdruck bringt. Im Beispiel greift der Nachfrager zu einem aus Produkt $x_1$ und $x_2$ zusammengesetzten Bündel (vgl. Punkt $C_1$). Von den ins Auge gefaßten preis- und produktpolitischen Aktivitäten sowie von einer Veränderung des Einkommens gehen die folgenden Effekte auf das Produktwahlverhalten der Person aus:

- Eine **Variation des Einkommens** führt bei konstanten Produktpreisen zu einer parallelen Verschiebung der Budgetgerade (**Effizienzgrenze**). Sie bewegt sich nach außen (von $A_1B_1$ nach $A_2B_2$), sofern das Einkommen steigt (vgl. *Abbildung* 4.3). Dagegen wandert die Gerade bei einer Senkung des Einkommens nach innen (von $A_1B_1$ nach $A_3B_3$). Die vom Individuum nach der Einkommensvariation bevorzugte Kombination der Merkmale lautet $C_1$ beziehungsweise $C_2$.

- Eine **Preissenkung** zum Beispiel für Gut $x_2$ bewirkt eine Drehung der Geraden im Punkt $A_1$, so daß die neue Effizienzgrenze dem Abschnitt $A_1B_4$ entspricht (vgl. *Abbildung* 4.4). Hierbei verkörpert $C_4$ den geometrischen Ort der vom Individuum nach der Preissenkung präferierten Eigenschaftskombination. Diese preispolitische Maßnahme eröffnet dem Nachfrager die Möglichkeit, mehr zu kaufen beziehungsweise zu konsumieren (**Einkommenseffekt**). Außerdem ersetzt der Betroffene das Erzeugnis $x_1$ durch das im Preis reduzierte Produkt $x_2$ (**Substitutionseffekt**).

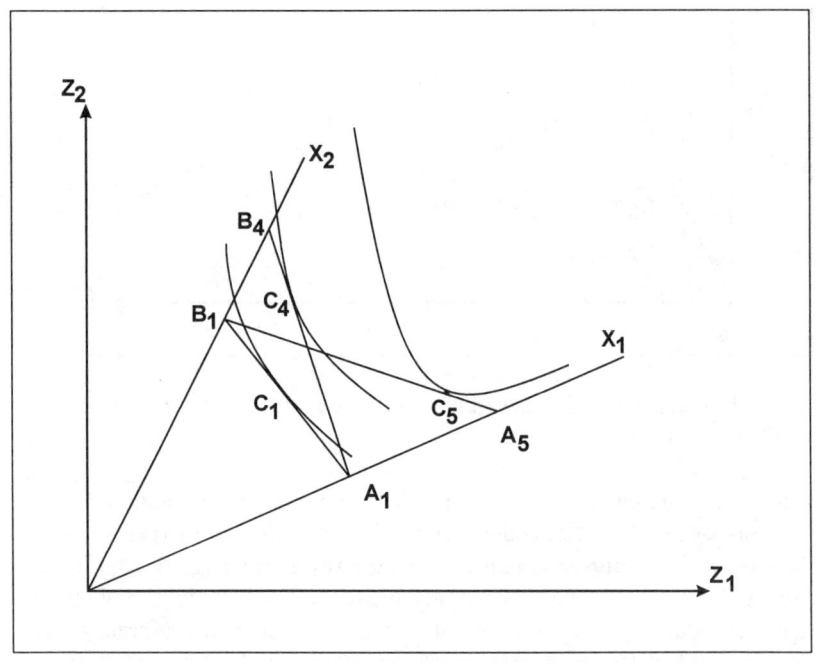

*Abbildung 4.4: Preis- und produktpolitische Maßnahmen im Eigenschaftsraum*

- Aufgrund einer **Modifikation** des **Erzeugnisses** $x_1$ beim Merkmal $z_1$ (z. B. 90 PS anstatt wie bisher 70 PS) verschiebt sich die Effizienzgerade von $A_1B_1$ nach $A_1B_5$. Der Punkt $C_5$ bringt die von der Person nach der Produktmodifikation bevorzugte **Attributskombination** zum Ausdruck. Durch diese produktpolitische Aktivität erhält der Nachfrager bei gegebenem Einkommen und konstanten Güterpreisen eine größere Eigenschaftsmenge.

- Bei der **Einführung** eines **neuen Produkts** $x_3$ liegt es nahe, zwei produktpolitische Handlungsoptionen voneinander zu unterscheiden (vgl. *Abbildung* 4.5): Ist das **neue Erzeugnis** unterhalb von $A_1B_1$ angesiedelt (z. B. in $D_3$), bleibt der Nachfrager bei dem bislang aus $x_1$ und $x_2$ zusammengesetzten Bündel. In diesem Fall dominiert jede aus $x_1$ und $x_2$ bestehende Kombination alle aus $x_3$ und $x_1$ beziehungsweise $x_3$ und $x_2$ resultierenden Pakete. Liegt das neue Gut hingegen oberhalb von $A_1B_1$ (z. B. in $D_2$), erscheint eine Kombination aus $x_3$ und $x_1$ beziehungsweise $x_3$ und $x_2$ effizienter als das aus $x_1$ und $x_2$ konstruierte Bündel.

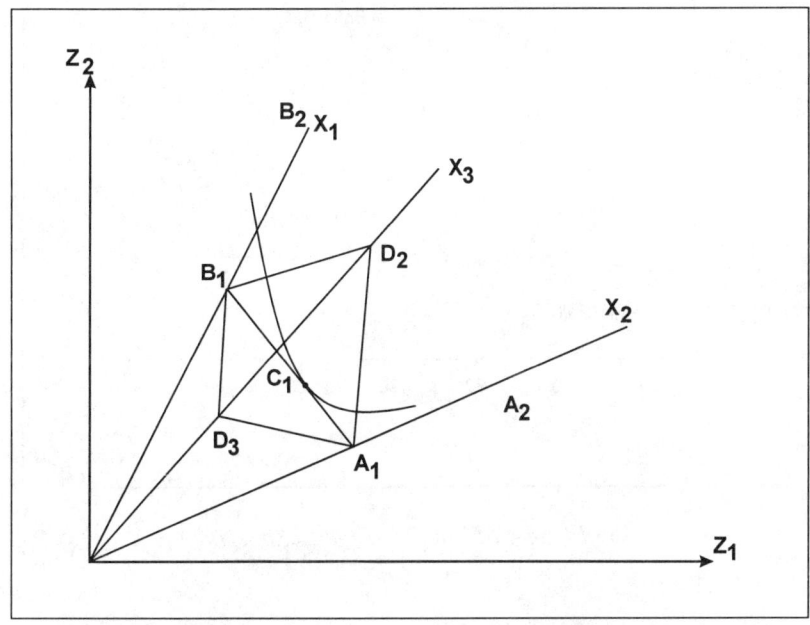

*Abbildung 4.5: Einführung eines Neuproduktes im Eigenschaftsraum*

Zur Verdeutlichung der bisherigen Ausführungen dient ein Eigenschaftsraum, dessen Achsen die aus der Sicht eines Automobilherstellers für die Kaufentscheidung von Pkw-Nachfragern wichtigen, objektiven Fahrzeugeigenschaften repräsentieren. *Abbildung* 4.6 zeigt ausgewählte Alternativen, die sich mittels der Merkmale **Leistung** in **PS** und **zulässiges Gesamtgewicht** in **Kg** beschreiben lassen. Das Objekt der Produktpolitik, in diesem Fall das einzelne **Automobil**, ist in vielfältiger Weise Gegenstand **unternehmerischer Entscheidungen** (vgl. *Brockhoff*, 1993, S. 254 ff., und *Berndt*, 1992, S. 20 ff.): Es wird entwickelt und am Markt eingeführt (**Produktinnovation**), bei Bedarf modifiziert (**Produktvariation** sowie **Produktdifferenzierung**) und falls erforderlich, aus der Angebotspalette eliminiert (**Produktelimination**) (vgl. Kapitel 11.6).

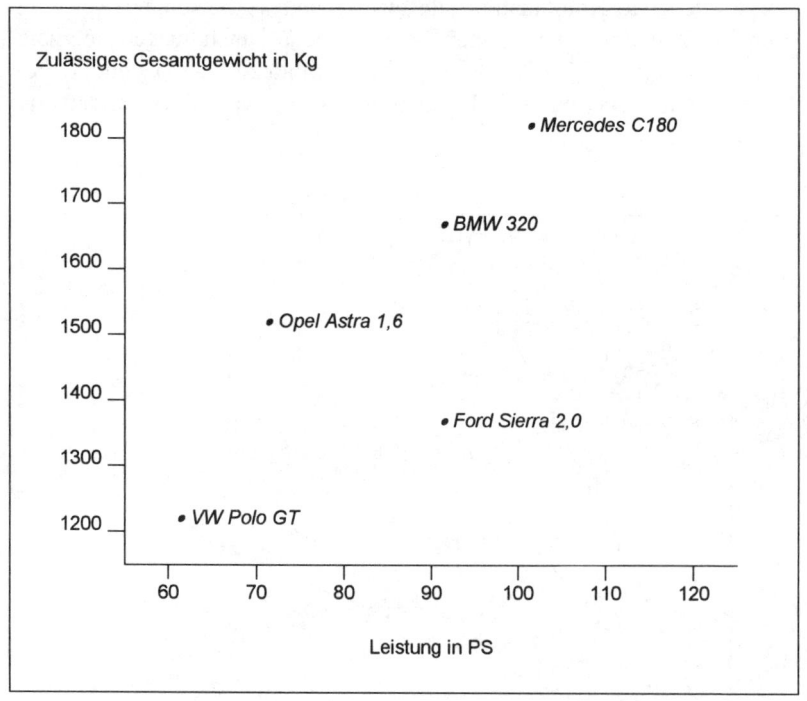

*Abbildung 4.6: Ein Pkw-Eigenschaftsraum*

- Die zentrale produktpolitische Herausforderung besteht in der **Schaffung neuer** und **zugleich erfolgreicher Erzeugnisse**. Hierbei geht es nicht nur um die Generierung von **Marktneuheiten**, die grundsätzlich neue Problemlösungen darstellen (z. B. der Elektroantrieb gegenüber dem Verbrennungsmotor beim Pkw). Vielmehr bilden die meisten Innovationen lediglich **Unternehmensneuheiten**, die sich in ihrer Gestaltung oder in einer modifizierten Funktionserfüllung von ähnlichen, bereits am Markt befindlichen Gütern unterscheiden.

- Die **Produktvariation** impliziert eine bewußte Veränderung des Eigenschaftsbündels, das ein bisher angebotenes Erzeugnis auszeichnet. Inwieweit durch die Modifikation ein völlig neues oder lediglich ein verändertes Gut entsteht, hängt letztlich von der Einschätzung der Individuen ab. Die Relevanz dieser Aktivitäten resultiert aus den sich im Zeitverlauf **verändernden Vorstellungen** der Individuen über die Beschaffenheit eines Produkts. Beispielsweise erwarten die Interessenten von Pkw, daß die offerierten Fahrzeuge einen Seitenaufprallschutz und einen Beifahrerairbag besitzen. Darüber hinaus zwingen **gesetzliche Auflagen**, zum Beispiel die serienmäßige Ausstattung der Fahrzeuge mit dem geregelten Drei-Wege-Katalysator, einen Automobilhersteller, Änderungen an seinen Produkten vorzunehmen. Nicht zuletzt machen die **produktpolitischen Vorstöße** der **Wettbewerber**, wie die Entwicklung und Einführung des Seitenairbag, oftmals Anpassungsmaßnahmen erforderlich.

- Die **Produktdifferenzierung** hat eine Modifikation eines bestehenden Produkts in dem Sinne zur Folge, daß neben das ursprüngliche Gut noch ein abgewandeltes tritt. Die Bedeutung dieser produktpolitischen Vorgehensweise ergibt sich aus den **spezifischen Wünschen** der **Individuen einzelner Märkte** oder **Segmente** sowie aus **rechtlichen Auflagen**. Beispielsweise passen die Pkw-Hersteller ihre Erzeugnisse an die Verkehrsgesetze ihrer Absatzmärkte an (z. B. Aufhängung der Gurte, Strahlungsintensität und -winkel der Scheinwerfer) und beachten landesspezifische Abgasvorschriften (z. B. die Vorgaben in den *USA*) und Geräuschnormen (z. B. die Auflagen in der *Schweiz*). Außerdem kommen die Produzenten zumeist nicht umhin, den besonderen Bedürfnissen durch unterschiedliche Farben, Motoren und Ausstattungen zu entsprechen.

- Die **Produktelimination** kommt in Betracht, sofern ein **Erzeugnis den Unternehmenszielen nicht mehr förderlich erscheint**. Erreicht ein Produkt die Degenerationsphase im Lebenszyklus (z. B. der *VW Golf III* im Jahr 1997) oder gilt bei der Neueinführung als gescheitert (z. B. ein Konzept für einen Sportwagen eines deutschen Anbieters), liegt seine Elimination nahe. Gelegentlich erscheint eine Programmbereinigung auch sinnvoll, um die produktpolitischen Handlungsoptionen **auf Kernbereiche** zu **konzentrieren** (z. B. Verkauf von *Triumph-Adler* durch *Volkswagen*).

Obgleich *Lancasters* Modell neue, für das Produktmanagement relevante Aspekte des Verhaltens der Konsumenten abbildet, darf nicht übersehen werden, daß einige kaum haltbare Prämissen seine Erklärungskraft einschränken:

- Aller Erfahrung nach liefern Auskunftspersonen **keine objektive Einschätzung** von **Produktmerkmalen**. Folglich trägt ein Ansatz, der auf objektiv meßbaren Merkmalen beruht, dem **individuellen Wahrnehmungsvermögen** und der **subjektiven Interpretation realer Phänomene** nur in seltenen Fällen Rechnung.

- *Lancaster* geht davon aus, daß die **Nutzenfunktion** einen **monoton steigenden Verlauf** besitzt. Dieser Idee zufolge erhöht sich der Nutzen, den ein Gut stiftet, mit zunehmendem Merkmalswert. Ein **konvexes Indifferenzkurvensystem** dieser Art widerspricht jedoch empirischen Erkenntnissen, wonach **mehr nicht** in **jedem Falle als besser** empfunden wird.

- Urteile von Probanden über **Merkmalsausprägungen** unterliegen sowohl **inter-** als auch **intraindividuellen Veränderungen**. Insofern erscheint die Annahme kaum haltbar, daß alle Nachfrager dieselben Beurteilungskriterien anlegen. Darüber hinaus hängt die Bedeutung, die Individuen den Charakteristika zusprechen, von der intendierten Produktverwendung ab.

- Ein **gemeinsamer Eigenschaftsraum** existiert nur für Güter, die der **gleichen Produktgruppe** angehören. Dies läßt sich damit begründen, daß Auskunftspersonen die Alternativen unterschiedlicher Produktgruppen (z. B. Erfrischungsgetränke, Schokoriegel, Waschmaschinen und Fernsehgeräte) hinsichtlich **verschiedener Eigenschaften** beurteilen.

### 8.2.3 Der Produktmarktraum

#### 8.2.3.1 Das Grundmodell

An vielen Stellen wurde bereits darauf hingewiesen, daß nicht die physikalisch-chemisch-technischen Eigenschaften der zur Auswahl stehenden Produkte das Kauf- und Konsumverhalten bestimmen, sondern die mitunter von objektiven Gegebenheiten abweichende subjektive Wahrnehmung und Bewertung. Insofern bedarf es eines Ansatzes, der dem menschlichen Wahrnehmungs- und Beurteilungsverhalten Rechnung trägt und eine **subjektive Interpretation realer Phänomene** zuläßt. Den Ausgangspunkt eines Modells, das diese Anforderungen erfüllt, bilden die folgenden Gedanken (vgl. *Nieschlag/Dichtl/Hörschgen*, 1997, S. 217 ff., und *DeSarbo/Manrai/Manrai*, 1995, S. 190 ff.):

- Es existiert eine Menge von Produkten, die sich jeweils anhand einer **Vielzahl** von **Attributen** beschreiben lassen. Eine solche Gütermenge kann zum Beispiel aus **Konkurrenzprodukten**, wie Armbanduhr und Pelzmantel oder *Coke* und *Pepsi*, bestehen.

- Jede **Eigenschaft** verkörpert eine **Achse** im **psychischen Wahrnehmungs- und Beurteilungsraum**. Alle Eigenschaften zusammen spannen einen nach ihrer Anzahl dimensionierten kognitiven Raum auf.

- Es liegen die **Urteile** von Probanden über die **Ausprägungen** der **Erzeugnisse** bei den einzelnen **Eigenschaften** vor. Damit läßt sich jedes Gut einem bestimmten Punkt im kognitiven Raum zuordnen.

Unter Heranziehung mathematisch-statistischer Ansätze, wie **Verfahren der Mehrdimensionalen Skalierung** und **Faktorenanalyse** (vgl. *Backhaus/Erichson/Plinke/Weiber*, 1994, S. 188 ff., und 433 ff., sowie *Hair/Anderson/Tatham/Black*, 1995, 364 ff., und 484 ff.), gelingt es, die folgenden Ziele zu erreichen:

- Die **Zahl** der **Dimensionen** des Wahrnehmungsraums läßt sich ohne großen Informationsverlust **verringern**.

- Hieraus resultieren die für die Perzeption von Produkten durch die Individuen **maßgeblichen Achsen**.

- Die **relativen Positionen** der Erzeugnisse im Perzeptionsraum geben Aufschluß über deren **Ähnlichkeit**.

Der **erste Schritt** bei der Rekonstruktion eines Wahrnehmungs- und Beurteilungsraums besteht in der Festlegung des **relevanten Markts**. Die hierzu erforderliche Vorgehensweise bildet den Gegenstand der in Kapitel 11.3 geführten Überlegungen. Im **zweiten Schritt** sind **Produkteigenschaften** festzulegen, die **möglichst unabhängig voneinander wahrnehmbar** und **beurteilbar sind**, eine **gewisse Kaufrelevanz aufweisen** und zwischen den Erzeugnissen differieren. Um diesen Anforderungen zu genügen, kommen die beiden folgenden Ansätze zum Einsatz:

**(1) Kompositionelles Modell**

Bei einem **kompositionellen Modell** liegt den Probanden die Aufforderung vor, die Ausprägungen von Produkten (z. B. *Coke*) bei vorgegebenen Merkmalen (Zuckergehalt) zu beschreiben (sehr süß). Da der Marktforscher den **kognitiven Raum vorstrukturiert**, erscheint eine sorgfältige Auswahl der betrachteten Kriterien unerläßlich. Hierbei kommen Attribute in Betracht, die der Welt der Auskunftspersonen entstammen, die Objekte gut trennen, große Bedeutung für die Kaufentscheidung besitzen und für die menschlichen Sinne zugänglich sind. Zur Erfassung dieser Urteile dienen zumeist **siebenstufige** *rating*-**Skalen**, die sich etwa mittels der **Faktorenanalyse** verarbeiten lassen. Dieses Verfahren liefert einen

**niedrig-dimensionierten, höchst anschaulichen Produktmarktraum**, dessen Achsen die Faktoren bilden. Aus den errechneten Faktorenwerten resultieren die **Positionen** der **Erzeugnisse** in der **rekonstruierten Konfiguration**.

Bei dieser Vorgehensweise taucht jedoch das Problem auf, daß eventuell **Attribute** den Raum aufspannen, die für die Nachfrager bei der Produktwahl **keine Bedeutung besitzen**. Gleichzeitig bleiben möglicherweise **Eigenschaften unberücksichtigt**, denen für die Selektion einer Alternative eine große Wichtigkeit zukommt. Schwierigkeiten dieser Art lassen sich durch die Verwendung von **Ansätzen** der **Mehrdimensionalen Skalierung** vermeiden.

**(2) Dekompositionelles Modell**

Bei einem **dekompositionellen Modell** schätzen die Probanden die betrachteten Erzeugnisse nicht bezüglich vorgegebener Merkmale, sondern anhand der **globalen Ähnlichkeit** ein. Die Dimensionen des ermittelten **Produktmarktraums** entstehen demzufolge nicht durch die Vorgaben des Marktforschers. Vielmehr läßt sich die interessierende Konfiguration aus den Affinitätsurteilen erschließen. Diese Methode erlaubt den Versuchspersonen bei der Beurteilung der Ähnlichkeit von Gütern, von ihrer **eigenen Welt** der **Attribute** und deren Ausprägungen auszugehen. Daneben bleibt die kognitive Anstrengung begrenzt, da sich der Proband lediglich dazu äußert, ob er zum Beispiel *Pepsi* und *Fanta* oder etwa *Coke* und *Sprite* für einander ähnlicher hält.

*Abbildung* 4.7 illustriert die **Leistungsfähigkeit** des skizzierten Ansatzes, indem sie einen Produktmarktraum für **acht Pkw-Marken** zeigt, der aus 28 (= 8 · (8 - 1)/2) **Paarvergleichen** entsteht. Dabei läßt sich die räumliche Entfernung von einem Punkt zu einem anderen als Abbild der wahrgenommenen Ähnlichkeit interpretieren. Ein Blick auf dieses Schaubild zeigt, daß die **Produzenten** von **Luxusfahrzeugen**, wie *Mercedes* und *BMW*, oder die **Hersteller** von **Klein-** und **Mittelklassewagen**, wie *Opel* und *Volkswagen*, einander jeweils ähnlicher sind als zum Beispiel *Volkswagen* und *Mercedes*.

Neben den **relativen Positionen** der Fahrzeuge **zueinander** interessieren auch die **Dimensionen**, die für die Verteilung der Automobile im Perzeptionsraum verantwortlich sind. Was sich inhaltlich hinter den **Koordinaten** des Modells **verbirgt**, ist auf dem Wege einer **Expertenbefragung** oder unter Heranziehung **statistischer Verfahren** zu erhellen. Diesem Zweck dient der *profit*-**Ansatz** (*property fitting*), dessen zentrale Idee etwa folgendermaßen lautet (vgl. *Dichtl/Schobert*, 1979, S. 30 ff.):

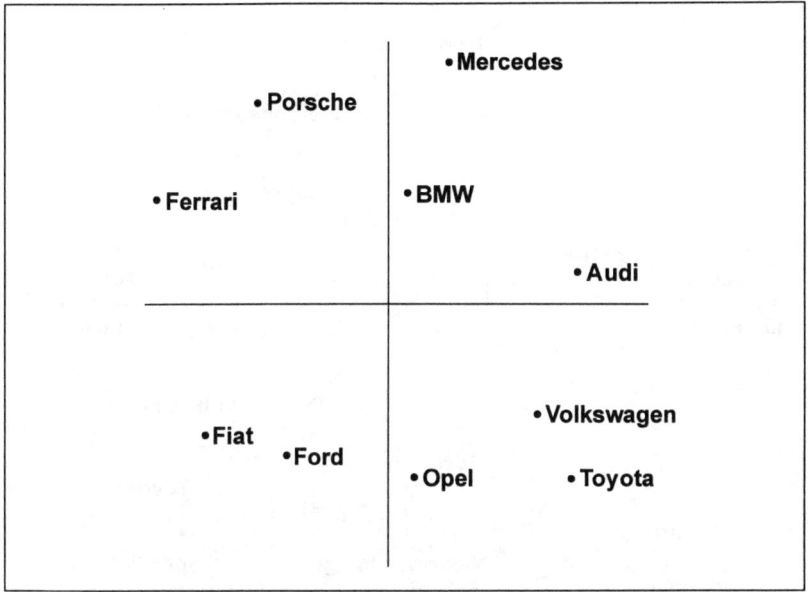

*Abbildung 4.7: Ein fiktiver Produktmarktraum für Pkw*

Die **Probanden** erhalten die Aufgabe, die **Automarken** im Hinblick auf **vorgegebene Eigenschaften**, wie Image, Luxus, Fahrfreude und Wirtschaftlichkeit, zu beurteilen und in eine Rangordnung zu bringen. Jedes Merkmal bildet einen **Vektor**, der sich in den Wahrnehmungsraum projezieren und um das **Koordinatenkreuz** rotieren läßt. Dies geschieht so lange, bis die von den einzelnen Marken auf den Vektor gefällten Lote eine **Rangreihe** der **Fabrikate** angeben, die genau der **erhobenen Reihenfolge** entspricht. *Abbildung* 4.8 enthält zwei solche Achsen, wobei nach der einen *Mercedes* und *Porsche* ein sehr gutes Image besitzen, während *Opel* und *Ford* die Schlußlichter bilden. Der anderen zufolge gelten *Toyota* und *Volkswagen* als wirtschaftlich, wohingegen *Porsche* und *Ferrari* und in dieser Hinsicht sehr schlecht eingestuft werden.

Aus dem bislang vorgestellten Modell läßt sich noch keine Aussage über jenes **Produkt** treffen, das ein Individuum beziehungsweise eine Gruppe von Nachfragern bei der **Güterwahl vorzieht**. Offenbar fehlen **Präferenzen**, die auf zwei Wegen bei der **Rekonstruktion** eines **Produktmarktraums** ihre Berücksichtigung finden.

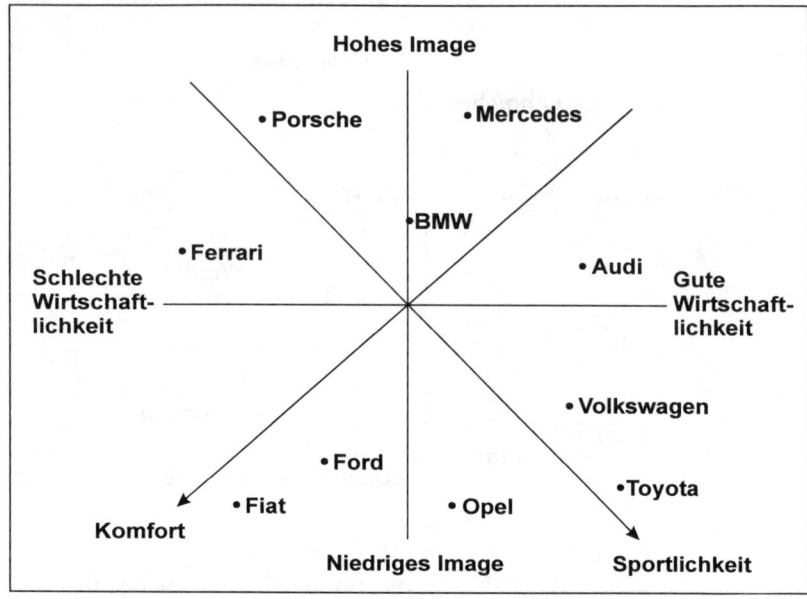

*Abbildung 4.8: Benennung der Koordinaten mit dem profit-Ansatz*

**(1) Interne Präferenzanalyse**

Die **interne Präferenzanalyse** weist die **Besonderheit** auf, daß die Datenbasis ausschließlich aus **Präferenzurteilen** (und nicht aus **Ähnlichkeitsurteilen**) besteht. Die Rohdatenmenge umfaßt **Präferenzmatrizen**, die dadurch zustande kommen, daß jede Versuchsperson eine Präferenzordnung erstellt, die an jedem vorliegenden Gut anknüpft. Dabei fungiert jedes Erzeugnis einmal als **Ankerreiz**, während man den verbleibenden Alternativen in Abhängigkeit ihrer Vorziehenswürdigkeit gegenüber dem Referenzprodukt Präferenzwerte zuordnet. Aus dieser Datenmenge wird ein *joint space* (Wahrnehmungs- und Präferenzraum) erstellt, in dem sowohl die **realen Produkte** als auch die **Merkmalswunschkombination** erscheinen.

**(2) Externe Präferenzanalyse**

Die **externe Präferenzanalyse** zeichnet sich durch die **Verarbeitung** von **Wahrnehmungs-** und **Präferenzdaten** aus. Daher läßt sich die Rekonstruktion eines Produktmarktraums in zwei Schritte unterteilen:

• Zunächst erstellt man auf der Grundlage der **Ähnlichkeitsdaten** den Produktmarktraum für die interessierenden Güter.

- Daraufhin wird für jedes befragte Individuum jener Ort in der Konfiguration identifiziert, der den höchsten **Präferenzwert** reflektiert.

Unabhängig von der gewählten Methode (**interne** oder **externe Präferenzanalyse**) ist eine **Transformationsregel** erforderlich, die es erlaubt, aus der Anordnung der Güter im Raum Hinweise auf das Verhalten der Betroffenen abzuleiten. Hierzu kommen **Idealmodelle** in Betracht, von denen zwei Spielarten, das **Idealpunkt-** und das **Idealvektor-Modell,** im Marketing Beachtung finden.

## (1) Idealpunkt-Modell

Beim **Idealpunkt-Ansatz** verkörpert ein einziger Punkt die **Merkmalswunschkombination** eines Probanden. Dabei wählt der Betroffene jenes Produkt, das die kürzeste richtungsunabhängige Distanz zum Idealpunkt aufweist (vgl. *Abbildung* 4.9). Die **Isopräferenzkurven** lassen sich durch **konzentrische Kreise** um das Idealprodukt darstellen. Güter, die auf der **gleichen Isopräferenzkurve** liegen, erfahren vom Individuum auch die **gleiche Präferenz.** Mit zunehmender Entfernung der **Realprodukte** vom

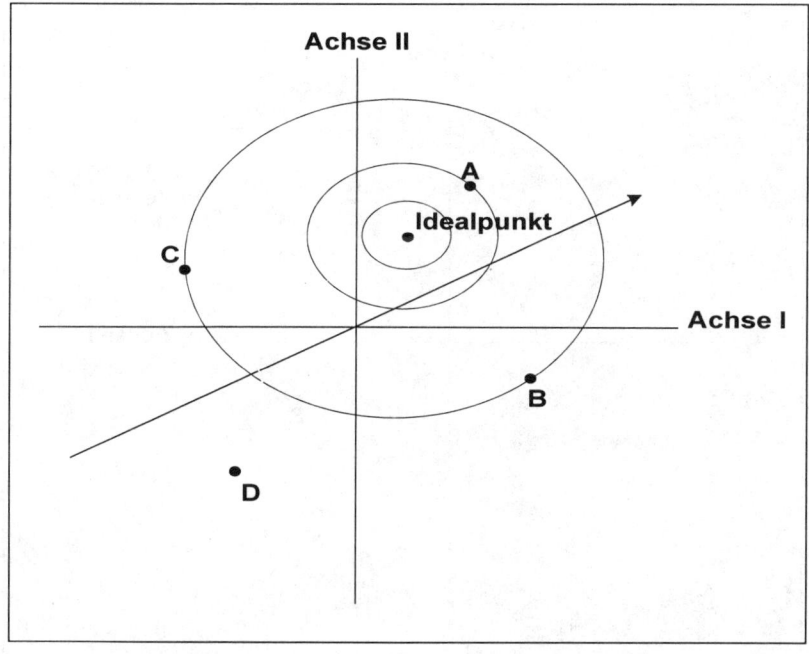

*Abbildung 4.9: Das Idealpunkt-Modell*

**Idealpunkt** nimmt die **Vorziehenswürdigkeit** kontinuierlich ab. Aus der Darstellung ist zu ersehen, daß **beide Dimensionen** die **gleiche Bedeutung** besitzen. Insofern läßt sich eine **geringe Ausprägung** eines Erzeugnisses beim ersten Attribut durch eine entsprechend **höhere Ausprägung** beim zweiten Merkmal ausgleichen (und umgekehrt).

Besäßen die beiden Dimensionen eine **unterschiedliche Relevanz**, wäre also die eine wichtiger als die andere, bildeten die Isopräferenzkurven **Ellipsen**. In diesem Fall ließe sich eine **schlechtere Ausprägung** des Produkts beim **wichtigen Merkmal** nur durch eine **sehr viel bessere Ausprägung** beim **unwichtigen Merkmal** kompensieren.

**(2) Idealvektor-Modell**

Dem **Idealvektor-Ansatz** liegt die Idee zugrunde, daß sich die vom Probanden **bekundete Präferenzordnung** aus der **Richtung** eines **Vektors** und aus den **Projektionen** der **Produkte** auf diesen Fahrstrahl rekonstruieren läßt (vgl. *Abbildung* 4.10). Dabei gibt der Vektor sowohl die **Richtung zunehmender Vorziehenswürdigkeit** als auch die **Bedeutung** der

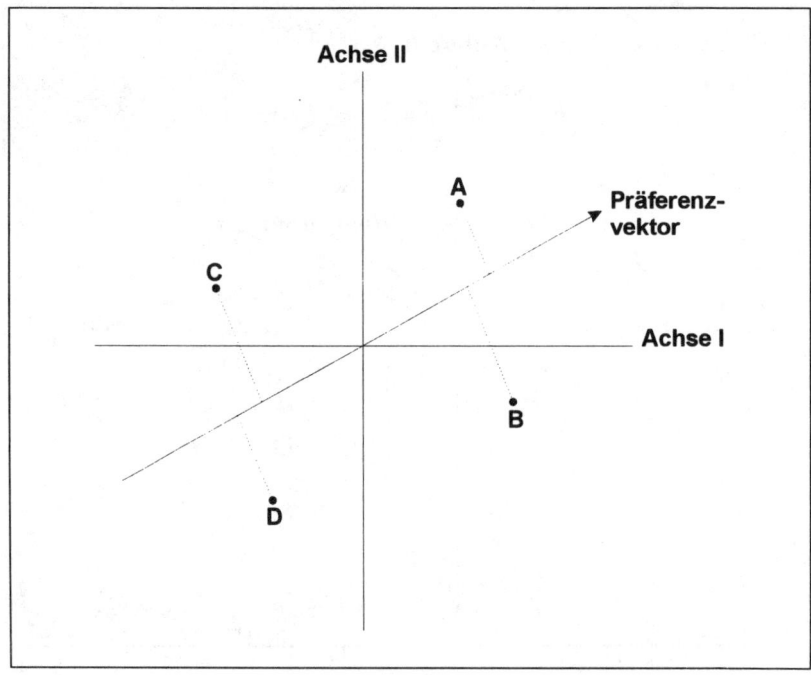

*Abbildung 4.10: Das Idealvektor-Modell*

einzelnen **Merkmale** für das Zustandekommen der Präferenzreihung an. Der **Cosinus** des **Winkels** zwischen dem Fahrstrahl und einer Achse des *joint space* (Wahrnehmungs- und Präferenzraum) liefert den Beitrag dieses Merkmals zu der entsprechenden Präferenzordnung. Beispielsweise ist das auf der ersten Achse abgetragene Merkmal für die Präferenzbildung des Individuums von großer Bedeutung, während dem anderen Attribut nur eine geringe Relevanz zukommt.

In gleichem Maße bevorzugte Güter liegen im Idealvektor-Modell auf der gleichen, senkrecht zum Präferenzvektor verlaufenden **Isopräferenzlinie**. Der räumliche Abstand des Fahrstrahls (**Länge** des **Lots**) und die **Lage** des **Produkts** oberhalb oder unterhalb des Vektors sind für die **Markenwahl** des **Konsumenten bedeutungslos**. Entscheidend für den Kauf eines Guts ist das Ausmaß des Präferenzwerts, den die Objekte auf dem Vektor einnehmen. Wird von jedem Produktpunkt ein Lot auf den Fahrstrahl gefällt, erhält man eine Rangreihung der Präferenzen für die einzelnen Erzeugnisse.

### 8.2.3.2 Dynamisierte Konfiguration

Bereits Anfang der 70er Jahre legten Autoren den Grundstein für die **Integration marketingpolitischer Variablen** in die Ansätze der Mehrdimensionalen Skalierung (vgl. *Frank/Massy/Wind*, 1972, S. 203 ff.). Ihr Interesse galt solchen Ansätzen, die die im Innern einer Käuferpsyche ablaufenden Prozesse erhellen und das Wissen über die absatzwirtschaftlichen Einflüsse auf die Güterwahl erweitern. Dabei wurde die folgende Forderung erhoben: "... *relating the distance between perceived product attributes and ideal points to brand or product choice, ... determining the effect of ... kinds of communication on changing perceived product characteristics and/or ideal points, and ... predicting product perceptions from data on objective function, or style characteristics and/or results from concept tests, and the like ...*" (*Frank/Massy/Wind*, 1972, S. 251. Vgl. auch *Dichtl/Bauer/Schobert*, 1980, S. 163 ff.).

Zur Lösung des aufgeworfenen Problems erscheint die folgende Idee hilfreich: Es existieren **mathematisch-statistische Methoden**, die eine Verknüpfung der in **mehreren aufeinanderfolgenden Perioden rekonstruierten Produktmarkträumen** zu einem **Superraum** erlauben. Auf diese Weise gelingt es, die **Positionsverschiebungen** der **Realprodukte** und **Merkmalswunschkombination** im **Zeitverlauf** offenzulegen. Die Pfadverläufe dieser Objekte lassen sich markieren und mittels geeigneter Größen erklären. Außerdem sind Prognosen über den weiteren Verlauf des jeweiligen Pfads möglich (vgl. *Schobert*, 1979, S. 211 ff.).

Den Ausgangspunkt solcher Verfahren bildet der Gedanke, die aus T Perioden stammenden Einzelkonfigurationen ($C_1$, ...., $C_t$, ..., $C_T$) gleichsam ineinanderzugießen. Dies setzt im Kern einen **Vergleich** der **rekonstruierten Produktmarkträume** anhand **gemeinsamer Eigenschaften** voraus. Da bei Verfahren der Mehrdimensionalen Skalierung die Annahme **konsistenter Modellelemente** (Merkmale, Realgüter und Idealprodukt) gilt, liegt es nahe, die Existenz einer gemeinsamen Basis mehrerer Konfigurationen zu vermuten. Die Schwierigkeit besteht allerdings darin, die T Produktmarkträume **in sich zu erhalten**, aber gleichzeitig ihre Beziehung **zueinander richtig abzubilden**. Aus diesem Grund entsteht der **Superraum**, der alle vorliegenden Produktmarkträume umfaßt. Da die betrachteten Konfigurationen einer willkürlichen Anordnung unterliegen, ist eine Gleichorientierung von $C_1$, ...., $C_t$, ..., $C_T$ erforderlich (vgl. *Dichtl/Schobert*, 1979, S. 23 ff.). Hierzu kommen insbesondere der *C-MATCH-* und der *CANCOR*-**Ansatz** in Betracht.

Der Begriff *C-MATCH* umfaßt eine Reihe von Verfahren, die darauf abzielen, zwei oder mehrere **Konfigurationen einander anzugleichen**. Die *MDSCAL*-**Methode** liefert für jedes der T Intervalle einen Produktmarktraum, wobei einer dieser Räume, zum Beispiel $C_t$, als Ankerpunkt für die **T-1** vorzunehmenden **Anpassungen** fungiert (vgl. *Abbildung* 4.11, Spalte 1). Zur Angleichung der T-1 Konfigurationen an $C_t$ dient eine Transformationsmatrix, die eine **Neuorientierung** der **Achsen** und eine **Einordnung** der **einzelnen Produktmarkträume** in den durch die **Achsen aufgespannten Superraum** erlaubt.

Das *CANCOR*-**Verfahren** repräsentiert einen allgemeinen Ausdruck der **kanonischen Korrelation**. Sein Anliegen besteht darin, die **Korrelation** der **Linearkombinationen** von T Konfigurationen mit einer **kanonischen Variablen** zu maximieren. Dabei bilden die unter Rückgriff auf die *MDSCAL*-Methode rekonstruierten T Produktmarkträume die Datenbasis zur Berechnung einer **Kompromißkonfiguration**, die den **Superraum** verkörpert. An die Ermittlung der **kanonischen Variablen** schließt sich eine **Transformation aller Konfigurationen** an, um eine optimale Übereinstimmung mit dem **Kompromißraum** zu erzielen (vgl. *Abbildung* 4.11, Spalte 2).

Eine **inhaltliche Interpretation** der **Positionsverschiebungen** der Objekte (Realprodukte und Merkmalswunschkombination) setzt die Bewältigung zweier Aufgaben voraus:

• Zunächst ist der Zusammenhang zwischen einer interessierenden Zielgröße (z. B. **Abstände** zwischen den **Positionen** eines **Objekts**) und möglichen erklärenden Variablen (z. B. Variation des Objekts bei einer Eigenschaft) in einem ökonometrischen Modell abzubilden.

- Daraufhin bedarf es einer Schätzung der Parameter dieses Ansatzes und einer sich anschließenden Erläuterung der erzielten Werte.

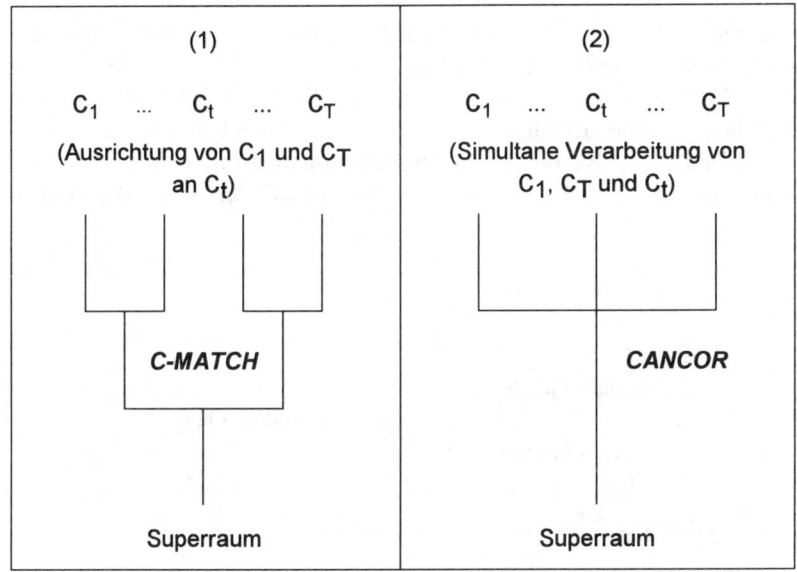

*Abbildung 4.11: Dynamisierung von Konfigurationen mit C-MATCH und CANCOR*

Trotz zahlreicher Beiträge in der Literatur zur Bewältigung dieser Aufgabe (vgl. *Clarke*, 1978, S. 1687 ff., *Hauser/Simmie*, 1981, S. 33 ff., und *Houston*, 1977, S. 1 ff.) tauchen bei der Anwendung dieser Vorgehensweise einige Schwierigkeiten auf:

- Ganz im Vordergrund steht der Umstand, daß die Regressionsanalyse zum **herumprobieren** verleitet. Durch eine heuristische Modellspezifikation lassen sich zwar gute *fits* erreichen, allerdings verkörpert diese Vorgehensweise eine **Fortschreibung** der **Vergangenheit**, was sie nicht dafür qualifiziert, neuartige Aspekte zur Offenlegung der Wanderung von Objekten im Superraum zu vermitteln.

- Die für ökonometrische Modelle existierenden **Validierungsansätze** finden nur selten ihre Berücksichtigung. Das noch am häufigsten eingesetzte Verfahren lautet *ex post forecasting*.

- Im übrigen ist von Bedeutung, daß viele Marktforscher spezielle Untersuchungssituationen wählen, um quasi unter **Laborbedingungen** ihren Ansatz zu überprüfen.

- Da keine allgemein akzeptierte Vorgehensweise zur Analyse des vorliegenden Phänomens besteht, sind die durchgeführten Studien im Hinblick auf den Umfang und die Art der Stichprobe sowie das verwendete Auswertungsverfahren kaum miteinander vergleichbar.

Angesichts der **methodischen Unzulänglichkeiten**, durch die viele Ansätze dieser Art gekennzeichnet sind (vgl. *Cooper*, 1988, S. 707 ff.), verdient das Modell von *Moore* und *Winer* (1987, S. 31 ff.) eine besondere Beachtung. Seine Grundidee läßt sich etwa so darstellen: Den Ausgangspunkt bildet ein **dynamisierter Produktmarktraum**, wie er beispielsweise in *Abbildung* 4.12 zu sehen ist. Dabei soll der Abstand zwischen

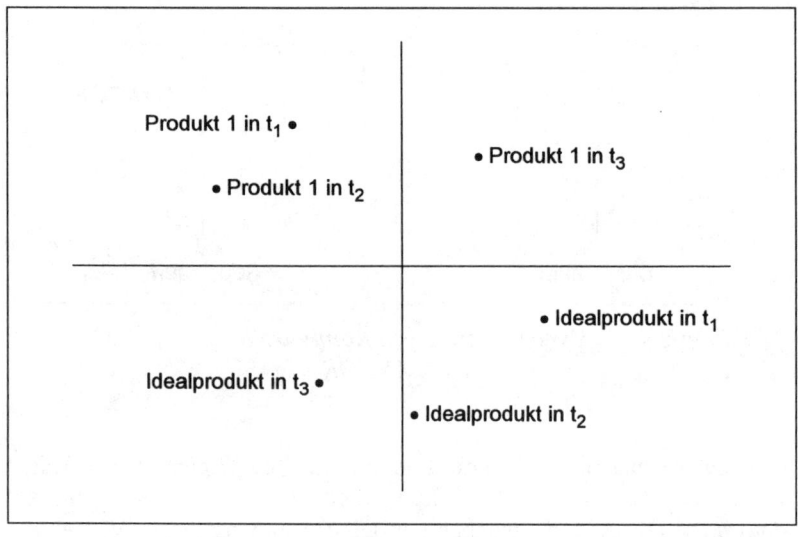

*Abbildung 4.12: Beispiel für einen dynamisierten Produktmarktraum*

einem **Realprodukt** und der **Merkmalswunschkombination** mittels einer Reihe von Variablen erklärt werden. Im einzelnen schlagen die beiden Autoren hierzu die folgenden Größen vor:

$RD_{Rt}$ = Abstand zwischen Produkt R und der Merkmalswunschkombination in Periode t

$MS_{Rt}$ = Marktanteil von Produkt R in Periode t

$RP_{Rt}$ = Preis für Produkt R in Periode t dividiert durch den Durchschnittspreis der betrachteten Güter

$AS_{Rt-1}$ = Werbeausgaben für Produkt R in Periode t-1 dividiert durch die Werbeausgaben für die betrachteten Güter

$B_1, (B_2)$ = 1, sofern zwei Güter die gleiche Ausprägung auf Eigenschaft 1 (2) aufweisen, andernfalls 0

$b_x$ = x-ter Gewichtungsfaktor

$\varepsilon$ = Residuum

Unter der Annahme, daß ein **linearer Wirkungszusammenhang** zwischen der **Kriteriumsgröße** und den **Prädiktorvariablen** existiert, läßt sich die folgende Regressionsgleichung formulieren:

$$RD_{Rt} = b_0 + b_1 \cdot MS_{Rt} + b_2 \cdot RP_{Rt} + b_3 \cdot AS_{Rt-1} + b_4 \cdot B_1 + b_5 \cdot B_2 + \varepsilon \qquad (4.7)$$

Hieran schließt sich eine **empirische Untersuchung** an, bei der es um die Schätzung der Parameter dieses Modells geht. Das Resultat ist beachtlich (vgl. *Moore/Winer*, 1987, S. 34 ff.): Das **Bestimmtheitsmaß** $R^2$ lautet 0,29, und die **Gewichtungsfaktoren** von $MS_{Rt}$ und $RP_{Rt}$ sind bei einer Irrtumswahrscheinlichkeit von 10% **signifikant verschieden** von **Null**.

Insofern läßt sich der Abstand zwischen einem **Realprodukt** R und der **Merkmalswunschkombination** in Periode t als Funktion des Marktanteils von R in Periode t, des Preises für Produkt R in Periode t dividiert durch den Durchschnittspreis der betrachteten Güter und der Werbeausgaben für Produkt R in Periode t-1 dividiert durch die Werbeausgaben für die betrachteten Güter mit einer zufriedenstellenden Genauigkeit erklären und prognostizieren. Dieser Ansatz erscheint daher geeignet, die Auswirkungen marketingpolitischer Aktivitäten auf die Vorstellungen des Nachfragers über die zwischen Realprodukten und der Merkmalswunschkombination bestehenden Relationen zu erfassen.

## 8.3 Die Nutzenkomponenten

### 8.3.1 Die Nutzentheorien

Bei der Beantwortung der Frage, welche Erwartungen einen Verbraucher dazu motivieren, sich für ein bestimmtes Gut zu interessieren, taucht der überaus bedeutsame, obgleich wenig konkrete Begriff des **Nutzens** auf. Dieser Terminus drückt ein nach subjektiven Maßstäben bewertbares und deshalb intersubjektiv nur schwer überprüfbares **Maß** an **Bedürfnisbefriedigung** aus (vgl. *Trommsdorff/Bleicker/Hildebrandt*, 1980, S. 269 ff.). Was einen Nachfrager bewegt, sich für ein ganz bestimmtes Produkt zu entscheiden beziehungsweise gerade mit diesem oder jenem Hersteller in eine Geschäftsbeziehung einzutreten, hat im Einzelfall vielfältige Ursachen. Die diesem Vorgang zugrundeliegenden Nutzenerwartungen haben die Ökonomen *Böhler* und *Brentano* sowie der Verhaltenswissenschaftler *Vershofen* zweigeteilt (vgl. *Wiswede*, 1973, S. 42 ff.):

Jedes Gut stiftet zunächst einen **Grundnutzen**, der aus den **physikalisch-chemisch-technischen Eigenschaften** resultiert und gewissermaßen die funktionale Qualität verkörpert. Davon unterscheidet sich der **Zusatznutzen**, der alle für die Funktionsfähigkeit des Produkts nicht zwingend erforderlichen **Extras** und **begleitenden Dienste** umfaßt.

Inwieweit das Gefühl einer Nutzenmehrung entsteht, hängt davon ab, ob der Betroffene zur Überzeugung gelangt, einen besonders günstigen Preis für ein bestimmtes Produkt zu erzielen. Dieses Streben reflektiert das **Rationalprinzip (homo oeconomicus consumens)**, das zumindest intentional nach einer **Maximierung** einer **Zweck-Mittel-Relation** verlangt (vgl. *Wiswede*, 1991, S. 28 ff.). Obwohl Beobachtungen des Wirtschaftsgeschehens nicht immer den Eindruck vermitteln, daß Verbraucher rationales Verhalten an den Tag legen, bildet dieses Postulat als **Verhaltensfiktion** im Kanon mit der **Nutzenmaximierung** als Zielsetzung und der **Markttransparenz** als Nebenbedingung die Grundlage der mikroökonomischen Analyse des Kaufentscheidungsprozesses.

Aus diesen Axiomen geht die **ökonomische Theorie** des **Haushalts** hervor, die historisch gesehen mit den **Sättigungsgesetzen** von *Gossen* ihren Ausgangspunkt nahm. *Walras* und *Pareto* entwickelten auf der Basis dieser Erkenntnisse eine **Theorie der Wahlhandlung**, die *Hicks* und *Edgeworth* zur **Indifferenzkurvenlehre** erweiterten. Aus *Paretos* Theorie der Wahlakte leitete *von Stackelberg* das **Gesetz** der **abnehmenden Grenzrate** der **Substitution** ab.

Den **Grundbaustein** der einzelnen Ansätze bildet das **Grenznutzentheorem**, das auf zwei Annahmen beruht (vgl. *Varian*, 1995, S. 61 ff.): Der **Sättigungsregel** zufolge läßt sich ein Bedürfnis durch fortschreitenden Konsum befriedigen. Offenbar ist dieses begrenzt und durch Sättigung abzubauen. Außerdem existiert die Möglichkeit, ein Bedürfnis in Teileinheiten zu zerlegen. Diese Vorstellung erlaubt eine Anwendung des **Marginalprinzips**.

Vor dem Hintergrund dieser Prämissen formulierte *Gossen* sein **erstes Gesetz**, wonach der Grenznutzen eines Guts bei ununterbrochenem Konsum sukzessiver Teilmengen allmählich abnimmt, bis schließlich Sättigung oder sogar Abneigung eintreten. Einen Einwand gegen das **Gesetz** der **Bedürfnissättigung** brachten *Brentano* und *Böhler* vor (vgl. *Feuerhake*, 1991, S. 41 ff., und *Wiswede*, 1973, S. 46 ff.). Ihrer Argumentation zufolge gilt die Tendenz des abnehmenden Nutzens lediglich für **physiologische Bedürfnisse**, niemals für **geistige** und **soziale**, wie zum Beispiel das Geltungsstreben, das seinem Wesen nach keine festliegenden Grenzen kennt. Hiermit begründen die Autoren die Bedeutungslosigkeit der Aussage von *Gossen* für den Zusatznutzen, der kein für die Mikroökonomie relevantes Phänomen verkörpert und in besonderem Maße dem Einfluß außerwirtschaftlicher Faktoren unterliegt. Dagegen läßt sich die Regel von *Gossen* auf den Grundnutzen anwenden, sofern es um die Befriedigung eines physiologischen Bedürfnisses geht. Innerhalb dieser engen Grenzen findet die **Tendenz** des **fallenden Grenznutzens** ihren Platz. Darüber hinaus liefert sie keine Erkenntnis und stimmt nur in seltenen Fällen mit der Wirklichkeit überein.

Obgleich sich die **verhaltenswissenschaftliche Forschung** lange Zeit bemühte, die als realitätsfern verfemte und der Komplexität des menschlichen Wesens zuwiderlaufende Konzeption des **homo oeconomicus consumens** aus dem Kreis möglicher Axiome zur Untersuchung des Kaufverhaltens auszuschließen, besitzt die mikroökonomische Sichtweise eine zentrale Bedeutung. Eine Auseinandersetzung mit der relevanten Literatur verdeutlicht, daß der rationale Nachfrager nicht das Menschenbild der Ökonomie repräsentiert, sondern ein **methodologisches Prinzip** zur **Formulierung von Hypothesen** über das interessierende Phänomen verkörpert. Der Wert eines solchen Axioms für die Erklärung des Produktwahlprozesses resultiert nicht aus dem Abstand zwischen Modell und Realität, sondern läßt sich allenfalls danach bemessen, inwieweit logische Ableitungen aus dem Grundmodell zu weiteren fruchtbaren Problemstellungen und Einsichten führen beziehungsweise als normative Aussagen dienen.

Gleichwohl weist das **mikroökonomische Modell** einige Schwächen auf (vgl. *Feuerhake*, 1991, S. 38 ff.), die sich vor allem auf die Vorstellungen richten,

- es lägen **vollständige Informationen** über Preise und Produkteigenschaften vor,

- der Nachfrager reagiere auf Angebotsveränderungen mit **unendlicher Geschwindigkeit**,

- ein Bedürfnis lasse sich in **infinitesimal kleine Einheiten** zerlegen und

- das Streben nach Nutzenmaximierung gleiche einem mathematischen **Optimierungsprozeß**.

Es sind jedoch nicht diese Prämissen, die den Wert des Ansatzes für die Analyse des Kauf- und Konsumverhaltens einschränken. Schließlich ist jedes Modell dadurch gekennzeichnet, daß es die Realität mehr oder weniger stark vereinfacht. Vielmehr taucht die Schwierigkeit auf, daß der bislang nicht näher präzisierte Nutzenbegriff **alle Abläufe** in der **Nach-**

**fragerpsyche** umfaßt. Zur Erklärung bestimmter Facetten des Selektionsvorgangs erscheint eine differenzierte Untersuchung der bei der Produktwahl wirksam werdenden Mechanismen zwingend erforderlich. Dies Anliegen setzt im Kern eine **Spezifizierung** des **Nutzenbegriffs** voraus.

Inspiriert durch die **Anthropologie** entwickelte *Vershofen* Ende der 50er Jahre (vgl. 1959, S. 81 ff.) eine eigenständige Nutzentheorie. Sie basiert auf der Vorstellung, daß Personen Erlebnisse suchen, die **anregen, Freude schaffen**, die **Phantasie beflügeln**, die **Gefühle vertiefen**, das **Denken stimulieren** und **zum Handeln treiben**. Hierzu zählt auch der Güterkauf, dessen Bestimmungsfaktoren im Zentrum des wissenschaftlichen Interesses von *Vershofen* standen. Zur Erforschung dieser Determinanten entlieh der Autor aus der Mikroökonomie den Begriff **Nutzen**, der als allgemeine Kategorie für alle möglichen **Kauf-** und **Konsumgründe** (Motive) dient. Es bedarf, so argumentiert *Vershofen*, lediglich einer **Umdeutung** dieser **vielfältigen Motive** in **Nutzenarten**, um ihnen ökonomische Relevanz zu verleihen. Der aus dieser Überlegung resultierende Nutzenbegriff umfaßt im Unterschied zu dem aus der Mikroökonomie stammenden auch **Erlebnisse** aus der **sozialen** und **psychischen Sphäre** des Individuums. Allerdings wehrt sich *Vershofen* dagegen, die Grenzen zum Unerforschten im Menschen und damit zu der aus seiner Sicht spekulativen Erfassung von Motiven zu überschreiten.

Anknüpfend an diese Idee entwickelte *Vershofen* eine **Nutzenleiter**, die ihren Ausgangspunkt in der zuvor erläuterten Unterscheidung zwischen **Grund-** und **Zusatznutzen** nimmt (vgl. *Abbildung* 4.13). Dabei betrachtet er die Aufgliederung des Nutzens in eine **stofflich-technische** (Grundnutzen) und eine **geistig-seelische** (Zusatznutzen) Komponente als eine Differenzierung, die in der ganzheitlichen Erlebniswelt des Konsumenten nur eine tendenzielle Entsprechung findet. Nur aus analytischen Gründen erscheint es ratsam, das wechselseitige Miteinander in ein Neben- oder Nacheinander aufzugliedern (vgl. *Berekoven*, 1979, S. 2 ff.).

Ein Blick auf die **Nutzenleiter** verdeutlicht, daß der **Grundnutzen** keine weitere Unterteilung erfährt. Obwohl *Vershofen* ohne Zweifel die **Vielfalt** der naturwissenschaftlich-technischen **Eigenschaften** von Produkten kannte, gelang es ihm offenbar nicht, in den Schriften der **Warenkundler** eine geeignete Systematik zu finden. Dagegen existiert für den Zusatznutzen eine tief gestaffelte Hierarchie. Gemäß diesem Schema läßt sich der **geistig-seelische Nutzen** auf der obersten Sprosse der *Vershofen*schen Leiter in den **Geltungs-** (Nutzen aus der **sozialen Sphäre**) und **Erbauungsnutzen** (Nutzen aus der **persönlichen Sphäre**) zerlegen, wobei die zuletzt genannte Nutzenart in die Komponenten **Schaffensfreude** (Nutzen aus **Leistung**) und **Zuversicht** (Nutzen aus **Wertung**) zerfällt. Die **Zuversicht** besteht ihrerseits aus den beiden Nutzenarten **Ästhetik (Har-**

**monie) und Transzendenz (Zurechtfindung)**, wohingegen die unterste Sprosse der Leiter den **Nutzen** der **transzendenten Art** in die Elemente **Ethik (Ordnung)** und **Phantasie (Magie)** unterteilt.

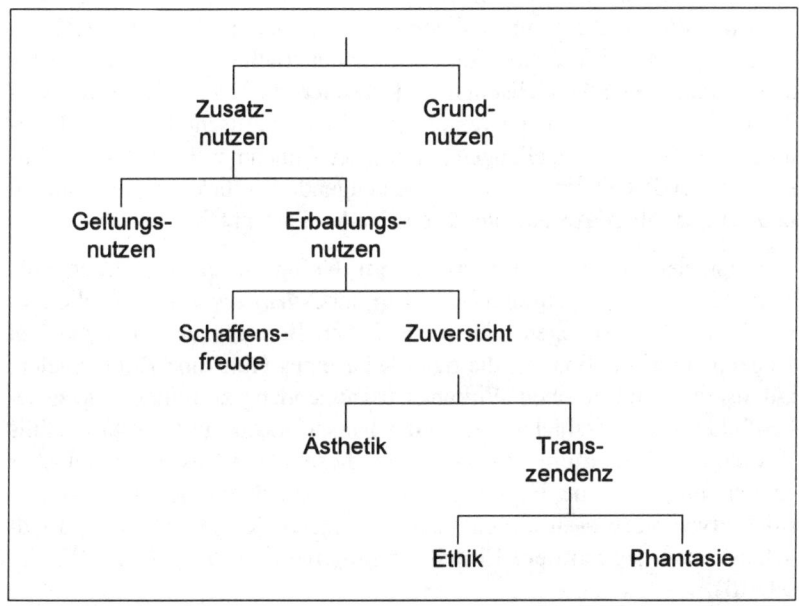

*Abbildung 4.13: Die Nutzenleiter von Vershofen*

Aus dieser **Hierarchie** von **Nutzenarten** leitet *Vershofen* eine **Heuristik** zur **Beschreibung** des **Verhaltens** der **Nachfrager** beim **Kaufakt** ab. Den Kern dieser *Nürnberger* **Regel** erläutert er auf folgende Weise: "*Je spezieller eine Nutzenart im Sinne des Schemas der Leiter ist, desto stärker beeinflußt sie die Entscheidung. Weil sie die Entscheidung erbringt, ist sie als der ausschlaggebende Hauptnutzen zu bezeichnen ...*" (*Vershofen*, 1959, S. 91). Außerdem fügt er hinzu, daß ein mehrere Nutzenarten (z. B. Magie, Zurechtfindung, Zuversicht) stiftendes Gut immer auf Grund der in der Leiter am tiefsten angesiedelten Nutzenkomponente (Magie) beim Nachfrager auf Interesse stößt.

So besitzt zum Beispiel eine Kaffeetasse für ein Individuum weniger aufgrund ihrer physikalisch-chemisch-technischen Beschaffenheit einen sehr hohen Wert. Vielmehr ist es die Überzeugung, mit dieser Tasse läßt sich jede schriftliche Prüfung bestehen, die ihr diesen großen Nutzen verleiht.

Genau hier liegt die Bedeutung der *Vershofen*schen Nutzenlehre für das Marketing. Sie ebnete der Erkenntnis den Weg, daß bei vielen Produkten nicht der aus physikalisch-chemisch-technischen Eigenschaften resultierende **Grundnutzen** die Kaufentscheidung steuert. Vielmehr bestimmen die unter Umständen von objektiven Gegebenheiten abweichenden **Zusatznutzenarten** die Wahlhandlung des Individuums. Insofern erscheint es für den Markterfolg eines Erzeugnisses unerläßlich, jene in der Leiter angesiedelten **geistig-seelischen Nutzenarten** zu identifizieren, die sich Käufer von diesem Produkt versprechen. Erst im Anschluß an die Offenlegung der Nutzenvorstellungen potentieller Abnehmer lassen sich erfolgversprechende Güter entwickeln, überzeugende Werbekonzepte gestalten und schlagkräftige Argumente für das Verkaufsgespräch ersinnen.

Das von der **Nutzenleiter** repräsentierte Gefüge unterschiedlicher **Nutzenarten** und deren Zusammenspiel in der *Nürnberger* **Regel** reflektieren *Vershofens* Anliegen, alle wesentlichen Bereiche des menschlichen Denkens und Empfindens, die beim Kauf eines Guts eine Rolle spielen, aufzuspüren und in einen Wirkungszusammenhang zu bringen. So gesehen bildet die Nutzenlehre eine **reine Klassifikation** und hat bestenfalls **deskriptive Bedeutung**. Insofern teilt diese Leiter das Schicksal aller Typisierungsversuche. Es drängt sich der Eindruck auf, der Autor könnte **doch etwas vergessen haben**, oder bei anderer Perspektive wäre grundsätzlich auch **jede andere Einteilung möglich** (vgl. *Bierfelder*, 1979, S. 343 ff.).

Darüber hinaus liefert die Nutzenlehre auch einen **explikativen Beitrag**. Sie gibt beispielsweise Auskunft darüber, welche spezifische Gewichtung von **Nutzenarten** beim Erwerb eines Produkts vorliegt und wie das Auftreten einer bestimmten **Kombination** von Nutzenarten zum Kauf eines Guts führt. Insoweit handelt es sich um theoretische Aussagen, mit denen eine Erklärung empirischer Erscheinungen beansprucht wird.

Allerdings bleibt die Leistungsfähigkeit der *Vershofenschen* Nutzenlehre zur Analyse von Produktwahlverhalten auf Grund bedeutsamer Schwächen beschränkt:

- Zunächst taucht das Problem auf, daß *Vershofen* keine exakte Definition der verwendeten Begriffe liefert. Was verbirgt sich hinter Zuversicht und Erbauung? Hier fehlt eine klare **Wesensbestimmung**, weil der Autor wohl selbst feststellt, daß die Kategorien mit zunehmender Verästelung der Nutzenleiter an Prägnanz verlieren.

- Ein weiterer Kritikpunkt betrifft die Gleichsetzung des **Nutzens** aus der **sozialen Sphäre** mit dem **Geltungsnutzen**. Bestimmte Güter eröffnen soziale Kontakte, die keinesfalls aus Geltungsansprüchen resultieren. *Vershofen* selbst spricht in seiner Aufgliederung des Geltungsnutzens zum Beispiel von Erholung, Geschäft, Freundschaft sowie Begegnung und bemerkt zurecht, daß sich diese Begriffe im Hinblick auf die zum Ausdruck kommenden Geltungselemente voneinander unterscheiden.

- Schließlich bleibt unklar, was der Autor unter der Nutzenart **Wertung** versteht, die er mit Zuversicht umschreibt und in **Harmonie** und **Zurechtfindung** unterteilt. Soll diese Spezifizierung bedeuten, daß es lediglich eine ästhetische und ethische Wertung gibt? In welcher Beziehung steht dieser Terminus zum Nutzenbegriff?

Ein zur *Vershofen*schen Nutzenlehre **konkurrierender Ansatz** als Basis einer nachfrageorientierten Gestaltung der Unternehmensleistung stammt von *Koppelmann* (1997, S. 109 ff.). Seiner Argumentation zufolge besitzt das aus einem Bedürfnis beziehungsweise Nutzenurteil erwachsende Interesse eines Individuums **keinen direkten Objektbezug.** Daher erweisen sich diese Konstrukte für die Herleitung konkreter Handlungsempfehlungen im Rahmen der Produkt- und Werbegestaltung als wenig hilfreich.

Diese Auffassung begründet *Koppelmann* auf folgende Weise: "*Für die praktische Angebotsgestaltung ist zwar auch die mittelbare, dem Verhalten des einzelnen zugrundeliegende motivationale und emotionale Basis bedeutsam, zumindest ebenso wichtig dürfte jedoch die daraus resultierende unmittelbare Gegenstandszuwendung sein. Diese ... an der Verhaltensoberfläche liegenden evidenten gegenstandsgerichteten Wünsche wollen wir als Ansprüche bezeichnen ...*" (*Koppelmann*, 1997, S. 109).

Dieses in *Abbildung* 4.14 präsentierte Anspruchskonzept besteht im Kern aus acht **Anspruchsarten**, von denen die **Wahrnehmungs-**, die **Gegenstands-** und die **Anmutungsansprüche** die bekanntesten sind. Für jede Gattung (z. B. Gegenstandsansprüche) existiert eine **Hierarchie**, die sie mit **relevanten Produkteigenschaften** (z. B. Helligkeit, Farbe, Form, Material) verknüpft. Ein solches Gefüge vermittelt Hinweise auf die Bedeutung einzelner Eigenschaften für die Erfüllung bestimmter Ansprüche. Insofern besteht der Vorzug dieses Ansatzes in einer **systematischen Offenlegung** aller **produkt-** und **werbepolitischen Möglichkeiten** zur **Nutzenstiftung**. Diese für die praktische Gestaltung einer Marke wichtige Facette darf jedoch nicht über die unzureichende theoretische Fundierung des Anspruchskonzepts hinwegtäuschen. Darüber hinaus treten bei der Hierarchiebildung mengenlogische Probleme auf, da zwischen den Anspruchsarten vielfältige Interdependenzen bestehen.

Ungeachtet der Probleme, die bei der **inhaltlichen Präzisierung** der Nutzenkomponente entstehen, befriedigt ein Produkt aufgrund einzelner Eigenschaften bestimmte Bedürfnisse. Insofern läßt sich in Analogie zur Idee von *Lancaster* pointiert formulieren: **Nachfrager kaufen nicht Ei-**

**genschaftsbündel, sondern Nutzenkomponenten** (vgl. *Brockhoff*, 1993, S. 10 ff.). Sie müssen den Ansatzpunkt für die Analyse des Kaufentscheidungsprozesses bilden.

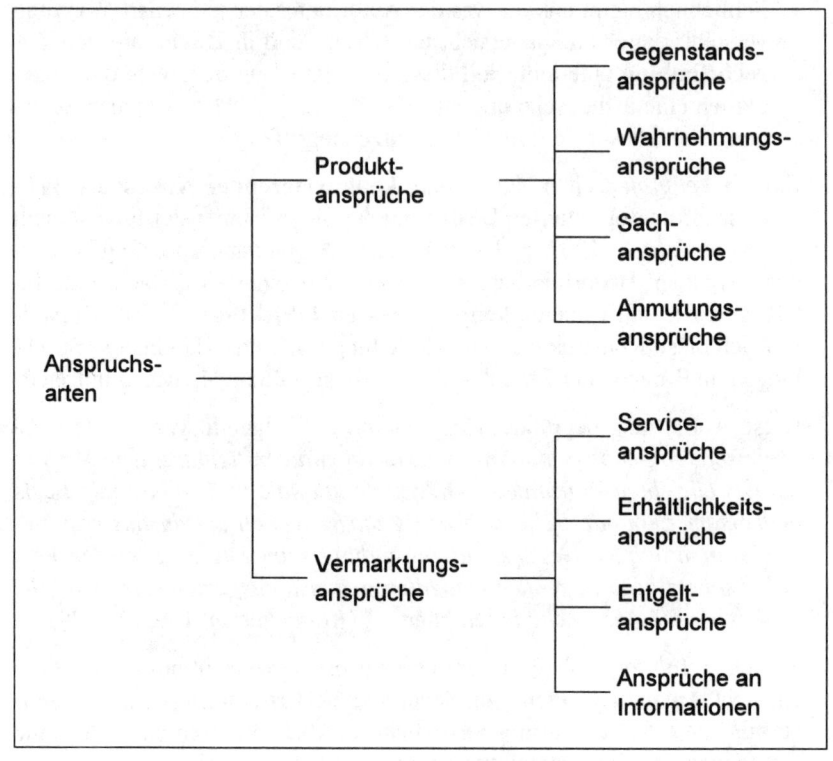

*Abbildung 4.14: Das Anspruchskonzept von Koppelmann*

Allerdings läßt sich der **Erfüllungsgrad** eines **Bedürfnisses nicht objektiv erfassen**, da eine Nutzenkomponente ein Wahrnehmungskonstrukt verkörpert, das der Marktforscher üblicherweise mittels *rating*-Skalen mißt. Insofern kommt für die Messung bedeutsamer Nutzendimensionen prinzipiell das gleiche Instrumentarium wie zur Erfassung der relevanten Eigenschaften in Betracht.

## 8.3.2 Das *Conjoint Measurement*

### 8.3.2.1 Das Grundmodell

Das *Conjoint Measurement* gilt als ein in Wissenschaft und Praxis popu-läres Verfahren zur **Konzeption** eines **neuen Produkts** oder zur **Diffe-renzierung** beziehungsweise **Variation** eines bereits existierenden Guts (vgl. *Backhaus/Erichson/Plinke/Weiber*, 1994, S. 498 ff., sowie *Hair/An-derson/Tatham/Black*, 1995, S. 556 ff.). Eine kaum mehr überschaubare Anzahl von Anwendungen, wie die Entwicklung von Reinigungsmitteln, die Modifikation von Gütern des Maschinen- und Anlagebaus, die Pla-nung von Dienstleistungen einer Fluggesellschaft, die Gestaltung von Ta-rifverträgen, die Spezifikation eines Girokontos sowie die Positionierung von Feinkosterzeugnissen signalisieren die Leistungsfähigkeit dieser Me-thode (vgl. *Böcker*, 1986, S. 543 ff., und zum Stand der *Conjoint*-Analy-se etwa *Louviere*, 1995, S. 223 ff.).

Das *Conjoint Measurement* umfaßt eine **Reihe** von **psychometrischen** Ansätzen, deren Anliegen darin besteht, aus empirisch erhobenen glo-balen Urteilen über **multiattributive Produkte** (z. B. Fruchtsäfte) die **partiellen Beiträge einzelner Attribute** (z. B. Zuckergehalt und Frucht-gehalt) zum Zustandekommen des **Globalurteils** (z. B. Vorziehenswür-digkeit) zu ermitteln. Die zu beurteilenden Erzeugnisse lassen sich durch eine **systematische Kombination von Ausprägungen** (z. B. 0,7 Liter, 1,0 Liter und 1,5 Liter) der als bedeutsam erachteten Eigenschaften (z. B. Flascheninhalt) konstruieren. Hierbei werden nicht die merkmalsspezi-fischen **Einzelurteile** zu einem **Gesamturteil** zusammengefaßt (**kompo-sitioneller Ansatz**), sondern man geht gerade umgekehrt vor, indem die Gesamturteile als Datenbasis dienen, um den Beitrag der einzelnen Merk-male beziehungsweise deren Ausprägungen für die Herausbildung eines Präferenzurteils zu bestimmen (**dekompositioneller Ansatz**).

Die Leistungsfähigkeit des *Conjoint Measurement* im Rahmen der **nut-zenorientierten Produktgestaltung** läßt sich an einem Beispiel verdeut-lichen. Aus einer Studie geht hervor, daß die in *Tabelle* 4.1 dagestellten sechs Pkw-Merkmale mit insgesamt 17 Ausprägungen für die Kaufent-scheidung der Nachfrager relevant sind. Aus den vorliegenden Merkmals-ausprägungen lassen sich 486 (= 3 · 3 · 3 · 3 · 2 · 3) Fahrzeuge konstruie-ren. Bei der Datenerhebung wird, um die Probanden nicht zu überfordern und den Erfassungsaufwand zu beschränken, ein **orthogonales Feld** als Versuchsplan verwendet. Dadurch konnte man die Anzahl der 486 Aus-prägungskombinationen auf 12 in *Tabelle* 4.2 dargestellte Pkw reduzie-ren (vgl. *Bauer/Herrmann*, 1993, S. 236 ff.).

| Pkw-Merkmal | Merkmalsausprägung |
|---|---|
| Marke | Audi, BMW, Mercedes |
| PS-Zahl | 90, 110, 130 |
| Ausstattung | Stoff, Velours, Leder |
| Lackierung | normal, metallic, perlmutt |
| Bremssystem | ohne ABS, mit ABS |
| Preis | 37.000 DM, 40.000 DM, 43.000 DM |

*Tabelle 4.1: Relevante Pkw-Merkmale und deren Ausprägungen*

| Karten-nummer | Marke | PS-Zahl | Aus-stattung | Lackie-rung | Brems-system | Preis (in DM) |
|---|---|---|---|---|---|---|
| 1 | BMW | 90 | Stoff | normal | ohne ABS | 37.000 |
| 2 | Mercedes | 110 | Stoff | normal | mit ABS | 40.000 |
| 3 | BMW | 130 | Velours | normal | ohne ABS | 40.000 |
| 4 | BMW | 130 | Leder | metallic | mit ABS | 43.000 |
| 5 | Audi | 90 | Leder | normal | ohne ABS | 37.000 |
| 6 | Audi | 130 | Velours | perlmutt | ohne ABS | 43.000 |
| 7 | Mercedes | 130 | Leder | perlmutt | mit ABS | 43.000 |
| 8 | Mercedes | 90 | Velours | metallic | ohne ABS | 37.000 |
| 9 | BMW | 110 | Velours | perlmutt | ohne ABS | 40.000 |
| 10 | Audi | 110 | Stoff | metallic | mit ABS | 43.000 |
| 11 | Mercedes | 90 | Leder | normal | ohne ABS | 37.000 |
| 12 | Audi | 130 | Stoff | normal | ohne ABS | 40.000 |

*Tabelle 4.2: Zwölf vollständig beschriebene Pkw*

Den Auskunftspersonen liegt die Aufgabe vor, die 12 ihnen beispielsweise auf Karten oder am Computer präsentieren Fahrzeuge hinsichtlich ihrer Kaufpräferenz anzuordnen. Die sich hieraus ergebende Rangordnung der Alternativen fungiert als Dateninput für das *Conjoint Measurement*. Eine Auswertung dieser Rohdaten liefert die in *Abbildung* 4.15 dargebotenen **Teilnutzenfunktionen** für die sechs Eigenschaften. Aufgrund einer Normierung lassen sich die den Ausprägungen zugewiesenen **Nutzenwerte** über alle Eigenschaften **direkt miteinander vergleichen**. Insofern signalisieren die in *Tabelle* 4.3 abgebildeten **Nutzenbereiche** der Attribute deren relative Wichtigkeit bei der Herausbildung eines Präferenzurteils. Grundsätzlich liegen für jeden Probanden seine individuellen Merkmalsgewichte und Teilnutzenwerte vor. Die Analyse individueller Werte ist insbesondere für die Nutzensegmentierung von Bedeutung (vgl. Kapitel 8.3.2.3). Zur Formulierung generalisierender Aussage interessiert an dieser Stelle der durchschnittliche Nachfrager.

| Pkw-Merkmal | Nutzenbereich | Nutzenanteil in % |
|---|---|---|
| Marke | 0,91 - 0,27 = 0,64 | 19,34 |
| PS-Zahl | 0,86 - 0,19 = 0,67 | 20,24 |
| Ausstattung | 0,54 - 0,28 = 0,26 | 7,85 |
| Lackierung | 0,72 - 0,35 = 0,37 | 11,18 |
| Bremssystem | 0,63 - 0,12 = 0,51 | 15,41 |
| Preis | 1,00 - 0,14 = 0,86 | 25,98 |
| Gesamtnutzen | Summe = 3,31 | 100,00 |

*Tabelle 4.3: Relative Wichtigkeit der Pkw-Merkmale*

Der Datenauswertung zufolge bildet der **Preis** (mit 25,98%) neben der **PS-Zahl** (mit 20,24%) und der **Marke** (mit 19,34%) ein ganz wichtiges Merkmal. Dabei fällt auf, daß die **Preisabsatzfunktion** insbesondere im Bereich zwischen 40.000 DM und 43.000 DM ihre Bestätigung findet. Eine Erhöhung des Fahrzeugpreises beispielsweise von 37.000 DM auf 43.000 DM geht *ceteris paribus* mit einer Verringerung des Nutzens um 0,86 (= 1,00 - 0,14) einher. Aus dieser Berechnung resultiert die Zahlungsbereitschaft der Nachfrager durch einfache **Proportionalisierung** der **Teilnutzenwerte**. Diese Größen der Preisfunktion lassen sich unmittelbar dazu verwenden, den **Wert** einzelner **Leistungskomponenten** (Eigenschaftsausprägungen) in **Preiseinheiten** auszudrücken. Zum Beispiel weist das Merkmal PS-Zahl eine Nutzendifferenz von 0,43 zwischen den Ausprägungen 90 PS (0,19) und 110 PS (0,62) auf. *Tabelle* 4.4 veranschaulicht, daß dieser Unterschied von 0,43 Nutzeneinheiten 3.000 DM entspricht. Die Befragten sind offenbar bereit für einen 110 PS-Motor 3.000 DM mehr auszugeben als für einen 90 PS-Motor.

Aus Kundensicht **steigt** die **Attraktivität** eines **Angebots**, sofern die Summe aus dem **Nutzengewinn** durch eine **Variation** der **Leistungskomponenten** den **Nutzenverlust** durch einen **höheren Preis** übersteigt. Ersetzt ein Anbieter beispielsweise den Stoffbezug durch einen Veloursbezug, gleicht die damit verbundene Nutzenerhöhung um 0,17 Einheiten (entspricht 1.186 DM) die Nutzenverringerung durch einen Preisanstieg von 37.000 DM auf 40.000 DM nicht aus. Dagegen erscheint für die Kunden zum Beispiel der Nutzenzuwachs durch ABS (= 0,51 Einheiten, die 3.558 DM entsprechen) größer als die mit einer Preiserhöhung von 37.000 DM auf 40.000 DM verquickte Nutzensenkung.

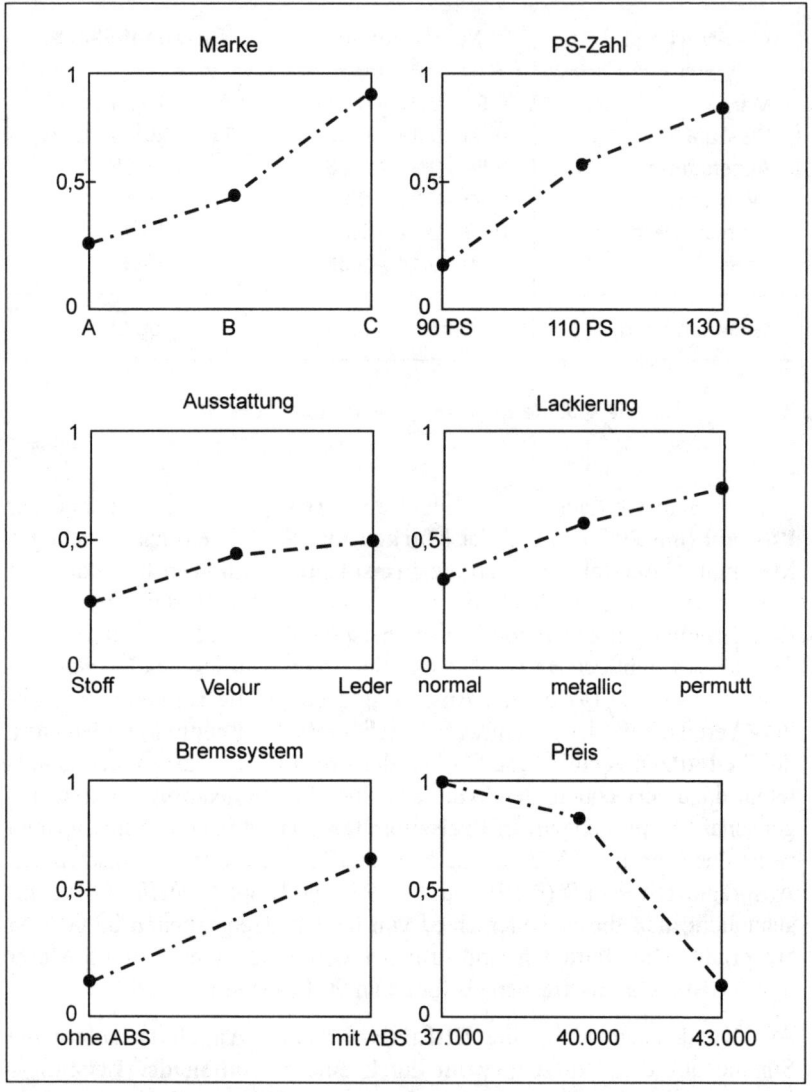

*Abbildung 4.15: Teilnutzenfunktionen im Pkw-Beispiel*

| Pkw-Merkmal | Leistungsbereich mit Nutzenwert | Nutzen-differenz | Monetäre Differenz |
|---|---|---|---|
| Marke | • *BMW* (0,43) gegen-<br>über *Audi* (0,27)<br>• *Mercedes* (0,91) gegen-<br>über *BMW* (0,43) | 0,16<br><br>0,48 | 1.116 DM<br><br>3.349 DM |
| PS-Zahl | • 110 PS (0,62) gegen-<br>über 90 PS (0,19)<br>• 130 PS (0,86) gegen-<br>über 110 PS (0,62) | 0,43<br><br>0,24 | 3.000 DM<br><br>1.674 DM |
| Ausstattung | • Velours (0,45) gegen-<br>über Stoff (0,28)<br>• Leder (0,54) gegen-<br>über Velours (0,45) | 0,17<br><br>0,09 | 1.186 DM<br><br>628 DM |
| Lackierung | • Metallic (0,64) gegen-<br>über normal (0,35)<br>• Perlmutt (0,72) gegen-<br>über metallic (0,64) | 0,29<br><br>0,08 | 2.023 DM<br><br>558 DM |
| Bremssystem | • Mit ABS (0,63) gegen-<br>über ohne ABS (0,12) | 0,51 | 3.558 DM |

*Tabelle 4.4: Zahlungsbereitschaft für Angebotsverbesserungen*

Aus diesen Aussagen lassen sich Handlungsempfehlungen für die Gestaltung eines Pkw formulieren (vgl. *Tabelle* 4.5): Ein Vergleich des auf Karte 1 präsentierten Fahrzeugs von *BMW* mit seinem auf Karte 5 abgebildeten Wettbewerber von *Audi* zeigt, daß die Alternative von *Audi* einen höheren Gesamtnutzen (2,47 gegenüber 2,37) besitzt. Diese Differenz liegt darin begründet, daß der mit einem besseren Image (*BMW* gegenüber *Audi*) verknüpfte **Nutzenvorteil** des *BMW*-Modells den durch die schlechtere Ausstattung (Leder gegenüber Stoff) verursachten **Nutzennachteil** nicht wettmachen kann. Will *BMW* diesen Wettbewerbsnachteil beseitigen oder so gar in einen Wettbewerbsvorteil umwandeln, bietet es sich an, die Stoffbezüge durch Veloursbezüge zu ersetzen. Sofern der Preis konstant bleibt, steigt der Gesamtnutzen des *BMW*-Fahrzeugs auf 2,54 Nutzeneinheiten. Stattdessen ist es möglich, die PS-Zahl von 90 auf

110 anzuheben. Erfolgt diese Maßnahme preisneutral, erhöht sich der Gesamtnutzen des *BMW*-Pkw auf 2,80 Nutzeneinheiten.

Zur **Verbesserung** der **Absatzchance** für ein Produkt ist es nicht zwingend erforderlich, eine höherwertige Ausstattung (Leder gegenüber Velours, 110 PS gegenüber 90 PS usw.) zu einem konstanten Preis zu offerieren. Sieht *BMW* den serienmäßigen Einbau von ABS vor, steigt der Gesamtnutzen von 2,37 auf 2,65, obgleich mit dieser Aktivität eine Preissteigerung von 37.000 DM auf 40.000 DM einhergeht. Wie *Tabelle* 4.5 verdeutlicht, ist für die Kunden der Nutzenzuwachs durch ABS größer als die mit der Preiserhöhung von 37.000 DM auf 40.000 DM verbundene Nutzensenkung (Pkw 1* gegenüber Pkw 1). Aufgrund des höheren Nutzenwerts, den Pkw 1* gegenüber Pkw 5 erzielt, verbessert *BMW* die Absatzchance für sein Produkt. Sofern die Preiserhöhung von 3.000 DM die **variablen Kosten** des ABS übersteigt, läßt sich auch der **Deckungsbeitrag** des *BMW*-Fahrzeugs verbessern.

| Merkmal | Pkw 1 | | Pkw 5 | | Pkw 1* | |
|---|---|---|---|---|---|---|
| | Merkmals- ausprägung | Teilnut- zenwert | Merkmals- ausprägung | Teilnut- zenwert | Merkmals- ausprägung | Teilnut- zenwert |
| Marke | *BMW* | 0,43 | *Audi* | 0,27 | *BMW* | 0,43 |
| PS-Zahl | 90 | 0,19 | 90 | 0,19 | 90 | 0,19 |
| Ausstattung | Stoff | 0,28 | Leder | 0,54 | Stoff | 0,28 |
| Lackierung | normal | 0,35 | normal | 0,35 | normal | 0,35 |
| Bremssystem | ohne ABS | 0,12 | ohne ABS | 0,12 | mit ABS | 0,63 |
| Preis | 37.000 | 1,00 | 37.000 | 1,00 | 40.000 | 0,77 |
| Gesamtnutzen | | 2,37 | | 2,47 | | 2,65 |

*Tabelle 4.5: Nutzenwerte für drei Pkw*

## 8.3.2.2 Der *Conjoint+Cost*-Ansatz

Setzt ein Produzent die aus dem *Conjoint Measurement* resultierenden Handlungsempfehlungen um, entsteht ein **Gut**, das die **Wünsche** der **Individuen** erfüllt und einen **maximalen Marktanteil** erzielt. Viele Unternehmen richten ihr Augenmerk jedoch nicht vornehmlich auf den **Marktanteil**, sondern vielmehr auf den **Gewinn**. Insofern ist ein Ansatz erforderlich, der es erlaubt, die **Kosten** der **Eigenschaftsausprägungen** in die Analyse zu integrieren (vgl. *Bauer/Herrmann/Mengen*, 1994, S. 81 ff.). In Anlehnung an das zuvor präsentierte Beispiel sind die folgenden Fragen zu beantworten:

- Wie muß das Unternehmen den Pkw 1 variieren, damit es einen maximalen Gewinn erzielt?

- Welche Eigenschaftsausprägungen von Fahrzeug 1 sind zu verändern, damit es einen bestimmten Gewinn erreicht?

- Wie ist Wagen 1 zu modifizieren, damit der Marktanteil eines Konkurrenzprodukts um einen vorgegebenen Anteil sinkt?

- Welche produktpolitischen Aktionen kommen in Betracht, damit sich der Marktanteil von Gut 1 um einen gewünschten Anteil erhöht?

Die Spezifikation einer Variante des *Conjoint Measurement*, die eine Lösung der aufgeworfenen Probleme ermöglicht, setzt zwei Überlegungen voraus. Hierbei gilt die Aufmerksamkeit zunächst der **Festlegung** des **Marktanteils** und daraufhin der **Bestimmung** des **Gewinns**.

**(1) Die Festlegung des Marktanteils**

Wie erinnerlich liefert das *Conjoint Measurement* die in *Abbildung* 4.15 dargestellten Teilnutzenwerte für die Ausprägungen der Pkw-Merkmale Marke, PS-Zahl, Ausstattung, Lackierung, Bremssystem und Preis. Der in *Tabelle* 4.5 abgebildete **Pkw 1** besitzt einen **Gesamtnutzenwert** von **2,37**, während das **Fahrzeug 5** einen entsprechenden **Wert** von **2,47** erreicht.

Die ermittelten Gesamtnutzenwerte der Offerten 1 und 5 dienen dazu, die Marktanteile beider Produkte mittels **Simulationsmodellen** zu schätzen. Hierzu kommen die ***maximum utility choice (MUC)*-Regel** und die ***Bradley Terry Luce (BTL)*-Regel** in Betracht (vgl. *Green/Srinivasan*, 1990, S. 14 ff.).

Der *MUC*-**Heuristik** liegt die Idee zugrunde, daß ein Proband die Alternative mit dem **größten Gesamtnutzenwert** kauft. Insofern entscheidet sich der Nachfrager für **Pkw 5** ("Sieger") und weist das **Fahrzeug 1** ("Verlierer") zurück. Der **erwartete Marktanteil** für ein Produkt wird folgendermaßen bestimmt: Man ermittelt für jedes Individuum die Gesamtnutzenwerte der betrachteten Produkte und unterstellt, daß es jenes Angebot mit dem höchsten Wert auswählt. In einem Markt mit n Käufern könnte ein Erzeugnis n-mal siegen und hätte in diesem Fall einem vermuteten Marktanteil von 100%. Insofern gilt:

$$M_1 = \frac{\text{"Siege" Gut 1}}{n} \qquad (4.8)$$

Es bedeuten:

$M_1$ = Erwarteter Marktanteil von Produkt 1
$n$  = Anzahl der Nachfrager

Obwohl es in diesem Beispiel nur zu einem **knappen "Sieg"** von Option 5 über 1 kommt, räumt die *MUC*-**Regel** einem unterlegenen Produkt für die Gesamtheit der Befragten keine aus der Anzahl der **zweitbesten** beziehungsweise **drittbesten Gesamtnutzenwerte** abgeleitete Kaufwahrscheinlichkeit ein. Dieser Sachverhalt ist kaum realistisch, da zweite oder dritte **"gute Plätze"** einige Nachfrager im Rahmen **situativer Gegebenheiten** auch zu einem unterlegenen Produkt greifen läßt.

Aus diesem Grund bietet sich die *BTL*-**Regel** an, deren zentraler Gedanke darin besteht, die **erwarteten Marktanteile** der Erzeugnisse aus einem Verhältnis ihrer Gesamtnutzenwerte zu errechnen. Dabei bildet man für jeden Nachfrager einen Quotienten aus dem Gesamtnutzenwert des betrachteten Guts und der Summe der Gesamtnutzenwerte aller vorliegenden Alternativen. Im Anschluß wird mit Hilfe des folgenden Ausdrucks über alle Käufer ein mittlerer Quotient errechnet:

$$M_1 = \frac{\sum\limits_{i=1}^{n} \dfrac{W_{1i}}{W_{1i} + W_{2i} + \ldots + W_{mi}}}{n} \qquad (4.9)$$

Es gelten:

$M_1$       = Erwarteter Marktanteil von Produkt 1
$W_{1i}$      = Gesamtnutzenwert von Produkt 1 für Nachfrager i
$1, 2, \ldots, m$ = Alle in der Simulation berücksichtigten Produkte

Eine Reflexion dieser Ansätze zeigt, daß die Vorhersage des Marktanteils mit der *BTL*-**Regel** dem Prinzip der **Verhältniswahl** entspricht, wohingegen die *MUC*-**Heuristik** dem Konzept der **Mehrheitswahl** gleicht. Während letztere vor allem zur Schätzung des Marktanteils langlebiger Gebrauchsgüter ihre Verwendung findet, fungiert erstere insbesondere zur Prognose des Marktanteils von Verbrauchsgütern des täglichen Bedarfs.

**(2) Die Bestimmung des Gewinns**

Hierzu kommt ein Hersteller in Betracht, der sein Erzeugnis modifiziert, um es beispielsweise als **Sondermodell anzubieten** oder an **veränderte Anforderungen** der Nachfrager anzupassen. Aufgrund einer Analyse der Käuferpräferenzen mittels des *Conjoint Measurement* liegen für alle Ausprägungen der kaufentscheidungsrelevanten Merkmale die entsprechenden Teilnutzenwerte vor. Mit diesen Größen lassen sich die Gesamtnutzenwerte des vom betrachteten Produzenten offerierten Pkw 1 und des vom Wettbewerber angebotenen Fahrzeugs 5 ermitteln. Bei einem vermuteten **Marktvolumen** von **V absetzbaren Einheiten** lautet der geschätzte Umsatz von Gut 1 wie folgt:

$$U_1 = M_1 \cdot V \cdot P_1 \tag{4.10}$$

Mit:

$U_1$ = Erwarteter Umsatz von Produkt 1
$M_1$ = Erwarteter Marktanteil von Produkt 1
$V$ = Geschätztes Marktvolumen
$P_1$ = Preis von Produkt 1

Anschließend besteht das Anliegen darin, allen Merkmalsausprägungen, die im Rahmen des *Conjoint Measurement* eine Rolle spielen, **variable Stückkosten** zuzuordnen. Damit läßt sich jede Eigenschaftsausprägung im Hinblick auf einen **Nutzenwert** (der aus dem *Conjoint Measurement* stammt) und einen **Kostenwert** (den die **Kostenrechnung** liefert) exakt spezifizieren. Mit diesen Daten als Input ist der Marktforscher in der Lage, den erwarteten Gewinn des Erzeugnisses 1 zu errechnen:

$$G_1 = U_1 - k_1 \cdot M_1 \cdot V \tag{4.11}$$

Hier gilt:

$G_1$ = Erwarteter Gewinn von Produkt 1
$U_1$ = Erwarteter Umsatz von Produkt 1
$k_1$ = Variable Stückkosten von Produkt 1
$M_1$ = Erwarteter Marktanteil von Produkt 1
$V$ = Geschätztes Marktvolumen

Es bleibt zu beachten, daß $G_1$ **nicht** den **tatsächlichen Gewinn** von Pkw 1 repräsentiert, sondern allenfalls einen **entscheidungsbezogenen Deckungsbeitrag** verkörpert. Der entwickelte Algorithmus weist lediglich den ins *Conjoint Measurement* eingehenden Attributsausprägungen **variable**

**Stückkosten** zu. Die entsprechenden Kosten der anderen Merkmale beziehungsweise deren Ausprägungen und die **fixen Kosten** erfahren keine Berücksichtigung, da sie für alle aus diesem **Modell abgeleiteten Entscheidungen irrelevant sind.**

Nach der Ermittlung von **Marktanteil** und **Gewinn** einer Alternative gilt das Interesse einer Beantwortung der Frage, wie Erzeugnis 1 zu modifizieren ist, damit es einen **maximalen Gewinn** erzielt. Hierzu erscheint eine **vollständige Enumeration** geeignet, die für jede Variante von Produkt 1 durch eine systematische Kombination aller betrachteten Merkmale (außer der Eigenschaft Marke) den Gesamtnutzen und die gesamten variablen Kosten bestimmt. Sofern die Annahme zutrifft, daß die Konkurrenten ihre Fahrzeuge im Beobachtungszeitraum nicht verändern, läßt sich für jedes Leistungsprofil von Fahrzeug 1 der **vermutete Gewinn** errechnen. Eine sich anschließende **Suchroutine** dient dem Zweck, jene Spielart von Pkw 1 auszuwählen, die den höchsten Gewinn erbringt.

Zur Erläuterung des *Conjoint+Cost*-Ansatzes bietet sich ein Rückgriff aus das zuvor eingeführte Beispiel an, in dem es um die nutzenorientierte Gestaltung von Fahrzeugen geht. *Abbildung* 4.15 liefert die Teilnutzenwerte für die Ausprägungen der Pkw-Merkmale Marke, PS-Zahl, Ausstattung, Lackierung, Bremssystem und Preis. Ein Vergleich des in *Tabelle* 4.6 präsentierten Fahrzeugs von *Audi* mit seinen Konkurrenten von *BMW* und *Mercedes* verdeutlicht, daß die Alternative von *Audi* den geringsten Gesamtnutzen (2,38 gegenüber 2,68 beziehungsweise 3,21) besitzt. Folglich lautet der Marktanteil des Pkw 1 von *Audi* 28,8%, während die Fahrzeuge von *BMW* und *Mercedes* einen Marktanteil von 32,4% beziehungsweise 38,8% aufweisen.

| Merkmal | Pkw 1 | | Pkw 2 | | Pkw 3 | |
|---|---|---|---|---|---|---|
| | Merkmals-ausprägung | Teilnut-zenwert | Merkmals-ausprägung | Teilnut-zenwert | Merkmals-ausprägung | Teilnut-zenwert |
| Marke | Audi | 0,27 | BMW | 0,43 | Mercedes | 0,91 |
| PS-Zahl | 90 | 0,19 | 90 | 0,19 | 130 | 0,86 |
| Ausstattung | Velours | 0,45 | Velours | 0,45 | Leder | 0,54 |
| Lackierung | normal | 0,35 | perlmutt | 0,72 | metallic | 0,64 |
| Bremssystem | ohne ABS | 0,12 | ohne ABS | 0,12 | ohne ABS | 0,12 |
| Preis | 37.000 | 1,00 | 40.000 | 0,77 | 43.000 | 0,14 |
| Gesamtnutzen | | 2,38 | | 2,68 | | 3,21 |

*Tabelle 4.6: Nutzenwerte für drei Pkw*

Zur Beantwortung der eingangs aufgeworfenen Fragen kommt der *Conjoint+Cost*-**Ansatz** in Betracht, der die **Teilnutzenwerte** der **Merkmalsausprägungen**, die **Gesamtnutzenwerte** der Fahrzeuge, die **variablen Kosten** der **Ausstattungskomponenten** und das **Marktvolumen** als Dateninput benötigt. Während sich die Teilnutzen- und Gesamtnutzenwerte für die Pkw in *Tabelle* 4.6 finden, gehen aus *Tabelle* 4.7 die **variablen Kosten** hervor, die aufgrund der annähernd gleichen Produktionsstruktur für alle Hersteller gelten.

Die Methodik dieses Ansatzes besteht darin, **enumerativ** alle 162 (3 · 3 · 3 · 2 · 3) unterschiedlichen Spielarten des Fahrzeugs 1 von *Audi* zu bestimmen. Bei jedem Durchlauf errechnet der **Algorithmus** zunächst den **Gesamtnutzen** der spezifizierten Variante und stellt diese Zahl den Gesamtnutzenwerten der beiden Konkurrenzprodukte (Pkw 2 und Pkw 3) gegenüber. Daraufhin lassen sich mittels der *BTL*-Regel die Marktanteile errechnen und durch eine Multiplikation mit dem Marktvolumen die erwarteten Absatzmengen der einzelnen Pkw ermitteln. Aus diesen Größen resultieren schließlich der **Umsatz**, die **variablen Kosten** und der **Gewinn** des jeweiligen Fahrzeugs. Nach der Spezifikation aller Varianten des Pkw 1, dient eine Suchroutine dazu, jene Spielart zu identifizieren, die *Audi* den **größten Gewinn erbringt**.

| Pkw-Merkmal | Merkmalsausprägung | Variable Kosten der Merkmalsausprägung |
|---|---|---|
| PS-Zahl | 90 PS | 2.300 DM |
| | 110 PS | 2.800 DM |
| | 130 PS | 3.500 DM |
| Ausstattung | Stoff | 500 DM |
| | Velours | 900 DM |
| | Leder | 1.500 DM |
| Lackierung | normal | 300 DM |
| | metallic | 500 DM |
| | perlmutt | 1.000 DM |
| Bremssystem | ohne ABS | 900 DM |
| | mit ABS | 1.800 DM |

*Tabelle 4.7: Variable Kosten der Merkmalsausprägungen*

*Tabelle* 4.8, Feld 1 zeigt die **gewinnmaximale Spielart**, die im Unterschied zu der in Feld 2 abgebildeten **"marktanteilsmaximalen" Variante** trotz eines Preises von 40.000 DM lediglich eine Veloursausstattung und eine Metalliclackierung besitzt. Daher ist der **Gesamtnutzen** dieses Fahrzeugs um 0,40 Nutzeneinheiten und der Marktanteil im 2,96% niedriger als der entsprechende Wert des **"marktanteilsmaximalen" Pkw**. Bei deutlich niedrigeren variablen Kosten ergibt sich für die **"gewinnmaximale" Alternative** ein um 6,8 Mio DM höherer Gewinn gegenüber der anderen Variante.

Eine weitere zu bewältigende Aufgabe besteht zum Beispiel darin, jene Spielart von Pkw 1 zu bestimmen, die eine **Steigerung** des **Marktanteils** um **5%** ermöglicht. Mit dem in Feld 3 dargestellten Fahrzeug gelingt es, dem Pkw 2 von *BMW* und dem Pkw 3 von *Mercedes* **2,3%** beziehungsweise **2,7%** Marktanteil abzunehmen. Die Erhöhung des Marktanteils von Fahrzeug 1 aufgrund einer Modifikation des Leistungsprofils führt zu einer Ausdehnung des Gewinns von 97,3 Mio DM auf 107,4 Mio DM. Dieser Sachverhalt steht vordergründig der Erkenntnis zahlreicher empirischer Untersuchungen entgegen, wonach **zusätzlicher Marktanteil** mit einer **Gewinneinbuße einhergeht**. Solche Studien zeichnen sich jedoch dadurch aus, daß im Unterschied zur diskutierten Vorgehensweise auf der Grundlage des *Conjoint Measurement* das interessierende Produkt nicht verändert wird. Insofern veranschaulicht diese Analyse, daß man durch eine **Variation** eines **Erzeugnisses** sowohl eine **Marktanteilssteigerung** als auch eine **Gewinnerhöhung** erreichen kann.

### 8.3.2.3 Nutzensegmentierung

Vor allem dann, wenn sich ein **neuer Markt** zu entwickeln beginnt und der **Einstieg geschafft ist**, erkennen Unternehmen über kurz oder lang, daß sie mit einem auf durchschnittliche Ansprüche ausgerichtetem Produkt das vorhandene Marktpotential nicht auszuschöpfen vermögen. Dies veranlaßt sie, den Markt nicht als undifferenzierte Einheit zu betrachten, sondern als ein Gefüge, daß aus **mehreren Nachfragergruppen** besteht, die sich im Hinblick auf ihre **Nutzenvorstellungen voneinander unterscheiden**. In diesem Zusammenhang kommt die **Nutzensegmentierung** ins Spiel, die darauf abzielt, Individuen in homogene Cluster zu unterteilen. Hierbei zeichnen sich die **Mitglieder** eines **Segments** durch **identische Wünsche** an das **Nutzenversprechen** eines Produkts aus, während **Personen** in **unterschiedlichen Gruppen verschiedene Anforderungen** an die **Nutzenstiftung** eines Produkts besitzen.

| (1)<br>Variante des Pkw 1, mit der sich<br>ein maximaler Gewinn erzielen<br>läßt | | (2)<br>Variante des Pkw 1, mit der sich<br>ein maximaler Marktanteil erzielen<br>läßt | |
|---|---|---|---|
| 130 PS | 0,86 | 130 PS | 0,86 |
| Veloursausstattung | 0,45 | Lederausstattung | 0,54 |
| Metalliclackierung | 0,64 | Perlmuttlackierung | 0,72 |
| mit ABS | 0,63 | mit ABS | 0,63 |
| 40.000 DM | 0,77 | 37.000 DM | 1,00 |
| Gesamtnutzen | 3,35 | Gesamtnutzen | 3,75 |
| Marktanteil in % | 37,56 | Marktanteil in % | 40,52 |
| absetzbare Einheiten | 3756 | absetzbare Einheiten | 4052 |
| Umsatz | 150,2 Mio DM | Umsatz | 149,9 Mio DM |
| Variable Kosten | 25,1 Mio DM | Variable Kosten | 31,6 Mio DM |
| Gewinn | 125,1 Mio DM | Gewinn | 118,3 Mio DM |
| (3)<br>Variante des Pkw 1, mit der sich der<br>Marktanteil um 5% (von 28,8% auf<br>33,8%) steigern läßt | | (4)<br>Variante des Pkw 1, mit der sich der<br>Marktanteil von Pkw 3 um 5% (von<br>38,8% auf 33,8%) reduzieren läßt | |
| 110 PS | 0,62 | 130 PS | 0,86 |
| Stoffausstattung | 0,28 | Veloursausstattung | 0,45 |
| Perlmuttlackierung | 0,72 | Perlmuttlackierung | 0,72 |
| ohne ABS | 0,12 | mit ABS | 0,63 |
| 37.000 DM | 1,00 | 40.000 DM | 0,77 |
| Gesamtnutzen | 2,74 | Gesamtnutzen | 3,43 |
| Marktanteil in % | 33,80 | Marktanteil in % | 38,10 |
| absetzbare Einheiten | 3380 | absetzbare Einheiten | 3810 |
| Umsatz | 125,0 Mio DM | Umsatz | 152,4 Mio DM |
| Variable Kosten | 17,6 Mio DM | Variable Kosten | 27,4 Mio DM |
| Gewinn | 107,4 Mio DM | Gewinn | 125,0 Mio DM |

*Tabelle 4.8: Vergleich verschiedener Varianten von Fahrzeug 1*

Für die Nutzensegmentierung bietet sich eine **zweistufige Vorgehens-weise** an. Zunächst kommt eine **a-priori-Segmentierung** dazu in Betracht, den Einfluß ausgewählter **sozio-demographischer Kriterien**, wie Alter, Bildungsstand und berufliche Position, auf die Relevanz von Merkmalen und deren Ausprägungen festzustellen. *Tabelle 4.9* zeigt den Einfluß unterschiedlicher Altersgruppen auf die Wichtigkeit von Pkw-Eigenschaften. Hierbei fällt auf, daß die älteren Fahrer ($\geq$ 50 Jahre) vor allem auf die Marke achten und der Ausstattung eine große Bedeutung beimessen. Für Personen der mittleren Altersgruppe (31 bis 49 Jahre) spielt das Bremssystem eine entscheidende Rolle. Dagegen scheinen der Preis und die PS-Zahl für die jungen Befragten ($\leq$ 30 Jahre) große Relevanz zu besitzen.

| Merkmal | Alter | | |
| --- | --- | --- | --- |
| | $\leq$ 30 Jahre | 31-49 Jahre | $\geq$ 50 Jahre |
| Marke | 13,62% | 16,80% | 27,00% |
| PS-Zahl | 31,49% | 16,42% | 11,37% |
| Ausstattung | 6,58% | 7,21% | 25,69% |
| Lackierung | 3,20% | 15,57% | 14,35% |
| Bremssystem | 8,58% | 23,28% | 16,82% |
| Preis | 36,53% | 20,72% | 4,77% |
| Gesamtnutzen | 100,00% | 100,00% | 100,00% |

*Tabelle 4.9: Wichtigkeit der Pkw-Eigenschaften in verschiedenen Altersgruppen*

Eine **Varianzanalyse** (vgl. *Backhaus/Erichson/Plinke/Weiber*, 1994, S. 56 ff., und *Hair/Anderson/Tatham/Black*, 1995, S. 256 ff.) erteilt Auskunft darüber, ob diese Unterschiede **statistisch signifikant sind** oder lediglich auf **Zufallsschwankungen beruhen**. Im betrachteten Fall läßt sich der Einfluß des Alters auf die relative Bedeutung der Fahrzeugmerkmale behaupten. Häufig interessiert auch die Beantwortung der Frage, ob der Unterschied zwischen zwei Faktorstufen (z. B. $\leq$ 30 Jahre und $\geq$ 50 Jahre) bei der Wichtigkeit beispielsweise des Merkmals Marke deutlich von Null abweicht. Hierzu bieten sich der *Scheffe-* und *Tukey*-Test an, die allesamt in der **SPSS-Prozedur** enthalten sind.

Im nächsten Schritt dient eine **a-posteriori-Segmentierung** dazu, die Probanden im Hinblick auf ihre **Präferenzstrukturen** in Cluster zu unterteilen. Dabei konstituieren jene Befragten ein Segment, deren **individuelle Teilnutzenwerte** über die **Merkmalsausprägungen** mehr oder weniger identisch sind. Vertreter verschiedener Gruppen weisen für die einzelnen Merkmalsausprägungen ganz unterschiedliche Teilnutzenwerte auf (*benefit*-Segmentierung).

Bei der Durchführung einer **Clusteranalyse** bedarf es zu Beginn einer Entscheidung bezüglich des **Proximitätsmaßes** und des **Klassifikationsverfahrens** (vgl. *Backhaus/Erichson/Plinke/Weiber*, 1994, S. 260 ff., sowie *Hair/Anderson/Tatham/Black*, 1995, S. 420 ff.). Als **Proximitätsmaß** kommen grundsätzlich **Ähnlichkeits-** und **Distanzkennzahlen** in Betracht. Diese lassen sich im betrachteten Fall durch einen **Vergleich** der vorliegenden **Rohdaten** erheben. Dabei hängt die Wahl des Proximitätsmaßes entscheidend von dem Skalenniveau jener Pkw-Merkmale ab, die die zu gruppierenden Objekte (also die Befragten) beschreiben. Aus der Vielzahl dieser Kennzahlen hat sich in der Marktforschung die **quadrierte euklidische Distanz** bewährt.

Die Wahl eines **Klassifikationsverfahrens** setzt die Beantwortung der Frage voraus, ob ein Proband genau **einer** oder **mehreren Klassen** angehört und ob **sämtliche Versuchspersonen** den zu **bildenden Klassen** zuzuweisen sind. An dieser Stelle gilt die Aufmerksamkeit lediglich den **exhaustiv-disjunkten-Verfahren**, die jedes Individuum einer Klasse zuordnen. Unter dem Gesichtspunkt der praktischen Relevanz interessieren aus der Vielzahl der **bekannten Varianten** vor allem die **partitionierenden** und die **hierarchischen** Ansätze. **Partitionierende** Verfahren verbessern eine Anfangszuordnung der Objekte im Hinblick auf eine vorgegebene Anzahl von Clustern so lange iterativ, bis eine Zielfunktion, die die zulässige Heterogenität der gebildeten Klassen ausdrückt, zufriedenstellende Werte annimmt. Die einmal vorgenommene Zuordnung bleibt somit nicht unverändert, sondern läßt sich revidieren, sofern dadurch eine **Verbesserung** der **Partition** erfolgt. **Hierarchische** Verfahren beschreiten dagegen den umgekehrten Weg und betrachten zu Beginn jedes Objekt als ein Cluster, wobei sie dann sukzessive diejenigen Gebilde zusammenfassen, die einander am ähnlichsten sind. Man erhält so eine Hierarchie geschachtelter Cluster, bis sich am Ende des Klassifikationsprozesses alle Objekte in einer Klasse befinden.

**Hierarchische** Verfahren weisen den **Vorteil** auf, daß sie vorab keine festgelegte Gruppenzahl benötigen. Allerdings ordnen sie im Verlauf der Clusterbildung **einzelne Individuen irreversibel einer Gruppe** zu. Dieser **Nachteil** besteht bei partitionierenden Verfahren nicht, allerdings tritt dort das Problem der Bestimmung einer geeigneten Gruppenzahl sowie der Konstruktion einer sinnvollen Anfangspartition auf. Aus diesen Gründen bietet es sich an, die beiden **Klassifikationsmethoden zu kombinieren**.

- Zunächst kommt ein **hierarchisches Verfahren** zum Einsatz, das die Anzahl der zu bildenden Gruppen liefert.

- Daraufhin dient ein **partitionierendes Verfahren** dazu, die Objekte (also die Probanden) den vorgegebenen Gruppen zuzuordnen.

Anstelle des zuletzt genannten Ansatzes läßt sich auch eine **Diskriminanzanalyse** durchführen, die nicht nur die Objekte den Gruppen zuweist, sondern auch Auskunft über jene Pkw-Merkmale gibt, die die Gruppen differenzieren.

Anknüpfend an diese Überlegungen fungieren die **individuellen Teilnutzenwerte** als Input einer **hierarchischen Klassifikation**. Eine Analyse der Ergebnisse führt zur Wahl der **drei-Gruppen-Lösung**. In *Abbildung 4.16* sind einzelnen Cluster charakterisiert.

| Cluster | | |
|---|---|---|
| **Die Preis-orientierten** | **Die Ausstattungs-orientierten** | **Die Leistungs-orientierten** |
| Für die Pkw-Besitzer dieses Segments spielt der Preis eines Fahrzeugs die zentrale Rolle. Dies zeigt sich auch darin, daß diese Individuen bei der Wahl eines Pkw der Lackierung und der Ausstattung keine besonders große Aufmerksamkeit widmen. | Die in dieser Gruppe zusammengefaßten Fahrer zeichnen sich dadurch aus, daß sie großen Wert auf die Ausstattung legen. Dafür spricht auch der große Wunsch dieser Auskunftspersonen nach einer hochwertigen Metalliclackierung. | Die diesem Cluster zugewiesenen Individuen lassen sich durch den Wunsch charakterisieren, ein leistungsstarkes Fahrzeug zu fahren. Folglich richten sie ihr Augenmerk bei der Selektion einer Marke vornehmlich auf die PS-Zahl. |

*Abbildung 4.16: Nachfragertypen im Pkw-Markt*

Eine sich anschließende **Diskriminanzanalyse** dient dazu, die Menge der Auskunftspersonen durch eine **Linearkombination** der **Merkmalsausprägungen** optimal zu trennen, um dadurch **Gruppenunterschiede** zu erklären (vgl. *Backhaus/Erichson/Plinke/Weiber*, 1994, S. 90 ff., sowie *Hair/Anderson/Tatham/Black*, 1995, S. 178 ff.). Neben dem Beitrag, den einzelne Variablen zur **Unterscheidung** der **Cluster** leisten, gibt die Methode auch Aufschluß darüber, welchem Segment eine Versuchsperson mit bislang **unbekannter Clusterzugehörigkeit** aufgrund ihrer **Teilnutzenwerte** für die einzelnen Merkmalsausprägungen **zuzuordnen ist**.

### 8.3.2.4 Marktreaktionen

Die Erarbeitung von Erkenntnissen über die **Reaktionen** von **Personen** aufgrund der vom Unternehmen eingesetzten **absatzwirtschaftlichen Instrumente** verkörpert einen Schwerpunkt der Marketingforschung. Zur Abbildung des Wirkungszusammenhangs zwischen den Aktivitätsniveaus der marketingpolitischen Maßnahmen und den Verhaltensweisen der Individuen kommen **Marktreaktionsfunktionen** in Betracht (vgl. *Hanssens/Parsons/Schultz*, 1990, S. 27 ff.). Da der Preis als ein entscheidender Aktionsparameter zur Beeinflussung der Nachfrager gilt, hat sich die **Preis-Absatz-Funktion** zu einem **zentralen betriebswirtschaftlichen Konzept** entwickelt (vgl. *Simon*, 1992, S. 87 ff.). Gleichwohl bildet die in der betriebswirtschaftlichen Literatur weit verbreitete **Preis-Absatz-Funktion** nur **eine** von **vielen** anderen **Marktreaktionsfunktionen**.

Ein Rückgriff auf das voranstehende Beispiel zeigt, daß beispielsweise auch eine **Ausstattung-Absatz-Funktion** oder eine **Lackierung-Absatz-Funktion** möglich erscheinen. Grundsätzlich läßt sich mit jeder der Fahrzeugeigenschaften auf der Basis des Ergebnisses einer *Conjoint*-Analyse eine Marktreaktionsfunktion konstruieren. Zur Veranschaulichung dieser Idee erscheint die Rekonstruktion der **PS-Zahl-Absatz-Funktion** und der **Preis-Absatz-Funktion** hilfreich: Als Ausgangspunkt dienen die in *Tabelle* 4.10 abgebildete Fahrzeuge, jeweils mit den **Teilnutzenwerten** der **Merkmalsausprägungen** und dem **Gesamtnutzenwert**. Diese Daten liegen jedoch nicht wie im Rahmen der bisherigen Analyse in aggregierter Form, sondern auf Individualniveau vor. Zur Vereinfachung der folgenden Ausführungen sei angenommen, daß die betrachtete Probandenschar lediglich aus drei Personen besteht.

Zur Rekonstruktion der **Preis-Absatz-Funktion** beispielsweise für das **Fahrzeug** von *BMW* bietet sich die folgende Vorgehensweise an: Bei einem Preis von 40.000 DM für den Wagen von *BMW* kaufen Nachfrager 2 und 3 dieses Fahrzeug, während Proband 1 das Auto von *Mercedes* auswählt. Eine Preiserhöhung auf 43.000 DM bewirkt, daß der Gesamtnutzenwert des *BMW*-Fahrzeugs für Individuum 2 von 2,91 auf 2,65 (= 2,91 − 0,71 + 0,05) sinkt und für Verbraucher 3 von 2,77 auf 2,34 (= 2,77 − 0,67 + 0,24) fällt. Aus Sicht des Nachfragers 1 reduziert sich der Gesamtnutzenwert durch diese Preiserhöhung von 2,84 auf 2,39 (= 2,84 −

0,68 + 0,23). Da in allen drei Fällen das Fahrzeug von *BMW* nicht mehr länger den höchsten Teilnutzenwert aufweist, kann bei einem Preis von 43.000 DM kein Auto mehr abgesetzt werden.

| Proband | Audi | | BMW | | Mercedes | |
|---|---|---|---|---|---|---|
| | Merkmals-ausprägung | Teilnut-zenwert | Merkmals-ausprägung | Teilnut-zenwert | Merkmals-ausprägung | Teilnut-zenwert |
| 1 | Audi | 0,31 | BMW | 0,47 | Mercedes | 0,51 |
| | 90 | 0,21 | 110 | 0,49 | 130 | 0,87 |
| | Velours | 0,36 | Velours | 0,36 | Leder | 0,52 |
| | normal | 0,39 | perlmutt | 0,67 | metallic | 0,77 |
| | ohne ABS | 0,17 | ohne ABS | 0,17 | ohne ABS | 0,17 |
| | 37.000 | 0,93 | 40.000 | 0,68 | 43.000 | 0,23 |
| | Summe | 2,37 | Summe | 2,84 | Summe | 3,07 |
| 2 | Audi | 0,22 | BMW | 0,52 | Mercedes | 0,68 |
| | 90 | 0,34 | 110 | 0,56 | 130 | 0,70 |
| | Velours | 0,47 | Velours | 0,47 | Leder | 0,51 |
| | normal | 0,40 | perlmutt | 0,56 | metallic | 0,50 |
| | ohne ABS | 0,09 | ohne ABS | 0,09 | ohne ABS | 0,09 |
| | 37.000 | 0,82 | 40.000 | 0,71 | 43.000 | 0,05 |
| | Summe | 2,34 | Summe | 2,91 | Summe | 2,53 |
| 3 | Audi | 0,23 | BMW | 0,41 | Mercedes | 0,43 |
| | 90 | 0,29 | 110 | 0,43 | 130 | 0,76 |
| | Velours | 0,48 | Velours | 0,48 | Leder | 0,56 |
| | normal | 0,31 | perlmutt | 0,54 | metallic | 0,42 |
| | ohne ABS | 0,24 | ohne ABS | 0,24 | ohne ABS | 0,24 |
| | 37.000 | 1,00 | 40.000 | 0,67 | 43.000 | 0,24 |
| | Summe | 2,55 | Summe | 2,77 | Summe | 2,65 |

*Tabelle 4.10: Teilnutzenwerte für Merkmalsausprägungen auf Individualniveau*

Dagegen führt die Reduzierung des Preises von 40.000 DM auf 37.000 DM dazu, daß sich der Gesamtnutzen des *BMW*-Fahrzeugs für das Individuum 1 von 2,84 auf 3,09 (= 2,84 + 0,93 – 0,68) erhöht und den entsprechenden Wert des Wagens von *Mercedes* übersteigt. Für die beiden anderen Nachfrager steigert sich der **Gesamtnutzenwert** des *BMW*-Pkw von 2,91 auf 3,02 (= 2,91 + 0,82 − 0,71) beziehungsweise von 2,77 auf 3,10 (= 2,77 + 1,00 − 0,67). Damit sind bei einem Preis von 37.000 DM drei *BMW*-Fahrzeuge absetzbar (vgl. *Abbildung* 4.17).

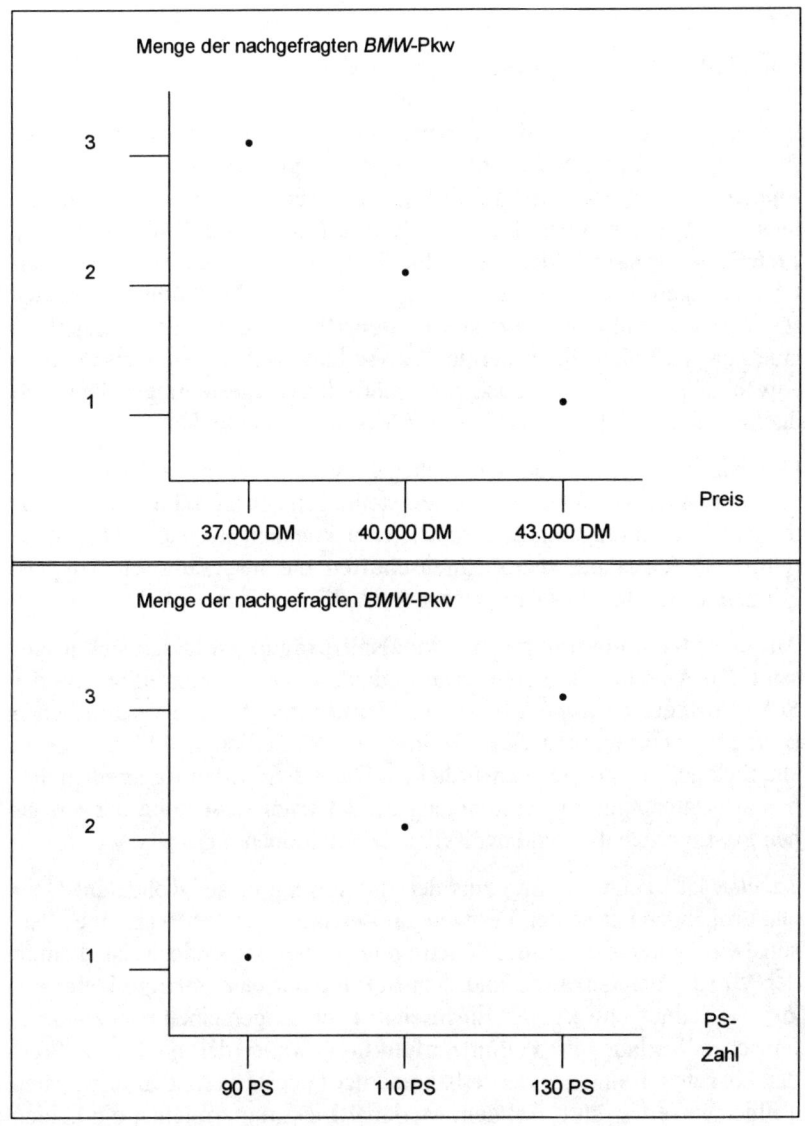

*Abbildung 4.17: Preis-Absatz- und PS-Zahl-Absatz-Funktion*

Auf analoge Weise läßt sich die **PS-Zahl-Absatz-Funktion** für das Auto von *BMW* bestimmen. Die entsprechenden Berechnungen ergeben einen Funktionsverlauf, der sich dadurch auszeichnet, daß bei 90 PS ein Fahrzeug, bei 110 PS zwei Autos und bei 130 PS drei Pkw unter sonst unveränderten Bedingungen abgesetzt werden können.

### 8.3.2.5 Marktsimulationen

In diesem Abschnitt gilt die Aufmerksamkeit **Marktsimulationen** auf der Basis des *Conjoint Measurement*. Hierbei interessiert vor allem die **nutzenorientierte Produktgestaltung** unter Berücksichtigung des **Verhaltens** der **Wettbewerber**. Der von *Gutsche* (1995, S. 279 ff.) vorgelegte *PREFSIM*-**Ansatz** bildet die methodische Basis aller weiterführenden Überlegungen. Im Unterschied zur *Conjoint+Cost*-**Methode** basiert dieses Verfahren auf dem **genetischen Algorithmus**, der Auswertungen erlaubt, die weit über die bisherige Analyse hinausgehen. Am Beispiel ausgewählter produkt- aber auch preispolitischer Fragestellungen läßt sich die Leistungsfähigkeit des *PREFSIM*-Modells verdeutlichen.

Den Ausgangspunkt bildet das Anliegen eines **Computeranbieters**, seine Produkte an die Wünsche und Vorstellungen der tatsächlichen und potentiellen Nachfrager anzupassen. Hierzu kommen nach der Durchführung einer Vorstudie **sechs Eigenschaften** mit insgesamt **21 Ausprägungen** als Gestaltungsparameter in Betracht (vgl. *Tabelle* 4.11).

Aus einer **Kombination** der **Merkmalsausprägungen** lassen sich insgesamt **810 Angebote** kreieren. Eine Reduktion dieser Offerten mittels der *SPSS*-Prozedur *Orthoplan* führt zu **25 Produkten**. Bei einer schriftlichen Befragung beurteilte jeder der 79 Probanden diese Personal-Computer im Hinblick auf die Vorziehenswürdigkeit. Die individuellen Rangreihen dienen als Dateninput zur Bestimmung der relativen Bedeutung der einzelnen PC-Eigenschaften und der Teilnutzenfunktionen.

*Tabelle* 4.12 zeigt das Ergebnis der Auswertung dieser Rohdaten. Über alle Probanden betrachtet, besitzen die **Leistung** und der **Preis** eines Personal-Computer die **größte Wichtigkeit**. Überraschenderweise kommt der **Marke**, der **Garantie** und dem **Service** nur eine **geringe Relevanz** zu. Die Teilnutzenwerte der Eigenschaft **Preis** zeigen einen nahezu idealtypischen Verlauf der **Teilnutzenfunktion**, wobei der niedrigste Preis den höchsten Teilnutzenwert erhält und der höchste Preis den niedrigsten Teilnutzenwert erfährt. Bei dem Merkmal **Leistung** erreichen die beiden 486er-Computer hohe Teilnutzenwerte, während das 386er-Gerät keinen zentralen Beitrag zur Nutzenstiftung liefert.

| Eigenschaft | Eigenschaftsausprägung |
|---|---|
| Marke | *Dell*, *IBM*, no name |
| Leistung | 386dx/120 MB, 486sx/120 MB, 486dx/170 MB |
| Hotline | keine, auf Arbeitszeit beschränkt, 24 Stunden |
| Garantie | 1 bis 2 Jahre, 2 bis 3 Jahre, 3 bis 4 Jahre |
| Service | Reparatur beim Hersteller (bring in), Techniker kommt ins Haus (vor Ort) |
| Preis | 2.000 DM, 2.800 DM, 3.600 DM, 4.300 DM, 5.000 DM |

Quelle: angelehnt an *Gutsche*, 1995, S. 280

*Tabelle 4.11: PC-Merkmale und Ausprägungen*

Es sei nun angenommen der Markt für Personal-Computer bestehe aus den in *Tabelle* 4.13 spezifizierten Produkten. In *Tabelle* 4.14 sind die **variablen Kosten** der **Merkmalsausprägungen** dargestellt.

Mittels des *PREFSIM*-Ansatzes lassen sich unter Rückgriff auf die ***maximum utility*-Regel** die **Marktanteile** und die **Gewinne** der einzelnen Erzeugnisse ermitteln. Aus *Tabelle* 4.15 ist zu erkennen, daß *Dell* und *IBM* mit ihren Gütern jeweils circa 25% des gesamten **Marktvolumens** erreichen. *Escom* kommt mit seiner Produktlinie (den Gütern 2 und 3) auf einen Marktanteil von 38%, während *Vobis* 7,6% des Gesamtmarkts bedient. Ein Blick auf die **Gewinne** der einzelnen Produkte zeigt, daß vor allem das Flagschiff der *Escom*-Produktlinie (Gut 2) und der Personal-Computer von *IBM* im Vergleich zu den Erzeugnissen der Konkurrenz sehr gut abschneiden.

Im folgenden gilt das Augenmerk der Lösung ausgewählter Probleme. Hierzu gehören die **Analyse** der **Preissensibilität**, die **Festlegung** des **gewinnoptimalen Preises**, die **Entwicklung** des **gewinnoptimalen Produkts** und die **Gestaltung** der **gewinnoptimalen Produktlinie**. Daneben richtet sich das Interesse auch auf die Beantwortung der Frage nach dem **Verhalten** der **Konkurrenten** aufgrund einer **eigenen** produktpolitischen Aktivität (**gleichgewichtstheoretische Analyse**).

| Eigenschaft | Wichtigkeit der Eigenschaft | Eigenschafts-ausprägung | Teilnutzenwert der Eigen-schafts-ausprägung |
|---|---|---|---|
| Marke | 7 % | *Dell* | 2,78 |
| | | *IBM* | 2,26 |
| | | no name | 0,95 |
| Leistung | 35 % | 386dx/120 MB | 0,40 |
| | | 486sx/120 MB | 8,25 |
| | | 486dx/170 MB | 17,80 |
| Hotline | 10 % | keine | 0,40 |
| | | Arbeitszeit | 8,25 |
| | | 24 Stunden | 17,80 |
| Garantie | 6 % | 1 bis 2 Jahre | 0,51 |
| | | 2 bis 3 Jahre | 1,67 |
| | | 3 bis 4 Jahre | 2,34 |
| Service | 8 % | bring in | 0,05 |
| | | vor Ort | 3,77 |
| Preis | 34 % | 2.000 DM | 18,21 |
| | | 2.800 DM | 15,62 |
| | | 3.600 DM | 10,90 |
| | | 4.300 DM | 5,95 |
| | | 5.000 DM | 0,02 |

*Tabelle 4.12: Wichtigkeit von PC-Merkmalen und Teilnutzenwerte der Merkmalsausprägungen*

| Marke | Leistung | Hotline | Garantie | Service | Preis |
|-------|----------|---------|----------|---------|-------|
| *Dell* (1) | 486/170 | 24 Stun. | 3-4 Jah. | vor Ort | 4.825 DM |
| *Escom* (2) | 486/170 | keine | 1-2 Jah. | bring in | 3.775 DM |
| *Escom* (3) | 386/120 | Arbeitszeit | 1-2 Jah. | bring in | 2.598 DM |
| *IBM* (4) | 486/170 | Arbeitszeit | 2-3 Jah. | vor Ort | 4.300 DM |
| *Vobis* (5) | 486/120 | keine | 2-3 Jah. | vor Ort | 3.600 DM |

Quelle: angelehnt an *Gutsche*, 1995, S. 280

*Tabelle 4.13: Markt mit fünf Personal-Computer*

| PC-Merkmal | Merkmalsausprägung | Variable Kosten der Merkmalsausprägung |
|------------|--------------------|-----------------------------------------|
| Marke | *Dell*<br>*IBM*<br>no name (*Escom, Vobis*) | 900 DM<br>800 DM<br>600 DM |
| Leistung | 386dx/120 MB<br>486sx/120 MB<br>486dx/170 MB | 1.200 DM<br>1.700 DM<br>2.200 DM |
| Hotline | keine<br>Arbeitszeit<br>24 Stunden | 0 DM<br>150 DM<br>350 DM |
| Garantie | 1 bis 2 Jahre<br>2 bis 3 Jahre<br>3 bis 4 Jahre | 200 DM<br>400 DM<br>750 DM |
| Service | bring in<br>vor Ort | 100 DM<br>300 DM |

*Tabelle 4.14: Variable Kosten der Eigenschaftsausprägungen*

| Marke | Preis | Marktanteil | Gewinn |
|-------|-------|-------------|--------|
| *Dell* (1) | 4.825 DM | 26,6% | 86,39 DM |
| *Escom* (2) | 3.775 DM | 15,2% | 102,53 DM |
| *Escom* (3) | 2.598 DM | 22,8% | 79,29 DM |
| *IBM* (4) | 4.300 DM | 27,8% | 125,32 DM |
| *Vobis* (5) | 3.600 DM | 7,6% | 45,57 DM |

*Tabelle 4.15: Geschätzte Marktanteile und Gewinne der einzelnen Personal-Computer*

**(1) Analyse der Preissensibilität**

Bei *Escom* ist die Frage zu beantworten, ob und inwieweit eine **Preiserhöhung** die **Gewinnsituation** des **zweiten Produkts** (*Escom* 3) verbessert. Zur **Steigerung** des **Produktgewinns** ist *Escom* bereit, Einbußen beim Marktanteil von derzeit 22,8% hinzunehmen. Aus *Tabelle* 4.16 geht die Wirkung unterschiedlicher Preise für den Personal-Computer *Escom* 3 auf seinen Marktanteil und seinen Gewinn hervor.

Im Einklang mit der Vermutung des Management von *Escom* läßt sich durch eine Preisanhebung für das zweite Erzeugnis der **Gewinn verbessern, ohne** das der **Marktanteil** entscheidend **sinkt**. Das Resultat der Simulation verdeutlicht, daß erst ab einen Preis von 2.800 DM mit einer beachtlichen und ab 3.200 DM mit einer sehr starken Reduktion des Marktanteils zu rechnen ist. Allerdings entscheiden sich auch bei einem sehr niedrigen Preis nicht alle Nachfrager für ein *Escom*-Gerät. Offenbar ist das Produkt nicht in der Lage die unzureichende Qualität durch einen entsprechend geringen Preis zu kompensieren.

**(2) Festlegung des gewinnoptimalen Preises**

In Anbetracht des Ergebnisses der Sensitivitätsanalyse gilt das Augenmerk der Verantwortlichen bei *Escom* dem bei gegebener Marktsituation **gewinnoptimalen Preis** für das interessierende Produkt. Marktsimulationen veranschaulichen, daß der **gewinnoptimale Preis** zwischen 3.000 DM und 3.200 DM liegt. Eine Preisoptimierung mittels des *PREFSIM*-**Algorithmus** führt zu einem Wert von 3.132 DM. Durch diese preispolitische Maßnahme vermag *Escom* den **durchschnittlichen Gewinn** von 90,91 DM pro Produkt um **über 50%** auf 137,96 DM zu erhöhen (vgl. *Tabelle* 4.17).

| Preisstrategie für den *Escom* 3 | Preis | Marktanteil | Gewinn |
|---|---|---|---|
| Originalpreis | 2.598 DM | 22,8% | 79,29 DM |
| Geringfügige Preiserhöhung | 2.665 DM | 21,5% | 89,30 DM |
| Deutliche Preiserhöhung | 2.731 DM | 22,7% | 109,59 DM |
| Erhebliche Preiserhöhung | 2.800 DM | 22,7% | 125,32 DM |

*Tabelle 4.16: Sensitivitätsanalyse für den Personal-Computer Escom 3*

**(3) Entwicklung des gewinnoptimalen Produkts**

Die Firma **Sunny**, die auf dem PC-Markt bislang nicht präsent ist, strebt ein Engagement in diesem Sektor an. Im Management herrscht Einigkeit darüber, den Eintritt in diese Branche mit einem Erzeugnis zu wagen. Ein mittels einer **genetischen Optimierung** konzipiertes **gewinnmaximales Produkt** weist die folgenden Merkmalsausprägungen auf: no name, mit 486 dx/170 MB, keine Hotline, 1 bis 2 Jahre Garantie, Vor-Ort-Service und einen Preis von 3.716 DM. Dieses Erzeugnis erzielt einen Marktanteil von 41,7% und einen Gewinn von 173,77 DM. Die Marktanteile und Gewinne der anderen Produkte gehen aus *Tabelle* 4.18 hervor. Es fällt auf, daß das neue Gerät von *Sunny* das erste Produkt von *Escom* vom Markt verdrängt. Dagegen verlieren die qualitativ hochwertigen und im oberen Preisbereich angesiedelten Personal-Computer von *Dell* und *IBM* kaum an Boden. Auch das im unteren Preis- und Qualitätssegment positionierte zweite *Escom*-Erzeugnis bleibt von einem gravierenden Marktanteils- beziehungsweise Gewinneinbruch verschont.

| Marke | Preis | Marktanteil | Gewinn |
|-------|-------|-------------|--------|
| *Dell* (1) | 4.825 DM | 26,6% | 86,39 DM |
| *Escom* (2) | 3.775 DM | 17,7% | 119,62 DM |
| *Escom* (3) | 3.132 DM | 17,7% | 156,30 DM |
| *IBM* (4) | 4.300 DM | 26,6% | 119,62 DM |
| *Vobis* (5) | 3.600 DM | 11,4% | 68,35 DM |

Quelle: angelehnt an *Gutsche*, 1995, S. 290

*Tabelle 4.17: Marktsituation nach der Durchsetzung des gewinn-optimalen Preises für Escom 3*

| Marke | Preis | Marktanteil | Gewinn |
|-------|-------|-------------|--------|
| *Dell* (1) | 4.825 DM | 24,1% | 78,16 DM |
| *Escom* (2) | 3.775 DM | 0,0% | 0,00 DM |
| *Escom* (3) | 3.132 DM | 13,9% | 122,81 DM |
| *IBM* (4) | 4.300 DM | 19,0% | 85,44 DM |
| *Vobis* (5) | 3.600 DM | 1,3% | 7,59 DM |
| *Sunny* (6) | 3.716 DM | 41,7% | 173,77 DM |

Quelle: angelehnt an *Gutsche*, 1995, S. 292

*Tabelle 4.18: Marktsituation nach der Einführung von Sunny*

Im Anschluß an den Markteintritt von *Sunny* entscheidet sich *Vobis* dazu den Preis seines Erzeugnisses von 3.600 DM auf 3.398 DM zu senken. Auch *Escom* reagiert auf die Produkteinführung, indem es das erste Produkt vom Markt nimmt. Die Auswirkungen dieser produktpolitischen Aktivitäten auf die Marktanteile und die Gewinne der anderen Güter lassen sich *Tabelle* 4.19 entnehmen.

## (4) Gestaltung der gewinnoptimalen Produktlinie

Die Verantwortlichen von *Escom* ziehen in Erwägung, die **Produktlinie** nach der Elimination des ersten Gutes wieder **auf zwei Erzeugnisse zu erweitern**. Obgleich man einen maximalen Gewinn anstrebt, gilt es, den derzeitigen **Marktanteil deutlich** und **nachhaltig zu erhöhen**. Aus diesem Grund wird eine Optimierung unter der Nebenbedingung angeregt, daß der Marktanteil des Neuprodukts mindestens 14% beträgt. Unter Berücksichtigung des **genetischen Algorithmus** lautet das neue Erzeugnis wie folgt: no name, 486 dx/170 MB, keine Hotline, 1 bis 2 Jahre Garantie, Vor-Ort-Service, Preis 3.658 DM.

| Marke | Preis | Marktanteil | Gewinn |
|---|---|---|---|
| *Dell* (1) | 4.825 DM | 24,1% | 78,16 DM |
| *Escom* (3) | 3.132 DM | 12,7% | 111,65 DM |
| *IBM* (4) | 4.300 DM | 19,0% | 85,44 DM |
| *Vobis* (5) | 3.398 DM | 11,4% | 45,34 DM |
| *Sunny* (6) | 3.716 DM | 32,8% | 136,91 DM |

Quelle: angelehnt an *Gutsche*, 1995, S. 292

*Tabelle 4.19: Marktsituation nach der Preisreaktion von Vobis und der Produktelimination von Escom*

Bis auf den Preis entspricht dieser Computer dem Neuprodukt von *Sunny*. Offenbar existiert eine profitable Marktnische für leistungsfähige Geräte mit einem Preis zwischen 3.500 DM und 3.800 DM. *Tabelle* 4.20 beschreibt die Marktsituation, die sich nach der von *Escom* durchgeführten **Produktlinienerweiterung** ergibt. Es ist zu erkennen, daß es *Escom* gelingt, seine Marktposition auszubauen und den Angriff von *Sunny* abzuwehren.

## (5) Gleichgewichtstheoretische Analysen

Im Mittelpunkt der folgenden Überlegungen steht eine Untersuchung des **Verhaltens** der **Wettbewerber** aufgrund einer **eigenen produktpoli-**

**tischen Maßnahme**. Im Kern geht es darum, die Reaktionen der Konkurrenten bereits bei der Neuproduktgestaltung oder der Modifikation eines existierenden Erzeugnisses zu berücksichtigen. Zu diesem Zweck besteht der **PREFSIM-Ansatz** aus einem **spieltheoretischen Modul**, das eine **Simulation** dieses sich über **mehrere Perioden** erstreckenden Marktgeschehens erlaubt.

| Marke | Preis | Marktanteil | Gewinn |
|-------|-------|-------------|--------|
| *Dell* (1) | 4.825 DM | 22,8% | 74,05 DM |
| *Escom* (2) "altes" Gerät | 3.132 DM | 8,9% | 78,15 DM |
| *Escom* (3) "neues" Gerät | 3.658 DM | 41,8% | 149,54 DM |
| *IBM* (4) | 4.300 DM | 19,0% | 85,44 DM |
| *Vobis* (5) | 3.398 DM | 7,6% | 30,23 DM |
| *Sunny* (6) | 3.716 DM | 0,0% | 0,00 DM |

Quelle: angelehnt an *Gutsche*, 1995, S. 293

*Tabelle 4.20: Marktsituation nach der Produktlinienerweiterung durch Escom*

In der **kurzen Frist** bildet der **Preis** die einzige Marketingvariable, mit der die Spieler die **Positionen** ihrer **Produkte** im Markt verändern können. Insofern richtet sich bei der kurzfristigen Betrachtung die Aufmerksamkeit ausschließlich auf eine preispolitische Aktion. Zur Veranschaulichung der Handlungsoptionen eines Unternehmens sei ein aus vier Erzeugnissen bestehender Markt für Personal-Computer betrachtet. *Tabelle 4.21* zeigt die drei bereits etablierten Erzeugnisse von *Dell*, *Escom* und *IBM* sowie das neu auf dem Markt positionierte Gut von *Vobis*. Die aus der Spezifikation der Angebote resultierende Verteilung der Gesamtnachfrage und des Gewinns auf die einzelnen Marken läßt sich *Tabelle 4.22* entnehmen.

| Marke | Leistung | Hotline | Garantie | Service | Preis |
|---|---|---|---|---|---|
| *Dell* (1) | 486/170 | 24 Std. | 3-4 Jah. | vor Ort | 4.941 DM |
| *Escom* (2) | 486/120 | Arbeitszeit | 1-2 Jah. | bring in | 3.531 DM |
| *IBM* (4) | 486/170 | Arbeitszeit | 2-3 Jah. | vor Ort | 4.125 DM |
| *Vobis* (5) | 386/120 | keine | 1-2 Jah. | bring in | 2.800 DM |

Quelle: angelehnt an *Gutsche*, 1995, S. 307

*Tabelle 4.21: Markt mit vier Personal-Computer*

| Marke | Preis | Marktanteil | Gewinn |
|---|---|---|---|
| *Dell* (1) | 4.941 DM | 22,8% | 100,48 DM |
| *Escom* (2) | 3.531 DM | 1,3% | -2,77 DM |
| *IBM* (3) | 4.125 DM | 53,2% | 146,20 DM |
| *Vobis* (5) | 2.800 DM | 22,8% | 159,49 DM |

Quelle: angelehnt an *Gutsche*, 1995, S. 307

*Tabelle 4.22: Verteilung des Gewinns auf die Marken*

Es ist davon auszugehen, daß *Dell*, *Escom* und *IBM* das **Eindringen** von *Vobis* in den PC-Markt **nicht hinnehmen** und mit preispolitischen Maßnahmen darauf reagieren. Nach einer Anpassung der Preise für ihre Erzeugnisse ist eine **preispolitische Reaktion** von *Vobis* vorstellbar, die ihrerseits wiederum **Aktionen** der **anderen Anbieter** provoziert. Dieser Prozeß vollzieht sich so lange, bis kein Unternehmen mehr durch eine Veränderung des Preises seine Stellung im Markt verbessern kann. Im interessierenden Fall findet der *PREFSIM*-Algorithmus bei einem simultanen Spiel dieses Marktgleichgewicht nach **acht Runden**. *Tabelle* 4.23 enthält die Preise der Güter sowie deren Marktanteile und Gewinne.

| Marke | Preis | Marktanteil | Gewinn |
|---|---|---|---|
| *Dell* (1) | 5.000 DM | 25,3% | 126,58 DM |
| *Escom* (2) | 3.066 DM | 31,6% | 100,00 DM |
| *IBM* (3) | 4.591 DM | 34,2% | 253,25 DM |
| *Vobis* (5) | 2.800 DM | 8,9% | 62,03 DM |

Quelle: angelehnt an *Gutsche*, 1995, S. 308

*Tabelle 4.23: Kurzfristiges Marktgleichgewicht*

Es ist zu erkennen, daß *Dell* und *IBM* die Preise ihrer Erzeugnisse erhöhten, *Escom* für sein Gut eine Preisreduzierung vornahm und *Vobis* den Preis seines Produkts konstant hielt. Darüber hinaus vermochten *Dell* und *IBM* die Marktanteile und Gewinne ihrer Marken zu behaupten. Das von der Neuprodukteinführung am stärksten betroffene Gut von *Escom* (vgl. *Tabelle* 4.23) konnte in den acht Spielrunden deutlich gestärkt werden, allerdings auf Kosten des PC von *Vobis*, der eine Verminderung sowohl des Marktanteils als auch des Gewinns hinnehmen mußte.

Die Einführung des neuen Produkts führte zu einer Preisreduktion beim qualitätsschwachen *Escom*-Produkt, wohingegen bei den qualitätsstarken Gütern von *Dell* und *IBM* Preiserhöhungen möglich waren. Offenbar stehen letztere nicht in einer **direkten Substitutionsbeziehung** zum Erzeugnis von *Vobis*. Außerdem zeigt ein Vergleich der Zahlen in den *Tabellen* 4.22 und 4.23, daß eine Neuproduktpositionierung **ohne Berücksichtigung** des **Verhaltens** der **Konkurrenten** zu einer **erheblichen Überschätzung** des aus dieser produktpolitischen Maßnahme **erwachsenden Marktanteils** beziehungsweise **Gewinns** führt.

In der **langen Frist** ist es einem Anbieter möglich, neben dem Preis auch **alle anderen Facetten** eines Personal-Computer zu verändern. Daher gilt bei der langfristigen Betrachtung das Augenmerk nicht nur **preispolitischen**, sondern auch **produktpolitischen** Maßnahmen. Zur Erläuterung dieses Aspekts bietet sich ein Rückgriff auf die in *Tabelle* 4.21 präsentierten Marken an. Wie erinnerlich besteht der PC-Markt aus den drei bereits existierenden Erzeugnissen von *Dell*, *IBM* und *Escom* sowie dem Neuprodukt von *Vobis*. *Tabelle* 4.22 zeigt die Gewinne und die Marktanteile und der einzelnen Marken.

Nach insgesamt **26 Spielrunden** ergibt sich das in *Tabelle* 4.24 abgebildete Resultat. Dieses **langfristige Marktgleichgewicht** ist dann erreicht, wenn keiner der Wettbewerber mehr eine preis- oder produktpolitische Modifikation seiner Erzeugnisse anstrebt. Offenbar gehören die Produkte von *Dell* und *IBM* nach wie vor zu den **Qualitäts- und Preisführern**. Dagegen besetzen die Produkte von *Escom* und *Vobis* wie schon in der Ausgangssituation das **untere Preis-** und **Qualitätssegment**. Allerdings fällt auf, daß *Vobis* und *Escom* ihre Güter an den Leistungsstandard der beiden Marktführer anpaßten.

| Marke | *Dell* (1) | *Escom* (2) | *IBM* (3) | *Vobis* (4) |
|---|---|---|---|---|
| Leistung | 486/170 | 486/170 | 486/170 | 486/170 |
| Hotline | 24 Stunden | keine | 24 Stunden | keine |
| Garantie | 2-3 Jahre | 1-2 Jahre | 1-2 Jahre | 1-2 Jahre |
| Service | vor Ort | bring in | vor Ort | vor Ort |
| Preis | 5.000 DM | 3.398 DM | 4.358 DM | 3.600 DM |
| Marktanteil | 15,2% | 32,9% | 24,1% | 27,8% |
| Gewinn | 129,11 DM | 98,08 DM | 122,18 DM | 83,54 DM |

Quelle: angelehnt an *Gutsche*, 1995, S. 311

*Tabelle 4.24: Langfristiges Marktgleichgewicht*

## 8.4 Die Werthaltung

### 8.4.1 Zum Begriff der Werthaltung

Aus der **Perspektive** eines **Individuums** bilden die **gesellschaftlichen Normen** nicht nur ein Repertoire an **Verhaltensdispositionen**, die mittels Deprivation und Gratifikation ihre Wirksamkeit erlangen. Vielmehr dienen diese Richtlinien als Bezugsgrößen für die Herausbildung einer **individuellen Werthaltung** im Rahmen der Enkulturation (vgl. *Wiedmann*, 1984, S. 3 ff.). Jedes Individuum erlebt die Sozialisation, erfährt die Konfrontation mit gesellschaftlichen Normen und entwickelt eine persönliche Werthaltung. Solche Richtlinien fungieren als individuelle, im Zeitverlauf konstante Maßstäbe für die **Generierung** von **Lebenszielen** und deren **Umsetzung** in **alltägliches Handeln**. Dem kathektischen Orientierungsmodus zufolge läßt sich interessenorientiertes Verhalten als die Selektion einer Handlungsoption aus einer Menge von Alternativen beschreiben. Folglich bildet eine Werthaltung eine **explizite** oder **implizite**, für eine Person oder eine Gruppe charakteristische **Konzeption** des **Wünschenswerten**, welche die Auswahl unter verfügbaren Handlungsarten, -mitteln und -zielen beeinflußt (vgl. *Silberer*, 1983, S. 539 ff.).

Diese in der Psychologie favorisierte, deutlich stärkere **Akzentuierung** des individuellen Bezugs sozialer Normen kommt in einer Wesensbestimmung von *Rokeach* (1973, S. 5) zum Ausdruck. Wie in Kapitel 5.1 ausgeführt definiert er Werthaltung als "*... an enduring belief that a specific mode of conduct or end state of existence is personally or socially preferable to an opposite or converse mode of conduct or end state of existence ...*". Diese Begriffsbestimmung legt die Überlegung nahe, die **terminale** (*end states of existence*) und die **instrumentale** (*modes of conduct*) **Werthaltung** voneinander zu unterscheiden (vgl. *Graumann/Willig*, 1983, S. 326 ff.).

Obgleich *Rokeach* die **Werthaltung** als **intervenierende Variable** auffaßt, bildet sie eher einen **dispositionellen Beweggrund des Handelns** und weniger eine **hypothetische Verhaltensursache**. Für die Interpretation der Werthaltung als überdauernden Beweggrund liefert der Autor selbst das wichtigste Argument, indem er verdeutlicht, daß sie sich durch innere Widersprüche langfristig verändern läßt. Hypothetische Größen beziehen sich jedoch auf empirische Erscheinungen, zwischen denen per Definition kein logischer Widerspruch besteht. Demgegenüber stellen die **Inkonsistenz** in **personalen Konstrukten** und die **Möglichkeit** zur **Korrektur** durch **rationale Argumentation** ein bekanntes psychologisches Phänomen dar. Ob mit der Konzeptualisierung einer Werthaltung als dispositionellen Beweggrund eine Abwendung von der in der Psychologie geläufigen **subsumtionstheoretischen** Auffassung wissenschaftlicher Erklärung einhergeht, bleibt eine offene Frage. Auch *Herrmann*, der (1982, S. 30) die **Verhaltensdisposition** als "*... interindividuell variierende ... zeitlich relativ stabile Neigung zu individuellen Wertungen, die grundsätzlich situationsgebunden und objektbezogen sind ...*", interpretiert, kommt zu dem Ergebnis, daß es der Psychologie bis heute nicht gelungen ist, eine zufriedenstellende Vorstellung über die zwischen Werthaltung und Verhaltensweise existierende Beziehung zu entwickeln.

Außerdem liefert *Rokeachs* Definition Hinweise dafür, daß eine individuelle **Werthaltung** nicht nur einen bewußten **Orientierungsstandard** repräsentiert, der ein Wissenselement im Gedächtnis verkörpert und auf den eine Person bei der Beurteilung von **Objekten, Zielen** und **Mitteln** rekurriert. Vielmehr liegen auch **unbewußte Werte** vor, die als **Hintergrundvariablen** andere hypothetische Konstrukte, wie Einstellung, Motivation, Bedürfnis und Trieb, beeinflussen.

### 8.4.2 Einstellung und Motivation

Die **Einstellung** gehört zu den Schlüsselbegriffen der Sozialpsychologie und spielt auch bei der Analyse des Kauf- und Konsumverhaltens eine zentrale Rolle (vgl. Abschnitt 7.1.3). Dieses Konstrukt läßt sich ganz allgemein als Bereitschaft zur **positiven** oder **negativen Bewertung eines Bezugsobjektes** charakterisieren. *Irle* (1960, S. 547 ff.) sieht das **Typische** einer Einstellung darin, daß sie sich auf einen bestimmten Sachverhalt bezieht und einen fokalisierten Referenten aufweist. Große Popularität genießt seit Jahrzehnten der **Drei-Komponenten-Ansatz**, der Einstellung als ein Gefüge aus **Kognition, Affektion** und **Konation** begreift, die eine prinzipielle Tendenz zur Übereinstimmung aufweisen (vgl. *Frey*, 1979, S. 31 ff.).

Diesem Konzept liegt die Idee zugrunde, daß die **selektive** und **leitende Funktion** bestimmter Vorstellungen bei der Wahrnehmung und Bewertung von Objekten dem Betroffenen eine sichere Orientierung in einer chaotischen Umwelt ermöglicht. Erst aus **dauerhaften** und **situationsübergreifenden Orientierungsmustern**, die die Relationen zwischen dem Individuum und seiner Umwelt regeln, resultieren **Stabilität** und **Kontinuität**. Wie kaum ein anderes Konstrukt eignet sich die Einstellung dazu, die Verflechtung der Person mit ihrer sozialen und gegenständlichen Welt zu erfassen. Dabei macht die Einstellung zwar am einzelnen fest, begreift ihn aber gerade nicht als isoliertes Wesen, sondern setzt ihn zum Objekt in Beziehung (vgl. *Trommsdorff*, 1993, S. 163 ff.).

Obgleich auch eine Werthaltung **kognitive, affektive** und **konative** Facetten aufweist und im Kern eine Verhaltensdisposition repräsentiert, bezieht sie sich im Gegensatz zur Einstellung auf vom eigentlichen Objekt losgelöste Vorstellungen und Ideen. Eine Werthaltung **determiniert** die **Persönlichkeit**, gilt als **resistent gegenüber Veränderungen** der **Umwelt** und **motiviert deutlich stärker als** eine **Einstellung**. Als ein überdauernder, **verhaltensprägender Imperativ** bildet die Werthaltung eine Referenzgröße, die zur Verankerung einer Einstellung dient. Da sich eine Einstellung nur auf eine begrenzte Zahl von Personen, Gegenständen und Ereignissen bezieht, gestehen ihr viele Autoren lediglich den Status eines **objektbezogenen Derivates** einer Werthaltung zu. Dagegen besitzt die

Werthaltung eine geradezu **identitätsverbürgende Funktion**, die dem Handeln Persistenz und transsituative Konsistenz verleiht.

Der Begriff **Motivation** umschließt Bezeichnungen wie etwa **Bedürfnis, Trieb, Neigung** und **Streben** (vgl. Teil 7.1.2). Bei allen Bedeutungsunterschieden, die verschiedene Autoren den **einzelnen Konstrukten** zuschreiben, handelt es sich stets um eine **dynamische Richtungskomponente** im Verhalten. Eine Motivation läßt sich als Mangelzustand kennzeichnen, der den Organismus veranlaßt, nach Mitteln und Wegen zu suchen, die zur Überwindung von Spannungen geeignet erscheinen. Nach herrschender Meinung besteht eine Motivation aus einer **affektiven** und einer **kognitiven Komponente**. Während die Affektion eine Handlung auslöst, bestimmt die Kognition ihre Richtung.

Den angeborenen Fähigkeiten des Wahrnehmens und Beobachtens (z. B. Gefahr) sowie der sich anschließenden Reaktion (z. B. Flucht, Angriff) stehen **erlernte Dispositionen** (z. B. gedankliche Erarbeitung verschiedener Fluchtwege oder Angriffsmöglichkeiten) gegenüber, die nach ihrer Erregung eine aktive Tendenz, ein Streben beziehungsweise einen Impuls in Richtung auf das interessierende Objekt hervorrufen. Da bislang keine Erkenntnisse über die unmittelbare Verhaltenswirkung von bestimmten Neigungen vorliegen, setzt die Erklärung der in der Wirklichkeit beobachtbaren Multidirektionalität des Verhaltens im allgemeinen an mehreren Motivationen gleichzeitig an. Hierbei tauchen in der Literatur **zwei Kategorien** auf: Die Gruppe der **primären** (physiologischen) **Motivationen** umfaßt die als Triebe bezeichneten Versorgungs- (z. B. Hunger und Durst), Vermeidungs- (z. B. Schmerz und Furcht) und arterhaltenden Motivationen (Sexualität). Dagegen gehören beispielsweise die Bedürfnisse nach Macht, Prestige und Selbstverwirklichung zur Gruppe der **sekundären** (sozialen) **Motivationen**.

Seit Jahren liefern **neurophysiologische** und **verhaltenspsychologische** Studien immer neue (teilweise widersprüchliche) Hinweise auf den zwischen den **Motivationsvariablen** und der **Intensität**, der **Richtung** sowie der **Form** einer **Verhaltensänderung** bestehenden Zusammenhang. Insofern vermittelt die Motivationsforschung keine umfassende, in sich schlüssige Theorie des Verhaltens, sondern bringt bestenfalls die Instabilität, das Drängen oder den Elan des Organismus zum Ausdruck. Selbst wenn es gelänge, den Ort der Entstehung eines Drangs zu entdecken, fiele sogleich auf, daß noch viele weitere, bislang nicht identifizierte Neigungen am Werke sind. Angesichts dieser Überlegung liegt die Idee nahe, eine Motivation als **Epiphänomen** aufzufassen und die Werthaltung als die **letzte Quelle** des **Verhaltens**, als **Inbegriff** aller **motivierenden Kräfte** zu betrachten. So verstanden läßt sich ein Motiv als aktuelle Verhaltenstendenz interpretieren, die das Bindeglied zwischen dem **zielset-**

**zenden Wollen** und dem **wertverwirklichenden Handeln** bildet (vgl. *Thomae*, 1983, S. 13 ff.).

### 8.4.3 Facetten der Werthaltung

Zur Erfassung der Werthaltung finden sich in der Literatur unterschiedliche Vorgehensweisen, die aus verschiedenen wissenschaftlichen Traditionen stammen. Ein **Sozialanthropologe** will in Erfahrung bringen, welche Werte tatsächlich den **Charakter sozialer Normen** besitzen, das heißt, die Individuen einer bestimmten kulturellen Gruppe in ihrem Handeln leiten. Dagegen richtet ein **Psycholinguist** sein Augenmerk auf die Beantwortung der Frage, was die von jedermann bekundete oder auch stillschweigend **akzeptierte Werthaltung** dem einzelnen **konnotativ** bedeutet. Ein **Psychologe** bemüht sich hingegen darum, die **überdauernde Orientierung des Handelns** vor dem Hintergrund sozialer Normen in die **Persönlichkeitsstruktur** einzubeziehen. Die augenfällige Heterogenität der Forschungsinteressen kommt auch in der Vielzahl der verwendeten Erhebungsmethoden zum Ausdruck. Neben dem ubiquitären *paper and pencil*-Test gelangen vor allem das projektive Verfahren, die Inhaltsanalyse, das klinische Gespräch und die Verhaltensbeobachtung zur Anwendung (vgl. *Windhorst*, 1985, S. 18 ff.).

Zur Bestimmung **terminaler Werte** griff *Rokeach* kulturanthropologische Literatur zu diesem Thema auf (vgl. *Vinson/Munson/Nekanishi*, 1977, S. 247 ff., und *Vinson/Scott/Lamont*, 1977, S. 44 ff.). Dabei richtete er sein Augenmerk auf Arbeiten von *Freud* und *Murray*, die bereits in den 20er und 30er Jahren eine rege Diskussion über die verhaltensprägende Bedeutung einer individuellen Werthaltung führten. Als weitere Quelle diente eine in mehreren *US-amerikanischen* Städten um **1965** durchgeführte empirische Studie, in der vor allem Jugendliche die Frage nach ihren Lebenszielen beantworteten (vgl. *Beatty/Kahle/Homer/Misra*, 1985, S. 181 ff.). Vor dem Hintergrund dieser Untersuchungen legte *Rokeach* aus rein **pragmatischen Erwägungen** die folgenden 18 Facetten der terminalen Werthaltung fest:

- ein gemütliches Leben,
- Leistungsfähigkeit,
- eine friedliche Welt,
- Gleichberechtigung,
- Klugheit und Weisheit,

- ein aufregendes Leben,
- reife Liebe,
- eine Welt voller Schönheit,
- Sicherheit der Familie,
- Freiheit,

- Glück,
- nationale Sicherheit,
- Selbstachtung,
- das Heil der Seele und

- innere Harmonie,
- Vergnügen,
- gesellschaftliche Anerkennung,
- echte Freundschaft.

Einen ganz anderen Weg schlug der Wissenschaftler zur Festlegung der relevanten **instrumentalen Werte** ein (vgl. *Beatty/Kahle/Homer*, 1991, S. 149 ff.). Den Ausgangspunkt bildete eine von *Anderson* erstellte, **555 Eigenschaftswörter umfassende Liste.** Aus dieser Wörtermenge löste *Rokeach* jene Attribute heraus, die aus seiner Sicht geeignet erschienen, Individuen in bezug auf **soziodemographische** und **psychographische Kriterien** zu trennen (vgl. *Walker/Olson*, 1991, S. 114 ff.). Im Anschluß daran wählte er nach **subjektivem Empfinden** 18 Eigenschaftswörter aus, räumte aber ein, daß andere Studien wohl kaum zu der gleichen Anzahl bedeutsamer instrumentaler Werte kommen (vgl. *Morganosky*, 1986, S. 35 ff.). Im einzelnen blieben folgende Attribute übrig:

- strebsam,
- tüchtig,
- ordentlich,
- versöhnlich,
- hilfsbereit,
- unabhängig,
- logisch,
- gehorsam,
- verantwortungsvoll und

- tolerant,
- heiter,
- mutig,
- aufrichtig,
- phantasievoll,
- intellektuell,
- liebend,
- höflich,
- selbstbeherrscht.

Trotz vielfältiger Experimente gelang es *Rokeach* nicht, eine **universelle Taxonomie** vorzulegen. Er selbst gesteht (1973, S. 30) ein "*... that there is no reason to think ... that others working independently would have come up with precisely the same list of 18 terminal and 18 instrumental values ...*". Beispielsweise nimmt Gesundheit in einer Studie von *Stiksrud* den ersten Rangplatz ein, während dieser Wert in *Rokeachs* Studie überhaupt nicht erscheint. Neben der **willkürlichen Auswahl** der **Lebensziele** und der **rein pragmatischen Festlegung** ihrer **Anzahl** taucht ferner das Problem auf, terminale und instrumentale Werte **exakt voneinander abzugrenzen**.

Freiheit, nach *Rokeach* eine terminale Werthaltung, gilt für viele Individuen als *conditio sine qua non* für eine friedliche Welt, wohingegen andere den Weltfrieden als Voraussetzung für Heiterkeit, die in dieser Taxonomie unter den instrumentalen Werten rangiert, betrachten. Außerdem beklagen viele Probanden die Schwierigkeit, terminale und instrumentale Werte in eine Hierarchie einzuordnen. Dies gilt als Hinweis dafür, daß zwei eindimensionale Werthierarchien in vielen Fällen nicht ausreichen, um das vielschichtige und beziehungsreiche Gefüge zwischen der terminalen und der instrumentalen Werthaltung wiederzugeben.

# 9 Das Qualitätsmanagement

## 9.1 Begriff und Anliegen

In einem Geleitwort zum *Malcolm Baldrige National Quality Award* im Jahr 1993 ist folgende Aussage von *George Bush*, dem ehemaligen *amerikanischen* Präsidenten, zu lesen: "... *in business, there is only one definition of quality - the customer's definition. With the fierce competition ... in the international market, quality means survival ...*". Dieser Sichtweise zufolge, ist die Unternehmensleistung an den Wünschen und Vorstellungen der tatsächlichen und potentiellen Nachfrager auszurichten. Auf diese Weise erscheint es möglich, das von einem Unternehmen ins Auge gefaßte Gewinn- beziehungsweise Umsatzziel zu erreichen (vgl. *Meffert*, 1995, S. 19 ff., und *Stauss* 1995, S. 19 ff.).

Wie in Abschnitt 2.2 erläutert, reflektiert ein Qualitätsurteil **nicht** die **objektive Beschaffenheit** eines Erzeugnisses, sondern dessen **Wahrnehmung** und **Bewertung** im Lichte **individueller Nutzenerwartungen**. Folglich bringt die **subjektive Qualitätseinschätzung** die Eignung eines Produkts für einen **intendierten Verwendungszweck** zum Ausdruck.

In vielen Unternehmen, wie *Philips, Motorola, Xerox, IBM, ABB, Electrolux* und *Ericsson*, gehört das **Qualitätsmanagement** zu den **zentralen Aufgaben** des **Top-Management**. Dies ist die Voraussetzung dafür, daß aus dem Anliegen, die Wünsche und Vorstellungen der Nachfrager zu befriedigen, ein **alle organisatorischen Einheiten** und **Funktionsbereiche** umfassendes *total quality management* entsteht. Diesen Anspruch formulieren *Bergman* und *Klefsjö* (1994, S. 21) auf folgende Weise: "*.. you continuously endeavour to fulfill or exceed the demands and expectations of the customers ... at lower and lower costs in all processes which continuously are being improved and to which everybody is committed. Here external as well as internal customers are to be considered ...*".

Vor dem Hintergrund dieser Überlegung lassen sich **drei Prinzipien** für ein **erfolgreiches Qualitätsmanagement** formulieren (vgl. *Töpfer/Mehdorn*, 1993, S. 22 ff., und *Zink*, 1995, S. 4 ff.):

* Jede Abteilung eines Unternehmens betrachtet eine in der **Wertschöpfungskette nachgelagerte organisatorische Einheit** als **Kunden**. Insofern ist diesem internen Abnehmer eine **einwandfreie Leistung** zum **vereinbarten Zeitpunkt** bereitzustellen. Ansonsten muß es ihm möglich sein, auf **Nachbesserung** oder **Umtausch** zu pochen. Ferner steht

dem Kunden die Option offen, eine **unzureichende Leistung abzulehnen** und sie von **einem anderen Anbieter** im eigenen Haus oder von außerhalb zu beziehen.

• Aus dem voranstehenden Postulat folgt, daß die **Anforderungen** der in der **Wertschöpfungskette nachgelagerten Abteilungen** die **Qualität** der **Leistung** einer **organisatorischen Einheit maßgeblich determinieren**. Daher bietet es sich an, vor der Leistungserstellung die **Anforderungen** der **unternehmensinternen Kunden** zu erfassen und daraus ein **Pflichtenheft** zu erstellen. Diese Vorgehensweise läuft im Grundsatz auf eine unternehmensbezogene Erforschung der Wünsche und Vorstellungen aller Abnehmer hinaus.

• Auf diese Weise lassen sich die **Bedürfnisse** und **Ansprüche** der am **Markt** auftretenden tatsächlichen und potentiellen **Kunden** allen **Akteuren** in der **Wertschöpfungskette** vermitteln. Damit gelingt es, die für einen Erfolg am **Markt bedeutsamen Kriterien** einer Unternehmensleistung, wie **Qualität**, **Zeit** und **Kosten**, in den einzelnen **Wertschöpfungsphasen** zu **sichern**, respektive zu **optimieren**. Gerade vor dem Hintergrund der Forderung, die *time to market* zu reduzieren und die Kosten nachhaltig zu senken, erhält dieses funktionsübergreifende Denken eine besondere Relevanz (vgl. hierzu den *simultaneous engineering*-**Ansatz** z. B. bei *Stalk/Hout*, 1990, S. 206 ff., und *Clark/Fujimoto*, 1992, S. 224 ff.).

Ein ausgewähltes Beispiel verdeutlicht diese Gedanken: Die Entwicklung, Produktion und Vermarktung eines **Flugzeugs** erfordert in **vielerlei Hinsicht** die permanente Sicherstellung von Qualitätsstandards. Daher finden sich bei der *Deutschen Aerospace* zahlreiche der zuvor näher spezifizierten Anforderungen in den Qualitätsgrundsätzen wieder (vgl. dazu auch *Engelhardt/Schütz*, 1991, 394 ff., und *Kamiske/Malhorny*, 1992, S. 274 ff.):

**1. Grundsatz:** Qualität wird definiert durch die physikalischen Einsatzbedingungen des Produkts, die internationalen flugtechnischen Vorschriften und die spezifischen Wünsche der Fluglinien.

**2. Grundsatz:** Qualität wird ferner definiert durch die Erfüllung ökologischer Anforderungen an das Produkt und an das Unternehmen.

**3. Grundsatz:** Qualität der Wertschöpfungskette ist Schnittstellenqualität jeder internen Lieferanten-Kunden-Beziehung.

**4. Grundsatz:** Jeder Mitarbeiter der *Deutschen Aerospace* ist ein Qualitätssicherer in eigener Sache.

**5. Grundsatz:** Die Umsetzung von *total quality management* ist nicht nur eine Organisationsaufgabe, sondern auch eine Führungsaufgabe jedes Vorgesetzten.

**6. Grundsatz:** Ein Qualitätsdefizit, das aufgedeckt wird, ist eine Herausforderung und Chance für die Zukunft.

**7. Grundsatz:** Qualität ist auf der einen Seite Einzelaufgabe und auf der anderen Seite Gruppenergebnis im Team.

**8. Grundsatz:** Eine offene Kommunikationskultur ist ein wichtiger Baustein für eine gelebte *total quality management*-Kultur.

**9. Grundsatz:** Die Personalentwicklung hat die Rolle des *change agent* bei der Kulturevolution zu übernehmen.

**10. Grundsatz:** Veränderungen sind keine Krisensymptome, sondern ein natürlicher Prozeß der Unternehmensentwicklung zur Sicherung der Wettbewerbsfähigkeit.

## 9.2 Dimensionen zur Gestaltung der Produktqualität

### 9.2.1 Technischer und technologischer Wandel

Es erweist sich als **äußerst schwierig** zu charakterisieren, worin sich überlegene Technik beziehungsweise Technologie manifestiert. *Van Wyk* (1984, S. 101 ff.) schlägt zwei **Struktur-** und vier **Leistungskriterien** zur Kennzeichnung des technischen Fortschritts vor (vgl. *Dichtl*, 1992, S. 345 ff., und *Schildknecht*, 1992, S. 117 ff.):

* Ein erstes Kriterium ist die **Größe**, da die Leistungsfähigkeit eines Erzeugnisses unablässig steigt. Güter nehmen einerseits immer **größere Ausmaße** an, andererseits läßt sich der **Leistungskern ständig verkleinern.** Vor der Einführung des Satellitenfernsehens ist es kaum vorstellbar gewesen, mit einem Werbespot ganz Europa zu erreichen. Umgekehrt ist es technisch möglich, die Marketinganstrengungen auch bei einer sehr großen Kundenschar auf jeden Einzelnen zu richten.

* Die zweite Determinante verkörpert die **Komplexität**, deren Herausbildung in drei Entwicklungsstufen zerfällt. Zunächst gibt es eine Art **leblose Vorrichtung**, die daraufhin eine **Energiequelle** erhält, bis das Aggregat schließlich die Fähigkeit zur **Informationsverarbeitung** erwirbt. Nach diesem Phasenmuster sind Flugzeuge entstanden, die zu Beginn nicht einmal eine Antriebsquelle besaßen. Erst später kam ein Motor hinzu, bevor neuerdings zumindest alle Verkehrsflugzeuge mit

einem Autopiloten ausgestattet sind. Eine ähnlich Abfolge ist auch beim Automobil zu erkennen, obgleich es noch zu jedem Zeitpunkt der Mitwirkung des Fahrers bedarf. Trotzdem schreitet die technische Entwicklung unaufhörlich voran, um den Fahrer irgendwann entbehrlich zu machen.

- Ein weiterer Indikator des technologischen Wandels ist die **unablässige Steigerung** der **Effizienz** eines **Erzeugnisses**. Ein Beispiel hierfür bilden die neuen Medien, wie E-mail, Internet, mobile Datenterminals und Bildfernsprecher. Bei jeder Variante läßt sich der Nachweis führen, daß sie die Leistung besser erfüllt als ihre Vorgänger, etwa im Hinblick auf die Verarbeitung von Text, Ton und Bildern.

- Die **Kapazität** eines Produkts verkörpert ein Leistungskriterium, das vor allem auf die **Menge** abstellt, die dieses **pro Zeiteinheit hervorbringt**. Im Jahre 1931 schaffte ein leistungsfähiges Passagierflugzeug gerade einmal 1.500 Personenkilometer pro Stunde. Über kurz oder lang ist damit zu rechnen, daß Flugzeuge 600.000 Personenkilometer pro Stunde absolvieren.

- Die **Dichte** bezieht die von einem Objekt übernommenen Funktionen auf den von diesem benötigten **Raum**, respektive auf das erforderliche **Volumen**. Als Beispiel für diese Überlegung läßt sich die für den Antrieb eines Elektroautos unerläßliche Batterie anführen. Ursprünglich verlangte die Größe dieses Energiespenders die Mitführung eines eigenen Anhängers. Inzwischen vermag der Fahrer diese Batterie sehr leicht im Fahrzeug unterzubringen.

- Als letztes Kriterium ist die **Genauigkeit** zu nennen, die sich auf die **Präzision** verschiedener Generationen von Geräten für den Umgang mit Material, Energie und Informationen bezieht. Diese schrittweisen Verfeinerungen gehen zum Beispiel Hand in Hand mit einer höheren Exaktheit bei der Bearbeitung von Material und einer größeren Genauigkeit der Zeitangaben der Uhr.

### 9.2.2 Nachfragerorientierte Produktgestaltung

Bei der **nachfragerorientierten Produktgestaltung** geht es darum, die Wünsche und Vorstellungen der Abnehmer zu erfassen und diese in die Produktion beziehungsweise Forschung und Entwicklung zu tragen. Dabei strebt der Anbieter an, jene **Anforderungen** zu identifizieren, die aus Sicht der **tatsächlichen** und **potentiellen Nachfrager** eine **große Bedeutung** besitzen.

Ein in **Wissenschaft** und **Praxis** gleichermaßen diskutierter Ansatz zur Kategorisierung von Anforderungen geht auf *Kano* (1984, S. 39 ff.) zurück. Er unterscheidet in seinem Modell **drei Arten** von **Produktanforderungen**, deren Erfüllung einen unterschiedlichen Einfluß auf die Kundenzufriedenheit besitzt (vgl. *Abbildung* 4.18).

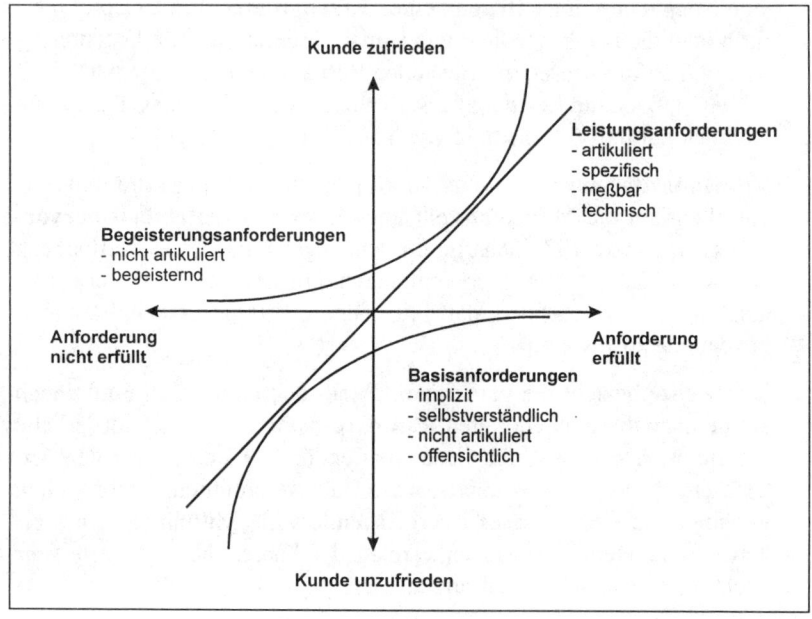

*Abbildung 4.18: Grundstruktur des Kano-Modells der Kunden-*
*zufriedenheit*

**(1) Die Basisanforderungen**

**Basisanforderungen** (*must be*) verkörpern **Mußkriterien**, die ein **Gut** unbedingt **befriedigen** sollte. Die **Nicht-Erfüllung** dieser Ansprüche bewirkt eine **große Unzufriedenheit**, wohingegen die **Erfüllung** dieser Erwartungen lediglich zu einer **Nicht-Unzufriedenheit** führt. Ein Kunde setzt häufig ohne explizites Bekunden voraus, daß das Erzeugnis den **Basisanforderungen gerecht wird**. Gelingt es einem Unternehmen, durch eine **neue Technologie** ein **Basisbedürfnis besser** zu **erfüllen** als dies bislang der Fall war, ist eine **deutliche Steigerung** der **Kundenzufriedenheit** die Folge.

Darüber hinaus repräsentiert die **neue Problemlösung** sehr schnell den **technologischen Standard** in der **Branche**. Diese Norm prägt die Kundenerwartungen bezüglich der Art und Intensität der Erfüllung von Basisanforderungen. Alle Wettbewerber, die noch die **alte Technologie** offerieren, erleiden **erhebliche Nachteile** im Kampf um Umsatz- und Absatzanteile. Ein Kunde stuft diese Konkurrenten als für ihn irrelevante Anbieter ein, da ihre Erzeugnisse nicht mehr dem **vorherrschenden technologischen Niveau** entsprechen.

**(2) Die Leistungsanforderungen**

Bei den **Leistungsanforderungen** (*one dimensional*) verhält sich die **Zufriedenheit** proportional zum **Erfüllungsgrad**. Je **höher** das Ausmaß der **Leistungserfüllung** erscheint, desto **zufriedener** ist der Kunde und umgekehrt. Solche Ansprüche werden in aller Regel vom Kunden ausdrücklich verlangt und dem Anbieter vorgetragen.

**(3) Die Begeisterungsanforderungen**

Zu den **Begeisterungsanforderungen** (*attractive*) gehören jene Kriterien, die einen **besonders großen Effekt auf** die **Zufriedenheit ausüben**. Diese Wünsche werden vom Kunden im allgemeinen nicht explizit formuliert und auch nicht erwartet. Die **Erfüllung** solcher Erwartungen erhöht die **Zufriedenheit** ganz erheblich, während bei einer **Nicht-Erfüllung** kein Gefühl der **Unzufriedenheit** aufkommt.

Diese Klassifikation der Kundenanforderungen liefert bedeutsame Hinweise für die Produktgestaltung. Beispielhaft seien einige dieser Anhaltspunkte im folgenden diskutiert:

- Aus der Unterteilung in Basis-, Leistungs- und Begeisterungsanforderungen resultieren Prioritäten für die Produktentwicklung. Es ergibt **keinen Sinn**, in die **Erfüllung** von **Basisanforderungen** zu **investieren, sofern diese bereits zufriedenstellend erfüllt sind**. Vielmehr ist in diesem Fall das Augenmerk auf die Leistungs- und Begeisterungsansprüche zu richten, da von diesen ein beachtlicher Effekt auf die Zufriedenheit ausgeht.

- Das *Kano*-Modell vermittelt **wertvolle Hilfestellung** zur **Lösung** von *trade offs* in der **Produktkonzeption**. Lassen sich zwei Produktanforderungen aus technischen oder Kostengründen nicht gleichzeitig erfüllen, ist jener Anspruch zu berücksichtigen, der den größten Einfluß auf die Kundenzufriedenheit aufweist.

- Basis-, Leistungs- und Begeisterungsanforderungen unterscheiden sich in Abhängigkeit der **Produktverwendungszwecke** und der **Nutzenerwartungen** bei **Erzeugnissen in verschiedenen Segmenten**. Auf dieser Basis lassen sich maßgeschneiderte Leistungspakete entwickeln, die einen hohen Grad an Zufriedenheit in den unterschiedlichen Gruppen ermöglichen.

- Das **Auffinden** und **Erfüllen** von **Begeisterungsanforderungen** bietet **vielfältige Möglichkeiten** zur **Differenzierung** eines **Guts**. Genügt ein Erzeugnis lediglich den Basis- und Leistungsanforderungen, erscheint es in den Augen der Kunden als durchschnittlich und austauschbar.

Ein Beispiel aus dem Skimarkt, das auf *Bailom* et al. (1996, S. 119 ff.) zurückgeht, veranschaulicht die Erfassung der drei Formen von Produktanforderungen und deren Umsetzung in Vorgaben für die Produktgestaltung. Hierzu bietet es sich an, diese Vorgehensweise in vier Schritte zu unterteilen: **Identifikation** von **Produktanforderungen**, **Konstruktion** eines **Fragebogens**, **Durchführung** der **Interviews** sowie **Auswertung** und **Interpretation**.

**(1) Identifikation von Produktanforderungen**

Dem Ergebnis einer empirischen Untersuchung von *Griffin* und *Hauser* (1993, S. 1 ff.) zufolge, reichen **20 bis 30 qualitative Interviews** mit **Kunden** aus, um etwa **90 bis 95%** der **segmentspezifischen Produktanforderungen** offenzulegen. Hierzu kommt insbesondere die Befragung von Fokusgruppen in Betracht, da sich durch gruppendynamische Prozesse wesentlich mehr und deutlich differenzierte Nachfragerbedürfnisse entdecken lassen. Zur Strukturierung dieser Erhebung dienen vier Fragen beziehungsweise Probleme, die im vorliegenden Beispiel wie folgt lauten:

- **Frage 1**: Was assoziiert ein Individuum mit dem Kauf und der Verwendung von Skier?

- **Frage 2**: Welche besonderen Probleme, Schwierigkeiten, Ärgernisse und Beschwerden verbindet der Nachfrager mit dem Kauf und der Verwendung von Skier?

- **Frage 3**: Welche Kriterien berücksichtigt die Person bei der Wahl einer Skimarke?

- **Frage 4**: Welche neuen Produkteigenschaften oder Serviceleistungen erfüllen die Erwartungen des Betroffenen noch besser? Was würde der Kunde an seinen Skier ändern?

Die Antworten auf die erste Frage, wie Freizeitvergnügen oder sportliche Betätigung, erteilen Auskunft über die **Einstellung** des **Kunden** zum **interessierenden Produkt** sowie dem **Anwendungsumfeld** und dem **Verwendungszweck**. Aus einer Analyse dieser Nennungen ergeben sich vor dem Hintergrund der Produktverwendung Anregungen für die Verbesserung eines bestehenden Guts oder die Entwicklung eines neuen Erzeugnisses.

Die Erörterung des zweiten Problemfelds vermittelt eine Vorstellung über die bislang **unentdeckten Wünsche** des Nachfragers. Beispielsweise klagen viele Skifahrer über das unkontrollierte Rutschen auf eisiger und harter Piste. Die von einem Hersteller etablierte Trapezbauweise trägt ganz entscheidend zur Überwindung dieses Ärgernisses bei.

Aus der Beantwortung der dritten Frage, wie Fahreigenschaften im Tiefschnee oder Gewicht der Skier, gehen die **Leistungsanforderungen** des Abnehmers hervor. Hierbei handelt es sich um Produktmerkmale, auf die ein Skifahrer großen Wert legt.

Der letzte Problemkreis stellt auf die Bedürfnisse des Kunden ab, die sich selbst durch das **aktuelle Angebot noch nicht erfüllen lassen**. Hierzu gehören beispielsweise der jährliche Gratisservice an Kanten und Belag sowie die Möglichkeit ein altes Skimodell gegen ein neues zu tauschen.

Die Auswertung der Wünsche und Probleme der Skifahrer liefert in der Regel zahlreiche Anregungen für die Verbesserung bereits existierender Skier und die Entwicklung eines neuen Modells. In der vorliegenden Studie wurden die folgenden Produktanforderungen genannt:

- guter Kantengriff auf eisiger und harter Piste,

- gute Drehfreudigkeit der Skier,

- gute Fahreigenschaften im Tiefschnee,

- besonders leichte Skier,

- integrierte Diebstahlsicherung,

- Kratzfestigkeit der Oberfläche,

- zu Bindung und Schuh passendes Design,

- kostenloser Service an Kanten und Belag,
- Tausch des alten Modells gegen ein neues,

- regelmäßige Informationen über Testergebnisse, Skipflege und Sicherheit.

**(2) Konstruktion eines Fragebogens**

Der Marktforscher formuliert für jede der zuvor identifizierten Produktei-genschaften zwei Fragen mit jeweils fünf Antwortmöglichkeiten. Die er-ste Frage besteht aus einer **funktionalen Form**, das heißt, das **Merkmal ist vorhanden**. Da die zweite Frage eine **dysfunktionale Form** aufweist, ist das **interessierende Attribut nicht vorhanden**. Das folgende Bei-spiel verdeutlicht diese Befragungstechnik:

- **Funktionale Form der Frage:** Wenn der Kantengriff Ihrer Skier auf eisiger und harter Piste **gut** ist, wie denken Sie darüber?

  (1) Das würde mich freuen.

  (2) Das setze ich voraus.

  (3) Das ist mir egal.

  (4) Das könnte ich eventuell in Kauf nehmen.

  (5) Das würde mich sehr stören.

- **Dysfunktionale Form der Frage:** Wenn der Kantengriff Ihrer Skier auf eisiger und harter Piste **schlecht** ist, wie denken Sie darüber?

  (1) Das würde mich freuen.

  (2) Das setze ich voraus.

  (3) Das ist mir egal.

  (4) Das könnte ich eventuell in Kauf nehmen.

  (5) Das würde mich sehr stören.

Antwortet der Proband zum Beispiel auf die **funktionale Frage** *das wür-de mich sehr freuen* und auf die **dysfunktionale Frage** *das ist mit egal*, ergibt sich aus der Kombination dieser Nennungen in *Tabelle* 4.25 die **Kategorie A** (*attractive*). Hierbei handelt es sich offenbar um eine **Be-geisterungsanforderung**, da die Existenz dieses Produktmerkmals die Zufriedenheit erheblich erhöht, wohingegen das Nicht-Vorhandensein des Attributs die Zufriedenheit nicht entscheidend vermindert.

Führen die Nennungen des Probanden hingegen zur **Kategorie I** (*indiffe-rent*), erscheint das betrachtete Merkmal für den Kunden bei der Wahl ei-nes Objekts unerheblich. Es ist ihm egal, ob die Eigenschaft vorhanden ist oder nicht, in jedem Fall ist er nicht bereit, dafür Geld auszugeben. Taucht in der Auswertungstabelle die **Kombination R** (*reverse*) auf, so liegt ein Merkmal vor, das der Nachfrager als unerwünscht erachtet. Be-rücksichtigt ein Hersteller dieses Attribut, ist mit einer Abwanderung des Individuums zu rechnen. Normalerweise fallen keine Nennungen in die

**Kategorie Q** (*questionable*), die für fragwürdige Antworten steht. Ein Ausnahmefall tritt nur dann auf, wenn der Marktforscher die Frage falsch stellt oder der Proband die Frage nicht richtig versteht.

| Funktionale | Dysfunktionale Frage | | | | |
|---|---|---|---|---|---|
| **Frage** | Würde mich sehr freuen | Setze ich voraus | Das ist mir egal | Könnte ich in Kauf nehmen | Würde mich sehr stören |
| Würde mich sehr freuen | Q | A | A | A | O |
| Setze ich voraus | R | I | I | I | M |
| Das ist mir egal | R | I | I | I | M |
| Könnte ich in Kauf nehmen | R | I | I | I | M |
| Würde mich sehr stören | R | R | R | R | Q |
| A(ttractive) = Begeisterungsanforderung<br>M(ust be) = Basisanforderung<br>R(everse) = entgegengesetzt<br>O(ne dimensional) = Leistungsanforderung<br>Q(uestionable) = fragwürdig<br>I(ndifferent) = indifferent | | | | | |

Quelle: *Bailom* et al., 1996, S. 121

*Tabelle 4.25: Die Auswertungstabelle im Kano-Modell*

Neben diesen **Kano-Fragen** erscheint es ratsam, dem Kunden die einzelnen Gütereigenschaften mit der Aufforderung vorzulegen, sie einerseits im Hinblick auf ihre **Relevanz** bei der **Produktwahl** zum Beispiel auf einer Skala von 1 (= völlig unwichtig) bis 7 (= sehr wichtig) einzustufen. Andererseits erhält die Auskunftsperson die Bitte, die **Zufriedenheit** mit der **Ausprägung** des **jeweiligen Attributs** beim **interessierenden Er-**

**zeugnis** ebenfalls auf einer 7er-Skala (1 = völlig unzufrieden bis 7 = sehr zufrieden) anzugeben. Hieraus ergeben sich Ideen für neue Produkte und für Verbesserungen bereits erzeugter Güter.

**(3) Durchführung der Interviews**

Zur Durchführung von Interviews stehen mehrere Erhebungsformen zur Verfügung. Allerdings erweist sich vor allem die **schriftliche Befragung** für die Erfassung von Kundenerwartungen und -zufriedenheit als tauglich. Hierfür sprechen die **relativ geringen Kosten** und die **relativ hohe Objektivität** des Resultats, während die geringe Rücklaufquote als Nachteil zu sehen ist. Für eine empirische Untersuchung im Sinne des *Kano*-Modells **eignet sich insbesondere** das **standardisierte, mündliche Interview**. Dadurch gelingt es, den Einfluß des Marktforschers zu beschränken, den Rücklauf zu steigern und bei eventuellen Verständnisschwierigkeiten erklärend einzugreifen.

**(4) Auswertung und Interpretation**

*Tabelle* 4.26 verdeutlicht das Ergebnis der Datenerfassung: Hiernach stufen 49,3% der Befragten den **guten Kantengriff** auf eisiger und harter Piste als **Basisanforderung** ein, während 45,1% der Auskunftspersonen die **gute Drehfreudigkeit** der Skier zu den **Leistungsanforderungen** zählen. Dagegen bildet der **kostenlose Service** an Kanten und Belag in den Augen von 63,8% der Auskunftspersonen eine **Begeisterungsanforderung**.

Häufig verkörpern die Nachfrager keine homogene Einheit, sondern **unterscheiden** sich im Hinblick auf ihre **Erwartungen** an ein **Produkt**. Im vorliegenden Beispiel läßt sich zeigen, daß der gute Kantengriff auf eisiger und harter Piste in Abhängigkeit des Fahrkönnens eine unterschiedliche Bedeutung besitzt. **Anfänger** betrachten dieses Attribut zumeist als Leistungsanforderung, während **Experten** einen angemessenen Kantengriff als Basiseigenschaft voraussetzen. Sofern der Marktforscher im Rahmen der Befragung genug kundenbezogene Variablen berücksichtigt, läßt sich im Anschluß eine **Marktsegmentierung** durchführen. Hierbei fungieren die Nutzenerwartungen der Probanden als Kriterien zur Identifikation von Hinweisen für eine Leistungsdifferenzierung.

Lassen sich die einzelnen Produktanforderungen nicht eindeutig den verschiedenen Kategorien zuordnen, ist die Auswertungsregel **M > O > A > I** ratsam. Bei Entscheidungen über die Produktentwicklung berücksichtigt ein Unternehmen zunächst jene Eigenschaften, die den größten Einfluß auf die wahrgenommene Produktqualität ausüben. Dieser Vorgehenswei-

se liegt die Idee zugrunde, daß jene **Anforderungen vornehmlich zu erfüllen sind**, die bei **Nicht-Erfüllung Unzufriedenheit** erzeugen. Für die
Beantwortung der Frage nach den zu erfüllenden Begeisterungsanforderungen ist deren relative Bedeutung für den Kunden ausschlaggebend. Erfüllen die Produkte eines Anbieters zwei oder drei sehr wichtige Begeisterungsanforderungen des Kunden, liegen **leistungsstarke Erzeugnisse**
vor.

| Produktanfor-<br>derung | Häufigkeit in Kategorie (in %) | | | | | | Gesamt<br>(in %) | Kategorie |
|---|---|---|---|---|---|---|---|---|
| | A | O | M | I | R | Q | | |
| Kantengriff | 7,0 | 32,3 | 49,3 | 9,5 | 0,4 | 1,5 | 100 | M |
| Drehfreudigkeit | 10,4 | 45,1 | 30,5 | 11,6 | 1,2 | 1,2 | 100 | O |
| Service | 63,8 | 21,6 | 2,9 | 8,5 | 0,7 | 2,5 | 100 | A |
| ... | ... | ... | ... | ... | ... | ... | ... | ... |

A(ttractive) = Begeisterungsanforderung
M(ust be) = Basisanforderung
R(everse) = entgegengesetzt
O(ne dimensional) = Leistungsanforderung
Q(uestionable) = fragwürdig
I(ndifferent) = indifferent

Quelle: *Bailom* et al., 1996, S. 123

*Tabelle 4.26: Die Ergebnistabelle im Kano-Modell*

Zur weiteren Spezifikation der Unternehmensleistung bietet sich der **Zu-
friedenheitskoeffizient** an. Diese Größe erteilt einerseits Auskunft darüber, inwieweit eine Produkteigenschaft geeignet erscheint, die Zufriedenheit zu steigern. Andererseits geht aus diesem Faktor die **Intensität**
der **Unzufriedenheit** hervor, die bei Nicht-Erfüllung eines Attributs auftritt. Die Methodik besteht darin, die **Anzahl** der **Nennungen** für **Basis-
(M)**, **Leistungs- (O)** und **Begeisterungsanforderungen (A)** sowie Eigenschaften, gegenüber denen sich der **Kunde indifferent** zeigt (**I**), für

ein Produktmerkmal miteinander in Beziehung zu setzen. Dabei laùtet das Ausmaß der (Un-)Zufriedenheitsstiftung eines Attributs wie folgt:

Für den Grad der **Zufriedenheitsstiftung** (ZS) eines Merkmals gilt:

$$ZS = \frac{A+O}{A+O+M+I} \qquad (4.12)$$

Das Ausmaß der **Unzufriedenheitsstiftung** (US) errechnet sich so:

$$US = \frac{O+M}{(A+O+M+I)\cdot(-1)} \qquad (4.13)$$

Die beiden Koeffizienten reichen von 0 bis 1 beziehungsweise von 0 bis -1, wobei ein Wert der nahe bei **1,** respektive **-1 (0)** liegt, einen **großen (kleinen) Einfluß** des Attributs auf die **Zufriedenheit** beziehungsweise **Unzufriedenheit** signalisiert. Aus *Tabelle* 4.27 geht zum Beispiel hervor,

| Produktanfor-derung | Häufigkeit in Kategorie (in %) | | | | Gesamt (in %) | Kate-gorie | ZS | US |
|---|---|---|---|---|---|---|---|---|
| | A | O | M | I | | | | |
| Kantengriff | 7 | 33 | 50 | 10 | 100 | M | 0,40 | -0,83 |
| Drehfreudigkeit | 11 | 46 | 31 | 12 | 100 | O | 0,57 | -0,78 |
| Service | 66 | 22 | 3 | 9 | 100 | A | 0,89 | -0,25 |
| ... | ... | ... | ... | ... | ... | ... | ... | ... |

A(ttractive) = Begeisterungsanforderung
M(ust be) = Basisanforderung
R(everse) = entgegengesetzt
O(ne dimensional) = Leistungsanforderung
Q(uestionable) = fragwürdig
I(ndifferent) = indifferent
ZS = Zufriedenheitsindex
US = Unzufriedenheitsindex

Quelle: *Bailom* et al., 1996, S. 123

*Tabelle 4.27: Die Ergebnistabelle im Kano-Modell*

daß ein schlechter Kantengriff mit einem Faktor von -0,83 zu einer deutlichen Unzufriedenheit führt, während ein guter Kantengriff mit einem Wert von 0,40 nur begrenzt im Stande ist, die Kundenzufriedenheit zu verbessern. *Abbildung* 4.19 stellt den Zusammenhang zwischen dem Koeffizienten eines Merkmals für die Zufriedenheitsstiftung und dem entsprechenden Wert für die Unzufriedenheitsstiftung dar.

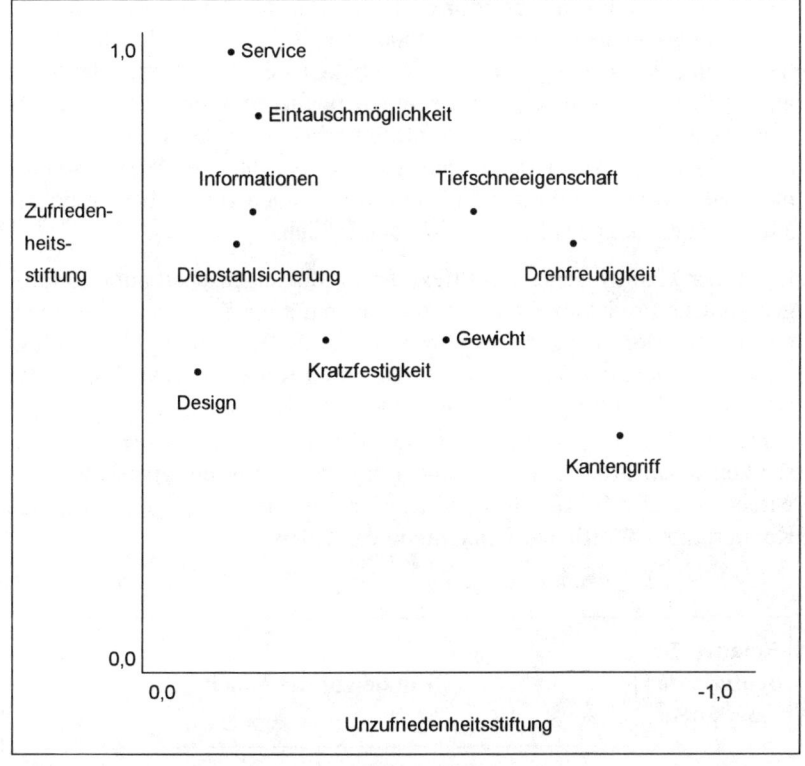

Quelle: *Bailom* et al., 1996, S. 124

*Abbildung 4.19: Einfluß von Produkteigenschaften auf die Zufriedenheit beziehungsweise Unzufriedenheit*

Die wahrgenommene Zwecktauglichkeit der eigenen Güter im Vergleich zu denen der Konkurrenten ist von ausschlaggebender Relevanz für Produktverbesserungsmaßnahmen und Neuproduktentwicklungen. Aus diesem Grund erscheint es sinnvoll, bei der **Beurteilung** der **eigenen Erzeugnisse** auch **Kundenurteile** über **Konkurrenzprodukte** zu erheben. Hierzu kommt der *quality improvement*-**Index** (QI) zum Einsatz, der aus der relativen Bedeutung einer Produktanforderung für den Kunden und dem *gap*-**Wert** der wahrgenommenen Produktqualität (eigenes Erzeugnis versus Konkurrenzerzeugnis) resultiert. Hieraus ergibt sich:

$$QI = \begin{array}{l} \text{relative Wichtigkeit der Produkteigenschaft (Urteil bezüglich der} \\ \text{Qualität des eigenen Guts} - \text{Urteil bezüglich der Zwecktauglich-} \\ \text{keit der Konkurrenzerzeugnisse)} \end{array} \qquad (4.14)$$

Die **Extrempunkte** dieses **Index** hängen von der Anzahl der Produkte auf der zugrundeliegenden *rating*-Skala ab. Gleichwohl liefert der Koeffizient eine Vorstellung über die Wichtigkeit der Produktanforderungen im Wettbewerb. Nimmt QI einen **hohen positiven Wert** an, besitzt das vorliegende Gut einen relativen **Wettbewerbsvorteil**. Dagegen deutet ein hoher **negativer Wert** darauf hin, daß ein beachtlicher **Wettbewerbs-nachteil** existiert. In diesem Fall sind Maßnahmen zur Verbesserung der Zwecktauglichkeit des Erzeugnisses unerläßlich.

Kennt der Marktforscher den Effekt der Produkteigenschaft auf die wahrgenommene Produktqualität und damit auch auf die Kundenzufriedenheit, die relative Bedeutung dieses Attributs und die Beurteilung des Erzeugnisses aus Sicht der Kunden im Vergleich zu Konkurrenzangeboten, läßt sich das in *Abbildung* 4.20 dargebotene Schaubild erstellen. Es vermittelt Anhaltspunkte für **produktpolitische Aktivitäten**, wobei die Aufmerksamkeit jenen Produktanforderungen gilt, die aus Nachfragersicht **kaufentscheidungsrelevant sind** und aus Unternehmenssicht gegenüber den Konkurrenten **Wettbewerbsnachteile** darstellen.

| Relative Bedeutung des Merkmals | Kundenzufriedenheit | |
|---|---|---|
| | hoch | niedrig |
| hoch | Strategischer Wettbewerbsvorteil muß ausgebaut werden | Strategischer Wettbewerbsnachteil muß ausgemerzt werden |
| niedrig | Irrelevanter Wettbewerbs-vorteil | Akzeptabler Wettbewerbs-nachteil |

*Abbildung 4.20: Das (Un-)Zufriedenheitsportfolio*

## 9.2.3 Zielkostenorientierte Produktgestaltung

Das zentrale Anliegen einer **zielkostenorientierten Produktgestaltung** *(target costing)* besteht darin, das **Kostenmanagement** an den **Markterfordernissen** auszurichten. Der Anbieter strebt an, nur für jene Produktkomponenten Kosten zuzulassen, die in den Augen der tatsächlichen und potentiellen Abnehmer auch Nutzen stiften. Auf diese Weise gelingt es, die Ressourcen des Unternehmens auf die für den Erfolg am Markt besonders wichtigen Güterfacetten zu richten (vgl. *Horvath/Seidenschwarz,* 1992, S. 142 ff., und *Rösler,* 1996, S. 27 ff.).

Die Grundidee des *target costing*-Ansatzes ist die retrograde Kalkulation der Produktkosten ausgehend vom geplanten Produktpreis (vgl. den *target price* in *Abbildung* 4.21). Die **zulässigen Kosten** (*allowable costs*) ergeben sich aus dem *target price* abzüglich der vom Unternehmen anvisierten Gewinnspanne. Den *allowable costs* stellt der Kostenmanager jene **Standardkosten** gegenüber, die beim Einsatz der im **Unternehmen verfügbaren Technologie** anfallen. Die Zielkosten (*target costs*) resultieren aus einem Abgleich der Standardkosten mit den **zulässigen Kosten** vor dem **Hintergrund** der **Strategie** des **Anbieters** und der **Wettbewerbssituation**. Die auf diese Weise ermittelten *target costs* fungieren im folgenden als Anker, um den einzelnen Produktkomponenten Zielkosten zuzuweisen.

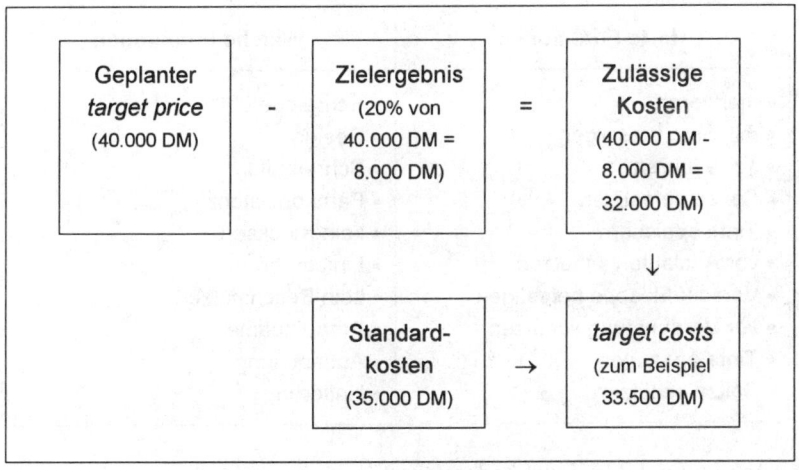

*Abbildung 4.21: Grundstruktur der zielkostenorientierten Produktgestaltung*

Den Ausgangspunkt für die kostenorientierte Gestaltung eines Erzeugnisses bilden die Wünsche und Bedürfnisse der Kunden. Hierbei lassen sich die Anforderungen der potentiellen und tatsächlichen Nachfrager an die Unternehmensleistung in **harte** und **weiche Funktionen** zerlegen. Zu den **harten Funktionen** zählen alle **physikalisch-chemisch-technischen** (also objektiven) **Funktionen**, die zur **technischen** und **wirtschaftlichen Nutzung** erforderlich sind. Dagegen umfassen die **weichen Funktionen** alle **darüber hinausgehenden Extras**, wie Prestige, Image und Ästhetik. *Abbildung* 4.22 zeigt am Beispiel eines Tintenschreibers einige harte und weiche Funktionen (vgl. *Seidenschwarz*, 1991, S. 198 ff.).

Die aufgelisteten harten und weichen Funktionen sind anschließend im Hinblick auf ihre Wichtigkeit für die Produktwahlhandlung der Nachfrager zu bewerten. Hierzu kommt beispielsweise eine ***Conjoint*-Analyse** in Betracht, die die Bedeutung einzelner Funktionen für die Herausbildung eines Präferenzurteils angibt. Ausgehend von diesen Daten gewichtet der Marktforscher zunächst auf **Gattungsebene** (also die harten und weichen Funktionen jeweils insgesamt), bevor er **innerhalb einer Gattung** die einzelnen Funktionen bewertet. *Tabelle* 4.28 veranschaulicht das Ergebnis der **gattungsspezifischen Gewichtung**, wohingegen *Tabelle* 4.29 das Resultat der **gattungsübergreifenden Bewertung** ausdrückt.

| Tintenschreiber | |
|---|---|
| **Harte Funktionen** | **Weiche Funktionen** |
| • markieren<br>• mit Tinte versorgen<br>• Tinte führen<br>• Spitze befestigen<br>• Tinte speichern<br>• vor Auslaufen schützen<br>• Vorschußklappe befestigen<br>• vor Verdunstung schützen<br>• Tinte ansaugen<br>• Spitze schützen | • Schreibgefühl<br>• Design<br>• Schreibbild<br>• Farbkonsistenz<br>• kein Klecksen<br>• Linienführung<br>• kein Beschmutzen<br>• Produktname<br>• Aufmachung<br>• Halterung |

*Abbildung 4.22: Harte und weiche Funktionen eines Tintenschreibers*

| Tintenschreiber | | | |
|---|---|---|---|
| Harte Funktionen besitzen einen Gewichtungsfaktor von 0,35 | | Weiche Funktionen besitzen einen Gewichtungsfaktor von 0,65 | |
| Harte Funktion | Gewichtungsfaktor | Weiche Funktion | Gewichtungsfaktor |
| • markieren | 0,05 | • Schreibgefühl | 0,08 |
| • mit Tinte versorgen | 0,12 | • Design | 0,16 |
| • Tinte führen | 0,20 | • Schreibbild | 0,06 |
| • Spitze befestigen | 0,07 | • Farbkonsistenz | 0,22 |
| • Tinte speichern | 0,18 | • kein Klecksen | 0,15 |
| • vor Auslaufen schützen | 0,03 | • Linienführung | 0,09 |
| • Vorschußklappe befestigen | 0,10 | • kein Beschmutzen | 0,06 |
| • vor Verdunstung schützen | 0,15 | • Produktname | 0,08 |
| • Tinte ansaugen | 0,04 | • Aufmachung | 0,07 |
| • Spitze schützen | 0,06 | • Halterung | 0,03 |
| Summe | 1,00 | Summe | 1,00 |

*Tabelle 4.28: Gattungsspezifische Gewichtung*

Nach diesen Vorarbeiten läßt sich ein Neuprodukt entwerfen, das alle für die Verwendung eines Erzeugnisses relevanten Komponenten beinhaltet. Im Fall eines Tintenschreibers sind zum Beispiel die folgenden **Erzeugniskomponenten** vorstellbar: Gehäuseform, Tintenspender, Gehäusefarbe, Verschluß, Feder und Gehäusematerial.

*Tabelle* 4.30 zeigt eine **Verknüpfung** der **Produktfunktionen** mit den **Produktkomponenten**. Dabei geben die Schätzwerte das Ausmaß an, in dem **eine Komponente** die **entsprechende Funktion beeinflußt**. Solche Zahlen stammen in der Regel von **Experten**, die verschiedene Bereiche im Unternehmen (Controlling, Forschung und Entwicklung, Produktion sowie Marketing) vertreten. Zum Beispiel leistet die **Komponente** Feder einen Beitrag von 55% zur Erfüllung der Funktion **markieren**, wohingegen die Erfüllung der Funktion **mit Tinte versorgen** zu 3% vom **Verschluß** abhängt.

| Tintenschreiber | | | |
|---|---|---|---|
| **Bedeutungsgewichte der harten und weichen Funktionen unter Berücksichtigung der Gattungsgewichte (insgesamt 100 %)** | | | |
| **Harte Funktion** | Gewich-tungsfaktor | **Weiche Funktion** | Gewich-tungsfaktor |
| • markieren | 0,02 | • Schreibgefühl | 0,05 |
| • mit Tinte versorgen | 0,04 | • Design | 0,10 |
| • Tinte führen | 0,07 | • Schreibbild | 0,04 |
| • Spitze befestigen | 0,02 | • Farbkonsistenz | 0,15 |
| • Tinte speichern | 0,06 | • kein Klecksen | 0,09 |
| • vor Auslaufen schützen | 0,01 | • Linienführung | 0,06 |
| • Vorschußklappe befestigen | 0,04 | • kein Beschmutzen | 0,04 |
| • vor Verdunstung schützen | 0,05 | • Produktname | 0,06 |
| • Tinte ansaugen | 0,01 | • Aufmachung | 0,05 |
| • Spitze schützen | 0,02 | • Halterung | 0,02 |

*Tabelle 4.29: Gattungsübergreifende Gewichtung*

| Tintenschreiber | | | | | |
|---|---|---|---|---|---|
| **Komponente** | **Funktion** | | | | |
| | markieren | mit Tinte versorgen | Tinte führen | ... | Halterung |
| • Gehäuseform | 0,17 | 0,08 | 0,35 | | 0,32 |
| • Tintenspender | 0,10 | 0,65 | 0,05 | | 0,12 |
| • Gehäusefarbe | 0,00 | 0,00 | 0,00 | ... | 0,00 |
| • Verschluß | 0,03 | 0,03 | 0,10 | | 0,24 |
| • Feder | 0,55 | 0,20 | 0,25 | | 0,09 |
| • Gehäusematerial | 0,15 | 0,04 | 0,25 | | 0,23 |
| Summe | 1,00 | 1,00 | 1,00 | 1,00 | 1,00 |

*Tabelle 4.30: Zusammenhang zwischen Produktkomponenten und Produktfunktionen*

Die in *Tabelle* 4.30 dargebotenen **funktionsbezogenen Schätzwerte** lassen sich im Anschluß auf das Produkt beziehen. *Tabelle* 4.31 verdeutlicht, daß die Bedeutung der **Feder** bei der Wahl eines **Tintenschreibers** 13% beträgt, der **Verschluß** zu 6% das Produkterlebnis determiniert.

| Tintenschreiber | | | | |
|---|---|---|---|---|
| **Komponente** | **Funktion** | | | **Summe** |
| | markieren | mit Tinte versorgen | Tinte führen | ... |
| • Gehäuseform | 0,0034 | 0,0032 | 0,0245 | | 0,32 |
| • Tintenspender | 0,0020 | 0,0130 | 0,0035 | | 0,17 |
| • Gehäusefarbe | 0,0000 | 0,0000 | 0,0000 | ... | 0,08 |
| • Verschluß | 0,0006 | 0,0006 | 0,0070 | | 0,06 |
| • Feder | 0,0110 | 0,0040 | 0,0175 | | 0,13 |
| • Gehäusematerial | 0,0030 | 0,0008 | 0,0175 | | 0,24 |
| Summe | | | | | 1,00 |

*Tabelle 4.31: Relevanz der Produktkomponenten für die Erfüllung der Produktfunktionen*

Aus dieser Erkenntnis läßt sich die folgende Empfehlung für die **Zerlegung** der **Gesamtkosten** ableiten: Die **Produktkomponenten** erhalten aufgrund ihrer **relativen Wichtigkeit Zielkostenanteile** zugewiesen. Jenen Komponenten, die eine große (geringe) Relevanz für das Produkterlebnis besitzen, gesteht der Marktforscher hohe (niedrige) Zielkostenanteile zu. Daher darf im betrachteten Beispiel die **Feder** einen Anteil von 13%, der **Verschluß** einen von 6% und das **Gehäusematerial** einen von 24% an den Gesamtkosten aufweisen.

Diese **komponentenbezogenen Kostenvorgaben** lassen sich den vermuteten **Herstellungskosten** gegenüberstellen. Dabei erteilt das Verhältnis zwischen dem **errechneten Teilnutzengewicht** und dem **Anteil** an den **geschätzten Herstellungskosten** Auskunft darüber, inwieweit die postulierte Vorgabe bereits erfüllt ist.

$$\text{Zielkostenindex} = \frac{\text{Teilnutzengewicht in Prozent}}{\text{Anteil an den Herstellungskosten in Prozent}} \qquad (4.15)$$

Nimmt der **Zielkostenindex** einer Komponente den Wert 1 an, entspricht der **Kostenanteil** ganz genau ihrem **Teilnutzenwert**. Ist dieser Indikator dagegen größer als 1, besteht Anlaß zu der Vermutung, daß das Unternehmen dieser Komponente **nicht genug Aufmerksamkeit schenkt**. Bei einem Wert, der kleiner als 1 ist, liegt die Überlegung nahe, eine **Reduzierung** der **Komponentenkosten** zu empfehlen. Aus *Tabelle* 4.32 gehen die Zielkostenindizes der einzelnen Erzeugniskomponenten hervor.

| Komponente | Kostenanteil | Teilnutzenwert | Zielkostenindex |
|---|---|---|---|
| • Gehäuseform | 0,25 | 0,32 | 1,28 |
| • Tintenspender | 0,23 | 0,17 | 0,74 |
| • Gehäusefarbe | 0,08 | 0,08 | 1,00 |
| • Verschluß | 0,10 | 0,06 | 0,60 |
| • Feder | 0,07 | 0,13 | 1,86 |
| • Gehäusematerial | 0,27 | 0,24 | 0,89 |

*Tabelle 4.32: Ermittlung der Zielkostenindizes*

Im **Zielkostenkontrolldiagramm** findet sich eine Gegenüberstellung des **Teilnutzengewichts** und des **Kostenanteils** der jeweiligen Komponente. Da der **Idealwert** von 1 für **konkrete praktische Anwendungen** eine **restriktive Vorgabe** darstellt, ist eine **Zone** zu bestimmen, in der sich der **Zielkostenindex** befinden sollte. Zur Festlegung dieses **Toleranzbereichs** dienen die beiden folgenden Ausdrücke:

$$f_1(x) = \sqrt{x^2 - q^2} \tag{4.16}$$

und

$$f_2(x) = \sqrt{x^2 + q^2} \tag{4.17}$$

Dabei verkörpert die Funktion $f_1$ die **untere Begrenzung** der **Zielkostenzone** und $f_2$ die **obere Grenze**. Der Parameter q determiniert das Ausmaß der **Zielkostenzone**. Diese Größe ist vor dem Hintergrund sachlogischer Überlegungen vom Produktmanager vorzugeben.

Aus *Abbildung* 4.23 geht hervor, daß die Kosten für die Herstellung des **Verschlusses dringend** und **nachhaltig zu senken sind**. Dagegen liegt bei der **Gehäusefarbe** kein Handlungsbedarf vor, da deren **Zielkosten-**

**punkte** in der **Zielkostenzone** liegen. Allerdings ist zu prüfen, ob und inwieweit die Gestaltung der **Feder nutzengerecht** (und nicht zu billig) **ausfällt**.

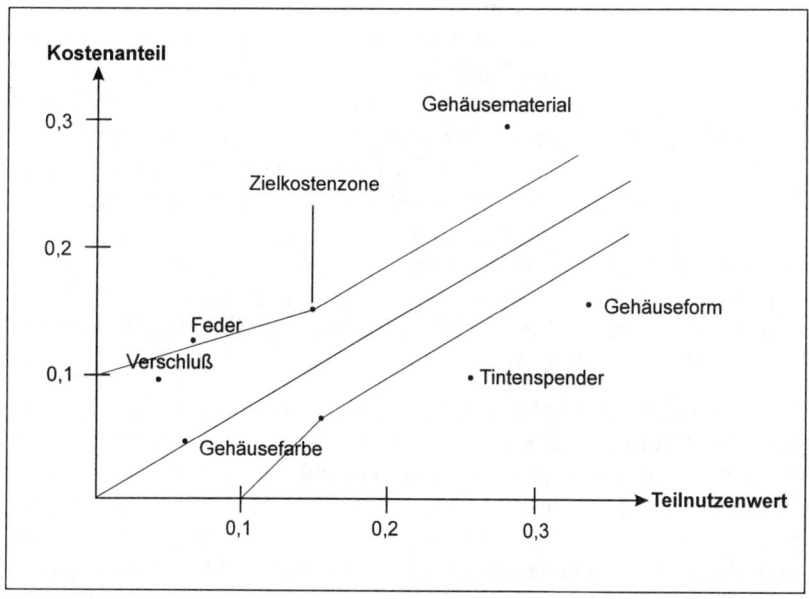

*Abbildung 4.23: Das Zielkostenkontrolldiagramm*

Dieses **Zielkostenkontrolldiagramm** vermittelt wichtige Anhaltspunkte zur **nutzenorientierten Verteilung** knapper **finanzieller** und **personeller Ressourcen**. Gleichwohl sind Komponenten vorstellbar, die ganz wesentlich zur Funktionsfähigkeit eines Produkts beitragen, aber vom Kunden keine Wertschätzung erfahren (z. B. Hinterachse beim Pkw). Umgekehrt ist zu bedenken, daß es wichtige Komponenten gibt, die sich ohne großen Aufwand produzieren lassen (z. B. Schiebedach beim Pkw). Insofern ist es ratsam, die aus dem Diagramm abgeleiteten Hinweise durch ergänzende Analysen zu fundieren (vgl. *Sakurai/Keating*, 1994, S. 84 ff.).

## 9.3 Prozeß zur Gestaltung der Produktqualität

### 9.3.1 Der *quality function deployment*-Ansatz

Manager auf einer Werft von *Mitsubishi Industries* in *Kobe* legten 1972 einen Ansatz zur systematischen Transformation der "**Stimme des Kunden**" in die "**Sprache des Ingenieurs**" vor. Im Mittelpunkt ihrer Bemühungen stand die Idee, die Ansprüche und Bedürfnisse der tatsächlichen und potentiellen Nachfrager zum Ausgangspunkt der Produktgestaltung zu erheben (vgl. *Frehr*, 1993, S. 68 ff.). *Toyota* und seine Zulieferer griffen dieses *quality function deployment*-**Modell** auf und entwickelten es in der Folgezeit auf vielfältige Weise weiter. Inzwischen führen eine beachtliche Zahl von Unternehmen, wie *General Motors, Hewlett Packard, ITT* und *AT&T, quality function deployment*-Projekte durch (vgl. *Eversheim/Eickholt/Müller*, 1995, S. 61 ff., *Stauss*, 1994[b], S. 149 ff., und *Kamiske* et al., 1994, S. 181 ff.).

Die Grundidee des *quality function deployment*-**Ansatzes** läßt sich anhand eines Beispiels zeigen (vgl. *Hauser/Clausing*, 1997, S. 63 ff.): Den Ausgangspunkt bilden jene **Produktmerkmale**, die aus Kundensicht eine große Wichtigkeit besitzen. *Abbildung* 4.24 verdeutlicht Attribute, die eine Pkw-Tür in den Augen der Nachfrager aufweisen muß. Hiernach fordern Personen unter anderem, daß eine Wagentür **leicht zu öffnen** und **zu schließen ist, am Berg nicht zuschlägt** und auch **keine Fahrgeräusche durchläßt**. Zur **Strukturierung** dieser **bedeutsamen Attribute** bietet es sich an, verschiedene Kategorien, wie **leicht zu öffnen und zu schließen, Isolierung** und **Armstütze**, zu bilden.

Im Anschluß daran bedarf es einer **Quantifizierung** der **relativen Bedeutung** der einzelnen **Merkmale** für die **Nachfrager**. Hierzu kommt etwa das Ergebnis einer *Conjoint*-**Analyse** in Betracht (vgl. Kapitel 8.3.2), das die **relative Wichtigkeit** jeder **Eigenschaft** zum Ausdruck bringt. In *Abbildung* 4.25 sind den Attributen Bedeutungsgewichte zugewiesen, die deren Relevanz angeben (vgl. *Cohen*, 1995, S. 177 ff.).

Dazu kommen die Nennungen der Auskunftspersonen bezüglich der Ausprägungen der interessierenden Autotür und der **entsprechenden Konkurrenzprodukte** bei den einzelnen Attributen. Wie aus *Abbildung* 4.26 hervorgeht, ist die Wagentür des betrachteten Unternehmens im Vergleich zu den **Türen** der **Wettbewerber** von **außen schwer zu schließen**. Dagegen **schützt** die vorliegende Tür **gegen Fahrgeräusche wesentlich besser** als die Türen der beiden anderen Anbieter.

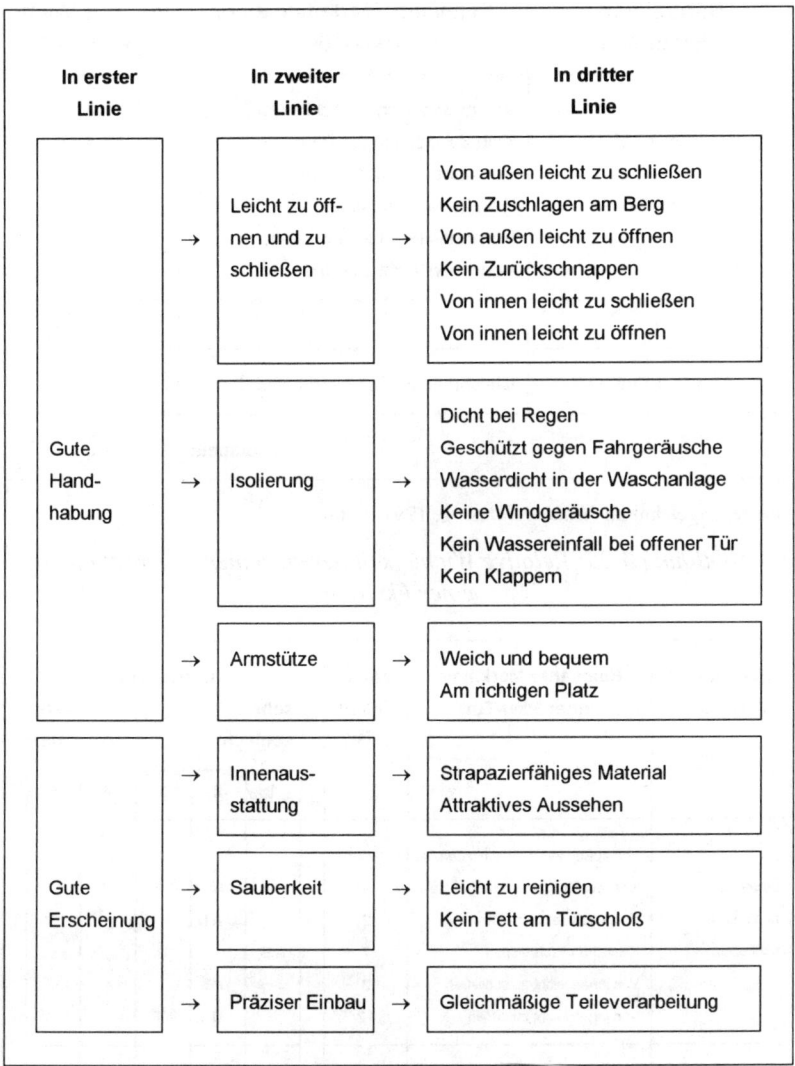

In erster Linie / In zweiter Linie / In dritter Linie

Leicht zu öffnen und zu schließen → Von außen leicht zu schließen / Kein Zuschlagen am Berg / Von außen leicht zu öffnen / Kein Zurückschnappen / Von innen leicht zu schließen / Von innen leicht zu öffnen

Gute Handhabung → Isolierung → Dicht bei Regen / Geschützt gegen Fahrgeräusche / Wasserdicht in der Waschanlage / Keine Windgeräusche / Kein Wassereinfall bei offener Tür / Kein Klappern

Armstütze → Weich und bequem / Am richtigen Platz

Innenausstattung → Strapazierfähiges Material / Attraktives Aussehen

Gute Erscheinung → Sauberkeit → Leicht zu reinigen / Kein Fett am Türschloß

Präziser Einbau → Gleichmäßige Teileverarbeitung

Quelle: angelehnt an *Hauser/Clausing*, 1997, S. 63

*Abbildung 4.24: Relevante Eigenschaften einer Pkw-Tür aus Kundensicht*

| Bündel von Merkmalen | Relevante Merkmale einer Pkw-Tür | Relative Wichtigkeit (in %) |
|---|---|---|
| Leicht zu öffnen und zu schließen | Von außen leicht zu schließen | 6 |
| | Kein Zuschlagen am Berg | 4 |
| | Von außen leicht zu öffnen | 2 |
| | Kein Zurückschnappen | 7 |
| | Von innen leicht zu schließen | 3 |
| | Von innen leicht zu öffnen | 12 |
| ... | ... | ... |
| Präziser Einbau | Gleichmäßige Teileverarbeitung | 4 |
| | Summe: | 100 |

Quelle: angelehnt an *Hauser/Clausing*, 1997, S. 64

*Abbildung 4.25: Relative Wichtigkeit der einzelnen Eigenschaften einer Pkw-Tür*

| Bündel von Merkmalen | Relevante Merkmale einer Pkw-Tür | Wichtigkeit (in%) | Kundenurteile sehr schlecht | | | | sehr gut |
|---|---|---|---|---|---|---|---|
| | | | 1 | 2 | 3 | 4 | 5 |
| Leicht zu öffnen und zu schließen | Von außen leicht zu schließen | 6 | U | | B | A | |
| | Kein Zuschlagen am Berg | 4 | U A | B | | | |
| | Von außen leicht zu öffnen | 2 | | U A B | | | |
| | Kein Zurückschnappen | 7 | A B | | U | | |
| | Von innen leicht zu schließen | 3 | | U B | | A | |
| | Von innen leicht zu öffnen | 12 | | U | A B | | |
| ... | ... | ... | ... | ... | ... | ... | ... |
| Präziser Einbau | Gleichmäßige Teileverarbeitung | 4 | | | | U A B | |

U = die Wagentür des betrachteten Unternehmens
A = die Wagentür des Wettbewerbers A
B = die Wagentür des Wettbewerbers B

Quelle: angelehnt an *Hauser/Clausing*, 1997, S. 65

*Abbildung 4.26: Beurteilung von Pkw-Türen durch die Nachfrager*

Nach diesen Vorarbeiten besteht das Anliegen des Marktforschers darin, die für Kunden **wichtigen Türeigenschaften** in **konstruktive Merkmale** zu übersetzen. Hierbei gibt das **Marketing** vor, **was zu tun ist**, während die **technische Entwicklung** Anhaltspunkte dafür liefert, **wie dies geschieht**. Diese Vorgehensweise zielt darauf ab, **Möglichkeiten** zur **Beeinflussung** der in den Augen der Abnehmer wichtigen Attribute durch die konkreten Eigenschaften aufzuzeigen. In *Abbildung* 4.27 stehen die aus **Nachfragersicht relevanten Attribute** den **konstruktiven Eigenschaften** gegenüber. Dabei signalisiert das **Minuszeichen** vor dem Merkmal **Energieaufwand beim Türschließen**, daß die **Ingenieure** bemüht sind, **diesen Aufwand** zu **verringern**. Ein **Pluszeichen** vor dem Attribut **Widerstandskraft auf ebener Fläche** deutet auf die Absicht der Techniker hin, **diese Kraft** zu **erhöhen** (vgl. *Curtius*, 1995, S. 4 ff.).

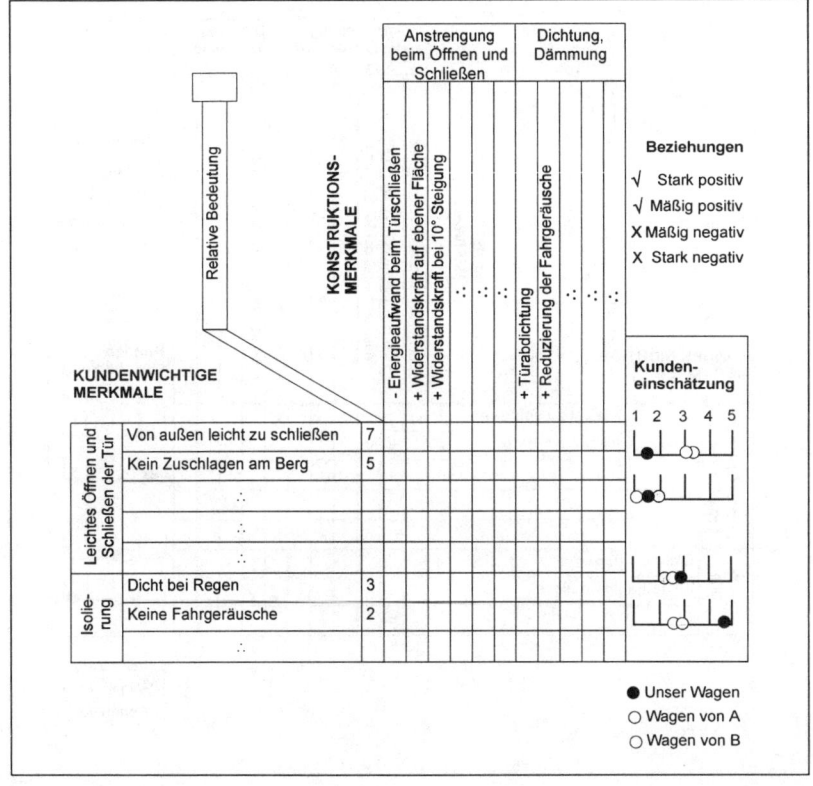

Quelle: angelehnt an *Hauser/Clausing*, 1997, S. 66

*Abbildung 4.27: Zusammenhang zwischen den aus Nachfragersicht relevanten Attributen und den konstruktiven Eigenschaften*

Im Anschluß fügen die Marktforscher, Ingenieure und Techniker in die Felder der Matrix Werte beziehungsweise Symbole ein, die die **Intensität** der **Beziehung** zwischen einem **konstruktiven Merkmal** und einem aus **Kundensicht wichtigen Attribut** angeben. Bei der Beurteilung der interessierenden Relation greifen die Mitglieder des Teams auf Kundenreaktionen und Konstruktionserfahrungen zurück. *Abbildung* 4.28 zeigt das Resultat des Bewertungsprozesses, wobei ein **Haken** für einen **positiven Zusammenhang** und ein **Kreuz** für einen **negativen** steht. Beispielsweise führt die Erhöhung der **Widerstandskraft** auf der **Ebene** dazu, daß kein Zuschlagen am Berg erfolgt. Dagegen vermittelt eine **geringere Abdichtung** dem Käufer das Empfinden, daß sich die **Tür leichter schließen** läßt.

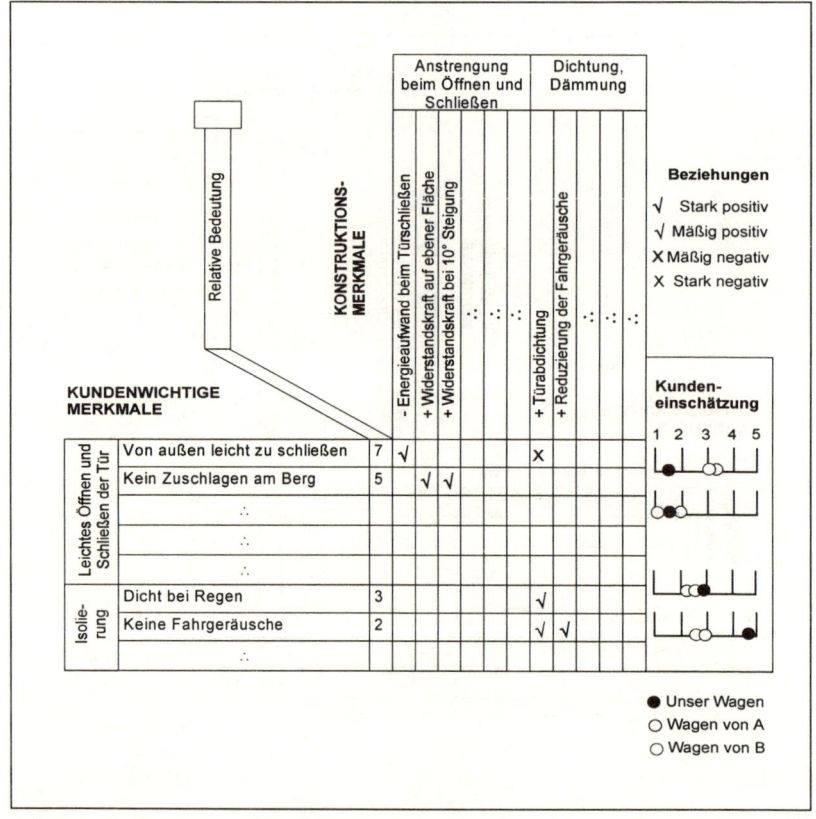

Quelle: angelehnt an *Hauser/Clausing*, 1997, S. 68

*Abbildung 4.28: Intensität der Wirkung konstruktiver Eigenschaften auf die aus Nachfragersicht relevanten Attribute*

Nach einer Verknüpfung der in den Augen der Nachfrager relevanten Eigenschaften mit den konstruktiven Attributen dienen die in *Abbildung 4.29* eingefügten Zeilen dazu, **objektive**, also **physikalisch-chemisch-technische Werte** für die einzelnen **Konstruktionsmerkmale** anzugeben. Diese fungieren als Richtlinien und Maßstäbe für die Entwicklung eines neuen Produkts oder die **Variation** beziehungsweise **Differenzierung** eines bereits existierenden Erzeugnisses. Im vorliegenden Beispiel zeigt sich, daß die **betrachtete Wagentür** einen Energieaufwand beim Schließen von 11 ft-lb erfordert, wohingegen die **Konkurrenzprodukte** lediglich 9 beziehungsweise 9,5 ft-lb benötigen.

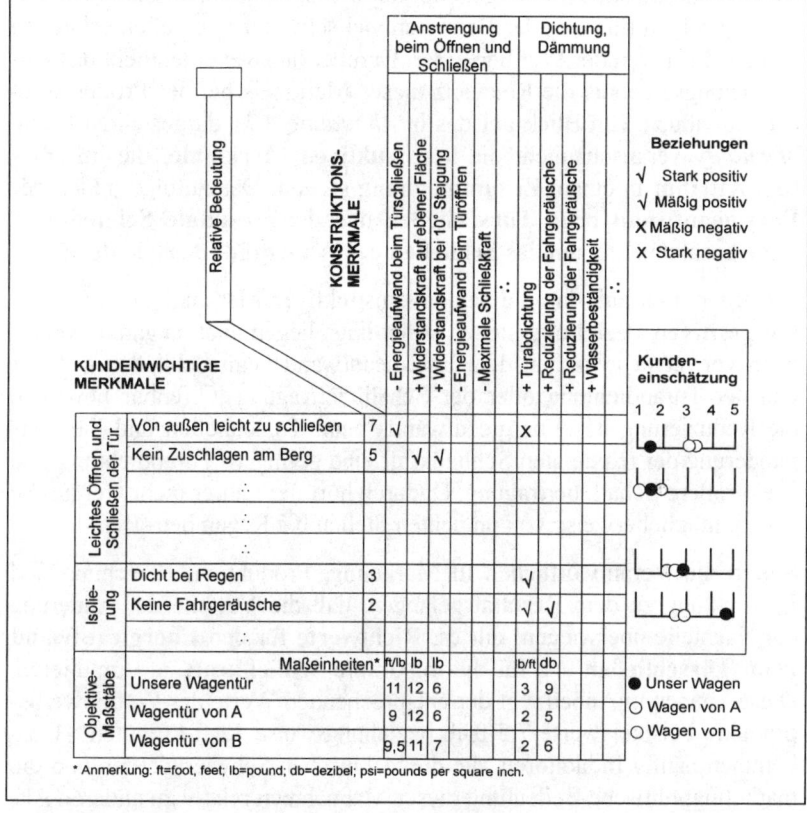

Quelle: angelehnt an *Hauser/Clausing*, 1997, S. 69

*Abbildung 4.29: Bewertung der Konkurrenzprodukte im house of quality*

Im folgenden gilt die Aufmerksamkeit dem **Wirkungszusammenhang** der **konstruktiven Merkmale**. Diese Analyse ist erforderlich, um die Auswirkung einer **konstruktiven Veränderung** auf **andere physikalisch-chemisch-technischen Stellgrößen** zu verstehen. Nur so sind Ingenieure in der Lage, ein aus Kundensicht wichtiges Merkmal zu verbessern, ohne ein anderes dadurch zu beeinträchtigen. Aus *Abbildung* 4.30 geht hervor, daß die **Reduktion** des **Energieaufwands** beim **Schließen** einer **Tür** in einer **negativen Beziehung** zur **Verbesserung** der **Türabdichtung** steht. Im Unterschied dazu existiert zwischen der **Reduzierung** der **Fahrgeräusche** und der **Verbesserung** der **Türabdichtung** eine positive Relation.

Aus der empirischen Studie geht hervor, daß sich die interessierende Wagentür nach Auffassung der Befragten viel schwerer von außen schließen läßt als die Türen der Wettbewerber. Darüber hinaus verdeutlicht das Untersuchungsergebnis die Relevanz dieses Merkmals bei der Produktwahl der Individuen. Ein Blick auf das in *Abbildung* 4.31 dargestellten *house of quality* veranschaulicht die **konstruktiven Merkmale**, die **mit diesem Attribut** in einem **Zusammenhang stehen**. Demzufolge bilden der **Energieaufwand** beim **Türschließen** und die **maximale Schließkraft** zwei Ansatzpunkte, um das **Schließen** der **Wagentür** zu **erleichtern**.

Außerdem fällt auf, daß die beiden konstruktiven Merkmale in einer **mäßig positiven Beziehung** stehen. Allerdings liegen auch negative Relationen vor, etwa zwischen dem Energieaufwand beim Schließen der Tür und der Türabdichtung oder der Schallübertragung. Offenbar bewirken die Reduzierung des Energieaufwands beim Türschließen und die Verminderung der maximalen Schließkraft eine geringere Türabdichtung und eine größere Schallübertragung. Dadurch hört der Fahrer mehr Geräusche und ist möglicherweise von undichten Stellen bei Regen betroffen.

Sofern die Verantwortlichen in Marketing, Produktion, Forschung und Entwicklung zu dem Resultat gelangen, daß die Vorteile der Änderung die Nachteile überwiegen, gilt es, **Richtwerte** für den **Energieaufwand beim Türschließen** und für die **maximale Schließkraft** zu formulieren. Diese können in Anbetracht der entsprechenden Werte der Wettbewerbsprodukte beispielsweise 7,5 ft-lb beziehungsweise 12 ft-lb lauten. Hinzu kommen häufig Indikatoren, die die technischen Schwierigkeiten und die marketingpolitische Bedeutung dieser Maßnahmen relativ zu anderen Aktivitäten verdeutlichen. Außerdem tauchen in vielen *houses of quality* die geschätzten Kosten der Aktionen im Vergleich zu anderen Vorgehensweisen auf (vgl. *Stauss/Friege*, 1996, S. 20 ff.).

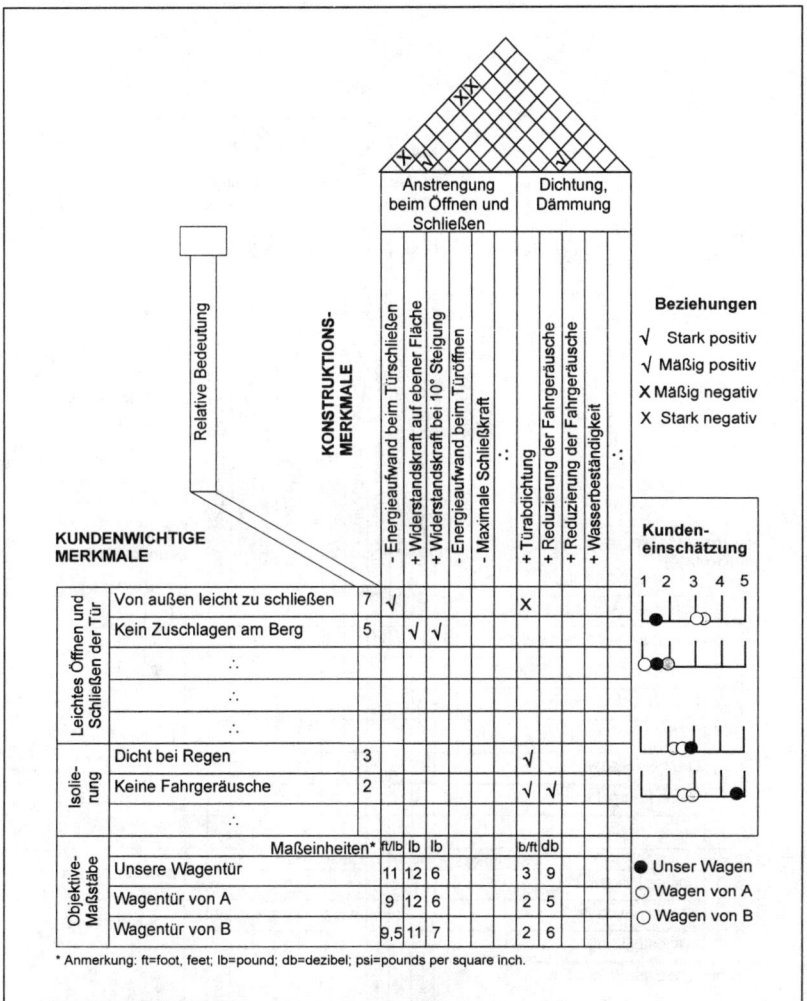

Quelle: angelehnt an *Hauser/Clausing*, 1997, S. 70

*Abbildung 4.30: Erfassung des Wirkungszusammenhangs zwischen den konstruktiven Merkmalen*

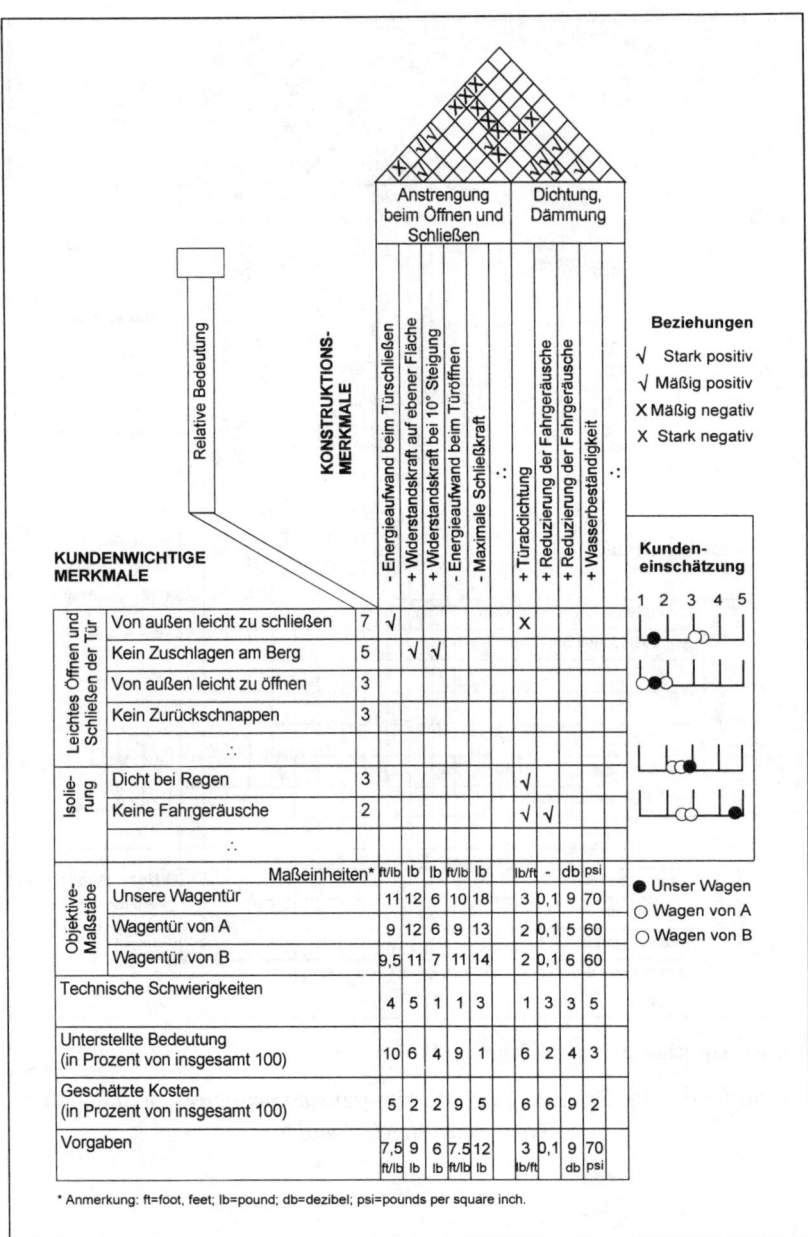

Quelle: angelehnt an *Hauser/Clausing*, 1997, S. 72

*Abbildung 4.31: Spezifikation der Produktdifferenzierung oder
-variation im house of quality*

## 9.3.2 Das *voice of the customer*-Konzept

Ein zentrales Charakteristikum des zuvor präsentierten *quality function deployment*-Konzepts ist die Orientierung des Marktforschers an **physi-kalisch-chemisch-technischen Eigenschaften** von Produkten als Ausgangspunkt einer Transformation "der Stimme des Kunden" in "die Sprache des Ingenieurs". Viele Autoren beklagen diese an **objektiven Sachverhalten ausgerichtete Vorgehensweise** und fordern eine ausreichende Berücksichtigung der **subjektiven** Ansprüche und Bedürfnisse der Nachfrager in bestimmten Produktverwendungssituationen.

Anknüpfend an die Arbeiten von *Konno* (1994, S. 69 ff.) und *Ono* (1994, S. 23 ff.) schlagen *Herrmann, Huber, Gustafsson* und *Elg* (1997, S. 143 ff.) den *voice of the customer*-**Ansatz** vor. Dieses Konzept zeichnet sich dadurch aus, daß der Betroffene im Rahmen der Rekonstruktion der für den Kauf und Konsum eines Produkts relevanten Attribute die Verwendungssituation vor Augen hat. Offenbar geht es den Autoren darum, das Individuum bei der Datenerfassung in seine **Kauf-** und **Konsumwelt** zu versetzen, um aussagekräftige Informationen über die Anforderungen an ein Gut zu erheben.

Die Idee des *voice of the customer*-**Konzepts** läßt sich in drei Schritten verdeutlichen:

### (1) Erfassung der Nachfragerwünsche

In Analogie zur *means end*-Untersuchung (vgl. Kapitel 11.2.1) strebt der Marktforscher nach einem **tieferen Verständnis** über die Wünsche und Vorstellungen der Käufer in bestimmten Produktverwendungssituationen. Mittels tiefenpsychologischer Interviews geht es insbesondere um die Beantwortung der Fragen, **wer, wo, wann, warum** und **wie** das interessierende Erzeugnis verwendet. Die Nennungen bilden die Basis zur Ermittlung der für einen erfolgreichen Absatz eines Produkts am Markt relevanten Merkmale und deren Ausprägungen.

Aus *Abbildung* 4.32 geht hervor, daß eine Person beim Erwerb und Gebrauch von **Sportschuhen** ihr Augenmerk auf die folgenden Produktfacetten richtet:

- "... ich verwende meine Sportschuhe dann, wenn ich mit meinem Hund durch den Wald laufe ...".

- "... meine Schuhe sollten leicht und bequem sein ..., ich möchte keine unbequemen und schweren Schuhe tragen ...".

| Aussage | Verwendungssituation | | | | | | Produkt-qualitäts-vorgabe |
|---|---|---|---|---|---|---|---|
| | Wer | Was | Wann | Wo | Warum | Wie | |
| "... verwende meine Schuhe, um mit Hund durch den Wald zu laufen ..." | Student | laufen | eine Stunde, zwei- bis drei- mal pro Woche | im Wald | gut für die Knie, andere Schuhe bleiben sauber | zum täglichen Gebrauch | Schuh muß Erschütterungen absorbieren, Schuh sollte wasserdicht sein |
| "... meine Sportschuhe sollten sehr leicht und sehr bequem sein ..." | Student | gehen | bei jedem Gebrauch | überall | fühle mich wohl, ich mag es behaglich | zum täglichen Gebrauch | es sind weiche Materialien als Futter und leichte Kunststoffe zu verwenden |

*Abbildung 4.32: Voice of the customer-Tabelle für einen Sportschuh*

Diese Nennungen lassen sich im Hinblick auf die zuvor aufgeworfenen fünf Grundfragen (wer, wo, wann, warum und wie) analysieren. Ein Blick auf *Abbildung* 4.32 verdeutlicht die einzelnen Schritte zur **Transformation** der **Aussagen** des Individuums in **Produktqualitätsvorgaben**. Zum Beispiel ist vorstellbar, daß aus dieser Untersuchung die folgenden Anforderungen an die Gestaltung eines Sportschuhs resultieren:

- Der Schuh muß Erschütterungen absorbieren.
- Es sind sehr weiche Materialien als Futter zu verwenden.
- Der Schuh sollte wasserdicht sein.
- Es sind sehr leichte Kunststoffe zu verarbeiten.

**(2) Generierung von Produktideen**

Zur Entwicklung eines neuen Produkts vor dem Hintergrund tatsächlicher und potentieller Verwendungszwecke kommt eine von *Osborne* konzipierte **Checkliste** in Betracht (vgl. *de Bono*, 1992, S. 26 ff.). Wie aus *Abbildung* 4.33 hervorgeht, setzt sie sich aus **neun Kategorien** zusammen, die jeweils **unterschiedliche Facetten** des **Kernprodukts** beziehungsweise der mit ihm **verbundenen Verwendungszwecke** erfassen. Bezogen auf Sportschuhe lauten die entsprechenden Fragen wie folgt:

(1)  Was zeichnet Hallensportschuhe aus?

(2)  Können Sportschuhe auch im Haus getragen werden?

(3)  Kann man sich Sportschuhe mit Absätzen vorstellen?

(4)  Vermag ein Innenschuh die Paßgenauigkeit zu erhöhen?

(5)  Läßt sich die Außenhaut der Sportschuhe reduzieren?

(6)  Wie können sich Sportschuhe beim An- und Ausziehen ausweiten?

(7)  Könnte man die Schnürsenkel auch auf der Fersenseite anbringen?

(8)  Was ist dann, wenn der rechte Schuh dem linken nicht entspricht?

(9)  Sollten die Sportschuhe ihre Farbe der Kleidungsfarbe anpassen?

**(3) Verzahnung von Kundenwünschen und Produktideen**

Nach diesen Vorarbeiten lassen sich die **rekonstruierten Nachfragerwünsche** den **generierten Produktideen** gegenüberstellen. Wie *Abbildung* 4.34 signalisiert, zielt der Produktmanager darauf ab, den vielfältigen Bedürfnissen der Individuen **geeignete Produktkonzepte** zuzuweisen. Diese Kombinationen aus jeweils einer Produktidee und einer Nachfragervorstellung bilden die Basis zur Gestaltung der Unternehmensleistung. Ein in diesem Sinne konzipiertes Erzeugnis erfüllt nicht nur die Anforderungen der Individuen an die physikalisch-chemisch-technische Beschaffenheit eines Guts, sondern befriedigt auch die **Nutzenvorstellungen** und **Werthaltungen** der Individuen.

So gesehen läßt sich dieser Ansatz als **Brücke** zwischen dem auf das Unternehmensgeschehen fokusierten *quality function deployment*-**Ansatz** und dem auf die Treiber des Kauf- und Konsumverhaltens ausgerichteten *means end*-**Modell** charakterisieren.

| Kate-gorie | Fragen zur Identifikation neuer Produktfacetten und neuer Verwendungszwecke | *catchword* |
|---|---|---|
| 1 | Gibt es andere Verwendungsmöglichkeiten? (z. B. andere Produktverwendungen, die mit ähnlichen Produkten zu befriedigen sind) | *another use?* |
| 2 | Läßt sich das Gut der Verwendung anpassen? (z. B. ähnliche Produkte, die eine bessere Zwecktauglichkeit aufweisen) | *adapt?* |
| 3 | Ist das Erzeugnis zu modifizieren? (z. B. andere Farben, anderes Gehäuse, neue Materialien) | *modify?* |
| 4 | Läßt sich die Ausstattung erweitern? (z. B. Hinzufügen eines Merkmals, stabiler, länger, wirksamer, schneller, sparsamer) | *magnify?* |
| 5 | Läßt sich die Ausstattung verringern? (z. B. Elimination eines Merkmals, leichter, kürzer, dünner, langsamer) | *minify?* |
| 6 | Gibt es Substitutionsmöglichkeiten? (z. B. ein mechanisches Elemente durch ein elektronisches ersetzen, andere Materialien) | *substitute?* |
| 7 | Lassen sich die Bestandteile anders anordnen? (z. B. anderer Bauplan, andere Gestaltung, neue Arbeitsschritte) | *rearrange?* |
| 8 | Ist die Ausprägung von Eigenschaften umzudrehen? (z. B. Tausch von Ober- und Untermaterial, gegensätzliche Verwendung) | *reverse?* |
| 9 | Lassen sich das Produkt oder einzelne Merkmale neu kombinieren? (z. B. andere Güter einbauen, neue Merkmale bei anderen Produkten suchen) | *combine?* |

*Abbildung 4.33: Die Osborne-Checkliste*

| Grundfragen nachfrager-orientierter Produkt-gestaltung (wer, wo, wann, warum, wie) | Nachfragerbedürfnis (aus dem tiefen-psychologischen Interview) | Produktideen (aus der *Osborne*-Checkliste) |
|---|---|---|
| "... ich trage Sportschuhe, um den Weg von Zuhause zum Arbeitsplatz zu bewältigen ..." | unauffällige, sehr bequeme Sportschuhe, die Wasser abweisen und nicht so leicht verschmutzen | Sportschuhe, deren Außenhaut aus schmutz-abweisendem Material besteht |
| "... ich trage Sportschuhe sowohl im Haus als auch auf dem Weg zur Arbeit oder zum Einkaufen ..." | leichte und robuste Sportschuhe, die auch bei schlechtem Wetter geeignet sind | Sportschuhe als übliche Schuhe, aber leichter und robuster |
| "... ich trage Sportschuhe um zu laufen. Dazu brauche ich hochwertiges Schuhwerk ..." | moderne und auffällige Sportschuhe, die besonders leistungs-fähig anmuten | *high tech*-Sport-schuhe, die gelenkschonend sind |

*Abbildung 4.34: Verknüpfung von Nachfragerwünschen und Produktideen*

### 9.3.3 Das *bridging the gap*-Modell

Anknüpfend an den *voice of the customer*-Ansatz legten *Gustafsson* und *Johnson* das **bridging the gap-Modell** vor (vgl. 1996, S. 55 ff.), dem die folgende Idee zugrundeliegt (vgl. *Abbildung* 4.35 und *Johnson/Gustafsson/Herrmann/Vetter*, 1998, S. 7 ff.): Den Ausgangspunkt der Produkt-gestaltung bilden **physikalisch-chemisch-technische Eigenschaften**, die der Nachfrager wahrnimmt und beurteilt. Aus dem Wirkungszusammen-hang der Attribute entwickelt das Individuum bestimmte **Nutzenvorstel-lungen** häufig vor dem Hintergrund spezifischer **Produktverwendungs-zwecke**. Entspricht ein Erzeugnis den Nutzenvorstellungen des Verwen-ders, stellt sich bei diesem **Zufriedenheit** ein. Da zufriedene Nachfrager zum Wiederkauf neigen und anderen Käufern über ihre Erfahrungen be-richten, ist mit einer Verbesserung des Unternehmenserfolgs zu rechnen.

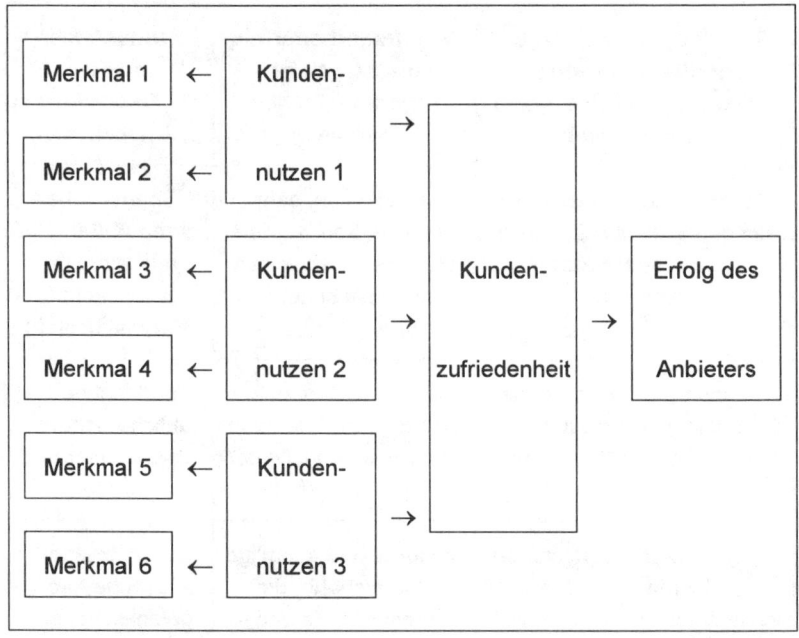

*Abbildung 4.35: Grundstruktur des bridging the gap-Modells*

Dieser *bridging the gap*-Ansatz läßt sich am Beispiel von **IKEA** verdeutlichen: 1943 als Versandunternehmen in *Schweden* gegründet, ist dieses Unternehmen heute ein international agierendes Möbelhandelshaus, dessen Umsatz sich 1997 auf **10,5 Milliarden DM weltweit** und auf **2,6 Milliarden DM** in *Deutschland* belief. Derzeit betreibt *IKEA* 139 Einrichtungshäuser in 29 Ländern und eröffnete Ende 1997 sogar ein Niederlassung in *China*. Von den 143,2 Millionen Besuchern weltweit fanden 1997 etwa 27,1 Millionen Personen den Weg in die Geschäfte von *IKEA Deutschland*. Das Produktkonzept dieses Anbieters basiert auf preisgünstigen, kombinierbaren Möbeln, die sich vom Kunden in Eigenleistung montieren lassen.

Im Rahmen einer Vorstudie stellte sich heraus, daß die vier Nutzenkomponenten **Ambiente**, **Erlebnis**, **Preis-Leistungs-Verhältnis** sowie **Einfachheit** der **Montage** für *IKEA*-Kunden von besonderer Bedeutung sind. Deren Einfluß auf die Kundenzufriedenheit und den Unternehmenserfolg zeigt *Abbildung* 4.36. Hierbei fungieren die physikalisch-chemisch-technischen Eigenschaften, wie **Stoffe** und **Muster sind vorrätig**, **sehr übersichtlich** und **gut organisiert**, als Indikatoren der Nutzenkomponenten. Für die Zufriedenheit kommen die Meßvariablen **Globalzufriedenheit** und das **Ausmaß** der **Erfüllung** der **Erwartungen** in Betracht. Für den Unternehmenserfolg findet die Variable Loyalität Berücksichtigung, die sich über die Meßgrößen **Wiederkaufabsicht** und **Bereitschaft** zur **Weiterempfehlung** erfassen läßt.

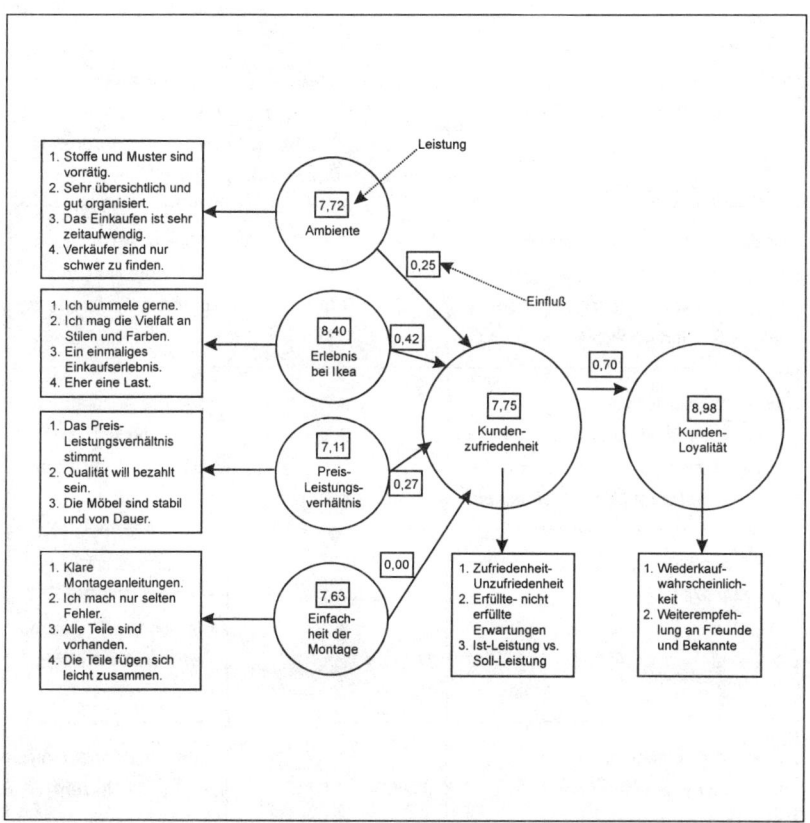

*Abbildung 4.36: Ergebnis im IKEA-Beispiel*

Das *partial least squares*-**Verfahren** (vgl. *Fornell/Cha*, 1995, S. 52 ff.), eine Methode der Kausalanalyse, liefert die folgenden Resultate: Aus *Abbildung* 4.36 geht der **Einfluß** der einzelnen **Nutzenkomponenten** auf die **Zufriedenheit** und der **Effekt** der **Zufriedenheit** auf die **Bindung** hervor. Es zeigt sich, daß das **Erlebnis** im **Einrichtungshaus** die **stärkste Wirkung** auf die **Zufriedenheit** besitzt (0,42), während zwischen der **Einfachheit** der **Montage** und der **Zufriedenheit kein Zusammenhang** besteht (0,00).

Darüber hinaus bringt diese Darstellung die **Ausprägung** von *IKEA* bei der jeweiligen **Nutzenkomponente** zum Ausdruck. Wie die vorliegenden Schätzwerte zeigen, schneidet das Unternehmen beim **Erlebnis** im **Einrichtungshaus** sehr gut ab (8,40), wohingegen das **Preis-Leistungs-Verhältnis** eher als schlecht einzustufen ist (7,11) (vgl. *Tabelle 4.33*).

| Physikalisch-chemisch-technisches Merkmal | Ausprägung auf einer 9er-Skala, von 1 (= stimme nicht zu) bis 9 (= stimme zu) | Mittlere Ausprägung für die entsprechende Nutzenkomponente |
|---|---|---|
| Stoffe und Muster sind vorrätig | 7,9 | Mittlere Ausprägung |
| Sehr übersichtlich und gut organisiert | 7,8 | für die Nutzen- |
| Das Einkaufen ist zeitaufwendig | 7,8 | komponente **Ambiente** |
| Verkäufer sind nur schwer zu finden | 7,1 | = 7,7 |
| Ich bummele gern | 8,2 | Mittlere Ausprägung |
| Ich mag die Vielfalt an Stilen | 8,3 | für die Nutzen- |
| Ein einmaliges Einkaufserlebnis | 8,1 | komponente **Erlebnis** |
| Das Einkaufen ist für mich eine Last | 8,8 | = 8,4 |
| Das Preis-Leistungs-Verhältnis stimmt | 7,0 | Mittlere Ausprägung |
| Qualität will bezahlt sein | 7,0 | für die Nutzen- |
| Die Möbel sind stabil und von Dauer | 7,2 | komponente **Preis-Leistungs-Verhältnis** = 8,4 |
| Klare Montageanleitung | 7,6 | Mittlere Ausprägung |
| Ich mache nur selten Fehler | 7,1 | für die Nutzen- |
| Alle Teile sind vorhanden | 8,3 | komponente **Einfachheit der Montage** |
| Die Teile fügen sich leicht zusammen | 7,7 | = 8,4 |

*Tabelle 4.33: Wahrgenommene Ausprägungen der einzelnen physikalisch-chemisch-technischen Eigenschaften*

Vor dem Hintergrund dieser Analysen ergeben sich die folgenden Handlungsempfehlungen:

- Bei einem von den Probanden als **sehr gering** beurteilten **Preis-Leistungs-Verhältnis**, das jedoch einen **großen Effekt** auf die **Zufrie-**

**denheit** besitzt, ist der Ratschlag zu erteilen, diese **Leistung nachhaltig** zu **verbessern**.

- Da die **Einfachheit** der **Montage keinen Einfluß** auf die **Zufriedenheit ausübt** (0,00), *IKEA* aber in den Augen der Nachfrager einfach montierbare Möbel offeriert (7,63), liegt es nahe, diese **Leistung abzubauen** oder **zumindest nicht weiter auszubauen**.

Die mittels der *partial least squares*-Methode ermittelten Ergebnisse liefern wichtige Hinweise auf die für die **Zufriedenheit** und **Loyalität** der Kunden bedeutsamen physikalisch-chemisch-technischen Eigenschaften. Hierzu zeigt *Tabelle* 4.34 **Gewichtungsfaktoren**, die den **Nutzenbeitrag** der **einzelnen Merkmale** angeben. Allerdings hängen diese Größen von der Anzahl der zu messenden Attribute einer Nutzenkomponente ab. So schwanken die durchschnittlichen Gewichtungsfaktoren für die aus vier Merkmalen bestehenden Nutzenkomponenten zwischen 0,140 und 0,165. Dagegen liegt der durchschnittliche Gewichtungsfaktor für die aus drei Merkmalen bestehende Nutzenkomponente bei 0,187.

Eine Multiplikation jedes Gewichts (Spalte 2) mit dem Einfluß der entsprechenden Nutzenkomponente auf die Zufriedenheit (Spalte 3) führt zu den in Spalte 4 dargebotenen Werten. Diese lassen sich in Prozentzahlen umrechnen, die in Spalte 5 abgebildet sind. Aus ihnen geht die Bedeutung der einzelnen Merkmale für die Zufriedenheit der Kunden hervor.

Im Rahmen der Produktgestaltung gilt das Interesse jenen Eigenschaften, die eine **sehr große Wirkung** auf die Zufriedenheit ausüben und deren Ausprägungen aus Sicht der Nachfrager **noch** zu **wünschen übrig lassen**. Im Beispiel sind dies die Merkmale **Vielfalt** der **Stile** und **Farben** (hoher Einfluß von 0,242 in *Tabelle* 4.34, aber nur eine gute Ausprägung von 8,3 in *Tabelle* 4.33) und **Möbel** sind **stabil** und von **Dauer** (hoher Einfluß von 0,236 in *Tabelle* 4.34, aber nur eine mittlere Ausprägung von 7,2 in *Tabelle* 4.33).

## 9.4 Erfolgsfaktoren bei der Gestaltung der Produktqualität

### 9.4.1 Anliegen und Vorgehensweise der Erfolgsfaktorenforschung

Schon immer sind Marktforscher und Produktmanager darum bemüht, bei der Durchführung von *QFD*-**Projekten** jene **Determinanten** zu erfassen, die für den **Erfolg** solcher Vorhaben verantwortlich sind. Allerdings liegen bislang nur sehr wenige Untersuchungen vor, die auf die Offenlegung der für den Erfolg von *QFD*-Projekten relevanten Größen abzielen. Das

Anliegen von Unternehmen diese Faktoren zu identifizieren, kommt in Fragen der folgenden Art zum Ausdruck:

| (1)<br>Physikalisch-chemisch-<br>technisches Merkmal | (2)<br>Gewich-<br>tungs-<br>faktor | (3)<br>Einfluß<br>auf Zufrie-<br>denheit | (4)<br>Relevanz<br>des Merk-<br>mals<br>(2) · (3) | (5)<br>Relevanz<br>des Merk-<br>mals in % |
|---|---|---|---|---|
| Stoffe und Muster sind vorrätig | 0,223 | 0,250 | 0,056 | 9,4 |
| Sehr übersichtlich und gut organisiert | 0,181 | 0,250 | 0,045 | 7,5 |
| Das Einkaufen ist zeitaufwendig | 0,124 | 0,250 | 0,031 | 5,2 |
| Verkäufer sind nur schwer zu finden | 0,116 | 0,250 | 0,029 | 4,9 |
| Ich bummele gern | 0,090 | 0,420 | 0,038 | 6,4 |
| Ich mag die Vielfalt an Stilen | 0,242 | 0,420 | 0,102 | 17,1 |
| Ein einmaliges Einkaufserlebnis | 0,163 | 0,420 | 0,068 | 11,4 |
| Das Einkaufen ist für mich eine Last | 0,174 | 0,420 | 0,073 | 12,2 |
| Das Preis-Leistungs-Verhältnis stimmt | 0,173 | 0,270 | 0,047 | 7,8 |
| Qualität will bezahlt sein | 0,162 | 0,270 | 0,044 | 7,3 |
| Die Möbel sind stabil und von Dauer | 0,236 | 0,270 | 0,064 | 10,8 |
| Klare Montageanleitung | 0,238 | 0,000 | 0,000 | 0,0 |
| Ich mache nur selten Fehler | 0,084 | 0,000 | 0,000 | 0,0 |
| Alle Teile sind vorhanden | 0,073 | 0,000 | 0,000 | 0,0 |
| Die Teile fügen sich leicht zusammen | 0,181 | 0,000 | 0,000 | 0,0 |

*Tabelle 4.34: Wichtigkeit der einzelnen physikalisch-chemisch-
technischen Eigenschaften*

- Ist eine umfassende **technische Unterstützung** des *QFD*-Projekts erforderlich?
- Lassen sich die **Kosten** für Forschung und Entwicklung **senken** und die **Produktqualität erhöhen**?
- Ist eine **projektorientierte Organisationsstruktur** für den Erfolg des Vorhabens **unerläßlich**?
- Aus welchen **Abteilungen** sollen die am *QFD*-Projekt beteiligten Mitarbeiter stammen?

Anknüpfend an die Ausführungen von *Gilmore* (1992, S. 21 ff.) lassen sich drei Erfolgsfaktoren bei der Gestaltung der Produktqualität bestimmen (vgl. *Abbildung* 4.37): eine **umfassende technische Unterstützung** und eine **straffe Organisation** des *QFD*-Projekts und **motivierte Mitarbeiter** im *QFD*-Projektteam. Diese determinieren ihrerseits eine **Er-**

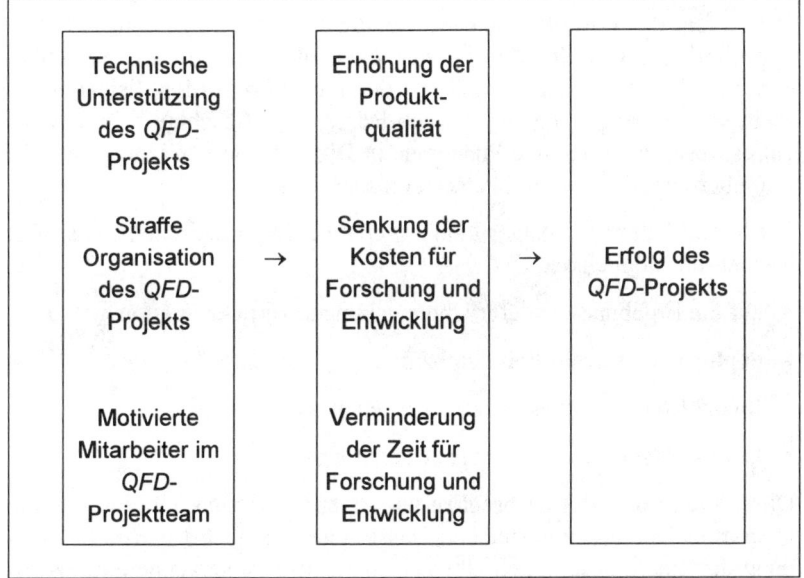

*Abbildung 4.37: Der Zusammenhang zwischen dem Erfolg von QFD-Projekten und seinen Bestimmungsfaktoren*

**höhung** der **Produktqualität**, eine **Senkung** der **Kosten** für **Forschung** und **Entwicklung** und eine **Verminderung** der **Zeit** für **Forschung** und **Entwicklung**, die wiederum den **Erfolg** des *QFD*-Projekts beeinflussen.

Zur Offenlegung des Wirkungszusammenhangs bietet sich ein Rückgriff auf die von *Herrmann* und *Huber* (1998, S. 6 ff.) untersuchten *QFD*-Projekte in der europäischen **Automobilindustrie** an. Auf der Basis von 208 Projekten dieser Art lassen sich die von *Gilmore* vermuteten Beziehungen zwischen den in *Abbildung* 4.37 dargestellten latenten Größen analysieren.

Bevor das Augenmerk **einigen Teilergebnissen** der Studie gilt (vgl. Abschnitt 9.4.4), sind zwei Aufgaben zu bewältigen: Zunächst ist anknüpfend an die Literatur ein **Prüfschema** zur Auswahl relevanter Indikatoren für die hypothetischen Konstrukte zu entwickeln (vgl. Teil 9.4.2). Daraufhin stehen die **Spezifikation** und die **Selektion** geeigneter **Indikatoren** im Mittelpunkt der Betrachtung (vgl. Kapitel 9.4.3).

### 9.4.2 Prüfschema zur Auswahl relevanter Indikatoren

Der **Erfolg** des *QFD*-**Projekts** sowie alle anderen Erscheinungen bilden **hypothetische Konstrukte**, die sich einer direkten Messung verschließen. Eine latente Variable erhält erst durch eine **Operationalisierung** respektive **Messung** ihren empirischen Bezug (vgl. Abschnitt 6.5). Hierbei gilt es, das interessierende Phänomen in **Dimensionen** zu unterteilen, die sich über beobachtbare Indikatoren erfassen lassen.

Zur Identifikation geeigneter Indikatoren eines hypothetischen Konstrukts besteht die Möglichkeit,

- auf die Ergebnisse anderer Untersuchungen zurückzugreifen,

- **explorative Vorstudien** durchzuführen,

- **theoretische Überlegungen** anzustellen oder

- **Erfahrungen** aus der **Praxis** zu sammeln.

Diese **Wege parallel** zu **beschreiten**, erscheint ratsam, um das Ziel der Operationalisierung zu erreichen, das in einer möglichst genauen Abbildung der einem bestimmten Objekt anhaftenden Ausprägung eines Attributs durch einen Wert besteht. Aussagen über das Erreichen dieses Anliegens bleiben jedoch immer mit einer **gewissen Unsicherheit** behaftet, da der Marktforscher die tatsächliche Ausprägung des Attributs nicht kennt. Um dennoch ein Urteil hinsichtlich der Güte einer Operationalisierung zu ermöglichen, erfolgt im Marketing ein Rückgriff auf die **Konzepte** der **Reliabilität** und **Validität** (vgl. Abschnitt 6.5), die als Kriterien zur Be-urteilung der Qualität eines Meßinstruments fungieren.

Was die Methoden zur **Prüfung** der **Qualität** einer **Messung** anbelangt, kommen Verfahren wie *Cronbach's* **Alpha**, die *item to item*- **Korrelation** sowie die **exploratorische** und **konfirmatorische Faktorenanalyse** in Betracht (vgl. *Homburg/Baumgartner*, 1995[b], S. 170 ff., und *Bagozzi/Baumgartner*, 1994, S. 402 ff.).

Zunächst geht es darum, für die Indikatoren der einzelnen Konstrukte das *Cronbach'sche* Alpha zu berechnen. Dieses Maß liefert einen Anhaltspunkt für eine unter Umständen **notwendige Elimination** von **Indikatoren**. In Anlehnung an die Literatur lautet der Richtwert bei mehr als drei Meßkriterien **0,7** und bei zwei und drei Indikatoren **0,4**. Bei Unterschreitung des gültigen Mindestwerts kommt es zu einer Elimination von Variablen auf der Basis der niedrigsten *item to total*-**Korrelation**.

An die Berechnung des ***Cronbach'schen* Alpha** schließt sich eine **explorative Faktorenanalyse** an, die **Hinweise** hinsichtlich der **Diskriminanz-** und **Konvergenzvalidität** liefert. Selbst dann, wenn theoretische Überlegungen für die Relevanz eines Indikators sprechen, bietet sich die Elimination jener Meßkriterien an, die lediglich **geringe Faktorladungen** (< **0,4**) aufweisen.

Daraufhin wird mit den verbleibenden Größen eine einfaktorielle, **konfirmatorische Faktorenanalyse** durchgeführt, um die jeweilige Gruppe von Indikatoren auf ihre **Reliabilität** und **Validität** zu überprüfen. Hierzu müssen die in Teil 10.3.2 diskutierten **Globalkriterien in ihrer Gesamtheit** und die **Partialkriterien zumindest teilweise** erfüllt sein. Ein Blick auf dieses Kapitel zeigt die folgenden Anforderungen an die entsprechenden Gütemaße. Für die Globalkriterien gilt:

- $x^2$-**Wert/Anzahl der Freiheitsgrade** > **3**,

- **GFI** > **0,9**,

- **AGFI** > **0,9**,

- **NFI** > **0,9** und

- **IFI** > **0,9**.

Die Partialmaße weisen die folgenden Mindestanforderungen auf:

- **Indikatorreliabilität** > **0,2**,

- **Konstruktreliabilität** > **0,5**,

- **Anteil durchschnittlich erfaßter Varianz** > **0,5**,

- **Signifikanz der Faktorladungen** > **1,645** und

- **Quadrierte multiple Korrelationskoeffizienten** > **0,8**.

Genügt eine Modellstruktur diesen Anforderungen nicht, so bedarf es erneut einer Reduktion von Meßvariablen und zwar jener, die die geringste **Indikatorreliabilität** besitzen. Die gegebenenfalls **verminderte Zahl** an **Meßkriterien** wird sogleich erneut auf der Grundlage einer **konfirmatorischen Faktorenanalyse** dem Prüfkatalog unterworfen.

Weist das **Meßmodell** schließlich eine **befriedigende Anpassung** auf, bietet sich eine **konfirmatorische Faktorenanalyse** zur **Validierung** des **Konzepts** an der **zweiten unabhängigen Stichprobe** aus der **gleichen Population** an. Hält das Modell auch auf dieser Datenbasis den Anforderungen des Prüfschemas stand, so ist ihm ein ausreichendes Maß an Reliabilität und Validität zu bescheinigen.

### 9.4.3 Spezifikation und Selektion relevanter Indikatoren

Im Anschluß an die Verdeutlichung der Vorgehensweise zur Prüfung der Reliabilität und Validität von Indikatoren besteht das Anliegen darin, die in der **Literatur vorgeschlagenen Meßkriterien** zu spezifizieren und im Anschluß daran die relevanten auszuwählen. Wie erinnerlich sind die folgenden **latenten Größen** zu operationalisieren: **Erfolg** des *QFD*-Projekts, **Erhöhung** der **Produktqualität, Senkung** der **Kosten** für **Forschung** und **Entwicklung, Verminderung** der **Zeit** für **Forschung** und **Entwicklung, umfassende technische Unterstützung** des *QFD*-Projekts, **straffe Organisation** des *QFD*-Projekts und **motivierte Mitarbeiter** im *QFD*-Projektteam.

Für die Variable **umfassende technische Unterstützung** des *QFD*-Projekts kommen die folgenden Meßgrößen in Betracht (vgl. *Akao*, 1990, S. 12 ff., und *Adams/Gavoor*, 1990, S. 33 ff.):

- **Ermittlung** der **Wünsche** und **Vorstellungen** der **Kunden**: Den Ausgangspunkt der Produktgestaltung bilden die Wünsche und Vorstellungen der Individuen. Insofern ist es unerläßlich, daß eine umfassende Erfassung der Nachfragerbedürfnisse erfolgt.

- **Erfassung** der **Aktivitäten** der **Konkurrenten**: Daneben determinieren die Aktivitäten der Wettbewerber den Erfolg eines neuen Erzeugnisses am Markt. Folglich bedarf es einer systematischen Sammlung von Informationen über Konkurrenten und deren marketingpolitischen Maßnahmen.

- **Identifikation** der **tatsächlichen Gewichtungsfaktoren**: Im Rahmen der Spezifikation des *house of quality* ist das interdisziplinäre Team aufgefordert, zahlreiche Entscheidungen bezüglich verschiedener Gewichtungsfaktoren zu treffen. Eine möglichst realitätsnahe Bestimmung solcher Koeffizienten ist die Voraussetzung für eine erfolgreiche Produktentwicklung.

- **Beherrschung** der **Komplexität** des *house of quality*: Bereits eine geringe Anzahl wahrgenommener Produktmerkmale und physikalisch-chemisch-technischer Gütereigenschaften führen zu einem sehr komplexen *house of quality*. Insofern ist vor einer Anwendung dieser Methode sicherzustellen, daß die betreffenden Mitarbeiter die Komplexität beherrschen.

- **Kenntnisse** über *QFD*-**Techniken**: Sowohl *Akao* (1992, S. 15 ff.) als auch *King* (1987, S. 27 ff.) warnen eindringlich davor, die *QFD*-Technik ohne spezifische Erfahrungen und besonderes Wissen anzuwenden. Zu groß ist die Gefahr, daß die Teammitglieder dieses Instrumentarium "kochbuchartig" einsetzen und zu falschen Schlüssen gelangen.

Die Berechnung von *Cronbach's* **Alpha** ergab einen Wert von 0,57 und bot somit Anlaß zur schrittweisen Elimination von zwei Indikatoren auf der Basis der *item to item*-**Korrelation**. Für die verbleibenden Meßgrößen, **Beherrschung** der **Komplexität** des *house of quality*, **Identifikation** der **tatsächlichen Gewichtungsfaktoren** sowie der **Erfassung** der **Wünsche** und **Vorstellungen** der **Kunden**, beträgt *Cronbach's* Alpha 0,82. Die sich hieran anschließende **exploratorische Faktorenanalyse** ergibt eine Varianzaufklärung von 58,3%. Da alle Faktorladungen über 0,4 liegen, besteht kein Anlaß zur Aussparung weiterer Indikatoren.

Die konfirmatorische Faktorenanalyse zeigt für die **globalen Gütemaße** *GFI*, *AGFI*, *NFI* und *IFI* Werte, die über dem Schwellenwert 0,90 liegen. Darüber hinaus verfügen alle Kriterien über ein ausreichendes Maß an **Indikatorreliabilität**, sämtliche Parameterschätzungen erweisen sich als **statistisch signifikant**, und auch alle übrigen partiellen Gütemaße **überschreiten** die **geforderten Mindestwerte**. Da dieser Meßansatz nur dann zu verwerfen ist, wenn die Mehrheit der Partialkriterien nicht erfüllt ist, gilt die Operationalisierung des Konstrukts **umfassende technische Unterstützung** des *QFD*-**Projekts** als gelungen.

Die latente Variable **straffe Organisation** des *QFD*-**Projekts** läßt sich durch folgende Indikatoren beschreiben (vgl. *Aswad*, 1989, S. 5 ff., und *Hofmeister/Slabey*, 1988, S. 16 ff.):

- **Intensität** der **Zusammenarbeit** mit dem **Management**: Ein intensiver Kontakt der Mitglieder des Projektteams mit den verantwortlichen Linienmanagern erleichtert den Fortschritt des Projekts. Hierzu gehören regelmäßige Treffen, bei denen der Projektleiter Informationen über den Stand des Vorhabens an die betrieblichen Funktionen weiterleitet.

- **Unterstützung** durch das **Topmanagement**: Bei der Einführung des *QFD*-Projekts ist darauf zu achten, daß es die Unterstützung des Topmanagement erfährt. Nur so läßt sich die konsequente Umsetzung der daraus resultierenden Handlungsempfehlungen sicherstellen.

- **Überschaubarkeit** des **Projektteams**: *QFD*-Projekte in vielen Unternehmen zeigen, daß das ideale Team lediglich aus der unbedingt notwendigen Anzahl von Mitgliedern bestehen sollte. Langwierige und umfangreiche Abstimmungsprozesse, unklare Verantwortlichkeiten sowie die Berücksichtigung ganz unterschiedlicher Interessen gefährden den Erfolg des Vorhabens.

- **Interdisziplinäre Zusammenstellung** des **Teams**: Bei der Zusammensetzung des Teams kommt es darauf an, daß alle relevanten Unternehmensfunktionen, wie Marketing, Produktion sowie Forschung und Entwicklung vertreten sind. Auf diese Weise erscheint die Berücksichtigung der häufig stark divergierenden Interessen unterschiedlicher Funktionen möglich.

- **Neuartigkeit** des *QFD*-**Projekts**: Viele Autoren argumentieren, daß die Aussicht auf einen erfolgreichen Abschluß des *QFD*-Projekts besonders hoch ist, sofern sich dieses auf bereits etablierte Erzeugnisse bezieht. Geht es hingegen um neue Produkte, neue Technologien und neue Nachfrager, tauchen vielfältige Probleme auf, die das *QFD*-Vorhaben beeinträchtigen.

- **Transparenz** des **Projektablaufs**: Eine Offenlegung der Ziele, Maßnahmen und Techniken erleichtert den Projektablauf und steigert die Akzeptanz des Vorhabens bei den Mitarbeitern und den Managern. Daher sollte der Teamleiter darauf achten, daß zu jedem Zeitpunkt Transparenz über die bereits bewältigten Arbeitsschritte und die bevorstehenden Projektphasen besteht.

- **Einhaltung** des **Zeitplans**: Die Einhaltung des Zeitplans erscheint eine wichtige Voraussetzung dafür, daß das *QFD*-Projekt zum Abschluß kommt und die Erkenntnisse umgesetzt werden. Hierzu bedient man sich differenzierter Netzpläne, die bereits geringfügige Abweichungen vom Zeitplan andeuten.

Die Berechnung von *Cronbach*'s **Alpha** führt für die **Indikatoren** des hypothetischen Konstrukts **Straffheit** der **Organisation** des *QFD*-**Projekts** zu einem Wert von 0,46. Mittels der *item to item*-Korrelation ließen sich sukzessive die Kriterien **Intensität** der **Zusammenarbeit** mit dem **Management**, **Neuartigkeit** des *QFD*-**Projekts** und **Einhaltung** des **Zeitplans** aussparen. Für die verbleibenden Größen **Transparenz** des **Projektablaufs**, **Unterstützung** durch das **Management**, **Überschaubarkeit** des **Projektteams** und **interdisziplinäre Zusammenstellung** des **Teams** lautet das *Cronbach*'sche Alpha 0,76. Die im Anschluß daran durchgeführte **exploratorische Faktorenanalyse** klärte 53,7% der Varianz auf. Da alle **Faktorladungen** über dem Schwellenwert von 0,4 liegen, braucht kein weiterer Indikator eliminiert werden.

Das Ergebnis der **konfirmatorischen Faktorenanalyse** erfüllt sämtlich Globalkriterien, wie *GFI*, *AGFI*, *NFI* und *IFI*. Was die partiellen Gütemaße anbelangt, zeigen alle Indikatoren mit Ausnahme des Meßkriteriums **Transparenz** des **Projektablaufs** ein ausreichendes Maß an Reliabilität. Die Faktorladungen weisen signifikante Werte auf, und auch die Konstruktreliabilität erreicht das geforderte Niveau. Da zudem das Ausmaß an durchschnittlich erfaßter Varianz über dem geforderten Richtwert liegt, besteht kein Grund das Modell zu verwerfen.

Für die latente Variable **motivierte Mitarbeiter** im *QFD*-**Projektteam** kommen die folgenden Indikatoren in Betracht (vgl. *Fosse*, 1988, S. 14 ff., und *Eureka/Ryan*, 1988, S. 24 ff.):

* **Einsatzbereitschaft** der **Teammitglieder**: Der Erfolg des *QFD*-Projekts hängt entscheidend von der Einsatzbereitschaft der Mitglieder des Projektteams ab. Daneben besitzen sie eine Vorbildfunktion für die am Vorhaben beteiligten Mitarbeiter und Führungskräfte aus der Linie.

* **Projekterfahrung** der **Beteiligten**: Projektbezogene Erfahrung der Mitarbeiter und ihr Wissen um die erforderlichen Techniken begünstigen den reibungslosen Ablauf des Vorhabens. Hierbei ist es gegebenenfalls erforderlich, durch gezielte Trainingsmaßnahmen das Fachwissen zu erweitern.

* **Verfügbarkeit** der **Projektmitglieder**: Von zentraler Bedeutung ist die Freistellung der für die Durchführung des *QFD*-Projekts beauftragten Mitarbeiter von Belastungen in der Linie. Nur so erscheint es möglich, daß sich die Betroffenen uneingeschränkt der Bewältigung ihrer Aufgabe im Rahmen des Projekts widmen.

* **Ausschöpfung** aller **Machtbefugnisse**: Für die Durchführung des Vorhabens bedarf es einer Ausschöpfung aller Machtbefugnisse, die aus den Positionen der Teammitglieder hervorgehen. Auf diese Weise läßt sich sicherstellen, daß die aus dem *QFD*-Projekt resultierenden Erkenntnisse auch tatsächlich ihre Berücksichtigung finden.

Zur Prüfung der Reliabilität und Validität des Meßansatzes bietet sich ein Rückgriff auf die bereits diskutierte Vorgehensweise an. Durch die Elimination des Indikators **Ausschöpfung** aller **Machtbefugnisse** gelingt eine Erhöhung des *Cronbach'*schen Alpha von 0,65 auf 0,78. Die explorative Faktorenanalyse ergibt einen Anteil erklärter Varianz von 72,4% bei ausreichend hohen Faktorladungen. Wie erinnerlich lassen sich bei drei Indikatoren aus der konfirmatorischen Faktorenanalyse keine Aussagen über die Anpassungsgüte des Modells ableiten. Aus den verbleibenden partiellen Gütemaßen geht hervor, daß die jeweilige Indikatorreliabilität den gesetzten Mindestanforderungen entspricht. Darüber hinaus erweisen sich die geschätzten Parameter als statistisch signifikant, und die Faktorreliabilität sowie der Anteil durchschnittlich erfaßter Varianz überschreiten deutlich das geforderte Niveau. Insofern ist diese Form der Operationalisierung des Konstrukts **motivierte Mitarbeiter** im *QFD*-**Projektteam** zu akzeptieren.

Auf analoge Weise lassen sich die relevanten Indikatoren der anderen latenten Variablen spezifizieren und selektieren. Zur Messung der Größe **Senkung** der **Kosten** für **Forschung** und **Entwicklung** kommen zwei Indikatoren in Betracht:

- Durch die **Einführung** des *QFD*-Konzepts stehen **mehr finanzielle Ressourcen** für andere Vorhaben bereit.

- Die **Kosten** für **Forschung** und **Entwicklung** ließen sich durch das *QFD*-Konzept entscheidend senken.

Für die Konzeptualisierung des Konstrukts **Verminderung** der **Zeit** für **Forschung** und **Entwicklung** lassen sich zwei Indikatoren generieren:

- Durch die konsequente Einführung des *QFD*-Ansatzes gelang eine Reduktion der *time to market*.

- Seit das Unternehmen das *QFD*-Projekt durchführt, ist mehr Zeit für andere Vorhaben verfügbar als vor der Einführung des *QFD*-Konzepts.

Die latente Größe **Erhöhung** der **Produktqualität** läßt sich durch folgende Indikatoren erfassen:

- Die Einführung des *QFD*-Konzepts führte zu einer nachhaltigen Steigerung der Kundenzufriedenheit.

- Zahlreiche Probleme mit der Qualität der Erzeugnisse wurden beseitigt.

Um den **Erfolg** eines *QFD*-**Projekts** zu messen, erscheinen die beiden folgenden Indikatoren hilfreich:

- Das betrachtete Projekt hat sich bewährt, es bedarf bei einer Wiederholung keiner grundlegenden Verbesserung.

- Die finanziellen und personellen Investitionen in das *QFD*-Vorhaben zahlten sich aus.

### 9.4.4 Wirkungszusammenhang zwischen dem Erfolg eines *QFD*-Projekts und den Bestimmungsfaktoren

*Abbildung* 4.38 zeigt ein auf der Basis des *LISREL*-Ansatzes rekonstruiertes **Kausalmodell**, das neben dem Erfolg des *QFD*-Projekts (der abhängigen Variablen) auch die unabhängigen Größen wie Erhöhung der Produktqualität, Senkung der Kosten für Forschung und Entwicklung, Verminderung der Zeit für Forschung und Entwicklung, umfassende technische Unterstützung des *QFD*-Projekts, straffe Organisation des *QFD*-Projekts und motivierte Mitarbeiter im *QFD*-Projektteam umfaßt. Wie im Teil 10.3.2 ausgeführt, sind die hypothetischen Konstrukte jeweils mit einem Oval umrandet, während die dazugehörigen Indikatoren in Kästchen erscheinen. Die Pfeile geben die **statistisch signifikanten Relationen** zwischen den Variablen an.

Der **stärkste positive Einfluß** auf den **Erfolg** des *QFD*-Projekts geht von der **Erhöhung** der **Produktqualität** aus. Aber auch die **Senkung** der **Kosten** für **Forschung** und **Entwicklung** sowie die **Verminderung** der **Zeit** für **Forschung** und **Entwicklung** besitzen einen beachtlichen Effekt. Beim zuletzt genannten hypothetischen Konstrukt läßt sich sowohl eine direkte als auch eine indirekte Wirkung auf den Projekterfolg beobachten. **Direkt** bedeutet, daß die **Verminderung** der **Zeit** für **Forschung** und **Entwicklung** um eine Einheit *ceteris paribus* zu einer Verbesserung des Projekterfolgs um 0,36 Einheiten führt.

Es fällt jedoch auf, daß diese latente Größe auch auf das Konstrukt **Senkung** der **Kosten** für **Forschung** und **Entwicklung** einwirkt und folglich einen **indirekten Einfluß** auf den **Erfolg** des *QFD*-Projekts ausübt ($0,04 = 0,17 \cdot 0,25$). **Direkter** und **indirekter Effekt** zusammen ergeben die **totale Beeinflussungswirkung** einer Determinante auf die Zielgröße, die im Fall der **Verminderung** der **Zeit** für **Forschung** und **Entwicklung** $0,40 (= 0,36 + 0,17 \cdot 0,25)$ lautet.

Die **Erhöhung** der **Produktqualität**, die **wichtigste Determinante** des **Projekterfolgs**, hängt von der umfassenden **technischen Unterstützung** des *QFD*-Projekts und von der **Motivation** der **Mitarbeiter** im **Projektteam** ab. Dagegen wirkt die **Straffheit** der **Organisation** des *QFD*-Projekts insbesondere auf die **Verminderung** der **Zeit** für **Forschung** und **Entwicklung** ein.

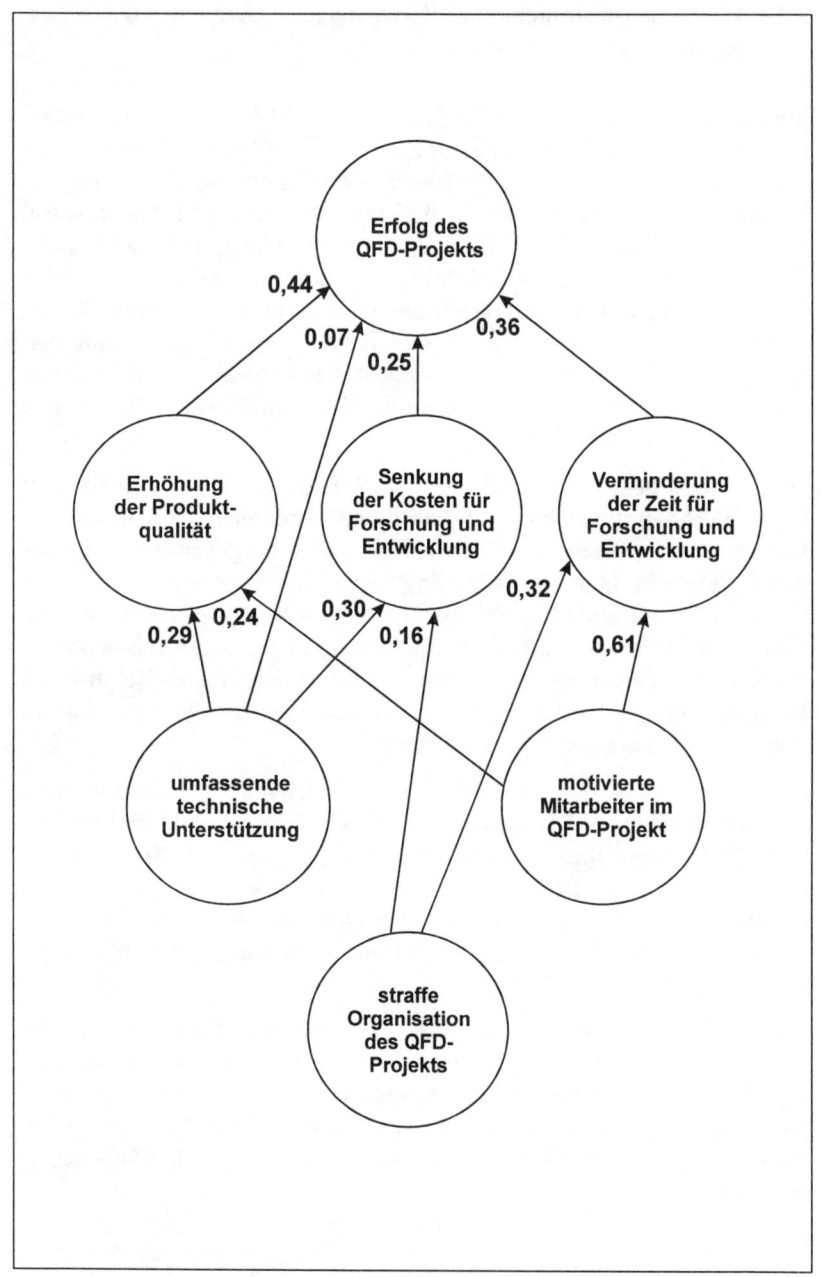

*Abbildung 4.38: Wirkungszusammenhang zwischen den Determinanten*
*des Erfolgs von QFD-Projekten*

Neben einer Überprüfung der einzelnen Wirkungshypothesen interessiert im Rahmen der Kausalanalyse auch die **Güte** des **Gesamtmodells**. Zur Beurteilung der globalen Anpassungsqualität stehen die im Kapitel 10.3.2 erläuterten Maße, wie der *goodness of fit*-**Index** (GFI) und der *adjusted goodness of fit*-**Index** (AGFI) zur Verfügung. Darüber hinaus bietet sich auch der *normed fit*-**Index** (NFI) an, der sich auf ein Referenzmodell als Vergleichsbasis stützt. Da im vorliegenden Fall der **GFI** 0,97, der **AGFI** 0,95 und der **NFI** 0,98 beträgt, sind alle geforderten Mindestnormen weit überschritten.

## 9.5 Qualitätssicherung durch Zertifizierung

Zahlreiche Unternehmen streben eine umfassende **Zertifizierung** ihrer **betrieblichen Abläufe** nach den **Qualitätssicherungsnormen DIN ISO 9000 ff.** an (vgl. *Stauss*, 1994ª, S. 11 ff.). Hinter dieser Normierung steht das Anliegen, den potentiellen und tatsächlichen Abnehmern die Qualität der Produkte zu dokumentieren. Vor dem Hintergrund eines intensiven Wettbewerbs erscheint dies ein geeignetes Mittel, um zumindest kurzfristig Vorteile gegenüber den Konkurrenten zu erzielen (vgl. *Pfeifer*, 1993, S. 333 ff.).

Die DIN ISO 9000 ff. verkörpern das zentrale Normenwerk im Bereich der betrieblichen Qualitätssicherung (vgl. *Seghezzi*, 1994, S. 48 ff.). Hierbei handelt es sich um **Verfahrensnormen**, das heißt Beschreibungen von **Tätigkeiten**, **Verfahren** und **Prozessen**. Darüber hinaus existieren weitere Standards, wie die DIN 55350 und die DIN 40041. Beide Normen betreffen die Festlegung relevanter Begriffe aus dem Bereich der Qualitätssicherung und die Auflistung von Merkmalen der Zuverlässigkeit einer Leistung. Die DIN ISO 8402 und die DIN ISO 10011-1 bis 10011-3 liefern einen Leitfaden für die Planung und Kontrolle von Maßnahmen zur Sicherung der Zwecktauglichkeit eines Erzeugnisses.

Die Norm **DIN ISO 9000-1** stellt im wesentlichen einen **Leitfaden** zur **Auswahl** und **Anwendung** der **Standards DIN ISO 9001** bis **9004** dar. Der Hauptzweck der **DIN ISO 9000-2** besteht darin, dem Anwender einen Überblick über den Zusammenhang der Regeln **9001** bis **9004** sowie Präzision, Klarheit und Verständnis bei deren Umsetzung zu verschaffen. Die **DIN ISO 9000-3** spiegelt die beachtliche Bedeutung von Softwareprodukten wider und gibt Empfehlungen für den Gebrauch der **DIN ISO 9001** in dieser Branche. Dagegen liefert die **DIN ISO 9000-4** Maßnahmen zur Verbesserung der Zuverlässigkeit, die einen wichtigen Aspekt der Qualitätssicherung repräsentieren (vgl. *Bergman/Klefsjö*, 1994, S. 367 ff.).

Die DIN ISO **9001** beschreibt im Kern einen Ansatz zur Sicherung der Qualität in den Unternehmensbereichen Design, Entwicklung, Produktion, Montage und Kundendienst. Die darin enthaltenen Anforderungen beziehen sich lediglich auf innerbetriebliche Abläufe, nicht jedoch auf den Nachweis der Erfüllung dieser **Qualitätsforderung** durch die **Unternehmensleistung**. Im einzelnen enthält die Norm DIN ISO 9001 die folgenden 20 Hinweise für ein **System** der **Qualitätssicherung** (vgl. *Homburg/ Becker*, 1996, S. 445 ff.):

(1)   Die Leitung des Unternehmens ist für die Qualitätsziele und die Verwirklichung der Qualitätspolitik in allen Hierarchieebenen verantwortlich.

(2)   Das Qualitätssicherungssystem, das die Erfüllung der Standards gewährleistet, ist in einem Qualitätssicherungshandbuch zu dokumentieren.

(3)   Der Lieferant hat seine Fähigkeit nachzuweisen, die Ansprüche des Abnehmers an die Qualität der bereitgestellten Erzeugnisse zu erfüllen.

(4)   Der Lieferant muß die Planung des Produktdesign, die technischen Vorgaben und das Planungsergebnis dem Abnehmer dokumentieren.

(5)   Die Qualitätssicherungsdokumente sind allen Mitarbeitern zur Verfügung zu stellen und von der betroffenen Abteilung auf den aktuellen Stand zu bringen.

(6)   Der Abnehmer legt Qualitätsstandards vor, die die Erzeugnisse und gegebenenfalls die innerbetrieblichen Prozesse des Lieferanten aufweisen müssen.

(7)   Die vom Abnehmer an den Lieferanten bereitgestellten Produkte sind mit der notwendigen Sorgfalt zu behandeln.

(8)   Der Lieferant muß dem Abnehmer die eindeutige Identifikation und die lückenlose Verfolgung der Produkte gewährleisten.

(9)   Die Produktions- und Montageprozesse, die die Qualität beeinflussen, sind vom Lieferanten zu beherrschen.

(10)  Der Lieferant führt eine Eingangs-, Zwischen- und Endprüfung für seine Produkte durch.

(11)  Der Lieferant ist verpflichtet, die Prüfmittel zu überwachen, zu kalibrieren und instandzuhalten.

(12)  Der Prüfstatus eines Erzeugnisses muß durch Kennzeichnungen jedweder Art identifizierbar sein.

(13) Der Lieferant muß fehlerhafte Produkte von versehentlicher Benutzung beziehungsweise Montage ausschließen.

(14) Damit ein einmal aufgetretener Fehler nicht noch einmal vorkommt, muß der Lieferant den Fehler beseitigen.

(15) Vom Lieferanten sind Hinweise für die Handhabung, die Lagerung, die Verpackung und den Versand von Produkten zu erstellen.

(16) Der Lieferant hat die Sammlung, Ordnung, Aufbewahrung und Bereitstellung von Qualitätssicherungsdokumenten zu ermöglichen.

(17) Qualitätsaudits, die die Wirksamkeit der Systeme zur Qualitätssicherung überprüfen, sind vom Lieferanten durchzuführen.

(18) Der Lieferant muß für die Schulung und Ausbildung seiner Mitarbeiter sorgen.

(19) Sofern ein Kundendienst vereinbart wurde, ist dieser auf seine Erfüllung hin zu überprüfen.

(20) Der Lieferant muß Methoden entwickeln, um die Verfahren der Qualitätssicherung umzusetzen.

Auch der Standard DIN ISO **9002** enthält grundsätzlich ein Modell zur Qualitätssicherung, das sich allerdings in seiner **Reichweite** auf die Funktionen **Produktion** und **Montage** beschränkt. Dagegen zielt die DIN ISO **9003** lediglich auf die Gewährleistung der Qualität bei der Endprüfung ab und steht damit für ein nicht mehr zeitgemäßes Konzept der Sicherstellung der Bedürfnisgerechtigkeit eines Guts.

Im Unterschied zu den Standards DIN ISO 9001 bis 9003 vermittelt die Norm DIN ISO **9004-1** Anhaltspunkte für den wirkungsvollen Einsatz eines Systems der Qualitätssicherung. Ganz speziell um die Qualität von Dienstleistungen geht es im Standard DIN ISO **9004-2**, während DIN ISO **9004-3** Ratschläge für einen Hersteller von verfahrenstechnischen Erzeugnissen liefert. Im Mittelpunkt des Entwurfs für DIN ISO **9004-4** steht eine praxisnahe Darstellung verschiedener Techniken zur Verbesserung der Produktqualität (vgl. *Homburg/Becker*, 1996, S. 445 ff.).

Die eigentliche **Zertifizierung** von **Aktivitäten** zur **Sicherung** der **Produktqualität** betrifft lediglich die Standards DIN ISO **9001** bis **9003**. Solche Zertifikate erteilen die mit einer entsprechenden Akkreditierung ausgestatteten Unternehmen. Derzeit gibt es etwa 30 Systemzertifizierer, von denen die *Deutsche Gesellschaft zur Zertifizierung von Qualitätsmanagementsystemen*, der *Germanische Lloyd* und verschiedene *TÜV*-Gesellschaften die bekanntesten sind. Da immer mehr Kunden von ihren Lieferanten einen Qualitätsnachweis verlangen, sind mittlerweile über

4.000 Unternehmen im Besitz eines Zertifikats nach DIN ISO 9000 ff. (vgl. *Kamiske/Malorny/Michael*, 1994, S. 11 ff.).

Trotz der **weiten Verbreitung** dieser Normen in der betrieblichen Praxis dient eine solche Zertifizierung allenfalls als Grundlage für das Qualitätsmanagement. Dies liegt vor allem an der begrenzten Ausrichtung dieser Standards auf betriebliche Abläufe, ohne Berücksichtigung von Marktgegebenheiten. Im einzelnen sind die folgenden kritischen Anmerkungen zu machen:

- Bei den DIN ISO 9000 ff. Normen handelt es sich um Richtlinien, die im Kern auf die **innerbetrieblichen Prozesse** von **Unternehmen** des verarbeitenden Sektors ausgelegt sind. Alle **begleitenden Dienstleistungen** finden in der Spezifikation solcher Standards kaum Beachtung.

- Die DIN ISO 9000 ff. Normen beziehen sich nur auf **Verfahren** und **Prozesse**, nicht aber auf die vom Unternehmen **produzierten Erzeugnisse**. Trotz fehlerfreier Herstellung eines Produkts ist es denkbar, daß es nicht den Wünschen und Vorstellungen der Nachfrager entspricht.

- Ferner erfassen die Normen **nicht alle** vom **Produktionsprozeß betroffenen Unternehmensbereiche**. Vor- oder nachgelagerte Einheiten, wie Einkauf und Vertrieb, oder übergeordnete Funktionen, wie Unternehmensplanung, bleiben unberücksichtigt.

- Die **Einbeziehung** von **Mitarbeitern** in die Sicherung der Qualität ist durch die Standards ebenfalls kaum gewährleistet. Nur eine Integration der Beschäftigten in den Prozeß der Qualitätssicherung ermöglicht eine dauerhafte Zwecktauglichkeit der Güter.

- Es fällt auf, daß die **Kundenorientierung** in allen Richtlinien deutlich zu kurz kommt. Nach herrschender Meinung **definiert** der **Kunde** die **Produktqualität**, so daß diesen Standards ein veraltetes Verständnis zugrunde liegt.

# 10 Das Kundenzufriedenheitskonzept

## 10.1 Der Grundgedanke

Für den **Erfolg** eines **Unternehmens** am Markt erscheint es unerläßlich, die produktpolitischen Aktivitäten an den **Erfordernissen** und **Bedürfnissen** der **Nachfrager** auszurichten. Folglich sieht sich ein Anbieter unablässig herausgefordert, die **Wünsche** und **Vorstellungen** der Abnehmer zu erfüllen. Zur Entwicklung und Gestaltung eines **zwecktauglichen** beziehungsweise **bedürfnisgerechten Erzeugnisses** kommen die *means end*-**Theorie** (vgl. Kapitel 8) und das **Qualitätsmanagement** in Betracht (vgl. Abschnitt 9).

Das Anliegen der **Kundenzufriedenheitsforschung** besteht im Kern darin, die **Bedürfnisadäquanz** der **Unternehmensleistung** im Sinne eines **Controlling-Prozesses** zu analysieren. Aus einer Zufriedenheitsstudie ergeben sich Anhaltspunkte für die **Modifikation** eines bereits existierenden Erzeugnisses oder die **Entwicklung** und **Gestaltung** eines Neuprodukts. Die **Relevanz** des **Zufriedenheitsurteils** für die Bewertung der Marketingleistung resultiert aus seiner **vermuteten Indikatorfunktion** für den **Unternehmenserfolg** (vgl. Teil 5.3).

Diese Basishypothese über den Wirkungszusammenhang zwischen Zufriedenheit und Wiederkaufverhalten, Marktanteil, Umsatz, Gewinn oder anderen Erfolgsgrößen geht bereits aus verschiedenen Definitionen von Marketing hervor. *Levitt* (1960, S. 50) behauptet, daß der Absatzwirtschaft die Idee "... *of satisfying the needs of the customer by means of the product and the whole cluster of things associated with creating, delivering and finally consuming it ...*" zugrunde liegt. Dieser Sichtweise schließt sich auch *Kotler* (1988, S. 18) an, der das Anliegen dieser Disziplin "... *in generating customer satisfaction as the key to satisfying organizational goals ...*" sieht (vgl. *Oliver*, 1996, S. 9 ff.).

Kritiker dieser Forschungsrichtung machen vehement darauf aufmerksam, daß zwischen dem **Zufriedenheitsansatz** und **anderen verhaltenswissenschaftlichen Konzepten**, wie Einstellungs-, Wahrnehmungs- und Präferenzforschung, **unverkennbare Gemeinsamkeiten** bestehen. Zum Beispiel fassen einige Autoren die Zufriedenheit als eine besondere **Variante** der **Einstellung** auf (vgl. *Westbrook/Cote*, 1980, S. 577 ff.), während andere Forscher Einstellung und Zufriedenheit für **verschiedene Konstrukte** halten (vgl. *Day*, 1982, S. 8 ff.). Derartige definitorische Unklarheiten bilden gelegentlich den Anlaß, um dem Konzept der Kundenzufriedenheit eine vage, diffuse und unscharfe theoretische Basis zu unterstellen und seine marketingpolitische Relevanz abzusprechen.

Daher erscheint es geboten, vor dem Hintergrund der in Kapitel 5.3 geführten Diskussion, die wesentlichen Charakteristika des Kundenzufriedenheitskonzepts insbesondere im Hinblick auf die Einstellungsforschung herauszustellen. Hieraus ergeben sich auch Argumente, die die Notwendigkeit einer **eigenständigen** theoretischen und empirischen **Zufriedenheitsforschung** belegen (vgl. *Nieschlag/Dichtl/Hörschgen*, 1997, S. 949 ff.):

- **Zeitliche Stabilität**: Einstellungen sind im Zeitverlauf relativ konstant und ermöglichen eine dauerhafte Bewertung eines Objekts. Dagegen unterliegt die (Un-)Zufriedenheit einem raschen Wandel.

- **Produktbezug**: Ein Urteil über die (Un-)Zufriedenheit mit einem Gut basiert auf ganz konkreten Kauf- und Konsumerfahrungen. Im Unterschied dazu sind Einstellungen mitunter durch Sozialisation erlernt.

- **Verhaltensrelevanz**: Die (Un-)Zufriedenheit zeichnet sich im Gegensatz zur Einstellung durch ihre Eignung zur Erklärung und Prognose des Kauf- und Konsumverhaltens aus.

## 10.2 Die Herausbildung von Kundenzufriedenheitsurteilen

### 10.2.1 Begriff und Konzept der Kundenzufriedenheit

Zufriedenheit gehört zu den psychischen Phänomenen, von denen Individuen eine mehr oder weniger genaue, allerdings nur sehr selten explizierte Vorstellung besitzen. Dieser Terminus ist in der Alltagssprache positiv belegt und beschreibt Seinszustände, wie etwa sich wohl fühlen, in Freude leben, glücklich sein und Genugtuung empfinden. Der *Duden* versteht unter diesem Begriff eine psychische Verfassung der **inneren Ausgeglichenheit** und eines **zur Ruhe gekommenen Verlangens**.

Dieses **kasuistische Aufzählen** von Gefühlen und Erregungen kann jedoch aus wissenschaftstheoretischer Sicht nicht befriedigen. Hier gilt der Anspruch, in Aussagen über Sachverhalte, die das Konstrukt (Un-)Zufriedenheit betreffen, eine zweckadäquate Festlegung der Facetten dieser Erscheinung nach theoretischen Kriterien zu integrieren. Aus diesem Grund ist eine Definition des Phänomens (Un-)Zufriedenheit erforderlich.

Eine **analytische Betrachtung** des Begriffs **Kundenzufriedenheit** läßt zwei semantische Bedeutungen erkennen. Einige Autoren verstehen unter

Zufriedenheit das **Ergebnis** eines **Kauf-** und **Konsumprozesses**, wie etwa *Howard* und *Sheth* (1969, S. 145), die diesen Begriff als "... *the buyer's ... state of being adequately or inadequately rewarded for the sacrifices he has undergone* ..." definieren. Dieser Auffassung schließt sich auch *Oliver* (1981, S. 27) an, der Zufriedenheit als "... *the summary psychological state resulting when ... disconfirmed expectations is coupled with ... the consumption experience* ..." versteht.

Hieran knüpft eine zweite Wesensbestimmung an, die auf den **Prozeß** der **Kauf-** und **Konsumhandlung** abstellt. Zum Beispiel postulieren *Engel* und *Blackwell* (1982, S. 501), daß sich die Zufriedenheit aus einer "... *evaluation that the chosen alternative is consistent ... with prior beliefs with respect to that alternative* ..." ergibt. Dieser Sichtweise stimmt auch *Hunt* (1977, S. 459) zu, der dieses Phänomen als "... *an evaluation rendered that the experience was at least as good as it was supposed to be* ..." umschreibt (vgl. *Spreng/MacKenzie/Olshavsky*, 1996, S. 15 ff.).

Wie in Abschnitt 5.3 ausgeführt, ragt für die Zwecke dieser Abhandlung der Definitionsvorschlag von *Anderson* (1994, S. 20) hervor: "... ***consumer satisfaction is generally construed to be a post-consumption evaluation ... dependent on perceived quality or value, expectations, and confirmation/disconfirmation - the degree (if any) of discrepancy between actual and expected quality* ...**". Dieser Begriffsbestimmung zufolge ergibt sich die (**Un-**)**Zufriedenheit** aus einem komplexen Informationsverarbeitungsprozeß, der im Kern aus einem **Soll-Ist-Vergleich** zwischen der **Erfahrung** eines Nachfragers mit der **erlebten Leistung (Ist)** und seiner **Erwartung** hinsichtlich der **Qualität** (**Zwecktauglichkeit, Bedürfnisgerechtigkeit**) des **Produkts** (**Soll**) besteht. Die aus dem Vergleich resultierende Kongruenz beziehungsweise Divergenz zwischen der erlebten und erwarteten Produktqualität kommt in der (**Nicht-**)**Bestätigung** zum Ausdruck (vgl. *Churchill/Suprenant*, 1982, S. 491 ff., und *Lingenfelder/Schneider*, 1991, S. 110 ff.).

So verstanden läßt sich (**Un-**)**Zufriedenheit** als Ergebnis eines umfassenden **Vergleichsprozesses** auffassen, bei dem die **Soll-Komponente** als Maßstab zur Beurteilung der wahrgenommenen Gegebenheit dient. Dabei verkörpert diese Größe einen aus vergangenen Kauf- und Konsumerlebnissen abgeleiteten **Referenzpunkt**, der den Anker für die Bewertung der **erlebten Leistung (Ist-Komponente)** repräsentiert (vgl. *Homburg/Rudolph*, 1997, S. 33 ff., und *Oliver/DeSarbo*, 1988, S. 495 ff.). Darüber hinaus gilt die Vermutung, daß zwischen der (**Nicht-**)**Bestätigung** und der (**Un-**)**Zufriedenheit** ein Zusammenhang besteht. Nicht bestätigte Erwartungen bewirken Unzufriedenheit, während bestätigte Erwartungen zu Zufriedenheit führen. Als wesentliche **Determinanten** der Kundenzufriedenheit gelten insbesondere die **Qualität** und der **Preis** der vom Unternehmen angebotenen Leistung. *Abbildung* 4.39 vermittelt einen Eindruck vom bislang Gesagten (vgl. *Johnson/Fornell*, 1995, S. 267 ff.).

---

**Zentrale Elemente der Definition von (Un-)Zufriedenheit im Lichte des *confirmation-disconfirmation*-Ansatzes**

- Das (Un-)Zufriedenheitsurteil ist das Resultat eines komplexen Informationsverarbeitungsprozesses.
- Im Rahmen dieses Prozesses stellt das Individuum die Erwartungen an die Leistung den Erfahrungen mit dieser Leistung gegenüber.
- Die Erwartungen an eine Leistung verkörpert die Soll-Komponente.
- Die Erfahrungen mit einer Leistung repräsentiert die Ist-Komponente.
- Aus der (Nicht-)Bestätigung der Erwartungen (Soll) resultiert die (Un-)Zufriedenheit.
- Die wichtigsten Antezedenzien der (Un-)Zufriedenheit bilden die Produktqualität und der Preis.
- Zu den wichtigsten Konsequenzen der (Un-)Zufriedenheit gehören die Wiederkaufabsicht und die Bereitschaft zur Weiterempfehlung.

---

*Abbildung 4.39: Zentrale Elemente der Definition von (Un-)Zufriedenheit*

## 10.2.2 Elemente des Kundenzufriedenheitskonzepts

Wie zuvor erläutert, bilden die **Soll-** und die **Ist-Komponente** die konstitutiven Elemente einer Definition von (**Un-**)**Zufriedenheit** im Lichte des *confirmation-disconfirmation*-**Ansatzes**. Aus diesem Grund erscheint es dringend geboten, die beiden Elemente zu spezifizieren und auf Möglichkeiten zur Operationalisierung und Messung hinzuweisen.

**(1) Die Soll-Komponente**

Obgleich im Schrifttum einige Verwirrung bezüglich der Spezifikation der **Soll-Komponente** herrscht, sind sich nahezu alle Autoren einig darüber, daß sie ein dynamisches Konstrukt darstellt. Bereits *Lewin, Dembo, Festinger* und *Sears* (1944, S. 344 ff.) gingen davon aus, daß das individuelle Anspruchsniveau der sich ausbreitenden Gegenstandswelt folgt. Der Wandel der Bedürfnisse und der wahrgenommene Leistungsmangel beziehungsweise die erlebte Erfüllung der Leistung führen zu einer Anspruchsanpassung. Dabei **erhöhen positive Erfahrungen** (Leistungser-füllung) die **Erwartungen**, während **negative Erfahrungen** (Leistungs-defizit) die **Erwartungen senken**.

*Miller* (1977, S. 76 ff.) unterscheidet **vier verschiedene Vergleichsstandards**, das **Erwartete**, das **Ideale**, das **Tolerierbare** und das **Verdiente**. In Anlehnung an *Schütze* (1994, S. 154 ff.) lassen sich noch das **Gerechte**, das **Normale** und das **Erreichbare** hinzufügen.

- Das **Erwartete** beruht auf den bisherigen Kauf- und Konsumerlebnissen und verkörpert daher einen Mittelwert aller Erfahrungen. Im Hinblick auf ein konkretes Erzeugnis repräsentiert diese Größe alle bislang erworbenen Kenntnisse und erlebten Empfindungen in bezug auf das Produkt, den Hersteller sowie das Kauf- und Konsumumfeld.

- Das **Ideale** spiegelt ebenso wie das Erwartete das Wissen eines Kunden über Hersteller und Produkt wider. Allerdings ergänzt der Betroffene seine Kenntnisse um seine Vorstellungen über eine Unternehmensleistung, die maximal möglich erscheint, also Merkmalsausprägungen aufweist, die seinen Wünschen entsprechen.

- Ein von der Qualität einer Leistung enttäuschter Abnehmer orientiert sich häufig am **Tolerierbaren**. Dieser sehr niedrige Standard bildet ein psychisches Sicherheitsmoment, das vor weiterer Unzufriedenheit schützt. Es ermöglicht dem Individuum in zukünftigen Kauf- und Konsumsituationen wieder Zufriedenheit zu verspüren.

- Das **Verdiente** repräsentiert einen Maßstab, der entsprechend dem Erwarteten aus realistischen Einschätzungen aufgrund von Kauf- und Konsumerfahrungen entsteht. In dieses Urteil fließen zudem die Vorstellungen des Nachfragers ein, inwieweit die Zwecktauglichkeit des Erzeugnisses den Anstrengungen entspricht, die er zur Auswahl dieses Guts aufbringt.

- Das **Gerechte** bezieht sich auf einen Anspruch, den eine Person aufgrund eines Vergleichs mit der Kauf- und Konsumsituation anderer Verbraucher formuliert. Hierbei dient die von anderen Konsumenten erlebte Produktqualität als Anker für die Herausbildung einer Erwartung an die Unternehmensleistung.

- Das **Normale** bringt die Vorstellungen des Individuums über ein Angebot zum Ausdruck, das ein Produzent üblicherweise erbringt. Dieses Maß stellt ebenfalls einen Mittelwert dar, der jedoch weniger aus den Erfahrungen mit einem Gut stammt, sondern sich vielmehr aus der Leistungsfähigkeit der gesamten Branche ergibt.

- Einen anderen Standard stellt das mit angemessenen Mitteln **Erreichbare** dar. Dieser Bezugspunkt resultiert sowohl aus den Erfahrungen als auch aus einem spezifischen Anspruch, der sich zum Beispiel aus einem ganz bestimmten Verwendungszweck ergibt. Der Kunde erhofft mehr als das Minimum, strebt aber nicht das Maximum an, sondern orientiert sich am Verhältnis zwischen Aufwand und Ertrag.

Diese Ausführungen verdeutlichen, daß die Soll-Komponente des Zufriedenheitsurteils aus **kognitiven, affektiven** und **konativen Subkomponenten** besteht. Die **Gewichtung** dieser einzelnen **Teilkomponenten** und deren **Verknüpfung** zu einem **Vergleichsstandard** erfolgt vor dem Hintergrund der Lebensumstände des Betroffenen. So gesehen stellt der Bezugspunkt einen interindividuell unterschiedlichen, aus mehreren Elementen bestehenden Maßstab dar. Ein Blick in die Literatur zeigt, daß in vielen Studien zur Kundenzufriedenheit das für eine **Produktkategorie** als **durchschnittlich** oder **typisch** angesehene **Gut** den **Referenz-** oder **Ankerpunkt** bildet. Damit besitzt das für eine Gattung als repräsentativ betrachtete Erzeugnis eine zentrale Bedeutung bei der Operationalisierung der Soll-Komponente.

### (2) Die Ist-Komponente

Die **Ist-Komponente** erfährt im Schrifttum kaum Aufmerksamkeit, da sie in den Augen nahezu aller Autoren die **Erfahrungen** mit dem **Erzeugnis** bündelt. Ungeachtet der inhaltlichen Spezifikation dieses Elements taucht die Schwierigkeit auf, daß der Kunde nicht die **objektive Wirklichkeit**, sondern die **subjektive Realität** preisgibt. Ein Teil der **Verzerrung** läßt sich dadurch abfangen, daß der Marktforscher nicht nach der Zweckmäßigkeit von Merkmalsausprägungen eines Produkts fragt, sondern auf die Tauglichkeit des Produkts zur Problemlösung des Kunden abstellt. Allerdings gelingt es in vielen empirischen Studien nicht, die **grundlegenden Schwierigkeiten** der Perzeption, wie **Schwelleneffekte, Assimilations-Kontrast-Effekte** und **Ausstrahlungseffekte**, zu umgehen.

Das aus der **Psychophysik** stammende *Weber-Fechner*'sche **Gesetz** besagt, daß die wahrgenommene Änderung eines Stimulus bezogen auf den Ankerreiz konstant proportional zum Logarithmus der Reizintensität ist (vgl. *Sixtl*, 1982, S. 104 ff.). Die Perzeption eines Stimulus hängt also nicht von der **absoluten Reizstärke** ab, sondern von der **Änderung** des **wahrgenommenen Reizes gegenüber** dem **Bezugsreiz**. Dabei lassen sich **Schwellen** nachweisen, ab denen ein Individuum überhaupt erst Unterschiede zwischen den beiden Stimuli wahrnimmt. Übertragen auf das Zufriedenheitskonzept bedeutet diese Erkenntnis folgendes: Je **höher** die **Erwartungen** an ein Gut sind, desto **stärker** müssen die **Erfahrungen** davon abweichen, damit die Person eine Divergenz feststellt. Sie identifiziert bereits eine geringe Differenz zwischen Erfahrungen und Erwartungen, sofern die Erwartungen an das Produkt sehr niedrig sind.

Zu einem ganz ähnlichen Schluß gelangen die Befürworter der **Assimilations-Kontrast-Theorie**, der die Idee zugrunde liegt, daß ein Individuum seine **Perzeption systematisch verzerrt** (vgl. *Sherif/Hovland*, 1961, S. 27 ff.). Hiernach paßt ein Nachfrager geringfügige Abweichungen der Erfahrungen von den Erwartungen an diese an (**Assimilation**), wohingegen er sehr weit von den **Erwartungen** divergierende **Erfahrungen** als noch weiter entfernt auffaßt (**Kontrast**). Dies legt die Vermutung nahe, daß der Schwellenwert auf der Zufriedenheitsskala **keinen Punkt** verkörpert, sondern eine **Indifferenzzone** bildet. Demzufolge ist ein Individuum auch dann zufriedengestellt, wenn es dem Hersteller gelingt, die Erwartungen in etwa zu erfüllen. Liegen die Erfahrungen im **positiven** wie im **negativen Sinn** deutlich außerhalb des Indifferenzbereichs, erregt dieses Erlebnis die besondere Aufmerksamkeit des Betroffenen. Bei einem erheblichen Leistungsdefizit tritt starke Unzufriedenheit ein, während bei einer umfassenden Leistungserfüllung Zufriedenheit die Folge ist.

Neben dem **Schwellen-** und **Assimilations-Kontrast-Effekt** spielen bei der Perzeption und der sich anschließenden Beurteilung eines Erzeugnisses auch **Ausstrahlungseffekte** eine Rolle. Gemäß den Ausführungen von *Kroeber-Riel* und *Weinberg* (1996, S. 265 ff.) lassen sich drei unterschiedliche Muster voneinander unterscheiden (vgl. Teil 7.2.3.2):

- Der **Schluß** von einer bestimmten **Eigenschaftsausprägung** eines Erzeugnisses auf dessen **Qualität** dient der **gedanklichen Entlastung** des **Individuums**. Zur Urteilsbildung zieht der Nachfrager bestimmte **Schlüsselinformationen** heran, die eine weitere Auseinandersetzung mit dem fraglichen Objekt ersparen. Beispiele dafür sind die **Folgerung** vom **Preis** auf die **Qualität** eines Guts und die Vorstellung, ein hilfsbereiter Verkäufer reflektiere die Kundenorientierung eines Unternehmens.

- Ein **Schluß** von einem verfestigten **Globalurteil** über ein **Erzeugnis** auf dessen **Merkmalsausprägungen** trägt ebenfalls zur kognitiven Vereinfachung der Informationsaufnahme und -verarbeitung bei. Der Abnehmer geht bei diesem als **Halo-Effekt** bezeichneten Phänomen davon aus, daß das Produkt in allen Facetten zwecktauglich ist, da es sich bislang als zufriedenstellend herausstellte.

- Die **Übertragung** der **Erfahrungen** mit einem **Attribut** auf ein **anderes** kommt durch **Analogieschlüsse** oder **Eindrucksverknüpfungen** zustande. **Irradiationen** dieser Art führen zum Beispiel dazu, daß die Kleidung des Verkäufers als Ankergröße für die Beurteilung der Funktionsfähigkeit des Produkts oder der Kulanz des Produzenten fungiert. Eine Person entwickelt um so stärkere **Analogieschlüsse**, je **diffuser** das Merkmal ist, auf das sie schließt, je **weniger thematisiert** die Eigenschaft ist, von der sie schließt, und je **mehr verbunden** die Attribute untereinander sind.

Einen Überblick über das in diesem Abschnitt Besprochene liefert *Abbildung* 4.40.

| Vergleichsstandards der Soll-Komponente | Verzerrungen bei der Wahrnehmung der Ist-Komponente |
|---|---|
| • Das Erwartete<br>• Das Ideale<br>• Das Tolerierbare<br>• Das Verdiente<br>• Das Gerechte<br>• Das Normale<br>• Das Erreichbare | • Schwelleneffekte<br>• Assimilations-Kontrast-Effekte<br>• Ausstrahlungseffekte |

*Abbildung 4.40: Spezifikation der Soll- und Ist-Komponente*

### 10.2.3 Alternative Ansätze zur Spezifikation des Kundenzufriedenheitskonzepts

Eine andere Sichtweise besteht darin, Kundenzufriedenheit nicht als das Ergebnis eines einmaligen Kauf- beziehungsweise Konsumerlebnisses, also **transaktionsspezifisch**, aufzufassen, sondern als Ausdruck aller bisherigen Kauf- und Konsumerfahrungen, also **kumulativ**, zu definieren (vgl. *Johnson/Anderson/Fornell*, 1995, S. 699 ff.). Dieser Vorstellung zufolge reflektiert das Zufriedenheitsurteil weniger das aus einem Produkterlebnis resultierende Wohlbefinden des Individuums zu einem bestimmten Zeitpunkt. Vielmehr spiegelt dieses Urteil die Zwecktauglichkeit eines Produkts vor dem Hintergrund **aller bisherigen Kauf-** und **Konsumerfahrungen** wider. Diese Interpretation von Zufriedenheit erweist sich dort als zweckmäßig, wo es beispielsweise um die Abschätzung des **langfristigen Marktanteils** für ein Erzeugnis geht. Dagegen bietet sich ein Rückgriff auf das Soll-Ist-Paradigma an, falls die Reaktion eines Nachfragers auf die Qualität eines erlebten Guts im Mittelpunkt steht.

In Analogie zum *confirmation-disconfirmation*-**Ansatz** basiert auch die *equity*-**Theorie** auf einem Vergleichsprozeß (vgl. *Oliver/Swan*, 1989ᵃ, S. 21 ff., und 1989ᵇ, S. 372 ff.). Dieser bezieht sich jedoch nicht auf ein **Erzeugnis**, sondern auf eine **Austauschsituation**. Ein Kunde besitzt Vorstellungen über angemessenes Verhalten der Marktpartner (Anbieter und Nachfrager) und erwartet **Gerechtigkeit** in der **Austauschsituation**. Hierbei vergleicht der Betroffene seinen für das Zustandekommen des Tauschs erforderlichen Aufwand mit dem aus der Tauschhandlung resultierenden Ertrag. Ebenso unterzieht die Person den Input beziehungsweise Output des Marktpartners einer Prüfung. Zum Aufwand gehören sowohl der Kaufpreis als auch alle anderen Kosten, wie Wartezeit und Anfahrt. Dem Ertrag läßt sich der Wert der Leistung sowie deren funktionaler, sozialer und psychischer Nutzen subsumieren. Das Individuum ist mit dem **Tausch zufrieden**, sofern es das **Verhältnis** zwischen **Input** und **Output** als **günstig empfindet**. Im umgekehrten Fall tritt Unzufriedenheit ein, die sich mitunter in einer Aufkündigung der Geschäftsbeziehung konkretisiert.

Im Mittelpunkt der **Attributionstheorie** steht die Idee, daß **Individuen** bestrebt sind, einem Ereignis entsprechende **Ursachen** zuzuweisen (vgl. *Weiner*, 1985, S. 27 ff.). Übertragen auf die Kauf- und Konsumsituation bedeutet dies, daß ein Konsument nach den Gründen einer **sehr guten** oder **besonders schlechten Unternehmensleistung** sucht (vgl. *Bitner*, 1990, S. 69 ff.). Erst nach einer Identifikation und Evaluation dieser Ursachen stellt sich beim Betroffenen (Un-)Zufriedenheit ein. Hierbei sind drei Dimensionen zur Einschätzung und Bewertung von Ereignissen relevant:

- **Ort**: Die Ursachen lassen sich entweder dem Kunden selbst oder dem Anbieter sowie der Kauf- und Konsumsituation zuschreiben.

- **Stabilität**: Das Individuum empfindet die Ursachen entweder als dauerhaft oder als vorübergehend.

- **Kontrollierbarkeit**: Die Ursachen lassen sich vom Unternehmen kontrollieren oder entziehen sich seiner Kontrolle.

Die **Intensität** der **(Un-)Zufriedenheit** mit einer **Leistung** hängt von den **Ausprägungen** dieser drei **Determinanten** ab. Ist eine Person mit dem Erzeugnis eines Herstellers unzufrieden, relativiert sich ihre Unzufriedenheit, sofern sie weiß, daß dieser Mangel **nicht dauerhaft** ist und seine Ursachen **außerhalb** der **Kontrolle** des Produzenten liegen (z. B. Fehlleistung aufgrund eines Streiks). Dagegen mag ein Individuum die bekundete Zufriedenheit mit einem Produkt einschränken, sofern es in Erfahrung bringt, daß die Erstellung der Leistung auf **seinen Einsatz** zurückgeht, **zeitlich instabil** ist und sich jeder **Kontrolle** entzieht (z. B. eine überaus erfolgreiche Beratungsleistung, die jedoch maßgeblich vom Klienten selbst erbracht wurde).

## 10.2.4 Anomalien bei der Herausbildung eines Kunden-zufriedenheitsurteils

In Anbetracht der Relevanz der Kundenzufriedenheit für den Unternehmenserfolg kann es nicht überraschen, daß sich in der Marketingliteratur eine **Vielzahl** von **Studien** zur Erfassung der Urteile von Kunden über die Zwecktauglichkeit (Bedürfnisgerechtigkeit) der Leistung eines Unternehmens finden. Ungeachtet der von den einzelnen Autoren gewählten Vorgehensweise zur Ermittlung von Kundenzufriedenheitsurteilen tauchen bei nahezu allen Studien einige gravierende Schwierigkeiten auf.

### 10.2.4.1 Referenzpunktbezogenheit, Verlustaversion und abnehmende Sensitivität bei Kundenzufriedenheitsurteilen

Entgegen den Erkenntnissen der **deskriptiven Entscheidungstheorie** betrachten viele Marktforscher das Kauf- und Konsumerlebnis eines Individuums als **singuläres Ereignis**. Die bisherigen Kauf- und Konsumerfahrungen, die den Referenzpunkt zur Beurteilung des gegenwärtigen Erlebnisses bilden, spielen bei der Interpretation des Zufriedenheitsurteils nur eine untergeordnete Rolle. Darüber hinaus findet die **asymmetrische Bewertung** der positiven und negativen Unternehmensleistung durch den Befragten in zahlreichen Kundenzufriedenheitsanalysen keine Beachtung. Aus der **empirischen Entscheidungsforschung** ist bekannt, daß ein Proband ein negatives Kauf- und Konsumerlebnis sehr viel stärker gewichtet als ein im Ausmaß identisches positives Erlebnis. Zwei Beispiele tragen zur Verdeutlichung dieser Überlegungen bei:

• Ein Geschäftsmann lädt zwei Freunde zu einem Abendessen in sein bevorzugtes italienisches Restaurant ein. Als Stammkunde kennt er die sehr gute Qualität der Speisen und Getränke bei in seinen Augen zwar hohen, aber durchaus angemessenen Preisen. Entgegen den sonst üblichen Gepflogenheiten erscheint der Koch an diesem Abend nicht im Restaurant, um sich nach dem Befinden der Gäste zu erkundigen. Während der Geschäftsmann diese Nachlässigkeit im Service mit großer Unzufriedenheit bemängelt, betonen seine Geschäftsfreunde ihre volle Zufriedenheit mit den offerierten Speisen und Getränken.

• Ein Mann bittet seine Frau, die sich auf dem Weg zum Einkauf befindet, zwei Flaschen Rotwein seiner Lieblingsmarke zu besorgen. Da die präferierte Marke in der Weinhandlung nicht verfügbar ist, wählt die Frau zwei andere, ihrem Mann bislang nicht bekannte Rotweinmarken aus. Die eine ist im Hinblick auf Qualität und Preis höher als die Lieblingsmarke einzustufen, wohingegen die andere bezüglich der beiden Kriterien unterhalb der gewünschten Marke liegt. Während die erste Marke auf Zustimmung stößt, beeinträchtigt die zweite die Freude des Mannes über einen stimmungsvollen Abend ganz erheblich.

Im ersten Beispiel besitzt der vom Entscheider herangezogene **Referenzpunkt** eine zentrale Bedeutung für das Zufriedenheitsurteil. Wählt man, wie der Geschäftsmann, die beim **letzten Besuch** in diesem **Restaurant erfahrene Aufmerksamkeit** durch den Koch als Ankerpunkt, liegt diesmal ein Leistungsdefizit vor. Wird dagegen, wie von den Geschäftsfreunden, die **Leistung** eines anderen **Restaurants** als Bezugspunkt erhoben, scheint kein Leistungsmangel vorzuliegen. Im zweiten Beispiel kommt es beim Urteil des Befragten über die Zufriedenheit mit den beiden neuen Weinmarken entscheidend auf die **symmetrische Bewertung** der **Qualitätsminderung** beziehungsweise -steigerung sowie der **Preisreduzierung** beziehungsweise -erhöhung gegenüber der Lieblingsmarke an. Allen Erfahrungen zufolge schätzt der Befragte die möglicherweise im Ausmaß identischen positiven und negativen Qualitäts- und Preisänderungen im Vergleich zum favorisierten Produkt ganz unterschiedlich ein.

Zur **Analyse** der **Referenzpunktbezogenheit** und der **Verlustaversion** von Kunden bei der Beurteilung einer Leistung erscheint insbesondere das **allgemeine Referenzpunktmodell** als theoretisches Konzept geeignet (vgl. *Tversky/Kahneman*, 1991, S. 1039 ff.). Die Ausführungen in Abschnitt 7.3.2.2.2 veranschaulichen die Grundidee dieses Modells sowie seine mathematisch-statistische Grundstruktur. Wie an dieser Stelle ausgeführt, steht die **Wertfunktion** im Mittelpunkt dieses Ansatzes, die die **Referenzpunktbezogenheit**, die **abnehmende Sensitivität** und die **Verlustaversion** bei der Herausbildung eines Urteils ausdrückt. Im Unterschied zum Grundmodell (vgl. *Kahneman/Tversky*, 1979, S. 263 ff.) ermöglicht das allgemeine Referenzpunktmodell die Handlungsoptionen auf der Basis mehrerer Eigenschaften zu beschreiben.

Im Kern geht es darum, die in Kapitel 7.3.2.2.2 erläuterten Gleichungen auf den in diesem Abschnitt interessierenden Sachverhalt zu übertragen. Aus *Abbildung* 3.18 ist ersichtlich, daß **jede dieser Formeln** eine **unterschiedliche Hypothese** über den zwischen einem **Produktmerkmal** und seinem **Wert existierenden Zusammenhang** ausdrückt. Zur Erinnerung sind im folgenden die drei Ausdrücke aus einer Gesamtschau heraus dargestellt:

- **Fall 1:**

$$Z_j = \beta_0 + \sum_{i=1}^{n} \beta_i \cdot x_{ij} + \varepsilon_j \qquad (4.18)$$

Dabei bedeuten:

$Z_j$ = Urteil des Probanden j über die Zufriedenheit mit der Leistung eines Unternehmens

$x_{ij}$ = Urteil des Probanden j über die Ausprägung der betrachteten Unternehmensleistung beim Attribut i

$\beta_i$ = i-ter Funktionsparameter

$\varepsilon_j$ = Residuum

- **Fall 2:**

$$Z_j = \beta_0 + \sum_{i=1}^{n} \beta_i \cdot (x\text{-GEW}_{ij} + \lambda_i \cdot x\text{-VER}_{ij}) + \varepsilon_j \qquad (4.19)$$

Es gelten:

$Z_j$        = Urteil des Probanden j über die Zufriedenheit mit der Leistung eines Unternehmens

$x\text{-GEW}_{ij}$ = Urteil des Individuums j über das Ausmaß, in dem die Ausprägung der interessierenden Leistung, zum Beispiel *Mercedes* C 180, bei der Eigenschaft i (Qualität), zum Beispiel $x_i$ = hohe Qualität, die Ausprägung der Referenzleistung, etwa *BMW* 318, bei diesem Merkmal, beispielsweise $x_{ir}$ = mittlere Qualität, übersteigt

$x\text{-VER}_{ij}$ = Urteil des Probanden j über das Ausmaß, in dem die Ausprägung der interessierenden Leistung, zum Beispiel *Mercedes* C 180, bei der Eigenschaft i (Qualität), beispielsweise $x_i$ = niedrige Qualität, die Ausprägung der Referenzleistung, etwa *BMW* 318, bei diesem Merkmal, zum Beispiel $x_{ir}$ = mittlere Qualität, unterschreitet

$\lambda_i$        = i-ter Faktor der Verlustaversion

$\beta_i$        = i-ter Funktionsparameter

$\varepsilon_j$        = Residuum

- **Fall 3:**

$$Z_j = \beta_0 + \sum_{i=1}^{n} \beta_i \cdot [\ln(x\text{-GEW}_{ij}) - \ln(\lambda_i \cdot |x\text{-VER}_{ij}|)] + \varepsilon_j \qquad (4.20)$$

Zur Überprüfung der drei Ansätze dient eine empirische Untersuchung in der 362 Personen Auskunft über ihre Zufriedenheit mit der Leistung eines Hotels gaben (vgl. *Herrmann/von Nitsch/Huber*, 1998, S. 3 ff.). Im einzelnen kommen die **Qualität** des **Essens**, die **Qualität** der **Unterkunft**, die **Qualität** des **Services** und der **Preis** als Kriterien zur Einschätzung der Leistungen des **interessierenden Hotels** und **zweier Referenzhotels** in Betracht. Als **Ankerhotels** fungieren neben dem von der Auskunftsperson **zuletzt besuchten Hotel** auch das von ihr als **repräsentativ** für die **vorliegende Hotelkategorie angesehene Haus**.

Insofern hatte jeder Proband zunächst ein Urteil über die Zufriedenheit mit der Leistung im gerade besuchten Hotel abzugeben. Daraufhin wurde nach der Qualität des Essens, der Qualität der Unterkunft und der Qualität des Services im betrachteten Haus und in den beiden Referenzhotels gefragt. Abschließend forderte man jedes Individuum dazu auf, die Preise für einen Aufenthalt im ins Auge gefaßten Hotel und in den beiden Ankerhotels zu bewerten. Zur Erfassung der Zufriedenheits-, Qualitäts- und Preisurteile bot sich ein **10 cm** langes **Kontinuum** an, das von sehr hoch bis sehr niedrig reichte (10 = sehr zufrieden, bzw. sehr gute Qualität bzw. sehr niedriger Preis, 0 = sehr unzufrieden bzw. sehr schlechte Qualität bzw. sehr hoher Preis).

Anknüpfend an *Gleichung* 4.18 läßt sich für **Fall 1**, das heißt **Vernachlässigung** der **Referenzpunktbezogenheit**, der **Verlustaversion** und der **abnehmenden Sensitivität** bei Kundenzufriedenheitsurteilen, folgender Ausdruck konstruieren:

$$Z_j = \beta_0 + \beta_1 \cdot QE_j + \beta_2 \cdot QU_j + \beta_3 \cdot QS_j + \beta_4 \cdot PREIS_j + \varepsilon_j \qquad (4.21)$$

Dabei gilt:

| | | |
|---|---|---|
| $Z_j$ | = | Urteil des Probanden j über die Zufriedenheit mit der Leistung im betrachteten Hotel |
| $QE_j$ $(QU_j, QS_j)$ | = | Urteil der Person j über die Qualität des Essens (Qualität der Unterkunft, Qualität des Services) im betrachteten Hotel |
| $PREIS_j$ | = | Urteil des Individuums j über die Preisgünstigkeit im betrachteten Hotel |
| $\beta_i$ | = | i-ter Funktionsparamter |
| $\varepsilon_j$ | = | Residuum |

Unter **Berücksichtigung** der **Referenzpunktbezogenheit** und der **Verlustaversion** bei der Herausbildung von Kundenzufriedenheitsurteilen, wie im **Fall 2,** ergibt sich in Analogie zu *Gleichung* 4.19 folgende Formel:

$$Z_j = \beta_0 + \beta_1 \cdot [\, QE\text{-}GEW_j + \lambda_1 \cdot QE\text{-}VER_j \,]$$
$$+ \beta_2 \cdot [\, QU\text{-}GEW_j + \lambda_2 \cdot QU\text{-}VER_j \,] \qquad\qquad (4.22)$$
$$+ \beta_3 \cdot [\, QS\text{-}GEW_j + \lambda_3 \cdot QS\text{-}VER_j \,]$$
$$+ \beta_4 \cdot [\, PREIS\text{-}GEW_j + \lambda_4 \cdot PREIS\text{-}VER_j \,] + \varepsilon_j$$

Dabei bedeuten:

$Z_j$ = Urteil des Probanden j über die Zufriedenheit mit der Leistung im betrachteten Hotel

$QE\text{-}GEW_j$ ($QU\text{-}GEW_j$, $QS\text{-}GEW_j$) = Urteil des Probanden j über das Ausmaß, in dem die Qualität des Essens (Qualität der Unterkunft, Qualität des Services) im betrachteten Hotel ($QE_k$, $QU_k$, $QS_k$) die Qualität des Essens (Qualität der Unterkunft, Qualität des Services) im Referenzhotel ($QE_r$, $QU_r$, $QS_r$) übersteigt

$QE\text{-}VER_j$ ($QU\text{-}VER_j$, $QS\text{-}VER_j$) = Urteil des Probanden j über das Ausmaß, in dem die Qualität des Essens (Qualität der Unterkunft, Qualität des Services) im betrachteten Hotel ($QE_k$, $QU_k$, $QS_k$) die Qualität des Essens (Qualität der Unterkunft, Qualität des Services) im Referenzhotel ($QE_r$, $QU_r$, $QS_r$) unterschreitet

$PREIS\text{-}GEW_j$ = Urteil der Person j über das Ausmaß, in dem der Preis im betrachteten Hotel ($PREIS_k$) den Preis im Referenzhotel ($PREIS_r$) unterschreitet

$PREIS\text{-}VER_j$ = Urteil des Probanden j über das Ausmaß, in dem der Preis im betrachteten Hotel ($PREIS_k$) den Preis im Referenzhotel ($PREIS_r$) übersteigt

$\lambda_m$ = m-ter Faktor der Verlustaversion

$\beta_k$ = k-ter Funktionsparameter

$\varepsilon_j$ = Residuum

Die erforderlichen Nebenbedingungen lauten wie folgt:

Sofern $QE_k \geq QE_r$ bzw. $QU_k \geq QU_r$ bzw. $QS_k \geq QS_r$ gilt:
$QE\text{-}GEW_j = QE_k - QE_r$ und $QE\text{-}VER_j = 0$
$QU\text{-}GEW_j = QU_k - QU_r$ und $QU\text{-}VER_j = 0$
$QS\text{-}GEW_j = QS_k - QS_r$, und $QS\text{-}VER_j = 0$

Ist hingegen $QE_k < QE_r$ bzw. $QU_k < QU_r$ bzw. $QS_k < QS_r$, ergibt sich:
$QE\text{-}VER_j = QE_k - QE_r$ und $QE\text{-}GEW_j = 0$
$QU\text{-}VER_j = QU_k - QU_r$ und $QU\text{-}GEW_j = 0$
$QS\text{-}VER_j = QS_k - QS_r$, und $QS\text{-}GEW_j = 0$

Ist $PREIS_k < PREIS_r$, so lautet:
$PREIS\text{-}GEW_j = PREIS_k - PREIS_r$ und $PREIS\text{-}VER_j = 0$.

Im umgekehrten Fall ($PREIS_k \geq PREIS_r$) gilt:
$PREIS\text{-}VER_j = PREIS_k - PREIS_r$ und $PREIS\text{-}GEW_j = 0$.

Wird neben der **Referenzpunktbezogenheit** und der **Verlustaversion** auch die **abnehmende Sensitivität** bei Kundenzufriedenheitsurteilen erfaßt, wie im **Fall 3**, ergibt sich der folgende Ausdruck:

$$
\begin{aligned}
Z_j = \beta_0 &+ \beta_1 \cdot [\ln(QE\text{-}GEW_j) - \ln(\lambda_1 \cdot |QE\text{-}VER_j|)] \\
&+ \beta_2 \cdot [\ln(QU\text{-}GEW_j) - \ln(\lambda_2 \cdot |QU\text{-}VER_j|)] \\
&+ \beta_3 \cdot [\ln(QS\text{-}GEW_j) - \ln(\lambda_3 \cdot |QS\text{-}VER_j|)] \\
&+ \beta_4 \cdot [\ln(PREIS\text{-}GEW_j) - \ln(\lambda_4 \cdot |PREIS\text{-}VER_j|)] + \varepsilon_j
\end{aligned}
\tag{4.23}
$$

Neben den bereits zuvor definierten Notationen sind die folgenden Nebenbedingungen erforderlich:

Sofern $QE_k \geq QE_r$ bzw. $QU_k \geq QU_r$ bzw. $QS_k \geq QS_r$ gilt:
$QE\text{-}GEW_j = QE_k - QE_r$ und $\lambda_1 \cdot |QE\text{-}VER_j| = 1$
$QU\text{-}GEW_j = QU_k - QU_r$ und $\lambda_2 \cdot |QU\text{-}VER_j| = 1$
$QS\text{-}GEW_j = QS_k - QS_r$, und $\lambda_3 \cdot |QS\text{-}VER_j| = 1$

Ist hingegen $QE_k < QE_r$ bzw. $QU_k < QU_r$ bzw. $QS_k < QS_r$, ergibt sich:
$QE\text{-}VER_j = QE_k - QE_r$ und $QE\text{-}GEW_j = 1$
$QU\text{-}VER_j = QU_k - QU_r$ und $QU\text{-}GEW_j = 1$
$QS\text{-}VER_j = QS_k - QS_r$, und $QS\text{-}GEW_j = 1$

Ist $PREIS_k < PREIS_r$, so lautet:
$PREIS\text{-}GEW_j = PREIS_k - PREIS_r$ und $\lambda_4 \cdot |PREIS\text{-}VER_j| = 1$

Im umgekehrten Fall ($PREIS_k \geq PREIS_r$) gilt:
$PREIS\text{-}VER_j = PREIS_k - PREIS_r$ und $PREIS\text{-}GEW_j = 1$.

Zur Überprüfung der statistischen Güte einer Regression liegt es nahe, das Augenmerk auf zwei Teilfragen zu richten. Zunächst ist zu klären, wie gut die **Prädiktorvariablen** der einzelnen Modelle die **Kriteriumsgröße** $Z_j$ **erklären**. Ein Indikator für den Anteil der systematischen Komponente an der Gesamterklärung ist das **Bestimmtheitsmaß** $R^2$. Aus den in *Tabelle* 4.35 dargebotenen Zahlen geht hervor, daß *Gleichung* 4.21 das reale Geschehen nur unbefriedigend abbildet ($R^2 = 0,171$), während *Gleichung* 4.22 zufriedenstellende $R^2$-Werte (0,237 und 0,253) aufweist. Dagegen zeichnet sich *Gleichung* 4.23 durch **beachtliche** Bestimmtheitsmaße (0,366 und 0,414) aus.

Offenbar sind die Individuen bei der Beurteilung einer Leistung **verlustavers** und fällen ihr Zufriedenheitsurteil vor dem Hintergrund eines **Ankerpunkts**. Darüber hinaus läßt sich die Herausbildung eines solchen Urteils durch **abnehmende Sensitivität** charakterisieren. Ein Vergleich der beiden $R^2$-Werte in *Gleichung* 4.22 und 4.23 zeigt, daß das vom jeweiligen Proband als **repräsentativ** für die **Hotelkategorie** angesehene Haus den **geeigneten Referenzpunkt** bildet. Offenbar spielen der Preis und die

Qualität der einzelnen Leistungen im zuletzt besuchten Hotel nur eine untergeordnete Rolle.

Ferner interessiert die Beantwortung der Frage nach der **Signifikanz** der **Regressionskoeffizienten**. Ein Blick auf *Tabelle* 4.35 verdeutlicht, daß alle Faktoren **deutlich** von **Null abweichen**. Dieser Sachverhalt belegt

| Para- | Modell zur Erfassung von Kundenzufriedenheitsurteilen | | | | |
|---|---|---|---|---|---|
| **meter** | Fall 1 (vgl. Gleichung 4.21): Vernachlässigung aller Anomalien | Fall 2 (vgl. Gleichung 4.22): Berücksichtigung von Referenzpunktbezogenheit und Verlustaversion | | Fall 3 (vgl. Gleichung 4.23): Berücksichtigung von Referenzpunktbezogenheit, Verlustaversion und abnehmender Sensitivität | |
| | | Das zuletzt besuchte Hotel bildet den Referenzpunkt | Das durchschnittliche Hotel der Kategorie bildet den Referenzpunkt | Das zuletzt besuchte Hotel bildet den Referenzpunkt | Das durchschnittliche Hotel der Kategorie bildet den Referenzpunkt |
| $\beta_0$ | 0,426* | 1,342** | 0,634* | 0,751* | 0,566* |
| $\beta_1$ | 1,359** | 3,876* | 3,149** | 3,394* | 3,463** |
| $\beta_2$ | 1,736* | 2,986** | 2,743* | 2,439** | 2,167** |
| $\beta_3$ | 1,148** | 3,176* | 2,638** | 2,134** | 2,554* |
| $\beta_4$ | -0,936** | -2,575* | -2,376* | -2,131** | -1,967* |
| $\lambda_1$ | - | 1,734** | 1,965* | 2,271* | 2,345** |
| $\lambda_2$ | - | 2,623* | 1,882** | 1,934* | 1,789** |
| $\lambda_3$ | - | 2,173** | 2,376** | 2,438** | 1,663** |
| $\lambda_4$ | - | 1,205* | 1,457** | 1,637** | 1,154** |
| $R^2$ | 0,171 | 0,237 | 0,253 | 0,366 | 0,414 |

\* = signifikant bei einer Irrtumswahrscheinlichkeit von 5%
\*\* = signifikant bei einer Irrtumswahrscheinlichkeit von 1%

*Tabelle 4.35: Ergebnis der Parameterschätzung*

einerseits die Relevanz der vier erklärenden Variablen (Preis, Qualität des Essens, der Unterkunft und des Services). Andererseits wird die eingangs formulierte Hypothese bestätigt, wonach sich **Probanden** bei der **Herausbildung** eines **Zufriedenheitsurteils** an einem **Referenzpunkt orientieren, verlustavers sind** und **abnehmende Sensitivität aufweisen**.

## 10.2.4.2 Die Herausbildung von Kundenzufriedenheitsurteilen bei Alternativenbetrachtung

Viele Marktforscher gehen davon aus, daß das Kundenzufriedenheitsurteil ausschließlich von der Qualität des tatsächlich erlebten Guts abhängt. Die Vorstellung des Individuums bezüglich der **Zwecktauglichkeit alternativer Erzeugnisse** spielt bei der Analyse des Zufriedenheitsurteils über das erworbene und konsumierte Produkt keine Rolle. Aus empirischen Untersuchungen ist jedoch bekannt, daß die **Erwartungen** an die **Qualität** der **Alternativen** das Urteil über das tatsächlich gekaufte Erzeugnis beeinflussen. Zwei Beispiele verdeutlichen diese Idee:

- Ein Pkw-Besitzer erhält die Aufgabe, ein Urteil über die Zufriedenheit bezüglich der Qualität des kürzlich erworbenen Fahrzeugs (z. B. *Mercedes* C-Klasse) abzugeben. Obgleich das fragliche Automobil ohne Einschränkung funktionsfähig ist, meint der Betroffene, daß die nicht erworbene Alternative (z. B. *BMW* 3er) erhebliche Vorteile aufweist. Daher wird er bei der Formulierung des geforderten Zufriedenheitsurteils den nicht gekauften, aber von ihm als bemerkenswert eingestuften Pkw der Konkurrenz mit ins Kalkül ziehen. Insofern erscheint es für den betrachteten Automobilhersteller nahezu unmöglich, trotz einer beachtlichen Leistung den Kunden zufriedenzustellen.

- Ein Individuum entscheidet sich, den Urlaub an einem bestimmten Ort (z. B. *Mallorca*) zu verbringen. Im Vorfeld dieser Entscheidung kam auch ein anderes Reiseziel (z. B. *Kreta*) als durchaus gleichwertige Alternative in Betracht. Während des Urlaubs auf *Mallorca* läßt die Qualität der Unterkunft zu wünschen übrig, während alle anderen Leistungen ohne Einschränkungen den Vorstellungen des Gasts entsprechen. Unmittelbar nach der Rückkehr beklagt sich der Betroffene sehr vehement beim Reiseveranstalter und ärgert sich darüber, nicht *Kreta* als Urlaubsort gewählt zu haben.

Im ersten Beispiel geht von den **Erwartungen** an den **nicht erworbenen Pkw** ein **großer Einfluß** auf das **Zufriedenheitsurteil** über das **gekaufte Automobil** aus. Offenbar spielen die möglicherweise weit überzogenen Vorstellungen im Hinblick auf die Zwecktauglichkeit der anderen Option eine zentrale Rolle. Dies läßt die Vermutung zu, daß die **Zufriedenheit** mit dem erlebten Produkt **um so geringer** ist, je **größer** die **Erwartungen** an die **Alternative sind.** Im zweiten Beispiel liegt ein bestimmter **Leistungsmangel** vor, der den Urlauber zum **Protest bewegt** und ihn aufgrund seiner **subjektiv empfundenen Fehlentscheidung** hadern läßt. Das wahrgenommene Leistungsmanko scheint in den Augen des Betroffenen die vermutete Zwecktauglichkeit der nicht gewählten Option zu erhöhen. Es besteht daher Grund zur Annahme, daß die **Erwartungen** an die **Alternative** einen besonders **großen Einfluß** auf das Urteil bezüglich der Zufriedenheit mit dem erworbenen Erzeugnis ausüben, falls letzteres ein **Leistungsdefizit aufweist.**

Zur Analyse dieser Phänomene kommt die in Abschnitt 7.3.2.2.3 dargestellte *regret*-**Theorie** in Betracht. Unter Rückgriff auf diesen Ansatz gelingt es, die Herausbildung eines Kundenzufriedenheitsurteils bei Alternativenbetrachtung zu erklären. Wie dort ausgeführt, lautet die erste Hypothese folgendermaßen:

- Je **höher** die **Erwartungen** an die **Alternative** sind, desto **geringer** **ist** die **Zufriedenheit** mit dem **erlebten Produkt.**

Ein Blick auf das eingangs formulierte Beispiel verdeutlicht diese Hypothese. Wie erläutert, meint der Käufer des *Mercedes* der C-Klasse, daß die nicht erworbene Alternative (der 3er *BMW*) beachtliche Vorteile aufweist. Insofern zieht er bei der Herausbildung eines Zufriedenheitsurteils bezüglich des *Mercedes* den nicht gekauften, aber als sehr attraktiv eingeschätzten Pkw von *BMW* in Betracht. Gäbe es diese Alternative nicht, würde der Betroffene sein Urteil allein auf der Basis der Zwecktauglichkeit des *Mercedes* fällen und seine Zufriedenheit mit diesem Fahrzeug bekunden.

Den Untersuchungen von *Ritov* und *Baron* (1995, S. 119 ff.) zufolge wirken eine **Über-** und eine **Unterschreitung** der **vermuteten Konsequenzen** zurückgewiesener Optionen gegenüber den Erfahrungen mit dem erlebten Erzeugnis **nicht im gleichen Maße** auf die **Zufriedenheit.** Hieraus ergibt sich die zweite Hypothese:

- Werden die **Erwartungen** an das erlebte Produkt (**nicht**) **bestätigt,** besitzen die **Erwartungen** an die **Alternativen** einen **mäßig starken** (**sehr starken**) **Einfluß** auf die Zufriedenheit.

Zur Verdeutlichung dieser Hypothese dient das erläuterte Beispiel: Dort steht ein Individuum im Mittelpunkt, das *Mallorca* als Reiseziel wählt und die andere Option (*Kreta*) verwirft. Da sich im Urlaub herausstellt, daß die Qualität der Unterkunft nicht den Erwartungen entspricht, beklagt der Betroffene seine Fehlentscheidung und betont die Vortrefflichkeit von *Kreta* als Reiseziel. Hätte ihn die Qualität der Unterkunft auf *Mallorca* nicht so enttäuscht, würde der Urlauber wohl kaum mit der Wahl des Reiseziels hadern und die Qualität von *Kreta* so hervorheben.

Die aus der ***regret*-Theorie deduzierten Hypothesen** über die Herausbildung eines Zufriedenheitsurteils bei Alternativenbetrachtung gilt es mittels einer empirischen Untersuchung zu überprüfen. Zu diesem Zweck dient eine in der **Reisebranche** durchgeführte Studie, deren zentrales Anliegen darin besteht, den **Effekt** der **vermuteten Attraktivität** einer **zurückgewiesenen Alternative** auf die **Zufriedenheit** mit dem **tatsächlichen Reiseziel** offenzulegen (vgl. *Herrmann/Huber/Wricke*, 1998, S. 7 ff.).

Vor dem Hintergrund der **verhaltenswissenschaftlichen** Erkenntnis, daß sich der Zusammenhang zwischen den beiden Wahlmöglichkeiten erst im Wirkungsverbund mit anderen relevanten Größen bestimmen läßt, spielen auch die **Erwartungen** an das **gewählte Reiseziel**, die **Erfahrungen** mit diesem **Urlaubsort** und die **Bestätigung** beziehungsweise **Nicht-Bestätigung** der **Erwartungen** eine Rolle.

- Es ist zu vermuten, daß die **Erwartungen** an ein **Reiseziel** einen **negativen Einfluß** auf die **Bestätigung** dieser **Erwartungen** ausüben. Je höher die Erwartungen an die einzelnen Dimensionen der Leistung sind, desto schwieriger ist es für den Anbieter, den Vorstellungen der Nachfrager zu entsprechen.

- Dagegen geht von den **Erfahrungen** mit dem **gewählten Urlaubsort** ein **positiver Effekt** auf die **Bestätigung** der **Erwartungen** aus. Je zwecktauglicher sich die einzelnen Dimensionen der erlebten Leistung erweisen, desto eher sehen die Betroffenen die Vorstellungen erfüllt.

- Dem bereits erläuterten *confirmation-disconfirmation*-Paradigma folgend, hat die **Bestätigung** der **Erwartungen** an das **gewählte Reiseziel** eine **positive Wirkung** auf die **Zufriedenheit** mit diesem **Urlaubsort**. Je mehr die offerierte Leistung den Erwartungen des Urlaubers entspricht, desto besser fällt das Zufriedenheitsurteil aus.

- Die *regret-Theorie* besagt, daß die **Erwartungen** an das **alternative Reiseziel** und die **Zufriedenheit** mit dem **gewählten Urlaubsort** in einem **negativen Zusammenhang** stehen. Je höher die Erwartungen an die einzelnen Dimensionen der nicht gewählten Offerte sind, desto geringer ist die Zufriedenheit mit der erlebten Leistung.

Aus einer Vorstudie geht hervor, daß sich die **Erwartungen** an das **gewählte Urlaubsziel** beziehungsweise an die **verworfene Alternative** jeweils vor allem auf die **Unterkunft**, die **Verpflegung** und das **Rahmen-**

**programm** beziehen. Bei der Modellierung der hypothetischen Variablen **Erfahrung** liegt es nahe, die gleichen Indikatoren (**Unterkunft, Verpflegung** und **Rahmenprogramm**) heranzuziehen. Das Konstrukt **Zufriedenheit** wird durch zwei Indikatoren, **Zufriedenheit mit dem Urlaub** und **Absicht** des **erneuten Besuchs**, operationalisiert. Dagegen setzt man die latente Größe **Bestätigung** der **Erwartungen** ihrem Indikator definitorisch gleich.

Im Rahmen der Datenerfassung befragten **Marktforscher** von Juli bis September 1996 insgesamt 378 Kunden eines deutschen Reiseveranstalters vor und nach der Urlaubsreise. Unmittelbar vor der Abreise erhielten die Probanden die Aufforderung, ihre Erwartungen an das gewählte Reiseziel und an den alternativen Urlaubsort zu formulieren. Hierzu dienten die Indikatoren Unterkunft, Verpflegung und Rahmenprogramm, denen jeweils eine 8er-Skala zugrundelag. Direkt nach der Rückkehr aus dem Urlaub mußten sich die Auskunftspersonen bezüglich ihren Erfahrungen mit dem gewählten Reiseziel, dem Ausmaß der Bestätigung der Erwartungen und ihrer Zufriedenheit äußern. Zur Datenerhebung wurden die entsprechenden Indikatoren herangezogen, die wiederum jeweils auf einer 8er-Skala beruhten.

*Abbildung* 4.41 zeigt ein **Kausalmodell** der **Zufriedenheit** mit dem **gewählten Reiseziel**, das neben dieser zu erklärenden Variablen auch die erklärenden Größen **Erwartungen** an das **gewählte Reiseziel, Erwartungen** an das **alternative Reiseziel, Erfahrungen** mit dem **gewählten Reiseziel** und **Bestätigung** der **Erwartungen** an den **gewählten Urlaubsort** berücksichtigt. Die **hypothetischen Konstrukte** sind entsprechend der in der Literatur üblichen Darstellungsform jeweils mit einem **Oval** umrandet, während die dazugehörigen **Indikatoren**, das heißt die meßbaren Variablen, in **Kästchen** erscheinen. Die **Pfeile** zwischen den latenten Variablen reflektieren die zuvor **formulierten Hypothesen** über die zwischen betrachteten Größen existierenden Zusammenhänge. Eine Erläuterung der Kausalanalyse findet sich im Kapitel 10.3.2.

Zur Schätzung der Parameter steht das Programm *LISREL8* zur Verfügung. Es läßt sich zeigen, daß alle in der Literatur üblichen **Gütemaße** die entsprechenden **Schwellenwerte** erreichen. Insofern ist von einer **zufriedenstellenden Annäherung** des **Kausalmodells** an die **realen Gegebenheiten** auszugehen (vgl. *Herrmann/Huber/Wricke*, 1998, S. 9 ff.).

*Abbildung* 4.42 zeigt das Ergebnis der Parameterschätzung. Der **stärkste Einfluß** auf die **Zufriedenheit** mit dem **gewählten Reiseziel** geht von der (**Nicht-)Bestätigung** der **Erwartungen** an den **gewählten Urlaubsort** aus. Wobei die **Erfahrungen** mit dem **erlebten Reiseziel** den **größten Effekt** auf die **Bestätigung** der (**Nicht-)Erwartungen** ausüben.

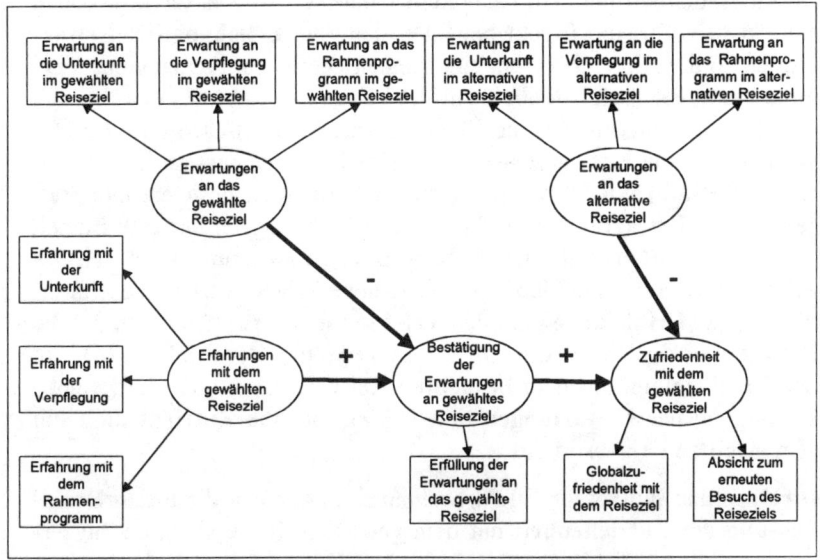

*Abbildung 4.41: Kausalmodell im regret-Fall*

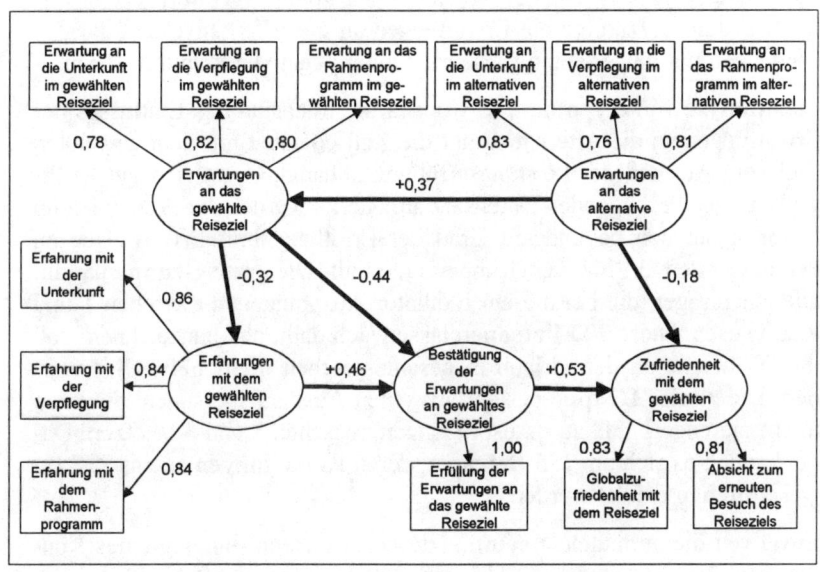

*Abbildung 4.42: Ergebnis der Parameterschätzung*

Außerdem fällt auf, daß die **Erwartungen** an das **alternative** Reiseziel die **Zufriedenheit** mit dem **besuchten** Urlaubsort sowohl direkt als auch indirekt beeinflussen. **Direkt** bedeutet, daß eine **Erhöhung** der **Erwartungen** an die **Alternative** um eine Einheit ceteris paribus zu einer **Verminderung** der **Zufriedenheit** um **0,18** Einheiten führt. Es erweist sich jedoch als bedeutsam, daß die **Erwartungen** an die **nicht gewählte** Option auch auf die **Erwartungen** an das **gewählte** Ziel ausstrahlen und dadurch eine **indirekte** Wirkung auf die **Zufriedenheit** besitzen. Die **Steigerung** der **Erwartungen** an das **alternative** Reiseziel um eine Einheit geht ceteris paribus mit einer **Erhöhung** der **Erwartungen** an den **gewählten Urlaubsort** um **0,37** Einheiten einher. Dabei wirken diese ihrerseits auf die **Erfahrungen** mit dem **erlebten Reiseort** (-0,32) und auf die **Bestätigung** der **Erwartungen** an das **gewählte** Reiseziel (-0,44) ein. Die **Erfahrungen** mit dem **besuchten** Reiseziel üben über die (Nicht-) Bestätigung der **Erwartungen** einen Effekt auf die **Zufriedenheit** mit dem **erlebten** Urlaubsort aus.

**Direkter** und **indirekter** Effekt bestimmen zusammen die **totale Beeinflussung** der **Zufriedenheit** mit dem gewählten Reiseort durch die **Erwartungen** an die **Alternative**. In diesem Fall beläuft sich der **direkte Effekt** auf **–0,18**, während der **indirekte Einfluß –0,12** (= 0,37 · (-0,44) · 0,53 + 0,37 · (-0,32) · 0,46 · 0,53) lautet. Somit liegt ein **Totaleffekt** von **–0,30** (= -0,18 + (-0,12)) vor. Offenbar konnte **Hypothese 1 bestätigt werden**, derzufolge die Erwartungen an die Alternative und die Zufriedenheit mit den erlebten Reiseort in einer negativen Relation stehen.

Zur **Analyse** von **Hypothese 2**, wonach die Intensität des Einflusses der Erwartungen an die Alternative auf die Zufriedenheit mit dem gewählten Ziel vom Ausmaß der Leistungserfüllung abhängt, bietet sich ein Rückgriff auf den vorliegenden Datensatz an. Hierzu wurden die Probanden im Hinblick auf den bekundeten Grad der Erfüllung ihrer Erwartungen an den gewählten Ort in zwei Gruppen unterteilt. Die **erste Gruppe** umfaßt alle Nachfrager, die bei diesem Indikator Ausprägungen zwischen **1** und **4** aufwiesen. Diese **123 Personen** lassen sich dadurch kennzeichnen, daß ihre **Wünsche** an den Urlaub insgesamt gesehen **nicht befriedigt** wurden. Die **zweite Gruppe** besteht aus jenen Auskunftspersonen, die beim interessierenden Indikator Ausprägungen zwischen **5** und **8** besitzen. Dabei handelt es sich um **255 Befragte**, deren **Erwartungen** an das Ziel **im wesentlichen erfüllt** wurden.

Inwieweit die vermutete **Asymmetrie** bei der Herausbildung eines Kundenzufriedenheitsurteils bei Alternativenbetrachtung tatsächlich vorliegt, läßt sich mit einer neuerlichen gruppenspezifischen Untersuchung klären. Hierzu wurde für jede Gruppe das in *Abbildung* 4.41 dargestellte Kausalmodell mit den hypothetischen Konstrukten und den entsprechenden Indikatoren herangezogen. Wiederum kam in beiden Studien der *LISREL*-Ansatz in Betracht, die Relationen zwischen den interessierenden Variablen zu schätzen. Obgleich sich die **Fallzahl pro Studie** erheblich reduzierte (**123 Probanden in Gruppe 1** und **255 Befragte in Gruppe 2**) liegen zufriedenstellende Werte für die verschiedenen **Fit-Indizes** vor. Alle interessierenden **Gütemaße** überschritten in beiden Fällen die geforderten Schwellenwerte. Daher darf von einer guten Anpassung der beiden Modelle an die realen Gegebenheiten gesprochen werden. Im einzelnen liegen die folgenden Resultate vor:

- Für die Gruppe **1**, also jene Reisenden, die ihre Erwartungen **nicht bestätigt sahen**, beträgt der **Totaleffekt** der **Erwartungen** an das **alternative** Reiseziel auf die **Zufriedenheit** mit dem **gewählten** Urlaubsort **−0,41**. Hierbei fällt auf, daß der **direkte Effekt** von −0,18 (im Gesamtmodell) auf **−0,27** besonders deutlich anstieg. Der **indirekte Einfluß** erhöhte sich nur geringfügig von −0,12 (im Gesamtmodell) auf **−0,14**.

- Bei der Gruppe **2**, zu der jene Probanden gehören, die eine **Bestätigung** ihrer **Erwartungen erfuhren**, lautet der **Totaleffekt** lediglich **−0,19**. Hierbei zeigt sich, daß der **direkte Einfluß** von −0,18 (im Gesamtmodell) auf **−0,09** sehr stark fiel. Der **indirekte Effekt** verminderte sich nur leicht von −0,12 (im Gesamtmodell) auf **−0,10**.

Somit **trifft** auch **Hypothese 2** zu, derzufolge bei (Nicht-)Bestätigung der Erwartungen an das erlebte Produkt die Erwartungen an die Alternative einen mäßig starken (sehr starken) Einfluß auf die Zufriedenheit besitzen. Die vermutete Asymmetrie bei der Herausbildung eines Kundenzufriedenheitsurteils bei Alternativenbetrachtung ließ sich damit bestätigen.

## 10.3 Ansätze zur Erfassung von Kundenzufriedenheitsurteilen

### 10.3.1 Traditionelle Ansätze

Die Eignung des hypothetischen Konstrukts **Kundenzufriedenheit** für die Gestaltung marketingpolitischer Maßnahmen hängt entscheidend von dessen **Operationalisierung**, respektive **Messung** ab. Die Festlegung geeigneter Indikatoren ist untrennbar mit der Beantwortung der Frage nach dem Erhebungsverfahren verbunden. Nach *Andreasen* (1982, S. 183 ff.) lassen sich grundsätzlich zwei Ansätze zur Messung von (Un-)Zufriedenheit unterscheiden (vgl. *Abbildung* 4.43):

- In der Unternehmenspraxis finden **objektive Verfahren** die größte Beachtung. Diese Methoden erfassen Größen, die **nicht** auf der Einschätzung von Betroffenen beruhen. Hierzu zählen insbesondere **Umsatz-** und **Marktanteilszahlen** sowie die **Loyalitätsrate**. Häufig erhebt ein Anbieter auch das Auftreten von Gewährleistungsansprüchen und die Reparaturhäufigkeit. Diese Informationen vermitteln Hinweise auf Leistungsdefizite und damit auf mögliche Ursachen von Unzufriedenheit.

- Auf Grund der individuell unterschiedlichen Perzeption einer gleichartigen Kauf- beziehungsweise Konsumsituation beklagen viele Forscher die **mangelnde Validität objektiver Kriterien**. Daher liegt es auf der Hand, die Zufriedenheit der Abnehmer auf **subjektiver Basis** festzustellen. Dieser Ansatz, der zwischen **merkmalsgestützten** und **ereignisorientierten** Verfahren differenziert, gründet auf der Vorstellung, daß sich die Bedürfnisgerechtigkeit einer Offerte nur auf der Grundlage von Kundenbefragungen ermitteln läßt.

| Ansätze zur Erfassung von Kundenzufriedenheitsurteilen | | | |
|---|---|---|---|
| **Objektive** | **Subjektive Verfahren** | | |
| **Verfahren** | **Merkmalsgestützte Verfahren** | | **Ereignisorientierte** |
| | **Implizite Methoden** | **Explizite Methoden** | **Verfahren** |
| • Umsatz<br>• Marktanteil<br>• Wechselrate<br>• Wiederkaufrate | • Analyse der Beschwerden<br>• Ermittlung der Leistungsmängel<br>• Befragung von Verkäufern und Absatzmittlern | • Messung des Erfüllungsgrads von Erwartungen<br>• Messung der Globalzufriedenheit<br>• Messung der Dimensionen von Zufriedenheit mit Multiattributivmodellen | • Methode der kritischen Ereignisse |

*Abbildung 4.43: Ansätze zur Messung der Kundenzufriedenheit*

Bei **merkmalsorientierten Methoden** besteht die Möglichkeit die Zufriedenheit einerseits auf indirektem Wege durch Indikatoren zu erfassen.

Zu den **impliziten Verfahren** gehören die Erfassung des Beschwerde-verhaltens sowie die Registrierung der von Kunden wahrgenommenen Leistungsmängeln. Die **expliziten Ansätze** messen dagegen den Grad der Bedürfnisbefriedigung direkt über ein- oder mehrdimensionale Zufrieden-heitsskalen. Diese Skalen sind zumeist so aufgebaut, daß sie einen Ver-gleich der Erwartungen an das Erzeugnis mit den Erfahrungen aus dem Kauf- beziehungsweise Konsumakt ermöglichen.

Erhebt ein Marketer die Erwartungen des Individuums vor dem Kauf und seine Erfahrungen nach dem Konsum, taucht das Problem auf, daß es dazu neigt, **konsistente Antworten** zu geben. Dies bedeutet für die Ana-lyse, daß die **tatsächlich empfundene** (Un-)Zufriedenheit von der **be-kundeten** erheblich abweichen kann. Zudem besteht die Gefahr, daß ein Kunde, der im Rahmen der Datenerfassung bereits für eine Teilleistung die **Bestnote** vergab, entgegen subjektivem Empfinden keine Möglichkeit besitzt, einer anderen Leistungskomponente eine **noch bessere** Note zu erteilen. Infolgedessen schlagen Wissenschaftler vor, im Anschluß an das Produkterlebnis die Differenz zwischen Erwartungen und Erfahrungen festzustellen und daraus unmittelbar auf die (Un-)Zufriedenheit zu schlie-ßen (vgl. *Swan/Trawick*, 1981, S. 49 ff.).

Zur **Erfassung** der **Zufriedenheit** gelangen in vielen Studien **sehr ein-fache**, **eindimensionale** *rating*-Skalen zum Einsatz, auf denen der Kun-de den Grad seiner Bedürfnisbefriedigung angibt. Dieser Vorgehensweise steht jedoch der Einwand gegenüber, daß keine Informationen über ein-zelne Facetten der Zufriedenheit vorliegen und daher eine differenzierte Diagnose der Ursachen von Fehlleistungen nicht möglich ist. Eine Identi-fikation jener Leistungsbestandteile, die beim Kunden Bedürfniserfüllung bewirken und die Leistungsfähigkeit des Unternehmens im Vergleich zu Konkurrenten offenlegen, gestatten **multiattributive Ansätze**. In Anleh-nung an die Ausführungen von *Homburg*, *Rudolph* und *Werner* (1997, S. 326 ff.) zeigt das folgende, in **sechs Schritte** unterteilte Schema die Mes-sung der Kundenzufriedenheit mit Hilfe einer multiattributiven Methode.

**(1) Festlegung der Probanden**

Es bedarf einer sorgfältigen **Festlegung** der zu **befragenden Probanden**. Im allgemeinen erscheint es ratsam, sich vor allem auf tatsächliche Kun-den und weniger auf potentielle Abnehmer zu konzentrieren. In vielen Fällen erleichtert eine **ABC-Analyse** die Auswahl der für die Studie inte-ressanten Personen.

## (2) Erfassung der Kundenerwartungen

Vor der **eigentlichen Erfassung** des Zufriedenheitsurteils sind im Rahmen einer Voruntersuchung die **Erwartungen** der Individuen an das fragliche **Produkt zu bestimmen.** Hilfreich ist hierbei die in *Tabelle* 4.36 dargestellte Matrix, die für einen Automobilhersteller mögliche Zielgruppen und Leistungskomponenten zeigt.

| Leistungs-<br>komponenten | Zielgruppen | | | |
|---|---|---|---|---|
| | Junge<br>Familie | Sportliche<br>Fahrer | Geschäfts-<br>leute | Allein-<br>stehende |
| • Motorisierung | | * | * | * |
| • Innenausstattung | | * | * | * |
| • Farbe | | | | |
| • Ladefläche | * | | | |
| • Zuverlässigkeit | * | | * | |
| • Markenimage | | * | * | * |
| • Wirtschaftlichkeit | * | | * | * |
| • Geschwindigkeit | | * | * | * |

\* = relevante Leistungskomponente für die entsprechende Zielgruppe

*Tabelle 4.36: Matrix möglicher Zielgruppen und Leistungskomponenten*

Aus *Tabelle* 4.36 ist zu erkennen, daß **vier Zielgruppen** existieren, die sich bezüglich ihrer Anforderungen an einen Pkw erheblich voneinander unterscheiden. Beispielsweise achtet der *sportliche Fahrer* insbesondere auf die **Geschwindigkeit** und die **Motorisierung.** Dagegen spielen für eine *junge Familie* die Ladefläche und die Wirtschaftlichkeit eine beachtliche Rolle. Aus dieser explorativen Voruntersuchung lassen sich Anhaltspunkte für die Gestaltung der Hauptstudie ableiten. Diese häufig in persönlichen Gesprächen gewonnenen Erkenntnisse erleichtern die **Auswahl** der **Analysemethode**, die **Bestimmung** der **relevanten Beurteilungskriterien** und die **Selektion** der zu **befragenden Personen.**

## (3) Zusammensetzung der Stichprobe

Es sind Entscheidungen im Hinblick auf den **Umfang** und die **Zusammensetzung der Stichprobe** zu treffen. Darüber hinaus ist die **Befragungsmethode** (schriftlich, telefonisch oder persönlich) festzulegen und die **Art** der zu **stellenden Fragen** (geschlossen, offen oder als *benchmark*) zu bestimmen.

*Abbildung* 4.44 verdeutlicht wichtige Vor- und Nachteile der verschiedenen Befragungsformen im Überblick. Während für die **schriftliche Erhebung** die **geringen Kosten** und die **Objektivität** des **Resultats** spre-

| Kriterien | Erhebungsmethode | | |
|---|---|---|---|
| | Telefonische Befragung | Schriftliche Befragung | Persönliches Interview |
| **Rücklauf** | hoch | niedrig, allerdings vom Marketer beeinflußbar | sehr hoch |
| **Kosten** | hoch | niedrig | sehr hoch, sofern auch im Ausland befragt wird |
| **Kontrolle der Erhebungssituation** | hoch | niedrig, da unklar bleibt, wer den Fragebogen ausfüllt | hoch |
| **Objektivität der Erhebung** | niedrig | hoch | sehr niedrig, da der Einfluß des Interviewers wirkt |
| **Unterstützung durch Marktforschungsgesellschaft** | nicht zwingend erforderlich | nicht zwingend erforderlich | bei einer großen Stichprobe unerläßlich |

Quelle: angelehnt an *Homburg/Rudolph/Werner*, 1997, S. 331

*Abbildung 4.44: Vor- und Nachteile verschiedener Erhebungsmethoden zur Erfassung der Zufriedenheitsurteile*

chen, ist bei einem persönlichen Interview mit einer **hohen Antwortrate** und **zusätzlichen Informationen** zu rechnen (vgl. *Berekoven/Eckert/Ellenrieder*, 1993, S. 88 ff.).

Im Anschluß daran ist festzulegen, ob offene oder geschlossene Fragen zu stellen sind. Bei **offenen Fragen** liegen dem Probanden **keine vorab spezifizierten Antworten** vor. Vielmehr muß er seine Antworten selbst formulieren, weshalb sich häufig ein vom **Marktforscher unerwarteter Sachverhalt** entdecken läßt. Dagegen bestehen bei **geschlossenen Fragen** zuvor bestimmte Antworten, die im einfachsten Fall "**Ja**" und "**Nein**" lauten und gegebenenfalls eine neutrale Kategorie "**keine Antwort**" umfassen (vgl. *Abbildung* 4.45). Eine Variante bildet die Vorgabe einer zum Beispiel 7er-Skala, die von **sehr unzufrieden** bis **sehr zufrieden** reicht (vgl. *Berekoven/Eckert/Ellenrieder*, 1993, S. 69 ff.).

| Art der Frage | Beispiel |
|---|---|
| Geschlossene Frage | Wie zufrieden sind Sie mit der Innenausstattung Ihres Pkw? Geben Sie die Antwort auf eine Skala, die von 1 = sehr unzufrieden bis 7 = sehr zufrieden reicht. |
| Offene Frage | Welche Kritikpunkte oder Verbesserungsvorschläge haben Sie in bezug auf die Innenausstattung ihres Pkw? |
| *benchmarking*-Frage | Fällt Ihnen ein anderer Fahrzeughersteller ein, dessen Modelle eine besonders attraktive Innenausstattung besitzen? |

Quelle: angelehnt an *Homburg/Rudolph/Werner*, 1997, S. 333

*Abbildung 4.45: Beispiele für geschlossene, offene und benchmarking-Fragen im Rahmen der Erfassung von Zufriedenheitsurteilen*

**(4) Durchführung der Stichprobe**

Vor der **eigentlichen Datenerfassung** ist eine **Pilotstudie** durchzuführen, aus der die Tauglichkeit der Untersuchungsanordnung hervorgeht. Bereits sehr kleine Fehler bei der Gestaltung schränken die **Aussagekraft** des erzielten Ergebnisses **beachtlich ein**. Zusätzlich besteht die Gefahr der Formulierung absatzwirtschaftlicher Implikationen, die sich als ungeeignet erweisen.

## (5) Erhebung ergänzender Daten

Bei der Durchführung der Hauptstudie ist darauf zu achten, daß neben den interessierenden Fragen nach der Zufriedenheit mit einer Leistung auch **sozio-** und **psychographische Aspekte** ihre Berücksichtigung finden. Diese Daten erweisen sich häufig als hilfreich, um die **ermittelten Segmente** zu charakterisieren und auf diese Probanden bei einer neuerlichen Analyse zurückgreifen zu können.

## (6) Transformation der Daten

Vor einer Analyse der erhobenen Daten bietet es sich an, die beispielsweise auf einer **7er-Skala erfaßten Daten** auf eine **100er-Skala** zu **transformieren.** Diese Datenumwandlung vereinfacht insbesondere den Managern den Umgang mit dem erzielten Resultat und erleichtert die **Spezifikation marketingpolitischer Maßnahmen.**

Aus *Tabelle* 4.37 geht das **Ergebnis** einer **fiktiven Analyse** der **Zufriedenheit** von **Pkw-Kunden** hervor. Obgleich dieses Konstrukt einen beachtlichen durchschnittlichen Wert von 76 (auf der 100er-Skala) erreicht, ergibt die Differenzierung nach Leistungskomponenten und Kundensegmenten ein anderes Bild. Beispielsweise bemängeln die *sportlichen Fahrer* vor allem die **Motorisierung** der Fahrzeuge, wohingegen die *Alleinstehenden* mit der Ausprägung dieser Pkw-Eigenschaft durchaus zufrieden sind. Außerdem fällt auf, daß die *jungen Familien* das **Markenimage** und die **Wirtschaftlichkeit** als bedürfnisgerecht einstufen, wohingegen die *Geschäftsleute* nur einen mittleren Zufriedenheitswert für diese beiden Kriterien vergeben.

Neben der Frage nach der **Zufriedenheit** der **Nachfrager** mit den einzelnen Leistungskomponenten ist auch die Frage nach der **Wichtigkeit** dieser **Produktmerkmale** zu beantworten. Hierzu kommt die bereits zur Erfassung der Zufriedenheitsurteile eingesetzte 7er-Skala in Betracht. Dabei taucht allerdings die Schwierigkeit auf, daß der **Umfang** des **Fragebogens steigt** und die **Reliabilität** des **Ergebnisses problematisch ist.** Daher erscheint es sinnvoll, die Relevanz der jeweiligen Produkteigenschaft beispielsweise mittels des *Conjoint Measurement* zu bestimmen oder *Lineare Strukturgleichungsmodelle* einzusetzen. Das in *Tabelle* 4.37 präsentierten Resultat einer direkten Erfassung der Wichtigkeit einzelner Attribute verdeutlicht, daß die rekonstruierten Segmente **ganz verschiedene Anforderungen** an einen Pkw stellen.

Zur Spezifikation der erforderlichen marketingpolitischen Handlungen ist es ratsam, die **Zufriedenheit** der Kunden mit den einzelnen Leistungsdimensionen und die **relative Bedeutung** (Wichtigkeit) dieser Produktattribute einander gegenüberzustellen (vgl. *Johnson*, 1998, S. 119 ff.). Ein Blick auf *Tabelle* 4.37 verdeutlicht, daß die von den *jungen Familien* als zufriedenstellend eingestufte Leistungskomponenten, zum Beispiel Motorisierung, Farbe und Markenimage, **nicht zwingend** auch wichtige Gütermerkmale darstellen. Umgekehrt gilt, daß der Hersteller ein aus Kundensicht wichtiges Attribut, wie Ladefläche und Wirtschaftlichkeit, **möglicherweise nicht** in der gewünschten Ausprägung anbietet.

| Leistungs- | Zielgruppe | | | | | | | |
|---|---|---|---|---|---|---|---|---|
| **komponente** | **Junge Familien** | | **Sportliche Fahrer** | | **Geschäfts- leute** | | **Allein- stehende** | |
| | Zufrie- denheit | Wich- tigkeit | Zufrie- denheit | Wich- tigkeit | Zufrie- denheit | Wich- tigkeit | Zufrie- denheit | Wich- tigkeit |
| • Motorisierung | 5 | 3 | 3 | 7 | 4 | 5 | 6 | 4 |
| • Innenausstattung | 4 | 4 | 2 | 5 | 5 | 7 | 4 | 6 |
| • Farbe | 6 | 1 | 5 | 5 | 3 | 3 | 3 | 5 |
| • Ladefläche | 2 | 6 | 5 | 1 | 3 | 2 | 6 | 2 |
| • Zuverlässigkeit | 3 | 5 | 6 | 3 | 2 | 5 | 5 | 4 |
| • Markenimage | 5 | 2 | 3 | 6 | 4 | 6 | 3 | 5 |
| • Wirtschaftlichkeit | 5 | 7 | 5 | 2 | 3 | 1 | 6 | 2 |
| • Geschwindigkeit | 3 | 3 | 4 | 6 | 3 | 5 | 6 | 5 |
| 1 = völlig unzufrieden bzw. völlig unwichtig, ..., 7 = sehr zufrieden bzw. sehr wichtig | | | | | | | | |

*Tabelle 4.37: Zufriedenheit der Individuen mit den einzelnen Leistungskomponenten und deren Wichtigkeit bei der Produktwahl*

Grundsätzlich sollte ein Anbieter seine Ressourcen auf die in den Augen der tatsächlichen und potentiellen Kunden relevanten Produktmerkmale lenken (vgl. Feld 1 und 2 in *Abbildung* 4.46). Diese Teilleistungen tragen **im besonderen Maße** zur **Gesamtzufriedenheit** der Individuen mit der Unternehmensleistung bei. Existiert bereits ein sehr hoher Zufriedenheitswert für diese Eigenschaften, besteht die Aufgabe darin, diesen **strategischen Wettbewerbsvorteil** auszubauen. Ist in Anbetracht der Zufriedenheitsanalyse hingegen ein Leistungsdefizit zu konstatieren, sind **nachhaltige Anstrengungen** zur Beseitigung des Mangels zu unternehmen.

Stellt sich im Rahmen einer empirischen Studie heraus, daß bestimmte Leistungskomponenten für die Herausbildung eines Urteils über die **Globalzufriedenheit keine Bedeutung** besitzen (vgl. Feld 3 und 4 in *Abbildung* 4.46), ist dem Produzenten der Ratschlag zu erteilen, seine **Ressourcen anderweitig** im Unternehmen **einzusetzen**. Dieser Hinweis gilt insbesondere dann, wenn bei diesen Teilleistungen hohe Zufriedenheitswerte zu verzeichnen sind, die jedoch im Vorfeld sehr **große Anstrengungen** erfordern. Hier erscheint es sinnvoll, einen **Abbau** der **Aktivitäten vorzunehmen** und die finanziellen und personellen Mittel auf unter dem Aufwand-Ertrags-Gesichtspunkt rentable Leistungskomponenten zu richten.

| Wichtigkeit | Zufriedenheit | |
|---|---|---|
| | hoch | niedrig |
| hoch | Innenausstattung Wirtschaftlichkeit **(Feld 1: *strategischer Wettbewerbsvorteil muß ausgebaut werden*)** | Ladefläche Zuverlässigkeit **(Feld 2: *strategischer Wettbewerbsnachteil muß ausgemerzt werden*)** |
| niedrig | Motorisierung Farbe Markenimage **(Feld 3: *irrelevanter Wettbewerbsvorteil*)** | Geschwindigkeit **(Feld 4: *akzeptabler Wettbewerbsnachteil*)** |

*Abbildung 4.46: Handlungsoptionen auf Grund einer Analyse der Kundenzufriedenheit für die Zielgruppe junge Familien*

Mit einem standardisierten, merkmalsgestützten Interview lassen sich in der Regel weder alle relevanten Attribute erfassen, noch ist davon auszugehen, daß es das Qualitätserlebnis in der empfundenen Intensität abbildet. Da die **Anbieter-Abnehmer-Interaktion** außerdem **Episodencharakter** aufweist, erscheint es ratsam, den Kenntnisstand durch die Ermittlung von Problemen aufzubessern, die Kunden irritieren und ihr Urteil über die Zwecktauglichkeit einer Leistung bestimmen. Hierzu kommen insbesondere **ereignisorientierte Verfahren** in Betracht, von denen der **Methode** der **kritischen Ereignisse** eine besondere Bedeutung zukommt (vgl. *Hentschel*, 1992, S. 35 ff.).

Die Grundidee dieser Vorgehensweise besteht darin, Kunden aufzufordern, über Kauf- und Konsumerlebnisse zu berichten, die sie als **besonders positiv** oder **sehr negativ** einstufen. Am Beispiel einer Interaktion zwischen einen Fluggast und einem Mitarbeiter einer Fluggesellschaft am *check in*-Schalter lassen sich wichtige Hinweise für die Verbesserung der Unternehmensleistung enthüllen (vgl. *Haller*, 1993, S. 30 ff.):

*   Es war nur ein Abfertigungsschalter der Fluggesellschaft besetzt, weshalb sich eine Warteschlange bildete.

*   Der Repräsentant schien nicht befugt zu sein, für einen Passagier eine Ausnahme zu machen.

*   Durch Umschreiben des Tickets entstand ein höherer Preis, was der Passagier nicht einsah.

*   Der Passagier erhielt keine Informationen über den Flugplan und die Verbindungen anderer Fluglinien.

Durch diesen Ansatz gelangt ein Unternehmen zu **Schlüsselinformationen**, die im Rahmen einer standardisierten, merkmalsgestützten Erhebung nicht zu erfassen sind. Es empfiehlt sich daher, diese Technik vor allem dann einzusetzen, wenn es um die **Erstellung** einer **Liste** mit **relevanten Attributen** geht. Dabei darf jedoch nicht die Aufwendigkeit bei der Datensammlung und der für die Datenauswertung erforderliche Bedarf an psychologischem Sachverstand und notwendiger Bearbeitungszeit übersehen werden.

## 10.3.2  Lineare Strukturgleichungsmodelle

### 10.3.2.1 Die Grundidee

Zur empirischen **Überprüfung** der zwischen hypothetischen Konstrukten vermuteten Beziehungen gelangen immer öfter **Lineare Strukturgleichungsmodelle** zum Einsatz. Bei dieser Methode lassen sich die Modellparameter auf der Basis der Kovarianz zwischen den beobachteten Variablen schätzen. Ursprünglich geht der Ansatz, den einige Wissenschaftler auch als **Kovarianzstrukturanalyse** oder **Kausalanalyse** bezeichnen, auf die Pfadanalyse zurück. Soziologen und Statistiker entwickelten in den 60er Jahren die **Pfadanalyse**, ohne jedoch ein Konzept zu generieren, das sich auf einen beliebigen kausalen Sachverhalt anwenden läßt.

Erst *Jöreskog* (1973, S. 85 ff., und 1977, S. 265 ff.) und *Wiley* (1973, S. 69 ff.) legten in den 70er Jahren einen standardisierten Ansatz in Form eines Linearen Strukturgleichungsmodells vor. Im Marketing ist die Kausalanalyse eng mit den Arbeiten von *Bagozzi* verknüpft (vgl. 1980, S. 5 ff., und 1995, S. 317 ff. Vgl. auch *Bagozzi/Baumgartner*, 1995, S. 386 ff., und *Bagozzi/Fornell*, 1982, S. 24 ff.). Er bietet seit den 80er Jahren eine anspruchsvolle Auseinandersetzung mit dem Phänomen **Kausalität**, und vermittelt eine umfassende Erörterung der Grundstruktur von Kausalmodellen.

Zur Schätzung der Linearen Strukturgleichungsmodelle stehen mehrere komplexe mathematische Verfahren in Form von Computerprogrammen zur Verfügung. Das bekannteste, der **LISREL-Ansatz** von *Jöreskog* und *Sörbom*, erfährt vor allem in den Sozialwissenschaften große Beachtung. Daneben genießt die von *Bentler* konzipierte **Software EQS** insbesondere in den USA weite Verbreitung. Zunehmender Beliebtheit erfreut sich auch die auf *Wold* zurückgehende **PLS-Methode**. Aufgrund des hohen Verbreitungsgrads und der damit verbundenen ausführlichen Dokumentation gilt die Aufmerksamkeit dem *LISREL*-Verfahren. Grundsätzlich lassen sich die im folgenden betrachteten Kausalmodelle auch mit den anderen Methoden schätzen.

Ein vollständiges *LISREL*-Modell besteht aus einem **Strukturmodell** sowie aus jeweils einem **Meßmodell** für latente exogene und latente endogene Größen (vgl. *Abbildung* 4.47). Dabei lassen sich die **latenten Variablen** durch Ellipsen kennzeichnen und in **exogene**, das heißt **erklärende** ($\xi$), sowie **endogene**, das bedeutet **erklärte** ($\eta$), unterteilen. Die beiden Meßmodelle bestehen aus durch Rechtecke charakterisierte Indikatoren für die latenten exogenen und latenten endogenen Variablen. Diese meßbaren Größen lauten im Meßmodell der latenten exogenen Variablen x und im Meßmodell der latenten endogenen Variablen y. Darüber hinaus werden auch **Meßfehler** berücksichtigt, die man bei den x-Variablen mit $\delta$ und bei den y-Größen mit $\varepsilon$ bezeichnet sowie **Störgrößen** ($\zeta$), die auf die $\eta$-Kriterien einwirken. Den Zusammenhang zwischen den einzelnen Variablen veranschaulichen Pfeile, wobei ein einfacher eine kausale Beziehung abbildet und ein gekrümmter Doppelpfeil auf das Vorliegen einer Kovarianz zwischen zwei Größen hindeutet.

Die zu schätzenden Parameter im *LISREL*-Modell lassen sich in **acht Typen** unterteilen (vgl. *Homburg*, 1992, S. 500 ff.): Im Strukturmodell repräsentiert $\gamma$ den Einfluß einer **latenten exogenen** auf eine **latente endogene** Variable und $\beta$ die Wirkung einer **latenten endogenen** auf eine andere **latente endogene** Größe. Weiterhin werden kausale Relationen zwischen einer **latenten exogenen** Variablen und den ihr zugewiesenen **Indikatoren** im Meßmodell mit $\lambda_x$ und Beziehungen zwischen einem **la-**

**tenten exogenen** Faktor und den entsprechenden **Meßkriterien** mit $\lambda_y$ bezeichnet. Die durch einen gekrümmten Doppelpfeil markierte Kovarianz zwischen **zwei latenten exogenen** Größen erhält die Benennung $\phi$, wohingegen $\psi$ für die ebenfalls mit einem Doppelpfeil versehene Kovarianz zwischen **zwei Störgrößen** steht. Die Kovarianzen zwischen den Meßfehlern **zweier x-Variablen** werden durch $\theta_\delta$ ausgedrückt, die Kovarianzen zwischen den Meßfehlern **zweier y-Variablen** durch $\theta_\varepsilon$. Alle im Pfaddiagramm visualisierten Relationen zwischen den Größen lassen sich in Form von **linearen Strukturgleichungen** abbilden (vgl. *Bollen*, 1989, S. 11 ff.).

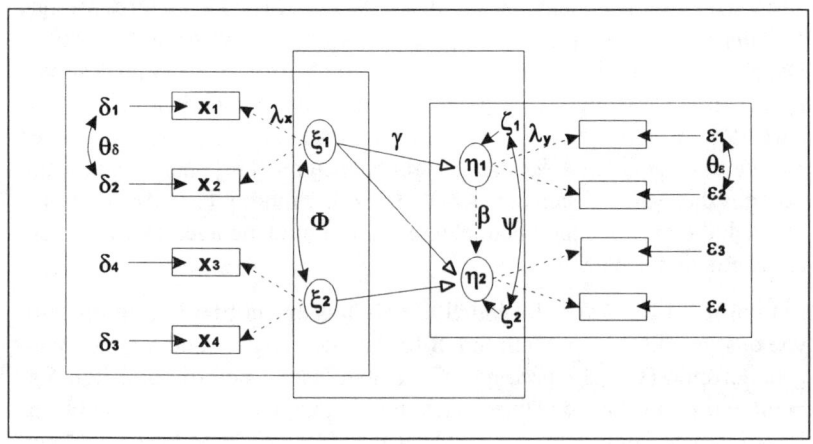

*Abbildung 4.47: Grundstruktur eines LISREL-Modells*

Zur **Bestimmung der Modellparameter** bieten sich in Abhängigkeit der Verteilungsannahmen **sieben** verschiedene **Schätzverfahren** an, die allesamt auf der Analyse von **Kovarianzen** beziehungsweise **Korrelationen** zwischen den Indikatoren basieren (vgl. *Homburg*, 1989, S. 164 ff., und *Long*, 1983, S. 25 ff.). Den Ausgangspunkt einer Ermittlung der interessierenden Kriterien bilden offenbar nicht die Rohdaten, sondern die aus diesen berechneten **Kovarianzen** beziehungsweise **Korrelationen**. Dabei besteht das Ziel darin, die Koeffizienten so zu schätzen, daß sich die errechnete Kovarianzmatrix ($\Sigma$) möglichst gut an die empirische Kovarianzmatrix (**S**) anpaßt. Hierbei deutet eine geringe Differenz zwischen $\Sigma$ und **S** auf einen **guten Modellfit** hin, während ein großer Unterschied zwischen $\Sigma$ und **S** signalisiert, daß das **Modell** die **Realität** nur schlecht repräsentiert. Insofern heben alle Schätzverfahren darauf ab, solche Werte für die Modellparameter zu finden, die **den Abstand zwischen $\Sigma$ und**

**S minimieren**. Zur Lösung dieses Schätzproblems stehen eine Reihe von Methoden zur Verfügung, von denen der **Maximum Likelihood-Ansatz** und das **Unweighted Least Squares-Verfahren** die bekanntesten sind.

Im Anschluß an die Ermittlung der Modellparameter ist die Frage zu beantworten, inwieweit das erstellte Modell die realen Gegebenheiten widerspiegelt. Da dessen Komplexität die Beurteilung erschwert, bildet die Modellevaluation eine nachhaltige Schwierigkeit bei der Anwendung der Kovarianzstrukturanalyse. Grundsätzlich kommen dafür sowohl **Global-** als auch **Partialkriterien** in Betracht (vgl. *Bagozzi/Yi*, 1988, S. 76 ff., und *Homburg/Baumgartner*, 1995[b], S. 162 ff.), wobei die **Globalmaße** Aussagen über die **Anpassungsgüte** des **Gesamtmodells** erlauben, während **Partialmaße** eine **Bewertung** der **einzelnen Komponenten** ermöglichen.

Vor einer Untersuchung der Anpassungsgüte des Ansatzes erscheint es unerläßlich, die **Identifizierbarkeit** des **Modells** und die **Konsistenz** der **Schätzungen** zu überprüfen. Hierbei ist nachzuweisen, daß sich jeder zu schätzende, unbekannte Koeffizient eindeutig durch Elemente der **Varianz-Kovarianz-Matrix** der Indikatoren bestimmen läßt. Ein **Modell** gilt als **genau identifiziert**, sofern die Anzahl der empirischen Kovarianzwerte genügt, um die Parameter zu schätzen. Reichen die Kovarianzwerte zur Bestimmung der Koeffizienten nicht aus, spricht man von einem **unteridentifizierten Modell**. Liegen hingegen mehr Kovarianzwerte vor als benötigt, wird das **Modell** als **überidentifiziert** bezeichnet. Außerdem ist zu untersuchen, ob unsinnige Werte auftreten, wie Korrelationskoeffizienten größer als Eins oder negative Varianzen.

Im Zuge der Verbreitung Linearer Strukturgleichungsmodelle entstanden eine Fülle von **globalen Anpassungskriterien**, die jedoch alle auf einem Vergleich zwischen der empirischen **Kovarianzmatrix** und der vom Modell reproduzierten Kovarianzmatrix beruhen. Zu den populären Ansätzen dieser Art zählen das $\chi^2$-**Maß**, der *Goodness of Fit-*Index (*GFI*) sowie der *Adjusted Goodness of Fit-*Index (*AGFI*).

- Der *Goodness of Fit-Index* (*GFI*) bringt die relative Menge an Varianz und Kovarianz zum Ausdruck, der das *LISREL*-Modell Rechnung trägt. Dagegen gibt der *Adjusted Goodness of Fit-Index* (*AGFI*) die relative Menge an Varianz und Kovarianz unter Berücksichtigung der Anzahl von Freiheitsgraden des interessierenden Modells an. Damit weist der *AGFI* den Vorzug auf, daß ein Ansatz mit vielen Parametern nicht zwangsläufig zu einer besseren Anpassung führt. Beide Indizes umfassen einen **Wertebereich** zwischen **Null** und **Eins**, wobei grundsätzlich gilt, daß der Modellfit um so besser ist, je näher der ermittelte Wert an Eins heranreicht. In der Marktforschung existiert die Faustregel, wonach ein *GFI*- beziehungsweise *AGFI*-Wert von **0,90** als **Mindestmaß** gilt. Allerdings empfehlen zahlreiche Wissenschaftler ab einem Wert von **0,95**, manchmal sogar erst ab einen Wert von **0,98**, von einer akzeptablen Anpassung zu sprechen.

- Das $\chi^2$-**Maß** läßt sich zur Überprüfung der Nullhypothese einsetzen, die besagt, daß die reproduzierte Kovarianzmatrix nicht von der empirischen Kovarianzmatrix abweicht. Das Anliegen besteht jedoch nicht darin, die **Nullhypothese** zu **verwerfen**, sondern einen $\chi^2$-Wert zu erreichen, der bei einer angemessenen Irrtumswahrscheinlichkeit beziehungsweise einem üblichen Signifikanzniveau **nicht statistisch signifikant** ist. Allerdings unterliegt dieses Prüfkriterium dem Einfluß des Stichprobenumfangs, weshalb einige Autoren dazu auffordern, die $\chi^2$-Werte auf die Zahl der Freiheitsgrade zu beziehen. Die hierzu konzipierten Faustregeln erstrecken sich jedoch auf eine von **2** zu **1** bis **10** zu **1** reichende Relation zwischen dem $\chi^2$-**Maß** und der Anzahl der Freiheitsgrade. Dieses **Kriterium** bildet darüber hinaus ein allgemein akzeptiertes Maß für einen **Vergleich hierarchischer Modelle**. Dabei läßt sich das restriktivere Modell, also jenes mit weniger Freiheitsgraden respektive mehr zu schätzender Koeffizienten, als Spezialfall des weniger restriktiven Ansatzes mit mehr Freiheitsgraden respektive einer kleineren Anzahl zu errechnender Koeffizienten interpretieren. Auf diese Weise stellt der Marktforscher fest, ob ein **restriktiveres Modell** eine deutlich bessere Anpassung aufweist als der weniger **restriktive Ansatz**.

Neben diesen Gütemaßen finden sich in der Literatur auch **inkrementelle Anpassungskriterien**, die die Anpassungsgüte eines betrachteten Modells am vorliegenden Basismodell relativieren. Hierzu gehören beispielsweise der *Normed Fit*-Index und der *Incremental Fit*-Index (vgl. *Bentler/Bonett*, 1980, S. 588 ff., und *Bollen*, 1988, S. 303 ff.). Der *Normed Fit*-Index zeigt die Anpassungsgüte eines Modells bezogen auf das Grundmodell. Für eine **akzeptable Modellanpassung** ist ein Wert von mindestens **0,90** zu erreichen. Beim *incremental fit*-Index findet zusätzlich zum Referenzmodell auch der Stichprobenumfang Berücksichtigung. Somit läßt sich eine aus unterschiedlichen Freiheitsgraden resultierende Verzerrung der Anpassungsgüte vermeiden.

Häufig gilt die Aufmerksamkeit bei der Bewertung der Anpassungsgüte nicht nur den Globalmaßen, sondern auch **einzelnen Teilen** eines **Modells**. Dies erscheint erforderlich, da ein guter globaler Fit noch keine Hinweise darüber vermittelt, inwieweit das Hypothesensystem auch in seinen Teilen gut angepaßt ist. Hierbei richtet sich das Augenmerk zunächst auf das Ergebnis der Parameterschätzung. Die Beurteilung, ob die Schätzwerte, was **Ausprägung** und **Wirkungsrichtung anbelangt**, mit dem Hypothesensystem übereinstimmen sowie die Prüfung der Resultate auf **statistische Signifikanz** liefern Anhaltspunkte für das Ausmaß der **partiellen Modellgüte** (vgl. zu den Partialmaßen Abschnitt 9.4.4).

Darüber hinaus existieren Kriterien zur Einschätzung der **Reliabilität** und **Validität**, also der Genauigkeit und Gültigkeit der jeweiligen Parameterschätzung. In diesem Zusammenhang taucht das Konzept der **Konstruktvalidität** auf, für dessen Gewährleistung *Bagozzi* (1980, S. 114 ff.) die gleichzeitige Erfüllung der folgenden Kriterien verlangt (vgl. Teil 6.5.2): theoretische Relevanz des **Strukturmodells**, empirische Bedeutung des **Meßkonzepts**, **Reliabilität, nomologische Validität, Diskriminanzvalidität** sowie **Konvergenzvalidität**. Während die ersten beiden Kriterien die **theoretische Fundierung** des **Linearen Strukturgleichungsmodells** und des dazugehörigen **Operationalisierungsansatzes** betreffen, orientieren sich die anderen Anforderungen an empirischen Sachverhalten.

- Ein **Meßmodell** gilt als **reliabel**, sofern es Meßwerte liefert, die bei mehrfacher Messung derselben Merkmale an denselben Trägern reproduzierbar sind. Die Zuverlässigkeit, mit der eine latente Variable gemessen wurde, geht aus der **Indikatorreliabilität** hervor. Hierzu liegt für jeden Indikator ein Bestimmtheitsmaß vor ($R^2$), das jenen Anteil der Varianz dieser Meßgröße ausdrückt, den die entsprechende latente Variable erklärt. Bei einem Stichprobenumfang unter 100 Fällen sind $R^2$-Werte von **0,60** bis **0,90** erforderlich, während bei 100 bis 400 Probanden entsprechende Zahlen zwischen **0,40** und **0,60** ausreichen und bei 400 bis 1000 Personen Werte zwischen **0,20** und **0,40** als akzeptabel erscheinen.

- Außerdem interessiert, inwieweit sich eine latente Variable durch die Gesamtheit der ihr zugeordneten Indikatoren repräsentieren läßt. Die benötigte Auskunft vermitteln die **Konstruktreliabilität** und der **Anteil durchschnittlich erfaßter Varianz**. Beide Größen nehmen Werte an, die zwischen Null und Eins liegen, wobei viele Wissenschaftler einen Wert fordern, der **0,50** übersteigt. Diese Kriterien dienen gleichzeitig zur Beurteilung der **Konvergenzvalidität** der einer latenten Variablen zugewiesenen Indikatoren.

- Mit dem Kriterium der Validität läßt sich die Frage beantworten, ob ein Instrument auch tatsächlich jenen Sachverhalt mißt, den es vorgibt zu messen. Bei der **Konvergenzvalidität** gilt das Interesse dem Ausmaß, in dem eine latente Variable durch die Messung mehrerer Indikatoren erfaßt wurde. Neben angemessenen Werten für die Konstruktreliabilität und dem Anteil durchschnittlich eingefangener Varianz verlangen einige Autoren, daß **die Faktorladungen deutlich** von **Null verschieden sind**. Als Maß kommt der **t-Test** mit einem t-Wert von

**1,65** bei einer Irrtumswahrscheinlichkeit beziehungsweise einem Signifikanzniveau von 5% in Betracht.

- Die **Diskriminanzvalidität** bringt zum Ausdruck, inwieweit sich eine latente Größe von einer anderen unterscheidet. Im allgemeinen ist diese Form der Validität dann gegeben, wenn die Konstrukte bivariate Korrelationen kleiner Eins aufweisen.

- **Nomologische Validität** liegt vor, sofern sich die formulierten Hypothesen empirisch bewähren. Im Kern geht es um die Beantwortung der Frage, inwieweit die **Veränderung** einer **latenten Variablen** die **Variation** einer **anderen bewirkt**. Hierzu existiert für jede latente Größe ein **quadrierter multipler Korrelationskoeffizient**, der den Anteil **Varianz** dieser Variablen beziffert, der durch alle mit ihr in Verbindung stehenden Größen erklärt wird. Dieses Maß kann Werte zwischen **Null** und **Eins** annehmen, allerdings erachtet man einen Wert größer **0,50** als wünschenswert.

Neben den skizzierten **globalen** und **partiellen Prüfgrößen** erscheint es ratsam, auch auf **qualitative Kriterien** bei der Beurteilung von Kausalmodellen zu achten (vgl. *Homburg/Baumgartner*, 1995[a], S. 1102 ff.).

- Zunächst schlagen die Autoren vor, nicht nur ein **Modell**, sondern auch **Alternativen** zu analysieren, da häufig mehrere Varianten eine nahezu **gleich gute Anpassung** zeigen.

- Ferner darf das Verhältnis aus der **Menge** der **Indikatoren** und der **Anzahl** der **Konstrukte** nicht allzu niedrig sein. Eng damit verbunden ist die Forderung, die **Anzahl** der **latenten Variablen**, die lediglich durch einen Indikator gemessen werden, **möglichst gering zu halten**.

- Schließlich ist darauf zu achten, daß das Verhältnis aus dem **Umfang** der **Stichprobe** und der **Anzahl** der zu schätzenden **Parameter** den Wert **Fünf** erreicht.

*Tabelle* 4.38 erteilt einen Überblick über die wichtigsten **Global-** und **Partialmaße** zur **Evaluation** der **Schätzergebnisse** eines *LISREL*-Modells.

### 10.3.2.2 Eine Anwendung

*Abbildung* 4.48 zeigt ein von *Dichtl* und *Peter* (1996, S. 24 ff.) vorgelegtes **Kausalmodell**, das neben der **Kundenzufriedenheit** auch die **Wechselbarrieren**, die **Wechselneigung** und die **Attraktivität** des **Konkurrenzangebots** als Einflußfaktoren der **Kundenbindung** berücksichtigt.

Die hypothetischen Konstrukte sind dabei jeweils mit einem **Oval** umrandet, wohingegen die dazugehörigen Indikatoren, das heißt die meßbaren Größen, in **Kästchen** erscheinen. Die Pfeile zwischen den latenten Konstrukten **reflektieren Hypothesen** über die Art des zwischen zwei Variablen bestehenden Zusammenhangs.

| Globalmaß | | Partialmaß | |
|---|---|---|---|
| Maß | Wert | Maß | Wert |
| • *Goodness of Fit*-Index | ≥ 0,90 | • Indikatorreliabilität | ≥ 0,20 |
| • *Adjusted Goodness of Fit*-Index | ≥ 0,90 | • Konstruktreliabilität | ≥ 0,50 |
| • $x^2$-Wert/Anzahl der Freiheitsgrade | ≤ 3 | • Anteil durchschnittlich erfaßter Varianz | ≥ 0,50 |
| • *Normed Fit*-Index | ≥ 0,90 | • Signifikanz der Faktorladungen | ≥ 1,645 |
| • *Incremental Fit*-Index | ≥ 0,90 | • Quadrierte multiple Korrelationskoeffizienten | ≥ 0,80 |

*Tabelle 4.38: Global- und Partialmaße im Überblick*

Im Rahmen der Datenerfassung wurden 943 Besitzer einer bestimmten Pkw-Marke aufgefordert, Auskunft über beispielsweise ihren Wunsch nach Abwechslung, ihre Zufriedenheit mit der Werkstattleistung und ihre persönlichen Kontakte zum Händler (vgl. die dargestellten Indikatoren) zu erteilen. Die Erhebung der Daten führte man 1994 unter Mitwirkung einer Marktforschungsgesellschaft durch, wobei *Dichtl* und *Peter* in der zitierten Quelle weitere Informationen über die Merkmale der Probanden und den Ablauf dieser empirischen Studie erteilen.

Die auf der Basis von *LISREL* 8 durchgeführte Modellschätzung führt zu den in *Abbildung* 4.49 dargestellten Parameterwerten. Das Schaubild veranschaulicht jedoch nur jene Relationen, die sich als statistisch signifikant erwiesen. Der **stärkste positive Einfluß** auf die **Kundenbindung** geht von der **Zufriedenheit** der Abnehmer aus, wobei sich sowohl ein direkter als auch ein indirekter Effekt beobachten lassen. **Direkt** bedeutet, daß die Steigerung der Zufriedenheit um eine Einheit ceteris paribus zu einer Verstärkung der Bindung um 0,63 Einheiten führt.

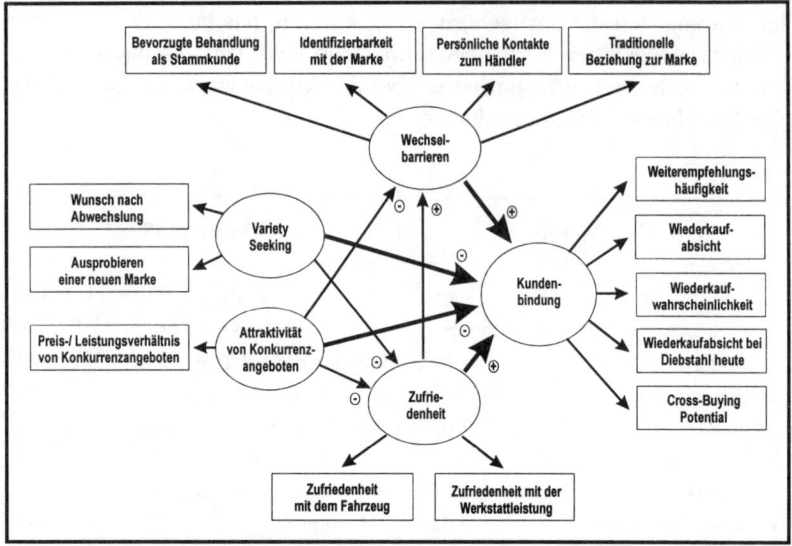

Quelle: *Dichtl/Peter*, 1996, S. 26

*Abbildung 4.48*: *Zusammenhang zwischen Zufriedenheit und Bindung*

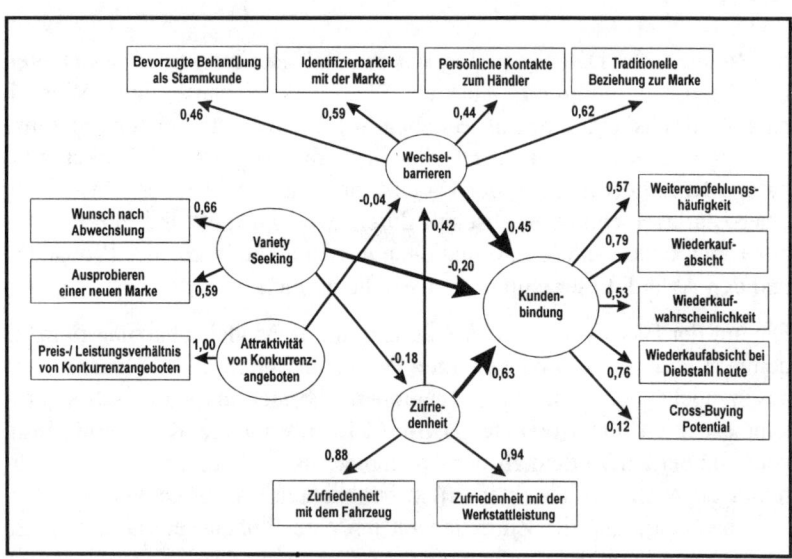

Quelle: *Dichtl/Peter*, 1996, S. 27

*Abbildung 4.49*: *Ergebnis der Parameterschätzung*

Es erweist sich als bedeutsam, daß **Zufriedenheit** auch auf das Konstrukt **Wechselbarrieren ausstrahlt** und dadurch einen **indirekten Einfluß** auf die **Bindung** ausübt. Die Erhöhung der Zufriedenheit der Kunden um eine Einheit bewirkt *ceteris paribus* einen Anstieg der Wechselbarrieren um 0,42 Einheiten, wobei diese ihrerseits mit 0,45 Einheiten auf die Abnehmerbindung einwirken.

**Direkter** und **indirekter Effekt** zusammen ergeben den **totalen Beeinflussungseffekt** einer Determinante auf die Zielgröße, der sich im Fall der Zufriedenheit auf 0,82 (= 0,63 + 0,42 · 0,45) beläuft, wobei der totale Effekt der Wechselbarrieren auf die Kundenbindung 0,45 beträgt. Offenbar bildet die Kundenzufriedenheit eine Schlüsselgröße im Beziehungsgefüge, doch kommt auch den Wechselbarrieren eine zentrale Bedeutung zu.

Einen **sehr geringen Einfluß** übt den Ergebnissen der Studie zufolge die **Attraktivität** des **Konkurrenzangebots** auf die **Zielvariable** aus. Ein direkter negativer Effekt ließ sich ebensowenig bestätigen wie ein unmittelbar nachteiliger Einfluß auf die Zufriedenheit. Die vermutete negative Wirkung auf die Wechselbarrieren erweist sich zwar als statistisch signifikant, doch in der Stärke so gering, daß diese zu vernachlässigen ist.

Ein **beachtlicher Einfluß** geht vom Konstrukt **Wechselneigung** auf die **Kundenbindung** aus. Offenbar gilt nicht nur für Verbrauchsgüter, sondern auch für Gebrauchsgüter, daß Nachfrager trotz Zufriedenheit mit der Leistung eines vertrauten Unternehmens darüber nachdenken, zu einem anderen Lieferanten abzuwandern. Im vorliegenden Fall lassen sich ein direkter Einfluß von -0,20 auf die Bindung und ein direkter Effekt auf die Zufriedenheit von -0,18 identifizieren. Die totale Wirkung der Wechselneigung auf das Zielkonstrukt beträgt -0,31 (= 0,20 + 0,63 · (-0,18)).

Neben einer Überprüfung der einzelnen Wirkungshypothesen interessiert im Rahmen des *LISREL*-Verfahrens auch die **Güte** des **Gesamtmodells**. Zur Beurteilung der globalen Anpassungsqualität steht insbesondere der *goodness of fit*-**Index** (*GFI*) und der *adjusted goodness of fit*-**Index** (*AGFI*) zur Verfügung. Häufig kommt auch der *normed fit*-**Index** (*NFI*), der sich, wie erinnerlich, auf ein **Referenzmodell** als **Vergleichsbasis** stützt, zum Einsatz. Da im vorliegenden Fall der *GFI* 0,98, der *AGFI* 0,97 und der *NFI* 0,99 lautet, sind alle im voranstehenden Abschnitt spezifizierten Mindestnormen weit übertroffen.

## 10.4 Antezedenzien und Konsequenzender Kundenzufriedenheit

### 10.4.1 Produktqualität und Preis als Antezedenzien

Die Ausführungen in Abschnitt 9 und 10 zeigen, daß ein Produzent seine Leistung darauf ausrichten muß, **vorhandene** und **latente Wünsche** der Abnehmer zu **befriedigen**, das heißt, Güter und Dienste zur Erfüllung der Bedürfnisse von Nachfragern anzubieten. Die **Erfordernisse** der **Konsumenten** sollten die **absatzwirtschaftlichen Aktivitäten** eines Anbieters in allen ihren Verästelungen bestimmen, da die **Reaktionen des Markts** letztlich über den **Erfolg** eines Herstellers entscheiden. Erst ein den individuellen Bedürfnissen und Vorstellungen entsprechendes Erzeugnis, also ein Gut, das die **geforderte Qualität** aufweist, sichert dem Unternehmen Absatz, Umsatz und Gewinn.

Hierbei gilt das Interesse dem **teleologischen Qualitätsbegriff**, der das **Konzept** der **Zwecktauglichkeit** beziehungsweise **Bedürfnisgerechtigkeit** repräsentiert. Dieser Idee zufolge reflektiert ein Qualitätsurteil **nicht** die **objektive Beschaffenheit** eines Erzeugnisses, sondern dessen **Wahrnehmung** und **Bewertung** vor dem Hintergrund **individueller Nutzenerwartungen** und **Werthaltungen**. Insofern bringt die **subjektive Qualitätseinschätzung** die **Eignung** eines **Produkts** für einen **intendierten Verwendungszweck** zum Ausdruck.

Zahlreiche **empirische Untersuchungen** belegen die **positive Beziehung** zwischen der **Produktqualität** (**Zwecktauglichkeit** beziehungsweise **Bedürfnisgerechtigkeit**) und der **Kundenzufriedenheit**. Im Lichte dieser Erkenntnis erscheint der in Abschnitt 9 erläuterte Ansatz zur **Sicherstellung** der **Produktqualität** beziehungsweise zur **Transformation** von **Kundenwünschen** in **Produktionsvorgaben** relevant. Hierzu sind im *house of quality* zunächst die kaufentscheidungsrelevanten **Produkteigenschaften** in **Konstruktionsmerkmale** zu übersetzen. In der sich anschließenden Teileentwicklung lassen sich **Konstruktionsmerkmale** in **Teilemerkmale** übertragen, bevor es in der Arbeitsvorbereitung um die Festlegung entscheidender **Betriebsabläufe** auf der Basis der spezifizierten **Teilemerkmale** geht. Die relevanten **Betriebsabläufe** dienen dazu, die **Produktionserfordernisse** detailliert zu bestimmen.

Die Ausführungen zur **Informationsaufnahme-** und **-verarbeitung** (vgl. Kapitel 7.2.3.1) betonen die Neigung eines Individuums, den Prozeß der Produktwahl zu vereinfachen. Hierzu reduziert es die zur Entscheidungsfindung **aufgenommenen** und **verarbeiteten Informationen** auf ganz bestimmte **Superzeichen**, die auch **Schlüsselinformationen** lauten. Informationen dieser Art bündeln eine Fülle anderer Produkt- und Umfeldcharakteristika und erlauben dem Nachfrager eine **sichere Orientierung** in Anbetracht der zahlreichen und vielfältigen auf ihn einwirkenden Stimuli.

Insbesondere im Fall des erstmaligen Kaufs beziehungsweise Konsums einer Leistung leitet der Nachfrager aus den **Preisen** der zur **Auswahl stehenden Alternativen** eine Vorstellung über die Qualität eines Erzeugnisses ab. Damit verkörpert der **Preis** eine **Schlüsselinformation**, die dem Betroffenen einen Hinweis über die Zwecktauglichkeit beziehungsweise Bedürfnisgerechtigkeit des fraglichen Guts vermittelt. Die Berücksichtigung des Preises als Superzeichen erspart ihm die Aufnahme und Verarbeitung zahlreicher anderer, mitunter sehr komplexer Eigenschaften der für einen Kauf in Betracht kommenden Produkte.

Hinter dieser Verhaltensweise steckt die **Vorstellung vieler Abnehmer**, daß der Preis eines Erzeugnisses die Güte der Beschaffenheit und damit auch die Qualität reflektiert. Diese Sichtweise läßt sich jedoch nur unter zwei Bedingungen rechtfertigen:

- Die **Anbieter** verfolgen eine **kostenorientierte Preispolitik**, und es treten keine erheblichen (allenfalls geringfügige) Ineffizienzen bei der Beschaffung, Produktion und Vermarktung auf. Unter dieser Voraussetzung könnte ein höherer Preis auf eine höhere Güte der offerierten Waren hindeuten.

- Für den Nachfrager bedeutet ein **Mehr an Güte** (z. B. größere PS-Zahl, besseres Image) auch eine höhere Produktqualität. Dies gilt allerdings nur dann, wenn eine Verbesserung der **objektiven Produktqualität** mit einer Steigerung der **Zwecktauglichkeit,** respektive **Bedürfnisgerechtigkeit** einhergeht.

Im allgemeinen betreiben die Unternehmen neben der kosten- und wettbewerbsorientierten Preispolitik auch eine **nachfragerorientierte**. Dies bedeutet, daß ein Marketer zum Beispiel mittels des *Conjoint Measurement* die **Preisbereitschaften** der tatsächlichen und potentiellen Konsumenten erfaßt (vgl. *Simon*, 1992, S. 109 ff.). Auf der Grundlage dieser Nennungen lassen sich Preise für die betrachteten Güter festlegen, die die Individuen gerade noch zu zahlen bereit sind.

Die Relevanz der **Produktqualität** als Voraussetzung für die **Zufriedenheit** der Kunden verdeutlicht das Beispiel der *Dell Computer Corporation*. Im Jahre 1984 von *Michael Dell* gegründet, entwickelte sich dieses Unternehmen zu einem der erfolgreichsten Anbieter im Markt für Personal-Computer. Die Philosophie dieser *company* kommt in der von *Michael Dell* formulierten Aussage "... *quality is customer satisfaction* ..." zum

Ausdruck. Diese konsequente Kundenorientierung konkretisiert sich in der Gestaltung der marketingpolitischen Aktivitäten:

**Produktpolitik:**

• Konzentration auf technisch und qualitativ hochwertige Geräte
• Applikation und Konfiguration nach speziellen Kundenwünschen
• Ständige und nachhaltige Verbesserung der Produktqualität
• Kundenwünsche bilden Ausgangspunkt der Produktentwicklung

**Vertriebspolitik:**

• Kostengünstiges Direktmarketing
• Ausgefeiltes Telefonmarketing
• Zusammenarbeit mit Vertriebspartnern für Komplettlösungen
• Direkte Zusammenarbeit mit den Kunden
• Umfassende Unterstützung der Anwender

**Preispolitik:**

• Kostenvorteile werden durch Preisreduzierungen weitergegeben
• Senkung der Betriebskosten durch rigoroses Kostenmanagement

### 10.4.2 Kundenbindung und Unternehmenserfolg als Konsequenzen

### 10.4.2.1 Die Beziehung zwischen Kundenzufriedenheit und Kundenbindung

#### 10.4.2.1.1 Zum Realphänomen Kundenbindung

Anknüpfend an die Ausführungen von *Hirschman* (1970, S. 25 ff., vgl. auch *Fornell*, 1992, S. 6 ff.) gehen viele Autoren von der Vorstellung aus, daß **Kundenzufriedenheit** zu **Kundenbindung** führt. Wie erinnerlich läßt sich Zufriedenheit als das Ergebnis eines komplexen Informationsverarbeitungsprozesses auffassen, der im Kern aus einem Vergleich zwischen den Erwartungen des Kunden an eine Leistung und den aus seinem Kauf- beziehungsweise Konsumerlebnis resultierenden Erfahrungen besteht. Übersteigen die Erfahrungen die Erwartungen stellt sich Zufriedenheit ein, während im umgekehrten Fall mit einem unzufriedenen Kunden zu rechnen ist.

Dagegen bezieht sich die **Kundenbindung** auf den **Aufbau** und die **Aufrechterhaltung** der **Geschäftsbeziehung** als einer **nicht zufälligen Folge** von **Markttransaktionen zwischen Anbieter und Kunde** (vgl. *Diller*, 1996, S. 581 ff., und *Peter*, 1997, S. 7 ff.). **Nicht zufällig** bedeutet in diesem Zusammenhang, daß auf der Lieferanten- und/oder Abnehmerseite gute Gründe vorliegen, die eine planmäßige Verbindung zwischen den Einzeltransaktionen sinnvoll erscheinen lassen oder zwangsläufig zu ihrer direkten Verknüpfung führen (vgl. *Diller/Kusterer*, 1988, S. 211 ff.). Je nach Blickwinkel und Untersuchungszweck erlangen die **konstitutiven Elemente Anbieter, Kunde** und **Geschäftsbeziehung** unterschiedliches Gewicht.

*Nieschlag, Dichtl* und *Hörschgen* (1997, S. 125 ff.) betonen die anbieterorientierte Sichtweise, in dem sie Kundenbindung als "*... Bemühen, die Abnehmer mit ökonomischen, sozialen, technischen oder juristischen Mitteln an einen Lieferanten zu ketten ...*" bezeichnen. In dieser Definition steht das Anliegen eines Lieferanten im Mittelpunkt, eine **dauerhafte Beziehung** zu einem Abnehmer mittels **gezielter Marketingstrategien** und **-maßnahmen** aufzubauen, um diesen an einem Wechsel zu einem anderen Anbieter zu hindern und zum wiederholten Erwerb eines Erzeugnisses zu bewegen.

Bei einer deutlichen Akzentuierung der Wesensfestlegung auf den Konsumenten läßt sich Kundenbindung als **Einstellung** eines **Abnehmers** zu einer **Geschäftsbeziehung** mit einem **bestimmten Produzenten** kennzeichnen, die sich in **seiner Bereitschaft** zu **Folgetransaktionen** mit diesem **Hersteller niederschlägt** (vgl. *Diller*, 1996, S. 583 ff.). Gilt das Augenmerk hingegen einer besonderen Geschäftsbeziehung, läßt sich Kundenbindung über das Ausmaß des **tatsächlichen** individuellen **Kauf-** beziehungsweise **Konsumverhaltens** definieren.

Für viele Untersuchungsanliegen erweist sich die durchaus griffige, jedoch nicht zu eng gefaßte Arbeitsdefinition von *Peter* (1997, S. 8 ff.) als tauglich. Hiernach gilt Kundenbindung als "*... Realisierung oder Planung wiederholter Transaktionen zwischen einem Anbieter und einem Abnehmer innerhalb eines in Abhängigkeit von der Art der Transaktion bestimmten Zeitraums ...*". Dieser Definitionsvorschlag enthält sowohl eine **verhaltens-** als auch eine **einstellungsorientierte Komponente**, da die Autorin das **tatsächliche Handeln** (Realisierung der wiederholten Transaktionen) mit einer **Verhaltensabsicht** (Planung der wiederholten Transaktionen) verzahnt. Die Festlegung des Zeitraums, innerhalb dessen sich die Transaktion wiederholen muß, um den Tatbestand der Kundenbindung zu erfüllen, hängt ganz entscheidend vom interessierenden Erzeugnis ab. Die Zeitspanne zwischen zwei Käufen erstreckt sich bei Automobilen auf mehrere Jahre, während sie bei Kleidung einige Monate umfaßt. Geht es dagegen um Lebensmittel, so beträgt dieser Zeitraum oft nur wenige Tage.

Neben dem Begriff der Kundenbindung tauchen in der Literatur weitere Termini, wie **Wiederholungskauf, Markenloyalität** und **Kundentreue** auf. Obgleich diese Ausdrücke in einem Zusammenhang stehen, sind die zwischen ihnen existierenden Unterschiede von Bedeutung. Von **Wiederholungskauf** ist dann die Rede, **wenn** ein **Individuum** eine **Marke innerhalb** einer **bestimmten Zeit** zum **wiederholten Mal kauft**. Dieses Phänomen bildet einen **zentralen Erkenntnisgegenstand** der **behavioristischen Forschung**, die darauf abzielt, auf der Grundlage des **tatsächlichen Verhaltens** die Determinanten für die **Selektion** einer **Marke** zu rekonstruieren und die zukünftige Markenwahl zu prognostizieren.

Treten Wiederholungskäufe in einem Markt auf, liegt nach Auffassung einiger Autoren bereits Markentreue vor. Dieser Sichtweise widersprechen jedoch *Brand* und *Bungard* (1982, S. 265 ff.), die **Markentreue** als eine "... *Einstellung des Konsumenten zu einer Marke* ..." definieren, "... *die den mehrfachen Wiederkauf eben dieser Marke bedingt* ...". Konstitutives Element dieser Definition ist die Einstellung als Verhaltensabsicht und nicht das tatsächliche Kauf- beziehungsweise Konsumverhalten.

Obgleich der Terminus **Loyalität** nach herrschender Meinung lediglich ein Synonym für den **entsprechenden Treuebegriff** verkörpert, belegt das Schlagwort **Kundenloyalität** zwei ganz unterschiedliche Phänomene (vgl. *Kaase*, 1980, S. 111 ff.). Einerseits bezieht sich dieser Begriff auf ein Anbieterverhalten, das durch die **Ausrichtung** der **marketingpolitischen Aktivitäten** an den **Wünschen** der **Stammkunden** geprägt ist. Andererseits bezeichnet diese Definition eine **loyale Verhaltensweise**, die vom Kunden ausgeht, ohne den Gegenstand der Loyalität zu spezifizieren. Hiernach bildet die Kundentreue einen Oberbegriff, dem sich alle Formen des Treueverhaltens von Individuen, wie **Marken-, Händler-, Geschäftsstätten-** oder **Technologietreue**, subsumieren lassen.

Zur Analyse des Zusammenhangs zwischen Zufriedenheit und Bindung bieten sich die in mehreren Ländern installierten **Kundenbarometer** an. Diese indizieren das Ausmaß der Kundenzufriedenheit in einer Vielzahl von Wirtschaftszweigen mit dem Ziel, den Unternehmen **marketingrelevante** *benchmarks* und den Verbrauchern verläßliche Informationen über ihr Verhalten zu liefern. Darüber hinaus fungieren sie als Datenbasis für einen **Vergleich** der **Produktqualität** in verschiedenen Staaten. Die erste Studie dieser Art wurde 1989 in *Schweden* durchgeführt, gefolgt von anderen Analysen Anfang der 90er Jahren in *Deutschland* und den *USA*. Sowohl das *Schwedische Kundenbarometer* als auch die entsprechende

Untersuchung in den *USA* wurden von Wissenschaftlern am *National Quality Research Center* der *University of Michigan, Ann Arbor, USA*, konzipiert. Die umfassenden Arbeiten dieser Forschergruppe beruhen auf anspruchsvollen statistischen Methoden, gelten nicht zuletzt deshalb als führend und finden daher in Forschung und Praxis Beachtung.

Das seit 1992 in Deutschland eingesetzte Meßverfahren dient der Analyse der Zufriedenheit sowie verwandter Erscheinungen bei 36.000 Kunden aus mehr als 40 Branchen. Gefördert von der *Deutschen Post AG* und der *Deutschen Marketing Vereinigung* hat dieses Barometer auch den Zweck **benchmarks** zu liefern und die Relevanz der **Kundenzufriedenheit** als Frühindikator der **Kundenbindung** herauszustellen. Allerdings weist dieser Ansatz **methodische Defizite** auf, weshalb er vor allem für die Beschreibung, nicht jedoch für die Erklärung und die Prognose von Phänomenen geeignet erscheint.

Auf der Basis der in *Schweden* erhobenen Daten prüft *Fornell* (1992, S. 16 ff.) die zwischen Kundenzufriedenheit und Kundenbindung bestehende Relation. Dabei stellt er in allen analysierten Wirtschaftszweigen eine **positive Beziehung zwischen** den **beiden Größen** fest (vgl. hierzu die Regressionskoeffizienten in *Tabelle* 4.39). Es fällt jedoch auf, daß die Stärke des Einflusses der Zufriedenheit auf die Bindung in Abhängigkeit der Branche zwischen **0,19** und **0,59** variiert. Tendenziell deutet das Ergebnis darauf hin, daß die Werte um so höher liegen, je **intensiver** der **Wettbewerb** in einem **Sektor** ist (z. B. Automobilindustrie). Umgekehrt erweist sich der Einfluß der Kundenzufriedenheit auf die Abnehmerloyalität als um so geringer, je **stärker** der **Wirtschaftsbereich mono-** oder **oligopolistisch** strukturiert ist (z. B. öffentlicher Postdienst). Allerdings signalisieren die schwankenden Werte der Regressionsfaktoren auch den Effekt anderer Variablen auf die interessierende Zielgröße.

Eine dieser Variablen geht aus einer Studie von *Fornell, Johnson, Anderson, Cha* und *Everitt* (1996, S. 7 ff.) hervor, die ebenfalls auf den Daten aus *Schweden* beruht. In dieser Analyse läßt sich unabhängig vom gerade existierenden Zufriedenheitsniveau in Sektoren mit einer **großen Zahl** von **Gütern** und/oder **Dienstleistungen** eine **geringere Wiederkaufabsicht** der **Abnehmer** nachweisen als in Branchen mit einer **begrenzten Angebotspalette**. Dieses Resultat bestätigt die zuvor diskutierte Erkenntnis, daß das Vorhandensein von Alternativen die Zufriedenheit der Nachfrager mit dem tatsächlich gewählten Produkt senkt und deren Bindungsbereitschaft schwächt.

Ein ganz ähnliches Bild ergeben die Zahlen des *Deutschen Kundenbarometers* (vgl. *Meyer/Dornach*, 1995, S. 20 ff.), die einen branchenspezi-

| Wirtschaftszweig | Zusammenhang zwischen Kundenzufriedenheit und Loyalität | | |
|---|---|---|---|
| | 1989 | 1990 | 1991 |
| Apotheken | n. e. | 0,30 | 0,20 |
| Automobilindustrie | 0,51 | 0,47 | 0,49 |
| Banken (Privatkundengeschäft) | 0,39 | 0,41 | 0,36 |
| Banken (Firmenkundengeschäft) | 0,53 | 0,52 | 0,59 |
| Bekleidungsfachhandel | 0,45 | 0,38 | 0,42 |
| Eisenbahn | 0,50 | 0,42 | 0,39 |
| Energieversorgung | 0,38 | 0,38 | 0,29 |
| Fernsehsender | 0,63 | 0,66 | 0,48 |
| Fluggesellschaften | 0,23 | 0,38 | 0,28 |
| Lebensmittelindustrie | 0,59 | 0,57 | 0,58 |
| Lebensversicherungen | 0,42 | 0,38 | 0,35 |
| Möbelhandel | 0,32 | 0,50 | 0,56 |
| Paketdienst | n. e. | 0,47 | 0,37 |
| Personal-Computer | 0,48 | 0,46 | 0,46 |
| Polizei | 0,13 | 0,15 | 0,27 |
| Postdienst (privatwirtschaftlich) | 0,32 | 0,31 | 0,40 |
| Postdienst (öffentlich) | 0,20 | 0,17 | 0,19 |
| Supermärkte | 0,38 | 0,44 | 0,52 |
| Telekommunikation (privatwirtschaftlich) | 0,32 | 0,29 | 0,37 |
| Telekommunikation (öffentlich) | 0,38 | 0,27 | 0,38 |
| Versandhandel | n. e. | 0,53 | 0,48 |
| Versicherungen (Generalanbieter) | 0,37 | 0,32 | 0,40 |
| Versicherungen (Sachversicherungen) | 0,42 | 0,54 | 0,45 |
| Zeitungen | n. e. | 0,41 | 0,28 |

Die Loyalität wurde mittels der Indikatoren Wiederkaufabsicht und Toleranz bei Preiserhöhungen gemessen. Zur Erfassung der Kundenzufriedenheit dienten die Kriterien Globalzufriedenheit, Erfüllung der Erwartung und Abweichung der erlebten Leistung vom Idealprodukt. Die Abkürzung n. e. bedeutet nicht erhoben.

Quelle: *Fornell*, 1992, S. 17

*Tabelle 4.39: Einfluß der Kundenzufriedenheit auf die Loyalität*

| Wirtschaftszweig | Anteil überzeugter Kunden mit hoher Wiederkaufabsicht (in %) | | |
|---|---|---|---|
| | 1993 | 1994 | 1995 |
| Ärzte | 93 | 94 | n. e. |
| Apotheken | 95 | 96 | 97 |
| Automobilclubs | 83 | 83 | 84 |
| Banken und Sparkassen | 85 | 82 | 87 |
| Bausparkassen | 71 | 68 | 72 |
| Bau- und Heimwerkermärkte | 90 | 91 | 93 |
| Deutsche Bahn | 83 | 85 | 88 |
| Drogeriemärkte/-geschäfte | 90 | 93 | 95 |
| Elektrohaushaltsgroßgeräte-Kundendienst | 81 | 83 | 85 |
| Fernsehzeitschriften | 93 | 93 | n. e. |
| Fluggesellschaften | n. e. | n. e. | 75 |
| Hifi- und Elektromärkte | 85 | 85 | 86 |
| Hilfs- und Umweltorganisationen | 85 | 84 | 86 |
| Kauf- und Warenhäuser | 87 | 86 | 90 |
| Kfz-Versicherungen | 80 | 81 | 83 |
| Kfz-Werkstätten | 91 | 88 | 92 |
| Krankenhäuser und Kliniken | 81 | n. e. | n. e. |
| Krankenkassen/Krankenversicherungen | 79 | 79 | 81 |
| Kreditkartenorganisationen | n. e. | 84 | 87 |
| Lebensmittelmärkte/-geschäfte | 96 | 96 | 97 |
| Mobilfunk (Netzbetreiber) | n. e. | n. e. | 68 |
| Möbelhändler | n. e. | 81 | 83 |
| Öffentlicher Personennahverkehr | 90 | 89 | 93 |
| Paketdienste (Privatkunden) | 87 | 87 | 90 |
| Personal-Computer (Hardware) | n. e. | 60 | 57 |
| Personal-Computer (Software) | n. e. | 74 | 79 |
| Pkw-Hersteller | 74 | 73 | 71 |
| Reiseveranstalter | 78 | 78 | 78 |
| Tankstellen | 88 | 91 | 93 |
| Technische Überwachungsdienste | 87 | 89 | 90 |
| Tiefkühlkostvertrieb | n. e. | n. e. | 95 |
| Versandhäuser | 84 | 85 | 85 |
| Zeitschriften | 91 | 90 | n. e. |
| Zeitungen | 93 | 94 | 95 |

Als überzeugte Kunden gelten Abnehmer, die mit der Leistung eines Anbieters vollkommen oder sehr zufrieden sind. Kunden mit einer hohen Wiederkaufabsicht geben an, beim nächsten Mal bestimmt oder wahrscheinlich die Leistung vom gleichen Anbieter zu beziehen. Die Abkürzung n. e. bedeutet nicht erhoben.

Quelle: *Meyer/Dornach*, 1995, S. 20

*Tabelle 4.40: Anteil überzeugter Kunden mit sicherer Wiederkaufabsicht*

fisch unterschiedlichen, aber stets **eindeutig positiven Zusammenhang zwischen Kundenzufriedenheit und Wiederkaufabsicht** suggerieren. Allerdings liegt lediglich der Prozentsatz jener Kunden in den einzelnen Wirtschaftszweigen vor, die von der Leistung des Produzenten überzeugt sind und beim nächsten Mal wieder beim gleichen Hersteller kaufen. Ein Blick auf *Tabelle* 4.40 verdeutlicht, daß sich der Anteil überzeugter Abnehmer zwischen 57% im PC-Sektor und 97% in der Lebensmittelbranche bewegt. Diese Zahlen stützen die zuvor formulierte Vermutung, wonach die Schaffung von Zufriedenheit nicht in allen Fällen zur Erzielung von Bindung ausreicht.

Neben diesen **branchenübergreifenden Studien** zur Kundenzufriedenheit existieren auch **sektorspezifische Untersuchungen**, wie die *New Car Buyer Study (NCBS)*, das *European Customer Satisfaction Survey (ECSS)* und das *Ownership Satisfaction Program* von *J. D. Power*. Von Automobilherstellern in Auftrag gegeben und von Marktforschungsgesellschaften durchgeführt, vermitteln sowohl die *NCBS* als auch die *ECSS* den Produzenten einen **differenzierten Einblick** in die **Zufriedenheit** ihrer **Abnehmer**. In beiden Analysen erteilen **Besitzer** von **Fahrzeugen unterschiedlicher Marken** jeweils mit einem identischen Erhebungsdesign zu mehreren Zeitpunkten Auskunft unter anderem über **Kaufmotive**, **Zufriedenheit** mit dem Händler und dem Pkw, **Abwanderungsgründe** sowie **Wiederkaufabsicht**.

Das *Ownership Satisfaction Program* von *J. D. Power* bildet eine herstellerunabhängige Kundenzufriedenheitsuntersuchung im Automobilsektor, die von einem Marktforschungsunternehmen durchgeführt und den Pkw-Anbietern gegen Entgelt zur Verfügung gestellt wird. Die vor allem auf die **Erfassung** der **Zufriedenheit** von **Automobilbesitzern** in den USA ausgerichtete Studie wird insbesondere von den *amerikanischen* **Pkw-Firmen** beachtet. Diese berücksichtigen die erzielten Ergebnisse zum Beispiel bei der **Konzeption** der **Werbebotschaft**, der **Festsetzung** der **Verkäuferentlohnung** und der **Gestaltung** des **Verkaufsgesprächs**.

In der Marketingliteratur finden sich nicht nur branchenübergreifende und sektorspezifische Analysen der Kundenzufriedenheit, sondern auch eine Reihe **anbieterbezogener Studien**. Eine Dokumentation dieser Untersuchungen erscheint kaum möglich und wäre auch nicht sinnvoll, da die meisten lediglich Informationen über das Niveau der Produkt- und Servicezufriedenheit sowie das Ausmaß der Marken- und Händlerloyalität liefern. Einige Arbeiten vermitteln jedoch Erkenntnisse über den Zusammenhang zwischen Kundenzufriedenheit und Kundenbindung in der **Pkw-Branche**, die darüber hinausgehen:

- *Burmann* (1991, S. 249 ff.) weist einen **starken**, **positiven Zusammenhang** zwischen **Zufriedenheit** und **Markenloyalität** nach. Die **Varianz** der **Markentreue** kann nahezu vollständig durch die **Zufriedenheit** der **Automobilbesitzer** erklärt werden. Allerdings tritt zutage, daß die zwischen der Kundenzufriedenheit und der Händlerloyalität bestehende Relation deutlich schwächer ist. Obgleich die Resultate dieser Studie für die vermutete Beziehung zwischen Zufriedenheit und Bindung sprechen, darf nicht übersehen werden, daß lediglich der Indikator **Wiederkaufabsicht** zur Operationalisierung und Messung des jeweiligen Loyalitätskonstrukts in Betracht kommt.

- In einer Studie von *Bloemer* und *Lemmink* (1992, S. 351 ff.) interessieren die Wirkungen der **Produkt-** und **Servicezufriedenheit** auf die **Händler-** und **Markenloyalität** von Pkw-Kunden. Dabei zeigt sich, daß die **Zufriedenheit** eines **Individuums** mit seinem **Fahrzeug** sowie die **Loyalität gegenüber** einem **bestimmten Händler** einen **starken**, **positiven Effekt** auf die **Markentreue** ausüben. Es fällt jedoch auf, daß der Zusammenhang zwischen der Zufriedenheit mit dem Pkw und der Markenloyalität deutlich geringer ist. Obwohl auch diese Analyse unter dem Mangel leidet, daß Meßfehler keine Berücksichtigung finden, deuten die Ergebnisse darauf hin, daß die Kundenzufriedenheit neben anderen Größen die Loyalität der Abnehmer determiniert.

- *Korte* (1995, S. 161 ff.) untersucht den zwischen der Zufriedenheit mit dem **Fahrzeug**, dem **Kundendienst** und dem **Pkw-Händler** sowie der **Markenloyalität** von Abnehmer existierenden Zusammenhang zu verschiedenen Zeitpunkten. Hierbei läßt sich ein **deutlicher**, **positiver Effekt** der **Zufriedenheit** mit dem **Pkw** auf die **Markenloyalität** und die **Händlerloyalität** und der **Zufriedenheit** mit dem **Händler** auf die **Händlerloyalität** nachweisen. Hingegen können keine Beziehungen zwischen der Zufriedenheit mit dem Händler und der Markenloyalität gezeigt werden. Auch diese Analyse weist die Schwierigkeit auf, daß die Loyalitätskonstrukte nur mit jeweils einem Indikator und ohne Beachtung von Meßfehlern erfaßt wurden.

- Aus einer Untersuchung von *Dichtl* und *Peter* (1996, S. 15 ff.) geht der **starke**, **positive Effekt** der **Kundenzufriedenheit** auf die **Kundenbindung** hervor. Darüber hinaus analysieren die Autoren auch den Einfluß der **Wechselbarrieren**, der **Neigung** zum **Markenwechsel** und der **Attraktivität** von **Konkurrenzangeboten** auf die **Loyalität** der **Abnehmer**. Hierbei zeigt sich, daß die berücksichtigten Größen in einem **vielschichtigen Wirkungsverbund** stehen, der die Komplexität des Zusammenhangs zwischen Zufriedenheit und Bindung signalisiert. Im Unterschied zu den zuvor geschilderten Studien werden die einzelnen Konstrukte durch mehrere Indikatoren in der Empirie verankert.

## 10.4.2.1.2  Erscheinungsformen der Kundenbindung

Allen Ansätzen zur Erfassung des Zusammenhangs zwischen Kundenzufriedenheit und Kundenbindung ist die Idee gemeinsam, daß sowohl die Zufriedenheit als auch die Unzufriedenheit einen **Erlebniszustand** darstellen, der **nur** in der **Intensität, nicht aber** in der **Qualität** über die **Individuen variiert.** Statt dessen postuliert *Bruggemann* (1974, S. 281 ff., vgl. *Stauss/Neuhaus*, 1995, S. 3 ff.) einen Zusammenhang zwischen der (Un-)Zufriedenheit eines Individuums und seinem emotionalen, kognitiven und intentionalen Seinszustand.

Beispielsweise kommt Zufriedenheit auf der **emotionalen Ebene** durch **freudige Zuversicht** zum Ausdruck, während der **wütende Protest** eines Individuums seine Unzufriedenheit signalisiert. Die **kognitive Ebene** besteht aus **erfahrungsgeprägten Erwartungen** an die Leistung des Unternehmens, etwa dahingehend, daß der Kunde mit einer Steigerung oder Senkung der Zwecktauglichkeit des Erzeugnisses rechnet. Auf der **emotional-kognitiven Basis** entsteht eine **Verhaltensintention** im Sinne der Bereitschaft, an der Geschäftsbeziehung festzuhalten oder zukünftig einen Wechsel vorzunehmen. Dabei gehen bestimmte emotionale, kognitive und intentionale Seinszustände mit verschiedenen Erscheinungsformen der Zufriedenheit beziehungsweise Unzufriedenheit einher. Unter Rückgriff auf das **Erwartungs-Erfahrungs-Paradigma** lassen sich drei Formen der Zufriedenheit und zwei Arten der Unzufriedenheit voneinander unterscheiden (vgl. *Abbildung* 4.50 sowie *Stauss*, 1997, S. 76 ff.).

- Der *fordernd Zufriedene* erwartet aufgrund seiner bisherigen Erfahrungen, daß der Anbieter die steigenden Ansprüche erfüllt. Grundsätzlich hält er an der Geschäftsbeziehung fest, allerdings ist seine Bereitschaft an eine Verbesserung der Unternehmensleistung gebunden.

- Der *stabil Zufriedene* zeichnet sich durch seine sehr geringen Anforderungen an einen Anbieter beziehungsweise dessen Produkt aus. Ein solcher Nachfrager will ohne Einschränkung die Geschäftsbeziehung in der derzeitigen Form aufrechterhalten und setzt darauf, daß diese so bleibt wie sie ist.

- Das Urteil des *resignativ Zufriedenen* beruht weniger auf dem Bewußtsein einer angemessenen Erfüllung der Erwartungen, sondern viel eher auf der Einschätzung, nicht mehr das Erhaltene erhoffen zu können. Da sich Gleichgültigkeit einstellt, unternimmt er keine Anstrengungen, seine Ansprüche zu überdenken und gegenüber dem Anbieter zu formulieren.

| Formen der (Un-)Zufriedenheit | Emotionaler, kognitiver und intentionaler Seinszustand eines Individuums nach dem Kauf beziehungsweise Konsum | | |
|---|---|---|---|
| | Emotion | Kognition | Intention |
| Der *fordernd Zufriedene* | Optimismus und Zuversicht | ... die Leistung muß Schritt halten ... | ... kaufe wieder, da die Leistung bislang mit meinen Anforderungen Schritt hielt ... |
| Der *stabil Zufriedene* | Beständigkeit und Vertrauen | ... die Leistung soll so bleiben ... | ... kaufe wieder, da die Leistung bislang meinen Anforderungen entsprach ... |
| Der *resignativ Zufriedene* | Gleichgültigkeit und Anpassung | ... mehr kann ich nicht erwarten ... | ... kaufe wieder, da die Leistung anderer Anbieter auch nicht besser ist ... |
| Der *stabil Unzufriedene* | Enttäuschung und Ratlosigkeit | ... ich erwarte mehr, aber was soll ich machen ... | ... kaufe nicht wieder, kann aber einen konkreten Grund nicht sagen ... |
| Der *fordernd Unzufriedene* | Protest und Einflußnahme | ... die Leistung muß sich verbessern ... | ... kaufe nicht wieder, da nicht auf meine Wünsche eingegangen wurde ... |

Quelle: angelehnt an *Stauss*, 1997, S. 79 und 82

*Abbildung 4.50: Zufriedenheit- und Unzufriedenheitstypen im Überblick*

Die Nachfrager weisen in Abhängigkeit ihrer Zugehörigkeit zu einem dieser Zufriedenheitstypen eine unterschiedliche Neigung zum Markenwechsel auf. Der *stabil Zufriedene* mit seinem Wunsch nach einer Fortsetzung der bisherigen Geschäftsbeziehung besitzt nur eine **geringe Absicht** zum **Wechsel**. Beim *fordernd Zufriedenen* existiert zwar eine emotionale Beziehung zum Anbieter, allerdings ist die Loyalität an die Bedingung geknüpft, daß das Gut auch in Zukunft den **wachsenden Anforderungen entspricht**. Eine **besonders große Neigung** zur **Abwanderung** existiert beim *resigniert Zufriedenen*, dessen Verhältnis zum Produzenten durch Gleichgültigkeit charakterisiert ist. Dieser Nachfrager hat aufgrund seiner Kauf- beziehungsweise Konsumerlebnisse das Anspruchsniveau reduziert und begründet seine Bindungsabsicht lediglich damit, daß keine Alternativen vorliegen.

Ein mit der Leistung des Herstellers unzufriedener Kunde hat kaum Anlaß, die Geschäftsbeziehung aufrechtzuerhalten. Dennoch denkt ein Individuum bei einer geringfügigen Abweichung der erlebten Produktqualität von seinen Erwartungen nicht unmittelbar an einen Markenwechsel. Erst bei einer stark ausgeprägten Unzufriedenheit sieht es den Aufwand der Suche und Prüfung alternativer Erzeugnisse als gerechtfertigt an. Darüber hinaus wirken auch rechtliche, ökonomische und persönliche Wechselbarrieren, die einer **unmittelbaren Abwanderung vorbeugen**. Zur Erfassung dieser Erscheinung liegt es nahe, die verschiedenen Typen von Unzufriedenen zu kennzeichnen.

- Der *stabil Unzufriedene* besitzt zum Anbieter einen emotionalen Bezug, der durch **Enttäuschung** und **Ratlosigkeit** charakterisiert ist. Obgleich das Individuum seine Erwartungen an das Erzeugnis auch zukünftig nicht erfüllt sieht, verharrt es in der **existierenden Geschäftsbeziehung**. Zwar ist es grundsätzlich zum Produktwechsel bereit, aufgrund seiner Trägheit bleibt jedoch nicht auszuschließen, daß es die Relation zum Unternehmen aufrechterhält, bis ein **besonderer Anlaß** zum Wechsel eintritt.

- Der *fordernd Unzufriedene* ist in Anbetracht der unerfüllten Erwartungen bereit, gegenüber dem Anbieter zu protestieren. Hierbei drückt er seinen **Wunsch nach** einer **Verbesserung** der Zwecktauglichkeit der Unternehmensleistung **unmißverständlich** aus. Aufgrund der unzureichenden Anstrengungen des Herstellers zur Erhöhung der Produktqualität fühlt sich der Nachfrager nicht mehr an diesen gebunden und entscheidet sich beim nächsten Kauf- beziehungsweise Konsumakt für die Marke eines anderer Produzenten.

### 10.4.2.1.3 Wechselbarrieren, Wechselneigung und Kundenbindung

In welcher Beziehung stehen die interessierenden Größen Zufriedenheit und Bindung? Führt eine hohe (niedrige) Zufriedenheit zwangsläufig zu einer großen (geringen) Bindung? Ein Blick in die Literatur zeigt einige Studien zur Aufhellung der zwischen diesen Variablen existierenden Relation. *Auh* und *Johnson* (1997, S. 143 und 144) fassen die Ergebnisse dieser vielfältigen Analysen zusammen, indem sie postulieren, daß "... ***customers who say they are 80 to 90 percent satisfied have retention rates of only 30 to 40 percent ...***". Dieser Erkenntnis zufolge besteht **kein linearer Zusammenhang zwischen Zufriedenheit** und **Bindung**. Daher schlagen *Jones* und *Sasser* (1995, S. 88 ff.) eine Unterteilung der Nachfrager in vier Typen vor (vgl. *Abbildung 4.51*).

| Kunden-bindung | Kundenzufriedenheit | |
|---|---|---|
| | hoch | niedrig |
| hoch | Die *Loyalen* | Die *Gefangenen* |
| niedrig | Die *Söldner* | Die *Terroristen* |

*Abbildung 4.51: Typen von Individuen in Abhängigkeit ihrer Zufrieden-heit und Loyalität*

- Die *Loyalen* sind mit der Unternehmensleistung **sehr zufrieden** und beabsichtigen das fragliche Erzeugnis bei der nächsten Gelegenheit erneut nachzufragen. Bei diesen Individuen besteht **keine Gefahr** der Abwanderung, da es dem Anbieter offenbar gelang, eine sehr stabile Geschäftsbeziehung aufzubauen.

- Zu den *Terroristen* gehören jene Abnehmer, die mit dem Produkt des Herstellers **unzufrieden sind** und aus diesem Grund einen **Wechsel** der **Marke** vornehmen. Außerdem tendieren diese Konsumenten dazu, anderen Personen über ihre Erfahrungen mit dem Produzenten zu berichten.

- Bei den *Söldnern* fällt der Wunsch nach einem **Markenwechsel** auf, obgleich sie mit der Leistung des Anbieters durchaus **zufrieden sind**. Hinter diesem Verhalten steht vor allem das Bedürfnis nach Abwechslung in Anbetracht einer breiten Angebotspalette in einem umkämpften Markt, wie etwa in der Automobilbranche.

- Die *Gefangenen* zeichnen sich durch eine **permanente Unzufriedenheit** mit der Leistung des Unternehmens aus. Gleichwohl besteht für sie **keine Möglichkeit** zum **Markenwechsel**, da entweder die **Wechselbarrieren** sehr hoch sind oder ein **Monopolist** als Anbieter agiert, wie zum Beispiel im öffentlichen Transportsektor.

Neben der bereits umfassend diskutierten Zufriedenheit determinieren offenbar noch anderen Faktoren die Bereitschaft von Kunden, sich an den Anbieter zu binden. Zwei besonders wichtige Einflußfaktoren, die **Wechselneigung** und die **Wechselbarrieren**, bilden den Gegenstand der folgenden Ausführungen.

Die bisherige Argumentation läßt erkennen, daß **Geschäftsbeziehungen** auch deshalb andauern, weil Abnehmer mit **Wechselbarrieren** konfrontiert sind (vgl. beispielsweise die *Gefangenen*). Dieses Phänomen findet in der Literatur bislang kaum Beachtung, wobei sich dahinter, sofern überhaupt offengelegt, unterschiedliche Auffassungen verbergen. Einige Autoren subsumieren dieser Erscheinung **alle Investitionen**, die ein Kunde bereits im Hinblick auf einen Anbieter getätigt hat und die nach einem Lieferantenwechsel überwiegend wertlos wären (vgl. *Jackson*, 1985, S. 42 ff.). Andere Wissenschaftler definieren Wechselbarrieren als **alle Aufwendungen** eines Abnehmers, die mit der Abwanderung zu einem anderen Hersteller eintreten (vgl. *Ping*, 1990, S. 186 ff.). Während die erste Begriffsbestimmung **vor allem** auf die **finanziellen Erschwernisse** der Abwanderung abstellt, bezieht die zweite Sichtweise **auch nicht-ökonomische Hemmnisse** ein.

**Ökonomische Wechselbarrieren** liegen dann vor, wenn ein Kunde bestimmte Aufwendungen tätigt, die im Falle der Abwanderung zu einem anderen Anbieter wertlos wären (vgl. *Crawford*, 1990, S. 561 ff.). Als Beispiele lassen sich Telekommunikations-, Fertigungsautomatisierungs- und Bürokommunikationssysteme, aber auch Einrichtungskombinationen mit Erweiterungsmöglichkeiten anführen. Ein Abnehmer erwirbt solche Systeme zumeist nicht zu einem einzigen Zeitpunkt als Gesamtpaket, sondern in der Regel sukzessive in mehreren kleineren Einheiten. Aus dem Zustandekommen des **ersten Kaufs resultieren Folgekäufe**, da der Betroffene aufgrund der **spezifischen Technologie** an den **Produzenten gebunden** ist.

Mit Investitionen in **bestimmte Technologien** gehen bei kommerziellen Abnehmern in vielen Fällen auch **organisatorische Veränderungen** einher. Beispielsweise erfordert die Inbetriebnahme einer neuen EDV-Anlage ein Schulungsprogramm für die Mitarbeiter. Außerdem sind unter

Umständen die gespeicherten Daten dem neuen System anzupassen und eine Restrukturierung der betrieblichen Arbeitsabläufe vorzunehmen. Die damit verbundenen Kosten repräsentieren für ein Unternehmen **ökonomische Wechselhemmnisse**.

Eine andere Erscheinungsform ökonomischer Wechselbarrieren verkörpern die unterschiedlichen **Treue-** und **Stammkundenrabatte**. Ein Individuum, das mit zunehmender Dauer einer Geschäftsbeziehung oder einer größeren Abnahmemenge **günstigere Konditionen** eingeräumt bekommt, überlegt lange, ob es zu einem anderen Lieferanten abwandert und den Bonus verfallen läßt. Preisnachlässe dieser Art finden sich in nahezu allen Branchen, wobei diese Vergünstigungen in einer mehr oder weniger institutionalisierten Weise auftreten können.

**Psychische** und **soziale Wechselbarrieren** verkörpern für ein Individuum keinen unmittelbaren materiellen Vorteil, sondern schlagen sich in einer **positiven Empfindung** gegenüber dem Lieferanten nieder (vgl. *Anderson/Weitz*, 1989, S. 312 ff.). Ein Kunde, der im Zuge zahlreicher Kontakte und Transaktionen gute Erfahrungen mit einem Hersteller macht, entwickelt **Vertrauen**. Da sich somit das **Risiko** bei der Kaufentscheidung **reduziert**, verzichtet der Abnehmer auf Informations- und Kontrollmöglichkeiten in bezug auf die Aktivitäten des Anbieters. Vertrauen entsteht jedoch nur in seltenen Fällen bereits bei der Kontaktaufnahme, sondern entwickelt sich häufig sehr langsam aufgrund der beiderseitigen Erfahrungen.

**Psychische Wechselbarrieren** äußern sich nicht nur im Vertrauen, sondern auch in **gemeinsamen Werten**, die im Laufe einer Geschäftsbeziehung entstehen. Sie umfassen zum Beispiel eingespielte **Kommunikations-** und **Verhaltensmuster** sowie gemeinsame Vorstellungen und Erinnerungen oder eine gegenseitige moralische Verpflichtung. Auch die vom Konsumenten gepflegte **Tradition**, bei einem bestimmten Lieferanten zu kaufen, sowie die Identifikation mit dem Image des Anbieters und seiner Produkte bilden psychische Wechselhemmnisse.

**Soziale Wechselbarrieren** ergeben sich aus unterschiedlichen Formen der **Integration** der **Klientel** in das Unternehmensgeschehen. Die Einbindung der Nachfrager nimmt ein breites Spektrum verschiedener Formen an, wie die Etablierung von **Kundenbeiräten** und die Beteiligung von Schlüsselkunden an Forschungs- und Entwicklungsvorhaben (vgl. hierzu die *Lufthansa* AG und die *Deutsche Bahn* AG). Darüber hinaus lassen sich **zwischenmenschliche Kontakte** bis hin zu **persönlichen Freundschaften** als soziale Wechselhemmnisse charakterisieren.

Im Bereich der **Zufriedenheits-** und **Bindungsforschung** genießt neben den ökonomischen, psychischen und sozialen Wechselbarrieren auch die

**Wechselneigung** der **Individuen** ein hohes Maß an Aufmerksamkeit. Beobachtungen des Kauf- und Konsumverhaltens in mehreren aufeinanderfolgenden Perioden verdeutlichen, daß Verbraucher häufig zwischen **Marken** (z. B. *Pepsi, Fanta*) gleicher **Produktgattung** (alkoholfreie Erfrischungsgetränke) **wechseln**. Es ist leicht vorstellbar, daß ein Käufer etwa am Montag *Pepsi* präferiert, am Dienstag *Lipton Eistee* wählt, am Mittwoch *Coke* bevorzugt und am Donnerstag zur *Sprite* greift. Ein Blick in die Literatur zu diesem Thema zeigt zahlreiche Ansätze zur Beschreibung, Erklärung und Prognose dieses Phänomens:

- Häufig taucht das Argument auf, daß ein **Einsatz** der **Marketinginstrumente** einen Markenwechsel induziert. So bewirkt zum Beispiel eine **Variation** der physikalisch-chemisch-technischen Eigenschaften einer Marke eine Abwanderung von Nachfragern zu einem anderen Erzeugnis.

- Es finden sich Belege dafür, daß die **Situation**, in der sich ein Proband beim **Kaufakt** befindet, die Markenwahl zu beeinflussen vermag. Eine Empfehlung des Verkäufers kann dazu führen, daß der Nachfrager eine **andere** als die **üblicherweise gewählte Marke** erwirbt.

- Probanden wenden häufig nur **geringe Anstrengungen** auf, um *convenience goods* zu erwerben. Ist die gesuchte Marke nicht verfügbar, weicht der Käufer bei solchen Gütern eher auf eine vertraute Ersatzmarke aus, als zusätzliche Beschaffungsbemühungen zu unternehmen.

Anknüpfend an die Arbeiten von *Lattin* und *McAlister* (1985, S. 330 ff.) sowie *McAlister* und *Pessemier* (1982, S. 314 ff.) besteht die Idee darin, die Markenwechselneigung als ein **Bedürfnis aufzufassen**, das Individuen beim Kauf- beziehungsweise Konsumakt veranlaßt, zwischen den vielfältigen **Marken** einer bestimmten **Produktart** zu **wechseln**. *McAlister* (1982, S. 141) hat diesen Gedanken sehr prägnant formuliert: "*Switching can be induced by the manipulation of the marketing variables, by the accessability of the product, by the situation in which the product is consumed, or by the desire for variety. It is switching for the sake of variety ... In particular, it is proposed that such switching is not completely random ...*".

Diesem Gedanken zufolge determiniert nicht nur der eigentliche Produktnutzen der zur Auswahl stehenden Alternativen die Güterwahlhandlung der Konsumenten. Vielmehr existiert auch ein **Nutzen** des **Wechsels**, der dafür verantwortlich ist, daß ein Proband trotz des mehrfachen Kaufs zum Beispiel eines fruchtigen Erfrischungsgetränks (*Fanta*) bei einer bestimmten Gelegenheit zu einem koffeinhaltigen (*Coke*) greift.

Eine **dynamische Betrachtung** des Kauf- und Konsumverhaltens offenbart eine **Veränderung** der **Substitutions-** und **Komplementaritätsbeziehungen** zwischen Produkten. So können Güter, die zu einem bestimmten Zeitpunkt für einen Nachfrager substitutiv sind (z. B. *Fanta, Coke*), im Zeitverlauf durchaus komplementär sein. Dies folgt aus dem Nutzen der Abwechslung, der dazu führt, daß Käufer zwischen den Marken einer Produktgattung wechseln. *McAlister* und *Pessemier* (1982, S. 314) merken hierzu an, daß "... *the motivation for varied behavior may extend beyond multiple needs and changes in the choice problem ... Novelty, unexpectedness, change, and complexitity are pursued because they are inherently satisfying* ...". Folglich ziehen Individuen nicht nur eine, sondern mehrere Marken regelmäßig für den Kauf und Konsum in Erwägung.

Die Erklärungskraft des Konstrukts Neigung zum Markenwechsel birgt beträchtliches Potential zur Erhellung der Erscheinung Kundenbindung. Beispielsweise vermag der Abwechslungsnutzen zu erklären, weshalb **zufriedene Kunden** dennoch den **Anbieter** oder die **Marke wechseln** (vgl. die *Söldner*). Ergebnisse von Felduntersuchungen in den *USA* bestätigen den **negativen Effekt** der **Markenwechselneigung** auf die **Habitualisierung** von **Kaufentscheidungen** insbesondere bei Gütern des täglichen Bedarfs, wie Shampoo, Zahnpasta und Getränken. Explorative Analysen in *Deutschland* brachten zutage, daß Verbraucher ihren Bedarf an Lebensmitteln deshalb nicht immer im gleichen Laden decken, weil sie den Wunsch nach Abwechslung verspüren. Solche Resultate lassen sich damit begründen, daß Konsumenten beim Kauf geringwertiger Güter lediglich ein geringes Risiko empfinden, nur wenige Informationen verarbeiten und die Phasen des Entscheidungsprozesses sehr schnell durchlaufen. Allerdings deuten Erkenntnisse darauf hin, daß die **Wechselneigung** auch beim **wiederholten Kauf langlebiger Konsumgüter** und bei der Inanspruchnahme von Diensten zum Tragen kommt (vgl. *Bänsch*, 1995, S. 342 ff., und *ter Haseborg/Mäßen*, 1997, S. 164 ff.).

### 10.4.2.1.4 Wirkungszusammenhang zwischen Kundenzufriedenheit und Kundenbindung

Ein Blick in die Literatur zeigt zahlreiche empirische Untersuchungen, die auf eine Offenlegung des zwischen Kundenzufriedenheit und Kundenbindung existierenden Zusammenhangs abzielen. *Abbildung 4.52* erteilt einen Überblick über ausgewählte Studien dieser Art (vgl. *Homburg/Giering/Hentschel*, 1998, S. 81 ff.).

| Zusammenhang zwischen Kundenzufriedenheit und Kundenbindung | |
| --- | --- |
| *Anderson/Sullivan*, 1993, S. 125 ff. | Die Kundenzufriedenheit übt eine positive Wirkung auf die Kaufabsicht aus. |
| *Biong*, 1993, S. 21 ff. | Der Wunsch, den Lieferanten beizubehalten korreliert positiv mit der Zufriedenheit. |
| *Bitner*, 1990, S. 69 ff. | Loyalität hängt ab von der Zufriedenheit und der wahrgenommenen Qualität. |
| *Heskett et al.*, 1994, S. 164 ff. | Die Zufriedenheit beeinflußt positiv die Absicht zum Wiederkauf. |
| *Patterson et al.*, 1997, S. 4 ff. | Die Zufriedenheit beeinflußt positiv die Absicht zum Wiederkauf. |
| *Taher et al.*, 1996, S. 217 ff. | Loyalität hängt ab von der Zufriedenheit und der Begeisterung. |

*Abbildung 4.52: Studien zum Zusammenhang zwischen Zufriedenheit und Bindung*

Wie erinnerlich ist die Kundenzufriedenheit im Automobilsektor, dem typischen Beispiel einer **wettbewerbsintensiven Wirtschaftsbranche**, in *Schweden, Deutschland* und den *USA* sehr hoch. Im Unterschied dazu rangieren die Monopolisten, wie die *Deutsche Post* AG, die *Deutsche Bahn* AG oder in einigen Ländern auch die Telefonanbieter und Fernsehsender, auf der Zufriedenheitsskala ganz unten (vgl. *Johnson/Herrmann*, 1996, S. 332 ff.). Insofern müßten in der Automobilbranche die *Loyalen* und die *Söldner* dominieren, wohingegen im Nahverkehrssektor die *Gefangenen* und die *Terroristen* vorherrschen.

Im Einklang mit diesem Argument behaupten *Jones* und *Sasser* (1995, S. 90 ff.) eine **nicht-lineare** Beziehung zwischen **Zufriedenheit** und **Bindung** in **wettbewerbsintensiven Sektoren**. Die Loyalität **steigt** über **mittlere** und **große Zufriedenheitswerte geringfügig** an (hier tauchen die *Söldner* auf) und **erhöht sich deutlich** am Ende des Kontinuums (hier kristallisieren sich die *Loyalen* heraus). Diese Relation zwischen den beiden interessierenden Größen ist in *Abbildung* 4.53 illustriert (vgl. *Johnson*, 1997, S. 117 ff., und *Bauer/Huber/Bräutigam*, 1997, S. 167 ff.).

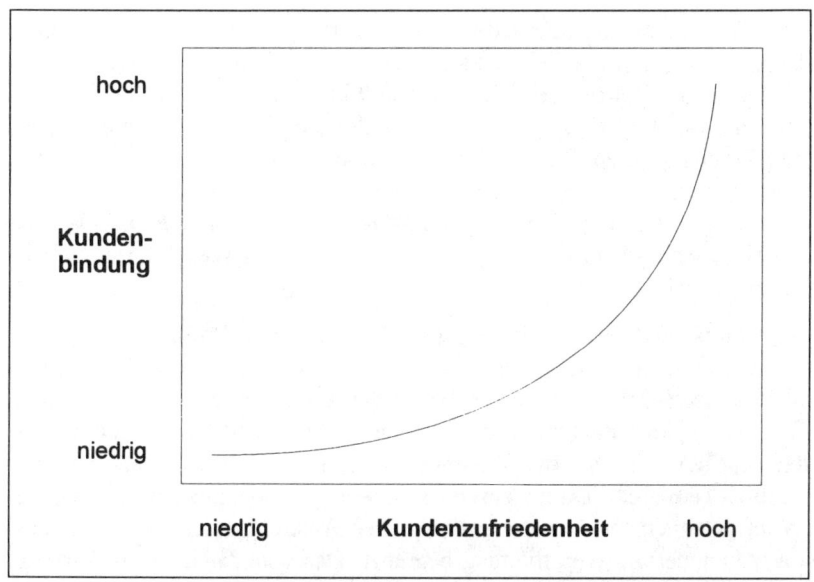

*Abbildung 4.53: Von Jones und Sasser vermuteter Zusammenhang zwischen Zufriedenheit und Bindung*

Weder die beiden Autoren noch *Reichheld* (1996[a], S. 33 ff., und 1996[b], S. 55 ff.) liefern eine Begründung für den Verlauf der in *Abbildung* 4.52 dargestellten Funktion. In Anlehnung an *Auh* und *Johnson* (1997, S. 145 ff.) erfordert die Fundierung des interessierenden Zusammenhangs einen Rückgriff auf die Arbeiten von *Howard* (1977, S. 27 ff., und 1983, S. 90 ff.). Er unterscheidet verschiedene **Typen von Kaufentscheidungen**, von denen die folgenden für die weiteren Überlegungen relevant sind:

- Eine **extensive Kaufentscheidung** zeichnet sich dadurch aus, daß die kognitive Beteiligung und der Informationsbedarf des Konsumenten besonders groß sind. Die Identifikation individuell bedeutsamer Entscheidungskriterien sowie die vergleichende Beurteilung von Alternativen verursachen einen umfassenden Entscheidungsprozeß.

- Kennzeichnend für die **habituelle Kaufentscheidung** ist die gewohnheitsmäßig getroffene Wahl eines Erzeugnisses. Der Verzicht auf die Suche neuer Alternativen hat zur Folge, daß ein Individuum zu einem Produkt greift, ohne groß darüber nachzudenken oder Vergleiche anzustellen.

Der Argumentation von *Jones* und *Sasser* (1995, S. 92 ff.) zufolge besitzt der *Söldner* noch kein in sich abgeschlossenes *evoked set of alter-*

*natives.* Jede **Kaufentscheidung** verkörpert im Kern einen **einmaligen Vorgang**, der mit der Erfassung möglicher Alternativen beginnt. Daraufhin nimmt der Betroffene alle verfügbaren Produkt- und Umfeldinformationen auf und fügt sie zu einem Gesamtbild über die zur Auswahl stehenden Erzeugnisse zusammen. Zur **Selektion** eines Objekts bedarf es der Bestimmung von Problemlösungskriterien und der Entwicklung von Entscheidungsmustern. Diese für den *Söldner* **typische Vorgehensweise** bei der Güterwahl **gleicht** dem zuvor diskutierten **extensiven Kaufentscheidungsprozeß**.

Im Unterschied dazu weist ein *Loyaler* bestimmte Problemlösungsmuster und Entscheidungskriterien auf, die sich in zahlreichen Kauf- beziehungsweise Konsumsituationen bewährten. *Alba* und *Hutchinson* (1987, S. 411 ff.) verdeutlichen, daß die Berücksichtigung solcher **Regeln** oder **Heuristiken** den **kognitiven Aufwand** bei der Produktwahlhandlung beachtlich **reduziert**. Da zudem nur sehr wenige Erzeugnisse in die engere Wahl gelangen, bleiben die gedanklichen Anstrengungen zur Informationsaufnahme und -verarbeitung begrenzt. Das vom *Loyalen* an den Tag gelegte **Verhalten** bei der **Güterwahl** weist eine große **Ähnlichkeit** zum soeben dargestellten **habituellen Kaufentscheidungsprozeß** auf.

Ein Beispiel verdeutlicht diese Überlegung: Den Ausgangspunkt bilden **zwei Nachfrager**, die sich für den Kauf eines neuen **Fahrzeugs** interessieren. Der eine (der *Söldner*) besitzt **kaum Erfahrungen** mit Pkw, zumal er beim letzten Kauf ein für seinen Verwendungszweck **untaugliches Automobil** erwarb. Aufgrund seiner großen Unzufriedenheit kommen beim nächsten Kauf zahlreiche Alternativen in Betracht. Außerdem achtet der Proband auf alle verfügbaren Informationen, die ihm die Selektion eines bedürfnisgerechten Fahrzeugs erleichtern. Dagegen weist der andere (ein *Loyaler*) **vielfältige Erfahrungen** mit Pkw auf und fährt derzeit ein Automobil, das seinen Vorstellungen entspricht. In Anbetracht der hohen Zufriedenheit mit dem Fahrzeug und der damit verbundenen Wiederkaufabsicht erspart er sich die oftmals mühevolle und langatmige Sammlung und Auswahl von Informationen. Folglich umfaßt sein *evoked set of alternatives* nur wenige Produkte, die er für einen Kauf in Erwägung zieht.

Bleibt noch die Frage zu klären, ob sich die **Bindung** mit **steigender Zufriedenheit stetig erhöht** oder ob ein **asymptotischer Verlauf** des **Zusammenhangs** zwischen diesen **Variablen** zu erwarten ist. Es liegt auf der Hand, **letzteres zu vermuten**, da nahezu alle Verbraucher genügend Gründe kennen, die für einen **Markenwechsel** sprechen. Kaum ein Individuum erklärt sich angesichts attraktiver Alternativen bereit, einem Erzeugnis auf unbegrenzte Zeit die Treue zu halten. Darüber hinaus können sich auch **Veränderungen** in den **Lebensumständen** eines Abnehmers ergeben, wie **Ortswechsel** oder **Vergrößerung** der **Familie**, die diesen veranlassen, zu einem anderen Produkt zu greifen. Insofern erscheint die Modifikation der in *Abbildung* 4.53 dargestellten, auf *Jones* und *Sasser* (1995, S. 93 ff.) zurückgehenden Relation zwischen Zufriedenheit und Bindung erforderlich. *Abbildung* 4.54 bringt die von *Auh* und *Johnson* (1997, S. 148 ff.) vermutete Beziehung zwischen den beiden Größen zum Ausdruck.

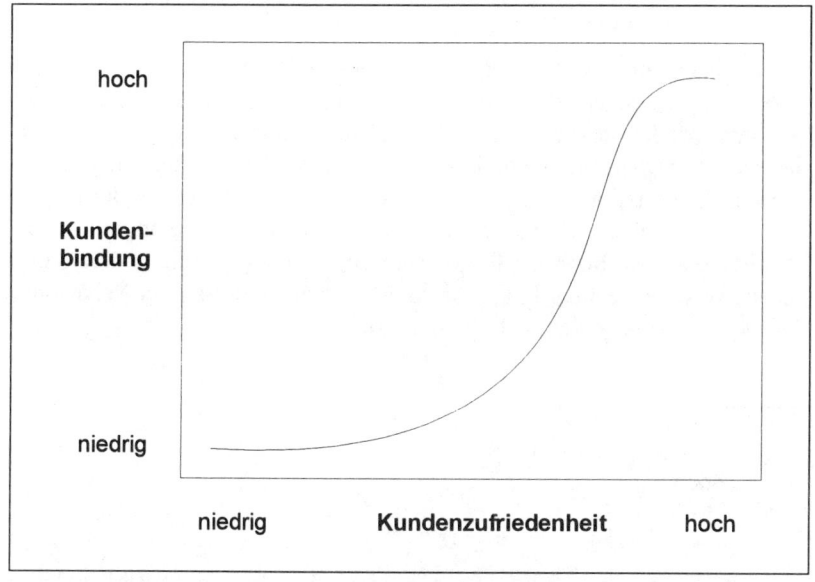

*Abbildung 4.54: Von Auh und Johnson vermuteter Zusammenhang zwischen Zufriedenheit und Bindung*

*Fornell* (1995, S. 203 ff.) zeigt anhand einer Studie im Automobilsektor, daß die Zufriedenheitsurteile der Pkw-Fahrer mit den Leistungen der Automobilhersteller **schief verteilt** sind. Die meisten Nennungen der Probanden liegen im **oberen Bereich** der **Zufriedenheitsskala** (vgl. *Peterson/Wilson*, 1992, S. 61 ff.). Vor diesem Hintergrund lassen sich die folgenden Hypothesen über den Zusammenhang zwischen der Zufriedenheit und der Bindung formulieren: Mit der **Nullhypothese ($H_{Null}$)** wird die **lineare Beziehung** zwischen diesen Größen behauptet, während man mit der **Gegenhypothese ($H_{Gegen}$)** eine **nicht-lineare Relation** zwischen den beiden Variablen postuliert. Dabei läßt sich $H_{Gegen}$ in drei Subhypothesen unterteilen:

- Bei **niedrigen** und **mittleren Werten** für die **Zufriedenheit**, führt eine Erhöhung der Zufriedenheit nur zu einer **geringfügigen Steigerung** der **Bindung** ($H_1$).

- Bei **hohen Werten** für die **Zufriedenheit** bewirkt eine Steigerung der Zufriedenheit eine **beachtliche Erhöhung** der **Bindung** ($H_2$).

- Bei sehr **hohen Werten** für die **Zufriedenheit** geht eine Anhebung der Zufriedenheit lediglich mit einer **vernachlässigbaren Verbesserung** der **Bindung** einher ($H_3$).

Im Kern handelt es sich um drei verschiedene **Marktsegmente**, die sich dadurch auszeichnen, daß eine Veränderung der Zufriedenheit nicht in gleichem Maße auf die Bindung wirkt. *Abbildung* 4.55 veranschaulicht diese Cluster, die sich methodisch gesehen durch einen unterschiedlichen Verlauf der Funktion charakterisieren lassen. Dabei liegt es auf der Hand, den Zusammenhang zwischen Zufriedenheit und Bindung mittels einer **abschnittsweisen linearen Regression** zu bestimmen. Eine andere Vorgehensweise besteht darin, ein **Polynom dritter Ordnung** zur Schätzung der interessierenden Parameter heranzuziehen.

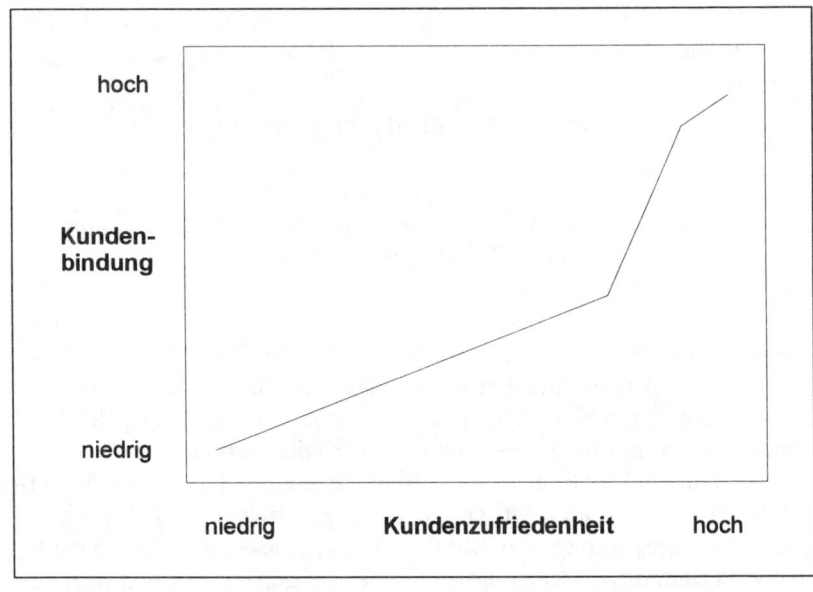

*Abbildung 4.55: Ein abschnittsweise linearer Zusammenhang zwischen Zufriedenheit und Bindung*

Zur Überprüfung der zuvor formulierten Hypothesen kommen die Daten des *Amerikanischen Kundenzufriedenheitsbarometers* aus den Jahren 1994, 1995 und 1996 in Betracht. Insgesamt 4.414 (im Jahr 1994), 4.433 (im Jahr 1995) und 5.029 (im Jahr 1996) Probanden beurteilten zehn europäische und asiatische Pkw-Fabrikate, wie *Mercedes-Benz, Volkswagen, Volvo, BMW, Toyota, Honda, Subaru, Nissan, Mazda* und *Hyundai*, sowie elf Marken der drei größten *amerikanischen* Hersteller, wie *Buick, Saturn, Cadillac, Dodge/Plymouth, Oldsmobile, Chevrolet/Geo, Ford, Pontiac, Chrysler, Jeep/Eagle,* und *Lincoln Mercury*.

Neben einer Beschreibung der **Datenbasis** interessiert auch die empirische Verankerung der beiden zentralen Begriffe Zufriedenheit und Bindung. Diese Begriffe verkörpern hypothetische Konstrukte, das heißt, sie repräsentieren theoretische Erscheinungen, die sich einer direkten Quantifizierung verschließen. Ein Konstrukt erhält seinen empirischen Bezug erst über beobachtbare, einer direkt Messung zugängliche Indikatoren.

Für die **Operationalisierung** von **Kundenzufriedenheit** erscheinen die Meßvariablen

- **Gesamtzufriedenheit** mit dem **Pkw,**

- **Ausmaß,** in dem die **Erwartungen** die **Erfahrungen übertreffen** und

- **Leistung** des **Pkw** im **Vergleich** zum **Idealfahrzeug** sinnvoll.

Zur Datenerfassung dient eine 10er-Skala, die von 1 (nicht zufrieden, Erwartungen übertreffen Erfahrungen sehr deutlich, Pkw entspricht überhaupt nicht dem Idealfahrzeug) bis 10 (sehr zufrieden, Erfahrungen übertreffen Erwartungen sehr deutlich, Pkw entspricht ganz genau dem Idealfahrzeug) reicht. Die erfaßten Nennungen wurden aus rechentechnischen Überlegungen sogleich in eine 0 bis 100 Punkte-Skala transformiert.

Zur **Operationalisierung** von **Kundenbindung** bieten sich die **Wiederkaufabsicht** und die **Preistoleranz** als Indikatoren an. Zur Datenerhebung fungiert für die erste Variable (**Wiederkaufabsicht**) eine 10er-Skala mit den Ausprägungen 1 (Wiederkauf ist sehr unwahrscheinlich) bis 10 (Wiederkauf ist sehr wahrscheinlich). Die zweite Größe (**Preistoleranz**) läßt sich mit Hilfe zweier Subindikatoren erfassen:

- Jene Probanden, die zum Wiederkauf der Marke neigen (6 bis 10 auf der Skala der Wiederkaufabsicht), wurden nach dem Ausmaß gefragt, in dem der Pkw-Hersteller den Fahrzeugpreis anheben kann, ohne daß sie bei der nächsten Kaufgelegenheit die Marke wechselten.

- Die zum Markenwechsel tendierenden Befragten (1 bis 5 auf der Skala der Wiederkaufabsicht) sollten das Ausmaß angeben, in dem der

Automobilproduzent den Fahrzeugpreis in Prozent absenken muß, damit sie beim nächsten Mal **wieder diese Marke kaufen**. Wiederum übertrug man die erhobenen Nennungen aus rechentechnischen Überlegungen in eine 0 bis 100 Punkte-Skala.

Die **empirische Überprüfung** der drei zuvor formulierten Hypothesen setzt die Spezifikation dreier Regressionsmodelle voraus. Zur Parameterschätzung bietet sich das in Wissenschaft und Praxis gleichermaßen bekannte und verbreitete *ordinary least squares-Verfahren* an.

Der abschnittsweise lineare Regressionsansatz (vgl. *Abbildung* 4.55) lautet wie folgt:

$$LOY = b_0 + b_1 \cdot SAT + \varepsilon \qquad (4.24)$$

Dabei bedeuten:

| | | |
|---|---|---|
| LOY | = | Kundenbindung |
| SAT | = | Kundenzufriedenheit |
| $b_n$ | = | n-ter Parameter |
| $\varepsilon$ | = | Residuum |

Hierbei hängt die **Steigung** der **Regressionsgeraden** (also der Wert des Faktors $b_1$) vom **Niveau** der **Zufriedenheit** ab. Wie zuvor präzisiert, liegen diesem Regressionsmodell drei Abschnitte ($SAT_1$, $SAT_2$ und $SAT_3$) zugrunde (vgl. *Abbildung* 4.55).

Eine Variante besteht darin, einen **nicht-linearen Zusammenhang** zwischen den vorliegenden Größen zu unterstellen. Diese Idee konkretisiert sich im folgenden Ausdruck:

$$LOY = b_0 + b_1 \cdot SAT + b_2 \cdot SAT^2 + \varepsilon \qquad (4.25)$$

Es gelten:

| | | |
|---|---|---|
| LOY | = | Kundenbindung |
| SAT | = | Kundenzufriedenheit |
| $b_n$ | = | n-ter Parameter |
| $\varepsilon$ | = | Residuum |

Sofern der Parameter $b_1$ einen statistisch signifikanten **positiven Wert** annimmt, **erhöht** sich die **Bindung** mit **steigender Zufriedenheit**. Sollte zudem $b_2$ einen deutlich **positiven Wert** aufweisen, **wächst** der **Einfluß** der Zufriedenheit auf die Bindung um so stärker, je **höher** das **Zufriedenheitsniveau** ist.

Einer anderen Spielart liegt die Vorstellung zugrunde, daß die betrachteten Variablen in einer **S-förmigen** Relation stehen (vgl. *Abbildung* 4.54). Dem asymptotischen Verlauf der Regressionskurve trägt die folgende Gleichung Rechnung:

$$LOY = b_0 + b_1 \cdot SAT + b_2 \cdot SAT^2 + b_3 \cdot SAT^3 + \varepsilon \qquad (4.26)$$

Mit:

| | | |
|---|---|---|
| LOY | = | Kundenbindung |
| SAT | = | Kundenzufriedenheit |
| $b_n$ | = | n-ter Parameter |
| $\varepsilon$ | = | Residuum |

Ein statistisch signifikanter **negativer Wert** für den Faktor $b_3$ brächte zum Ausdruck, daß der **Einfluß** der **Zufriedenheit** auf die **Bindung** ab einem bestimmten Wert auf der Zufriedenheitsskala abnimmt.

Zur **Schätzung** der Parameter der drei **Regressionsfunktionen** bietet sich neben dem Programmpaket *SPSS* auch die *mkspline function* in *STAT* an. Allerdings taucht bei der abschnittsweisen Regressionsanalyse das Problem auf, daß **keine allgemeingültige Vorgehensweise** zur Festlegung von **Schwellenwerten** existiert. Daher legt der Marktforscher aufgrund von Plausibilitätsüberlegungen zwei Mengen von Schwellenwerten fest (Fall 1 und Fall 2). Wie zuvor argumentiert, verändert sich die Steigung der Regressionsgeraden erst bei sehr hohen Zufriedenheitswerten. Daher lauten die gesuchten Werte im ersten Fall < 85, 85 - 95 und > 95, während die entsprechenden Zahlen im zweiten Fall < 80, 80 - 90 und > 90 betragen.

Die **statistische Güte** einer Regression läßt sich danach bemessen, inwieweit die geschätzte ökonometrische Struktur das empirische Material repräsentiert. Hierbei liegt es nahe, das Augenmerk auf zwei Teilfragen zu richten (vgl. *Hair/Anderson/Tatham/Black*, 1995, S. 78 ff., und *Backhaus/Erichson/Plinke/Weiber*, 1994, S. 20 ff.):

- Zunächst ist zu klären, wie gut die **Prädiktorvariablen** (SAT, $SAT^2$, $SAT^3$) der einzelnen Modelle die **Kriteriumsgröße** (LOY) erklären. Ein Indikator für den Anteil der **systematischen Komponente** an der Gesamterklärung verkörpert das **Bestimmtheitsmaß** $R^2$. Aus den in *Tabelle* 4.41 dargebotenen Zahlen geht hervor, daß alle Gleichungen zufriedenstellende $R^2$-Werte aufweisen.

- Ferner interessiert die Beantwortung der Frage nach der **Signifikanz** der **Regressionskoeffizienten**. Ein Blick auf diese Werte zeigt, daß alle Faktoren **deutlich** von **Null abweichen**.

| Jahr | Regressionsmodelle | $R^2$ |
|------|--------------------|-------|
| | **Gleichung 4.24 (Fall 1, d. h. die Schwellenwerte lauten <85, 85-95, >95)** | |
| 1994 | $LOY = 17{,}826 + 0{,}527^{++} \cdot SAT_1 + 0{,}735^{++} \cdot SAT_2 + 0{,}937^{++} \cdot SAT_3$ | 0,356 |
| 1995 | $LOY = 18{,}912 + 0{,}511^{++} \cdot SAT_1 + 0{,}733^{++} \cdot SAT_2 + 0{,}402^{+} \cdot SAT_3$ | 0,390 |
| 1996 | $LOY = 13{,}438 + 0{,}546^{++} \cdot SAT_1 + 0{,}873^{++} \cdot SAT_2 + 0{,}539^{+} \cdot SAT_3$ | 0,379 |
| | **Gleichung 4.24 (Fall 2, d. h. die Schwellenwerte lauten <80, 80-90, >90)** | |
| 1994 | $LOY = 18{,}502 + 0{,}513^{++} \cdot SAT_1 + 0{,}693^{++} \cdot SAT_2 + 0{,}786^{++} \cdot SAT_3$ | 0,357 |
| 1995 | $LOY = 19{,}533 + 0{,}498^{++} \cdot SAT_1 + 0{,}718^{++} \cdot SAT_2 + 0{,}522^{++} \cdot SAT_3$ | 0,390 |
| 1996 | $LOY = 14{,}687 + 0{,}521^{++} \cdot SAT_1 + 0{,}869^{++} \cdot SAT_2 + 0{,}620^{++} \cdot SAT_3$ | 0,380 |
| | **Gleichung 4.25** | |
| 1994 | $LOY = 23{,}143 + 0{,}279^{++} \cdot SAT + 0{,}002^{++} \cdot SAT^2$ | 0,358 |
| 1995 | $LOY = 23{,}014 + 0{,}328^{++} \cdot SAT + 0{,}002^{++} \cdot SAT^2$ | 0,392 |
| 1996 | $LOY = 20{,}933 + 0{,}220^{++} \cdot SAT + 0{,}003^{++} \cdot SAT^2$ | 0,384 |
| | **Gleichung 4.26** | |
| 1994 | $LOY = 24{,}725 + 0{,}127 \cdot SAT + 0{,}005^{+} \cdot SAT^2 - 0{,}0002 - \cdot SAT^3$ | 0,358 |
| 1995 | $LOY = 26{,}175 + 0{,}004 \cdot SAT + 0{,}008^{++} \cdot SAT^2 - 0{,}00004^{+} \cdot SAT^3$ | 0,393 |
| 1996 | $LOY = 25{,}717 + 0{,}252^{+} \cdot SAT + 0{,}013^{++} \cdot SAT^2 - 0{,}00006^{++} \cdot SAT^3$ | 0,387 |

[++] signifikant bei einer Irrtumswahrscheinlichkeit von 0,001
[+] signifikant bei einer Irrtumswahrscheinlichkeit von 0,05

*Tabelle 4.41: Ergebnisse der Schätzung von Parametern dreier*
*Regressionsfunktionen*

Im **Fall 1** der **abschnittsweisen Regressionsanalyse** fällt zunächst auf, daß ein statistisch signifikanter **Zusammenhang** zwischen der Zufriedenheit und der Bindung besteht. Dieses Resultat gilt sowohl in jedem Jahr als auch für jeden der drei Abschnitte auf der Zufriedenheitsskala. Ferner ist zu konstatieren, daß sich der **Einfluß** der Zufriedenheit auf die Bindung oberhalb des ersten Schwellenwerts (zwischen 85 und 95) **deutlich erhöht** (vgl. Hypothese $H_3$). Im Einklang mit der zuvor formulierten Vermutung (vgl. Hypothese $H_2$) nimmt dieser **Einfluß** oberhalb des zweiten Schwellenwerts (zwischen 95 und 100) **wieder ab**. Auch gilt unterhalb des ersten Schwellenwerts (zwischen 0 und 85), daß eine **Erhöhung** der Zufriedenheit nur zu einer **geringfügigen Steigerung** der Bindung führt (vgl. Hypothese $H_1$). Allerdings läßt sich auf Basis der in 1994 erfaßten Daten lediglich Hypothese $H_1$, nicht jedoch die Hypothesen $H_2$ und $H_3$ bestätigen.

Ein ganz ähnliches Bild liefert eine Betrachtung der im **Fall 2** geschätzten Parameterwerte der **abschnittsweisen Regressionsanalyse**. Wiederum gilt die Behauptung, daß bei **wachsender Zufriedenheit** die Bindung zunächst nur **schwach ansteigt**, danach **erheblich zulegt**, um schließlich wieder **abzuflachen** (vgl. die Hypothesen $H_1$, $H_2$ und $H_3$). Gleichwohl darf nicht übersehen werden, daß die Auswertung der in 1994 erhobenen Daten erneut nur Hypothese $H_1$, aber nicht $H_2$ und $H_3$ bestätigt. Insgesamt gesehen, stützen die Ergebnisse der abschnittsweisen Regressionsanalyse die zuvor postulierten Hypothesen über den zwischen Zufriedenheit und Bindung bestehenden Zusammenhang.

Zu den **beiden anderen Regressionsanalysen** ist zu sagen, daß die Resultate im Kern mit denen der voranstehenden Ansätze übereinstimmen. Im Modell 2 tauchen für den Koeffizienten $b_2$ positive Werte auf, die sich deutlich von Null unterscheiden. Auch weist der Faktor $b_3$ im **Modell 3** einen statistisch signifikanten negativen Wert auf. Da der entsprechende Faktorwert für das Jahr 1994 nicht deutlich von Null abweicht, gilt diese Aussage nur für die Jahre 1995 und 1996. Für das Jahr 1994 lassen sich lediglich die Hypothesen $H_1$ und $H_2$, nicht jedoch $H_3$, bestätigen.

## 10.4.2.2 Relation zwischen Kundenbindung und Unternehmenserfolg

Bei der Analyse der **Wirkung** der **Kundenbindung** auf den Umsatz des Anbieters erscheinen drei Arten von Zielen relevant, nämlich **Sicherheit**, **Wachstum** und **Gewinn**, respektive Rentabilität (vgl. *Diller*, 1996, S. 81 ff.). Obgleich sich die Effekte in der Realität überlagern, ist eine isolierte Betrachtung aus didaktischer Sicht ratsam.

Die **unmittelbare Wirkung**, die für ein Unternehmen aus einer stärkeren Kundenbindung resultiert, besteht in einem **höheren Maß an Sicherheit**, das eine **langfristige vertragliche Vereinbarung** oder lediglich die **zunehmende Habitualisierung** des **Kauf- beziehungsweise Konsumverhaltens** von **Abnehmern** gewähren. Zur Begründung lassen sich die folgenden Argumente anführen (vgl. *Peter*, 1997, S. 42 ff., und *Bloemer/ Kaspar*, 1995, S. 311 ff.):

• Unabhängig von der Art der Bindung verstärkt sich mit zunehmender Dauer einer Geschäftsbeziehung die **gegenseitige Toleranz**. Dies impliziert beispielsweise, daß sich das Verhältnis zu einem Stammkunden, der mit der Begleichung einer Rechnung im Verzug ist, nicht unmittelbar verschlechtert. Umgekehrt bleibt ein solcher Kunde seinem Stammlieferanten in der Regel auch dann treu, wenn dieser einmal eine nicht zufriedenstellende Leistung erbringt.

• Die größere Toleranz hängt insbesondere mit einem **höheren Maß** an **Interaktion** zusammen, die bei einer **länger andauernden Relation** zwischen den Partnern entsteht. Dieses intensive Miteinander schlägt sich unter anderem in einer **verstärkten gegenseitigen Auskunfts-** und **Beschwerdebereitschaft** nieder. Unternehmen, wie die *Lufthansa* AG und die *Deutsche Bahn* AG, nutzen dieses kooperative Verhalten ihrer Klientel, in dem sie Kundenforen einrichten. Auf diese Weise lassen sich die Produktqualität laufend kontrollieren und innovative Güter und Dienste generieren.

• Ein weiterer die **Sicherheit** des Herstellers verstärkender **Effekt** der Kundenbindung besteht in der **Verringerung verschiedener Risiken**, wie **Bonitäts-, Transport-** und **Währungsrisiken**. Darüber hinaus **vermindert** sich das **Produktinnovationsrisiko**, da der Anbieter die Kundenbedürfnisse besser kennt. Eng damit verbunden ist die Reduktion des Investitionsrisikos durch eine stärker an den Erfordernissen des Absatzmarkts ausgerichteten Innovationspolitik des Management.

Neben der Gewährleistung von Sicherheit birgt eine langfristige Kundenbindung auch **erhebliche Wachstumchancen** für ein Unternehmen (vgl. *Müller*, 1994, S. 187 ff.). Diese Facette erscheint in Anbetracht der zu beobachtenden Sättigung in vielen Konsum- und Investitionsgütermärkten von zentraler Bedeutung. Folgende Überlegungen sind an dieser Stelle relevant:

• Eine Intensivierung der Kontakte führt oftmals zu einer **verstärkten Kundenpenetration**, das heißt, die Kauffrequenz sowie das Kaufvolumen steigen mit zunehmender Dauer der Geschäftsbeziehung. Hinzu treten *cross buying*-**Effekte**, da die Kunden auch zu anderen Angeboten aus der Leistungspalette des angestammten Lieferanten greifen. Zur Verdeutlichung der skizzierten Wirkung weisen viele Autoren auf das Kriterium des **Lebenszeitumsatzes** hin, das die Summe der über die Gesamtdauer einer Relation mit einem Kunden realisierten Erlöse ausdrückt. *Tabelle* 4.42 zeigt exemplarisch für ausgewählte Sektoren, in welcher Größenordnung sich diese Kenngröße bewegt.

| Branche | Geschätzter Lebensumsatz pro Nachfrager in DM | Durchschnittliche Dauer einer Kundenbeziehung in Jahren | Durchschnittlich realisierter Umsatz pro Kunde und Anbieter in DM |
|---|---|---|---|
| Automobilindustrie | 210.000 | 20 | 70.000 |
| Telekommunikationssektor | 100.000 | 50 | 100.000 |
| Lebensmitteleinzelhandel | 350.000 | 4,5 | 23.000 |
| Elektrogerätebranche | 15.000 | 20 | 7.500 |
| Banksektor | 15.000 | 17 | 7.000 |
| Bierindustrie | 20.000 | 4 | 2.000 |

Quelle: *Rapp*, 1992, S. 15

*Tabelle 4.42: Lebenszeitumsatz eines Kunden in ausgewählten Wirtschaftszweigen*

- Unternehmenswachstum resultiert nicht nur aus einer stärkeren Kundenpenetration, sondern auch aus einer **Ausweitung** der **Menge** der **treuen Nachfrager**. Dazu tragen ganz besonders die erhöhte Referenzbereitschaft und Empfehlungsneigung der Stammkunden bei. Bekannterweise gilt die **Mundwerbung** als besonders glaubwürdig, weil sie vom Anbieter nicht beeinflußt ist. Dieser Zusammenhang zwischen Kundenbindung und Weiterempfehlungsbereitschaft geht auch aus den Daten des *Deutschen Kundenbarometers* hervor. Dort zeigt sich eine nahezu **lineare Beziehung** zwischen den beiden Größen in der Automobilindustrie. Damit läßt sich der Vorwurf entkräften, daß mit **zunehmender Kundenbindung** eine Vernachlässigung der Akquisition neuer Abnehmer einhergeht.

- Enge Beziehungen zur Klientel erleichtern auch die Gewinnung von Neukunden, wie dies seit langer Zeit beispielsweise in der Zeitungsbranche verbreitet ist. Es gilt als erwiesen, daß Personen, die aufgrund einer **Empfehlung** von **Bekannten** kaufen, **eher** zu **loyalem Verhalten tendieren**, als jene, die zum Beispiel über eine Anzeige vom Angebot des Produzenten erfuhren. Insofern trägt die Mundpropaganda maßgeblich zum Aufbau eines Kundenstamms bei.

Eine Studie von *Reichheld* und *Sasser* (1991, S. 108 ff.) belegt den **positiven Effekt** der **Kundenbindung** auf den **Unternehmenserfolg**. Bei 100 Unternehmen aus verschiedenen Dienstleistungszweigen ließ sich feststellen, daß zwischen dem Grad der Kundenbindung und der Gewinnhöhe ein enger Zusammenhang besteht. Hiernach steigt der Gewinn pro Kunde mit zunehmender Dauer der Beziehung zum jeweiligen Anbieter, wenn auch in unterschiedlich starkem Maße je nach Branche. Wie *Abbildung* 4.56 veranschaulicht, beläuft sich beispielsweise der Gewinn pro **Pkw-Fahrer** bei einer **Autowerkstatt** im vierten Jahr der Beziehung auf mehr als das Dreifache des Ertrags, den jener im ersten Jahr erbingt. Eine Kreditkartenorganisation verzeichnet erst im zweiten Jahr der Geschäftsbeziehung überhaupt einen Gewinn, der aber stetig steigt. Diese Befunde vor Augen spricht *Johnson* (1997, S. 79 ff.) von *front loading of costs* und *backloading of revenues*.

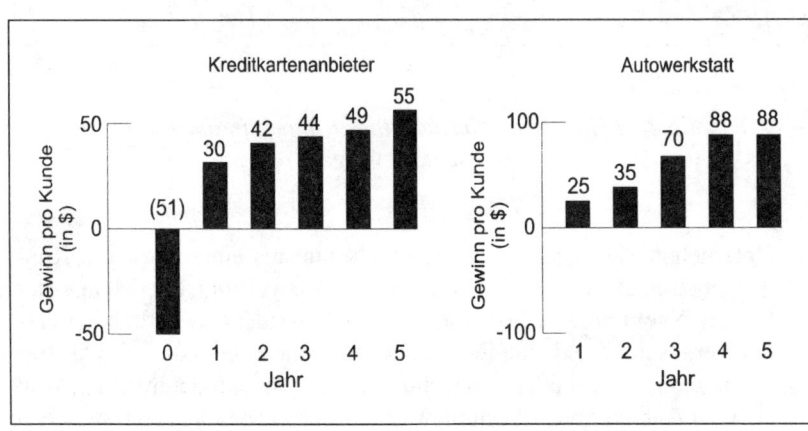

Quelle: *Reichheld,* 1996ª, S. 38

*Abbildung 4.56: Gewinnentwicklung in Abhängigkeit der Dauer einer Geschäftsbeziehung im Kreditkartensektor und der Pkw-Branche*

Die von den drei Autoren identifizierten Gründe für die mit zunehmender **Beziehungsdauer steigende Rentabilität** lassen sich *Abbildung* 4.57 entnehmen. Dabei beeindruckt, wie stark die Gewinne aus **Weiterempfehlung**, **geringerer Verwaltungs-** und **Vertriebskosten** und **höherer Kauffrequenz** und **gestiegenen Rechnungsbeträgen** wachsen. Hierzu ermitteln die Autoren den Wert eines Kunden, der wiederum Anhaltspunkte für die Allokation von finanziellen Mitteln zur Steigerung der Zufriedenheit und Bindung der Abnehmer liefert. Allerdings darf nicht über-

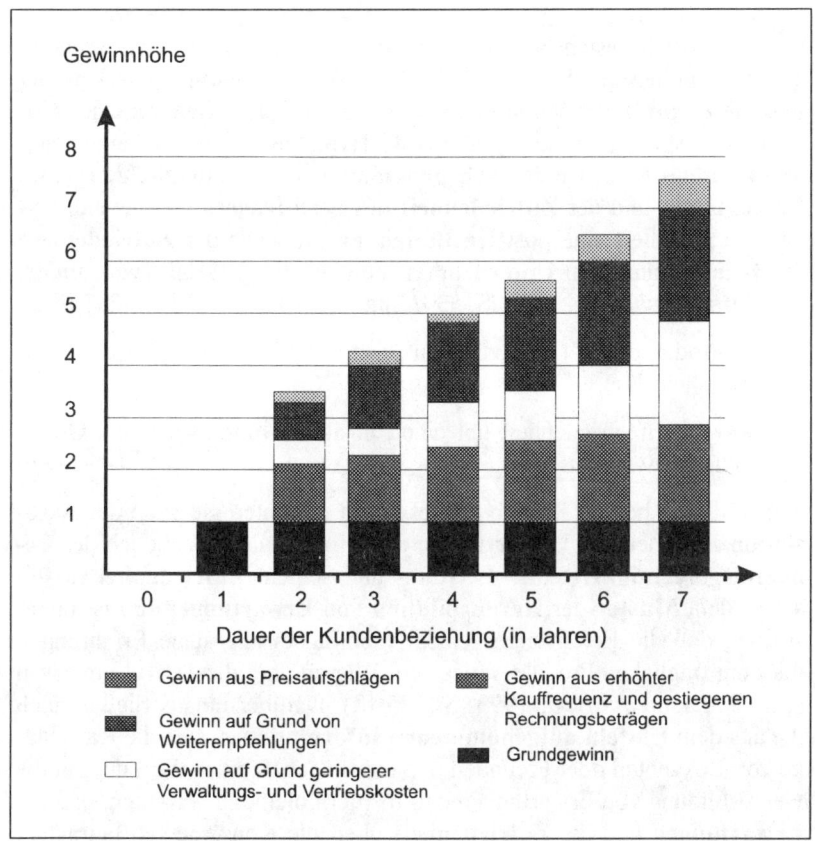

Quelle: *Reichheld*, 1996ᵃ, S. 39

*Abbildung 4.57: Ursachen der mit zunehmender Dauer einer Kundenbeziehung steigenden Rentabilität*

sehen werden, daß die Analyse auf einer sehr geringen Stichprobe beruht und lediglich **Unternehmen** des **Dienstleistungssektors** umfaßt. Gleichwohl erscheint das Anliegen bemerkenswert, den ökonomischen Erfolg einer dauerhaften Kundenbindung zu quantifizieren (vgl. *Reichheld/Aspinall*, 1994, S. 64 ff.)

## 10.5 Produktqualität, Kundenzufriedenheit und Unternehmenserfolg - eine empirische Untersuchung

Wie erinnerlich besteht das Anliegen in Abschnitt 3 darin, zwei grundlegende Hypothesen über den **Wirkungszusammenhang** zwischen der **Produktqualität**, der **Kundenzufriedenheit** und dem **Gewinn** eines **Unternehmens** zu formulieren. Die erste Hypothese behauptet eine **positive Relation** zwischen der **wahrgenommenen Zwecktauglichkeit** eines **Erzeugnisses** und der **Zufriedenheit** des **Nachfragers**. Die zweite Hypothese postuliert eine **positive Beziehung** zwischen der **Zufriedenheit** des **Kunden** und dem **Unternehmensgewinn**. Folglich gilt (vgl. *Anderson/Fornell/Lehmann*, 1994, S. 53 ff., und *Herrmann*, 1995, S. 237 ff.):

- Die Produktqualität besitzt einen positiven Effekt auf die Kundenzufriedenheit ($H_1$).

- Die Kundenzufriedenheit übt einen positiven Einfluß auf den Unternehmensgewinn aus ($H_2$).

Neben diesen beiden **Basishypothesen** gilt das Interesse auch der **Assoziation** zwischen den **Erwartungen** eines Individuums bezüglich der **Bedürfnisgerechtigkeit** einer **Leistung** und seinem **Zufriedenheitsurteil** sowie dem **Muster** der **Herausbildung** von **Erwartungen**. Es ist unbestritten, daß die Erwartungen eines Nachfragers alle seine Erfahrungen mit dem fraglichen Produkt sowie sein Wissen über dieses Gut umfassen (vgl. *Anderson/Sullivan*, 1993, S. 125 ff.). Darüber hinaus fließen auch die aus dem **Umfeld aufgenommenen Informationen**, wie die Ratschläge von Bekannten oder Freunden und die Botschaft einer Werbung, in die Herausbildung von Erwartungen ein. Insofern bleibt zu vermuten, daß die **Erwartungen** und die **Zufriedenheit** über alle Konsumenten betrachtet in einem **positiven Wirkungszusammenhang** stehen (vgl. *Anderson/Fornell/Rust*, 1997, S. 129 ff.).

Diese Argumentation erscheint vordergründig nicht plausibel, da Marktforscher berichten, daß geringe (große) Erwartungen mit einer niedrigen (hohen) Zufriedenheit einhergehen. Dieser offensichtliche Widerspruch läßt sich durch einen Hinweis auf den Unterschied zwischen einer **transaktionsspezifischen** und einer **kumulativen Interpretation** der **Kun-

**denzufriedenheit** auflösen. Aus Kapitel 10.2.3 geht hervor, daß das Zufriedenheitsurteil (vor dem Hintergrund der **zeitraumspezifischen** Deutung) weniger das aus einem Produkterlebnis resultierende **Wohlbefinden** des **Individuums** zu einem **bestimmten Zeitpunkt** reflektiert. Vielmehr spiegelt dieses Urteil die Zwecktauglichkeit eines Produkts vor dem Hintergrund aller bisherigen Kauf- beziehungsweise Konsumerfahrungen wider. Diese Auffassung von Zufriedenheit findet dort ihren Platz, wo es wie an dieser Stelle um die Abschätzung der Assoziation zwischen Produktqualität, Zufriedenheit und Unternehmenserfolg geht (vgl. *Boulding* et al., 1993, S. 7 ff.). Daher läßt sich die folgende Hypothese formulieren:

- Die Erwartungen eines Kunden haben eine positive Wirkung auf sein Zufriedenheitsurteil ($H_3$).

Erwartungen bleiben nicht konstant, sondern verändern sich mitunter sehr erheblich im Zeitverlauf. Empirische Studien verdeutlichen, daß die **Erfahrungen** mit dem Produkt die **Basis** für eine **Modifikation** der **Erwartungen** bilden. Aus diesem Grund sprechen *Johnson, Anderson* und *Fornell* (1995, S. 125 ff.) auch von einer **adaptiven Herausbildung** der **Erwartungen**. Diese Heuristik ist zu unterscheiden von der in der Entscheidungstheorie unterstellten rationalen Erwartungsbildung. Hieraus ergibt sich eine weitere Hypothese:

- Die Erwartungen eines Verbrauchers bezüglich der Produktqualität bilden sich auf adaptive Weise ($H_4$).

Eine **empirische Überprüfung** der vier spezifizierten Hypothesen setzt die Formulierung von **Regressionsmodellen** voraus. Anknüpfend an *Anderson, Fornell* und *Lehmann* (1994, S. 60 ff.) lassen sich **drei Regressionsgleichungen** bestimmen:

$$EX_t = \alpha_1 + \beta_{11} \cdot EX_{t-1} + \beta_{12} \cdot QU_{t-1} + \beta_{13} \cdot TR + \varepsilon_{1t} \qquad (4.27)$$

$$SA_t = \alpha_2 + \beta_{21} \cdot SA_{t-1} + \beta_{22} \cdot QU_t + \beta_{23} \cdot EX_t + \beta_{24} \cdot TR + \varepsilon_{2t} \qquad (4.28)$$

$$RO_t = \alpha_3 + \beta_{31} \cdot RO_{t-1} + \beta_{32} \cdot SA_t + \beta_{33} \cdot TR + \varepsilon_{3t} \qquad (4.29)$$

Dabei bedeuten:

EX = Erwartungen der Nachfrager bezüglich der Produktqualität
QU = Wahrgenommene Produktqualität durch die Individuen
SA = Zufriedenheitsurteil der Auskunftspersonen
RO = Gewinn der betrachteten Unternehmen
TR = Trend
$\varepsilon$ = Residuum

In den Gleichungen 4.27, 4.28 und 4.29 finden sich die zuvor formulierten Hypothesen wieder. Die in der Vorperiode wahrgenommene Produktqualität beeinflußt die Erwartungen an die Zwecktauglichkeit in der gegenwärtigen Periode (vgl. Hypothese 4 und Gleichung 4.27). Außerdem hängt die Kundenzufriedenheit von den Erwartungen und der wahrgenommenen Produktqualität ab (vgl. Hypothese 1 und 3 sowie Gleichung 4.28). Daneben ist der Unternehmensgewinn durch das Urteil der Verbraucher über die Zufriedenheit determiniert (vgl. Hypothese 2 und Gleichung 4.29).

Zur Lösung eines interdependenten Gleichungssystems liefert die Ökonometrie eine Reihe von Schätzmethoden, deren Einsatzfähigkeit von der mathematisch-statistischen Beschaffenheit des betrachteten Modells abhängt (vgl. *Hujer/Cremer*, 1978, S. 237 ff.). Zur Bewältigung der vorliegenden Aufgabe eignet sich die *Three Stage Least Squares* (3SLS)-Methode, die darauf abzielt, die interessierenden Gewichtungsfaktoren simultan zu bestimmen.

Zur Schätzung der Parameter der drei Regressionsfunktionen bieten sich die Daten des 1989 auf den Weg gebrachten *Schwedischen Kundenzufriedenheitsbarometers* an. Die in dieser Analyse erfaßten 77 **Anbieter** aus allen wichtigen Wirtschaftszweigen dieses Landes besitzen einen Gesamtmarktanteil von 70%. Daneben geben **25.000 Auskunftspersonen** einmal im Jahr ihre Einschätzungen bezüglich der Ausprägungen der betrachteten Firmen bei den vorliegenden Variablen (Erwartungen, Zufriedenheit und Produktqualität) ab. Zur Datenerhebung dient für jede der drei Größen beziehungsweise ihre Indikatoren eine **10er-Skala**. Der Gewinn eines Unternehmens geht aus der veröffentlichten **Bilanz**, respektive der **Gewinn-** und **Verlustrechung** hervor.

Das mittels der *Three Stage Least Squares* (3SLS)-Methode erzielte Ergebnis lautet folgendermaßen:

$$EX_t = 0{,}01^* + 0{,}91^* \cdot EX_{t-1} + 0{,}09^* \cdot QU_{t-1} - 0{,}003^* \cdot TR$$

$$SA_t = -0{,}12 + 0{,}44^* \cdot SA_{t-1} + 0{,}49^* \cdot QU_t + 0{,}10^* \cdot EX_t - 0{,}003^* \cdot TR$$

$$RO_t = -1{,}10^* + 0{,}75^* \cdot RO_{t-1} + 0{,}40^* \cdot SA_t + 0{,}002 \cdot TR$$

Dabei bedeuten:

| | | |
|---|---|---|
| * | = | Koeffizient ist bei einer Irrtumswahrscheinlichkeit von 1% signifikant |
| EX | = | Erwartungen der Nachfrager bezüglich der Produktqualität |
| QU | = | Wahrgenommene Produktqualität durch die Individuen |
| SA | = | Zufriedenheitsurteil der Auskunftspersonen |

RO = Gewinn der betrachteten Unternehmen
TR = Trend
ε = Residuum

Die errechneten Schätzwerte für die Koeffizienten lassen sich wie folgt interpretieren:

- Die Idee, daß sich die **Erwartungen** auf **adaptive** und nicht rationale **Weise** herausbilden, findet ihre empirische Bestätigung. Dieser Sachverhalt läßt sich durch einen Blick auf die Schätzwerte der Parameter $\beta_{11}$ und $\beta_{12}$ (0,91 und 0,09) belegen. Die **sehr geringe Wirkung** der **Erwartungen** auf die **Zufriedenheit** ($\beta_{23} = 0,10$) unterstützt die Vermutung des adaptiven Verhaltens, da sich Erwartungen nur sehr langsam und ohne gravierende Schwankungen an das Qualitätsniveau anpassen.

- Die **Produktqualität**, die **Erwartungen** und die **Zufriedenheit** in der **Vorperiode** besitzen einen **positiven Einfluß** auf die **Zufriedenheit** in der **gegenwärtigen Periode**. Diese Erkenntnis läßt sich aus den ermittelten Zahlen für die Faktoren $\beta_{21}$, $\beta_{22}$ und $\beta_{23}$ (0,44, 0,49 und 0,10) ableiten. Hiermit ist die These bestätigt, daß ein Hersteller die **Zufriedenheit** seiner Nachfrager **steigern kann**, sofern er die **Bedürfnisgerechtigkeit** seiner **Leistung verbessert**. Außerdem deutet ein $\beta_{23} > 0$ auf die Relevanz der **kumulativen Interpretation** der Zufriedenheit für die Beschreibung und Erklärung des Zusammenhangs zwischen Produktqualität, Kundenzufriedenheit und Unternehmensgewinn hin.

- Die **Kundenzufriedenheit** übt einen **positiven Effekt** auf den **Unternehmensgewinn** aus ($\beta_{32} = 0,40$). Dieser Sachverhalt suggeriert die Bedeutung einer **zwecktauglichen Leistung** und damit **zufriedener Abnehmer** für den **Erfolg** eines **Anbieters**. Außerdem steht die Zufriedenheit in der Periode t-1 in einem positiven Zusammenhang mit der Zufriedenheit in Periode t ($\beta_{22} = 0,44$). Folglich deutet eine niedrige (hohe) Zufriedenheit in t-1 auf eine niedrige (hohe) Zufriedenheit in t hin. Damit scheint sich auch für die Herausbildung der Zufriedenheit die Vorstellung zu bewahrheiten, daß adaptives Verhalten dieser Urteilsbildung zugrundeliegt.

Obgleich im Einzelfall die innerbetrieblichen und umfeldbezogenen Besonderheiten eines Unternehmens zu berücksichtigen sind, läßt sich folgendes festhalten: Anbieter, die im Vergleich zu den Konkurrenten einen **höheren (niedrigeren) Zufriedenheitswert** erzielen, weisen einen **größeren (kleineren) Gewinn** auf. Eine jährliche Verbesserung des Zufriedenheitswerts um einen Punkt führt für eine typische *schwedische* Firma nach fünf Jahren zu einem **Barwert** des **Gewinns** von **$ 7,5 Mio.** Bei einem durchschnittlichen Gewinn von $65 Mio liegt eine **kumulierte Erhöhung** des **Gewinns** von **11,5%** vor.

Vor diesem Hintergrund liegt die Empfehlung nahe, alle Bemühungen zur Steigerung der Zufriedenheit als **Investitionen** zu sehen. **Zufriedene** und **loyale Kunden** bilden einen **immateriellen Vermögenswert**, der einer **sorgfältigen Pflege** und **Entwicklung** bedarf. Diese Sichtweise unterscheidet sich deutlich von der bisherigen Auffassung, derzufolge alle Anstrengungen zur dauerhaften Bindung der Nachfrager als **Kosten** gelten, die nach Möglichkeit zu vermeiden sind. Die Umsetzung einer konsequenten Kundenorientierung verlangt unter anderem eine neue Organisationsstruktur, ein modifiziertes Anreiz- und Vergütungssystem und eine Reallokation der finanziellen und personellen Ressourcen.

# Quellen

*Adams, R./Gravoor, M. D.*, Quality Function Deployment, New York 1990.

*Akao, Y.*, Quality Function Deployment, Lawrence 1990.

Derselbe, Eine Einführung in Quality Function Deployment, in: *Akao, Y.*, (Hrsg.), QFD - Quality Function Deployment, Landsberg 1992, S. 15-34.

*Alba, J. W./Hutchinson, W.*, Dimensions of Consumer Expertise, in: Journal of Consumer Research, 1987, S. 411-454.

*Albers, S.*, Gewinnorientierte Neuproduktpositionierung in einem Eigenschaftsraum, in: Zeitschrift für betriebswirtschaftliche Forschung, 1989, S. 186-209.

*Anderson, E. W.*, Cross-Category Variation in Customer Satisfaction and Retention, in: Marketing Letters, 1994, S. 19-30.

*Anderson, E. W./Fornell, C./Lehmann, D. R.*, Customer Satisfaction, Market Share, and Profitability: Findings from Sweden, in: Journal of Marketing, 1994, S. 53-66.

*Anderson, E. W./Fornell, C./Rust, R. T.*, Customer Satisfaction, Productivity, and Profitability: Differences between Goods and Services, in: Marketing Science, 1997, S. 129-145.

*Anderson, E. W./Sullivan, M. W.*, The Antecedents and Consequences of Customer Satisfaction for Firms, in: Marketing Science, 1993, S. 125-143.

*Anderson, E. W./Weitz, B.*, Determinants of Continuity in Conventional Industrial Channel Dyads, in: Marketing Science, 1989, S. 310-323.

*Andreasen, A. R.*, Verbraucherzufriedenheit als Beurteilungsmaßstab für die unternehmerische Marktleistung, in: *Hansen, U./Stauss, B./Riemer, M.*, (Hrsg.), Marketing und Verbraucherpolitik, Stuttgart 1982, S. 182-195.

*Aswad, A.*, Quality Function Deloyment, Detroit 1989.

*Auh, S./Johnson, M. D.*, The complex Relationship between Customer Satisfaction and Loyalty for Automobiles, in: *Johnson, M. D./Herrmann, A./Huber, F./Gustafsson, A.*, (Hrsg.), Customer Retention in the Automotive Industry, Wiesbaden 1997, S. 141-166.

*Backhaus, K./Erichson, B./Plinke, W./Weiber, R.*, Multivariate Analysemethoden: eine anwendungsorientierte Einführung, 7., vollst. überarb. u. erw. Aufl., Berlin 1994.

*Bänsch, A.*, Variety Seeking - Marketingfolgerungen aus Überlegungen und Untersuchungen zum Abwechslungsbedürfnis von Konsumenten, in: Jahrbuch der Absatz- und Verbrauchsforschung, 1995, S. 342-365.

*Bagozzi, R. P.*, Causal Models in Marketing, New York 1980.

Derselbe, Structural Equation Models in Marketing Research, in: *Bagozzi, R.* (Hrsg.), Advanced Methods of Marketing Research, Cambridge 1995, S. 317-385.

*Bagozzi, R. P./Baumgartner, H.*, The Evaluation of Structural Equation Models and Hypothesis Testing, in: *Bagozzi, R.*, (Hrsg.), Advanced Methods of Marketing Research, Cambridge 1995, S. 386-422.

*Bagozzi, R. P./Fornell, C.*, Theoretical Concepts, Measurements, and Meaning, in: *Fornell, C.*, (Hrsg.), A Second Generation of Multivariate Analysis: Measurement and Evaluation, New York, 1982, S. 24-38.

*Bagozzi, R. P./Yi, Y.*, On the Evaluation of Structural Equation Models, in: Journal of the Academy of Marketing Science, 1988, S. 74-94.

*Bailom, F., Hinterhuber, H. H./Matzler, K./Sauerwein, E.*, Das Kano-Modell der Kundenzufriedenheit, in: Marketing ZFP, 1996, S. 117-126.

*Bauer, H. H.*, Marktabgrenzung: Konzeption und Problematik von Ansätzen und Methoden zur Abgrenzung und Strukturierung von Märkten unter besonderer Berücksichtigung von marketingtheoretischen Verfahren, Berlin 1989.

*Bauer, H. H./Herrmann, A.*, Eine Methode zur Abgrenzung von Märkten, in: Zeitschrift für Betriebswirtschaft, 1992, S. 1341-1360.

Dieselben, Preisfindung durch Nutzenkalkulation am Beispiel einer Pkw-Kalkulation, in: Controlling, 1993, S. 236-240.

*Bauer, H. H./Herrmann, A./Mengen, A.*, Eine Methode zur gewinnmaximalen Produktgestaltung auf der Basis des Conjoint Measurement, in: Zeitschrift für Betriebswirtschaft, 1994, S. 81-94.

*Bauer, H. H./Huber, F./Bräutigam, F.*, Method Supplied Investigation of Customer Loyalty in the Automotive Industry, in: *Johnson, M. D./Herrmann, A./Huber, F./ Gustafsson, A.*, (Hrsg.), Customer Retention in the Automotive Industry, Wiesbaden 1997, S. 167-214.

*Beatty, S./Kahle, L. R./Homer, P.*, Personal Values and Gift-Giving Behaviors: A Study across Cultures, in: Journal of Business Research, 1991, S. 149-157.

*Beatty, S./Kahle, L. R./Homer, P./Misra, S.*, Alternative Measurement Approaches to Consumer Values: The List of Values and the Rokeach Value Survey, in: Psychology & Marketing, 1985, S. 181-200.

*Bentler, P. M./Bonett, D. G.*, Significance Tests and Goodness of Fit in the Analysis of Covariance Structures, in: Psychological Review, 1980, S. 588-606.

*Berekoven, L.*, Die Bedeutung Wilhelm Vershofens für die Absatzwirtschaft, in: Jahrbuch der Absatz- und Verbrauchsforschung, 1979, S. 2-10.

*Berekoven, L./Eckert, W./Ellenrieder, P.*, Marktforschung, 6., akt. Aufl., Wiesbaden 1993.

*Bergman, B./Klefsjö, B.*, Quality, Lund 1994.

*Berndt, R.*, Marketing 2: Marketing-Politik, 2., verb. Aufl., Berlin 1992.

*Bierfelder, W.*, Vershofens Nutzen-Leiter reaktiviert, in: Jahrbuch der Absatz- und Verbrauchsforschung, 1979, S. 343-350.

*Biong, H.*, Satisfaction and Loyalty to Suppliers within the Grocery Trade, in: European Journal of Marketing, 1993, S. 21-38.

*Bittner, M. J.*, Evaluating Service Encounters: the Effect of physical Surroundings and Employee Responses, in: Journal of Marketing, 1990, S. 69-82.

*Bloemer, J. M./Kasper, J. D.*, The complex Relationship between Consumer Satisfaction and Brand Loyalty, in: Journal of Economic Psychology, 1995, S. 311-329.

*Bloemer, J. M./Lemmink, J. G.*, The Importance of Customer Satisfaction in Explaining Brand and Dealer Loyalty, in: Journal of Marketing Management, 1992, S. 351-364.

*Böcker, F.*, Präferenzforschung als Mittel marktorientierter Unternehmensführung, in: Zeitschrift für betriebswirtschaftliche Forschung, 1986, S. 543-574.

*Bollen, K. A.*, A new incremental Fit Index for General Structural Equation Models, in: Sociological Methods and Research, 1988, S. 303-316.

Derselbe, Strutural Equations with Latent Variables, New York 1989.

*Boulding, W./Kalra, A./Staelin, R./Zeithaml, V.*, A Dynamic Process Model of Service Quality: from Expectations to Behavioral Intentions, in: Journal of Marketing Research, 1993, S. 7-27.

*Brand, H. W./Bungard, W.*, Markentreue, in: Jahrbuch der Absatz- und Verbrauchsforschung, 1982, S. 265-364.

*Brockhoff, K.*, Produktpolitik, 3., erw. Aufl., Stuttgart 1993.

*Bruggemann, A.*, Zur Unterscheidung verschiedener Formen der Arbeitszufriedenheit, in: Arbeit und Leistung, 1974, S. 342-365.

*Burmann, C.*, Konsumentenzufriedenheit als Determinate der Marken- und Händlerloyalität - Das Beispiel Automobilindustrie, in: Marketing ZFP, 1991, S. 249-258.

*Churchill, G. A./Suprenant, C.*, An Investigation into the Determinants of Customer Satisfaction, in: Journal of Marketing Research, 1982, S. 491-504.

*Clark, K. B./Fujimoto, T.*, Automobilentwicklung mit System, Frankfurt a. M. 1992.

*Clarke, D. G.*, Strategic Advertising Planning, in: Management Science, 1978, S. 1687-1699.

*Cohen, L.*, Quality Function Deployment, Reading 1995.

*Cooper, L. G.*, Competitive Maps: the Structure underlying asymmetric cross Elasticities, in: Management Science, 1988, S. 707-723.

*Crawford, V.*, Relationship-specific Investment, in: The Quarterly Journal of Economics, 1990, S. 561-574.

*Curtius, B.*, Quality Function Deployment in der westdeutschen Automobil- und Zulieferindustrie, Aachen 1995.

*Day, R. L.*, Commonly Accepted Constructs for Satisfaction Research, 7. conference on Consumer Satisfaction, Dissatisfaction and Complaining Behavior, Knoxville 1982.

*de Bono, E.*, Serious Creativity-Using the Power of Lateral Thinking to create new Ideas, Toronto 1992.

*DeSarbo, W. S./Manrai, A. K./Manrai, L. A.*, Latent Class Multidimensional Scaling: A Review of Recent Developments in the Marketing and Psychometric Literature, in: *Bagozzi, R.*, (Hrsg.), Advanced Methods of Marketing Research, Cambridge 1995, S. 190-222.

*Dichtl, E.*, Dimensionen der Produktqualität, in: Marketing ZFP, 1991, S. 149-155.

*Dichtl, E./Andritzky, K./Schobert, R.*, Ein Verfahren zur Abgrenzung des relevanten Marktes auf der Basis von Produktperzeptionen und Präferenzurteilen, in: Wirtschaftswissenschaftliches Studium, 1977, S. 290-301.

*Dichtl, E./Bauer, H. H./Schobert, R.*, Die Dynamisierung mehrdimensionaler Marktmodelle am Beispiel des deutschen Automobilmarktes, in: Marketing ZFP, 1980, S. 163-178.

*Dichtl, E./Peter, S.*, Kundenzufriedenheit und Kundenbindung in der Automobilindustrie: Ergebnisse einer empirischen Untersuchung, in: *Bauer, H. H./Dichtl, E./Herrmann, A.*, (Hrsg.), Marktforschung im Automobilsektor, München 1996, S. 15-31.

*Dichtl, E./Schobert, R.*, Mehrdimensionale Skalierung: Methodische Grundlagen und betriebswirtschaftliche Anwendungen, München 1979.

*Diller, H.*, Kundenbindung als Marketingziel, in: Marketing ZFP, 1996, S. 81-94.

*Diller, H./Kusterer, M.*, Beziehungsmanagement, in: Marketing ZFP, 1988, S. 211-220.

*Engel, J. F./Blackwell, R. D.*, Consumer Behavior, 4. Aufl., Chicago 1982.

*Engelhardt, W./Schütz, P.*, Total Quality Management, in: Wirtschaftswissenschaftliches Studium, 1991, S. 394-399.

*Eureka, W. E./Ryan, N. E.*, The Customer Driven Company, Dearborn 1988.

*Eversheim, W./Eickholt, J./Müller, M.*, Quality Function Deployment, in: *Preßmar, D. B.*, (Hrsg.), Total Quality Management I, Wiesbaden 1995, S. 61-76.

*Feuerhake, C.*, Konzepte des Produktnutzens und verwandte Konstrukte in der Marketingtheorie, Lehr- und Forschungsbericht Nr. 22, Universität Hannover, Hannover 1991.

*Fornell, C.*, A National Customer Satisfaction Barometer: The Swedish Experience, in: Journal of Marketing, 1992, S. 6-21.

Derselbe, The Quality of Economic Output: Empirical Generalizations about its Distribution and Relationship to Market Share, in: Marketing Science, 1995, S. 203-211.

*Fornell, C./Cha, J.*, Partial Least Squares, in: *Bagozzi, R.*, (Hrsg.), Advanced Methods of Marketing Research, Cambridge 1995, S. 52-78.

*Fornell, C./Johnson, M. D./Anderson, E./Cha, J./Everitt Bryant, B.*, The American Customer Satisfaction Index: Nature, Purpose, and Findings, in: Journal of Marketing, 1996, S. 7-18.

*Fosse, C.*, Quality Assurance through Strategic Product Development and QFD, Dearborn 1988.

*Frank, R. E./Massy, W. F./Wind, Y.*, Market Segmentation, New York 1972.

*Frehr, H. U.*, Total Quality Management, München 1993.

*Frey, D.*, Einstellungsforschung: Neuere Ergebnisse der Forschung über Einstellungsänderungen, in: Marketing ZFP, 1979, S. 31-45.

*Gilmore, G. P.*, Identifying Quality Function Deployment`s Variables, Outcomes, their Relationships, and Guidelines for Practitioners in the American Automotive Industry, Dissertation, Portland 1992.

*Graumann, C.-F./Willig, R.*, Wert, Wertung, Werthaltung, in: *Thomae, H.*, (Hrsg.), Enzyklopädie der Psychologie, Themenbereich C, Serie IV, Bd. 1, Theorien und Formen der Motivation, Göttingen 1983, S. 313-396.

*Green, P. E./Srinivasan, V.*, Conjoint Analysis in Marketing: New Developments with Implications, in: Journal of Marketing, 1990, S. 3-19.

*Griffin, A./Hauser, J.*, The Voice of the Customer, in: Marketing Science, 1993, S. 1-27.

*Grunert, K. G.*, Kognitive Strukturen in der Konsumforschung - Entwicklung und Erprobung eines Verfahrens zur offenen Erhebung assoziativer Netzwerke, Heidelberg 1990.

*Gustafsson, A./Johnson, M. D.*, Bridging the Quality-Satisfaction-Gap, in: *Gustafsson, A.*, (Hrsg.), Customer Focused Product Development by Conjoint Analysis and QFD, Linköping 1996, S. 55-85.

*Gutsche, J.*, Produktpräferenzanalyse: ein modelltheoretisches und methodisches Konzept zur Marktsimulation mittels Präferenzerfassungsmodellen, Berlin 1995.

*Hair, J. F./Anderson, R. E./Tatham, R. L./Black, W. C.*, Multivariate Data Analysis, 4. Aufl., New York, N. Y. 1995.

*Haller, S.*, Methoden zur Beurteilung der Dienstleistungsqualität, in: Zeitschrift für betriebswirtschaftliche Forschung, 1993, S. 19-38.

*Hanssens, D. M./Parsons, L. J./Schultz, R. L.*, Market Response Models: Econometric and Time Series Analysis, Boston 1990.

*Hauser, J./Clausing, D.*, Wenn die Stimme des Kunden bis in die Produktion vordringen soll, in: *Simon, H./Homburg, C.*, Kundenzufriedenheit, 2., aktual. und erw. Aufl., Wiesbaden 1997, S. 55-76.

*Hauser, J./Simmie, P.*, Profit Maximizing Perceptual Positions, in: Management Science, 1981, S. 33-56.

*Hauser, J./Urban, G.*, The Value Priority Hypotheses for Consumer Budget Plans, in: Journal of Consumer Research, 1986, S. 446-462.

*Hentschel, B.*, Dienstleistungsqualität aus Kundensicht, Wiesbaden 1992.

*Herrmann, A.*, Produktwahlverhalten: Erläuterung und Weiterentwicklung von Modellen zur Analyse des Produktwahlverhaltens aus marketingtheoretischer Sicht, Stuttgart 1992.

Derselbe, Die Bedeutung von Nachfragemodellen für die Planung marketingpolitischer Aktivitäten, in: Zeitschrift für Betriebswirtschaft, 1994, S. 1303-1325.

Derselbe, Nachfragerorientierte Produktgestaltung: ein Ansatz auf der Basis der "means end"-Theorie, Wiesbaden 1996.

Derselbe, Produktqualität, Kundenzufriedenheit und Unternehmensrentabilität. Eine branchenübergreifende Analyse, in: *Bauer, H. H./Diller, H.*, (Hrsg.), Wege des Marketing: Festschrift zum 60. Geburtstag von *Erwin Dichtl*, Berlin 1995, S. 237-248.

*Herrmann, A./Bauer, H. H./Huber, F.*, Eine entscheidungstheoretische Interpretation der Nutzenlehre von *Wilhelm Vershofen*, in: Wirtschaftswissenschaftliches Studium, 1997, S. 279-283.

*Herrmann, A./Huber, F.*, Erfolgsfaktoren von QFD-Projekten, Arbeitspapier, Universität Mainz, Mainz 1998.

*Herrmann, A./Huber, F./Gustafsson, A./Elg, M.*, An integrative Framework for Product Development and Satisfaction Measurement, in: *Gustafsson, A./Bergman, B./Ekdahl, F.* (Hrsg.), Proceedings of the third Annual International QFD Symposium, Linköping 1997, S. 143-158.

*Herrmann, A./Huber, F./Wricke, M.*, Die Herausbildung von Kundenzufriedenheitsurteilen bei Alternativenbetrachtung, Arbeitspapier Universität Mainz, Mainz 1998.

*Herrmann, A./von Nitsch, R./Huber, F.*, Referenzpunktbezogenheit, Verlustaversion und abnehmende Sensitivität bei Kundenzufriedenheitsurteilen, erscheint in: Zeitschrift für Betriebswirtschaft, 1998.

*Herrmann, T.*, Wertorientierung und Wertwandel. Eine konzeptuelle Analyse aus dem Blickwinkel der Psychologie, in: *Stachowiak, H./Herrmann, T./Stapf, K.* (Hrsg.), Bedürfnisse, Werte und Normen im Wandel, Bd. II: Methoden und Analysen, München 1982, S. 29-72.

*Heskett, J./Jones, T./Loveman, G./Sasser, E. W./Schlesinger, L.*, Putting the Service Profit Chain to Work, in: Harvard Business Review, 1994, S. 164-174.

*Hirschman, A. O.*, Exit, Voice and Loyalty, Cambridge 1970.

*Hofmeister, K./Slabey, B.*, QFD Training, Detroit 1988.

*Homburg, C.*, Exploratorische Ansätze der Kausalanalyse als Instrument der Marketingplanung, Frankfurt a. M. 1989.

Derselbe, Die Kausalanalyse - Eine Einführung, in: Wirtschaftswissenschaftliches Studium, 1992, S. 499-508.

*Homburg, C./Baumgartner, H.*, Die Kausalanalyse als Instrument der Marketingforschung, in: Zeitschrift für Betriebswirtschaft, 1995[a], S. 1091-1108.

Dieselben, Beurteilung von Kausalmodellen, Bestandsaufnahme und Anwendungsempfehlungen, in: Marketing ZFP, 1995[b], S. 162-176.

*Homburg, C./Becker, J.*, Zertifizierung von Qualitätssicherungsstrategien nach DIN ISO 9000 ff., in: Wirtschaftswissenschaftliches Studium, 1996, S. 444-450.

*Homburg, C./Giering, A./Hentschel, F.*, Der Zusammenhang zwischen Kundenzufriedenheit und Kundenbindung, in: *Homburg, C./Bruhn, M.*, (Hrsg.), Kundenbindungsmanagement, Wiesbaden 1998, S. 81-113.

*Homburg, C./Rudolph, B.*, Theoretische Perspektiven zur Kundenzufriedenheit, in: *Simon, H./Homburg, C.* (Hrsg.), Kundenzufriedenheit: Konzepte - Methoden - Erfahrungen, 2., aktual. und erw. Aufl., Wiesbaden 1997, S. 31-54.

*Homburg, C./Rudolph, B./Werner, H.*, Messung und Management von Kundenzufriedenheit in Industriegüterunternehmen, in: *Simon, H./Homburg, C.* (Hrsg.), Kundenzufriedenheit: Konzepte - Methoden -Erfahrungen, 2., aktual. und erw. Aufl., Wiesbaden 1997, S. 317-344.

*Horvath, P./Seidenschwarz, W.*, Zielkostenmanagement, in: Controlling, 1992, S. 142-150.

*Houston, F. M.*, An Econometric Analysis of Positioning, in: Journal of Business Administration, 1977, S. 1-11.

*Howard, J. A*, Consumer Behavior, New York 1977.

Derselbe, A Marketing Theory of the Firm, in: Journal of Marketing, 1983, S. 90-100.

*Howard, J. A./Sheth, J. N.*, The Theory of Buyer Behavior, New York 1969.

*Hujer, R./Cremer, R.*, Methoden der empirischen Wirtschaftsforschung, München 1978.

*Hunt, H. K.*, CS/D - Overview and Future Research, in: *Hunt, H. K.* (Hrsg.), Conceptualization and Measurement of Consumer Satisfaction and Dissatisfaction, Cambridge 1977, S. 455-488.

*Irle, M.*, Eine Analyse von Beziehungen zwischen verwandten Einstellungen und Kenntnissen über den Gegenstand der Einstellungen, in: Zeitschrift für Experimentelle und Angewandte Psychologie, 1960, S. 547-573.

*Jackson, B. B.*, Winning and Keeping Industrial Customers, Lexington 1995.

*Jöreskog, K. G.*, A General Method for Estimating a Linear Structural Equation System, in: *Goldberger, A. S./Duncan, O. D.*, (Hrsg.), Structural Equation Models in the Social Sciences, New York 1973, S. 85-112.

Derselbe, Structural Equation Models in the Social Sciences, Specification, Estimation, and Testing, in: *Krishnaiah, P. R.* (Hrsg.), Applications of Statistics, Amsterdam 1977, S. 265-287.

*Johnson, M. D.*, Consumer Choice Strategies for Comparing noncomparable Alternatives, in: Journal of Consumer Research, 1984, S. 741-753.

Derselbe, Achieving Customer Satisfaction, Loyalty, and Retention through Strategic Alignment, in: *Johnson, M. D./Herrmann, A./Huber, F./Gustafsson, A.*, (Hrsg.), Customer Retention in the Automotive Industry, Wiesbaden 1997, S. 117-140.

Derselbe, Customer Orientation and Market Action, Upper Saddle River 1998.

*Johnson, M. D./Anderson, E. W./Fornell, C.*, Rational and Adaptive Performance Expectations in a Customer Satisfaction Framework, in: Journal of Consumer Research, 1995, S. 695-707.

*Johnson, M. D./Fornell, C.*, A Framework for Comparing Customer Satisfaction across Individuals and Product Categories, in: Journal of Economic Psychology, 1995, S. 267-286.

*Johnson, M. D./Gustafsson, A./Herrmann, A./Vetter, I.*, Transformation von Kundenzufriedenheitsurteilen in Produktqualitätsvorgaben, Arbeitspapier, Universität Mainz, Mainz 1998.

*Johnson, M. D./Herrmann, A.*, Noncomparables Compared: Customer Satisfaction across Industries and Countries, in: *Roland-Lévy, C.*, (Hrsg.), Social and Economic Representations, Paris 1996, S. 332-341.

*Jones, T. O./Sasser, W. E.*, Why Satisfied Customers Defect, in: Harvard Business Review, 1995, S. 88-99.

*Kaas, K. P.*, Nachfragemodelle im Marketing, in: Marketing ZFP, 1987, S. 229-235.

*Kaase, M.*, Loyalität als Einstellung zu sozialen Objekten, in: *Hoyos, C. Graf* et al., (Hrsg.), Grundbegriffe der Wirtschaftspsychologie, München 1980, S. 111-117

*Kahneman, D./Tversky, A.*, Prospect Theory: An Analysis of Decision under Risk, in: Econometrica, 1979, S. 263-291.

*Kamiske, G. F./Hummel, T. G. C./Malorny, C./Zoschke, M.*, Quality Function Deployment - oder das systematische Überbringen der Kundenwünsche, in: Marketing ZFP, 1994, S. 181-190.

*Kamiske, G./Malorny, C.*, Total Quality Management, in: Zeitschrift für Organisation, 1992, S. 274-278.

*Kamiske, G./Malorny, C./Michael, H.*, Zertifiziert - die Meinung danach, in: Qualität und Zuverlässigkeit, 1994, S. 11-13.

*Kano, N.*, Attractive Quality and Must-be Quality, in: The Journal of the Japanese Society for Quality Control, 1984, S. 39-84.

*King, B.*, Better Designs in half the Time, Lawrence 1987.

*Konno, T.*, The Concept Checklist and Table-Type Conceptualization Method, in: The Journal of the Japanese Society for Quality Control, 1994, S. 69-76.

*Koppelmann, U.*, Produktmarketing, 5., vollst. überarb. und erw. Aufl., Berlin 1997.

*Korte, C.*, Customer Satisfaction Measurement, Frankfurt a. M. 1995.

*Kotler, P.*, Marketing Management: Analysis, Planning, Implementation, and Control, 6., Aufl., Englewood Cliffs 1988.

*Kroeber-Riel, W./Weinberg, P.*, Konsumentenverhalten, 6., überarb. Aufl., München 1996.

*Kürble, P.*, Der Lancaster-Ansatz, in: Wirtschaftswissenschaftliches Studium, 1994, S. 25-28.

*Lancaster, K. J.*, A new Approach to Consumer Theory, in: Journal of Political Economy, 1966, S. 132-157.

*Lattin, J. M./McAlister, L.*, Using a Variety Seeking Model to Identify Substitute and Complementary Relationships among Competing Products, in: Journal of Marketing Research, 1985, S. 330-339.

*Levitt, T.*, Marketing Myopia, in: Harvard Business Review, 1960, S. 45-56.

*Lewin, K./Dembo, T./Festinger, L./Sears, P. S.*, Level of Aspiration, in: *Hunt, J.*, (Hrsg.), Personality and the Behavior Disorders, New York 1944, S. 333-378.

*Lingenfelder, M./Schneider, W.*, Die Kundenzufriedenheit - Bedeutung, Meßkonzept und empirische Befunde, in: Marketing ZFP, 1991, S. 109-119.

*Long, J.*, Covariance Structure Models: an Introduction to LISREL, London 1983.

*Louviere, J. J.*, Conjoint Analysis, in: *Bagozzi, R.*, (Hrsg.), Advanced Methods of Marketing Research, Cambridge 1995, S. 223-259.

*McAlister, L.*, A Dynamic Attribute Satiation Model of Variety Seeking Behavior, in: Journal of Consumer Research, 1982, S. 141-150.

*McAlister, L./Pessemier, E. A.*, Variety Seeking Behavior: An Interdisciplinary Review, in: Journal of Consumer Research, 1982, S. 213-224.

*Meffert, H.*, Qualität als Wettbewerbsfaktor, in: *Preßmar, D. B.*, (Hrsg.), Total Quality Management I, Wiesbaden 1995, S. 19-36.

*Meyer, A./Dornach, F.*, Das deutsche Kundenbarometer - Qualität und Zufriedenheit, Düsseldorf 1993.

Dieselben, Jahrbuch der Kundenzufriedenheit in Deutschland, München 1995.

*Miller, J. A.*, Studying Satisfaction, Modifying Models, Eliciting Expectations, Posing Problems, and Making Meaningful Measurements, in: *Hunt, H. K.* (Hrsg.), Conceptualization and Measurement of Consumer Satisfaction and Dissatisfaction, Cambridge 1977, S. 72-91.

*Moore, W. L./Winer, R. S.*, A Panel-data based Method for Merging Joint Space and Market Response Function Estimation, in: Marketing Science, 1987, S. 25-42.

*Morganosky, M.*, Cost- versus Convenience-oriented Consumers: Demographic, Lifestyle, and Value Perspectives, in: Psychology & Marketing, 1986, S. 35-46.

*Müller, W.*, Kundenbindungsmanagement, in: *Müller, W./Bauer, H.*, (Hrsg.), Wettbewerbsvorteile erkennen und sichern, 1994, S. 187-208.

*Müller-Hagedorn, L./Vornberger, E.*, Die Eignung der Grid-Methode für die Suche nach einstellungsrelevanten Dimensionen, in: *Meffert, H./Steffenhagen, H./Freter, H.*, (Hrsg.), Konsumentenverhalten und Information, Wiesbaden 1979.

*Nieschlag, R./Dichtl, E./Hörschgen, H.*, Marketing, 18., durchges. Aufl., Berlin 1997.

*Oliver, R.*, Measurement and Evaluation of Satisfaction Process in Retail Setting, in: Journal of Retailing, 1981, S. 25-48.

Derselbe, Satisfaction, Boston 1996.

*Oliver, R. L./DeSarbo, W.*, Response Determinants in Satisfaction Judgements, in: Journal of Consumer Research, 1988, S. 495-507.

*Oliver, R./Swan, J.*, Consumer Perceptions of Interpersonal Equity and Satisfaction in Transaction, in: Journal of Marketing, 1989[a], S. 21-35.

Dieselben, Equity and Disconfirmation Perceptions as Influences on Merchant and Product Satisfaction, in: Journal of Consumer Research, 1989[b], S. 372-383.

*Ono, M.*, Understanding Customer Requirements through Scene Deployment, in: The Journal of the Japanese Society for Quality Control, 1994, S. 23-41.

*Patterson, P./Johnson, L./Spreng, R.*, Modeling the Determinants of Customer Satisfaction for Business to Business Professional Services, in: Journal of the Academy of Marketing Science, 1997, S. 4-17.

*Peter, S.*, Kundenbindung als Marketingziel, Wiesbaden 1997.

*Peterson, R. A./Wilson, W. R.*, Measuring Customer Satisfaction: Fact and Artifact, in: Journal of the Academy of Marketing Science, 1992, S. 61-71.

*Pfeifer, T.*, Qualitätsmanagement, München 1993.

*Ping, R. A.*, Responses to Dissatisfaction in Buyer-Seller Relationships, Ph.D. Dissertation, University of Cincinnati, Cincinnati 1990.

*Rapp, R.*, Qualitatives Controlling durch Kundenzufriedenheitsmessung, Universitätsseminar der Wirtschaft, Erftstadt-Liblar 1992.

*Reichheld, F. F.*, The Loyalty Effect, Boston 1996[a].

Derselbe, Learning from Customer Defections, in: Harvard Business Review, 1996[b], S. 55-69.

*Reichheld, F. F./Aspinall K.*, Building high-loyalty Business Systems, in: Journal of Retailing, 1994, S. 64-73.

*Reichheld, F. F./Sasser, W. E.*, Zero-Migration, Dienstleister im Sog der Qualitätsrevolution, in: Harvard Manager, 1991, S. 108-116.

*Ritov, I./Baron, J.*, Outcome Knowledge, Regret, and Omission Bias, in: Organizational Behavior and Human Decision Processes, 1995, S. 119-127.

*Rösler, F.*, Target Costing in der Automobilindustrie, Wiesbaden 1996.

*Rokeach, M.*, The Nature of Human Values, New York, 1973.

*Sakurai, M./Keating, P. J.*, Target Costing und Activity Based Costing, in: Controlling, 1994, S. 84-91.

*Schildknecht, R.*, Total Quality Management, Frankfurt a. M. 1992.

*Schobert, R.*, Die Dynamisierung komplexer Marktmodelle mit Hilfe von Verfahren der Mehrdimensionale Skalierung, Berlin 1979.

*Schütze, R.*, Kundenzufriedenheit: After-Sales-Marketing auf industriellen Märkten, Wiesbaden 1994.

*Seghezzi, H. D.*, Qualitätsmanagement, Stuttgart 1994.

*Seidenschwarz, W.*, Target Costing, in: Controlling, 1991, S. 198-203.

*Sherif, M./Hovland, C. I.*, Social Judgement, New Haven 1961.

*Silberer, G.*, Einstellungen und Werthaltungen, in: *Irle, M./Bussmann, W.*, (Hrsg.), Enzyklopädie der Psychologie, Themenbereich D, Serie III, Bd. 4, Marktpsychologie als Sozialwissenschaft, Göttingen 1983, S. 533-625.

*Simon, H.*, Preismanagement: Analyse, Strategie, Umsetzung, 2., vollst. überarb. und erw. Aufl., Wiesbaden 1992.

*Sixtl, F.*, Meßmethoden der Psychologie - Grundlagen und Probleme, 2., überarb. und erw. Aufl., Weinheim 1982.

*Spreng, R. A./MacKenzie, S. B./Olshavsky, R. W.*, A Reexamination of the Determinants of Consumer Satisfaction, in: Journal of Marketing, 1996, S. 15-32.

*Stalk, G./Hout, M. H.*, Zeitwettbewerb, Frankfurt a. M. 1990.

*Stauss, B.*, Qualitätsmanagement und Zertifizierung als unternehmerische Herausforderung, in: *Stauss, B.*, (Hrsg.), Qualitätsmanagement und Zertifizierung, Wiesbaden 1994[a], S. 11-26.

Derselbe, Total Quality Management und Marketing, in: Marketing ZFP, 1994[b], S. 149-159.

Derselbe, Kundenprozeßorientiertes Qualitätsmanagement im Dienstleistungsbereich, in: *Preßmar, D. B.* (Hrsg.), Total Quality Management II, Wiesbaden 1995, S. 25-50.

Derselbe, Führt Kundenzufriedenheit zu Kundenbindung?, in: Thexis, 1996, S. 76-86.

*Stauss, B./Neuhaus, P.*, Das qualitative Zufriedenheitsmodell, Arbeitspapier, Universität Eichstätt, Ingolstadt 1995.

*Stauss, B./Friege, C.*, Zehn Lektionen in TQM, in: Harvard Manager, 1996, S. 20-32.

*Swan, J./Trawick, I.*, Disconfirmation of Expectations and Satisfaction with a Retail Service, in: Journal of Retailing, 1981, S. 49-67.

*Taher, A./Leigh, T./French, W.*, Augmented Retail Services: The Lifetime Value of Affection, in: Journal of Business Research, 1996, S. 217-228.

*ter Haseborg, F./Mäßen, A.*, Das Phänomen des Variety-Seeking-Behavior: Modellierung, empirische Befunde und marketingpolitische Implikationen, in: Jahrbuch der Absatz- und Verbrauchsforschung, 1997, S. 164-187.

*Thomae, H.*, Motivationsbegriffe und Motivationstheorien, in: *Thomae, H.* (Hrsg.), Enzyklopädie der Psychologie, Themenbereich C, Serie IV, Bd. 1, Theorien und Formen der Motivation, Göttingen 1983, S. 1-61.

*Töpfer, A./Mehdorn, H.*, Total Quality Management, Neuwied 1993.

*Trommsdorff, V.*, Konsumentenverhalten, 2., überarb. Aufl., Stuttgart 1993.

*Trommsdorff, V./Bleicker, U./Hildebrandt, L.*, Nutzen und Einstellung, in: Wirtschaftswissenschaftliches Studium, 1980, S. 269-176.

*Tversky, A./Hemenway, K.*, Objects, Parts, and Categories, in: Journal of Experimental Psychology, 1984, S. 169-193.

*Tversky, A./Kahneman, D.*, Loss Aversion and Riskless Choice: A Reference Dependent Model, in: Quarterly Journal of Economics, 1991, 1039-1061.

*van Wyk, R. J.*, Panoramic Scanning and the Technological Environment, in: Technovation, 1984, S. 101-120.

*Varian, H. R.*, Grundzüge der Mikroökonomik, 3., überarb. und erw. Aufl., München 1995.

*Vershofen, W.*, Die Marktentnahme als Kernstück der Wirtschaftsforschung, Berlin 1959.

*Vinson, D. E./Munson, M. J./Nakanishi, T.*, An Investigation of the Rokeach Value Survey for Consumer Research Applications, in: Advances in Consumer Research, 1977, S. 247-252.

*Vinson, D. E./Scott, J. E./Lamont, L. M.*, The Role of Personal Values in Marketing and Consumer Behavior, in: Journal of Marketing, 1977, S. 44-50.

*Walker, B. A./Olson, J. C.*, Means-End Chains: Connecting Products with Self, in: Journal of Business Research, 1991, S. 111-119.

*Weiner, B.*, An Attributional Theory of Achievement Motivation and Emotion, in: Psychological Review, 1985, S. 548-573.

*Wessells, M. G.*, Kognitive Psychologie, 3., verb. Aufl., München 1994.

*Westbrook, R. A./Cote, J. A.*, An Exploratory Study of Non-Product-Related Influences upon Consumer Satisfaction, in: *Olson, J.*, (Hrsg.), Advances in Consumer Research, Ann Arbor 1980, S. 577-581.

*Wiedmann, K.*, Werte und Wertewandel - Begriffliche Grundlagen, Erklärungsskizzen und ausgewählte Tendenzen, Arbeitspapier, Universität Mannheim, Mannheim 1984.

*Wiley, D. E.*, The Identification Problem for Structural Equation Models with Unmeasured Variables, in: *Goldberger, A. S./Duncan, O.*, (Hrsg.), Structural Equation Models in the Social Sciences, New York 1973, S. 69-83.

*Windhorst, K.-G.*, Wertewandel und Konsumentenverhalten: Ein Beitrag zur empirischen Analyse der Konsumrelevanz individueller Wertvorstellungen in der Bundesrepublik Deutschland, Münster 1985.

*Wiswede, G.*, Motivation und Verbraucherverhalten, München 1973.

*Derselbe*, Einführung in die Wirtschaftspsychologie, München 1991.

*Zink, K. J.*, Total Quality Management: Begriff und Aufgaben - ein Überblick, in: *Preßmar, D. B.*, (Hrsg.), Total Quality Management I, Wiesbaden 1995, S. 3-18.

# Fünfter Teil
## Handlungsoptionen im Produktmanagement

## Überblick

- Die Ausführungen zielen darauf ab, Handlungsoptionen zur Gestaltung eines Erzeugnisses zu diskutieren, das den Bedürfnissen der Nachfrager entspricht.

- Die Vorgehensweise zur Gestaltung eines Produkts läßt sich in mehrere Phasen unterteilen: Planung und Kontrolle produktpolitischer Aktivitäten, Beantwortung kunden-, wettbewerber- und unternehmensbezogener Grundfragen, Abgrenzung von Märkten, Positionierung von Marken, Ausnutzung des produktpolitischen Gestaltungsspielraums und Ausschöpfung des programmpolitischen Entscheidungsbereichs.

- Darüber hinaus interessieren die Verankerung des Qualitätsstrebens sowie die Erfassung der Kundenzufriedenheit.

# 11 Die Gestaltung von Produkten

## 11.1 Planung und Kontrolle produktpolitischer Aktivitäten

### 11.1.1 Das Produktplanungs- und -kontrollkonzept

#### 11.1.1.1 Die Grundidee

Die Notwendigkeit einer systematischen **Planung** und **Kontrolle** produktpolitischer Aktivitäten nimmt vor dem Hintergrund der wachsenden Dynamik und Komplexität des Umwelt- und Unternehmensgeschehens zu. Angesichts verstärkter Umweltturbulenzen vermittelt die Analyse isoliert voneinander betrachteter Marktgegebenheiten kaum Anhaltspunkte für den gezielten Einsatz der produktpolitischen Maßnahmen. Vielmehr erscheint ein **umfassendes Planungs- und Kontrollkonzept** erforderlich, das angemessene Reaktionen eines Unternehmens auf sich rasch ändernde Marktbedingungen erlaubt (vgl. *Abell/Hammond*, 1979, S. 27 ff., und *Köhler*, 1991, S. 3 ff.).

Die **Produktplanung** verkörpert einen geistigen Entwurf der zukünftig zu realisierenden Ziele sowie der zielerreichenden Strategien und Maßnahmen. Dieser Prozeß mündet in die **Produktkontrolle** ein, die das Geplante mit dem Erreichten abgleicht. Im Anschluß koppelt die Kontrolle Informationen über das Ausmaß der Zielerreichung an die Planung zurück. Hierbei bietet sich eine Unterscheidung zwischen **operativer** und **strategischer Produktplanung** und -kontrolle an, wobei die Planungs- und Kontrollelemente das in *Abbildung* 5.1 gezeigte Konzept bilden. Die beiden Arten der Planung und Kontrolle sind nicht unabhängig voneinander, sondern stehen in einem wechselseitigen Verhältnis zueinander.

Die **strategische Produktplanung** fixiert den Rahmen und die Perspektiven für die zu treffenden Maßnahmen. Sie konzentriert sich auf die Analyse der Erfolgsquellen und die Entwicklung langfristig angelegter Produktkonzepte zur Zukunftssicherung der Unternehmung. Bei der **strategischen Produktkontrolle** geht es um eine permanente, systematische sowie unvoreingenommene **Prüfung** und **Bewertung** der **Planungsaktivitäten**. Damit eröffnet die Kontrolle die Möglichkeit zur **rechtzeitigen Korrektur strategischer Produktkonzepte**.

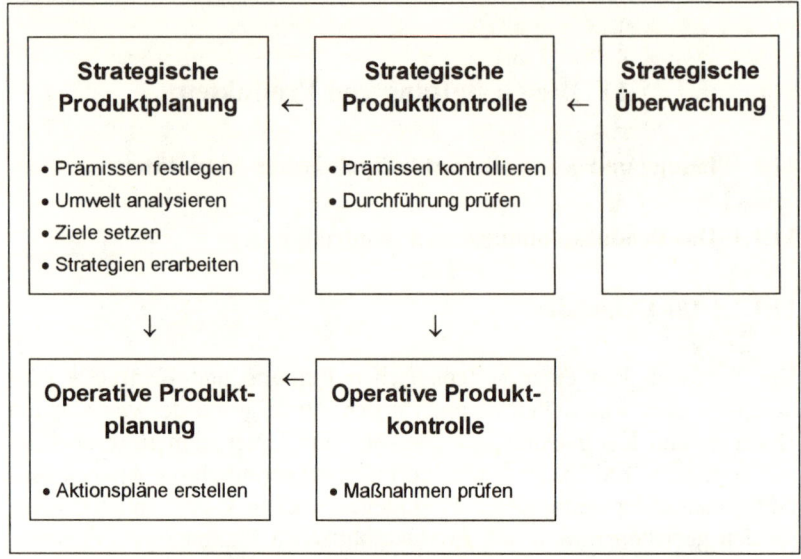

*Abbildung 5.1: Konzept der Produktplanung und -kontrolle*

Im Rahmen der **operativen Produktplanung** interessiert vor allem die Erarbeitung **operationaler Vorgaben** und **Aktionspläne**. Hierbei steht die konkrete Ausgestaltung der produktpolitischen Instrumente und deren Kombination im Mittelpunkt. Die **operative Produktkontrolle** zielt auf die Beantwortung der Frage ab, ob und inwieweit die ergriffenen Aktivitäten zur **Umsetzung** der **formulierten Strategien** geeignet erscheinen. Abweichungen bilden die Basis zur Festlegung jener Maßnahmen, die zur tatsächlichen Umsetzung der Strategie beitragen.

### 11.1.1.2 Strategische Produktplanung

Die **strategische Produktplanung** ist mit **Ungewißheit** und **Komplexität** bezüglich der Entwicklung von Umwelt und Unternehmen konfrontiert. Um dennoch Entscheidungen zu treffen, versucht der Produktmanager diese **Ambiguität** künstlich zu reduzieren. Indem er lediglich ausgewählte Marktgegebenheiten **wahrnimmt** und **verarbeitet**, entsteht eine überschaubare Ordnung der zu lösenden Probleme. Strategische Produktplanung bedeutet demzufolge das systematische, rationale und auf planungsrelevante Facetten beschränkte **Durchdringen** des **Unternehmens-** und **Umweltgeschehens** mit dem Anliegen, **Hinweise** für die **Produktgestaltung** zu liefern. Dieser Planungsprozeß konkretisiert sich in der **Ana-**

lyse der **Marktgegebenheiten**, in der **Spezifikation** von **produktpolitischen Zielen** und im **Erarbeiten langfristiger Produktmarktstrategien**.

Den Startpunkt der strategischen Produktplanung bildet die **Analyse** der **Unternehmens-** und **Umweltsituation**. Von ihr und von den verfügbaren Ressourcen hängen die ins Auge gefaßten Ziele und die zu ihrer Realisierung erforderlichen produktpolitischen Aktivitäten ab. Insofern ist es unerläßlich, die **Markt-** und **Umfeldbeschaffenheit** so detailliert zu untersuchen, daß eine Entscheidung über den Einsatz der Instrumente möglich erscheint. Hierzu kommen in Abhängigkeit der **Umwelt-** und **Unternehmenssituation** eine Fülle von **internen** und **externen Kriterien** zur Fundierung produktpolitischer Entscheidungen in Betracht. Einige Beispiele aus dem Pkw-Sektor verdeutlichen diese Ausführungen (vgl. *Herrmann*, 1993, S. 4 ff., und *Meffert*, 1994, S. 109 ff.):

- Die verfügbaren Finanz- und Sachmittel determinieren die Möglichkeiten eines Anbieters zur Entwicklung neuer Modelle.

- Das Verhalten der Konkurrenten gegenüber einer neuen Antriebstechnologie entscheidet über den Erfolg innovativer Produktkonzepte.

- Bei den Automobilkäufern finden öffentliche Transportmittel eine immer größere Beachtung.

- Die Überlegungen der Politiker zum Emissionsausstoß bestimmen die Beschaffenheit und den Verwendungszweck von Fahrzeugen.

In einem nächsten Schritt sind die für die **Produktpolitik maßgeblichen Ziele** aus den vorgegebenen Unternehmens- beziehungsweise Marketingzielen abzuleiten. Solche Normen oder Ideale fungieren als **Ankerpunkte** für die **Beurteilung** der **Wirksamkeit produktpolitischer Aktivitäten**. Häufig bilden die Ziele ein **vielschichtiges Gefüge**, wobei sich **Schwerpunkte** (Prioritäten) aus der Lage des Unternehmens am Markt ergeben. Beispielsweise liegen einem Manager in der Automobilindustrie die folgenden aus übergeordneten Zielen deduzierten Vorgaben vor:

- Das neue Modell entspricht im Hinblick auf Motorisierung und Fahrleistung dem von einem Zielwettbewerber offerierten Fahrzeug.

- Die Pkw erfüllen die von Jugendlichen geäußerten Vorstellungen und Wünsche nach Fahrvergnügen, Sicherheit und Umweltverträglichkeit.

- Mit einem neu entwickelten 2,8 Liter-Motor gelingt es, die Marke im Markt der sportlichen Pkw zu etablieren.

- Durch die völlige Neugestaltung der Armaturen und des Bordcomputers gelingt es, ein *high tech*-Image zu vermitteln.

Abschließend sind die **Strategien** festzulegen, die sich als langfristige, an den **Bedarfs-** und **Wettbewerbsbedingungen** sowie am **Leistungspotential** des **Unternehmens** orientierte Konzepte zur Umsetzung der (produktpolitischen) Ziele charakterisieren lassen. Zur dauerhaften Sicherung der Absatzbasis dienen die in *Abbildung* 5.2 dargebotenen **strategischen Optionen** (vgl. *Becker*, 1993, S. 121 ff.).

| Ebene | Strategische Option | | | |
|---|---|---|---|---|
| **Marktfeld-strategie** | • Marktdurch-dringungs-strategie | • Marktentwick-lungs-strategie | • Produkt-innovations-strategie | • Diversifika-tions-strategie |
| **Marktstimulie-rungsstrategie** | • Präferenz-strategie | • Preis-Mengen-strategie | | |
| **Marktparzellie-rungsstrategie** | • Massen-markt-strategie (totale) | • Massen-markt-strategie (partiale) | • Segmentie-rungs-strategie (totale) | • Segmentie-rungs-strategie (partiale) |
| **Marktareal-strategie** | • Lokale Strategie<br>• Regionale Stra-tegie | • Überregionale Strategie<br>• Nationale Stra-tegie | • Multinationale Strategie<br>• Internationale Strategie<br>• Weltmarktstrategie | |

Quelle: in Anlehnung an *Becker*, 1993, S. 312

*Abbildung 5.2: Strategische Optionen im Überblick*

Diesen Ansätzen liegt die Vorstellung zugrunde, daß der Erfolg eines Unternehmens am Markt nicht das Ergebnis einzelner, isolierter (produktpolitischer) Aktivitäten ist, sondern vielmehr das Resultat des kombinierten Einsatzes mehrerer (**produktpolitischer**) Aktionen bildet. Hierzu formuliert der Produktmanager eine Strategie , die im Kern die **Art**, **Richtung**, **Intensität** und **Gewichtung** des **Instrumenteneinsatzes** determiniert. In Wissenschaft und Praxis lassen sich vier grundlegende Ebenen von Strategien ausmachen, zu denen die **Marktfeldstrategien**, die **Marktstimulierungsstrategien**, die **Marktparzellierungsstrategien** und die **Marktarealstrategien** gehören.

**Marktfeldstrategien** dienen vornehmlich dazu, die Richtung der Strategie in bezug auf alternative Produkt-Markt-Kombinationen (Marktfelder) eines Unternehmens festzulegen. Dagegen läßt sich mittels der **Marktstimulierungsstrategien** die Art und Weise der Bearbeitung des Absatzmarkts bestimmen. **Marktparzellierungsstrategien** definieren die Intensität der Differenzierung der Marktbearbeitung, während **Marktarealstrategien** auf die Identifikation des Absatzraums gerichtet sind.

## (1) Marktfeldstrategien

- Die Strategie der **Marktdurchdringung** kennzeichnet eine Intensivierung insbesondere der produktpolitischen Aktivitäten mit dem Anliegen, den derzeitigen Erzeugnissen auf den gegenwärtigen Märkten zu mehr Erfolg zu verhelfen. Damit bezweckt man einerseits eine **Stabilisierung** beziehungsweise **Vergrößerung** des **Marktanteils**, andererseits eine **Ausweitung** des **Marktvolumens**.

- Im Rahmen der **Marktentwicklung** wird der Markt nicht als undifferenzierte Einheit betrachtet, sondern als ein Gebilde, das aus einzelnen Abnehmergruppen besteht, die sich im Hinblick auf kaufverhaltensrelevante Merkmale voneinander unterscheiden. Eine solche Vorgehensweise erlaubt die **Auswahl vielversprechender Segmente** und deren **spezifische Bearbeitung** mit produktpolitischen Maßnahmen.

- Die Strategie der **Produktinnovations** zielt auf die **Überwindung** von **Sättigungserscheinungen** beziehungsweise auf die Sicherung des Unternehmenswachstums durch neue beziehungsweise verbesserte Erzeugnisse ab. Der Begriff der Innovation umspannt dabei **echte Innovationen**, die es ursprünglich überhaupt nicht gab (*CD-player*), **quasineue Erzeugnisse**, die an vorhandene Güter anknüpfen (*mountain bike*) und *me too*-**Güter**, die lediglich für das jeweilige Unternehmen eine Innovation darstellen, sich aber kaum von anderen, bereits am Markt befindlichen Varianten unterscheiden.

- Die **Diversifikation** besteht in der **Aufnahme neuer Produkte**, die häufig in einem weiten, aber dennoch sinnvollen Zusammenhang mit dem bisherigen Betätigungsfeld des Anbieters stehen. Diese Strategie erlaubt einem Unternehmen, auf neuen Märkten zu agieren, und zwar so, daß es **Kenntnisse, Erfahrungen, Beziehungen** und andere spezifische Vorteile aus seiner bisherigen Tätigkeit für den neuen Bereich einsetzt, was seine **Krisenanfälligkeit mindert** und ihm gegenüber Konkurrenten möglicherweise **Wettbewerbsvorteile verschafft**.

## (2) Marktstimulierungsstrategien

- Die **Präferenzstrategie** bedeutet, daß der Anbieter den Erwartungen und Vorstellungen der tatsächlichen und potentiellen Abnehmer entgegenkommt. Da in vielen Märkten die Sättigung von **Grundbedürfnissen** erreicht ist, suchen Unternehmen konsequent nach einer Befriedigung von **Zusatzbedürfnissen**.

- Die **Preis-Mengen-Strategie** ist auf einen aggressiven Preiswettbewerb ausgerichtet und zwar unter Verzicht auf sonstige präferenzpolitischen Maßnahmen. Das akquisitorische Potential von Unternehmen, die gemäß dieser Strategie agieren, beruht im Kern auf einem Angebotspreis, der besonders niedrig ist.

## (3) Marktparzellierungsstrategien

- Das Prinzip der **Massenmarktstrategie** mit **totaler Abdeckung** besteht darin, den Gesamtmarkt nicht in seinen Teilen zu würdigen, sondern als **Aggregat** zu behandeln. Dabei konzentriert sich der Anbieter auf solche Wünsche und Bedürfnisse, die alle Individuen aufweisen und vernachlässigt jene, in denen sie sich unterscheiden.

- Bei einer **Massenmarktstrategie** mit **partialer Abdeckung** bedient ein Anbieter zwar den Massenmarkt, der jedoch **eng gefaßt** ist. Hierzu kommen Abgrenzungsmerkmale ins Spiel, die zur Offenlegung unterschiedlicher Anforderungen der Nachfrager an die Unternehmensleistung beitragen.

- Einer **Marktsegmentierung** liegt die Idee zugrunde, die Abnehmer nicht als undifferenzierte Einheit zu betrachten, sondern sie unter anderem im Hinblick auf ihre Bedürfnisse, soziodemographischen und psychographischen Merkmale sowie ihre finanziellen Mitteln zu unterteilen. Folglich besteht der Gesamtmarkt aus einzelnen Gruppierungen von Nachfragern (Segmenten, Clustern), die sich bezüglich relevanter Eigenschaften unterscheiden lassen. Im Anschluß an eine Segmentierung ist der Anbieter in der Lage, seine produktpolitischen Aktivitäten **clusterspezifisch** auszurichten. In Abhängigkeit davon, ob der Gesamtmarkt oder ein Ausschnitt davon die Basis einer nachfragerbezogenen Abgrenzung bildet, ist von **totaler** oder **partialer Segmentierung** die Rede (vgl. Kapitel 11.3.3).

## (4) Marktarealstrategien

- Produktpolitische Maßnahmen richten sich bei vielen Unternehmen, die sich in der Entwicklungsphase befinden, auf ein **lokales** oder **re-**

**gionales** und erst im **Laufe** der **Zeit** auf ein **überregionales** oder **nationales Absatzgebiet**. Ein solcher Prozeß vollzieht sich häufig über mehrere Jahre und bleibt in vielen Fällen auch auf einer der genannten Stufen stehen. Diese Situation tritt zum Beispiel dann ein, wenn Konkurrenten aufeinanderstoßen und sich in ihrer weiteren Entwicklung hemmen. Auch ist eine Stagnation denkbar, sofern umfassende produktpolitische Anstrengungen für einen Sprung auf die folgende Stufe erforderlich sind.

- Eine **multinationale, internationale** oder **Weltmarktstrategie** liegt nahe, falls der Inlandsmarkt gesättigt ist. Außerdem lassen sich oft die Produktionskosten reduzieren, Fertigungskapazitäten auslasten, Wechselkurs- und Kaufkraftunterschiede ausnutzen, die Krisenfestigkeit des Unternehmens sichern, Kostenvorteile erzielen, eine bessere Marktnähe gegenüber dem klassischen Export erreichen und *know how* erwerben.

Durch die Verknüpfung der einzelnen strategischen Optionen entsteht ein **Strategie-*Chip*** (vgl. *Becker*, 1993, S. 312 ff.), der es dem Unternehmen erlaubt, seine produktpolitischen Aktionen zu steuern. Was die Spezifikation eines Strategie-*Chips* anbelangt, so sind grundsätzlich zwei Ansätze denkbar: die Bestimmung der **strategischen Höhe** und die Festlegung der **strategischen Breite** (vgl. *Abbildung 5.3*).

Aus der Festlegung der **strategischen Höhe** resultiert die Grundausrichtung des Unternehmens, die sich zum Beispiel in der Kombination **Produktinnovation, Präferenzstrategie, totale Segmentierung** und **nationale Strategie** äußert. Die Strategieebenen 1 und 2 repräsentieren die **klassischen strategischen Optionen**, während die Ebenen 3 und 4 die **strategischen Entwicklungsmöglichkeiten** des Anbieters verkörpern.

Die Bestimmung der **strategischen Breite** zielt auf die Strategieentwicklung ab, die beispielsweise in einer Ergänzung der **nationalen Strategie** um eine **Weltmarktstrategie** oder in einer Erweiterung der **Produktinnovationsstrategie** durch eine **Diversifikationsstrategie** zum Ausdruck kommt. Eine Strategiekombination dieser Art ist die Konsequenz spezifischer **Umwelt-** und **Unternehmensentwicklungen**, auf die eine Firma nicht nur **taktisch**, sondern vor allem **strategisch** antworten muß.

### 11.1.1.3 Strategische Produktkontrolle

Die voranstehenden Ausführungen verdeutlichen, daß die Reduktion der **Umweltambiguität** auf ein bearbeitbares Maß ein wesentliches Merkmal

| Strategische Breite → | | | |
|---|---|---|---|
| **Strategische Höhe** ↓ | • Marktdurch-dringungs-strategie | • Marktentwick-lungs-strategie | • **Produkt-innovations-strategie** | • Diversifika-tions-strategie |
| | | • **Präferenz-strategie** | • Preis-Mengen-strategie | |
| | • Massen-markt-strategie (totale) | • Massen-markt-strategie (partiale) | • **Segmentie-rungs-strategie (totale)** | • Segmentie-rungs-strategie (partiale) |
| | • Lokale Strategie<br>• Regionale Strategie | • Überregionale Strategie<br>• Nationale Strategie | • Multinationale Strategie<br>• Internationale Strategie<br>• Weltmarktstrategie | |

Quelle: in Anlehnung an *Becker*, 1993, S. 313

*Abbildung 5.3: Kombination der strategischen Optionen*

der strategischen Produktplanung darstellt. Aus diesem Akt der **konstru-ierten Ambiguitätsreduktion** resultiert ein struktureller Konflikt: Einer-seits besteht die Notwendigkeit zur **Vereinfachung der zwischen Unter-nehmen und Umwelt existierenden Relationen**, andererseits besteht die Gefahr, daß **nicht beachtete Facetten** dieses **Beziehungsgefüges** den **Anbieter überraschen** (vgl. *Steinmann/Schreyögg*, 1996, S. 147 ff.).

Folglich steht die **strategische Produktkontrolle** vor der Herausforde-rung, diese **Reduktion** des **Marktgeschehens** auf einen **wesentlichen Wirkungszusammenhang** daraufhin zu überwachen, ob sie sich bewährt oder kritische Situationen verursacht. Je weiter der Planungsprozeß vor-anschreitet, das heißt, je mehr Facetten der Umwelt und des Unterneh-mens ausgespart bleiben, desto größer ist die Wahrscheinlichkeit, daß Überraschungen eintreten. In Anbetracht dieses Risikos der strategischen Produktplanung lassen sich die zu bewältigenden Aufgaben der strate-gischen Produktkontrolle festmachen (vgl. *Haag*, 1990, S. 175 ff.):

- Es bedarf einer ständigen Überprüfung der Planungsprämissen, inwie-weit sie die realen Gegebenheiten reflektieren.

- Die Durchführung des Planungsprozesses muß in überschaubare Etappen unterteilt werden.

- Es ist sicherzustellen, daß man Überraschungen aus dem Umfeld des Unternehmens rechtzeitig erkennt.

Alle als bedeutsam erachteten **Facetten** des **Marktgeschehens** stammen aus den **Planungsprämissen**, die sich sowohl auf die **Chancen** und **Risiken** der Umwelt als auch auf die **Ressourcensituation** des Anbieters beziehen. Hieraus resultiert das zentrale Anliegen der **strategischen Produktkontrolle**, die **Richtigkeit** der gesetzten **Annahmen** fortlaufend zu **überprüfen**. Diese Notwendigkeit erwächst aus der Tatsache, daß die Setzung von Prämissen die **Komplexität** und **Ungewißheit** der **Umwelt nicht verändert**, sondern einen Modus darstellt, um sie geistig zu bewältigen und methodisch zu durchdringen.

Häufig erscheint es aus wirtschaftlichen Gründen nicht sinnvoll, alle Prämissen mit der gleichen Intensität zu kontrollieren. Da jedoch kein theoretischer Ansatz zur Bestimmung der Wichtigkeit von Annahmen existiert, bleibt nur der Weg, das Konzept einer **selektiven**, auf ausgewählte Prämissen begrenzten **Überwachung** aus den Erfahrungen der Marktforscher abzuleiten (vgl. *Mann*, 1990, S. 92 ff.).

Einer besonders **intensiven Überprüfung** bedürfen Annahmen,

- die im **Planungsprozeß** einen **kritischen Stellenwert** einnehmen, da bereits geringe Abweichungen zu weitreichenden Konsequenzen führen,

- die **auf schwachen Prognosen fußen**, da solche sich häufig verändern und

- die **nicht** dem **Einfluß** des **Unternehmens** unterliegen und vom Agieren zum Beispiel der Wettbewerber, Lieferanten und Kunden abhängen.

Beispielsweise sind die folgenden Prämissen für die Planung der Produktkonzepte eines Automobilherstellers bedeutsam:

- Das Marktvolumen für Pkw der Mittelklasse in Europa wächst um durchschnittlich 0,7% pro Jahr.

- Die Nachfrage nach Fahrzeugen mit einem Kraftstoffverbrauch, der unter 8 Liter pro 100 Kilometer liegt, steigt erheblich an.

- Alle Ausstattungskomponenten zur Erhöhung der passiven Sicherheit spielen auch in Zukunft eine entscheidende Rolle.

- Bei der Gestaltung von Ausstattungspaketen kommt es vor allem darauf an, einen Verwendungszweck zu signalisieren.

Der **sehr weit** in die **Zukunft reichende Horizont** der strategischen Planung läßt es wegen **Dynamik** und **Ambiguität** der **unternehmensinternen** und **-externen Entscheidungsfelder** ratsam erscheinen, kurzfristige Handlungsziele als aufeinanderfolgende Etappenziele zu bestimmen. Die Kontrolle der bereits ergriffenen Maßnahmen und ihrer Wirkungen liefert Aufschluß darüber, inwieweit der **eingeschlagene Weg** und die **vorgelegte Geschwindigkeit** den strategischen Zielen entsprechen. Folglich geht es bei der **Durchführungskontrolle** darum, in Anbetracht der mit produktpolitischen Aktivitäten erzielten Marktreaktionen über die **Beibehaltung** der **eingeschlagenen strategischen Richtung** zu entscheiden.

Da diese Art der Überwachung erst dann greift, wenn der Übergang vom **Planen** zum **Handeln** vollzogen ist, liegen Kontrollinformationen vor, die im Stadium der Prämissenformulierung **nicht zugänglich sein konnten**. Dies ergibt sich aus dem **Einfluß unbekannter** oder **unerkannter Parameter**, die man erst in einer Realisierungsphase offenlegt, wo das Nicht-Antizipierte als Abweichung festgestellt wird (vgl. *Schreyögg/Steinmann*, 1996, S. 153 ff.). Die Durchführungskontrolle läuft im Pkw-Sektor auf ein Berichtswesen hinaus, das strategierelevante Informationen, wie Umsatz, Marktanteil und Marktwachstum unterteilt nach Produktkategorien (z. B. *A4, A6*) und Märkten (z. B. *Frankreich, Italien*), miteinander verknüpft.

Die bisherigen Überlegungen suggerieren, daß die erläuterten Kontrollarten die **strategische Überwachungsaufgabe nicht erschöpfend bewältigen**. Die **Durchführungskontrolle** strukturiert das Überwachungsproblem durch die Festlegung von Etappenzielen und ist daher wie die **Prämissenkontrolle**, die ausgewählte Planungsprämissen überprüft, **gerichtet** und damit **selektiv**. Es bedarf also einer **ergänzenden Kontrollart**, die die **Aussparungen** der **anderen Varianten auffängt**. Die als **strategische Überwachung** bezeichnete Spielart dient somit als **Auffangnetz** für die Durchführungs- und Prämissenkontrolle im Sinne einer **ungerichteten Beobachtungsaktivität**. *Abbildung* 5.4 veranschaulicht die Muster der beiden Kontrollkonzepte.

Da die strategische Überwachung **keinen Vorgaben unterliegt** und sich das Universum nicht auf alle denkbaren Signale überprüfen läßt, ist die Frage nach ihrer Durchführung zu beantworten. Zur Lösung dieses Problems dient die Erkenntnis, daß Entwicklungen im ausgeblendeten Bereich in Form von **krisenhaften Situationen** zum Ausdruck kommen und auf diese Weise in ihrer Bedeutung für die Strategie erfaßbar erscheinen.

| Gerichtete Kontrolle (Prämissen- und Durchführungskontrolle) | Ungerichtete Kontrolle (strategische Überwachung) |
|---|---|
| • Festlegung der als relevant erachteten Einflußfaktoren (Planungsprämissen)<br>• Bestimmung der Sensitivität von Zielen und Maßnahmen<br>• Herleitung der für den Erfolg bedeutsamen Faktoren<br>• Überwachung dieser als kritisch eingestuften Parameter<br>• Erfassung der Abweichungen von den Plangrößen | • Beobachtung der Umwelt zur Identifikation von Veränderungen<br>• Exploration von Signalen im Rahmen eines Unternehmensradars<br>• Ermittlung der Ursachen der Abweichungen von Plangrößen<br>• Bestimmung der Auswirkungen von Umweltveränderungen<br>• Analyse der Dringlichkeit zur Einleitung von Reaktionen |

*Abbildung 5.4: Vergleich der gerichteten und ungerichteten Kontrolle*

Durch die Selektionsleistung lassen sich Bezugspunkte setzen, die es erlauben, die **wahrgenommenen Signale** zu **beurteilen** und ihnen einen **krisenhaften Sinn zuzuschreiben.** Dabei ist die strategische Überwachung so anzulegen, daß man Krisensymptome möglichst früh identifiziert. Je früher der Marktforscher herannahende Krisen erkennt, desto mehr Zeit bleibt, **wohlüberlegte Gegenmaßnahmen** einzuleiten. *Abbildung 5.5* liefert einige Krisensymptome in der Automobilindustrie und denkbare Reaktionen eines Herstellers darauf.

| Krisensymptome | Mögliche Reaktionen |
|---|---|
| • Tempolimit auf den Autobahnen<br>• Weitreichende autofreie Zonen in den Innenstädten<br>• Japanische Hersteller bauen ihren technischen Vorsprung aus<br>• Südkoreanische Anbieter kommen auf den europäischen Markt | • Identifikation neuer Absatzmärkte (z. B. Südostasien)<br>• Entwicklung einer möglichst schadstoffarmen Antriebstechnologie<br>• Kooperation mit Anbietern aus Femost |

*Abbildung 5.5: Krisensymptome und mögliche Reaktionen*

## 11.1.1.4 Operative Produktplanung und -kontrolle

Das Anliegen der **operativen Produktplanung** besteht in der **Konkreti-sierung** und **Operationalisierung** der zuvor **entwickelten Strategien**. Da die strategische Produktplanung den Orientierungsrahmen bildet, steht die operative Produktplanung in einer instrumentellen Vollzugsfunktion. Hierbei listet man zunächst alle Mittel und Maßnahmen auf, die zur Ziel-erreichung beitragen. Daraufhin steht die Auswahl, Gewichtung und Aus-gestaltung der produktpolitischen Aktivitäten und deren Verzahnung zu einem zielführenden Mix im Blickpunkt. Ausgehend von den Erfahrungen des Marktforschers sowie "harter" Kosten- und Erlösdaten werden die einzelnen Produkte und Märkte hinsichtlich ihrer Bedeutung für die Errei-chung der **Unternehmensziele** eingestuft. Anschließend lassen sich den entstandenen Produkt-Markt-Kombinationen geeignete produktpolitische Aktionen zuordnen (vgl. *Tabelle* 5.1).

| Produkt | Markt | Produktpolitische Aktivität | | |
|---------|-------|-----------------------------|---|---|
| | | Geplante Maßnahme | Geplante Wirkung | Geplante Kosten |
| A4 | Frank-reich | Entwicklung eines Sport-pakets | Verbesserung des Images | 4 Mio DM |
| A6 | Italien | Konzeption einer neuen Farbpalette | Erhöhung der Bekannt-heit | 10 Mio DM |
| Audi Coupé | Spanien | Einrichtung eines 24-Stunden-Services | Steigerung der Kunden-zufriedenheit | 7 Mio DM |

*Tabelle* 5.1: *Schema der operativen Produktplanung mit fiktiven Zahlen*

Den Gegenstand der **operativen Produktkontrolle** bildet eine Überprü-fung, ob und inwieweit sich die **realisierten Maßnahmen** als **richtig** und **effizient** erweisen. Hierzu dient ein Vergleich zwischen dem tatsäch-lichen Ergebnis der produktpolitischen Bemühungen und dem gewünsch-ten Resultat. Als Kriterien für diesen Abgleich fungieren sowohl **quanti-tative Größen**, etwa Umsatz, Marktanteil und Deckungsbeitrag, als auch **qualitative Faktoren** von denen Kundenzufriedenheit, Bekanntheitsgrad sowie Image die wichtigsten sind. Diese Kontrolle erschöpft sich jedoch nicht darin, Differenzen zwischen geplanter und tatsächlich eingetretener Wirkung festzustellen, sondern umschließt darüber hinaus auch die Analyse der **Abweichungsursachen**. Die gewonnenen Erkenntnisse geben dem Unternehmen Hinweise für eine Modifikation der Produktplanung. Die operative Produktkontrolle übernimmt damit eine *feed back*-**Funktion**, indem sie Anstöße für einen neuen Planungsprozeß liefert (vgl. *Tabelle 5.2*).

| Produktpolitische Aktivität | | | | | |
|---|---|---|---|---|---|
| Geplante Maßnahme | Geplante Wirkung | Geplante Kosten | Tatsächliche Wirkung | Tatsächliche Kosten | Abweichungsanalyse |
| Entwicklung eines Sportpakets | Verbesserung des Images | 4 Mio DM | keine Imageverbesserung | 4 Mio DM | Geplante Wirkung nicht erreicht |
| Konzeption einer neuen Farbpalette | Erhöhung der Bekanntheit | 10 Mio DM | Erhöhung der Bekanntheit | 12 Mio DM | Überschreitung des Budgets |
| Einrichtung eines 24-Stunden-Services | Steigerung der Kundenzufriedenheit | 7 Mio DM | Steigerung der Zufriedenheit | 7 Mio DM | Steigerung der Zufriedenheit |

*Tabelle 5.2: Schema der operativen Produktkontrolle mit fiktiven Zahlen*

### 11.1.2 Methoden der Produktplanung und -kontrolle

Ein Blick in die Literatur zeigt, daß eine Fülle von **Methoden** zur **Produktplanung** und -**kontrolle**, etwa Portfolioanalyse oder Deckungsbeitragsrechnung, existieren, die Erkenntnisse über unterschiedliche Erscheinungen auf dem Absatzmarkt liefern (vgl. *Weber*, 1998, S. 45 ff.). In Anbetracht des Anliegens, bedürfnisgerechte Leistungen zu gestalten, reicht es nicht aus, lediglich einzelne Phänomene des **absatzwirtschaftlichen Geschehens ausschnittsweise** zu analysieren. Vielmehr ist ein Ansatz gefragt, der es erlaubt, aus einer Vielzahl von Methoden ein **leistungsfähiges System** zu konstruieren, das dem Produktmanager ein umfassendes Bild über die Stellung des Unternehmens am Markt vermittelt. Nur auf diese Weise kann es gelingen, genügend Zeit für die **Entwicklung** und **Implementierung** von **Strategien** zu gewinnen und die **Gefahr** von **Überraschungen** zu reduzieren (vgl. *Meffert*, 1994, S. 41 ff.).

Zu diesem Zweck zeigt *Abbildung* 5.6 ein Methodensystem, dessen zentrale Idee darin besteht, die einzelnen Etappen des Planungs- und Kontrollprozesses durch geeignete Verfahren zu unterstützen. Hierbei sind die folgenden Phasen zu durchlaufen:

- Zunächst wird eine **ungerichtete Analyse** des Unternehmens und seiner Umwelt vorgenommen. Dazu kann man zum Beispiel Lieferanten, Kunden und Wettbewerber befragen, Literatur auswerten, Indikatoren konstruieren und Experten im eigenen Haus um Stellungsnahmen bitten.

- Ferner erfolgen **Gespräche** mit Fachleuten, um jene Facetten der Umwelt und des Unternehmens zu identifizieren, die für die bedürfnisgerechte Produktgestaltung relevant sind.

- Daraufhin ist die **ganzheitliche Position** des Anbieters im Vergleich zu seinen Wettbewerbern darzustellen. Hierzu kommen beispielsweise die *SOFT*-Analyse, die strategische Bilanz, die Erfolgsfaktorenanalyse und die *GAP*-Analyse in Betracht.

- Weiterhin interessiert die **strategische Position** einzelner **Produkte** oder ganzer **Produktlinien**. Als taugliche Analysetechniken sind das Produkt-Markt- und das Technologieportfolio sowie die Rekonstruktion des Stands im Produktlebenszyklus anzusehen.

- Schließlich geht es darum, die gewonnenen Erkenntnisse in **konkrete Anweisungen** umzusetzen und eine Gegenüberstellung von **Erfolgs-** und **Aufwandsgrößen** vorzunehmen. Diese Aufgaben lassen sich beispielsweise mit der Budgetierung und der Deckungsbeitragsrechnung lösen.

Die folgenden Ausführungen zeigen den sukzessiven Einsatz dieser Verfahren am Beispiel eines Automobilherstellers.

Häufig besteht der Ausgangspunkt darin, jene Faktoren zu identifizieren, die den **Erfolg** eines Pkw-Anbieters **maßgeblich beeinflussen**. Hierbei sind zwei Arten von Erfolgsfaktoren zu unterscheiden: Zum einen existieren **interne Faktoren**, wie die Produktions- und Kostenstruktur, die eine Vorstellung über die **Stärken** und **Schwächen** im Vergleich zu denen der Konkurrenten vermitteln. Zum anderen finden sich **externe Faktoren**, die die Umweltsituation kennzeichnen, und auf diese Weise die **Chancen** sowie **Risiken** aufdecken. Eine Analyse der Ausprägungen dieser Größen läßt Rückschlüsse auf den möglichen Erfolg unterschiedlicher Strategien zu. Ein Szenario könnte folgendermaßen lauten: Sofern der Absatz von Pkw stagniert und die Preise sinken, erscheinen umfassende Kostensenkungsprogramme unerläßlich.

*Abbildung 5.6: Methoden der strategischen und operativen Marketing-Planung und -Kontrolle*

Die **SOFT-Analyse** (*strengths, opportunities, failures, threats*) dient dazu, die **Stärken** und **Schwächen** sowie die **Chancen** und **Risiken** der Position des Fahrzeugherstellers offenzulegen. Die Beurteilung der Lage verlangt eine explizite Berücksichtigung und umfassende Untersuchung der Nachfrage- und Konkurrenzsituation. Hierzu greift der Produktmanager sehr häufig auf die zuvor identifizierten Erfolgsfaktoren zurück. Beispielsweise gehört zu den Stärken von *Audi* das technische *know how*, während das **Image** der Erzeugnisse dieses Produzenten im Vergleich zu dem von *Mercedes* und *BMW*-**Produkten** deutlich niedriger einzustufen ist.

Mittels der **Strategischen Bilanz** läßt sich der **Engpaß** bestimmen, der die **weitere Entwicklung** des **Anbieters hemmt**. Hierzu greift der Verantwortliche die Produktionsfaktoren, wie Kapital und *know how*, nacheinander auf und beurteilt sie im Hinblick auf ihre Ausprägungen. Die **Aktivseite** dieser Bilanz umfaßt **aktive Abhängigkeiten** des Unternehmens (also **Stärken** und **Chancen**), wohingegen die **passive Seite** alle **passiven Abhängigkeiten** (also **Risiken** und **Schwächen**) verdeutlicht. Jene Produktionsfaktoren, die bei einer geringen aktiven Abhängigkeit eine hohe passive Abhängigkeit aufweisen, gelten als Engpaßfaktoren und rücken in den Mittelpunkt unternehmerischer Aktivitäten.

Ein sehr wichtiges Instrument im Rahmen der Produktplanung und -kontrolle ist die **Portfolioanalyse**, deren Idee darin besteht, eine vom Unternehmen beeinflußbare Größe (z. B. Deckungsbeitrag einzelner Pkw-Modelle) einem vom Markt vorgegebenen Faktor (z. B. Wachstumsrate des Pkw-Markts) gegenüberzustellen. Eine Matrix dieser Art läßt Aussagen über die Ausgewogenheit der Produktpalette zu und liefert Hinweise für zukünftige produktpolitische Aktivitäten. Diese Methodik läßt sich nicht nur für die Bestimmung der Marktposition heranziehen, sondern fungiert auch als Instrument zur Beurteilung gegenwärtiger und neuer Technologien (**Technologieportfolio**). Hierbei vergleicht der Produktmanager beispielsweise die **Attraktivität** einer **Technologie**, etwa Hybridantrieb, mit den Ressourcen des Fahrzeuganbieters, wie Finanzkraft und technisches *know how*.

Das Konzept des **Produktlebenszykluses** veranschaulicht den Zusammenhang zwischen quantitativen Größen, wie Absatz, Umsatz oder Gewinn, und qualitativen Faktoren, zu denen etwa die **Intensität** des **Wettbewerbs** oder die **Relevanz** der **Technologie** gehören. Aus dieser Analyse ergeben sich Hinweise für die Charakterisierung der **Unternehmens-** und **Umweltsituation** und Anhaltspunkte für die **Leistungsgestaltung**. Dieses Konzept ist dabei durch eine Abfolge von in der Regel vier Phasen gekennzeichnet, **Einführung**, **Wachstum**, **Reife** und **Sättigung**, die sich durch unterschiedliche Ausprägungen bei bedeutsamen Zielgrößen, wie Absatz, Umsatz und Gewinn, auszeichnen. Bei einem Pkw-Anbieter findet dieses Instrument vor allem im Rahmen der Preisbildung, der Modellpflege und der Festlegung von Neuproduktpräsentationen seine Berücksichtigung.

Im Mittelpunkt der **Budgetierung** steht die Erstellung eines Kostenplans, der für die wesentlichen produktpolitischen Aktionen Werte ausweist. Bei einem Pkw-Anbieter erfolgt die Zuweisung von Beträgen im **Gegenstromverfahren**, dem die Idee zugrunde liegt, die Vorstellungen der Unternehmensführung mit den Anregungen der Produktmanager in mehreren Abstimmungsrunden zu verzahnen. Häufig werden Budgetwerte von einer Periode zur nächsten lediglich fortgeschrieben, was einer **Festschreibung historischer Budgetstrukturen**, einer inadäquaten Verteilung von Ressourcen und einer Einschränkung der Handlungsmöglichkeiten gleichkommt.

Mittels der **Deckungsbeitragsrechnung** sollen alle Entscheidungen im Bereich der **Absatz-** und **Produktionsplanung**, bei denen es um Arten, Mengen und Preise der zu produzierenden und abzusetzenden Erzeugnisse geht, mit Kosten- und Erlösdaten unterstützt werden. Die Methodik besteht darin, die direkt zurechenbaren Erlöse eines Objekts den direkt zurechenbaren Kosten gegenüberzustellen. Aus diesem Abgleich resultiert ein Wert, der den Beitrag kennzeichnet, den das Objekt zur Deckung der ohnehin anfallenden und nicht von der Entscheidung betroffenen Kosten leistet (**Deckungsbeitrag**). Bei einem Automobilanbieter kommen solche Berechnungen zur Lösung zahlreicher Probleme in Betracht:

- Im Rahmen der Festlegung von **Preisen** für neue Modelle geht es darum, Zieldeckungsbeiträge in den einzelnen Ländern und Regionen zu bestimmen.

- **Sonderaktionen**, wie die Zusammenfassung einzelner Ausstattungskomponenten zu einem Paket, lassen sich mit Hilfe der Deckungsbeitragsrechnung analysieren.

- Die **Förderung** von **Modellen**, die **Bearbeitung** von **Märkten** und die **Entwicklung** und **Vermarktung** neuer **Pkw-Varianten** hängen von den realisierbaren Deckungsbeiträgen ab.

### 11.2 Kunden-, wettbewerber- und unternehmensbezogene Grundfragen

Nachdem im voranstehenden Teil die Vorgehensweise der Planung und Kontrolle produktpolitischer Aktivitäten im Mittelpunkt stand, interessiert in diesem Abschnitt die Beantwortung kunden-, wettbewerber- und unternehmensbezogener Grundfragen. Damit soll der zuvor konzipierte Rahmen einer bedürfnisgerechten Gestaltung der Unternehmensleistung inhaltlich präzisiert werden.

### 11.2.1 Die Ermittlung der Kundenwünsche

Im Anschluß an eine Diskussion von **Grundstruktur** und ausgewählten **Varianten** der *means end*-**Kette** (vgl. Abschnitt 8) richtet sich das Augenmerk in diesem Kapitel auf die **Operationalisierung** und **Messung** der *means end*-Elemente. Im Mittelpunkt stehen Methoden, wie der *repertory grid*-**Ansatz**, das **tiefenpsychologische Interview**, die **Inhaltsanalyse** und das *laddering*-**Verfahren**. Alle Methoden dienen dazu, die zwischen **Eigenschaften**, **Nutzenkomponenten** und **Werthaltungen** existierenden Relationen zu rekonstruieren.

Die Leistungsfähigkeit dieser Ansätze läßt sich anhand eines Fallbeispiels verdeutlichen. Zu diesem Zweck kommt ein Rückgriff auf einen von *Herrmann* (1996, S. 80 ff.) zitierten Datensatz in Betracht. Er besteht aus Präferenzurteilen von 480 Befragten bezüglich sechs *light beer*-Marken. Neben der jeweiligen individuellen Kaufhistorie, die drei Konsumgelegenheiten umfaßt, wurden auch Aussagen der Betroffenen über für die Markenwahl bedeutsame Produkteigenschaften, gewünschte Nutzenkomponenten und angestrebte Werthaltungen erhoben. Außerdem äußerten sich die Befragten zu dem Produktkonzept der jeweiligen Biermarke und gaben die mit Vorliebe im Fernsehen betrachtete Werbebotschaft für *light beer* an. Darüber hinaus wurde die soziale Stellung der Probanden mit Hilfe von elf soziodemographischen Merkmalen erfaßt.

### 11.2.1.1 Die *repertory grid*-Methode

Das Anliegen der *repertory grid*-**Methode** besteht in der Ermittlung der für die Wahl eines Produkts entscheidenden Eigenschaften (vgl. *Green/ Tull*, 1982, S. 528 ff.). Zu diesem Zweck liegen der Versuchsperson in mehreren Befragungsrunden jeweils **Tripel** von **Gütern** mit der Aufforderung vor, die Merkmale zu nennen, nach denen **zwei** der **Erzeugnisse einander ähnlich**, **beide aber** dem **dritten unähnlich sind**. Dieses Verfahren wird so lange fortgesetzt, bis der Betroffene keine neuen Attribute mehr angibt und eine umfassende **Liste** von **Eigenschaften** mit der **Häufigkeit** ihrer **Nennung** existiert.

Daraufhin bittet man die Versuchsperson, für jedes betrachtete Merkmal **zwei** möglichst **gegensätzliche (dichotome) Ausprägungen** zu nennen, die seinen **positiven** und **negativen Pol** repräsentieren. Mittels dieser Daten läßt sich die in *Tabelle 5.3* abgebildete **Matrix** konstruieren. Die Kopfzeile zeigt alle berücksichtigten Erfrischungsgetränke, während die Spalten 1 und 8 die beiden Pole der vorliegenden Eigenschaften ausdrücken.

Schließlich erhält die Auskunftsperson die Aufgabe, für jedes Produkt zu entscheiden, ob seine Ausprägung auf dem jeweiligen Attribut eher dem **positiven** oder dem **negativen Pol** entspricht. Die Urteile lassen sich mit 1 (tatsächliche Ausprägung entspricht dem positiven Pol) und 0 (tatsächliche Ausprägung entspricht dem negativen Pol) kodieren und in die Zellen eintragen.

| | (1) | (2) | (3) | (4) | (5) | (6) | (7) | (8) |
|---|---|---|---|---|---|---|---|---|
| | **Positiver Pol des Merkmals** | **Erfrischungsgetränk** | | | | | | **Negativer Pol des Merkmals** |
| | | *7-up* | *Pepsi* | *Fanta* | *Sprite* | *Coke* | *Bluna* | |
| (1) | Sehr niedriger Preis | 1 | 0 | 1 | 1 | 0 | 0 | Sehr hoher Preis |
| (2) | Sehr wenige Kalorien | 0 | 1 | 1 | 1 | 0 | 0 | Sehr viele Kalorien |
| (3) | Sehr niedriger Fruchtgehalt | 1 | 0 | 1 | 1 | 0 | 1 | Sehr hoher Fruchtgehalt |
| (4) | ... | ... | ... | ... | ... | ... | ... | ... |

1 = Tatsächliche Ausprägung entspricht dem positiven Pol
0 = Tatsächliche Ausprägung entspricht dem negativen Pol

*Tabelle 5.3: Die repertory grid-Matrix eines Probanden*

Eine Variante dieser Vorgehensweise besteht darin, die betrachteten Produkte im Hinblick auf ihre Merkmalsausprägungen in eine Rangreihe zu bringen. Aus ihr geht zum Beispiel hervor, daß *Fanta* mehr Kalorien enthält als *Coke* und dieses Gut kalorienärmer ist als *Pepsi*. Die Antworten der Versuchsperson lassen sich im vorliegenden Fall auf einer Sechser-skala abtragen und in die entsprechenden Zellen einordnen. Einer anderen Spielart liegt der Gedanke zugrunde, die Ausprägungen der betrachteten Güter für jedes Attribut (z. B. Preis) mittels einer Skala von 1 (sehr niedriger Preis) bis 9 (sehr hoher Preis) zu beurteilen. Die auf diese Weise erhobenen Nennungen des Befragten bilden den Input für die Zellen der *repertory grid*-**Matrix**.

Auf der Basis dieser Rohdaten läßt sich die zwischen den Eigenschaften bestehende **Ähnlichkeit** untersuchen. Hierzu dient ein **Vergleich** einer bestimmten Zeile mit einer anderen (z. B. Zeilen 1 und 2 in *Tabelle* 5.3), aus dem die Häufigkeit der **Übereinstimmung** von **Null** und **Eins** resultiert. Dieser Wert, der im betrachteten Beispiel Vier beträgt, lautet *matching score*. Eine **hohe Zahl** deutet auf eine **positive Assoziation** zwischen den beiden Merkmalen hin, während ein niedriger Wert einen negativen Zusammenhang zum Ausdruck bringt. Eine spaltenweise Bestimmung dieser *scores* gibt Auskunft darüber, inwieweit zwei Güter einander ähneln. Liegen *rating*-Daten anstelle der Ziffern Null und Eins vor, lassen sich differenzierte Analysemethoden einsetzen. Als mögliche Ansätze kommen die **Rangkorrelationsanalyse** von *Spearman* und das **Korrelationsverfahren** von *Bravais* und *Pearson* in Betracht.

Vor einer Anwendung des *repertory grid*-Verfahrens bedarf es einer Entscheidung über die **Menge** der **vorzugebenden Produkte**. Als adäquate Methode zur Festlegung der relevanten Startmenge bietet sich der *evoked set*-**Ansatz** an (vgl. Absatz 11.3.2.1). Er kommt dort zum Einsatz, wo es um die Bestimmung einer Menge von Erzeugnissen geht, die sich nur in der Marke unterscheiden. Den Ausgangspunkt des Verfahrens bildet die **freie Nennung bekannter Güter** einer **vorgegebenen Produktart** im Rahmen einer Konsumentenbefragung. Nach diesem *free response*-**Ansatz** liegen den Auskunftspersonen verschiedene Marken mit der Aufforderung vor, **ähnliche** oder **substitutive Produkte** anzugeben, deren Kauf ebenfalls vorstellbar ist. Eine Spielart besteht in der Frage nach Alternativen, wenn das am meisten bevorzugte Produkt in einer besonderen Situation nicht verfügbar ist (*forced free response*).

Ein weiteres Problem betrifft die **Anzahl** der einer **Versuchsperson** vorzulegenden Tripel (vgl. *Müller-Hagedorn/Vornberger*, 1979, S. 195 ff.). Die Konfrontation eines Probanden mit allen möglichen Güterkombinationen dieser Art erscheint schon wegen ihrer großen Zahl wenig sinnvoll. Außerdem benötigen die meisten Individuen zur Nennung bedeutsamer Eigenschaften lediglich **fünf bis acht Tripel**. Unterschieden sich die betrachteten Marken nur im Hinblick auf ein Merkmal, reichte eine geringe Menge dieser Produktbündel aus. Damit reduzierte sich auch die Anzahl der zu berücksichtigenden Marken. Da jedoch vorab keine Kenntnis über die relevanten Attribute existiert, liegt die Schwierigkeit darin, **geeignete Tripel** auszuwählen. Insofern bleibt nur der Weg, den Befragten so lange mit Güterkombinationen zu konfrontieren, bis er keine neuen Merkmale mehr erwähnt.

Schließlich stellt sich die Frage nach einem **geeigneten Medium**, um die betrachteten Marken den Probanden zu präsentieren (vgl. *Müller-Hagedorn/Vornberger*, 1979, S. 195 ff.). Eine einfache Lösung besteht darin, die Markennamen der vorliegenden Güter auf Karten zu vermerken. Einige Marktforscher plädieren jedoch dafür, dem Betroffenen **Fotos** der **Objekte** vorzulegen. Eine **bildgestützte Produktpräsentation** schließt die **Verwechslung** einer **Marke** mit ähnlichen, jedoch nicht in die Analyse einbezogenen Erzeugnissen nahezu aus. Allerdings besteht die **Gefahr**, daß der Befragte vor allem deskriptive, nämlich **Form, Farbe** und **Gestalt** der Güter beschreibende Eigenschaften auflistet.

Hinter diesem Einwand verbirgt sich die Befürchtung, daß die Versuchsperson grundsätzlich nur jene Merkmale als Unterscheidungskriterien anführt, die sich aus der Art der Produktpräsentation ergeben. Empirische Untersuchungen liefern jedoch den Beweis, daß selbst visuelle Stimuli in der Lage sind, beim Probanden eine Assoziation zum Geruch und zum Geschmack auszulösen. Daneben zeigt ein Vergleich verschiedener Erhebungsmethoden, wie der **direkten Befragung** und der *grid*-**Erhebungstechnik**, deren generelle Tauglichkeit zur Erfassung der für die Produktwahl der Auskunftsperson wesentlichen Merkmale. Grundsätzlich bietet es sich an, die Marken in einer der Kaufsituation vergleichbaren Atmosphäre zu präsentieren. Erscheint dies nicht möglich, bleibt immer noch die Option, die Bilder oder die Namen der Marken den Betroffenen vorzulegen.

Im Anschluß an die Datenerhebung richtet sich das Augenmerk auf die **Synthese** der **individuellen** *repertory grid*-**Matrizen** zu einem für alle Probanden geltenden Urteilsraum. Da die *means end*-Analyse möglichst wenige, voneinander unabhängige Eigenschaften als Ausgangspunkt für die Identifikation der verhaltensprägenden Werte verlangt, steht die Reduzierung der als **bedeutsam** erkannten **Merkmale** auf **orthogonale Dimensionen** im Mittelpunkt der Betrachtung. Hierzu bieten sich zwei Ansätze an (*Bannister/Fransella*, 1981, S. 58 ff., und *Fransella/Bannister*, 1977, S. 155 ff.).

**(1) Faktorisierung der individuellen *repertory grid*-Matrizen**

Das **erste Verfahren** besteht in einer **Faktorisierung** der individuellen *repertory grid*-Matrizen auf Basis der *matching scores*. Es zielt im Kern auf eine **Reduzierung** der **Dimensionen** des Urteilsraums der jeweiligen

Auskunftsperson auf die **dahinterstehenden Eigenschaften** (Faktoren) ab. Gegen diese Vorgehensweise lassen sich jedoch **drei Einwände** vorbringen:

- In den meisten empirischen Studien liegen maximal **20 *ratings*** pro Dimension als Meßwerte vor. Insofern kommen Zweifel auf, ob diese Datenbasis ausreicht, um den Einsatz einer **Faktorenanalyse** zu rechtfertigen.

- Außerdem verlangt dieser Ansatz die **Verbalisierung** und **Interpretation** einer Fülle von Faktoren. Ihre **genaue Zahl** ergibt sich aus einer **Multiplikation** der **Menge** der **Matrizen** oder der **Probanden** und der **Anzahl statistisch signifikanter Eigenschaften** pro **Matrix**.

- Da zudem jeder Befragte unterschiedliche Merkmale zur Beurteilung der interessierenden Produkte heranzieht, läßt sich eine **Synthese** der **individuellen Urteilsräume** auch nicht über einen Vergleich der einzelnen **Faktormengen** bewerkstelligen. Folglich bleibt nur der Weg, die **Faktormengen** zu addieren und sie erneut den Versuchspersonen vorzulegen. Eine sich anschließende **Faktorenanalyse** dient dem Anliegen, einen für alle Betroffenen geltenden **Urteilsraum** aufzuspannen.

## (2) Eigenschaftsselektion auf Basis der *matching scores*

Die **zweite Methode** zeichnet sich dadurch aus, daß der Forscher (oder besser: ein unabhängiger Experte) eine Auswahl bestimmter Eigenschaften auf Basis der errechneten *matching scores* trifft. Eine Analyse dieser Werte dient der **Elimination aller Attribute**, die der Proband als **Synonyme** für ein **bereits genanntes Merkmal** heranzieht. Liegt eine *rating*-Skala vor, lassen sich zusätzlich jene Eigenschaften aussondern, die lediglich zur Bewertung ausgewählter Produkte in Betracht kommen und für die meisten anderen Objekte als Beurteilungskriterien keine Relevanz besitzen.

Daneben bleiben auch jene Merkmale, die für alle Güter **identische Skalenwerte** aufweisen, aufgrund der damit verbundenen **unzureichenden Urteilsvarianz** von der weiteren Betrachtung ausgeschlossen. Ein Vergleich der Dimensionen verschiedener Matrizen erweist sich als problemlos, falls alle Probanden die gleichen Vorstellungen über das Wesen der einzelnen Eigenschaften besitzen. Für die von **zwei Individuen ähnlich spezifizierten Attribute** lassen sich **matrizenübergreifende *scores*** zur Beantwortung der Frage ermitteln, ob sich hinter den geringfügig voneinander abweichenden Merkmalsumschreibungen der gleiche Inhalt verbirgt. Tritt neben **ähnlichen Formulierungen** auch ein **hoher *matching*** *score* für die aus den beiden Matrizen stammenden Dimensionen auf, liegt die Vermutung nahe, daß die betrachteten Probanden das **gleiche Attribut** meinen.

Galt das Interesse bislang den für die Auswahl eines Produkts bedeutsamen Eigenschaften, richtet sich die Aufmerksamkeit im folgenden Abschnitt auf die wahrgenommenen Nutzenkomponenten und auf die dahinterstehenden Werthaltungen. Zur Erfassung dieser beiden *means end*-Elemente kommt das tiefenpsychologische Interview in Betracht.

## 11.2.1.2 Das tiefenpsychologische Interview

Für die Kaufverhaltensforschung, die um Probleme der **Wahrnehmung** und der **Beurteilung** von **Produkten** durch Nachfrager sowie um die daraus resultierenden **Erlebens- und Verhaltensdispositionen** kreist, erscheinen Interviews schon vom Erkenntnisgegenstand her unentbehrlich. Dies gilt nicht nur für groß angelegte Erhebungen, zum Beispiel über die Anmutung und Zwecktauglichkeit einer Unternehmensleistung, sondern auch für die Erschließung individueller **Nutzenvorstellungen** und **Werthaltungen** mit differenzierten Befragungstechniken. Keine andere Methode zur Erfassung von Rohdaten kommt häufiger zum Einsatz und trug mehr zum empirischen Wissen im Marketing bei.

Die Unbefangenheit, mit der sich viele Forscher der Befragung bedienen, geht aus der geringen Anzahl der Deutungsversuche hervor. *Bingham* und *Moore* (1959, S. 21) definieren das sozialwissenschaftliche Interview als eine "... *conversation with a purpose* ...". Eine derart gefaßte Begriffsbestimmung erweist sich jedoch als wenig hilfreich, da sie **alle Varianten mündlicher Erkundung** und **fast jedes Alltagsgespräch** einbezieht. Insofern setzte sich in vielen wissenschaftlichen Disziplinen die Auffassung von *Kahn* und *Cannell* (1957, S. 8) durch, die ein Interview als ein "... *specialized pattern of verbal interaction - initiated for a specific purpose and focused on some specific content area, with consequent elimination of extraneous material* ..." charakterisieren.

Seine **konstitutiven Merkmale** bilden der **zweckgerichtete Charakter** der **Befragung**, die **begrenzte Spezifität** der **Thematik** und die daraus resultierende **Asymmetrie** der **Kommunikation** (vgl. *Schwarzer*, 1983, S. 302 ff., und *Undeutsch*, 1983, S. 321 ff.). In Abhängigkeit vom Spielraum, den der Forscher bei der Formulierung von Fragen und der Proband bei der Beantwortung besitzen, lassen sich verschiedene Arten des Interviews unterscheiden:

## (1) Die standardisierte Befragung

Der im Marketing häufig favorisierten **standardisierten Befragung** liegt die Überlegung zugrunde, den **Gesprächsverlauf so stark wie möglich zu strukturieren**. Zu diesem Zweck stehen der **Wortlaut** und die **Reihenfolge** der zu **stellenden Fragen** von **vornherein fest**. Soweit nichtverbale Vorlagen existieren, bedarf es einer Entscheidung über Art und Zeitpunkt ihrer Präsentation im Rahmen des Interviews. Die Standardisierung braucht sich jedoch nicht nur auf die Fragen, sondern kann sich auch auf die Antworten erstrecken.

Existieren bei einer Frage **keine festen Antwortkategorien (offene Frage)**, notiert der Forscher die Aussagen des Probanden wörtlich. Bei **geschlossenen Fragen** vereinfacht sich das Verfahren insofern, als die Auskunftsperson lediglich anzugeben hat, welcher der **vorgegebenen Antwortmöglichkeiten** sie zustimmt. Genau genommen müßte der Begriff Standardisierung auch die Vorstrukturierung der Antworten einschließen, da sich der intendierte Sinn einer Frage häufig erst aus den vorliegenden Kategorien ergibt.

## (2) Das freie Interview

Eine andere Form der mündlichen Befragung stellt das **freie Interview** dar, bei dem der Forscher **durch selbst formulierte Fragen** mit jeweils **offenen Antwortmöglichkeiten** den Ablauf der Datenbeschaffung steuert. Zur Eingrenzung des zu erörternden Problemkreises dienen frei formulierte Sondierungsfragen, deren Berücksichtigung der Interviewer nach eigenem Ermessen handhabt. Außerdem bietet sich die Benutzung eines **Leitfadens** mit relevanten Stichwörtern an, ohne jedoch die Freiheit des Wissenschaftlers bei der Formulierung von Fragen und der Festlegung ihrer Reihenfolge einzuschränken. Bei einem Gespräch dieser Art übt der Befragende einen **großen Einfluß** auf die Auskunftsperson aus, woraus nicht selten eine **erhebliche Verzerrung** der **Antworten** resultiert.

## (3) Das Tiefeninterview

In der Motivforschung kommt eine abgewandelte Form des freien Interviews, **das Tiefeninterview**, zum Einsatz. Diese Gesprächstechnik, die häufig in einer **freien Exploration** mündet, zielt auf die **Rekonstruktion** einer möglichst **unverzerrten psychischen Wirklichkeit** ab. Hierbei stehen weniger das Wissen und die Vorstellungen einer Person über außerhalb von ihr gelegene Erscheinungen im Blickpunkt. Vielmehr richtet sich das Interesse auf die Versuchsperson selbst, die nicht nur als Reflektor für andere Phänomene dient, sondern in ihrer Eigenschaft als Analyseobjekt den zentralen Erkenntnisgegenstand einer **ganzheitlichen, explorativen Untersuchung** verkörpert.

Der Umfang eines solchen Interviews reicht von der Erkundung eines Lebenslaufs bis zu thematisch begrenzten Fragen, wie etwa der Analyse des Verhaltens einer Person beim Kauf von Bier. Selbst bei einer **stark themenzentrierten Exploration** zur **Sache** handelt es sich um ein **offenes, wenig strukturiertes Gespräch**, in dem die Auskunftsperson ihre Erlebnisse in einer spezifischen Situation ausbreitet.

Sofern der Forscher nicht die Methode der freien Exploration wählt, benutzt er einen stichwortartigen Leitfaden und verfährt so, wie es in Anbetracht der Befragungssituation zweckmäßig erscheint. Im übrigen steht es ihm frei, Fragen zu erläutern, sie in ihrem Wortlaut zu verändern, vorzuziehen oder zurückzustellen. Außerdem darf er unergiebige Ausführungen abbrechen, vielversprechende Äußerungen durch **ad hoc-Fragen** vertiefen und, falls er durch die Reaktion des Befragten auf **gänzlich neue Gedanken** stößt, diese aufgreifen und verfolgen. Es leuchtet ein, daß nur ein erfahrener und sachkundiger Interviewer, der das Erkenntnisziel stets vor Augen hat, für eine Untersuchung dieser Art in Betracht kommt.

Gemäß dem Methodensystem von *Cattel* (1957, S. 18 ff.) läßt sich diese Vorgehensweise als ein Verfahren zur Gewinnung von *life data* auffassen. Dieser Ansatz zielt im Kern auf eine psychologische Analyse des individuellen Verhaltens im natürlichen Ablauf des Lebens ab. Diese **Exploration zur Person** beschränkt sich nicht auf einen ganz bestimmten Ausschnitt aus dem Verhaltensrepertoire, sondern strebt eine **persönlichkeitsspezifische Aktivitätsentfaltung** an, die sich in der Gemeinsamkeit der Erlebnissphären zwischen Wissenschaftler und Proband konkretisiert. Hierzu bedarf es jedoch operativer Anweisungen, die im Rahmen der Datenerhebung einen Eingriff in die Lebensumstände ausschließen, damit das beobachtete beziehungsweise bekundete Erleben und Verhalten die natürlichen Daseinsäußerungen des Individuums unverzerrt ausdrücken.

**(4) Das *laddering*-Interview**

Zur Erfassung der Nutzenkomponenten von Produkten und der dahinterstehenden Werthaltung bietet sich das *laddering*-Interview an. Es läßt sich als eine mit psychologischem Sachverstand vorgenommene, **nichtstandardisierte Befragung** kennzeichnen. Ihr Anliegen besteht darin, die **verhaltensprägenden Kräfte** der **Individuen** bei der **Güterwahl** zu erforschen.

Methodisch gesehen dienen mehrere **aufeinanderfolgende Warum-Fragen** dazu, daß eine Auskunftsperson bestimmte Facetten ihrer subjektiven

Realität preisgibt, angefangen von **abstrakten Produkteigenschaften** bis hin zu **terminalen Werthaltungen**. *Olson* und *Reynolds* (1983, S. 82) erläutern diese Vorgehensweise sehr prägnant: "... *the purpose of laddering is to force the consumer up the ladder of abstraction - that is to uncover the structural aspects of consumer knowledge as modeled by the means-end chain* ...". Dieser Idee zufolge läßt sich das *laddering*-Interview als eine aus mehreren Befragungsrunden bestehende Erhebungstechnik charakterisieren:

- In einer **ersten Runde** interessiert die Beantwortung der Frage, warum die mit dem *repertory grid*-Verfahren identifizierten **konkreten Merkmale** für die Auskunftsperson bei der Selektion einer Biermarke eine große Bedeutung besitzen.

- Die aus den Antworten rekonstruierten abstrakten Attribute bilden den Ausgangspunkt, um in einer **zweiten Runde** die **funktionalen Nutzenkomponenten** der betrachteten Produkte zu ergründen.

- Diese Nennungen vor Augen, geht es in einer **dritten Runde** darum, eine Vorstellung von den mit den betrachteten Marken verknüpften **psychischen Nutzenkomponenten** zu entwickeln.

- Die Befragung wird so lange fortgeführt, bis die Person Auskunft über ihre **instrumentalen** und **terminalen Werthaltungen** gibt.

Im Rahmen des *laddering*-Interviews erhält das Individuum die Aufgabe, seine **persönliche Gegenstandswelt** zu beschreiben, über Erlebnisse und Erinnerungen, die es für wert hält, zu berichten und seinen **psychischen Lebensraum** zu erörtern. Eine wichtige Voraussetzung für den Erfolg dieses Erkundungsgesprächs bildet neben der Fähigkeit des Forschers auch die Bereitschaft des Befragten, sich mitzuteilen und für eine solche Kommunikation zu öffnen.

Empirische Studien zeigen jedoch, daß die Probanden häufig nicht auf die Warum-Fragen eingehen und somit keinen Aufschluß über die das Verhalten determinierenden Werthaltungen zulassen. Die Gründe hierfür liegen auf der Hand:

- Nur sehr wenige Versuchspersonen sind sich darüber bewußt, daß die Wertschätzung einer Produkteigenschaft und die Bedeutung einer damit verbundenen Nutzenkomponente vom **dahinterstehenden Motiv** abhängen.

- Außerdem berühren die im *laddering*-Interview angesprochenen Themen einen Bereich, über den die Probanden nur in seltenen Fällen freizügig Auskunft erteilen. Daher bedarf es ausgefeilter Befragungstechniken, um trotz dieser Probleme die interessierenden *means end*-Ketten aufzudecken.

Ein Blick in die Literatur zeigt, daß keine allgemein akzeptierten Regeln zur Durchführung eines *laddering*-Interviews existieren. Daher bleibt für die Festlegung des Ablaufs einer Befragung dieser Art nur der Rückgriff auf die Erfahrung anderer Forscher. Auf diesem Feld ausgewiesene Autoren, wie *Gutman*, *Olson* und *Reynolds*, betonen die große Bedeutung einer **Aktivierung** der **Elemente** des **semantischen Netzes** für den Erfolg einer Exploration. Insofern besteht ein häufig beschrittener Weg darin, der Auskunftsperson ein **konkretes Konsumerlebnis** vor Augen zu führen. Ein Beispiel veranschaulicht diese Idee:

*Forscher:*   Aus unserem bislang geführten Gespräch geht hervor, daß Sie auf einer Party mit Freunden sehr gerne zu einem alkoholarmen Bier greifen. Warum wählen Sie bei einer solchen Gelegenheit dieses Getränk?

*Proband:*   Alle Biermarken, die ich gerne trinke, enthalten nur wenig Alkohol.

*Forscher:*   Warum bevorzugen Sie auf einer Party diese Marken?

*Proband:*   Das weiß ich nicht. Darüber dachte ich noch nie nach.

*Forscher:*   Wann feierten Sie zum letzten Mal mit Freunden?

*Proband:*   Am vergangenen Samstag.

*Forscher:*   Versuchen Sie sich den Verlauf der Party vorzustellen. Irgendwann griffen Sie zu einem Bier. Warum nahmen sie kein anderes Getränk?

*Proband:*   Ich wußte, daß die Party sehr lange dauern würde. Daher wollte ich nicht zuviel Alkohol zu mir nehmen.

*Forscher:*   Warum war es wichtig für Sie, nüchtern zu bleiben?

*Proband:*   Auf einer Party möchte ich mich mit Freunden unterhalten und andere Menschen kennenlernen. Es bedeutet mir sehr viel, einen festen Bekanntenkreis zu besitzen. Betrunkene Personen reagieren oft ausfallend, sind nicht kommunikativ und erhalten keine Einladung zur nächsten Party.

Gelegentlich tritt der Fall auf, daß der Befragte bei seinen Ausführungen ins Stocken gerät und den gedanklichen Schritt zum nächsten *means end*-Element nicht vollzieht. In dieser Situation erscheint es ratsam, die Frage **nach** einer **Alternative** zur üblicherweise konsumierten Marke zu stellen. Das folgende Gespräch liefert ein Beispiel dafür:

*Forscher:*   Im Verlauf unserer Unterhaltung zeigte sich, daß Sie nach der Arbeit mit Vorliebe ein alkoholarmes Bier trinken. Was ist der Grund dafür?

*Proband:*   Wenn ich am Abend nach Hause komme, möchte ich mich zurücklehnen und in Ruhe ein Bier trinken.

*Forscher:*   Warum bevorzugen Sie in dieser Situation ein Bier?

*Proband:*   Ich genieße den vollmundigen Geschmack dieses Getränkes.

*Forscher:*  Warum besitzt der Geschmack eines Bieres eine große Bedeutung für Sie?

*Proband:*  Das kann ich nicht sagen. Es ist einfach so.

*Forscher:*  Zu welchem Getränk greifen Sie, wenn kein Bier verfügbar ist?

*Proband:*  Vielleicht trinke ich eine Coke.

*Forscher:*  Was unterscheidet ein Bier von einer Coke?

*Proband:*  Da ich tagsüber sehr hart arbeite, empfinde ich es als einen Genuß, am Abend etwas Besonderes zu konsumieren. Ich möchte mich für die geleistete Arbeit belohnen und für den nächsten Arbeitstag motivieren.

*Forscher:*  Warum ist es wichtig für Sie, sich selbst zu belohnen?

*Proband:*  Ich brauche das Gefühl, mir etwas leisten zu können.

Zur Fortführung eines festgefahrenen Gesprächs erweist es sich häufig als zweckmäßig, auf das Konsumverhalten des Befragten in der **Vergangenheit** einzugehen. Oft gelingt es auf diese Weise, ihn zur Ausbreitung der Hintergründe seiner Verhaltensänderung zu bewegen. Ein Beispiel verdeutlicht diese Idee:

*Forscher:*  Aus Ihren Ausführungen geht hervor, daß Sie am Abend im Restaurant oder an der Bar ein alkoholarmes Bier bestellen. Gibt es einen ganz bestimmten Grund für die Wahl dieses Getränks?

*Proband:*  Nein, eigentlich nicht. Allerdings bevorzuge ich ausländische Marken.

*Forscher:*  Warum spielt für Sie die Marke eine wichtige Rolle?

*Proband:*  Das weiß ich nicht. Ich verlange solche Getränke, ohne darüber nachzudenken.

*Forscher:*  Veränderten sich Ihre Konsumgewohnheiten in den letzten Jahren?

*Proband:*  Ja, ganz entscheidend. Während meiner Studienzeit trank ich vorwiegend *Coke.*

*Forscher:*  Welches Getränk bevorzugen Sie heute?

*Proband:*  Ein alkoholarmes Bier.

*Forscher:*  Warum wollen Sie keine *Coke* mehr?

*Proband:*  Inzwischen gehöre ich der Geschäftsleitung eines großen Unternehmens an. Es kommt häufig vor, daß ich mit Kollegen oder Geschäftspartnern zum Essen gehe. In einer solchen Situation hinterlasse ich einen besseren Eindruck, wenn ich ein Bier oder einen Wein anstelle einer Coke trinke.

*Forscher:*  Warum ist es wichtig für Sie, andere Menschen zu beeindrucken?

*Proband:*  Ich möchte im Beruf erfolgreich sein.

Häufig zögert ein Individuum, sich im Rahmen eines *laddering*-Interviews über seine Gefühle und Empfindungen zu äußern. In diesem Fall greift der Wissenschaftler die **prospektive Befragungstechnik** auf und bittet den Probanden, über die verhaltensprägenden Motive einer anderen Person Auskunft zu erteilen. Zur Illustration dient folgendes Beispiel:

| | |
|---|---|
| *Forscher*: | Unser bislang geführtes Interview verdeutlicht, daß Sie anläßlich eines Besuchs bei Ihrem Freund ein alkoholarmes Bier trinken. Warum greifen Sie dort zu einem solchen Getränk? |
| *Proband*: | Er bietet mir meistens ein Bier an. |
| *Forscher*: | Warum wünschen Sie kein anderes Getränk? |
| *Proband*: | Ich trinke sehr gerne Bier. |
| *Forscher*: | Warum offeriert ihr Freund solch ein Getränk? |
| *Proband*: | Das weiß ich nicht. |
| *Forscher*: | Was zeichnet ein alkoholarmes Bier aus? |
| *Proband*: | Es ist sehr teuer. |
| *Forscher*: | Warum bevorzugt ihr Freund teure Getränke? |
| *Proband*: | Er will mir zeigen, daß er sich etwas Besonderes leisten kann. |
| *Forscher*: | Warum möchte er durch seine Konsumgewohnheiten beeindrucken? |
| *Proband*: | Mein Freund ist im Beruf sehr erfolgreich. Alle seine Bekannten sollen erkennen, daß er im Leben schon viel erreicht hat. |
| *Forscher*: | Warum ist der berufliche Erfolg für ihn so wichtig? |
| *Proband*: | Er strebt nach Anerkennung. |

Den Ausgangspunkt des *laddering*-Interviews bilden mittels der *repertory grid*-Methode identifizierte Eigenschaften. Sie verkörpern den Ankerpunkt für alle darauffolgenden Fragen nach den Nutzenkomponenten und der Werthaltung. Häufig erweist sich jedoch der umgekehrte Weg als erfolgversprechend, das heißt, der Forscher wirft die Frage auf, warum ein Merkmal für die Auskunftsperson keine Bedeutung besitzt (*reverse laddering*). Der folgende Dialog gibt ein Beispiel für diese Vorgehensweise:

| | |
|---|---|
| *Forscher*: | Ihre Äußerungen verdeutlichen, daß Sie darauf achten, möglichst kalorienarme Getränke zu sich zu nehmen. Was ist der Grund dafür? |
| *Proband*: | Ich trinke schon seit Jahren aus Gewohnheit solche Getränke, unter anderem auch alkoholarmes Bier. |
| *Forscher*: | Warum greifen Sie nicht zu einem normalen Bier? |
| *Proband*: | Ich achte auf gesunde Ernährung, um mein Körpergewicht konstant zu halten. |
| *Forscher*: | Warum ist ein ideales Körpergewicht bedeutsam? |
| *Proband*: | Viele Menschen möchten als jugendlich und sportlich gelten. |
| *Forscher*: | Warum ist es wichtig, ein solches Image zu besitzen? |
| *Proband*: | Es ist leichter, andere Menschen kennenzulernen. |
| *Forscher*: | Warum legen viele Personen großen Wert darauf, mit anderen in Kontakt zu kommen? |
| *Proband*: | Die meisten Menschen erkennen, daß es in vielen Situationen im Leben auf gute Freundschaft ankommt. |

Aus den Äußerungen der Befragten ergeben sich auf den ersten Blick nur wenige Hinweise auf die interessierenden Nutzenkomponenten und die Werthaltungen. Aus diesem Grund bedarf es noch einer **fachkundigen Interpretation** des empirischen Materials. Dafür bietet sich die Inhaltsanalyse an.

### 11.2.1.3 Die Inhaltsanalyse

In der empirischen Sozialforschung findet seit den 50er Jahren eine rege Diskussion über Möglichkeiten zur Analyse schriftlich fixierter sprachlicher Aussagen statt. Die bislang entwickelten Ansätze, die sich alle dem Begriff **Inhaltsanalyse** subsumieren lassen, bestehen im Kern aus Heuristiken zur Interpretation eines **transkribierten Interviews**. Regeln dieser Art erlauben einem Forscher, von **manifesten Merkmalen** eines **Texts** auf die **soziale Wirklichkeit** des **Probanden** zu schließen (vgl. *Atteslander*, 1993, S. 221 ff.). Hieraus resultieren Anhaltspunkte für die interessierenden, jedoch im Tiefeninterview zumeist nicht explizit bekundeten **Triebkräfte** der **individuellen Daseinsäußerungen**.

Das auf der Basis eines tiefenpsychologischen Gesprächs erhobene Material erweist sich jedoch als **äußerst komplex, verwirrend vielschichtig** und daher für einen auf diesem Feld **nicht ausgebildeten Forscher kaum zugänglich**. Außerdem reichen die gesammelten Daten für die Rekonstruktion der Determinanten des individuellen Verhaltens häufig nicht aus. Als mögliche Quellen für ergänzende Informationen kommen entweder das **Umfeld** der **Versuchsperson** oder die **Fähigkeit** des **Wissenschaftlers** zur **Deutung** des **realen Geschehens** in Betracht (vgl. *Friedrichs*, 1990, S. 314 ff.).

In der Literatur finden sich zwei Klassen inhaltsanalytischer Ansätze, die sich im Hinblick auf die **Zusammenfassung, Explikation** und **Strukturierung** eines vorliegenden Dokuments voneinander unterscheiden. Dabei ist die Rede von der **hermeneutisch-interpretativen** und der **empirisch-erklärenden Inhaltsanalyse**.

Die **Hermeneutik** läßt sich ganz allgemein als **Methode** des **nachfühlenden Verstehens** kennzeichnen. Sie besitzt ihren Ursprung in der Auslegung philosophischer, theologischer und juristischer Texte. Gleichwohl bietet sich der hermeneutische Forschungsansatz auch zur Untersuchung psychischer und sozialer Phänomene an. Er zielt nicht nur auf die **Analyse** der **äußeren Ordnung** von **Tatsachen** ab, sondern strebt auch die **Erschließung** der **inneren Kräfte** des **menschlichen Verhaltens** an. Ein Diktum von *Dilthey* (1894, S. 144) verdeutlicht diesen Gedanken: "***Die***

*Natur erklären wir, das Seelenleben verstehen wir ...*". Offenbar richtet der Hermeneut sein Interesse **nicht** in erster Linie auf die **Beschreibung** und **Erklärung natürlicher Ereignisse**. Vielmehr steht die **verstehende Teilnahme** an kulturellen Erscheinungen im Blickpunkt. Die Frage nach dem Zugang zum Sinn der individuellen Daseinsäußerungen beantworten viele Autoren mit einem **Verweis** auf den **Zirkel** des **Verstehens** (vgl. *Geldsetzer*, 1992, S. 127 ff.).

Die Vorstellung von der Existenz eines hermeneutischen Zirkels geht auf *Ast* zurück. Er verdeutlicht in seinen Schriften, daß sich das **Einzelne** nur mit Hilfe des **Ganzen** und das **Ganze** nur unter Berücksichtigung des **Einzelnen** begreifen läßt. Beispielsweise resultiert der Sinn eines Satzes (des Ganzen) aus der Bedeutung der ihn konstituierenden Wörter (des Einzelnen). Die **Relevanz** des jeweiligen **Worts** läßt sich aber nur im Lichte des Satzes bestimmen. Dieser Wirkungszusammenhang zwischen dem Einzelnen und dem Ganzen erscheint auf jeder **Stufe** der **Kontextualität** (z. B. Wort, Satz, Text). Inwieweit der Zirkel des Verstehens die mit Hilfe der hermeneutischen Untersuchungsmethode gewonnenen Erkenntnisse in Frage stellt, erläutert *Heidegger* (1984, S. 153) auf folgende Weise: "*Dieser Zirkel des Verstehens ist nicht ein Kreis, in dem sich eine beliebige Erkenntnisart bewegt, sondern er ist der Ausdruck der existenzialen Vor-Struktur des Daseins selbst ...*". Seiner Überlegung zufolge bleibt der Zirkel für jedes Individuum unvermeidlich und gilt auch für jeden Forschungsansatz, erst recht für den naturwissenschaftlichen und den mathematischen. Aus diesem Grund strebt ein verständiger Forscher **nicht danach, aus diesem Zirkel herauszukommen**, sondern **danach, auf dem richtigen Weg in ihn hineinzugelangen**.

Nach hermeneutischem Verständnis reicht eine auf manifeste Textmerkmale beschränkte Auseinandersetzung mit einem Dokument nicht aus. Vielmehr bedarf es einer **fachkundigen Deutung** des erhobenen Materials. Hierzu nimmt der Forscher den ihm vorliegenden Text mit seinem Vorverständnis über den relevanten Inhalt in Augenschein. Im Verlauf der sukzessiven Aufhellung realer Gegebenheiten entwickelt er häufig eine von dieser ersten Überlegung abweichende Sicht. Sofern er seine Aufmerksamkeit nicht nur auf den Text richtet, sondern auch das Umfeld des Probanden berücksichtigt, ergeben sich weitere Hinweise auf die Bestimmungsfaktoren des individuellen Verhaltens.

Obwohl *Schleiermacher* (1983, S. 278 ff.) die Kunst der Auslegung eines Dokuments als ein leicht erlernbares Handwerk beschreibt, beklagen viele Autoren die **impressionistische Vorgehensweise** der hermeneutisch-interpretativen Inhaltsanalyse. Es **fehlen allgemein akzeptierte Regeln** zur **Auslegung** eines **schriftlich erfaßten Interviews**, die eine **intersubjektive Überprüfbarkeit** der **identifizierten Determinanten** des Verhaltens zulassen. Diesen Kritikpunkt vor Augen, fordern einige Forscher dazu auf, diese inhaltsanalytische Variante allenfalls zur **Deskription** und zur **Klassifikation** eines **interessierenden Phänomens einzusetzen** oder als Basis für die **Formulierung** von **Hypothesen** im Rahmen einer explorativen Studie heranzuziehen.

Die **empirisch-erklärende Inhaltsanalyse** läßt sich als eine Methode zur **objektiven, systematischen** und **quantitativen Beschreibung** des **manifesten Inhalts** eines transkribierten **Interviews** kennzeichnen (vgl. *Mayntz/Holm/Hübner*, 1978, S. 161 ff.). Den Kern des Vorgehens bildet die Anwendung eines Kategoriensystems auf das zu untersuchende Material. Durch die Zuordnung von Textelementen wie Wörtern und Sätzen zu vorher definierten Kategorien erweist sich der identifizierte Aussagegehalt als für jedermann erfaßbar und auswertbar. In der Literatur finden sich eine Reihe unterschiedlicher inhaltsanalytischer Ansätze dieser Art, von denen das **Valenz-** und **Kontingenzverfahren** besondere Relevanz besitzen.

**(1) Kontingenzanalyse**

Mit der **Kontingenzanalyse** läßt sich überprüfen, welche **Textelemente** wie Begriffe und Wortformen, vor allem Substantive und Adjektive, wie oft **im gleichen Zusammenhang auftreten** (vgl. *Bos/Straka*, 1989, S. 155 ff.). Hierbei richtet sich das Interesse auf jene **sprachlichen Konfigurationen**, die mit einer **über** der **Zufallswahrscheinlichkeit liegenden Häufigkeit** als **Kombination** im Dokument erscheinen.

Hierzu bedarf es zunächst einer **Bestimmung** der **Frequenz**, mit der jedes der interessierenden Textelemente auftaucht. Daraufhin läßt sich der **Erwartungswert** für das **gemeinsame Auftreten** zweier oder mehrerer sprachlicher Einheiten, wie die Begriffe *Löwenbräu* und *soziale Interaktion*, mittels einer **Multiplikation** ihrer **Häufigkeitswerte** ermitteln. Diese rechnerische Größe bildet die Basis für einen Vergleich mit einem empirischen Wert, der die Frequenz des tatsächlichen gemeinsamen Erscheinens der beiden Elemente im Text zum Ausdruck bringt. Übersteigt oder unterschreitet die erhobene Häufigkeitszahl den errechneten Erwartungswert deutlich, **stehen** die **beiden Termini** in einem **Zusammenhang**.

**(2) Valenzanalyse**

Die **Valenzanalyse** zielt auf die **Identifikation** der für das Verständnis eines Texts **relevanten Wörter** und **Sätze** ab (vgl. *Bos/Tarnai*, 1989, S. 5 ff.). Diesem Zweck dient eine Unterscheidung zwischen **inhaltstragenden** (Einstellungsobjekten) und **wertgeladenen** (syntaktischen) **Textele-**

**menten**. Während zum Beispiel die Begriffe *Löwenbräu* und *soziale Interaktion* zu den **Einstellungsobjekten** gehören, repräsentieren alle auf diese Wörter bezogenen Prädikate die **syntaktischen Einheiten**. Letztere reflektieren die Bedeutung der einzelnen inhaltstragenden Objekte für das Textverständnis.

Hierzu erhält jedes Prädikat in Abhängigkeit von seiner **assoziativen** beziehungsweise **dissoziativen Funktion** im Satzgefüge einen Skalenwert von -3 bis +3 zugewiesen. Der Ausdruck *Löwenbräu fördert die soziale Interaktion* enthält ein verbindendes, deshalb positiv bewertetes syntaktisches Element. Demgegenüber zeichnet sich der Satz *Löwenbräu führt zu Alkoholmißbrauch* durch ein trennendes, im negativen Bereich der Skala eingestuftes Verb aus. Obgleich die Berücksichtigung von Skalenwerten den Eindruck einer **Elimination** der **subjektiven Willkür** bei der Inhaltsanalyse vermittelt, bleibt die Festlegung dieser Größen letztlich doch dem Ermessen des Forschers überlassen.

Die Schilderung der beiden Spielarten verdeutlicht das Anliegen des empirisch-erklärenden Ansatzes, die Analyse eines Dokuments auf die **Erfassung** der **manifesten Textmerkmale zu begrenzen**. Damit eignen sich diese Methoden bestenfalls zur Bestimmung der **Häufigkeit**, mit der **sprachliche Elemente gemeinsam** in einem **Dokument auftauchen**, oder zur **Festlegung** von **Skalenwerten**, die die Relevanz der einzelnen sprachlichen Konfigurationen ausdrücken. Alle Bestrebungen zur **Interpretation** des zwischen den **Textelementen bestehenden latenten Zusammenhangs** finden von vornherein keine Beachtung. Ebenso bleibt der **Kontext** des zur **Datenerhebung durchgeführten Gesprächs** bei der Materialauswertung unberücksichtigt. Angesichts dieser Defizite bemerkt *Kracauer* (1952, S. 631 ff.), daß eine auf **Reliabilität** und **Validität** des Ergebnisses ausgerichtete Inhaltsanalyse eine **Atomisierung** des **empirischen Materials** bewirkt. Ähnlich argumentiert auch *Merten* (1983, S. 48 ff.), der die Auffassung vertritt, daß die Forderung nach **Objektivität** auf ein **vorsätzliches Nicht-Verstehen** eines **Dokuments** hinausläuft.

Wie erinnerlich, richtet sich der Fokus der *means end*-Analyse nicht in erster Linie auf eine syntaktische Beschreibung der Datensätze. Vielmehr steht die Rekonstruktion der sozialen Wirklichkeit der ausgewählten Probanden im Mittelpunkt der Betrachtung. Folglich erscheint es ratsam, die Inferenz von textinternen auf textexterne Eigenschaften zum konstitutiven Element der Inhaltsanalyse zu erheben. Damit existiert die methodische Voraussetzung, um von den vorliegenden Rohdaten auf die subjektive Realität oder, mit anderen Worten, von den Merkmalen eines manifesten Texts auf den nicht-manifesten Kontext zu schließen.

Die **qualitative Inhaltsanalyse**, eine aus dem hermeneutisch-interpretativen und dem empirisch-erklärenden Ansatz resultierende Methode, erfüllt diese Anforderungen. Sie ermöglicht eine **quantitative Auswertung** eines **transkribierten Interviews**, ohne den eigentlichen Sinn der Äußerungen des Befragten zu vernachlässigen (vgl. *Mayring*, 1985, S. 187 ff., und 1988, S. 22 ff.). Die erforderlichen Kategorien werden jedoch nicht im voraus festgelegt, sondern aus dem vorliegenden Text abgeleitet. Dem Vorteil, den **latenten Inhalt** des Dokuments **aufzuspüren**, steht jedoch der Nachteil einer **eingeschränkten intersubjektiven Überprüfbarkeit** des Resultats gegenüber. In Anlehnung an einen Vorschlag von *Mayring* läßt sich die qualitative Inhaltsanalyse in drei Arbeitsschritte unterteilen: **Zusammenfassung** des **Dokuments**, **Explikation relevanter Textpassagen** und **Zuordnung** der **sprachlichen Einheiten** zu bestimmten **Kategorien**.

**(1) Zusammenfassung des Dokuments**

Der **erste Schritt** besteht in einer **Reduktion** der **transkribierten Befragung** auf die **inhaltstragenden Textelemente**. Diesem Zweck dienen die Elimination aller irrelevanten Passagen des Dokuments und die Transformation der verbleibenden Textstellen in eine einheitliche Sprachform. Ein vom Forscher **festgelegtes sprachliches Abstraktionsniveau** bildet den **Bezugspunkt** für die **Formulierung geeigneter Paraphrasen**. Bei dieser sprachlichen Verallgemeinerung entstehen häufig inhaltsgleiche oder für die **Interpretation** des **Dokuments** bedeutungslose Ausdrücke, die keine weitere Beachtung finden. Alle sich **aufeinander beziehenden Paraphrasen** lassen sich zusammenfassen und gegebenenfalls durch einen Oberbegriff ersetzen.

**(2) Explikation relevanter Textpassagen**

Dem **zweiten Schritt** liegt die Erkenntnis zugrunde, daß sich Probanden im Rahmen der Exploration **unklar** und **unvollständig ausdrücken** oder einem Begriff eine **eigene**, ganz spezifische **Bedeutung beimessen**. In Anbetracht dieser erhebungstechnischen Schwierigkeit reicht die lexikalisch-grammatikalische Inhaltsanalyse zur Bestimmung der Determinanten des individuellen Verhaltens nur in seltenen Fällen aus. Es erscheint daher ratsam, eine Textpassage mit Hilfe ergänzender Informationen zu erläutern. Bei einer Analyse dieser Art leitet der Forscher aus dem **supplementären Material** mehrere Paraphrasen ab und fügt sie an die entsprechende Stelle im Dokument ein. In der Literatur finden sich zwei Varianten einer solchen Kontextanalyse:

- Die eine Spielart, häufig als **enge Kontextanalyse** bezeichnet, läßt zur Explikation einer Textstelle lediglich **Wörter** und **Sätze** aus einem anderen Abschnitt des gleichen Dokuments zu. Hierbei spielen vor allem solche sprachlichen Einheiten eine Rolle, die einen **expliziten Bezug** zur fraglichen Passage aufweisen.

- Dagegen kommt bei der **weiten Kontextanalyse** auch Material in Betracht, das Auskunft über **Wesensmerkmale** des Probanden und über sein **soziales Umfeld** gibt. Einige ausgewiesene Autoren erteilen sogar den Ratschlag, die Sichtweise des Forschers über den interessierenden Sachverhalt zur Explikation einer Textstelle heranzuziehen. Diese Empfehlung schließt die freie Assoziation des Interpreten mit bestimmten sprachlichen Konfigurationen ein.

**(3) Zuordnung der sprachlichen Einheiten**

Im Anschluß an diese Vorarbeiten geht es im **dritten Schritt** um die Zuordnung der Textelemente zu bestimmten Kategorien. Diese Aufgabe zerfällt in zwei Teilschritte:

- **Bestimmung** der **sprachlichen Einheiten**, die den **gesuchten Textinhalt verbergen**, und

- **Entwicklung** eines **Kategoriensystems** zur Klassifikation dieser Elemente.

Zur Aufdeckung der zentralen Aussagen eines Dokuments stehen grundsätzlich **Wörter**, **Sätze** und **Abschnitte** zur Verfügung. Die Entscheidung für bestimmte Konfigurationen hängt davon ab, wo sich Hinweise auf die Determinanten des individuellen Verhaltens verbergen. Steht die Untersuchung von Werbebroschüren, Fernseh- oder Radiospots im Blickpunkt, bilden ganze Texte die relevanten sprachlichen Einheiten. Dagegen erfordert die Erfassung der von einem Nachfrager wahrgenommenen Nutzenkomponenten eines Produkts eine Analyse einzelner Wörter oder Sätze (vgl. *Lisch/Kriz*, 1978, S. 44 ff.).

Bei der Festlegung der für eine Studie geeigneten Konfigurationen bleibt zu beachten, daß sich die gesuchte Botschaft eines Dokuments häufig in **verschiedenen sprachlichen Einheiten** manifestiert. Beispielsweise läßt sich die Werthaltung eines Individuums sowohl in dem Satz "... ich will das Beste vom Leben bekommen ..." als auch in dem Wort *Hedonismus* ausdrücken. Es erscheint jedoch fragwürdig, aus einzelnen Konfigurationen, die positive oder negative Urteile eines Probanden über bestimmte Erscheinungen ausdrücken, zum Beispiel auf seine Werthaltung zu schließen. Die Bedeutung eines Worts oder eines Satzes ergibt sich erst aus dem **Zusammenhang** mit **anderen sprachlichen Einheiten**.

Anknüpfend an die Bestimmung der relevanten Textelemente wird ein **Kategoriensystem** zur Strukturierung des vorliegenden Materials konzipiert. In einem Schema dieser Art repräsentiert jede Kategorie eine bestimmte **Bedeutungsdimension**. Die **Wörter** beziehungsweise **Sätze** lassen sich in bezug auf ihre **Bedeutungsgleichheit** (oder besser: **semantische Ähnlichkeit**) einer dieser Dimensionen zuordnen. Auf diese Weise gelingt es, die Vielfalt sprachlicher Artikulation auf **geistig bewältigbare** und **methodisch handhabbare Klassen** zu reduzieren.

Die Gewährleistung einer möglichst **reliablen** und **validen Kategorisierung** der **sprachlichen Einheiten** erfordert eine exakte **Spezifikation** der **Klassen**. Im Einzelfall signalisieren typische Beispiele, ob ein Wort oder ein Satz zu einer bestimmten Bedeutungsdimension gehören. Sofern die Definition einer Kategorie **keine vollständige Aufzählung** der einzuordnenden Konfigurationen ermöglicht, obliegt die **Klassifikationsentscheidung** dem **intuitiven Sprachverständnis** des **Forschers**. Die faktische Relevanz einer Bedeutungsdimension ergibt sich am Ende des Klassifikationsprozesses aus der Gesamtheit der ihr zugewiesenen Textelemente.

Ein in diesem Sinne taugliches Kategoriensystem muß die folgenden von *Mayntz, Holm* und *Hübner* (1978, S. 157 ff.) postulierten Voraussetzungen erfüllen:

- Den Ausgangspunkt bildet die Forderung, ein **derartiges Schema** aus einem **einheitlichen Klassifikationsprinzip** abzuleiten. Dabei sollte sich jede Kategorie nur auf eine einzige Bedeutungsdimension beziehen.

- Außerdem verlangen die Autoren, daß die **Klassen einander ausschließen**. Daher gehört jede sprachliche Einheit nur einer Kategorie an.

- Schließlich reklamieren *Mayntz, Holm* und *Hübner* die **Vollständigkeit** des **Kategoriensystems**. Hiernach muß sich jede auf eine Bedeutungsdimension bezogene sprachliche Konfiguration einer der bestehenden Klassen zuordnen lassen.

Diese drei Anwendungsvoraussetzungen der qualitativen Inhaltsanalyse bilden im folgenden die methodische Basis für die Auswertung der transkribierten Interviews. Im Mittelpunkt des Interesses steht die Entwicklung eines Kategoriensystems, das eine Rekonstruktion der individuellen *means end*-Leitern ermöglicht. Die Bewältigung dieser Aufgabe erfordert nach Einschätzung zahlreicher Autoren den sicheren Umgang mit allen Interpretationstechniken der qualitativen Datenanalyse. Hierauf weist *Berelson* (1971, S. 147) eindringlich hin: "*Die Inhaltsanalyse steht und fällt mit ihren Kategorien. Da die Kategorien die Substanz der Unter-*

*suchung enthalten, kann eine Inhaltsanalyse nicht besser sein als ihre Kategorien ...".*

Im betrachteten Beispiel legte der Forscher insgesamt 29 Kategorien fest, die sich den einzelnen Elementen der *means end*-Kette zuordnen lassen. Aus *Abbildung* 5.7 geht hervor, daß beispielsweise die Klassen **wenige Kalorien** und **hoher Preis** konkrete Attribute verkörpern, wohingegen **Freundschaft** und **Anerkennung** terminale Werte repräsentieren.

Die vorgegebenen Kategorien dienen als Grundlage für die Spezifikation der individuellen *means end*-Leitern. *Abbildung* 5.8 zeigt ausgewählte Beispiele:

- Bei der Wahl eines alkoholarmen Bieres spielt für die erste Auskunftsperson das Renommee der Brauerei eine entscheidende Rolle. Der gute Ruf des Erzeugers fungiert als Indikator für ein gehobenes Markenimage. Durch den Konsum eines solchen Guts sieht der Nachfrager die Chance, andere Menschen zu beeindrucken und auf diese Weise deren Anerkennung zu erlangen.

- Dagegen achtet der zweite Befragte auf die im Bier enthaltenen künstlichen Geschmacksstoffe. Aus seiner Sicht zeichnet sich nur ein nach dem Reinheitsgebot gebrautes Produkt durch einen vollmundigen Geschmack aus. Mit dem Kauf einer Marke dieser Art möchte sich der Konsument für eine erbrachte Leistung belohnen und so seine Selbstachtung steigern.

Die bis hierhin angestellten Überlegungen lassen sich wie folgt zusammenfassen: Den Ausgangspunkt bildet die *repertory grid*-Methode zur Bestimmung der **relevanten Eigenschaften** von **Marken**. Anschließend dienen tiefenpsychologische Interviews dazu, die Vorstellungen der Probanden über die **gewünschten Nutzenkomponenten** und **angestrebten Werthaltungen** zu erfassen. Im Verlauf der Untersuchung kommt eine Inhaltsanalyse zum Einsatz, um geeignete Bedeutungsdimensionen (Kategorien, Klassen) zu identifizieren und die vage formulierten Äußerungen der Probanden diesen Klassen zuzuordnen. Nach diesen Vorarbeiten interessiert im folgenden Abschnitt die Rekonstruktion der *means end*-Kette auf der Basis der zuvor ermittelten Kategorien. Zu diesem Zweck eignet sich die *laddering*-Methode.

| *means end*-Element | Kategorie |
|---|---|
| Konkretes Attribut | • wenige Kalorien ($AK_1$)<br>• keine Geschmacksstoffe ($AK_2$)<br>• kleine Flasche ($AK_3$)<br>• hohes Renommee der Brauerei ($AK_4$)<br>• geschmackvolles Etikett ($AK_5$)<br>• hoher Preis ($AK_6$)<br>• wenig Alkohol ($AK_7$) |
| Abstraktes Attribut | • gehobenes Image ($AA_1$)<br>• garantierte Frische ($AA_2$)<br>• ansprechendes Flaschendesign ($AA_3$)<br>• vollmundiger Geschmack ($AA_4$)<br>• ausgezeichnete Qualität ($AA_5$) |
| Funktionale Nutzenkomponente | • nicht zunehmen ($CF_1$)<br>• etwas für die Gesundheit tun ($CF_2$)<br>• sich nicht betrinken ($CF_3$)<br>• den Durst löschen ($CF_4$) |
| Psychische Nutzenkomponente | • als jugendlich und sportlich gelten ($CP_1$)<br>• im Beruf erfolgreich sein ($CP_2$)<br>• andere Menschen kennenlernen ($CP_3$)<br>• interessante Gespräche führen ($CP_4$)<br>• andere Menschen beeindrucken ($CP_5$)<br>• sich belohnen ($CP_6$) |
| Instrumentale Werthaltung | • Verantwortung ($VI_1$)<br>• Genuß ($VI_2$)<br>• Geselligkeit ($VI_3$)<br>• Strebsamkeit ($VI_4$) |
| Terminale Werthaltung | • Freundschaft ($VT_1$)<br>• Selbstachtung ($VT_2$)<br>• Anerkennung ($VT_3$), |

Quelle: *Herrmann*, 1996, S. 104

*Abbildung 5.7: Kategorien im Biermarken-Fall*

| Per-son | means end-Element | | | | | |
|---|---|---|---|---|---|---|
| | Konkretes Attribut | Abstraktes Attribut | Funktionale Nutzen-komponente | Psychische Nutzen-komponente | Instrumentale Werthaltung | Terminale Werthaltung |
| 1 | hohes Re-nommee der Brauerei | gehobenes Image | - | andere Menschen beeindrucken | - | Anerkennung |
| 2 | keine Geschmacks-stoffe | vollmundiger Geschmack | - | sich belohnen | - | Selbst-achtung |
| 3 | hoher Preis | ausge-zeichnete Qualität | den Durst löschen | im Beruf erfolgreich sein | Verantwor-tung | Anerkennung |
| ... | ... | ... | ... | ... | ... | ... |
| 480 | geschmack-volles Etikett | ansprechen-des Fla-schendesign | - | sich belohnen | Genuß | Selbst-achtung |

Quelle: *Herrmann*, 1996, S. 105

*Abbildung 5.8: Ausgewählte means end-Leitern für Biermarken*

### 11.2.1.4 Die *laddering*-Methode

Anknüpfend an die Arbeiten von *Gutman, Olson* und *Reynolds* (vgl. *Gutman/Reynolds*, 1979, S. 128 ff., sowie *Olson/Reynolds*, 1983, S. 77 ff.) entstand Mitte der 80er Jahre das *laddering*-Verfahren. Es besteht im Kern aus einer **Heuristik**, die auf die **Identifikation** der von den Probanden besonders oft genannten *means end*-**Elemente** abzielt. Solche Komponenten bilden die Basis für die **Rekonstruktion** von *means end*-**Ketten**, die im interessierenden Fall das kognitive Gefüge typischer Bierkonsumenten verkörpern. Sofern unterschiedliche Gruppen von Nachfragern mit verschiedenen repräsentativen Ketten dieser Art existieren, läßt sich eine *hierarchical value map* entwickeln. Diese **Landkarte** der **Kogniti-**

**onen** bringt für eine Menge von Auskunftspersonen die aus verhaltens-
wissenschaftlicher Sicht bedeutsamen und für die Ableitung **marketingpolitischer Handlungsempfehlungen** sehr wichtigen Verknüpfungen der
Komponenten zum Ausdruck.

Methodisch gesehen bildet die **Implikationsmatrix** den Ausgangspunkt
für die Rekonstruktion der *hierarchical value map*. Die Zeilen und Spalten dieser Matrix bestehen aus den *means* **end-Elementen**, die Zellen
enthalten **Häufigkeitswerte**. Dabei gibt ein Tabellenwert die Anzahl der
Probanden an, die das in der Spalte angeordnete Element mit dem in der
Zeile abgetragenen verknüpfen. Die Bestimmung dieser Matrix setzt voraus, daß der Marktforscher die Frequenz erfaßt, mit der "... *each element
leads to each other element* ..." (*Reynolds/Gutman*, 1988, S. 20). Diese
Aufgabe erscheint auf den ersten Blick leicht lösbar, da sie lediglich eine
Auswertung aller ermittelten Leitern erfordert. Bei genauer Betrachtung
taucht jedoch das Problem auf, daß zwei **unterschiedliche Arten** von
**Beziehungen** zwischen den **Komponenten** existieren. Dieser Einwand
läßt sich anhand einer fiktiven, aus drei Elementen bestehenden *means
end*-Leiter erläutern:

- garantierte Frische
- den Durst löschen
- sich belohnen

Während die Komponenten *garantierte Frische* und *den Durst löschen*
beziehungsweise *den Durst löschen* und *sich belohnen* in einem direkten
Zusammenhang stehen, besteht zwischen *garantierter Frische* und *sich
belohnen* eine indirekte Relation. In der Literatur herrscht Einigkeit darüber, daß die Implikationsmatrix alle **direkten Beziehungen** erfassen
sollte. Daneben verlangen einige Autoren auch eine Berücksichtigung der
**indirekten Relationen**.

Die Begründung hierfür liefern *Reynolds* und *Gutman* (1988, S. 20): "...
*without examining indirect relations, a situation might exist where there
are many paths by which two elements may be indirectly connected but
where none of the paths are represented enough times to represent a
significant connection* ...". In Anlehnung an diese Idee entstand die in
*Tabelle* 5.4 dargestellte Implikationsmatrix, deren Häufigkeitswerte sich
wie folgt interpretieren lassen: Beispielsweise vertreten 49 Probanden die
Auffassung, daß ein hoher Bierpreis ($AK_6$) eine ausgezeichnete Qualität
($AA_5$) signalisiert (vgl. Zeile 6, Spalte 6). Demgegenüber achten 39 Auskunftspersonen auf die im Produkt enthaltenen Kalorien ($AK_1$), um das
Körpergewicht konstant zu halten ($CF_1$, vgl. Zeile 1, Spalte 7).

Die in *Tabelle* 5.4 ausgewiesenen Häufigkeitswerte bilden die Basis zur
**Rekonstruktion** einer *hierarchical value map* mittels der *laddering*-Me-

thode. Dieses Verfahren zielt auf eine Identifikation jener Elemente ab, die eine bestimmte Anzahl von Probanden **direkt** oder **indirekt** miteinander verknüpfen. Aus dieser Matrix geht hervor, daß nahezu jede Variable mit jeder anderen in einer Beziehung steht. Eine von diesem Sachverhalt ausgehende, sehr weit gefaßte und daher viele Relationen einbeziehende *hierarchical value map* wäre **weder gedanklich durchdringbar noch graphisch darstellbar**. Außerdem ließen sich die für die Gestaltung der marketingpolitischen Aktivitäten relevanten *means end*-Ketten nur sehr schwer oder überhaupt nicht erkennen.

Obwohl die Erörterung dieses Problems in der einschlägigen Literatur einen breiten Raum einnimmt, liegt bislang **keine operationale Anweisung** vor, die es erlaubt, bedeutsame Beziehungen zwischen den Komponenten aus der **Gesamtmenge aller Relationen** herauszulösen. Ein Weg besteht darin, die aus empirischen Untersuchungen gewonnene Erfahrung anderer Wissenschaftler aufzugreifen. Zum Beispiel plädieren *Reynolds* und *Gutman* (1988, S. 20) in einer mit 67 Probanden durchgeführten Studie dafür, lediglich jene Größen miteinander zu verzahnen, die den Aussagen von mindestens vier Befragten zufolge in einer **direkten** oder **indirekten Beziehung miteinander stehen**. In Anbetracht des Datensatzes, der der betrachteten Untersuchung zugrunde liegt, erscheint ein Schwellenwert von 29 zweckmäßig ($4/67 \approx 29/480$).

Den methodischen Kern des *laddering*-Verfahrens bildet die zeilenweise Bestimmung aller Tabellenwerte, die die **kritische Zahl 29** übersteigen. Aus der zunächst betrachteten Zeile 1 geht hervor, daß die erste der gesuchten Größen 39 lautet (vgl. Spalte 7). Dieser Wert gibt die Anzahl jener Probanden an, die den Vorzug eines kalorienarmen Bieres ($AK_1$) darin sehen, das Körpergewicht konstant zu halten ($CF_1$). Anschließend richtet sich das Augenmerk auf die Zeile 13, wobei erneut die erste den Schwellenwert 29 überschreitende Zahl interessiert. Der gesuchte Wert 37 (vgl. Spalte 11) drückt die Anzahl der Nachfrager aus, die ein konstantes Körpergewicht mit einer jugendlichen und sportlichen Ausstrahlung verknüpfen ($CP_1$).

In Zeile 17 fällt auf, daß 32 Individuen (vgl. Spalte 13) eine jugendliche und sportliche Ausstrahlung mit der Chance in Verbindung bringen, andere Individuen kennenzulernen ($CP_3$). Die daraufhin ins Auge gefaßte Zeile 19 verdeutlicht, daß 53 Bierkonsumenten (vgl. Spalte 14) die Begegnung mit anderen Menschen suchen, um interessante Gespräche zu führen ($CP_4$). Hinter diesem Anliegen steht bei 33 Nachfragern (vgl. Zeile 20, Spalte 19) der Wunsch nach Geselligkeit ($VI_3$), der wiederum für 42 Probanden (vgl. Zeile 25, Spalte 21) in das Bedürfnis nach Freundschaft ($VT_1$) mündet. Die **erste *means end*-Kette** lautet demnach wie folgt:

| (1) | (2) $AA_1$ | (3) $AA_2$ | (4) $AA_3$ | (5) $AA_4$ | (6) $AA_5$ | (7) $CF_1$ | (8) $CF_2$ | (9) $CF_3$ | (10) $CF_4$ | (11) $CP_1$ | (12) $CP_2$ |
|---|---|---|---|---|---|---|---|---|---|---|---|
| "means end"-Element | | | | | | | | | | | |
| (1) $AK_1$ | 8 | 1 | 1 | - | 4 | 39 | 31 | 2 | 1 | 58 | - |
| (2) $AK_2$ | 4 | 22 | 9 | 39 | 43 | 1 | 2 | - | 27 | 1 | 9 |
| (3) $AK_3$ | 7 | 53 | 8 | 17 | 13 | - | 3 | 32 | 18 | 2 | 9 |
| (4) $AK_4$ | 33 | 11 | - | 2 | 17 | 1 | 4 | - | 2 | 10 | 5 |
| (5) $AK_5$ | - | - | 38 | 2 | 6 | - | 1 | 2 | - | - | 14 |
| (6) $AK_6$ | - | 1 | - | 2 | 49 | 3 | 1 | - | - | 1 | 27 |
| (7) $AK_7$ | - | - | - | - | 3 | 1 | 7 | 45 | 4 | 5 | 7 |
| (8) $AA_1$ | - | - | 10 | 7 | 3 | 9 | 1 | 4 | - | 15 | 8 |
| (9) $AA_2$ | - | - | - | 3 | 24 | 1 | - | 14 | 38 | 2 | 3 |
| (10) $AA_3$ | - | - | - | 14 | 5 | 1 | - | 1 | 7 | 1 | 16 |
| (11) $AA_4$ | - | - | - | - | 4 | 1 | 1 | 19 | 4 | - | 1 |
| (12) $AA_5$ | - | - | - | - | - | 3 | 3 | 5 | 8 | 9 | 41 |
| (13) $CF_1$ | - | - | - | - | - | - | 8 | 1 | 2 | 37 | - |
| (14) $CF_2$ | - | - | - | - | - | - | - | 9 | 1 | 33 | 2 |
| (15) $CF_3$ | - | - | - | - | - | - | - | - | 8 | 5 | 9 |
| (16) $CF_4$ | - | - | - | - | - | - | - | - | - | - | - |
| (17) $CP_1$ | - | - | - | - | - | - | - | - | - | - | - |
| (18) $CP_2$ | - | - | - | - | - | - | - | - | - | - | - |
| (19) $CP_3$ | - | - | - | - | - | - | - | - | - | - | - |
| (20) $CP_4$ | - | - | - | - | - | - | - | - | - | - | - |
| (21) $CP_5$ | - | - | - | - | - | - | - | - | - | - | - |
| (22) $CP_6$ | - | - | - | - | - | - | - | - | - | - | - |
| (23) $VI_1$ | - | - | - | - | - | - | - | - | - | - | - |
| (24) $VI_2$ | - | - | - | - | - | - | - | - | - | - | - |
| (25) $VI_3$ | - | - | - | - | - | - | - | - | - | - | - |
| (26) $VI_4$ | - | - | - | - | - | - | - | - | - | - | - |
| (27) $VT_1$ | - | - | - | - | - | - | - | - | - | - | - |
| (28) $VT_2$ | - | - | - | - | - | - | - | - | - | - | - |
| (29) $VT_3$ | - | - | - | - | - | - | - | - | - | - | - |

Erläuterungen zur Tabelle 5.4:

$AK_1$ = wenige Kalorien, $AK_2$ = keine Geschmacksstoffe, $AK_3$ = kleine Flasche, $AK_4$ = hohes Renommee der Brauerei, $AK_5$ = geschmackvolles Etikett, $AK_6$ = hoher Preis, $AK_7$ = wenig Alkohol, $AA_1$ = gehobenes Image, $AA_2$ = garantierte Frische, $AA_3$ = ansprechendes Flaschendesign, $AA_4$ = vollmundiger Geschmack, $AA_5$ = ausgezeichnete Qualität, $CF_1$ = nicht zunehmen, $CF_2$ = etwas für die Gesundheit tun, $CF_3$ = sich nicht betrinken, $CF_4$ = den Durst löschen, $CP_1$ = als jugendlich und

| "means end"-Element | | | | | | | | | | |
| (13) CP$_3$ | (14) CP$_4$ | (15) CP$_5$ | (16) CP$_6$ | (17) VI$_1$ | (18) VI$_2$ | (19) VI$_3$ | (20) VI$_4$ | (21) VT$_1$ | (22) VT$_2$ | (23) VT$_3$ |
|---|---|---|---|---|---|---|---|---|---|---|
| 21 | 14 | 13 | 1 | - | 4 | 11 | - | 22 | 17 | 18 |
| 20 | 13 | 28 | 35 | 3 | 16 | 22 | - | 26 | 27 | 36 |
| 1 | 10 | 12 | 54 | 3 | 25 | 2 | 6 | 7 | 51 | 14 |
| 21 | 4 | 20 | 9 | 8 | - | 4 | 23 | 7 | 18 | 14 |
| 1 | - | 9 | 15 | 8 | 14 | - | 5 | - | 15 | 17 |
| 4 | 3 | 13 | 10 | 18 | 3 | - | 9 | 5 | 12 | 37 |
| 23 | 31 | - | 5 | 8 | - | 26 | 1 | 32 | 3 | 11 |
| 10 | 2 | 30 | 12 | 9 | 5 | 2 | 19 | 4 | 25 | 8 |
| 4 | 4 | 7 | 62 | 3 | 40 | 8 | 3 | 3 | 41 | 29 |
| 1 | - | 9 | 33 | 14 | 16 | - | 1 | 3 | 25 | 13 |
| 27 | 8 | 12 | 34 | - | - | 20 | 2 | 27 | 24 | 2 |
| 22 | 12 | 55 | 30 | 28 | 13 | 12 | 14 | 13 | 36 | 83 |
| 19 | 13 | 4 | 1 | 1 | 3 | 18 | 1 | 21 | 9 | 3 |
| 12 | 14 | 11 | 1 | - | - | 4 | - | 9 | 18 | 19 |
| 23 | 40 | 3 | 13 | 9 | 1 | 31 | - | 44 | 9 | 14 |
| - | 1 | 2 | 45 | 2 | 22 | - | - | 3 | 26 | 7 |
| 32 | 10 | 11 | 1 | - | 4 | 22 | 4 | 25 | 14 | 22 |
| - | - | 2 | 1 | 49 | 1 | 1 | - | 2 | 10 | 41 |
| - | 53 | 8 | 2 | 1 | 1 | 44 | 7 | 64 | 10 | 11 |
| - | - | 6 | 2 | 1 | - | 33 | 4 | 49 | 4 | 8 |
| - | - | - | 11 | 1 | - | 2 | 37 | 3 | 19 | 67 |
| - | - | - | - | - | 63 | 1 | 3 | 4 | 91 | 18 |
| - | - | - | - | - | - | - | - | - | 5 | 34 |
| - | - | - | - | - | - | - | - | - | 47 | 12 |
| - | - | - | - | - | - | - | - | 42 | 4 | 5 |
| - | - | - | - | - | - | - | - | - | 12 | 31 |
| - | - | - | - | - | - | - | - | - | - | - |
| - | - | - | - | - | - | - | - | - | - | - |
| - | - | - | - | - | - | - | - | - | - | - |

sportlich gelten, CP$_2$ = im Beruf erfolgreich sein, CP$_3$ = andere Menschen kennenlernen, CP$_4$ = interessante Gespräche führen, CP$_5$ = andere Menschen beeindrucken, CP$_6$ = sich belohnen, VI$_1$ = Verantwortung, VI$_2$ = Genuß, VI$_3$ = Geselligkeit, VI$_4$ = Strebsamkeit, VT$_1$ = Freundschaft, VT$_2$ = Selbstachtung, VT$_3$ = Anerkennung

*Tabelle 5.4: Implikationsmatrix im light beer- Fall*

- wenige Kalorien
- nicht zunehmen
- als jugendlich und sportlich gelten
- andere Menschen kennenlernen
- interessante Gespräche führen
- Geselligkeit
- Freundschaft

Im Anschluß daran greift der Marktforscher erneut Zeile 1 auf und identifiziert die zweite den Schwellenwert 29 übersteigende Zahl. Danach postulieren 31 Probanden (vgl. Spalte 8) die Bedeutung eines kalorienarmen Biers ($AK_1$) für eine gesunde Ernährung ($CF_2$). Gemäß Zeile 14 vertreten 33 Befragte die Auffassung, daß ein gesunder Mensch ($CF_2$) eine jugendliche und sportliche Ausstrahlung ($CP_1$) besitzt. Wie bereits die voranstehende Auswertung zeigt, führt diese soziale oder psychische Nutzenkomponente ($CP_1$) zur terminalen Werthaltung Freundschaft ($VT_1$). Insofern besteht die **zweite** *means end*-**Kette** aus den folgenden Komponenten:

- wenige Kalorien
- etwas für die Gesundheit tun
- als jugendlich und sportlich gelten
- andere Menschen kennenlernen
- interessante Gespräche führen
- Geselligkeit
- Freundschaft

Der dritte Wert, der in Zeile 1 die kritische Zahl 29 überschreitet, lautet 58 (vgl. Spalte 11). Er signalisiert die Relevanz eines niedrigen Kaloriengehaltes ($AK_1$) für eine jugendliche und sportliche Ausstrahlung ($CP_1$). Da die Relation zwischen diesen beiden Elementen bereits in den zuvor rekonstruierten *means end*-Ketten zum Ausdruck kommt, bedarf sie an dieser Stelle keiner weiteren Beachtung. Insofern richtet sich das Augenmerk zunächst auf die zweite und danach auf die anderen 27 Zeilen, die jeweils den Ausgangspunkt für weitere Verkettungen von Komponenten bilden.

Dieses **iterative Verfahren** wird so lange fortgesetzt, bis alle von mehr als 29 Individuen **direkt** oder **indirekt miteinander verknüpften Elemente** zumindest einer *means end*-Kette angehören. Die in *Abbildung* 5.9 dokumentierte *hierarchical value map* bildet in der Untersuchung das Ergebnis der *laddering*-Methode. In Anbetracht der **abgebildeten Ketten** lassen sich **drei Typen** von Bierkonsumenten unterscheiden.

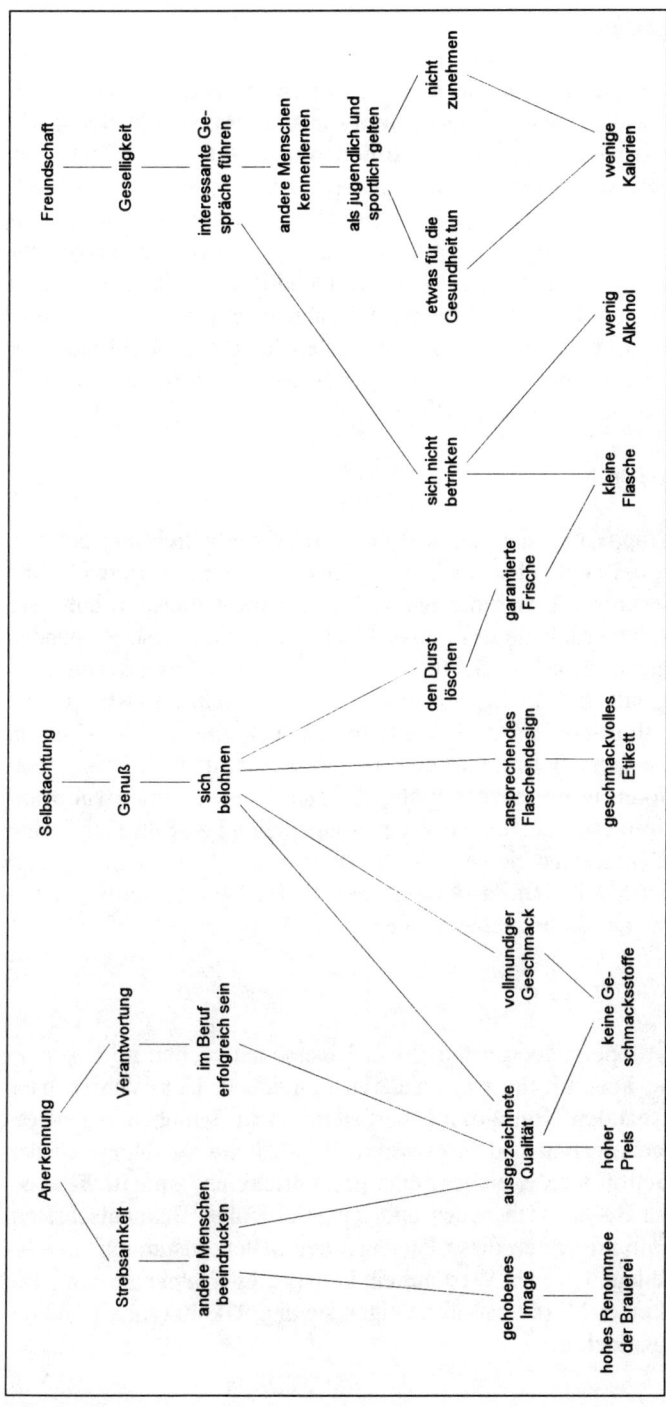

*Abbildung 5.9: Die "hierarchical value map" für Biermarken*

**(1) *Die Ehrgeizigen***

Die in dieser Gruppe zusammengefaßten Menschen zeichnen sich durch ihr **Streben** nach **sozialer Anerkennung** aus. Dafür spricht der große Ehrgeiz, mit dem sie ihre **hohen beruflichen** und **materiellen Ziele** verfolgen. Der **wirtschaftliche Erfolg** fungiert für die Betroffenen als Meßlatte zur Beurteilung des Handelns. Gleichzeitig dient er dazu, andere Individuen zu beeindrucken. Ein auf die Erringung von **Prestige ausgerichteter Lebensstil** konkretisiert sich beim abendlichen Ausgehen in dem Wunsch nach einer Biermarke, die ein **gehobenes Image** und eine **ausgezeichnete Qualität** aufweist. Insofern spielen für diese Nachfrager der **hohe Preis** und das hohe **Renommee** der **Brauerei** bei der Auswahl eines Produkts die entscheidende Rolle.

**(2) *Die Genießer***

Bei dieser Gruppe fällt der starke Wunsch nach **Selbstachtung** auf. Sie betrachten den **Beruf**, aber auch das **Leben** insgesamt als eine **große Herausforderung**, die sich nur mit viel Engagement meistern läßt. Zur Bewältigung der Probleme des Alltagslebens benötigen diese Probanden ein gelegentliches Konsumerlebnis. Der **Genuß** eines **besonderen Produkts** bildet eine **Belohnung** für eine **zuvor erbrachte Leistung** oder dient der **Motivation** für eine **bevorstehende Aufgabe**. Da der Konsum eines Biers für diese Betroffenen ein Erlebnis dieser Art verkörpert, kommen nur Marken in die engere Wahl, die zum Beispiel einen **vollmundigen Geschmack** besitzen oder ein **ansprechendes Flaschendesign** aufweisen. Demzufolge richten die Nachfrager ihr Augenmerk bei der Auswahl einer Marke auf das **Etikett**, auf die **im Bier enthaltenen Bestandteile** und auf die **Flaschengröße**.

**(3) *Die Geselligen***

Die dieser Gruppe zugeordneten Versuchspersonen suchen im besonderen Maße die **Freundschaft** mit anderen Individuen. Der Wunsch nach **vielfältigen sozialen Kontakten** äußert sich in dem Bemühen, neue **Personen kennenzulernen** und **interessante Gespräche** zu führen. In den Augen der Betroffenen erleichtert eine **jugendliche** und **sportliche Ausstrahlung** die Suche nach neuen und die Pflege alter Bekanntschaften. Aus diesem Grund achten diese Personen beim Bierkonsum auf die **Gesundheit** und legen großen Wert auf ein **konstantes Körpergewicht**. Bei der Auswahl einer Marke berücksichtigen sie den **Alkoholgehalt** und die **Anzahl der Kalorien**.

## 11.2.2 Die Analyse der Wettbewerbssituation

In Anbetracht **stagnierender Märkte** und **verkürzter Produktlebens-zyklen** erscheint es unerläßlich, die sich im **Strategie-*Chip*** konkretisie-rende, bislang ausschließlich **nachfragerorientierte Ausrichtung** eines Unternehmens (vgl. Kapitel 11.1.1.2) um eine **Berücksichtigung** der **Aktivitäten** der **Konkurrenten** zu ergänzen. Allerdings zeigt eine Aufarbeitung der Literatur, daß aus einer Erfassung der tatsächlichen oder potentiellen **Aktionen** der **Wettbewerber** kein eigenständiger, von den diskutierten Strategiestilen unabhängiger Ansatz ensteht (vgl. *Becker*, 1993, S. 328 ff.).

Vielmehr zeichnet sich jeder Strategiestil durch eine mehr oder weniger umfassende Beachtung der Verhaltensweisen anderer Marktakteure aus. Speziell die drei **wettbewerbsstrategischen Grundmuster** von *Porter* (1984, S. 62 ff., und 1985, S. 12 ff.), die **Kostenführerschaft**, die **Differenzierung** und die **Konzentration** auf **Schwerpunkte** entsprechen im Kern den **kundenorientierten Basisstrategien** von *Kotler* (1982, S. 214 ff.), wie **undifferenziertes, differenziertes** und **konzentriertes Marketing**.

Diese Sichtweise impliziert, daß **wettbewerbsorientiertes Agieren** zunächst in der **Grundausrichtung** des unternehmerischen Handelns zum Ausdruck kommt, und zwar ganz besonders in marketing- und technologiepolitischer Hinsicht:

- Die Aktivitäten eines Anbieters, insbesondere die Produktgestaltung, orientieren sich an marktüblichen Fähigkeiten und Verfahren, also an **konventionellen Lösungen (Anpassung)**.

- Eine **unkonventionelle Wettbewerbspolitik** setzt auf die spezifischen Stärken des Unternehmens und betont die besonderen Chancen auf dem Absatzmarkt (**Abhebung**).

Ferner äußert sich die Wettbewerbsorientierung eines Anbieters in seiner **Grundhaltung**:

- Eine **defensive Haltung** und die daraus resultierenden Handlungen setzen auf das **Bewahren** der marktbezogenen und technologischen Position eines Unternehmens.

- Bei einer offensiven Haltung und den damit einhergehenden Aktionen steht die **Verbesserung** der marktbezogenen und technologischen Lage eines Anbieters im Blickpunkt.

Eine wettbewerbsorientierte Verhaltensweise etwa in Form einer **konventionellen** oder **unkonventionellen** Ausrichtung in Verbindung mit einer **passiv-defensiven** oder **aktiv-offensiven** Richtung findet ihren Niederschlag in der spezifischen Handhabung vier wettbewerbsrelevanter Schlüsselfaktoren, wie **Leistung, Preis, Raum** und **Zeit**. Eine Wettbewerbsstrategie läßt sich insofern als Kombination der Ausprägungen dieser vier Faktoren kennzeichnen (besser, gleich oder schlechter im Vergleich zu den Konkurrenten), wobei ein Unternehmen über ein ganzes **Bündel** von **Ausprägungskombinationen** verfügt. Der Anbieter wählt in Abhängigkeit der eigenen **Stärken** und **Schwächen**, der umweltbezogenen **Chancen** und **Risiken** sowie unter Berücksichtigung der Aktivitäten der Wettbewerber eine oder mehrere Spielarten aus. Zwei Beispiele verdeutlichen diese Idee:

- Ein Hersteller entscheidet sich dazu, eine bessere Leistung zum gleichen Preis in einem größeren Raum (Absatzgebiet) früher als die Konkurrenten zu offerieren.

- Ein anderes Unternehmen bietet eine schlechtere Leistung zum niedrigeren Preis in einem kleineren Raum zur gleichen Zeit wie die Wettbewerber an.

Wie *Abbildung* 5.10 zeigt, lassen sich die **vier Schlüsselfaktoren** einer Wettbewerbsorientierung zu zwei **strategischen Klumpen** zusammenfassen. Was die **Preis-Leistungs-Dimension** anbelangt, so geht ihr Wirkungsmechanismus aus den Ausführungen zu den Marktstimulierungs- und Marktparzellierungsstrategien hervor (vgl. Abschnitt 11.1.1.2). Ebenso erfährt der **Raum** (das Absatzgebiet) im Rahmen der Erörterung der Marktarealstrategien seine Würdigung (vgl. Kapitel 11.1.1.2). Allerdings fehlt bislang eine differenzierte Analyse der **Zeit** bei der Formulierung von Wettbewerbsstrategien.

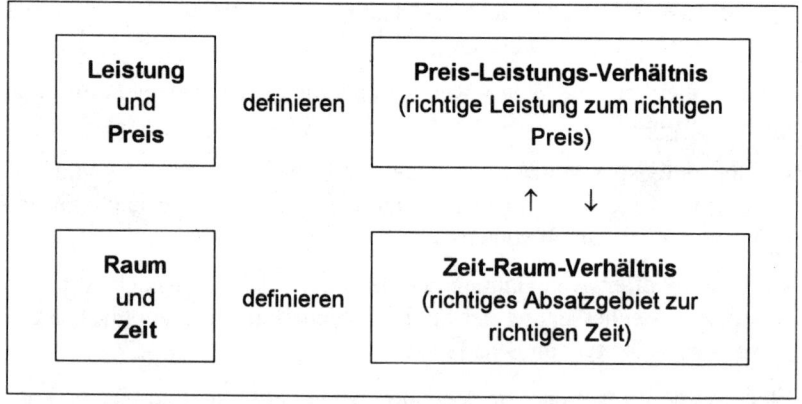

*Abbildung 5.10: Ansatzpunkte zur Erzielung von Wettbewerbsvorteilen*

Seit einigen Jahren ist das *timing* Gegenstand von Analysen und Modellen (vgl. *Simon*, 1989, S. 70 ff., und *Stalk/Hout*, 1990, S. 25 ff.), bei denen es im Kern um die Beantwortung der Frage nach den Vor- und Nachteilen von **Führer-** und **Folgerstrategien** geht. Hierbei lassen sich vier Grundtypen identifizieren:

- *first to market*-Strategie

- *second to market*-Strategie

- *later to market*-Strategie

- *latest to market*-Strategie

Diesen unterschiedlichen Stufen einer **anbietergesteuerten Innovationsdiffusion** stehen verschiedene Phasen im **abnehmerorientierten Adaptionsprozeß** gegenüber. Aus empirischen Studien sind Personen bekannt, die sehr schnell neue Erzeugnisse erwerben und ge- beziehungsweise verbrauchen, während andere Individuen erst dann kaufen, wenn sich das Neuprodukt bewährt. Was das Innovationspotential respektive die Innovationsrichtung betrifft, lassen sich zwei Extremfälle betrachten:

Grundsätzlich gilt, daß eine Innovation, die sich durch eine **neue Technologie** und eine **neue Anwendung** auszeichnet (**Durchbruchsinnovation**), beachtliche Erfolgsaussichten aufweist, allerdings bei einem in vielen Fällen nicht unbedeutenden Risiko. Dagegen eröffnet eine Innovation, die durch eine **bestehende Technologie** und eine **bestehender Anwendung** charakterisiert ist (**Verbesserungsinnovation**), bei einem überschaubaren Risiko allenfalls geringfügige Erfolgschancen.

Das zentrale Problem des *timing* besteht darin, eine **zeitliche Synchronisation** zwischen dem Reifegrad des Erzeugnisses beziehungsweise des Unternehmens und der Bereitschaft der Nachfrager zur Aufnahme des neuen Guts zu erreichen. Wie aus *Abbildung* 5.11 hervorgeht, kann sowohl die Schwierigkeit einer Spätreife als auch die einer Frühreife auftreten. Dabei äußert sich erstere in einem verpaßten Anschluß an die Konkurrenten und letztere in zu großen Widerständen am Markt.

Bei der Spezifikation eines günstigen Zeitpunkts für die Neuprodukteinführung spielen produktpolitische Voraussetzungen eine wichtige Rolle. Auf vier Konstellationen soll an dieser Stelle eingegangen werden (vgl. *Becker*, 1993, S. 338 ff.):

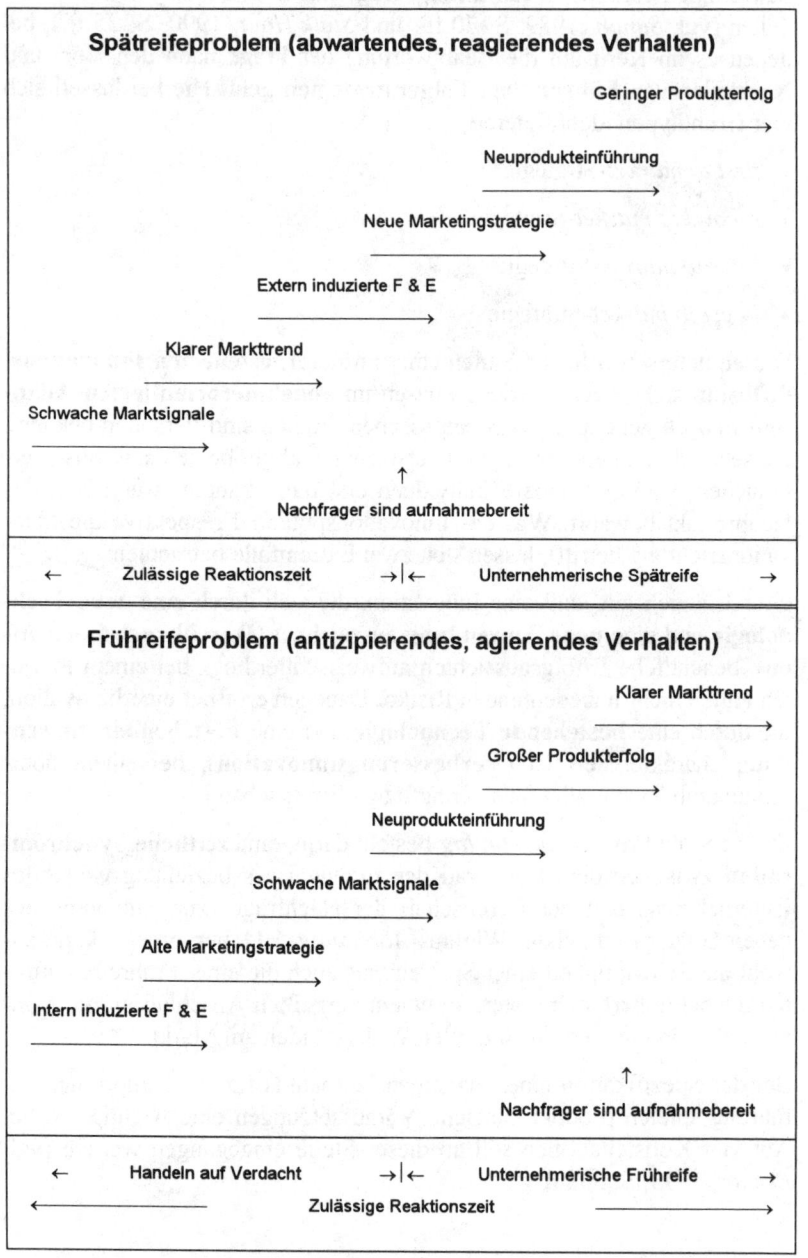

Quelle: angelehnt an *Becker*, 1993, S. 336

*Abbildung 5.11: Raster für die Planung und Kontrolle von Innovationen*

**(1) *first to market*-Strategie und umfassende Tests**

Aufgrund der vor einer endgültigen Neuprodukteinführung durchgeführten Produkt- und Markttests erhalten die Wettbewerber eine Vorstellung über die produktpolitischen Aktivitäten des Unternehmens. Insofern gefährden Anbieter, die mit Tests dieser Art operieren, ihre *first to market*-Strategie und geben somit auch das *timing* der produktpolitischen Aktionen aus der Hand.

**(2) *first to market*-Strategie und lange Entwicklungszeit**

Im Investitions- und Gebrauchsgütermarkt sind sehr lange Forschungs- und Entwicklungszeiten üblich. Häufig ist es nicht möglich, den Prozeß der Produktgestaltung zu beschleunigen und einmal gemachte Fehler zu korrigieren. Zur Absicherung der *first to market*-Strategie bietet sich daher eine Ankündigung des neuen Erzeugnisses an.

**(3) *second to market*-Strategie und kurze Entwicklungszeit**

In vielen Branchen sind nahezu alle Akteure auf dem gleichen technologische Stand, so daß es einem Unternehmen sehr leicht fällt, den Vorsprung der unmittelbaren Konkurrenten schnell und nachhaltig wettzumachen. Daher erscheint ein *timing* möglich, das dem Wettbewerber den Vortritt überläßt, zugleich aber sicherstellt, zeitlich unmittelbar zu folgen.

**(4) Teilung einer Innovation zur Markteroberung**

Gelegentlich übersteigt es die Möglichkeiten eines Unternehmens, eine Produktinnovation in ausreichender Menge am Markt zu plazieren. Für eine schnelle und angemessene Amortisation der Forschungs- und Entwicklungsanstrengungen entschließen sich Anbieter freiwillig oder gegebenenfalls auch unter Zwang dazu, ein neues Konzept oder lediglich eine neue Idee mit anderen Akteuren zu teilen.

Das Verhalten eines Unternehmens gegenüber seinen Wettbewerbern läßt sich im Prinzip auf allgemeine **Muster** der **Konfliktbewältigung** zurückführen, so daß ein Bezug zur **sozialpsychologischen Theorie** entsteht. Aufgrund der Ähnlichkeit zwischen unternehmerischen und militärischen Konfliktsituationen beschreiben viele Autoren das Agieren von Anbietern in der Sprache der **Lehre** von der **Kriegsführung**. Obgleich Manager keine Militaristen sind, tauchen in den von *Kotler* (1982, S. 250 ff.), *Porter* (1984, S. 126 ff.) und *Hinterhuber* (1982, S. 51 ff.) erläuterten Verhaltensstilen etwa Begriffe wie **Waffen** oder **Fronten** auf. Im Kern unterscheiden diese Autoren vier Verhaltensweisen:

- Der **friedliche Stil** ist dadurch charakterisiert, daß der Anbieter keine Konflikte mit anderen Akteuren initiiert.

- Wählt man den **kooperativen Stil**, so steht die Zusammenarbeit mit den Wettbewerbern im Mittelpunkt.

- **Aggressiver Stil** bedeutet, daß Angriffe gegenüber den Konkurrenten ins Auge gefaßt werden.

- Beim **konfliktären Stil** nimmt das Unternehmen ganz bewußt Konflikte bei der Durchsetzung eigener Ziele in Kauf.

Insbesondere **aggressive** und **konfliktäre Verhaltensweisen** lassen sich mit Termini fassen, die aus dem militärischen Bereich stammen. *Ries* und *Trout* (1986, S. 72 ff.) unterscheiden vier **Angriffsstrategien**:

- Bei der **Strategie** des **Direktangriffs** tragen neue beziehungsweise verbesserte Produkte sowie Preisreduzierungen dazu bei, die Stellung der Mitbewerber zu schwächen.

- Im Rahmen der **Umzingelungsstrategie** versucht ein Anbieter durch mehrere Erzeugnisse, die günstig und teuer, hochwertig und minderwertig sein können, den Konkurrenten zu schaden.

- Eine **Strategie** des **Flankenangriffs**, die sich zum Beispiel in neuen Packungsformaten oder neuen Sorten konkretisiert, ist geeignet, die Position der Wettbewerber zu erschüttern.

- Mittels einer **Guerillastrategie**, die sich beispielsweise in rechtlichen Streitigkeiten äußert, vermag ein Anbieter die anderen Akteure einzuschüchtern.


### 11.2.3 Die Festlegung des Leistungsspektrums

Die *Mannesmann* AG definiert alle **Tätigkeiten**, durch die sie Absatz, Umsatz und Gewinn erzielt, in zwei Grundsätzen (vgl. *Abbildung* 5.12 und *Nieschlag/Dichtl/Hörschgen*, S. 1997, S. 77 ff.). Eine *mission* dieser Art gibt dem Unternehmen unter Berücksichtigung der gebotenen unternehmens- und marktbezogenen Flexibilität eine bestimmte Grundrichtung beziehungsweise einen bestimmten Rahmen vor. "... *a corporate mission is a long term vision of what the business is or is striving to become. The basic issue is: what is our business and what should it be* ..." (*Kollat/ Blackwell/Robeson*, 1972, S. 14). Solche Grundsätze oder Bezugsrahmen basieren auf den Ressourcen, Fähigkeiten und Werten eines Unternehmens und sollten von allen Führungskräften und Mitarbeitern geteilt werden. Hieraus läßt sich in **knapper, leitsatzhafter** Form das Grundanliegen sowie die Grundsatzposition der Firma, also der **Sinn** ihrer Existenz und ihrer Tätigkeit, ableiten. In der Literatur finden sich zahlreiche Begrifflichkeiten zur Beschreibung dieses Sachverhalts, von denen Unternehmensmission, Unternehmensgrundsätze und Unternehmensphilosophie die wichtigsten sind.

---

**mission der *Mannesmann* AG**

- Gegenstand des Unternehmens sind: Herstellung von industriellen Erzeugnissen in den Bereichen Maschinen- und Anlagenbau, Fahrzeugtechnik sowie Elektrotechnik und Elektronik; Planung und Bau von Gesamtanlagen sowie Erstellung von kompletten Systemlösungen; Gewinnung und Verarbeitung von Rohstoffen; Erzeugung und Verarbeitung von Eisen, Stahl und anderen Werkstoffen; Herstellung von Rohren und Rohrerzeugnissen; Erbringung von Dienstleistungen auf dem Gebiet der Telekommunikation einschließlich Planung, Errichtung und Betrieb von Telekommunikationsnetzen; Forschung und Entwicklung auf den genannten Gebieten; Handel und sonstige Dienstleistungen, insbesondere Vertrieb von eigenen Erzeugnissen und von fremden Erzeugnissen gleicher und verwandter Wirtschaftszweige.

- Die Gesellschaft ist zu allen Geschäften und Maßnahmen berechtigt, die geeignet sind, den Gesellschaftszweck unmittelbar oder mittelbar zu fördern. Insbesondere kann die Gesellschaft dazu andere Unternehmen gründen, erwerben, sich an ihnen beteiligen und sie unter einheitlicher Leitung zusammenfassen.

---

Quelle: *Nieschlag/Dichtl/Hörschgen*, 1997, S. 78

*Abbildung 5.12: Die mission der Mannesmann AG*

Eine *mission* muß durch entsprechende Leistung verwirklicht werden, sofern sie nicht zur bloßen Deklaration verkümmern soll. Bei einer konsequenten Verwirklichung ermöglicht sie einen pointierten und kompetenten Marktauftritt des Unternehmens, wie zahlreiche Beispiele zeigen. Die Eckpunkte der *mission* bestehen aber auch in einem Verzicht beziehungsweise in einem Ausschluß bestimmter Produkte, Verfahren oder Anwendungen sowie einer Vernachlässigung bestimmter Märkte oder Nachfrager. Insofern spiegelt die *mission* einer Firma das **Spannungsfeld** zwischen **Kunden**, **Produkten** und **Mitarbeitern** wider, wie das Beispiel der *Mövenpick* AG in *Abbildung* 5.13 verdeutlicht (vgl. *Becker*, 1993, S. 34 ff.).

---

**mission** der *Mövenpick* AG

- In der Forderung nach höchster Qualität der Waren, die wir kaufen und verkaufen, sind wir kompromißlos.

- Unser vielseitiges, wohlausgewogenes Angebot ist Ausdruck echter Lebensfreude.

- An Sauberkeit und Hygiene stellen wir hohe Ansprüche.

- Die Atmosphäre in unseren Restaurants ist angenehm und entspannend.

- Was wir durch unsere gute Organisation einsparen können, soll dem Gast durch Preiswürdigkeit zu Gute kommen.

- Auf alles, was wir dem Gast anbieten, wollen wir selbst stolz sein dürfen.

- Wir wollen unser Geschäft sauber und korrekt führen.

- Wir wollen unsere Gäste gut und zuvorkommend bedienen.

- Wir möchten, daß unsere Mitarbeiter wohlgelaunt und liebenswürdig sind und sich durch Kameradschaftlichkeit untereinander auszeichnen.

- Alles, was wir unternehmen, soll den Stempel tragen: jung, frisch, gut und freundlich.

---

Quelle: *Becker*, 1993, S. 36

*Abbildung 5.13: Die mission der Mövenpick AG*

Die Auswahl von **Produkten** und **Märkten** hängt von einer Reihe von Bestimmungsfaktoren ab. Beispielhaft seien die folgenden Determinanten erläutert:

- Häufig sind ganz **spezifische Fähigkeiten** erforderlich, um mit den Konkurrenten mitzuhalten. Neben der Kompetenz bedarf es auch einer entsprechenden Forschungs-, Fertigungs- und Vertriebskapazität sowie Kapital und Mitarbeiter.

- Es ist nicht ratsam, sich dann in einem Bereich zu engagieren und Risiken einzugehen, wenn die dort **winkenden** oder **erzielten Gewinne** dies nicht rechtfertigen. Die Beantwortung dieser Frage hängt vom Absatzpotential, den anfallenden Kosten und vom Konkurrenzdruck jetzt und in der Zukunft ab.

- Gelegentlich spielt auch der **Staat** eine entscheidende Rolle, weil er Vorhaben zu fördern, zu be- und zu verhindern vermag. Dies konkretisiert sich in **Subventionen** oder **Investitionsanreizen** sowie in **Re-**

**striktionen**, wie Datenschutz, bis hin zu **Verboten**, wie beispielsweise gentechnische Forschung.

- Mitunter liegt es nahe, **traditionelle Branchen-** oder **Marktgrenzen** zu überwinden, weil **Synergien** zu erwarten sind. Sofern sich zum Beispiel eine Idee mehrmals verwerten oder ein bestimmter Aufwand auf mehrere Träger verteilen läßt, ist diese Möglichkeit zu nutzen. Allerdings bleibt zu berücksichtigen, daß die Bewältigung der Komplexität das Management vor gravierende Herausforderungen stellt.

Eine in sich stimmige und schlüssige **Unternehmens*mission*** muß zu einer logischen Verknüpfung grundlegender unternehmerischer Funktionsbereiche führen. Dies läßt sich am Beispiel dreier Basisfunktionen darlegen, wie Forschung und Entwicklung, Fertigung sowie Marketing, und zwar unter Beachtung der in *Abbildung* 5.14 präsentierten typischen Ablauffolgen (vgl. *Gabele/Kretschmer*, 1985, S. 164 ff.).

| Abfolge | Evolutionseffekt der Unternehmensphilosophie | Degenerationseffekt der Unternehmensphilosophie |
|---------|-----------------------------------------------|--------------------------------------------------|
| 1. Schritt | Entdeckung von Marktlücken häufig aufgrund einer unternehmerischen Vision | Ein sehr großes Angebot drängt auf den Markt und bewirkt einen Preisverfall |
| 2. Schritt | Entwicklung neuer Produkte unter Beachtung der Produktionsmöglichkeiten und Kosten | Überhastete Vorschläge für neue Produkte, die aus dem preislich ruinierten Markt führen sollen |
| 3. Schritt | Bedürfnisgerechte Produktqualität unter Beachtung der Fertigungskapazitäten | Produktideen lassen sich durch die Produktionsmöglichkeiten nicht realisieren |
| 4. Schritt | Aufbau einer spezifischen Kompetenz **(Evolution)** | Mangelnde Produktqualität führt zu Absatzschwierigkeiten **(Degeneration)** |

*Abbildung 5.14: Szenarien bezüglich der Formulierung einer mission*

Nicht selten kommt es bei ihrer Umsetzung zu einer **Dominanz einzelner betrieblicher Funktionen** (vgl. den **Degenerationseffekt** der Unternehmensgrundsätze). Insofern ist darauf zu achten, daß eine Orientierung der

**Unternehmens*mission* an allen betrieblichen Einheiten** erfolgt (vgl. den **Evolutionseffekt** der Unternehmensgrundsätze). Dieser Ansatz trägt dazu bei, die verschiedenen Bereiche zu integrieren und den Blick für das **Ganze** und **Wesentliche** zu schärfen. Auf diese Weise lassen sich Insellösungen zugunsten von **Verbundlösungen** verdrängen und die **Identität** des Unternehmens nach außen und innen sichern.

## 11.3  Die Abgrenzung von Märkten

### 11.3.1  Der Markt und die Marktabgrenzung

Fragen nach den **stärksten Konkurrenten**, den **wichtigsten Nachfragern** oder den **erfolgreichsten Produkten** werden häufig nicht eindringlich gestellt oder richtig beantwortet. Daher existieren in Unternehmen unterschiedliche Vorstellungen über die **Wünsche** der **Kunden**, die **Aktionen** der **Wettbewerber** und die herzustellenden **Erzeugnisse**. Die Konsequenzen einer unzureichenden Untersuchung der auf dem Markt agierenden Kräfte liegen auf der Hand: Man übersieht Verhaltensänderungen der Individuen, verschläft Produktentwicklungen der Konkurrenten und produziert letztlich am Markt vorbei. Erst eine Unterteilung des Gesamtmarkts in gedanklich überschaubare und empirisch analysierbare Teilmengen ermöglicht ein tieferes Verständnis für Marktgegebenheiten (vgl. *Albach*, 1991, S. 663 ff.).

Eine sorgfältige **Marktabgrenzung** bildet die Voraussetzung für nahezu alle **strategischen** und **operativen Entscheidungen** im Produktmanagement (vgl. *Day/Shocker/Srivastava*, 1979, S. 8 ff.). Insbesondere für die Zwecke der Produktpolitik benötigt ein Unternehmen genaue Kenntnisse über den zwischen Erzeugnissen bestehenden Wettbewerb, so zum Beispiel für die **Entdeckung** von **Bedarfsnischen**, die **Entwicklung neuer Erzeugnisse** sowie die **Modifikation** oder **Elimination bereits existierender Güter**.

Darüber hinaus interessiert die **Aufdeckung** von **Kannibalisierung** im **Produktprogramm** und die **gewinnoptimale Gestaltung** der **Produktlinie**. Häufig ist auch zu analysieren, ob eine **Bearbeitung vorhandener** oder **neuer Märkte** ratsam erscheint, wie die Individuen über Gattungen, Varianten und Marken entscheiden und welche produktpolitischen Aktivitäten im Kanon anderer absatzwirtschaftlicher Maßnahmen in Betracht kommen (vgl. *Srivastava/Leone/Shocker*, 1981, S. 38 ff.).

Der herrschenden Meinung zufolge existiert keine Antwort auf die Frage nach einer **allgemeingültigen Vorgehensweise** zur **Abgrenzung** eines

**Markts**. Gelegentlich erkennen Marktforscher nicht einmal, daß Aussagen über Marktgegebenheiten eine Aufdeckung von Marktkonturen erfordern. Die Spezifikation eines Markts erschöpft sich in Studien dieser Art zumeist im Aufzählen von Gütern, Kunden und Wettbewerbern. Insofern setzt die Lösung der ausgeworfenen Probleme eine Definition der Begriffe **Markt** und **Marktabgrenzung** voraus.

Ganz allgemein läßt sich **Markt** als ein Vorgang verstehen, bei dem **Anbieter** und **Nachfrager aufeinandertreffen** und **Leistungen austauschen**. Dieser Prozeß wird von Subjekten getragen und bezieht sich auf Objekte, woran die Definition von *Schobert* (1979, S. 17) anknüpft: *"Der Markt fungiert ... im umfassenden Sinne als Relationssystem von Elementen, d. h. Unternehmen, repräsentiert durch Produkte bzw. Marken, und deren Einschätzungen durch die Bedarfsträger ..."*. Dieser Idee zufolge besteht ein Markt aus **Nachfragern** mit ihren **Bedürfnissen**, aus **Gütern** als **nutzenstiftende Eigenschaftsbündel** und aus **Anbietern** mit ihren **Instrumenten** der **Bedürfnisbefriedigung** (Produkte, Preise, Werbung, Distribution). Dabei verkörpert ein Markt jedoch keine undifferenzierte Menge von Produkten, Abnehmern oder Produzenten, sondern repräsentiert ein Gebilde, das sich aus einzelnen Gruppierungen von Subjekten beziehungsweise Objekten zusammensetzt.

Insofern läßt sich die Marktabgrenzung als eine um eine Grenzziehung erweiterte Marktstrukturierung verstehen. **Strukturieren** bedeutet das **Aufdecken** eines **Gefüges**, der **Konturen** von **Teilmengen, abgrenzen** heißt, **bestimmte Konturen hervorheben** und als Grenzen zwischen Submengen zu betrachten (vgl. *Bauer*, 1989, S. 20 ff.). Fügt man hinzu, daß die Strukturierung und Abgrenzung eines Gebildes eine **beschränkte Menge** von **Subjekten** beziehungsweise **Objekten, adäquate Kriterien** sowie **geeignete Methoden** erfordert und alles zusammen vor dem Hintergrund eines **bestimmten Zwecks** geschieht, liegt das analytische System zur Identifikation von Marktkonturen auf der Hand. In Abhängigkeit der Menge, auf die sich das Augenmerk richtet, sprechen viele Marktforscher von einer produkt-, nachfrager- oder anbieterbezogenen Marktabgrenzung.

### 11.3.2 Produktbezogene Marktabgrenzung

Anknüpfend an die Ziele und Aufgaben einer Aufdeckung von Marktkonturen zielen die folgenden Ausführungen darauf ab, eine Vorgehensweise zur produktbezogenen Marktabgrenzung zu vermitteln. Hierzu erscheint es ratsam in **drei Schritten** vorzugehen: Zunächst besteht das Anliegen darin, jene Erzeugnisse festzulegen, die den zu strukturierenden Gesamtmarkt bilden. Daraufhin interessieren Kriterien, mit denen sich der spezifizierte Markt in Submärkte unterteilen läßt. Schließlich gilt die Aufmerksamkeit ausgewählten mathematisch-statistischen Ansätzen zur Bestimmung dieser Teilmärkte.

## 11.3.2.1 Bestimmung der Startmenge

Nach dem **Konzept** der **totalen Konkurrenz** steht grundsätzlich jedes Erzeugnis mit jedem anderen im Wettbewerb um die knappen Ressourcen der Konsumenten (wie Kaufkraft und Zeit). Eine sehr weit gefaßte und daher viele Produkte einbeziehende Marktstrukturierung erscheint jedoch **weder gedanklich durchdringbar noch empirisch durchführbar**. Da Theorien zur Bestimmung der relevanten Gütermenge fehlen und eine naturgegebene Abgrenzung von Produkten nicht existiert, kommt ein Rückgriff auf die ganz unterschiedlich begründeten Startmengen empirischer Studien zur Marktabgrenzung in Betracht. Dabei lassen sich **drei Gruppen von Kriterien** zur Bestimmung einer Ausgangsmenge erkennen (vgl. *Bauer*, 1989, S. 108 ff., und *Mayer*, 1984, S. 39 ff.): solche, die in der **Eigenart von Produkten** liegen, jene, die aus dem **Verhalten der Beurteiler** stammen, und wieder andere, die aus dem **Zweck der Abgrenzung** resultieren.

* **Komplexe Güter**, das heißt solche mit einer Vielzahl von Merkmalen (z. B. Schmuck), stehen in umfangreichen Wettbewerbsrelationen, während für **einfache Güter** (z. B. Kochsalz) ein beschränktes Startset ausreicht. Auch **vielseitig einsetzbare Erzeugnisse** (z. B. Butter) weisen im Gegensatz zu **zweckgebundenen Objekten** (z. B. Salatöl) intensive Konkurrenzbeziehungen auf, da die relevante Produktmenge mit der Verwendungszweckvielfalt steigt. Liegt ein **junges Erzeugnis** mit noch nicht bekannter Tauglichkeit zur Substitution anderer Güter vor, erwägt der Marketer ein **weiter gefaßtes Wettbewerbsfeld**. Im Unterschied dazu läßt sich für ein **etabliertes Produkt** mit bereits **bekannten Austauschbeziehungen** eine **genau bezeichnete Startmenge** bestimmen.

* Das zweite Problem betrifft die **Sichtweise**, aus der die Festlegung des Produktset erfolgt. **Mitarbeiter** im **Marketing** stellen die **relevante Gütermenge** auf der Basis physikalisch-chemisch-technischer (objektiver) Eigenschaften zusammen. Dagegen wählen die **Nachfrager** ihre Erzeugnisse nach subjektiv perzipierten Merkmalen aus. Folglich ist der aus Anbietersicht abgesteckte Markt möglicherweise zu eng oder nicht geeignet.

- Schließlich hängt die **Bestimmung des Startset** vom **Anliegen** der Marktabgrenzung ab. Geht es lediglich um die Strukturierung von **Gütern** einer **bestimmten Gattung** (z. B. alkoholfreie Biere), führt die Identifikation des relevanten Produktfelds kaum zu Schwierigkeiten. Stehen hingegen **Entscheidungen** über ein **Neuprodukt** an, interessiert auch der Wettbewerb zwischen Erzeugnissen unterschiedlicher Gattung.

Eine häufig verwendete Methode zur Festlegung einer geeigneten Ausgangsmenge besteht in der **freien Nennung** bekannter Güter einer bestimmten Produktgattung im Rahmen einer empirischen Studie. Nach diesem *free response*-**Ansatz** besitzen Probanden die Aufgabe, zu Objekten einer Gütergattung ähnliche oder substitutive Erzeugnisse aufzulisten. Eine weit verbreitete Variante hierzu bildet die Frage nach Alternativen, wenn das am meisten bevorzugte Produkt in einer bestimmten Situation nicht mehr verfügbar ist.

Dieser *evoked set*-**Ansatz** erscheint für Güter gleicher Art unproblematisch, da in solchen Fällen ein **divergierender Kenntnisstand** der Auskunftspersonen als einzige Ursache für unterschiedliche Sets in Betracht kommt. Berücksichtigen die Probanden jedoch Objekte verschiedener Produktarten, führt die freie Nennung zu einer verzerrten Startmenge, da die **Variabilität** der **Bedarfssituationen** unzureichend Beachtung findet. Insofern hängen Umfang und Zusammensetzung einer Ausgangsmenge von der Art der Kauf- und Konsumsituation (z. B. Eigen- bzw. Fremdverbrauch eines Guts) ab. Folglich ist ein Ansatz erforderlich, der die spontanen Nennungen mit den spezifischen Verwendungssituationen in Beziehung setzt, um auf diese Weise das relevante Produktset abzuleiten.

Als das bekannteste Konzept hierfür gilt der von *Stefflre* entwickelte *product by uses*-**Ansatz** (vgl. *Belk*, 1979, S. 177 ff., und *Day*, 1979, S. 139 ff.). Dieses Verfahren besteht aus einem Algorithmus, der durch die Vorgabe von **Produkten (Verwendungszwecken)** die Probanden zur Nennung von **Verwendungszwecken (Produkten)** aktiviert. Den Ausgangspunkt der Befragung bildet im allgemeinen ein Gut, das als Assoziationsanker dient. Die Individuen erhalten die Aufforderung, alle ihnen einfallenden Verwendungszwecke dieses Erzeugnisses anzugeben. Daraufhin liegen den Personen die Verwendungszwecke mit der Bitte vor, alle hierzu tauglichen Produkte aufzulisten. Dieses wechselseitige Assoziationsverfahren wird so lange fortgesetzt, bis sich keine weiteren Produkte oder Verwendungszwecke mehr finden.

Eine Spielart stellt der von *Dichtl, Andritzky* und *Schobert* (1977, S. 290 ff.) vorgeschlagene **Ansatz** des **bedingten *evoked set*** dar. Man startet die Befragung mit einem Gut, das als Ankerreiz für **zwei Gruppen** von **Aus-**

**kunftspersonen** fungiert. Die eine Gruppe gibt zu diesem **Bezugsobjekt alternative Erzeugnisse** an, während die zweite Gruppe **Verwendungszwecke** für das **Referenzobjekt** nennt. Beide Sets bilden in einer sich anschließenden Befragungsrunde die Startmengen. Diesmal erhält die erste Gruppe die **Liste** der **Verwendungszwecke** und hat hierzu passende **Erzeugnisse** zu nennen, wohingegen der zweiten Gruppe die **Produktliste** mit dem Hinweis vorliegt, **Verwendungszwecke** für die **Güter** anzugeben (vgl. *Myers/Tauber*, 1977, S. 90 ff.).

Trotz der großen Bedeutung dieser Vorgehensweise zur Festlegung einer relevanten Startmenge besteht die Gefahr, daß die vielen Ankerreize (bei den Produkten und den Verwendungszwecken) die Probanden in der Beurteilung jedes Objekts hinsichtlich jedes Verwendungszwecks überfordern.

### 11.3.2.2 Kriterien der Marktabgrenzung

Die **Kriterien** der **Marktabgrenzung** bilden im Kern **Gütermerkmale**, die zur Strukturierung eines Markts dienen. Da eine Marktstrukturierung auf die Abbildung und Erklärung des Kauf- und Konsumverhaltens abzielt, sind die zu bestimmenden Kriterien auf der **Ebene** der **Produktwahlhandlung** oder dafür **geeigneter Indikatoren** angesiedelt. Aus dem in *Abbildung* 5.15 dargebotenen Schema geht hervor, daß sich das Ausmaß der Austauschbarkeit von Produkten auf verschiedenen Ebenen erfassen läßt.

Wie in Teil 8.2.2.2 erläutert, stammt von *Lancaster* die Überlegung, daß Nachfrager **nicht Güter-, sondern Eigenschaftsbündel** kaufen. Dieser Argumentation folgend determinieren die Produktmerkmale die Ähnlichkeit von Erzeugnissen. Es ist jedoch bekannt, daß nicht die **objektiven Eigenschaften**, sondern deren möglicherweise abweichende **subjektive Wahrnehmung** den **Kauf-** und **Konsumakt steuert**. Insofern bilden die **wahrgenommenen Gütereigenschaften** (Attribute) angemessene Kriterien zur Marktabgrenzung. Die Marktforschung bietet zahlreiche Methoden zur Erfassung der Produktähnlichkeit auf der Grundlage von Eigenschaften. Inwieweit damit Austauschbarkeit zum Ausdruck kommt, hängt jedoch von der Bedeutung der einzelnen Ausprägungen ab.

Aus den Ausführungen im Abschnitt 8.3.1 geht hervor, daß Erzeugnisse aufgrund von Eigenschaften **Nutzen** stiften (vgl. *Wind*, 1982, S. 80 ff.). Da die Nachfrager jedoch selten alle **nutzenstiftenden Merkmale** kennen und ein Nutzen aus **verschiedenen Attributen** resultiert, läßt sich die Kauf- beziehungsweise Konsumhandlung als **Funktion** eines **Nutzen-**

**bündels** beschreiben. Die Interpretation eines Erzeugnisses als Nutzenbündel ermöglicht vor allem im Rahmen der Neuproduktgestaltung eine Funktionserfüllung in die Marktstrukturierung einzubeziehen, für die es noch keine Güter oder Gütereigenschaften gibt. Zwar steht der Nutzen in direktem Zusammenhang zur Kaufabsicht für ein Produkt, die Austauschbarkeit läßt sich allerdings erst unter Berücksichtigung von Präferenzen für einzelne Nutzenkomponenten ableiten.

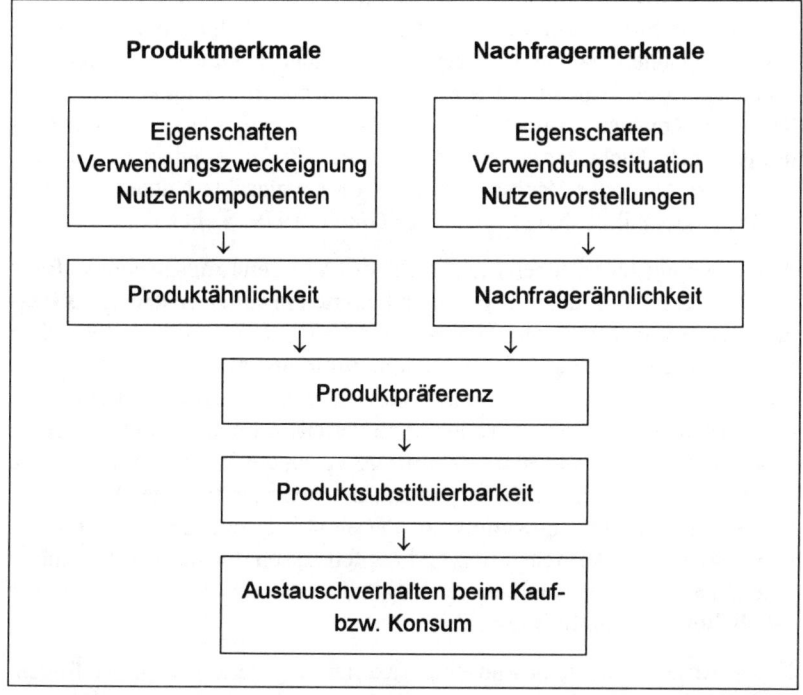

*Abbildung 5.15: Relationen zwischen Kriterien der Marktabgrenzung*

Gleichwohl ist das Ausmaß der Bedürfnisbefriedigung nicht objektiv erfaßbar, da die Nutzenurteile der **subjektiven Einschätzung** unterliegen (z. B. Image und Qualität eines Pkw) und *rating*-**Skalen** zu ihrer Erhebung dienen (vgl. *Grunert*, 1983, S. 41 ff.). Diese Aussage gilt nicht nur für Nutzenkomponenten, die Funktion und Qualität repräsentieren, sondern vor allem auch für die Erlebniswerte im Sinne des individuellen und sozialen Zusatznutzens nach *Vershofen*. Zur Erfassung der relevanten Nutzenkomponenten kommen grundsätzlich die gleichen Instrumentarien wie zur Operationalisierung und Messung von Eigenschaften in Betracht.

Die Idee, daß die Produktwahl von der **Verwendungssituation** abhängt, entstand aufgrund der geringen Leistungsfähigkeit jener Ansätze, die auf der Basis von Eigenschaften und Nutzenkomponenten das Kauf- beziehungsweise Konsumverhalten erklären (vgl. *Grover/Srinivasan*, 1987, S. 140 ff., und *Srivastava/Alpert/Shocker*, 1984, S. 32 ff.). Offenbar determiniert die **Situation**, in der ein Nachfrager das Erzeugnis verwendet, die Relevanz einzelner Gütermerkmale beziehungsweise Nutzenkomponenten.

Wird ein Pkw zum Transport von Personen benötigt, kommt es vor allem auf Fahrkomfort und Geräumigkeit an. Will man hingegen ein Straßenrennen gewinnen, zählen etwa geringes Gewicht und niedriger Luftwiderstand. Hiernach bündelt die **Situation**, in der sich ein Individuum beim Kauf und Konsum befindet, die Nutzenkomponenten zu einem **Verwendungszweck**. Nicht der einem Gut inhärente Nutzen, sondern der in einer **konkreten Ge-** oder **Verbrauchssituation** gewünschte Nutzen bestimmt die Produktwahlhandlung (vgl. *Miller/Ginter*, 1979, S. 111 ff.).

Aus erhebungstechnischer Sicht stellt die **Verwendungszweckmethode** eine Weiterentwicklung des bereits erläuterten *product by uses*-Ansatzes dar (vgl. *Srivastava/Leone/Shocker*, 1981, S. 39 ff.). Hierbei liegt dem Probanden eine *rating*- oder **Konstantsummenskala** mit der Aufforderung vor, zum Beispiel je Produkt (Verwendungszwecke) 100 Punkte auf die Verwendungszwecke (Produkte) zu verteilen. Im allgemeinen bereitet es keine Probleme, für eine Gütermenge geeignete Verwendungszwecke zu finden. Als deutlich schwieriger gilt die Beantwortung der Frage, wie sich die **heuristisch gewonnenen Verwendungszwecke** zu grundsätzlichen **situativen Dimensionen** verknüpfen lassen. Offenbar fehlt eine in Untersuchungen zur Marktabgrenzung universell einsetzbare **Taxonomie möglicher Verwendungszwecke**.

Einem Ansatz, der die gewünschte Taxonomie generiert, liegt der folgende Gedanke zugrunde: Den Ausgangspunkt bildet die zuvor rekonstruierte **Produkt-Verwendungszweck-Matrix**, die als **Assoziationsanker** für möglichst zahlreiche **situationsspezifische Verwendungszwecke** fungiert. Hierzu erhält eine Gruppe von Personen diese Matrix mit der Bitte, ein Urteil hinsichtlich der Eignung der einzelnen Alternativen für die Verwendungszwecke abzugeben. Die aus den *rating*-**Urteilen resultierenden Matrizen** lassen sich über alle Probanden aggregieren und mittels eines multivariaten Verfahrens dahingehend überprüfen, ob und (wenn ja) welche Hauptdimensionen den Verwendungszwecken zugrunde liegen. Die auf diese Weise ermittelten Rohdaten bilden die Grundlage zur Bestimmung der eigentlichen Startmenge.

Die (**Un-**)**Ähnlichkeit** von Produkten beruht auf den Gütern direkt zurechenbaren, jedoch nicht bewerteten Ausprägungen einzelner Merkmale.
Diese lassen sich in **Eigenschaften** als **Bestandteile** eines Erzeugnisses
(z. B. Allradantrieb beim Pkw), **Verwendungszwecke** als **Funktionsbe-
schreibung** eines Objekts (z. B. Wintertauglichkeit) und **Nutzenkomponenten** als **Bedürfnisbefriedigung** (z. B. Treibstoffverbrauch) unterteilen. Dem Konzept der globalen (Un-)Ähnlichkeit liegt die Idee zugrunde,
daß die Auskunftspersonen bei der Abgabe eines Meßwerts für die Affinität zweier Güter alle für sie wichtigen Facetten zu einem Gesamturteil
verknüpfen. Sofern die (Un-)Ähnlichkeit von Erzeugnissen nur als Indikator einer Verhaltensabsicht fungiert, besteht kein Anlaß für eine inhaltliche Spezifikation dieses Terminus. Interessieren hingegen die Ursachen
des beobachteten Verhaltens, erscheint ein globales Urteil kaum geeignet,
da jede Person mehr oder weniger viele und zudem ganz unterschiedliche
Attribute seiner Bewertung zugrunde legt (vgl. *Sixtl*, 1982, S. 279 ff.).

Zur Erfassung der **globalen** (**Un-**)**Ähnlichkeit** bieten sich zahlreiche Methoden an, von denen das **Affinitäts-*rating*** am häufigsten zum Einsatz
kommt. Hierbei trägt der Proband die (**Un-**)**Ähnlichkeit** zweier Objekte
auf einer mehrstufigen *rating*-Skala (z. B. von 1 = vollkommen unähnlich bis 7 = vollkommen ähnlich) ab. Skalen dieser Art sind den Betroffenen zumeist vertraut, ohne Aufwand zu erstellen und liefern eine (**Un-**)
**Ähnlichkeitsmatrix**. Allerdings erfordert dieses Verfahren bei n Produkten insgesamt [n · (n - 1)]/2 Urteile, was nicht nur erhebliche Anstrengungen bei der **Datenerfassung** bedeutet, sondern auch sehr leicht zu **In-
transitivitäten** im Entscheidungsverhalten führt.

**Produktpräferenzen** entstehen aus den wahrgenommenen Gütermerkmalen sowie deren Wertschätzung durch die Nachfrager (vgl. *Pessemier*,
1982, S. 279 ff.). Sofern keine unterschiedlichen Eigenschaftspräferenzen
vorliegen, impliziert die (**Un-**)**Ähnlichkeit zweier Erzeugnisse** zwangsläufig deren **Substituierbarkeit**. Weisen Objekte jedoch geringe Unterschiede bei stark bevorzugten Attributen auf, sind solche Güter gegebenenfalls für ein Individuum nicht austauschbar. Insofern drücken Urteile
über die Vorziehenswürdigkeit von Produkten die Wertschätzung für jene
Merkmale aus, in denen sich die Erzeugnisse voneinander unterscheiden.
Da die Wertschätzung von der Fähigkeit der Eigenschaften abhängt, die
Bedürfnisse der Konsumenten zu befriedigen, zeigt die Präferenzaussage
die Austauschbarkeit von Gütern genauer an als ein **Urteil** über die (**Un-**)
**Ähnlichkeit**.

Die Messung von Produktpräferenzen umfaßt neben einer Einschätzung
der (Un-)Ähnlichkeit auch eine **Bewertung** der die **Affinität** begründen-
en Merkmale. Hierbei erhält der Proband die Aufforderung, ein Urteil bezüglich der **Vorziehenswürdigkeit einzelner Attribute abzugeben**. In

Analogie zur Erfassung der (Un-)Ähnlichkeitsurteile bietet sich für die Bewertung der **Vorziehenswürdigkeit** von Erzeugnissen eine **Intervallskala** mit zum Beispiel sie-ben Ausprägungen an. Das Ergebnis der Erhebung bildet eine **Produkt-Produkt-Matrix**, deren Zeilen die zwischen den Gütern **existierenden Präferenzrelationen** enthalten.

**Substituierbarkeit** läßt sich als das Urteil eines Individuums bezüglich der **Tauglichkeit** eines **Guts, ein anderes zu ersetzen**, charakterisieren. Dieses Urteil impliziert, unter der Voraussetzung merkmalsverschiedener Alternativen, die **Existenz** von **Präferenzen** für **einzelne Attribute**. Die Bewertung der Vorziehenswürdigkeit verkörpert daher das zentrale Kriterium zur **Diskriminierung** zwischen **globaler (Un-)Ähnlichkeit** und **Substituierbarkeit**. Offenbar repräsentiert die **Austauschbarkeit** eine spezifische (Un-)Ähnlichkeit unter der besonderen Berücksichtigung individueller Präferenzen.

Inwieweit Güter tatsächlich austauschbar sind, läßt sich entweder als globales Urteil direkt abfragen oder durch einen Produktvergleich mit vorab festgelegten Objekten erfassen. Allerdings tauchen bei der **Operationalisierung** und **Messung** von **Austauschbarkeit**, zum Beispiel mittels eines *forced switching*-**Experiments** einige Probleme auf:

* Häufig besitzen Nachfrager eine **Substitutionsneigung** zu Gütern einer anderen, möglicherweise nicht in die Untersuchung eingeschlossenen Produktart (z. B. Wechsel von einem Pelzmantel zu einer Armbanduhr) oder akzeptieren überhaupt kein anderes Erzeugnis als Ersatz.

* Das **erzwungene Substitutionsurteil** besitzt für die Offenlegung des Verhaltens der Nachfrager beim Kauf- und Konsumakt allenfalls eine beschränkte Aussagekraft, da der Abstand zwischen dem Lieblingsprodukt und dem nächstpräferierten unbekannt ist.

* Die **Bewertung** der **Austauschbarkeit** vermittelt nur einen Anhaltspunkt für die relative Attraktivität von Gütern im gesamten Produktfeld, ohne die spezifischen Beziehungen zwischen einzelnen Erzeugnissen exakt abzubilden.

### 11.3.2.3 Verfahren der Marktabgrenzung

Im Anschluß an die Bestimmung der Startmenge und die Festlegung von Kriterien gilt das Augenmerk in diesem Kapitel den mathematisch-statistischen Methoden zur Aufdeckung von Marktkonturen. Neben der **Clusteranalyse** und den **Verfahren** der **Mehrdimensionalen Skalierung** interessiert vor allem der von *Urban, Johnson* und *Hauser* (1984, S. 83 ff.) konzipierte **Prodegy-Ansatz**. Zunächst steht das **Grundmodell** im Mittelpunkt der Analyse, bevor ein empirisches Beispiel die Leistungsfähigkeit dieses Ansatzes zur Marktabgrenzung illustriert.

**(1) Das Grundmodell**

Dem **Prodegy-Modell** liegt die Idee zugrunde, die zwischen Produkten herrschenden **Substitutionsbeziehungen** zu erfassen. Die rekonstruierten Austauschrelationen erlauben Rückschlüsse auf die Existenz einer Marktstruktur. Grundsätzlich liegt dann eine Marktstruktur vor, wenn sich der Gesamtmarkt in **Submärkte** untergliedern läßt. Dabei umfaßt ein **Teilmarkt** solche Güter, die in einem **intensiven Wettbewerbszusammenhang** stehen, während Erzeugnisse verschiedener Submärkte **kaum miteinander konkurrieren**. Aus Sicht der Nachfrager sind Produkte eines Teilmarkts sehr leicht austauschbar, wohingegen Erzeugnisse verschiedener Submärkte einen deutlich geringeren Substitutionsgrad aufweisen. Aus der fiktiven empirischen Erkenntnis, der Markt für Automobile zerfällt in die Teilmärkte inländische und ausländische Fahrzeuge, folgt, daß ein *VW Golf* und ein *Opel Astra* in stärkerem Wettbewerb miteinander stehen als eines dieser Güter mit einem *Peugeot 205*.

Die Methodik des **Prodegy-Ansatzes** basiert auf der Überlegung, daß ein am Markt etabliertes Produkt plötzlich **nicht mehr erhältlich ist**. Wird festgestellt, daß sich der Marktanteil dieses Guts nicht entsprechend der Marktanteile der anderen Erzeugnisse auf diese verteilt, liegt ein Hinweis auf die **Existenz** von **Teilmärkten** vor. Offenbar neigen die Käufer des am Markt nicht mehr verfügbaren Produkts dazu, ersatzweise ein Gut jenes Submarkts zu erwerben, dem das vom Markt genommene angehörte. Besteht hingegen Anlaß zu der Vermutung, daß der Marktanteil des betrachteten Erzeugnisses auf die anderen Produkte entsprechend deren Marktanteilen zerfällt, spricht man von einem **unstrukturierten Gesamtmarkt**.

Ein **fiktives Beispiel** veranschaulicht die bisherige Argumentation: Ein Gesamtmarkt besteht aus vier Produkten (i, j, k, l), deren Marktanteile aus *Tabelle 5.5*, Spalte 2 hervorgehen. Zur Untersuchung der Konturen dieses Markts sei angenommen, der Produzent von i nimmt sein Gut aus dem Angebotsprogramm. Findet eine Verteilung des Marktanteils von i auf j, k und l entsprechend deren Marktanteilen statt, ergeben sich die in Spalte 3 abgebildeten Werte. In diesem Fall lassen sich keine Erzeugnisse zu Teilmärkten zusammenfassen, weshalb man den Gedanken vom unstrukturierten Gesamtmarkt ins Feld führt. Wird hingegen die in Spalte 4 präsentierte Verteilung der Marktanteile beobachtet, erscheint der Gedanke gerechtfertigt, daß i, k und l im Wettbewerb miteinander stehen und aus diesem Grund einen Teilmarkt bilden.

| (1) | (2) | (3) | (4) |
|:---:|:---:|:---:|:---:|
| Produkt | Verteilung der Marktanteile in einem *forced switching*-Experiment | | |
| i | 0,200 | - | - |
| j | 0,300 | 0,375 | 0,300 |
| k | 0,400 | 0,500 | 0,560 |
| l | 0,100 | 0,125 | 0,140 |
| Summe | 1,000 | 1,000 | 1,000 |

*Tabelle 5.5: Verteilung der Marktanteile auf vier Produkte*

Zur **Identifikation** von **Submärkten** kommt das **Hypothesentestverfahren** der **Varianzanalyse** zum Einsatz. Mit der **Nullhypothese** wird die Strukturlosigkeit des Markts behauptet, das heißt, es läßt sich kein besonderer Wettbewerbszusammenhang erkennen, weshalb eine Aufteilung der Produkte in Teilmärkte nicht möglich erscheint. Mit der **Gegenhypothese** postuliert man eine bestimmte **Marktaufspaltung** beispielsweise nach **Gütereigenschaften** oder **Verwendungszwecken**. Soll sie das Geschehen widerspiegeln, muß diese **vermutete Marktstruktur besser** als die **Hypothese** des **unstrukturierten Markts** das **empirisch erhobene Wechselverhalten** der Probanden erklären (vgl. *Bauer/Herrmann*, 1992, S. 1346 ff.).

Zur Spezifikation der beiden Hypothesen interessieren die Wechselwahrscheinlichkeiten bei **Strukturlosigkeit**, nachdem ein betrachtetes Produkt nicht mehr erhältlich ist. Wie erinnerlich, verteilen sich die Abwanderer auf die verbleibenden Erzeugnisse im Verhältnis der **Marktanteile** dieser **Alternativen**. Gemäß dem *aggregate constant ratio*-**Modell** lautet der Anteil des Produkts j im Teilmarkt S (p(j/S)) folgendermaßen:

$$p(j/S) = \frac{m_j}{\sum\limits_{k=1}^{K} m_k}, \text{ wobei } k \in S \tag{5.1}$$

Dabei bedeuten:

$p(j/S)$ = Anteil des Produkts j im Teilmarkt S
$m_j$ bzw. $m_k$ = Marktanteil von Gut j beziehungsweise k
K = Anzahl der Produkte im Submarkt S

Sofern Alternative i nicht mehr verfügbar ist, gilt für den Marktanteil von j ($p_i(j)$):

$$p_i(j) = \frac{m_j}{\sum\limits_{k=1}^{K} m_k} = \frac{m_j}{1 - m_i}, \text{ wobei } k \neq i \qquad (5.2)$$

Der Marktanteil des Submarkts S ($p_i(S)$) beträgt nach der Elimination von i:

$$p_i(S) = \sum_{j=1}^{J} p_i(j) = \frac{\sum\limits_{j=1}^{J} m_j}{1 - m_i}, \text{ wobei } j \in S \text{ und } j \neq i \qquad (5.3)$$

Mit:

$p_i(S)$ = Marktanteil des Teilmarkts S nachdem Produkt i nicht mehr erhältlich ist
$m_i$ bzw. $m_j$ = Marktanteil von Gut i bzw. j
J = Anzahl der Produkte im Submarkt S

Ein Beispiel verdeutlicht diesen Gedanken: Die Produkte i, j, k und l besitzen jeweils einen Marktanteil von 0,250. Nimmt der Hersteller von i sein Erzeugnis vom Markt, ergibt sich für die anderen Güter folgender Marktanteil (vgl. Gleichung 5.2):

$p_i(j) = p_i(k) = p_i(l) = 0,333$

Sofern vor der Elimination von Alternative i der erste Teilmarkt ($S_1$) aus i und j bestand und der zweite ($S_2$) die Güter k und l umfaßte, gilt für die Marktanteile dieser Submärkte folgendes:

$p_i(S_1) = p_i(j) = 0,333$

und

$p_i(S_2) = p_i(k) + p_i(l) = 0,667$

Die Gleichungen 5.2 und 5.3 dienen dazu, den **Marktanteil** eines beliebigen **Produkts** beziehungsweise **Submarkts** unter der Annahme der
**Strukturlosigkeit** zu errechnen. Der ermittelte Wert läßt sich mit dem
**tatsächlich beobachteten Marktanteil** des fraglichen Guts vergleichen.
Es heißen:

$n_i$ = Anzahl der Nachfrager von Gut i

$n_i(j)$ = Anzahl der Nachfrager, die j wählen, nachdem i nicht mehr verfügbar ist

$p_i(S)$ = Anzahl der Nachfrager, die ein Produkt aus S kaufen, nachdem i nicht
mehr erhältlich ist

Die Wahrscheinlichkeiten lauten:

$$b_i(j) = \frac{n_i(j)}{n_i} \qquad (5.4)$$

und

$$b_i(S) = \frac{n_i(S)}{n_i} \qquad (5.5)$$

Der Grundidee des *Prodegy*-Ansatzes zufolge liegt eine **Marktpartition**
vor, sofern nach der Elimination eines Erzeugnisses die Wahrscheinlichkeit, zu einem Produkt des gleichen Teilmarkts zu wechseln, größer ist
als die mit Hilfe des *aggregate constant ratio*-**Modells** ermittelte Wahrscheinlichkeit:

$b_i(S) > p_i(S)$, sofern i aus S stammt, $\qquad (5.6)$

oder

$b_i(S) < p_i(S)$, sofern i nicht aus S ist. $\qquad (5.7)$

Ein Beispiel trägt dazu bei, diese Ausführungen zu verdeutlichen: Hierzu
gilt die Prämisse, daß 100 Nachfrager das Gut i erwerben. Nachdem der
Hersteller von i sein Produkt vom Markt nimmt, kaufen 33 Probanden im
gleichen Submarkt, also j, und 67 die Erzeugnisse k und l aus dem anderen Teilmarkt. Folglich ergibt sich:

$b_1(S = 1) = 0{,}333 \approx p_1(S = 1) = 0{,}333$

und

$b_1(S = 2) = 0,667 \approx p_1(S = 2) = 0,667$

Die errechneten Werte liefern keinen Anhaltspunkt dafür, die Hypothese über die Strukturlosigkeit des Markts (Nullhypothese) zu verwerfen. Beziehen jedoch 98 der 100 Befragten ihr Ersatzprodukt im Submarkt 1 und lediglich 2 im Teilmarkt 2, gilt:

$b_1(S = 1) = 0,980 > p_1(S = 1) = 0,333$

und

$b_1(S = 2) = 0,020 < p_1(S = 2) = 0,667$

In diesem Fall, dies läßt sich auch ohne statistischen Test erkennen, ist die Nullhypothese abzulehnen. Die vorgenommene Strukturierung bildet offenbar eine mögliche Marktpartition.

Liegt eine ausreichende Zahl von Daten vor ($n_j > 20$), kommt der **einseitige Z-Test** zur Beurteilung der Ungleichungen 5.6 und 5.7 in Betracht (vgl. *Bortz*, 1993, S. 112 ff.). Diese Teststatistik erscheint zulässig, da $n_j$ **normalverteilt ist** mit dem **Mittelwert** $n_j \cdot p_i(S)$ und der **Varianz** $n_j \cdot p_i(S) (1 - p_i(S))$. Erweisen sich mehrere Marktpartitionen als statistisch signifikant, liegt es nahe, die Marktkontur mit dem höchsten Z-Wert vorzuziehen. Darüber hinaus vermitteln **Validitätstests mit anderen Datensätzen** sowie **Praktikabilitätsüberlegungen** einige Anhaltspunkte zur Bestimmung jener Aufspaltung, die einen wirksamen Einsatz der marketingpolitischen Instrumente zuläßt.

Ein **besonderer Vorteil** des *Prodegy*-Ansatzes liegt in seiner **Flexibilität** hinsichtlich der **Gewinnung** der notwendigen **Daten**. Anstelle eines *forced switching*-**Experiments** bietet sich auch eine **Erfassung** von **Präferenzurteilen** an. Im einzelnen sind die folgenden Möglichkeiten bekannt (vgl. *Bauer*, 1989, S. 191 ff.):

- Bringen Probanden die Elemente ihrer *evoked sets* in eine Rangfolge, läßt sich durch Auszählen die Häufigkeit ermitteln, mit der das Gut i auf dem ersten und gleichzeitig das Produkt j auf dem zweiten Platz rangiert. Dieses Vorgehen liefert die für die Identifikation von Marktkonturen erforderlichen $n_i(j)$-Werte.

- Eine *logit*-**Analyse** ermittelt die **Wahrscheinlichkeiten** einer Person zum Kauf der Erzeugnisse i, j, k und l. Eingesetzt in das *aggregate constant ratio*-**Modell**, ergibt sich die **Wahrscheinlichkeit**, daß der Betroffene das Produkt j wählt, nachdem das vormals gekaufte Gut i nicht mehr verfügbar ist.

- Mitunter liegt nur eine Information darüber vor, welche **Marken** ein Individuum beim Kauf in Erwägung zieht und welche nicht (**Marken-harem-Präferenz**). Auch hieraus lassen sich Hinweise über die Existenz einer Marktstruktur ableiten, indem jedes Gut die gleiche Kaufwahrscheinlichkeit erhält.

Das Anliegen, Produkte im Hinblick auf den Grad ihrer Substituierbarkeit in disjunkte Klassen zu unterteilen, läßt sich auch mit der **Clusteranalyse** und den **Verfahren** der **Mehrdimensionalen Skalierung** erreichen. Die Leistungsfähigkeit dieser Methoden zur Marktabgrenzung illustriert das in *Abbildung 5.16* dargestellte Beispiel. Spalte 1 verdeutlicht einen **Perzeptionsraum** von Individuen für die Produkte i, j, k und l (vgl. Teil 8.2.3). Hinter den Koordinatenachsen dieser Konfiguration verbergen sich bestimmte Attribute. Die räumliche Distanz von einem Gut zu einem anderen bringt die wahrgenommene Ähnlichkeit zum Ausdruck. Es fällt auf, daß die Erzeugnisse in zwei getrennten Marktbereichen (i und j sowie k und l) angesiedelt sind.

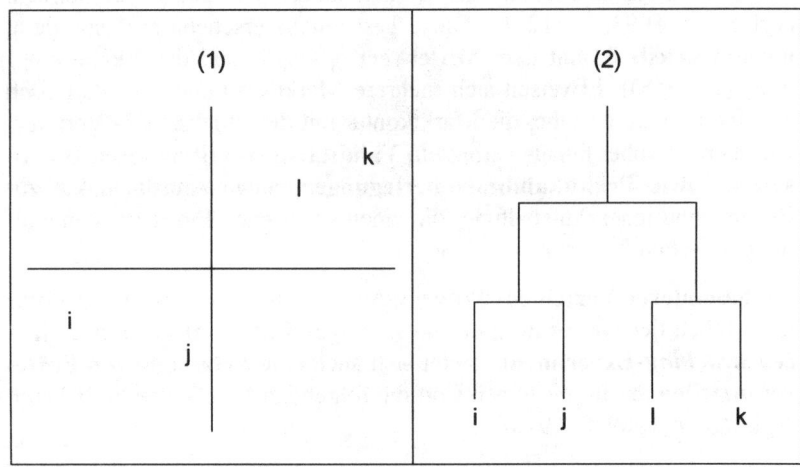

*Abbildung 5.16: Produktmarktraum und Baumstruktur für vier Produkte*

Die Clusteranalyse zielt darauf ab, den zwischen Objekten existierenden **Konkurrenzzusammenhang** in einer **hierarchischen Struktur** abzubilden. Zur **Rekonstruktion** einer **Produkthierarchie** erscheinen vor allem **hierarchische Clusterverfahren** geeignet. Deren Grundidee besteht darin, die Urteile von Individuen bezüglich der Ähnlichkeit von Marken auf eine **Baumstruktur** zu untersuchen und dieses Gefüge aufzudecken. Das in Spalte 2 dargestellte **Dendrogramm** zeigt eine exakte **Baumstruktur**, die aus den beiden Marktbereichen i und j sowie k und l besteht.

**(2) Ein empirisches Beispiel**

Den Ausgangspunkt bilden **667 Autofahrer**, von denen jeder die Marke und den Typ seines Pkw nannte. Aus *Tabelle* 5.6 geht beispielsweise hervor, daß 42 **Probanden** einen *BMW 320* fahren, während 39 einen *Opel Calibra* besitzen. Ein sich anschließendes *forced switching*-**Experiment** zwingt die Befragten zum Wechsel des Fahrzeugs. Die in den Spalten abgebildeten Werte geben die Anzahl jener Individuen an, die von den in den Zeilen dargestellten Pkw zu den in den Spalten aufgelisteten Automobilen wechseln (vgl. *Bauer/Herrmann*, 1995, S. 28 ff.). Sieben alternative Hypothesen über die Marktpartition kommen für eine empirische Untersuchung in Betracht: eine auf die **Motorart**, den **Fahrzeugtyp**, die **Fahrzeugklasse**, den **Antrieb**, das **Getriebe**, den **Produktionsort** und die **Marke** bezogene Marktaufspaltung (vgl. *Abbildung* 5.17).

Aus *Abbildung* 5.17 gehen die **spezifischen Merkmalsausprägungen** der 19 Pkw hervor. Das in *Tabelle* 5.7 dargebotene **Resultat des Hypothesentestverfahrens** verdeutlicht, daß die **Teilmärkte Unterklasse**, **Mittelklasse** und **Oberklasse** im wesentlichen die **Struktur** des **Automobilmarkts** determinieren. Offenbar existieren starke Austauschbeziehungen zwischen **Fahrzeugen gleicher Klasse**, während zwischen Automobilen, die zum Beispiel zur **selben Marke** gehören oder eine **identische Antriebsart** aufweisen nur schwache Substitutionsrelationen bestehen. Bei einer Irrtumswahrscheinlichkeit von 10% (z > 1,28) lassen sich die vermuteten Marktaufspaltungen nach **Motor** und **Getriebe** zurückweisen. Die Abweichungen von der Hypothese des unstrukturierten Markts sind in beiden Fällen auf Zufallsschwankungen zurückzuführen.

Vor einer Spezifikation produktpolitischer Aktivitäten auf der Grundlage der **rekonstruierten Marktpartition** richtet sich das Augenmerk auf die mittels der anderen multivariaten Methoden ermittelte Marktaufspaltung. Zunächst dienen die in *Tabelle* 5.6 aufgelisteten Werte als Datenbasis für ein **Verfahren** der **Mehrdimensionalen Skalierung**, das den in *Abbildung* 5.18 dargestellten **Produktmarktraum** liefert. Daraufhin fungieren diese Daten über das Wechselverhalten der Individuen als Input für eine **Clusteranalyse**, aus der das in *Abbildung* 5.19 dargebotene **Dendrogramm** hervorgeht.

| | Ge-samt | AC | B3 | P2 | NM | OO | FU | M3 | TS | VW |
|------|------|----|----|----|----|----|----|----|----|----|
| AC | 31 | 0 | 3 | 1 | 1 | 5 | 1 | 2 | 1 | 1 |
| B3 | 42 | 3 | 0 | 2 | 2 | 3 | 2 | 2 | 1 | 1 |
| P2 | 29 | 0 | 1 | 0 | 0 | 1 | 3 | 0 | 1 | 4 |
| NM | 19 | 1 | 1 | 0 | 0 | 1 | 0 | 2 | 3 | 0 |
| OO | 47 | 2 | 5 | 1 | 1 | 0 | 2 | 2 | 2 | 4 |
| FU | 23 | 0 | 2 | 3 | 0 | 1 | 0 | 0 | 0 | 4 |
| M300 | 26 | 1 | 2 | 0 | 2 | 3 | 0 | 0 | 2 | 1 |
| TS | 27 | 2 | 1 | 0 | 4 | 1 | 0 | 1 | 0 | 0 |
| VW | 52 | 3 | 3 | 6 | 0 | 5 | 6 | 1 | 0 | 0 |
| FS | 37 | 3 | 2 | 1 | 1 | 2 | 0 | 4 | 1 | 2 |
| A2 | 21 | 3 | 0 | 0 | 2 | 0 | 0 | 3 | 2 | 0 |
| P4 | 33 | 0 | 3 | 8 | 0 | 2 | 3 | 0 | 0 | 1 |
| OC | 39 | 3 | 3 | 1 | 2 | 4 | 0 | 3 | 5 | 1 |
| FC | 34 | 2 | 3 | 3 | 1 | 3 | 4 | 1 | 0 | 2 |
| TC | 31 | 1 | 0 | 3 | 2 | 3 | 3 | 1 | 2 | 4 |
| B6 | 17 | 1 | 2 | 0 | 2 | 1 | 0 | 2 | 3 | 0 |
| M2 | 45 | 2 | 4 | 1 | 3 | 5 | 2 | 3 | 1 | 2 |
| A8 | 55 | 4 | 7 | 1 | 1 | 4 | 1 | 2 | 0 | 5 |
| OK | 59 | 2 | 3 | 7 | 0 | 9 | 6 | 1 | 0 | 6 |

Erläuterung zur *Tabelle* 5.6:
AC= Audi Coupé, B3 = BMW 320, P2 = Peugeot 205, NM = Nissan Maxima, OO = Opel Omega, FU = Fiat Uno, M3 = Mercedes 300, TS = Toyota Supra, VW = VW Golf, FS = Ford Scorpio, A2 = Audi 200, P4 = Peugeot 405, OC = Opel Calibra, FC = Fiat Croma, TC = Toyota Corolla, B6 = BMW 635, M2 = Mercedes 230, A8 = Audi 80, OK = Opel Kadett

| FS | A2 | P4 | OC | FC | TC | B6 | M2 | A8 | OK |
|----|----|----|----|----|----|----|----|----|----|
| 0 | 2 | 0 | 2 | 3 | 2 | 2 | 2 | 2 | 1 |
| 3 | 2 | 4 | 2 | 3 | 1 | 3 | 2 | 3 | 3 |
| 2 | 0 | 4 | 1 | 1 | 4 | 0 | 2 | 2 | 3 |
| 1 | 3 | 0 | 1 | 0 | 2 | 3 | 1 | 0 | 0 |
| 2 | 2 | 3 | 4 | 3 | 1 | 1 | 5 | 4 | 3 |
| 1 | 0 | 0 | 1 | 3 | 3 | 0 | 0 | 2 | 3 |
| 2 | 3 | 0 | 1 | 0 | 0 | 2 | 3 | 3 | 1 |
| 1 | 4 | 0 | 3 | 1 | 3 | 6 | 0 | 0 | 0 |
| 3 | 0 | 1 | 4 | 1 | 5 | 1 | 1 | 3 | 9 |
| 0 | 1 | 3 | 2 | 3 | 1 | 1 | 2 | 5 | 3 |
| 1 | 0 | 0 | 4 | 0 | 0 | 3 | 0 | 3 | 0 |
| 4 | 0 | 0 | 1 | 4 | 1 | 0 | 1 | 4 | 1 |
| 1 | 4 | 1 | 0 | 1 | 0 | 4 | 1 | 3 | 2 |
| 3 | 1 | 3 | 1 | 0 | 2 | 0 | 2 | 2 | 1 |
| 1 | 0 | 2 | 1 | 2 | 0 | 0 | 0 | 2 | 4 |
| 0 | 3 | 0 | 3 | 0 | 0 | 0 | 0 | 0 | 0 |
| 5 | 5 | 2 | 1 | 2 | 0 | 2 | 0 | 4 | 1 |
| 6 | 5 | 4 | 2 | 3 | 1 | 1 | 4 | 0 | 4 |
| 3 | 0 | 3 | 7 | 3 | 6 | 0 | 1 | 2 | 0 |

*Tabelle 5.6: Wechselmatrix für Pkw*

| Pkw-Merkmal | Merkmalsausprägung |
|---|---|
| Motor | Benzinmotor, Dieselmotor |
| Fahrzeugklasse | Unterklasse, Mittelklasse, Oberklasse |
| Antrieb | Allradantrieb, Zweiradantrieb |
| Fahrzeugtyp | Coupé, Limousine, Variant/Steilheck |
| Getriebe | Handschaltung, Automatikgetriebe |
| Produktionsort | Inland, Ausland |
| Marke | *Audi, BMW, Fiat, Ford, Mercedes-Benz, Nissan, Opel, Peugeot, Toyota, Volkswagen* |

*Abbildung 5.17: Ausgewählte Pkw-Merkmale und deren Ausprägungen*

| Marktaufspaltung | Aggregiertes b(s) | Aggregiertes p(s) | Aggregiertes z |
|---|---|---|---|
| Fahrzeugklasse | 0,52 | 0,33 | 10,44 |
| Marke | 0,15 | 0,09 | 5,42 |
| Produktionsort | 0,61 | 0,56 | 3,20 |
| Antrieb | 0,73 | 0,70 | 1,69 |
| Fahrzeugtyp | 0,38 | 0,35 | 1,62 |
| Motor | 0,60 | 0,58 | 1,05 |
| Getriebe | 0,53 | 0,53 | 0,00 |

*Tabelle 5.7: Ergebnis des Hypothesentestverfahrens*

Mit den als statistisch signifikant identifizierten Marktkonturen ($z > 1,28$) läßt sich unter Berücksichtigung ihrer Prüfgrößen (z-Werte) eine **Hierarchie** von **Fahrzeugmerkmalen** konstruieren. Diese Merkmalshierarchie dient dem Anliegen, ein tieferes Verständnis über die den Automobilkäufen vorangehenden Entscheidungsprozesse der Betroffenen zu erlangen. Hiernach unterteilen die Autofahrer den Pkw-Markt zunächst nach der **Fahrzeugklasse** ($z = 10,44$), dann nach der **Marke** ($z = 5,42$), die zudem den **Produktionsort** ($z = 3,20$) festlegt, weiterhin nach der **Antriebsart** ($z = 1,69$) und schließlich nach dem **Fahrzeugtyp** ($z = 1,62$) (vgl. *Abbildung 5.20*).

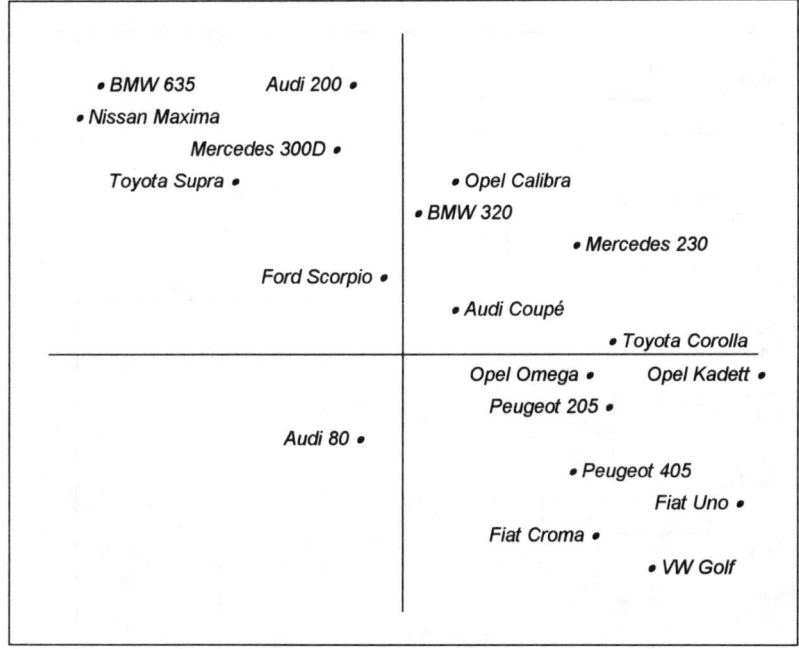

*Abbildung 5.18: Produktmarktraum für 19 Pkw*

In Anbetracht dieser **Merkmalshierarchie** liegt die Idee auf der Hand, dem deutschen Anbieter *BMW* die **Einführung** eines **Pkw** für die **Unterklasse** zu empfehlen. Ein Kleinwagen führt zu keiner gravierenden Kannibalisierung der in der mittleren und oberen Klasse positionierten *BMW*-Fahrzeuge. Für die *japanischen* Hersteller *Nissan* und *Toyota*, die bislang vorwiegend Automobile für die Unterklasse anbieten, erscheint es aus dem gleichen Grund ratsam, **Pkw** in der **Oberklasse** zu etablieren. Zur Ausnutzung des Wechselverhaltens der Individuen sollte ein Produzent von unternehmensbezogenen Marketingaktivitäten absehen und **produktpolitische Maßnahmen teilmarktspezifisch** einsetzen. Die Marktführer, wie *Volkswagen* und *Mercedes-Benz*, können mit einer **umfassenden Palette** von Fahrzeugen (mit möglichst vielen Modellen) die einzelnen Teilmärkte einengen und der Expansion *japanischer* Automobilunternehmen entgegenwirken.

Die Kriterien **Antriebsart** und **Fahrzeugtyp** spielen für die Marketingplanung eines Anbieters keine zentrale Rolle, da die Nachfrager erst die **Marke** festlegen, bevor sie über den **Antrieb** und den **Fahrzeugtyp** entscheiden. Allerdings liegen bislang keine Erkenntnisse über das Verhalten eines Probanden vor, der eine **Marke** (z. B. *Ford*) wählt, aber gleich-

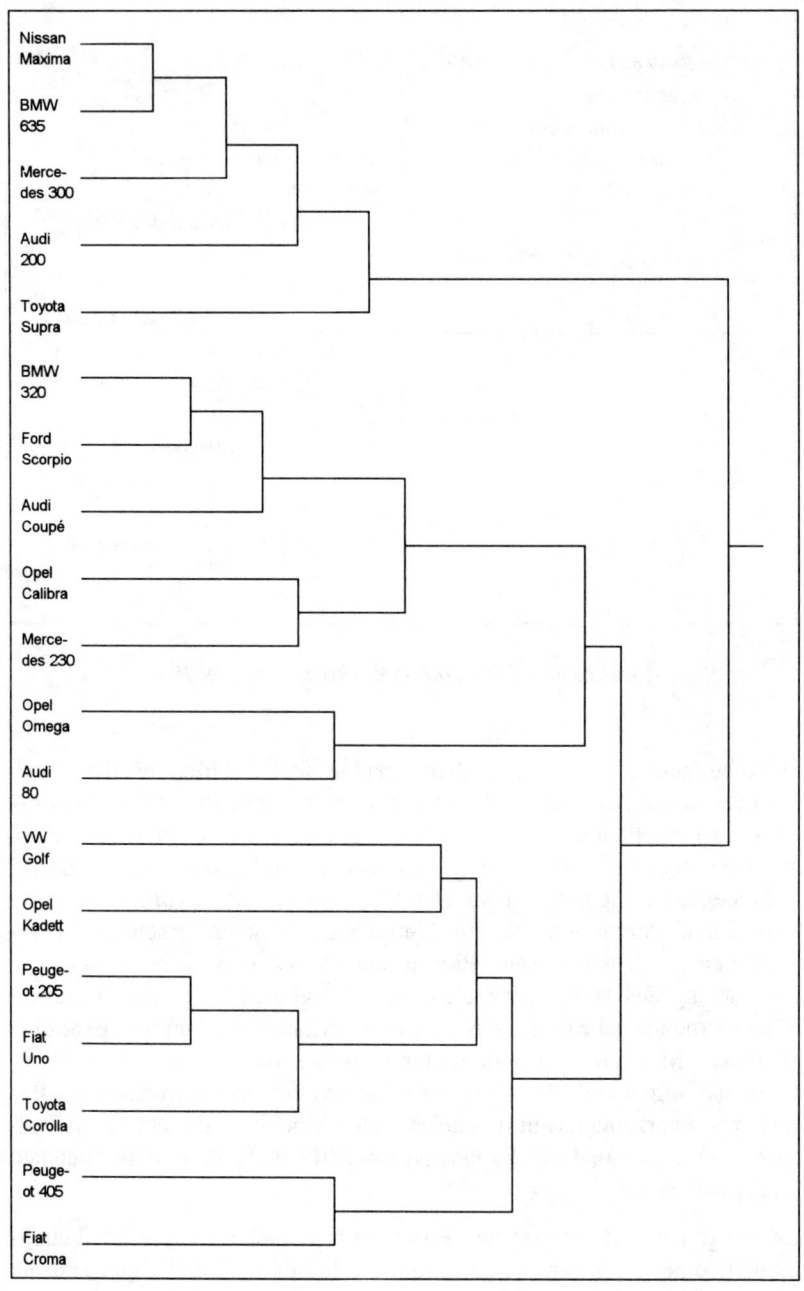

*Abbildung 5.19: Hierarchische Aufspaltung des Pkw-Markts*

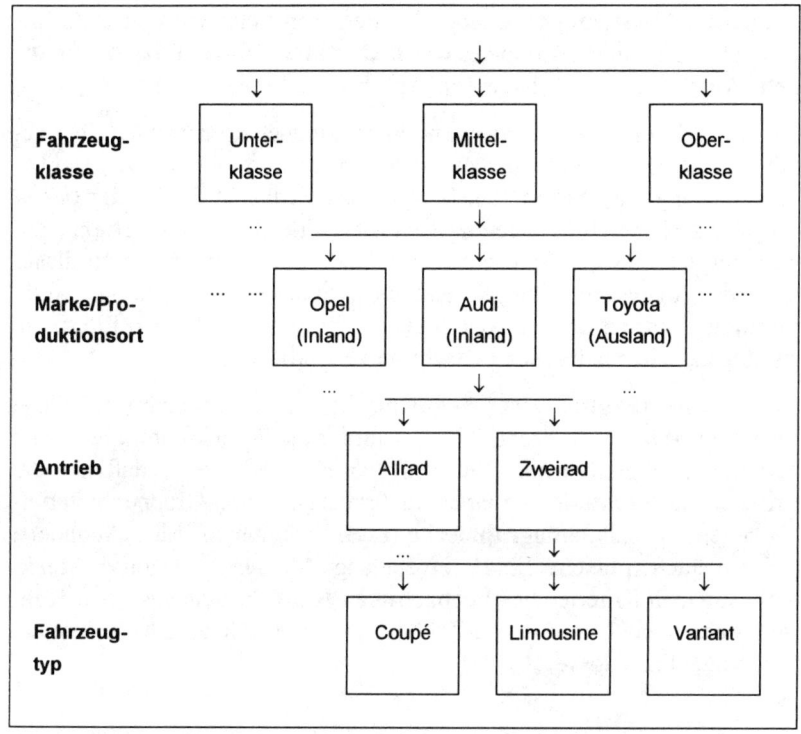

*Abbildung 5.20: Struktur des Entscheidungsprozesses beim Pkw-Kauf*

zeitig den von ihm gewünschten **Fahrzeugtyp** (z. B. Coupé) nicht im Programm dieses Herstellers findet. Da es für ein Unternehmen wesentlich teurer ist, den auf diesem Wege verlorenen Kunden wiederzugewinnen, als einen neuen von Konkurrenten abzuwerben, muß es **möglichst viele Antriebs-** und **Typvarianten** offerieren.

### 11.3.3 Nachfragerbezogene Marktabgrenzung

#### 11.3.3.1 Determinanten der relevanten Nachfragerschaft

In Analogie zur Festlegung der in die Analyse einzubeziehenden Produkte setzt auch die Bestimmung der relevanten Abnehmermenge nicht am entsprechenden Universum, das heißt an der Gesamtheit aller Individuen, an. Im allgemeinen stellt die **Nachfragerschaft keine homogene Einheit** dar, sondern verkörpert ein Gebilde, das aus **einzelnen Gruppie-**

**rungen** von **Individuen** besteht. Die Personen unterscheiden sich hinsichtlich bestimmter Merkmale, wie **Bedürfnisse, Einstellungen, finanzielle Mittel** und **verfügbare Zeit** (vgl. *Freter*, 1983, S. 43 ff.).

Die **Kriterien** für die **Vorauswahl** einer geeigneten Probandenschar resultieren zumeist unmittelbar aus dem Anliegen der ins Auge gefaßten Untersuchung. Interessiert zum Beispiel das Verhalten der Käufer beziehungsweise Leser von Jugendzeitschriften, drängt sich die Gruppe der *teenager* als relevante Startmenge auf. Um jedoch nicht schon an dieser Stelle das Analyseziel unangebracht einzuschränken, erscheint eine weite Vorausabgrenzung ratsam. Aus Studien geht hervor, daß auch Eltern die von Jugendlichen gelesenen Zeitschriften erwerben.

Für die **Identifikation** eines **Segments** kommen ganz unterschiedliche **Trennvariablen** in Betracht, die allesamt für die Produktpolitik relevante Tatbestände abgreifen. Ein Blick auf *Abbildung 5.21* zeigt, daß sich die Kriterien zur Strukturierung einer Käufermenge in drei Gruppen unterteilen lassen: in **soziodemographische** (z. B. Einkommen, Alter, Wohnort) und **psychographische** (z. B. Einstellung, Meinungen, Motiv) **Merkmale** sowie in Kriterien des **beobachteten Kauf-** beziehungsweise **Konsumverhaltens** (z. B. Art und Zahl der genutzten Medien, Markentreue, bevorzugte Preisklasse).

| Segmentierungskriterien | | | | | | | | |
|---|---|---|---|---|---|---|---|---|
| Kriterien des beobachteten Kauf- bzw. Konsumverhaltens | | | | Psychographische Kriterien | | Soziodemographische Kriterien | | |
| Preis- verhalten | Medien- nutzung | Einkaufs- stätten- wahl | Produkt- wahl | Persön- lichkeits- merkmale | Produkt- bezogene Kriterien | Soziale Schicht | Familien- lebens- zyklus | Geogra- phische Kriterien |
| Preis- klasse, Kauf von Sonder- angeboten | Art und Zahl der Medien, Nutzungs- intensität | Betriebs- formen und Ge- schäfts- treue | Marken- treue und wechsel, Kauf- intensität | Interes- sen, Mei- nungen, soziale Orientie- rung | Wahr- nehmung, Einstell- ung, Präferenz | Einkom- men, Alter, Beruf | Familien- stand, Zahl und Alter der Kinder | Wohnort, Region, Land |

Quelle: in Anlehnung an *Freter*, 1995, S. 1807

*Abbildung 5.21: Merkmale zur Segmentierung von Nachfragern*

Die Strukturierung eines Käuferaggregats nach **soziodemographischen Merkmalen** bildet die älteste Art segmentspezifischen Vorgehens und zugleich auch ihre einfachste Anwendung. Diese Kategorie von Abgrenzungskriterien umfaßt zahlreiche **sozio-ökonomische**, **geographische** sowie **demographische** Größen, aus denen die folgenden herausragen: Alter, Geschlecht, Familienstand, Haushaltsgröße, Beruf, Einkommen, Ausbildung und Wohnort.

Häufig trägt die **Verknüpfung** zum Beispiel der **Merkmale Alter, Geschlecht** und **Haushaltsgröße** zum **Familienlebenszyklus** dazu bei, tiefergehende Erkenntnisse über das Verhalten der Individuen beim Kauf- und Konsumakt zu gewinnen. Ein anderes bedeutsames Konstrukt bildet die **soziale Schicht**, die aus einer Verquickung der Kriterien **Einkommen, Beruf** und **Ausbildung** entsteht. Studien zeigen jedoch, daß eine auf soziodemographischen Merkmalen basierende Bestimmung der relevanten Individuenschar nur eine begrenzte Trennschärfe in bezug auf das Produktwahlverhalten der erfaßten Zielgruppe aufweist. Zwar ist eine Strukturierung der Probandenmenge in zum Beispiel Frauen und Männer, Alleinstehende und Verheiratete möglich, allerdings **bleibt unklar**, aus welchen Gründen soziodemographisch gleich strukturierte oder völlig heterogene Gruppen, gleiches, **ähnliches** oder **unterschiedliches Verhalten** an den Tag legen.

Ein häufig beschrittener Weg besteht deshalb in der **Beobachtung** des **tatsächlichen Gebarens** der Individuen beim Kauf und Konsum von Gütern. Zu den hierzu **erforderlichen Kriterien** gehören beispielsweise die **Loyalität gegenüber** einer **Marke**, die **Nachfrage** nach **Sonderangeboten** und die **Art** und **Anzahl** der **genutzten Medien**. Die Unterscheidung der Personen nach Maßgabe ihres Verhaltens knüpft an die Idee an, daß eine eindeutige Spezifikation der **Symptome** eines **Zustands** (z. B. Kauf einer bestimmten Marke in mehreren aufeinanderfolgenden Gelegenheiten) genaue Rückschlüsse auf dessen **Verursachungsfaktoren** (z. B. Markentreue) ermöglicht.

Die Besonderheit dieser Merkmale ist darin zu sehen, daß sie nicht die Bestimmungsgrößen der Güterwahl repräsentieren, sondern das Resultat von Wahlakten verkörpern. Insofern läßt sich die Klassifikation von Verbrauchern auf der Basis ihrer ökonomisch relevanten Daseinsäußerungen nur als ein bedingt taugliches Vorgehen zur Segmentierung kennzeichnen, da es das Nachfragerverhalten wohl zu beschreiben, nicht jedoch zu erklären vermag. Darüber hinaus bleibt alles sonstige Wissen über die Individuen ungenutzt, weil die auf getrenntem Wege erlangten Informationen unverbunden bleiben.

Wenn sowohl das beobachtete Kauf- und Konsumgebaren als auch die soziodemographischen Kriterien **nicht genügen**, um Zielgruppen sinnvoll festzulegen, liegt der Gedanke einer auf **psychographischen Kriterien** gestützten **Segmentierung** des **Markts** nahe. Dahinter steht die Erkenntnis, daß Produktpräferenzen nicht auf der Grundlage objektiver Gütereigenschaften entstehen, sondern aus den subjektiv wahrgenommenen und erlebten Eigenschaften der Objekte sowie den damit verbundenen Nutzenvorstellungen stammen. Bei einer Analyse des Charakters psychischer Dimensionen tauchen eine ganze Reihe von Kriterien, wie **Einstellungen**, **Motive** und **Werthaltungen**, auf. Nach Meinung zahlreicher Autoren gilt die Werthaltung eines Individuums als die eigentliche Antriebskraft zur Bedürfnisbefriedigung. Da die Operationalisierung und Messung dieses Konstruktes häufig Schwierigkeiten aufwirft, bevorzugen viele Marktforscher die **methodisch leichter bewältigbaren Einstellungen** als Abgrenzungskriterien (vgl. Abschnitt 8.4).

### 11.3.3.2 Ansätze zur Bestimmung der relevanten Nachfragerschaft

Ein populäres Konzept zur Bestimmung einer Probandenschar bildet der *life style*-**Ansatz**, der von folgender Idee ausgeht: Den individuellen Daseinsäußerungen liegen bestimmte **Einstellungs-** und **Verhaltensmuster** zugrunde, die sich operationalisieren und messen lassen. Da solche Muster einen Zusammenhang zu **ökonomisch relevanten Ausdrucksformen** (z. B. Markenwahl) aufweisen, ermöglicht deren Kenntnis eine Festlegung der Abnehmermenge (vgl. *Banning*, 1987, S. 5 ff., und *Müller*, 1993, S. 25 ff.). Im Mittelpunkt der *life style*-**Analyse** steht das Anliegen, ein umfassendes Bild von einem Menschen zu entwerfen. Hierzu ist es unerläßlich, möglichst viele auf das **individuelle Gebaren einwirkende Faktoren** zu erfassen und deren Wechselwirkung zum tatsächlichen Verhalten zu erkunden. Eine differenzierte Untersuchung dieser Art erlaubt Rückschlüsse auf die Existenz von Marktsegmenten und deren Bedeutung für die Erforschung des Kauf- und Konsumverhaltens.

Eine besondere Beachtung findet eine **Spielart** des *life style*-**Ansatzes**, die sich durch die Vorstellung auszeichnet, daß der Lebensstil ein Konglomerat **individueller** und **sozialer Aktivitäten**, **Neigungen** und **Meinungen** bildet. Die Vertreter dieser in *Abbildung 5.22* präsentierten Variante liefern einen konzeptionellen Rahmen, der die Gewähr leistet, daß alle Lebensbereiche bei der Spezifikation von Marktsegmenten ihre Berücksichtigung finden. Auf seiner Grundlage lassen sich Aussagen formulieren, die den Lebensstil einer Person charakterisieren. Hierzu erarbeitet

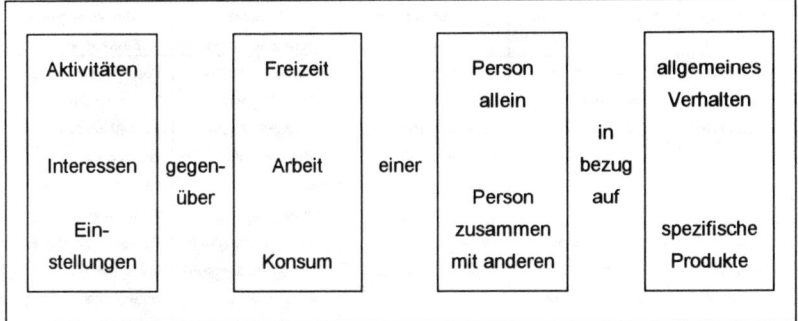

Quelle: *Wind*, 1972, S. 303

*Abbildung 5.22: Bezugsrahmen zur Erfassung des Lebensstils*

man im ersten Schritt *statements* über **individuelle** und **soziale Einstellungen**, **Interessen** und **Aktivitäten**. Im zweiten Schritt werden die Auskunftspersonen aufgefordert, die vorliegenden Formulierungen auf einer *rating*-Skala (z. B. von zutreffend bis unzutreffend) zu bewerten.

In einer empirischen Studie bildet *Windhorst* (1985, S. 13 ff.) auf der Grundlage von **Wertetypen** verschiedene Nachfragermengen, die sich im Hinblick auf die **soziodemographischen** und **psychographischen Merkmale** sowie der Verhaltensweisen ihrer Elemente (der Individuen) voneinander unterscheiden. Die in der Untersuchung spezifizierten Marktsegmente lassen sich folgendermaßen beschreiben (vgl. *Abbildung 5.23*):

- Die **genußorientierten Werteskeptiker** lehnen äußerliche Merkmale von Produkten, wie Farbe oder Form, ab. Dagegen spielen bei der Beurteilung von Erzeugnissen **finanzielle Kriterien**, zum Beispiel Preis und Wirtschaftlichkeit, eine besondere Rolle.

- Die **kulturorientierten Egozentriker** nutzen vielfältige Informationsquellen zur Bewertung von Gütern. Darüber hinaus legen sie großen Wert auf die äußere Erscheinung von Marken und schätzen einen guten Kundendienst und eine freundliche Bedienung.

- Vor allem junge Männer repräsentieren den **familienorientierten Sozialtyp**, der sich für Werbesendungen und Anzeigen interessiert. Für diese Individuen sind ein breites Sortiment und viele Sonderangebote besonders wichtig.

- Zum Typ **des Werteablehners** gehören insbesondere Männer mit hoher Schulbildung. Diese Personen setzen sich mit großem Engagement für umweltfreundliche und energiesparende Produkte ein.

| Wertetyp | Soziodemographie | Informations- verhalten | Produkt- anforderungen | Anforderungen an Einkaufsstätten |
|---|---|---|---|---|
| Genuß- orientierte Wertskeptiker (16,3%) | Älter, viele Männer, wenige Katholiken, unterdurchschnitt- liche Schulbildung | Geringe Nutzung persönlicher, Infor- mationen, hohe Nut- zung der übrigen Quellen, | Preis, Wirtschaft- lichkeit, Reparatur- freundlichkeit, Um- weltfreundlichkeit relativ wichtig, Design unwichtig | Personenenbezogene Merkmale wie höf- liche Bedienung, fachkundige Bera- tung, guter Kunden- dienst unwichtig |
| Kultur- orientierte Egozentriker (12,0%) | Älter, viele Männer, viele Katholiken, höhere Schulbildung | Hohe Nutzung aller Informationsquellen | Qualität, Lebensdauer, Prestige, Bequemlich- keit und Design sehr wichtig, Preis- günstigkeit nur geringe Bedeutung | Personenenbezogene Merkmale wie höf- liche Bedienung, fachkundige Bera- tung, guter Kunden- dienst sehr wichtig |
| Familien- orientierte Sozialtypen (15,9%) | Jünger, viele Männer, viele Katholiken, höhere Schulbildung | Höhere Nutzung von Werbesendungen und Anzeigen | Reparaturfreundlich- keit überdurchschnitt- lich wichtig, Energie- einsparungen un- wichtig | Breites Sortiment und viele Sonder- angebote wichtig, moderne Geschäfts- ausstattung unwichtig |
| Wertablehner (11,6%) | Sehr jung, viele Männer, wenige Katholiken, hohe Schulbildung | Intensive Nutzung persönlicher Ge- spräche und neutraler Quellen (Warentests) | Hohe Bedeutung von Umweltfreundlichkeit und Energieein- sparungen | Große Verkaufsfläche wichtig |
| Hedonisten (18,2%) | Jünger, viele Frauen, viele Katholiken, niedrigere Schul- bildung | Höhere Nutzung von persönlichen Ge- sprächen und Anzeigen | Preisgünstigkeit, Zu- verlässigkeit, Bequem- lichkeit wichtig, Um- weltfreundlichkeit und Energieeinsparungen unwichtig | Preisgünstigkeit, viele Sonderangebote wichtig, Warenpräsen- tation und große Ver- kaufsfläche unwichtig |
| Wertefans (16,1%) | Älter, viele Frauen, viele Katholiken, geringe Schulbildung | Persönliche Ge- spräche und Informa- tionen des Herstellers besonders wichtig, geringe Nutzung von neutralen Quellen (Verbraucherbera- tung) | Zuverlässigkeit, Sicherheit, und tech- nologischer Fort- schritt sehr wichtig, "Made in Germany" kaum Bedeutung | Hohe Bedeutung nahezu aller Merk- male, vor allem breites Sortiment, Warenprä- sentation, große Ver- kaufsfläche, moderne Ausstattung, günstiger Preis, guter Service, nette Atmosphäre |
| Persönlich- keitsorien- tierte Alter- native (9,9%) | Jünger, viele Männer, wenige Katholiken, geringere Schulbil- dung | Testergebnisse und Werbesendungen besonders wichtig | Lebensdauer, Umwelt- freundlichkeit und Wirtschaftlichkeit wichtig, Prestige, Design und Fortschritt ohne Bedeutung | Breites Sortiment, Warenpräsentation, große Verkaufsfläche, guter Service, freund- liche Atmosphäre unwichtig, gute Bera- tung wichtig |

Quelle: *Meffert*, 1992[b], S. 78

*Abbildung 5.23: Soziodemographika und Verhaltensmerkmale von Wertetypen*

- Viele junge Frauen zählen zu den **Hedonisten**, die in persönlichen Gesprächen die Vorteile von Angeboten erkunden. Sie richten ihr Augenmerk bei der Güterwahl vor allem auf die Preisgünstigkeit der Offerten.

- Die **Wertefans** setzen sich zum großen Teil aus aktiven Frauen zusammen, die Zuverlässigkeit und Sicherheit für sehr wichtig halten. Beim Kauf achten sie insbesondere auf ein breites Sortiment, eine moderne Ausstattung und eine angenehme Atmosphäre.

- Für die **persönlichkeitsorientierten Alternativen** sind die Ergebnisse von Produkttests und die Informationen der Hersteller sehr wichtig. Bei diesen Individuen handelt es sich vor allem um jüngere Männer, für die Lebensdauer, Wirtschaftlichkeit und Umweltfreundlichkeit bedeutsame Produkteigenschaften verkörpern.

Die *euro style*-**Typologie** verzahnt *life style*-**Ansätze** mit produkt-, gattungs- und branchenspezifischen Paneldaten. Dadurch gelingt es, das tatsächlich beobachtete Kauf- und Konsumverhalten der Individuen durch ihre Lebensstile zu erklären (vgl. *Anders*, 1991, S. 233 ff., und *Kramer*, 1991, S. 154 ff.). *Abbildung* 5.24 zeigt 16 *euro style*-Typen in einem durch zwei Achsen aufgespannten Raum. Die **horizontale Dimension** drückt die **geistige Flexibilität** und **Innovationsbereitschaft** der Befragten aus, während die **vertikale Dimension** die Betroffenen im Hinblick auf ihre **Orientierung** an **materiellen** und **immateriellen Lebenszielen** kennzeichnet. Beispielsweise gilt der *Dandy* (Typ 8) als materialistisch veranlagt und abenteuerlustig, wohingegen der *Strict* (Typ 16) konservative Werte vertritt und eher ethische als materialistische Absichten verfolgt. Darüber hinaus vermittelt *Abbildung* 5.24 eine Vorstellung über die von den einzelnen Typen präferierte Waschmittelmarke (A oder B). Es fällt auf, daß sich Marke B an zwei äußerst unterschiedliche *life style*-Gruppen, die Typen *business* und *vigilante*, richtet. Zwei Argumente kom-men zur Begründung dieses Phänomens in Betracht:

- Die Distribution der Marke beeinflußt den Kauf so deutlich (beide Typen stammen aus kleinen Haushalten), daß die anderen absatzwirtschaftlichen Instrumente keine Bedeutung besitzen.

- Da die Nachfrager das Produktkonzept ganz unterschiedlich empfinden, spricht es beide Typen an. Dieser Befund deutet auf ein wenig markantes Produktprofil hin, das einer eindeutigen Positionierung bedarf.

Die **Lebensstilforschung** stellt einem Entscheider im Marketing grundsätzlich wertvolle Hinweise für die Identifikation von Zielgruppen bereit.

Güter

```
              4      3
        7
   8          5            1

 Marke B    6        Marke A


   9
                   2
Bewegung         14     Beharrung
         12
  10


                        Marke A

                          15


    11          13    16
            Werte
```

Beschreibung der 16 *euro styles*

| | | |
|---|---|---|
| 1. Prudent: | Die Resignierten - Sicherheit kommt zuerst |
| 2. Defense: | Die Defensiven - Eigentum und lange nichts mehr |
| 3. Vigilante: | Die Mißtrauischen - frustriert, vorsichtig und konservativ |
| 4. Olvidados: | Die Abgekoppelten - vergessen und neidisch |
| 5. Romantic: | Die Träumer - Harmonie, Heim und Familie |
| 6. Squadra: | Die Aktiven - Freizeit und Freunde sind alles |
| 7. Rocky: | Die Genießer - Augen zu und durch |
| 8. Dandy: | Die Vergnügungssüchtigen - immer auf der schönen Seite des Lebens |
| 9. Business: | Die Karrieremacher - immer auf der Leiter |
| 10. Protest: | Die Protestler - allein gegen das ganze System |
| 11. Pioneer: | Die Idealisten - verändern wir die Welt |
| 12. Scout: | Die Generösen - helfen wir den anderen |
| 13. Citizen: | Die Verantwortungsvollen - dienen wir der Öffentlichkeit |
| 14. Moralist: | Die Religiösen - prinzipientreu, aber auch tolerant |
| 15. Gentry | Die Rigorosen - Gesetz, Ordnung und Tradition |
| 16. Strict: | Die Puritaner - führe ein untadeliges Leben |

Quelle: *Meffert*, 1992, S. 80

*Abbildung 5.24: Positionierung von 16 euro style-Typen*

Solche Profile eignen sich besonders dann, wenn die ins Feld geführten Abgrenzungskriterien für nahezu alle Probanden verhaltensrelevant sind. Dies gilt beispielsweise für die Kriterien Alter, Einkommen, Umweltbewußtsein und Abenteuerlust zur Spezifikation unterschiedlicher Typen von Pkw-Käufern. Dagegen tragen die Merkmale Beruf, Wohnort, politische Überzeugung und Interesse am Motorsport kaum zur Diskriminierung solcher Gruppen bei.

### 11.3.4 Ansätze zur simultanen produkt- und nachfragerbezogenen Marktabgrenzung

In der Marketingliteratur finden sich Ansätze, die eine **simultane Abgrenzung** von **Nachfragern** und **Produkten** erlauben. Diese Modelle sind seit einigen Jahren in der Diskussion und erfahren eine sehr große Beachtung. Ihre Grundzüge zu schildern, bildet daher das Anliegen dieses Abschnitts.

Ein bedeutsames Modell zur simultanen produkt- und nachfragerbezogenen Marktabgrenzung geht auf *Grover* und *Srinivasan* (1987, S. 139 ff., und 1989, S. 230 ff.) zurück. Den Ausgangspunkt bildet die Annahme, daß die Konsumenten **unterschiedliche Wahrscheinlichkeiten** für den Kauf der einzelnen Marken besitzen. Folglich lassen sich die betrachteten Käufer auf der Basis ihrer Kaufwahrscheinlichkeiten in Cluster unterteilen.

**Individuen** eines **Segments** zeichnen sich durch eine **ähnliche Verteilung** der **Wahrscheinlichkeitswerte** über die vorliegenden **Güter** aus. Dagegen weisen die **Nachfrager unterschiedlicher Segmente** eine **unähnliche Verteilung** der **Kaufwahrscheinlichkeiten** über die **Produkte** auf. Darüber hinaus lassen sich jene Erzeugnisse mit ihren Eigenschaften identifizieren, die im entsprechenden Cluster durch eine sehr große Kaufwahrscheinlichkeit auffallen.

Als Dateninput dienen **Markenwechselmatrizen**, deren Zeilen und Spalten die in zwei verschiedenen Zeitpunkten gekauften Gütern umfassen. In einer Zelle findet sich die Anzahl der Probanden, die von dem in der **Zeile abgetragenen Gut** zu dem in der **Spalte dargestellten wechselten**. Außerdem lassen sich die Auswirkungen von **marketingpolitischen Aktivitäten**, wie etwa Preis und Werbung, auf die Marktanteile der Erzeugnisse im jeweiligen Segment feststellen.

Während *Grover* und *Srinivasan* die **Homogenität** der **Nachfrager** eines Clusters hinsichtlich ihrer **Wahrscheinlichkeitsverteilungen** postulieren, behaupten *Jain*, *Bass* und *Chen* (1990, S. 94 ff.) eine **Heterogenität** sowohl zwischen den Segmenten als auch innerhalb eines Segments. Zur modellhaften Erfassung dieses Phänomens definieren die Autoren für jedes Individuum einen Vektor der Kaufwahrscheinlichkeiten, dem eine **Dirichlet-Verteilung** zugrundeliegt. Die Parameter der Wahrscheinlichkeitsverteilung weisen für die verschiedenen Segmente unterschiedliche Werte auf. Insofern erscheint dieser Ansatz dann geeignet, wenn die Heterogenität der Nachfrager besonders groß ist. Anderenfalls reicht der Ansatz von *Grover* und *Srinivasan* für die simultane produkt- und nachfragerbezogene Marktabgrenzung aus.

*Kamakura* und *Russel* (1989, S. 379 ff.) kritisieren an allen Modellen zur Abgrenzung von Nachfragern oder Produkten, daß der **Einfluß** der **absatzwirtschaftlichen Maßnahmen** auf die **Markenwahl** nahezu keine Berücksichtigung findet. Daher schlagen sie einen Ansatz vor, der es erlaubt, insbesondere die Reaktion der Individuen auf Preisänderungen für die interessierenden Erzeugnisse zu erfassen. Außerdem lassen sich mittels der Kreuz-Preis-Elastizitäten Aussagen über die **Substitutions-** und **Komplementaritätsbeziehungen** sowie über die **Intensität** des **Wettbewerbs** zwischen Produkten formulieren.

*Ramaswany* und *DeSarbo* (1990, S. 418 ff.) legen eine Methode vor, mit der sich aus Paneldaten ein **hierarchisches Gefüge** rekonstruieren läßt, dessen Knoten aus **Produkten** und **Segmenten** bestehen. Die Spezifikation der zwischen Segmenten und Produkten existierenden Relationen erfolgt durch eine Interpretation der **relativen Distanzen** im hierarchischen Geflecht. Diese Vorgehensweise erlaubt einerseits eine Segmentierung der Nachfragermenge und andererseits die segmentspezifische Bestimmung der den Präferenzen entsprechenden Produkte.

Der Idee von *Wedel* und *Steenkamp* (1991, S. 385 ff.) zur Folge bildet der von einem Individuum in einer **Verwendungssituation wahrgenommene Nutzen** eines Produkts das **geeignete Abgrenzungskriterium**. Da der **Nutzen** eines Guts über **Verwendungssituationen schwankt**, gehört sowohl eine **Marke** zu mehreren **Teilmärkten**, als auch ein **Nachfrager** zu mehreren **Segmenten**. Demnach läßt sich die Zugehörigkeit eines Elements zu einer Gruppe nicht exakt festlegen. Die Autoren sprechen folglich von einem *fuzzy clustering approach*.

Alle bislang diskutierten Modelle benötigen Daten auf Individualniveau als Input, die jedoch nicht immer in der gewünschten Form vorliegen. Daher präsentieren *Zenor* und *Srivastava* (1993, S. 369 ff.) einen Ansatz, der auf **aggregierten Zeitreihendaten**, wie Marktanteile oder Umsätze, basiert. In Analogie zum Modell von *Grover* und *Srinivasan* unterstellen die Autoren eine **heterogene Verteilung** der **Kaufwahrscheinlichkeiten** zwischen den **Segmenten** und eine **homogene** innerhalb eines **Segments**.

Als Resultat liegen Schätzwerte für die Größe der Segmente und die Präferenzen der Nachfrager vor.

## 11.3.5 Unternehmensbezogene Marktabgrenzung

Bei der Beantwortung der Frage, welche Anbieter miteinander um die Gunst der Abnehmer ringen, das heißt **im Wettbewerb stehen**, taucht der überaus bedeutsame, wenngleich wenig konkrete Terminus der **Strategischen Gruppen** auf. Hinter diesem Begriff verbirgt sich die Überlegung, Gruppen innerhalb einer Industrie oder Branche zu identifizieren, wobei die Gruppen aus Unternehmen mit **ähnlichem Verhalten** beziehungsweise **ähnlichen Ressourcen** bestehen (vgl. *Albach*, 1992, S. 663 ff.).

Zwischen den gebildeten Klassen existieren **Mobilitätsbarrieren**, weshalb es Herstellern nur unter **Kosten-** und **Zeitaufwand** sowie unter **Unsicherheit** bezüglich der **Zielerreichung** möglich ist, von einer Klasse zu einer anderen zu wechseln. Unternehmen solcher Gruppen weisen zueinander **homogene** und zu Firmen anderer Gruppen **heterogene oligopolistische Abhängigkeiten** auf. Daher führt ein Produzent die Auseinandersetzung mit Anbietern aus verschiedenen Klassen mit jeweils ganz unterschiedlichen Wettbewerbsstrategien (vgl. *Kaufer*, 1980, S. 280 ff.).

Dieses **Konzept** der **Strategischen Gruppen** mit Mengen gleichartiger Unternehmen ermöglicht es, ein differenziertes Bild des **Wettbewerbsgeschehens** in einer Industrie zu entwerfen. Bei der Bildung solcher Klassen sind im Kern zwei Aufgaben zu bewältigen (vgl. *Bauer*, 1991, S. 400 ff.):

* die **Festlegung** von **Kriterien** zur Unterscheidung der Anbieter, das heißt das Aufdecken eines Gefüges verschiedener Mengen, und

* die **Zusammenfassung einzelner Unternehmen** zu **Klassen**, das heißt das Auffinden von Grenzen zwischen Gruppen beziehungsweise die Entdeckung der Struktur einer Branche.

### 11.3.5.1 Kriterien zur Bildung Strategischer Gruppen

Unternehmen lassen sich nach ihren **Eigenschaften** oder **Verhaltensweisen**, oft auch nach ganzheitlichen Ähnlichkeitsurteilen in **Strategische Gruppen** unterteilen. Insofern besteht das Anliegen darin, geeignete Eigenschaften zur Offenlegung von Konturen in einer Anbietermenge zu finden. Aus der Literatur geht hervor, daß **Wettbewerbsrelationen zwi-**

**schen Herstellern** durch die **Substitutionsbeziehungen** ihrer **Produkte** entstehen. Folglich hängt die Intensität und Dynamik des Wettbewerbs zwischen Produzenten von den Urteilen der Nachfrager hinsichtlich der Austauschbarkeit der Erzeugnisse ab.

Darüber hinaus beruht der Wettbewerb zwischen Unternehmen auch auf **produktunabhängigen Merkmalen** und **grundsätzlichen Strategien** (vgl. *Bauer*, 1991, S. 403 ff.). Hierzu zählen beispielsweise die finanziellen Ressourcen, die F&E-Aktivitäten, die Kostenstruktur, der Zugang zu Beschaffungsmärkten, das Ausmaß der Konzerneinbindung, die vertikale Integrationstiefe und der Technologiestand der Produktion. Diese Kriterien zur Erfassung von Wettbewerb konkretisieren sich in **verschiedenartigen Strukturmerkmalen** und **Verhaltensweisen** der **Anbieter**.

*Porter* (1983, S. 98 ff.) nennt einige Beispiele: die **Kunden** (Merkmale, Zielgruppe, Anzahl), die **Produkte** (Qualität, Image, technischer Stand, Spezialisierung, Kundendienst), das **Produktprogramm** (Tiefe, Breite, Kompatibilität), die **Werbung** (Qualität, Aufwand, Werbeträger, Werbemittel), die **Preise** (Höhe, Rabatte, Konditionen, Margen), die **Distribution** (Absatzwege, Absatzhelfer, Vertriebsorganisation, vertikale Integration), die **Finanzlage** (Liquidität, Rentabilität, Eigenkapital, Ertragslage), die **Produktion** (Fertigungstiefe, Automatisierung), die **Forschung** (Spezialisierung, Aufwand, Marktorientierung), der **Betrieb** (Standort, Konzerneinbindung, Alter, Erfahrung).

Damit liegt die zentrale Aufgabe im Rahmen einer unternehmensbezogenen Marktabgrenzung auf der Hand: die **Identifikation geeigneter Kriterien** vor dem **Hintergrund** des **Analysezwecks** und unter Berücksichtigung **brachenspezifischer Besonderheiten**. Nur bei Kenntnis der Relevanz jeder einzelnen Dimension lassen sich Unternehmen zu sinnvollen Strategischen Gruppen verquicken, das heißt, Märkte strukturieren und einzelne Konturen hervorheben.

In einer konkreten Anwendung setzt ein Marktforscher jedoch **nicht** am **entsprechenden Universum**, also an der Menge aller möglichen Unterscheidungsmerkmale, an, sondern wählt vor dem Hintergrund seiner **Vorstellung über Branchengegebenheiten** einige Faktoren aus, die zur Unterteilung der Unternehmen in Submengen in Betracht kommen. Einige Beispiele verdeutlichen diese Vorgehensweise:

- *Hoppmann* (1983, S. 17 ff.) erkennt in der **Pharmazeutischen Industrie zwei Strategische Gruppen** entlang einer **Dimension**, die die F&E-Aufwand betreibende Forschungsindustrie von der auf F&E-Aufwand verzichtenden Herstellungsindustrie trennt.

- *Baubin* (1990, S. 25 ff.) ordnet auf der Basis von Branchenerfahrung und Explorationsstudien, Unternehmen der **Informationstechnischen Industrie** nach den Dimensionen **Anwendungsorientierung** des **Leistungsspektrums** und technische **Spezialisierung** der **Produkte** in **vier Strategische Gruppen** ein.

- *Minderlein* (1989, S. 34 ff.) gewinnt die relevanten Determinanten zur Strukturierung der **Personal-Computer-Branche** aus Explorationsgesprächen und bildet **vier Strategische Gruppen**, die sich im Hinblick auf die Markengeltung und das Distributionssystem voneinander unterscheiden.

## 11.3.5.2 Festlegung der Strategischen Gruppen

Zur Abgrenzung Strategischer Gruppen kommen neben den **hermeneutischen Ansätzen** vor allem die **Methoden** der **numerischen Taxonomie** und die **multivariaten Verfahren** in Betracht. Insbesondere letztere erlauben eine Identifikation jener Kriterien, die für die **Strukturierung** der **Unternehmen** eine besondere Bedeutung besitzen. Zunächst richtet sich das Augenmerk auf Beispiele zur hermeneutischen Klassenbildung:

- Die Beschränkung der Wettbewerbsanalyse auf wenige strukturgebende Dimensionen erleichtert die Aufgabe, Anbieter zu einzelnen Mengen zu verknüpfen. Als Instrument dient die von *Porter* (1983, S. 202 ff.) propagierte **strategische Matrix** oder **strategische Karte**. *Abbildung 5.*25 zeigt ein Gebilde dieser Art, in dem sich die **Strategischen Gruppen** einer **Maschinenbaubranche** finden.

- Die empirische Studie von *Drexel* (1984, S. 109 ff.) belegt ebenfalls die Eignung des Konzepts der Strategischen Gruppen zur **Wettbewerbsanalyse**. Hierzu ordnet der Autor **neun Handelsunternehmen** entlang der Dimensionen **Preisniveau** und **Image** in die in *Abbildung* 5.26 präsentierte Karte ein. Dabei verteilen sich die Anbietermengen so im Wettbewerbsfeld, daß eine **strategische Nische** hervortritt und zu erkennen ist.

Aus methodischer Sicht weisen diese Ansätze die Schwierigkeit auf, daß die Auswahl der relevanten Dimensionen und ihrer Ausprägungen sowie das Auffinden von Grenzen zwischen Gruppen, das heißt die Entdeckung der Struktur einer Branche, **intuitiv geschehen**. Die entscheidende Beschränkung besteht jedoch in der Trennung der beiden Problembereiche, der **Verdichtung** der **Merkmale auf wenige Dimensionen** und der **Strukturierung mittels dieser Dimensionen**. So kommt die Absicht einer Marktabgrenzung, in sich homogene und untereinander heterogene

Anbietermengen zu bilden, nicht schon bei der **Verdichtung** der **Merkmale** zum Tragen.

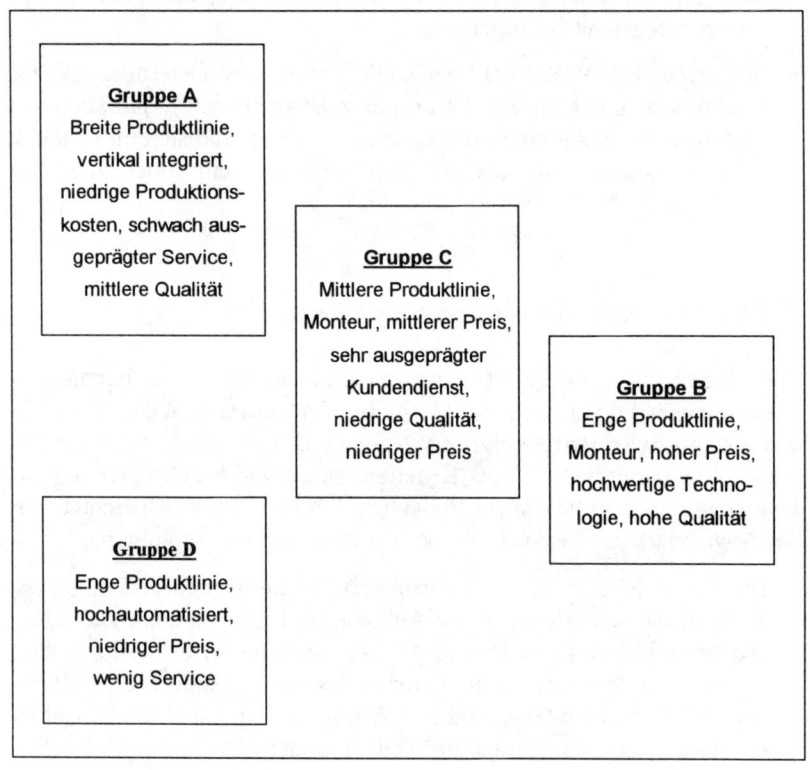

Quelle: *Porter*, 1983, S. 179

*Abbildung 5.25: Marktmodell mit vier Strategischen Gruppen*

Wegen der methodischen Abkopplung der Strukturbildung von der Auswahl wichtiger Merkmale stoßen die hermeneutischen Ansätze in der Literatur auf Kritik. Die Basis einer unternehmensbezogenen Marktabgrenzung bilden daher **Profildaten**, das heißt die Werte jedes in die Analyse einbezogenen Unternehmens für ausgewählte Merkmale der Konkurrenz. Diese Profildaten lassen sich zu **Ähnlichkeitskoeffizienten** für jedes Paar von Firmen verdichten, die als Input für **multivariate Verfahren**, wie Clusteranalyse, Methoden der Mehrdimensionalen Skalierung und Faktorenanalyse, fungieren.

Zur Illustration der Leistungsfähigkeit multivariater Klassifikations- oder Strukturierungsmodelle dient ein von *Bauer* (1984, S. 3 ff.) auf der Basis der Faktorenanalyse erstellter Wahrnehmungsraum für Anbieter. Im Rahmen einer **Wettbewerbsanalyse** lag 500 Verbrauchern die Aufforderung vor, 16 in einem bestimmten Gebiet ansässige **Möbelhäuser** hinsichtlich zehn Wettbewerbsmerkmalen auf einer Siebenerskala (von 1 = sehr gut bis 7 = sehr schlecht) einzustufen. Als **Kriterien** kamen Preiswürdigkeit, Kaufatmosphäre, Auswahl, Beratung, Kundendienst, Schaufenstergestaltung, Qualität, Sonderangebote, komplette Wohnvorschläge und Gestaltung der Verkaufsräume in Betracht.

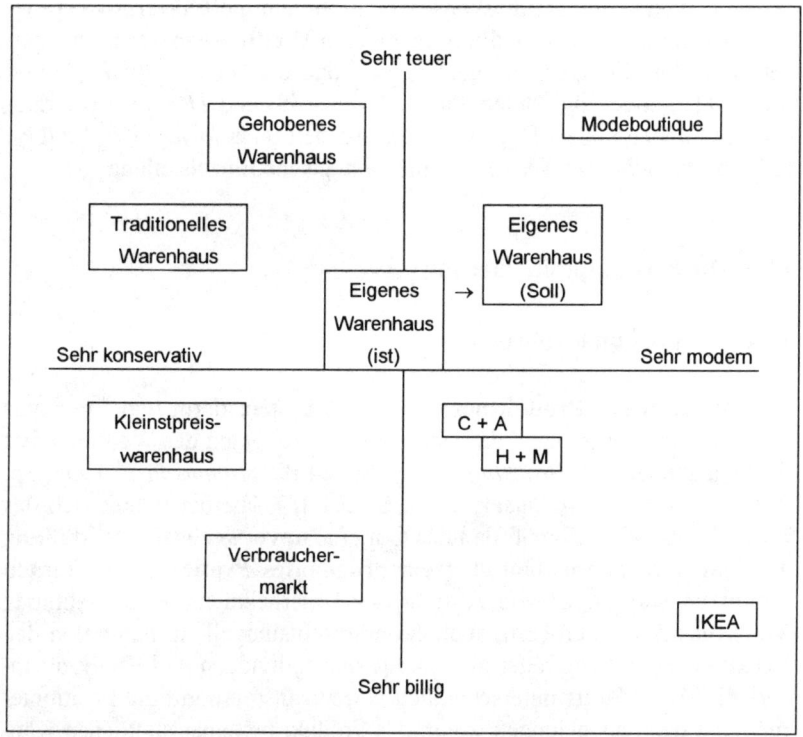

Quelle: *Drexel*, 1984, S. 111

*Abbildung 5.26: Wettbewerbspositionen von Handelsunternehmen*

Die **Faktorenanalyse** reduziert die durch die Korrelation zwischen Kriterien (z. B. zwischen Schaufenstergestaltung und Gestaltung der Verkaufsräume) hervorgerufene Redundanz der Informationen. Hierzu liefert diese Methode jene **ursprünglichen Faktoren** (z. B. Präsentation der Möbel), die hinter den korrelativ zusammenhängenden Merkmalen stehen. Im zitierten Beispiel ergaben sich drei Wettbewerbsdimensionen:

- Der erste Faktor **Präsentation** der **Möbel** entsteht aus den Merkmalen Schaufenstergestaltung, Kaufatmosphäre, komplette Wohnvorschläge und Gestaltung der Verkaufsräume.

- Der zweite Faktor **Qualität** und **Service** setzt sich aus den Kriterien Qualität, Beratung und Kundendienst zusammen.

- Der dritte Faktor **Preis-Leistungs-Verhältnis** umschließt die Merkmale Preiswürdigkeit, Auswahl und Sonderangebote.

Unter Verwendung der drei Faktoren läßt sich das in *Abbildung 5.*27 dargestellte Wettbewerbsfeld rekonstruieren, in dem die **Faktorenwerte** jedes Möbelhauses als **Koordinatenwerte** im **Wettbewerbsraum** erscheinen. Aus der Konfiguration geht hervor, daß die Händler *Kuch* (2) und *Mayer* (12) sowie die Unternehmen *Hagner* (8) und *Dahelm* (9) strategische Gruppen bilden. Dagegen beanspruchen *Biersdorfer* (10), *Neubert* (15) und *Möbelmarkt Neckarelz* eine strategische Einzelstellung.

## 11.4 Die Produktpositionierung

### 11.4.1 Begriff und Anliegen

Das Anliegen der **Produktpositionierung** besteht darin, ein Erzeugnis auf den Markt zu bringen, das sich von den Produkten der Wettbewerber deutlich abhebt (vgl. *Brockhoff*, 1993, S. 124 ff., *Trommsdorff*, 1995, Sp. 2055 ff., und *Urban/Hauser*, 1993, S. 201 ff.). Hierbei richtet sich das Interesse vor allem darauf, daß das Gut eine **unverwechselbare Stellung** am **Markt einnimmt** und über ein **prägnantes Profil** mit **markanten Konturen** verfügt. Ob die Absicht des Unternehmens, eine bestimmte **Marktposition** zu erobern, auch ökonomisch sinnvoll ist, hängt von den Reaktionen der Nachfrager ab. Häufig sind Individuen und Kaufkraft innerhalb eines Markts unterschiedlich verteilt. Insofern gilt die Positionierung erst dann als gelungen, wenn das Produkt bei einer stattlichen Käuferschaft auf Resonanz stößt.

Methodisch gesehen, bieten sich für die **Produktpositionierung** die **Faktorenanalyse** oder die **Verfahren** der **Mehrdimensionalen Skalierung** an (vgl. *Backhaus/Erichson/Plinke/Weiber*, 1994, S. 188 ff., und *Hair/Anderson/Tatham/Black*, 1995, S. 364 ff.). Sie zielen darauf ab, die zwischen Marken existierenden Beziehungen in einem durch **Produktmerkmale aufgespannten Raum** abzubilden. Aus der Anordnung der Güter im Wahrnehmungsraum läßt sich noch nicht ableiten, welche Marken ein Verbraucher bei der Kaufhandlung letztlich präferiert und welche er ab-

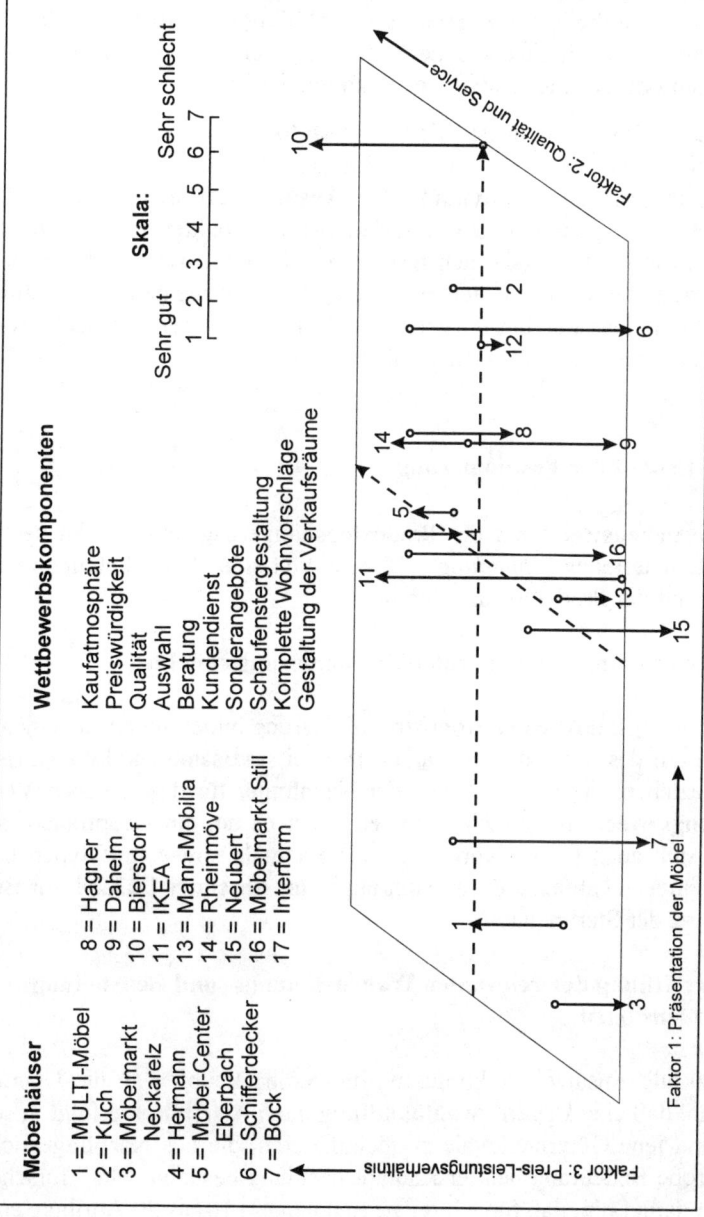

*Abbildung 5.27: Wettbewerbsfeld für Möbelhäuser*

Quelle: *Bauer*, 1991, S. 410

lehnt. Was noch fehlt, ist die **Wunschvorstellung** des Käufers, die sich als **Punkt** im **Raum** repräsentieren läßt. Hierbei zieht der Betroffene jene Marke vor, die die **kürzeste richtungsunabhängige Distanz** zum **Idealpunkt** aufweist. Mit zunehmender Entfernung der Marken vom Idealprodukt nimmt die Vorziehenswürdigkeit kontinuierlich ab.

Nahezu alle Positionierungsmodelle sind **statisch**, das heißt, die Modellelemente beziehen sich auf einen bestimmten Zeitpunkt. Der vergleichsweise sehr geringen Zahl **dynamischer Ansätze** liegt die Idee zugrunde, räumliche Konfigurationen zu verschiedenen Zeitpunkten zu rekonstruieren. Auf diese Weise läßt sich feststellen, ob und inwieweit die Positionierungsstrategie eines Unternehmens zu der ins Auge gefaßten **Zielposition** führt. Darüber hinaus liefert eine Analyse dieser Art auch Aufschluß über die Aktivitäten der Konkurrenten.

### 11.4.2 Prozeß der Positionierung

Die **Vorgehensweise** bei der Produktpositionierung läßt sich in **sechs Schritte** unterteilen. *Abbildung* 5.28 vermittelt einen Überblick und zeigt den Ablauf der Produktpositionierung.

**(1) Bestimmung der relevanten Positionierungsobjekte**

Den Ausgangspunkt einer Produktpositionierung bildet die Festlegung aller Marken des betrachteten Markts. Hierbei sind sämtliche Erzeugnisse einzubeziehen, die in den Augen der Nachfrager für den gleichen **Verwendungszweck** in Betracht kommen. Geht es um ein Neuprodukt, so lassen sich auch Gips-, Kork- oder Holzmodelle sowie Prototypen berücksichtigen (vgl. auch die Ausführungen im Abschnitt 11.3.2.1 zur Bestimmung der Startmenge).

**(2) Ermittlung der relevanten Wahrnehmungs- und Beurteilungsdimensionen**

Nahezu alle Ansätze zur Produktpositionierung knüpfen an die Überlegung an, daß eine **Produktwahlhandlung nach Attributen** erfolgt. Insofern sind jene Gütermerkmale zu identifizieren, die aus Nachfragersicht eine große Bedeutung bei der Kaufentscheidung besitzen. Marktforscher weisen darauf hin, daß für zahlreiche Erzeugnisse 10 bis 20 Attribute entscheidungsrelevant sind (vgl. auch die Gedanken im Kapitel 11.3.2.2 zu den Kriterien einer Marktabgrenzung).

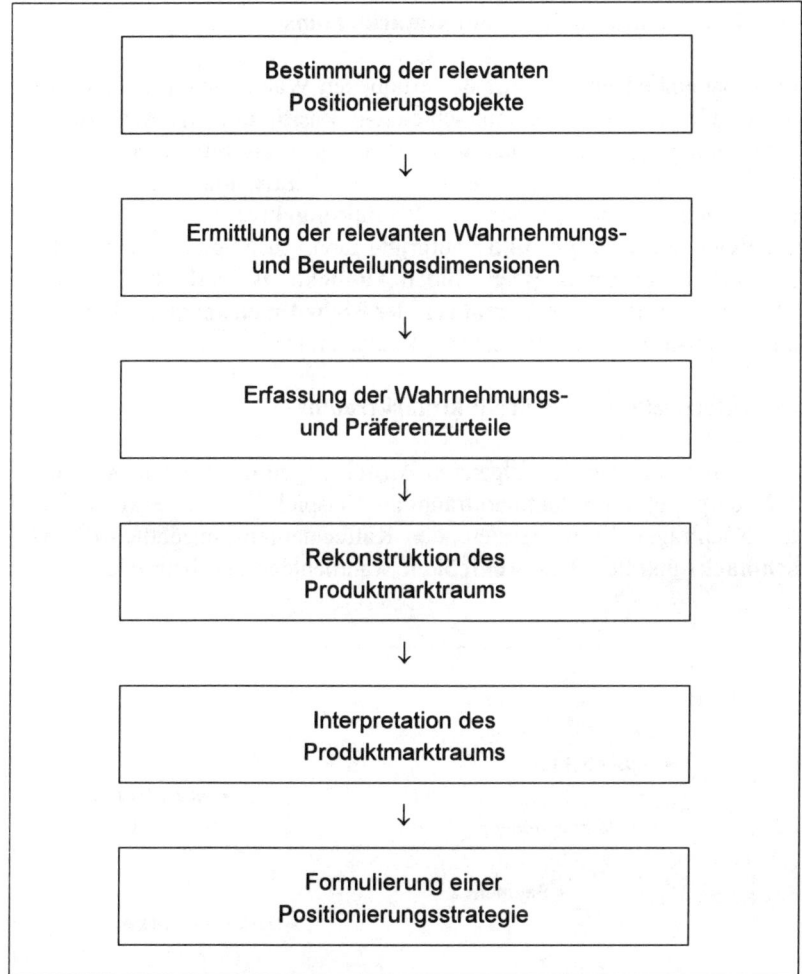

*Abbildung 5.28: Vorgehensweise bei der Produktpositionierung*

## (3) Erfassung der Wahrnehmungs- und Präferenzurteile

Eine Spielart besteht darin, daß man Probanden auffordert, ihre Meinung über die **Beschaffenheit** von **Produkten** anhand einer Menge vorgegebener Attribute zu äußern. Bei der anderen Variante werden Erzeugnisse von den Auskunftspersonen nicht bezüglich bestimmter Merkmale, sondern im Hinblick auf die globale Ähnlichkeit eingeschätzt. Im Anschluß an die Erfassung der Wahrnehmungsurteile sind die Objekte von den Befragten in eine Präferenzrangfolge zu bringen.

**(4) Rekonstruktion des Produktmarktraums**

In Abhängigkeit von der Art der erhobenen Wahrnehmungs- und Präfe-
renzurteile kommen zwei unterschiedliche **Positionierungsmethoden** zur
Anwendung. Die **Faktorenanalyse** ist geeignet, die zahlreichen Produkteigenschaften auf eine geringe Anzahl von **Dimensionen** zu reduzieren.
Diese Dimensionen spannen den **Produktmarktraum** auf, in den sich
die **Real-** und **Idealprodukte** aufgrund ihrer Ausprägungen bei den Dimensionen projizieren lassen. Bilden **Ähnlichkeitsurteile** die Datenbasis
ist ein Rückgriff auf die **Verfahren** der **Mehrdimensionalen Skalierung**
zur Rekonstruktion des Produktmarktraums ratsam.

**(5) Interpretation des Produktmarktraums**

Zur Verdeutlichung der folgenden Ausführungen dient der in *Abbildung*
*5.29* dargestellte Produktmarktraum als Beispiel. Es ist zu erkennen, daß
die Nachfrager die interessierenden Kaffeemarken hinsichtlich des **Ge-**
**schmacks** und der **Bekömmlichkeit** wahrnehmen und beurteilen. Hinter

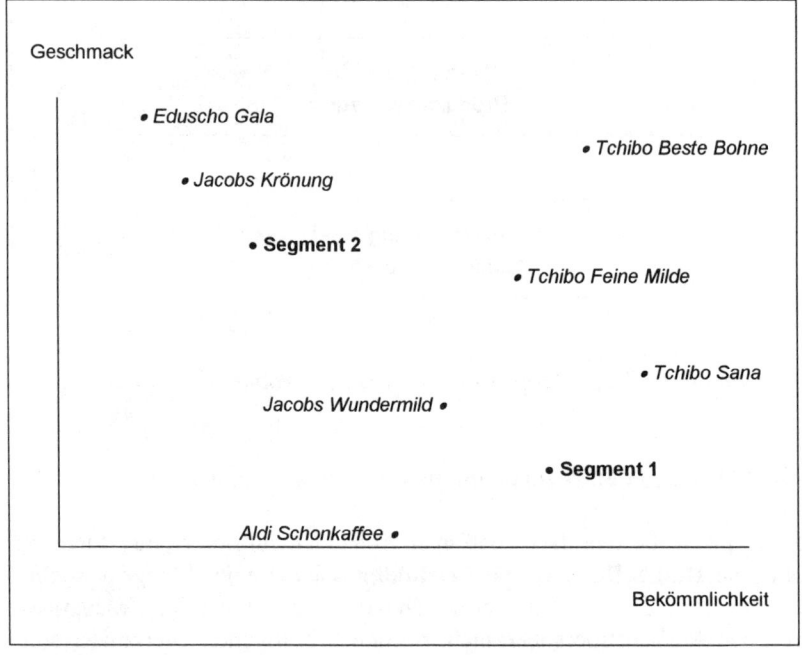

Quelle: angelehnt an *Gaul/Baier*, 1994, S. 145

*Abbildung 5.29: joint space für Kaffeemarken*

der Dimension Geschmack verbirgt sich beispielsweise das Aroma, die Bohnenqualität und die Bohnenmischung, während zum Beispiel Koffeingehalt und Reizarmut die Dimension Bekömmlichkeit ausmachen. Der rekonstruierte Produktmarktraum spiegelt die "**Welt** der **Kaffeemarken**" eines durchschnittlichen Probanden wider. Hiernach läßt sich *Eduscho Gala* als Geschmacksführer kennzeichnen, wohingegen *Tchibo Sana* als Marke mit der besten Bekömmlichkeit gilt.

Die Distanzen zwischen den Produkten erteilen Auskunft über die **Intensität** der **Wettbewerbsbeziehungen**. Marken, die sehr nahe **beieinander** (sehr weit **auseinander**) liegen, stehen in **starken** (**schwachen**) **Konkurrenzrelationen**. Die Marken *Eduscho Gala* und *Jacobs Krönung* nehmen aufgrund einer nahezu **identischen Ausprägung** bei der **Bekömmlichkeit** fast die gleiche Position im Produktmarktraum ein. Dagegen sind die **beiden Marken** von *Jacobs* (*Krönung* und *Wundermild*) sehr weit voneinander entfernt, so daß keine unmittelbare Substitutionsgefahr besteht.

Außerdem suggeriert das Schaubild die Existenz dreier Gruppen von Erzeugnissen. *Eduscho Gala* und *Jacobs Krönung* sind durch den **guten Geschmack** charakterisiert, *Jacobs Wundermild* und *Tchibo Sana* bilden die Gruppe der **bekömmlichen Kaffees**, *Tchibo Beste Bohne* und *Tchibo Feine Milde* weisen sowohl einen **guten Geschmack** als auch eine **gute Bekömmlichkeit** auf.

Daneben finden sich im Produktmarktraum die **Merkmalswunschkombinationen zweier Segmente**. Offenbar lassen sich die Nachfrager im Hinblick auf ihre Idealprodukte in zwei Gruppen unterteilen. Die einen achten besonders auf die **Bekömmlichkeit**, wohingegen für die anderen der **Geschmack** eine wichtige Rolle spielt.

Für die erfolgreiche Produktpositionierung ist die **Distanz** zwischen den Real- und Idealprodukten von Relevanz. Je näher eine Marke beim Ideal eines Segments liegt, desto größer ist die Präferenz der Konsumenten für dieses Gut. Offenbar erfüllt *Jacobs Krönung* die Wünsche und Vorstellungen der im Segment 2 zusammengefaßten Personen am besten. Dagegen verlangen die Nachfrager im Segment 1 nach den Marken *Jacobs Wundermild*, *Tchibo Sana* und *Aldi Schonkaffee*.

**(6) Formulierung einer Positionierungsstrategie**

Auf der Grundlage aller bislang durchgeführten Analysen ist eine **strategische Grundsatzentscheidung** zu treffen. Im Kern geht es darum, die **Zielposition** des **interessierenden Produkts** zu bestimmen. Hierzu stehen eine Reihe von Positionierungsalternativen zur Auswahl:

- Mit der **Profilierungsstrategie** strebt das Unternehmen an, eine Marke so zu positionieren, daß es im ausgewählten Segment eine Alleinstellung einnimmt (z. B. *Jacobs Krönung* im Segment 2).

- Bei der **Imitationsstrategie** soll ein Produkt gezielt in die Nähe eines am Markt erfolgreichen Konkurrenzerzeugnisses plaziert werden. Beispielsweise nimmt *Eduscho Gala* eine solche *me too*-Position ein.

- Eine **Repositionierung** hat zum Ziel, die Distanz zwischen einer Marke und der Merkmalswunschkombination der ins Auge gefaßten Zielgruppe zu vermindern. Beispielsweise ist das Produkt von *Aldi* auf den Eigenschaften Geschmack und Bekömmlichkeit so zu modifizieren, daß es den Wünschen und Vorstellungen der Nachfrager im Segment entspricht.

- Auch kann ein Anbieter bemüht sein, durch produkt-, preis- und kommunikationspolitische Aktionen die relevanten Beurteilungsdimensionen **mittel-** bis **langfristig** zu verändern. Eine solche **Restrukturierungsstrategie** verfolgen zum Beispiel Nahrungsmittelhersteller, die die Dimension Gesundheit in der Nachfragerpsyche verankern wollen.

### 11.4.3 Modelle zur Positionierung

Im folgenden sollen vier prominente Ansätze diskutiert werden, die unterschiedliche Phasen der Entwicklung von Modellen zur Produktpositionierung repräsentieren. Ausgehend vom *PERCEPTOR*-**Verfahren**, einem Ansatz der ersten Generation, interessieren die Modelle der zweiten Generation, wie *PROPOSAS, TRINODAL* und die Methode von *Horsky* und *Nelson* (vgl. auch *Trommsdorff/Zellerhoff*, 1994, S. 349 ff.).

### (1) Das *PERCEPTOR*-Modell

Das von *Urban* (1975, S. 858 ff.) konzipierte *PERCEPTOR*-**Modell** zur **Produktpositionierung** eignet sich zur Entwicklung neuer Güter, aber auch zur Modifikation eines bereits existierenden Erzeugnisses sowie zur Produktelimination. Als methodische Basis kommen die **Verfahren** der **Mehrdimensionalen Skalierung** und die **Faktorenanalyse** in Betracht, die allesamt geeignet sind, die Positionen der Real- und Idealprodukte im Produktmarktraum zu rekonstruieren. Heterogenen Muster der Wahrnehmung und Präferenzbildung trägt der Marktforscher durch die Bildung **homogener Marktsegmente** Rechnung, für die er jeweils einen eigenen Wahrnehmungs- und Präferenzraum ermittelt. Darüber hinaus gehören auch die zuletzt gekaufte Marke und der Umfang des *evoked set* zum Dateninput.

Der Marktanteil des interessierenden Produkts resultiert aus den **Erstkauf-** und **Wiederkaufwahrscheinlichkeiten**, die sich aus Labortest- oder Testmarktdaten ableiten lassen. Zur Ermittlung dieser Wahrscheinlichkeiten ist die Rekonstruktion zweier Produktmarkträume erforderlich. Der erste Raum basiert auf Wahrnehmungs- und Präferenzdaten vor dem Kauf beziehungsweise Konsum, während der zweite Raum aus Daten nach dem Kauf und Konsum entsteht. Dabei ergibt sich die Erstkaufwahrscheinlichkeit aus dem **Abstand** zwischen der **Position** des **neuen Guts** und der **Lage** der **Merkmalswunschkombination** im ersten Produktmarktraum, multipliziert mit dem geplanten Werbedruck und der vermuteten Distributionsquote. Die Wiederkaufwahrscheinlichkeit folgt aus der **Multiplikation** der Wahrscheinlichkeit, **nach** dem **Erwerb** einer **Wettbewerbsmarke** zum **Neuprodukt** zu wechseln, mit der Wahrscheinlichkeit, das **Neuprodukt** beim **nächsten Kauf erneut nachzufragen.**

### (2) Der *PROPOSAS*-Ansatz

*PROPOSAS* ist ein von *Albers* und *Brockhoff* entwickeltes und von *Albers* (1989, S. 186 ff.) **erweitertes Modell**, das Auskunft über die **gewinnoptimale Position** eines Neuprodukts im Produktmarktraum erteilt. Den Ausgangspunkt bildet ein mittels den **Verfahren der Mehrdimensionalen Skalierung** rekonstruierter *joint space*, in dem die **Real-** und **Idealprodukte** erscheinen. Im Unterschied zu anderen Ansätzen dieser Art lautet die Zielgröße nicht Absatz oder Umsatz, sondern **Gewinn**. Daher gilt der Preis eines Produkts als präferenzbildende Gütereigenschaft, und die Produktions- und Distributionskosten hängen von der Lage des Erzeugnisses im Produktmarktraum ab.

Die Identifikation des gewinnmaximalen Produkts erfolgt in drei Schritten:

- Zunächst bestimmt man im Wahrnehmungs- und Präferenzraum die **absatzmaximale Lage** für das **Neuprodukt.**

- Daraufhin wird in einem **Leistungsraum** (Raum der physikalisch-chemisch-technischen Eigenschaften) für jede räumliche Position die Differenz zwischen dem **Umsatz** und den **Kosten** des **Guts** ermittelt.

- Schließlich sind die beiden **Konfigurationen** (im Produktmarktraum und im Leistungsraum) durch eine **Transformationsfunktion** miteinander zu verknüpfen.

Eine exakte Zuordnung der **physikalisch-chemisch-technischen Eigenschaften** zu den **wahrgenommenen** und **bewerteten Eigenschaften** ist nicht möglich, da zwischen den beiden Merkmalsarten keine "1 zu 1"-Beziehung besteht. Obgleich die Festlegung der **gewinnmaximalen Position** nur **approximativ** erfolgt, scheint der verwendete Algorithmus diese Aufgabe zufriedenstellend zu bewältigen.

**(3) Das Modell von *Horsky* und *Nelson***

Dem von *Horsky* und *Nelson* (1992, S. 133 ff.) konzipierten Modell liegt die Idee zugrunde, daß bei der Gestaltung eines Neuprodukts ein **Zielkonflikt** auftritt: einerseits ist ein **nutzenmaximales Gut** zu gestalten, andererseits sollte es mit **minimalen Kosten** hergestellt werden. Daher zielt dieser Ansatz auf die gewinnmaximale Entwicklung eines hochpreisigen, eher selten nachgefragten Neuprodukts ab. Die Reaktionen der Wettbewerber auf die Einführung des neuen Erzeugnisses lassen sich durch **spieltheoretische Überlegungen** im Rahmen der Positionierung eines Produkts berücksichtigen.

Den Dateninput bilden die Urteile der Probanden über die Produkteigenschaften sowie die individuellen Präferenzrangfolgen für die Marken. Hieraus läßt sich unter Berücksichtigung des Neuproduktpreises und des verfügbaren Einkommens für jeden Nachfrager eine **Nutzenfunktion** ableiten. Sie bringt die Wichtigkeit der einzelnen Produktattribute zum Ausdruck und erlaubt eine Vorhersage über das Markenwahlverhalten der Nachfrager.

Um zur gewinnmaximalen Position im Produktmarktraum zu gelangen, sind abschließend die **eigenschaftsabhängigen Kosten** in die Modellstruktur zu integrieren. Zur Schätzung der Kosten stützen sich *Horsky* und *Nelson* auf die verfügbaren Informationen über die Kosten der bereits am Markt existierenden Produkte.

**(4) Der *TRINODAL*-Ansatz**

Das von *Keon* (1983, S. 380 ff.) vorgestellte Modell kommt vor allem bei der **Entwicklung** und **Überprüfung** einer **Werbekampagne** zum Einsatz. Damit ist es insbesondere geeignet, den Prozeß der **Repositionierung** eines **Produkts** modellhaft darzustellen. Dieser Ansatz ermöglicht die Bestimmung der räumlichen Positionen von **Produktimages, Idealprodukten** und **Werbeimages**. Als methodische Basis zur Rekonstruktion eines gemeinsamen Raums fungieren die Verfahren der **Mehrdimensionalen Skalierung**.

Ausgangspunkt ist die Bestimmung der Anzahl aller **korrekten Identifizierungen** einer **Werbeanzeige** als Maßzahl für die Distanz zum dazugehörigen Produkt. Daraus lassen sich Hinweise auf die **strategische Ausrichtung** und den **günstigen Zeitpunkt** einer **Repositionierung** ableiten. Aus einer sich anschließenden neuerlichen Untersuchung geht die Wirksamkeit der Vorgehensweise hervor. Eine grundlegende Erweiterung dieses Modells erlaubt eine **detaillierte Analyse** des **Zusammenhangs** zwischen **Produkt-** und **Werbeimage**.

*Abbildung* 5.30 vermittelt einen Überblick über die diskutierten Modelle zur Produktpositionierung.

| Kriterium | *PERCEPTOR* | *PROPOSAS* | *Horsky & Nelson* | *TRINODAL* |
|---|---|---|---|---|
| Zielsetzung | Bewertung des Konzepts für ein Neuprodukt | Bestimmung des gewinnmaximalen Produktkonzepts | Bestimmung des gewinnmaximalen Produktkonzepts | Entwicklung und Überprüfung der Werbekampagne |
| Zielkriterium | Marktanteil | Gewinn | Gewinn | Minimierung der Werbediffusität |
| Dateninput | Eigenschaftsbeurteilungen oder Ähnlichkeitsurteile | Ähnlichkeits- und Präferenzurteile | Eigenschaftsbeurteilungen oder Präferenzurteile | Ähnlichkeits-, Wechsel- und Präferenzurteile |
| Verfahren | Faktorenanalyse, Mehrdimensionale Skalierung | Mehrdimensionale Skalierung | Faktorenanalyse, Mehrdimensionale Skalierung | Mehrdimensionale Skalierung |

Quelle: angelehnt an *Trommsdorff/Zellerhoff*, 1994, S. 372

*Abbildung 5.30: Vergleich von Modellen zur Produktpositionierung*

## 11.4.4 Wertorientierte Positionierung

Wie die bisherigen Ausführungen zeigen, liegt der Produktpositionierung die Vorstellung zugrunde, daß die Gütermerkmale das Urteil des Nachfragers über die Zwecktauglichkeit beziehungsweise Bedürfnisgerechtigkeit eines Erzeugnisses bestimmen. Zahlreiche Autoren postulieren hingegen, daß Individuen nicht Eigenschaftsbündel, sondern einen Komplex an **Nutzenkomponenten** kaufen, während andere die zentrale Relevanz von **Werthaltungen** als Ursachen des individuellen Handelns behaupten. Bekanntlich zielt die *means end*-Theorie auf eine Verknüpfung einzelner Werthaltungen mit den Nutzenkomponenten und Produktmerkmalen ab. Auf diese Weise gelingt es im Rahmen der Produktpositionierung, die relevanten Eigenschaften mit den **Determinanten** des Kauf- und Konsumverhaltens (den Werthaltungen) zu verzahnen (vgl. Abschnitt 8).

Methodisch gesehen, bietet sich zur Bewältigung dieser Aufgabe die multiple **Korrespondenzanalyse** an (vgl. *Hoffman/Franke*, 1986, S. 213 ff., *Greenacre*, 1984, S. 83 ff., und 1993, S. 8 ff.). Sie gehört zu den explorativen Ansätzen, die im Gegensatz zu den meisten anderen multivariaten Methoden **kategorialskalierte Daten** verarbeiten. Als Ausgangsbasis genügt eine **Kontingenztafel**, die im einfachsten Fall aus einer Zeilen- und einer Spaltenvariablen besteht und in den Zellen ganzzahlige, nicht-negative Werte enthält. Dieses Verfahren zielt darauf ab, den Zusammenhang zwischen mindestens zwei Größen zu rekonstruieren und in einem möglichst **niedrigdimensionierten Raum** abzubilden. Hierzu unterzieht es die Zeilen- und die Spaltenwerte der Datenmatrix einer getrennten geometrischen Analyse, bevor ein geeigneter Algorithmus die beiden Konfigurationen zu einem Gesamtbild verknüpft (vgl. *Backhaus/Meyer*, 1988, S. 295 ff., und *Matiaske/Dobrov/Bronner*, 1994, S. 42 ff.). Zur Verdeutlichung dieses Ansatzes dient das in Kapitel 11.2.1 eingeführte Beispiel.

In Anbetracht des vorliegenden experimentellen Design kommt die *pick any*-**Variante** der Korrespondenzanalyse zur Rekonstruktion eines zweidimensionalen Raums in Betracht. Diese Spielart zeichnet sich dadurch aus, daß sie als Input eine Datenmatrix benötigt, die aus den Variablen *means end*-**Element** und **Proband** besteht. Erscheint in der *means end*-**Leiter** eines Individuums eine bestimmte Komponente, lautet der entsprechende Zellenwert Eins, während im umgekehrten Fall die Zahl Null in der Zelle auftaucht. Wie *Tabelle* 5.8 verdeutlicht, umfaßt die Leiter der Versuchsperson 1 die means end-Elemente *gutes Renommee der Brauerei, gehobenes Image, andere Menschen beeindrucken* sowie *Anerkennung*.

Die in *Abbildung* 5.31 gezeigte räumliche Konfiguration bildet das Ergebnis der Korrespondenzanalyse. Dabei verkörpert die erste Dimension den optimalen eindimensionalen Subraum, da sie den größten Anteil an der Datenstreuung offenlegt. Die zweite Dimension liefert den zweitgrößten Beitrag zur Beschreibung der Datenvariation und bildet zusammen mit der ersten den optimalen zweidimensionalen Subraum. Es läßt sich zeigen, daß die ersten beiden Dimensionen 21,1% der Datenstreuung erklären. Dagegen erfordert eine **vollständige Abbildung** der zwischen

| means end-Element | | 1 | 2 | ... | 480 |
|---|---|:-:|:-:|:-:|:-:|
| **Konkrete Eigenschaft** | • Wenige Kalorien | 0 | 0 | | 0 |
| | • Keine Geschmacksstoffe | 0 | 1 | | 0 |
| | • Kleine Flasche | 0 | 0 | | 0 |
| | • Gutes Renommee der Brauerei | 1 | 0 | ... | 0 |
| | • Geschmackvolles Etikett | 0 | 0 | | 1 |
| | • Hoher Preis | 0 | 0 | | 0 |
| | • Wenig Alkohol | 0 | 0 | | 0 |
| **Abstrakte Eigenschaft** | • Gehobenes Image | 1 | 0 | | 0 |
| | • Garantierte Frische | 0 | 0 | | 0 |
| | • Ansprechendes Flaschendesign | 0 | 0 | ... | 1 |
| | • Vollmundiger Geschmack | 0 | 1 | | 0 |
| | • Ausgezeichnete Qualität | 0 | 0 | | 0 |
| **Funktionale Nutzenkomponente** | • Nicht zunehmen | 0 | 0 | | 0 |
| | • Etwas für die Gesundheit tun | 0 | 0 | ... | 0 |
| | • Sich nicht betrinken | 0 | 0 | | 0 |
| | • Den Durst löschen | 0 | 0 | | 0 |
| **Soziale bzw. psychische Nutzenkomponente** | • Als jugendlich und ... werden | 0 | 0 | | 0 |
| | • Im Beruf erfolgreich sein | 0 | 0 | | 0 |
| | • Andere Menschen kennenlernen | 0 | 0 | ... | 0 |
| | • Interessante Gespräche führen | 0 | 0 | | 0 |
| | • Andere Menschen beeindrucken | 1 | 0 | | 0 |
| | • Sich belohnen | 0 | 1 | | 1 |
| **Instrumentale Werthaltung** | • Verantwortung | 0 | 0 | | 0 |
| | • Genuß | 0 | 0 | ... | 1 |
| | • Geselligkeit | 0 | 0 | | 0 |
| | • Strebsamkeit | 0 | 0 | | 0 |
| **Terminale Werthaltung** | • Freundschaft | 0 | 0 | | 0 |
| | • Selbstachtung | 0 | 1 | ... | 1 |
| | • Anerkennung | 1 | 0 | | 0 |

*Tabelle 5.8: Datenmatrix für die means end-Elemente*

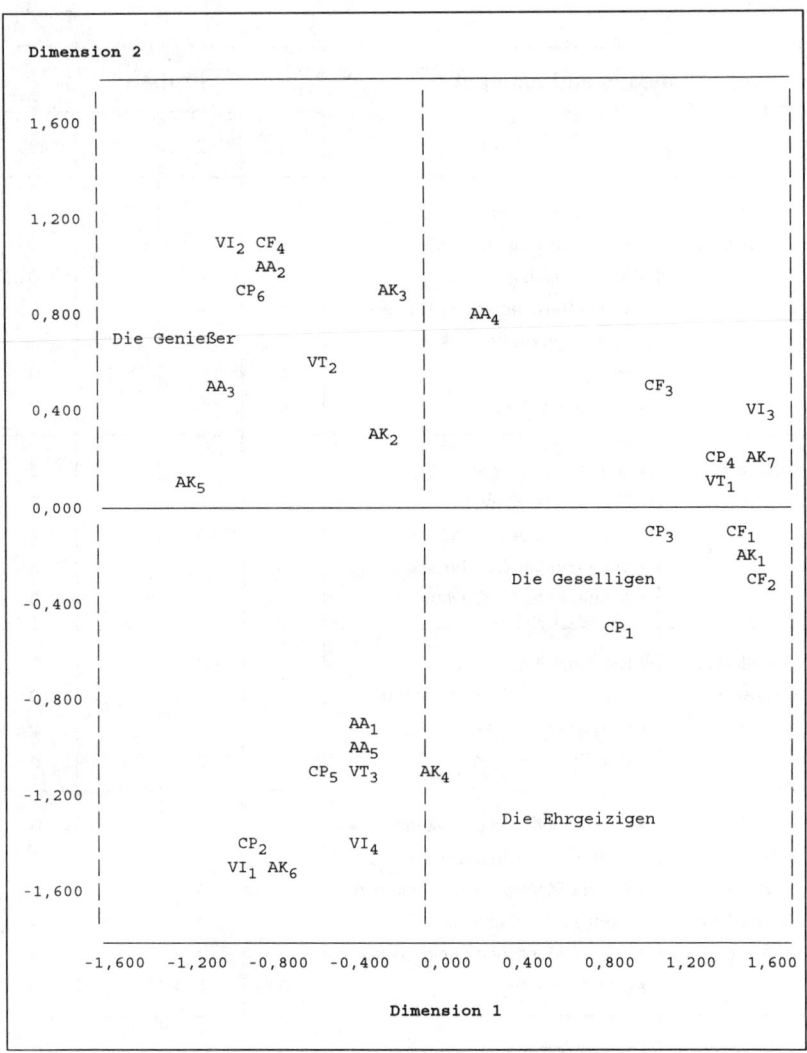

*Abbildung 5.31: Profilpunkte der means end-Elemente im Korrespondenzraum*

Erläuterungen zur *Abbildung* 5.31:

$AK_1$ = wenige Kalorien, $AK_2$ = keine Geschmacksstoffe, $AK_3$ = kleine Flasche, $AK_4$ = hohes Renommee der Brauerei, $AK_5$ = geschmackvolles Etikett, $AK_6$ = hoher Preis, $AK_7$ = wenig Alkohol, $AA_1$ = gehobenes Image, $AA_2$ = garantierte Frische, $AA_3$ = ansprechendes Flaschendesign, $AA_4$ = vollmundiger Geschmack, $AA_5$ = ausgezeichnete Qualität, $CF_1$ = nicht zunehmen, $CF_2$ = etwas für die Gesundheit tun,

$CF_3$ = sich nicht betrinken, $CF_4$ = den Durst löschen, $CP_1$ = als jugendlich und sportlich gelten, $CP_2$ = im Beruf erfolgreich sein, $CP_3$ = andere Menschen kennenlernen,
$CP_4$ = interessante Gespräche führen, $CP_5$ = andere Menschen beeindrucken, $CP_6$ =
sich belohnen, $VI_1$ = Verantwortung, $VI_2$ = Genuß, $VI_3$ = Geselligkeit, $VI_4$ = Strebsamkeit, $VT_1$ = Freundschaft, $VT_2$ = Selbstachtung, $VT_3$ = Anerkennung

den *means end*-Elementen existierenden Beziehungen einen aus **26 Achsen** bestehenden Raum. In Anbetracht der rekonstruierten *means end*-
Ketten lassen sich die bereits in Teil 11.2.1.4 identifizierten drei Typen
von Bierkonsumenten unterscheiden:

Wie erinnerlich weisen die **Ehrgeizigen** die folgende *means end*-Kette
auf: Anerkennung (terminale Werthaltung), Strebsamkeit und Verantwortung (instrumentale Werthaltungen), andere Menschen beeindrucken und
im Beruf erfolgreich sein (psychische und soziale Nutzenkomponenten),
gehobenes Image und ausgezeichnete Qualität (abstrakte Eigenschaften),
hoher Preis und gutes Renommee der Brauerei (konkrete Eigenschaften).

Für die **Genießer** gilt die aus den folgenden Elementen bestehende *means
end*-Kette: Selbstachtung (terminale Werthaltung), Genuß (instrumentale
Werthaltung), sich belohnen (psychische und soziale Nutzenkomponente), vollmundiger Geschmack und ansprechendes Flaschendesign (abstrakte Eigenschaften), geschmackvolles Etikett, keine Geschmacksstoffe
und kleine Flasche (konkrete Eigenschaften).

Die **Geselligen** zeichnen sich durch die folgende *means end*-Kette aus:
Freundschaft (terminale Werthaltung), Geselligkeit (instrumentale Werthaltung), andere Menschen kennenlernen, interessante Gespräche führen,
als jugendlich und sportlich gelten (psychische und soziale Nutzenkomponenten), nicht zunehmen und etwas für die Gesundheit tun (funktionale
Nutzenkomponenten), wenig Alkohol und wenige Kalorien (konkrete Eigenschaften).

Wie bei allen Verfahren der explorativen Datenanalyse besteht auch bei
der Korrespondenzanalyse die Option, **zusätzliche Zeilen-** und **Spaltenvariablen** nachträglich in die ermittelte Konfiguration zu integrieren (vgl.
*Lebart/Morineau/Warwick*, 1984, S. 41 ff.). Diese methodische Facette
läßt sich für die Abbildung von Größen im Subraum nutzen, die zur
Analyse der zwischen den *means end*-Elementen **existierenden Assoziation** beitragen (z. B. **psycho-** und **soziodemographische Merkmale** der
Probanden). Im Gegensatz zu den bislang betrachteten **aktiven** Variablen
spielen die supplementären (**passiven**) für die Rekonstruktion der Dimensionen des Unterraums keine Rolle. Gleichwohl ist es zulässig, ihre räum-

liche Position bezogen auf die zentralen Dimensionen und die aktiven Variablen zu errechnen.

Für eine **wertorientierte Produktpositionierung** erscheint es ratsam, die von jedem Individuum **präferierte Biermarke** und **bevorzugte Werbebotschaft** als supplementäre Größen aufzufassen. Außerdem kommen die aus soziodemographischen Merkmalen rekonstruierten **Marktsegmente**, den die einzelnen Personen angehören, als weitere passive Variable in Betracht. Bevor das Interesse der räumlichen Repräsentation dieser Größen gilt, bedarf es einer Erläuterung der ins Auge gefaßten **Soziodemographika**. Aus den vorliegenden Rohdaten geht hervor, daß die Befragten keine homogene Einheit bilden, sondern sich hinsichtlich ihrer soziodemographischen Merkmale voneinander unterscheiden. Folglich besteht das Anliegen darin, die Menge der Befragten in einzelne Gruppierungen zu unterteilen. Als Kriterien zur Segmentierung der Probandenschar fungieren **Geschlecht, Alter, Familienstand, Kinder, Ausbildung, Haushaltseinkommen, Beschäftigung, Haushaltsvermögen, Wohnort, politische Überzeugung** und **soziale Stellung**.

Die Nennungen der Betroffenen dienen als Dateninput für eine Clusteranalyse. Die Entwicklung des Zuwachses der Fehlerquadratsumme führt zur Wahl einer **3-Gruppen-Lösung**: Das **Segment 1** umfaßt 113 Individuen, die entweder zur oberen Mittelklasse oder zur Oberklasse gehören. Der typische Vertreter dieser Gruppe ist 40 - 49 Jahre alt und verheiratet. Er absolvierte ein Hochschulstudium und bekleidet eine leitende berufliche Stellung. Das Einkommen des Haushaltes beträgt zwischen $70.000 und $99.999, wohingegen sein Haushaltsvermögen im Intervall $100.000 bis $249.999 liegt. Außerdem wohnt die Auskunftsperson in einer Stadt mittlerer Größe und unterstützt die politischen Ziele konservativer Gruppierungen.

Das **Segment 2** besteht aus 179 Auskunftspersonen, die sich zur mittleren Mittelklasse zählen. Diese Nachfrager gehören keiner bestimmten Altersgruppe an und lassen sich auch nicht durch einen spezifischen Wohnort kennzeichnen. Sie sind in der Regel verheiratet, besitzen eine kaufmännische oder technische Ausbildung und sind als Arbeiter oder Angestellte tätig. Bei einem Einkommen von $30.000 bis $49.999 beträgt das Vermögen zwischen $50.000 und $99.999. Dabei vertreten diese Individuen eine eher liberale politische Meinung.

Zum **Segment 3** gehören 128 Befragte, die sich als Repräsentanten der unteren Mittelklasse oder der Unterklasse einstufen lassen. Sie stammen aus unterschiedlichen Altersgruppen und leben vorwiegend als Single in einer Großstadt. Da diese Personen keinen beruflichen Abschluß aufweisen, sind sie vor allem als Arbeiter beschäftigt. Sie bestreiten ihren Lebensunterhalt von $15.000 bis $29.999 und verfügen über ein Vermögen zwischen $10.000 und $29.999. Die Mitglieder dieses Clusters interessieren sich kaum für das wirtschaftliche und gesellschaftliche Geschehen und unterstützen aus diesem Grund auch keine bestimmte politische Vereinigung.

Wiederum kommt die *pick any*-Variante der Korrespondenzanalyse zur Repräsentation der passiven Größen im zweidimensionalen Raum in Betracht. Als Input bietet sich eine Datenmatrix an, die aus den Elementen **Supplementäre Variable** und **Proband** besteht. Wie *Tabelle 5.9* verdeutlicht, präferiert Proband 1, der zum Segment 1 gehört, die Biermarke 3 und bevorzugt die Werbebotschaft für Marke 4.

| *means end*-Element | | Proband | | | |
|---|---|---|---|---|---|
| | | 1 | 2 | ... | 480 |
| Präferierte Biermarke | • Marke 1 | 0 | 1 | | 0 |
| | • Marke 2 | 0 | 0 | | 0 |
| | • Marke 3 | 1 | 0 | ... | 0 |
| | • Marke 4 | 0 | 0 | | 1 |
| | • Marke 5 | 0 | 0 | | 0 |
| | • Marke 6 | 0 | 0 | | 0 |
| Bevorzugte Werbebotschaft | • Marke 1 | 0 | 0 | | 0 |
| | • Marke 2 | 0 | 1 | | 0 |
| | • Marke 3 | 0 | 0 | ... | 1 |
| | • Marke 4 | 1 | 0 | | 0 |
| | • Marke 5 | 0 | 0 | | 0 |
| | • Marke 6 | 0 | 0 | | 0 |
| Marktsegment | • Die Genießer | 1 | 0 | | 0 |
| | • Die Geselligen | 0 | 1 | ... | 0 |
| | • Die Ehrgeizigen | 0 | 0 | | 1 |

Anstelle der Zahlen 1, 2, ..., 6 wurden in der empirischen Untersuchung real existierende Marken und Werbebotschaften betrachtet. Aus Rücksicht auf die Anonymität der an der Studie beteiligten Unternehmen können die Markennamen an dieser Stelle nicht veröffentlicht werden.

*Tabelle 5.9: Datenmatrix für supplementäre Variablen*

*Abbildung* 5.32 illustriert die **Positionen** der **Profilpunkte** der **Biermarken**, **Werbebotschaften** und **Marktsegmente** im **Korrespondenzraum**. Aus Gründen einer besseren Anschaulichkeit wurden aus *Abbildung* 5.31 lediglich die Koordinaten der **terminalen Werthaltungen** übertragen. Es ließen sich die Profilpunkte aller *means end*-Elemente in dieser Ebene abbilden. Ein Blick auf das räumliche Gefüge legt die Vermutung nahe, daß zwischen der **terminalen Werthaltung** und dem **Marktsegment** eine Assoziation besteht.

Beispielsweise zeichnen sich die dem **Cluster 1** zugeordneten, auf den materiellen Erfolg ausgerichteten Auskunftspersonen durch ihr Streben nach sozialer Anerkennung aus. Dagegen suchen die zum **Segment 3** zusammengefaßten Probanden, die die Mittelschicht repräsentieren, im besonderen Maße die Freundschaft zu anderen Menschen. Bei den Vertretern der **Gruppe 2**, die sich als Unterschicht kennzeichnen läßt, fällt der deutliche Wunsch nach Selbstachtung auf. Offenbar steht die terminale Werthaltung eines Individuums in einer Wechselwirkung mit seinem materiellen und beruflichen Erfolg.

Desweiteren fällt auf, daß sich die Profilpunkte der Biermarken und Werbebotschaften um den Ursprung des Korrespondenzraums scharen und eine nahezu **undifferenzierbare Menge** bilden. Folglich gelingt es den einzelnen Anbietern nicht, eine **prägnante Markenpersönlichkeit** zu entwickeln, die in den Augen der Nachfrager in einem engen Zusammenhang zu einer bestimmten terminalen Werthaltung steht und sich von Konkurrenzprodukten abhebt. Zudem besteht in den meisten Fällen eine große räumliche Distanz zwischen dem Profilpunkt einer Biermarke (z. B. $M_5$) und dem der entsprechenden Werbebotschaft ($W_5$). Dies deutet darauf hin, daß mit Ausnahme der marketingpolitischen Aktivitäten der Unternehmen 2 und 6 kein einheitliches Produkt- und Werbekonzept vorliegt.

## 11.5  Der produktpolitische Gestaltungsspielraum

### 11.5.1  Der Leistungskern

Wie erinnerlich, zielt ein Unternehmen darauf ab, seine **Leistung** so zu gestalten, daß sie den **Wünschen** und **Vorstellungen** der **tatsächlichen** und **potentiellen Nachfrager** entspricht. Dieses Anliegen konkretisiert sich in dem produktpolitischen Hauptziel, ein **bedürfnisgerechtes** beziehungsweise **zwecktaugliches Produkt** am Markt zu offerieren. So verstanden, sichert die Qualität (Zwecktauglichkeit, Bedürfnisgerechtigkeit) eines Produkts den Umsatz und Gewinn des Anbieters.

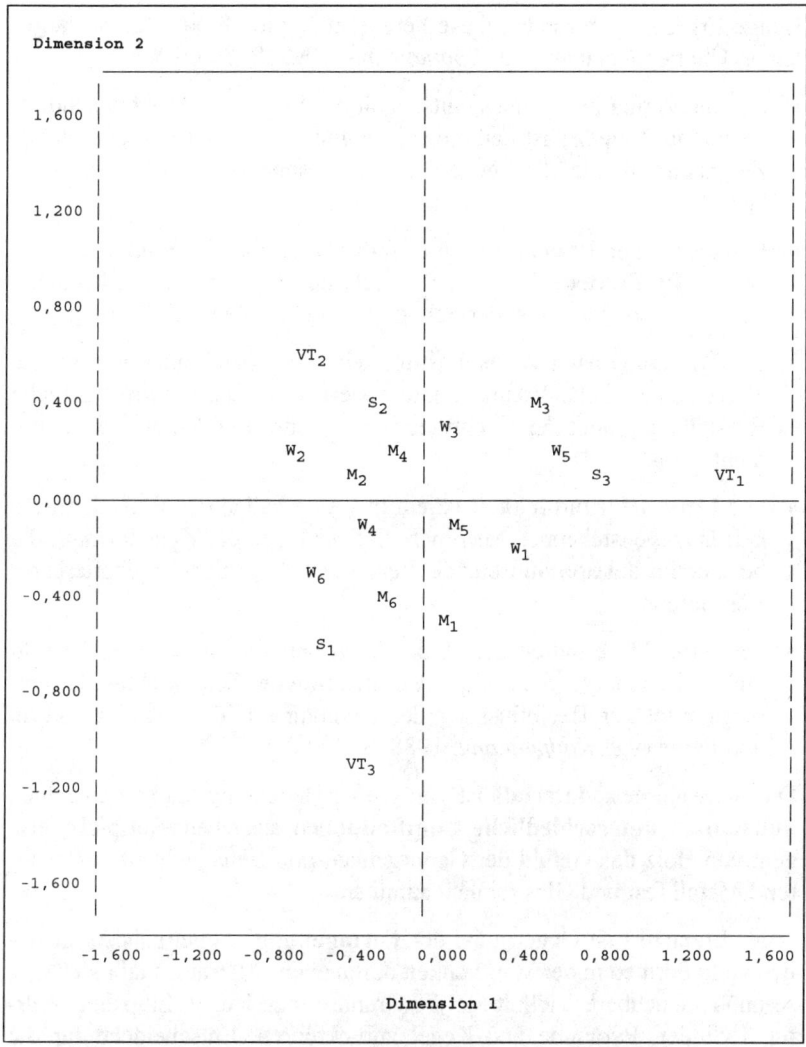

*Abbildung 5.32: Profilpunkte der supplementären Variablen im Korrespondenzraum*

Erläuterungen zur *Abbildung* 5.32:
$VT_1$ = Freundschaft, $VT_2$ = Selbstachtung, $VT_3$ = Anerkennung, $S_1$ = Marktsegment 1, $S_2$ = Marktsegment 2, $S_3$ = Marktsegment 3, $M_n$ = Biermarke n (n = 1, ..., 6), $W_m$ = Werbebotschaft für Marke m (m = 1, ..., 6).

Einige Ergänzungen runden diese bereits in Kapitel 8 ausführlich darge-
legten Überlegungen ab (vgl. *Koppelmann*, 1997, S. 309 ff.):

- Bei der Vermarktung eines Guts spielt die **Bequemlichkeit** der Individuen eine Rolle. Es ist kaum mehr möglich, einem Nachfrager ein Erzeugnis an die Hand zu geben, das noch einer Be- und Verarbeitung
  bedarf.

- In nahezu allen Branchen zeigt sich das Bedürfnis der Käufer nach **sicheren Produkten**. Hierzu gehört nicht nur die Stör- und Bedienungs-
  sicherheit, sondern auch der Schutz vor Diebstahl und Zerstörung.

- Die Forderung nach **Wirtschaftlichkeit** bezieht sich nicht nur auf die
  Nutzung des Guts. Vielmehr interessiert auch dessen wirtschaftliche
  Herstellung, damit der Nachfrager nicht mehr bezahlen muß als unbe-
  dingt nötig.

- Die **Umweltfreundlichkeit** ist ein in vielen Fällen der Wirtschaftlichkeit entgegenstehender Anspruch. Oft beklagen die Konsumenten die
  bei der Produktion auftretende Verschwendung nicht regenerierbarer
  Ressourcen.

- Das Produkt vermittelt dem Individuum und seinem sozialen Umfeld
  mehr oder weniger angenehme **Empfindungen**. Sehr wichtige Gestal-
  tungsmittel zur Beeinflussung der Anmutung bilden Material, Form
  und Farbe (vgl. *Koppelmann*, 1988, S. 299 ff.).

Die Auswahl des **Materials** ist von großer Bedeutung, da von einzelnen
**Substanzen unterschiedliche Empfindungen** ausgehen. Beispielsweise
geht von Holz das Gefühl der Geborgenheit und Behaglichkeit aus, während Metall fest und Glas reinlich anmuten.

Jedes Erzeugnis ist Gegenstand der **Formgebung**, wobei nahezu unendlich viele Formen in der Wirklichkeit auftauchen. Allerdings läßt sich diese unüberschaubare Vielfalt auf die Grundformen Kugel, Ellipsoid, Wür-
fel, Zylinder, Pyramide und Kegel zurückführen. Entscheidend für die
Produktgestaltung ist, daß verschiedene Elemente unterschiedliche Gefühle vermitteln (vgl. *Becker/Becker/Ruhland*, 1992, S. 27 ff.).

Die **Farbe** ist ein sehr **kostengünstiges** und äußerst **flexibles Mittel**, um
Produkte zu verändern. Hier steht dem Produktmanager eine unüberseh-
bare Palette von Grundfarben und Farbkombinationen zur Verfügung. Die
einen aktivieren, die anderen beruhigen, wieder andere wirken schwer
oder leicht, freudig oder traurig.

Die Variation des Produktäußeren bietet ein wirksames und leistungsfähiges produktpolitisches Instrument. Insbesondere die **ästhetische Qualität** der **Form**, des **Materials** und der **Farbe** erscheint in diesem Zusam-

menhang von Relevanz. Was bewirkt eigentlich Ästhetik? Dem **physiologischen Ansatz** zufolge sind es klare, geordnete, einander nicht widersprechende, möglichst symmetrische Elemente eines Objekts. Dagegen deuten **psychologische Untersuchungen** darauf hin, daß der Geschmack, die Tradition und die Umgebung bedeutsame Einflußfaktoren sind.

Mit der Lösung von Problemen dieser Art befassen sich in Unternehmen vor allem die Designer. Dies ist unbefriedigend, da alle Aspekte der funktionalen und ästhetischen Produktgestaltung auch aus Marketingsicht relevant sind. Hierfür sprechen die folgenden Gründe (vgl. *Leitherer*, 1993, Sp. 753 ff.):

* Zur Sicherstellung eines **einheitlichen Marktauftritts** der Produkte eines Anbieters erscheint ein **grundlegendes Designkonzept**, das für alle Erzeugnisse gilt, unerläßlich.

* Es reicht nicht aus, daß ein Produkt durch seine funktionale Zwecktauglichkeit und Leistungsfähigkeit überzeugt. Der **ästhetischen Faszination** kommt eine zentrale Bedeutung bei der Kaufentscheidung zu.

* In vielen Unternehmen begleitet der Produktmanager die Generierung eines Erzeugnisses **eher planerisch** und **nicht inhaltlich**. Dies genügt nicht, um die Wünsche und Vorstellungen der Nachfrager in die Forschungs-, Entwicklungs- und Produktionsabteilungen zu übertragen.

* Im Rahmen der Produktmodifikation lassen sich zum Beispiel **billige Massenprodukte** durch **modisches Design** erheblich aufwerten (z. B. *Swatch*). Damit erscheint eine **grundsätzliche Repositionierung** eines Erzeugnisses durch **veränderte Designprägnanzen** möglich.

Ein Blick in Designstudios offenbart, daß eine Reihe von **Designstilen** existieren. Ein Überblick liefert einen Eindruck von der Vielfalt und Andersartigkeit der **Designwellen** (vgl. *Koppelmann*, 1995, Sp. 446 ff.):

* Dem **ästhetischen Funktionalismus** liegt die Idee zugrunde, die Materialien, Formen und Farben auf das **unbedingt Notwendige** zu beschränken. Im Mittelpunkt steht die Gebrauchstauglichkeit sowie eine auf den Bauhausstil zurückgehende Ästhetik.

* Hieran schließt sich der **Technizismus** an, bei dem sehr kühl anmutende Materialien dominieren. Die Vertreter dieser Designrichtung propagieren ihre Begeisterung für **technische Ästhetik** (z. B. Stahl-Glas-Konstruktion von Gebäuden).

* Gerade gegenläufig ist die Entwicklung des **Ästhetizismus**, der sich durch ebenmäßige, geschlossene Formen auszeichnet. Hier verbirgt der Designer das Funktionale ganz bewußt um der **ästhetischen Proportionen** willen (z. B. *Bang & Olufson*).

- Aus der Lust heraus, Dinge ganz anders zu gestalten als bisher, schöpfen die Designer der **Memphisbewegung**. Nicht-funktionale Formen, bewußte Materialverfremdungen und bunte Farben bilden den Kern dieser Designwelle.

- Eine aus der Postmoderne abgeleitete Stilrichtung verkörpert der **Dekonstruktivismus**. Das Aufbrechen der Körper, die durch Auflösung der Senkrechten und Waagerechten bei viele Individuen einen ungewohnten Eindruck hinterlassen, charakterisieren diese Richtung.

- Dem klassisch ästhetischen Funktionalismus läßt sich der **Neobarock** mit seiner Formensprache gegenüberstellen. Diese **ausdrucksstarken Designprägnanzen** sind vor allem in der Möbel- und Kleidungsbranche zu finden.

- Daneben hat sich das *organic*-**Design** herausgebildet, bei dem die **Erscheinung** eines Objekts einen höheren Stellenwert einnimmt als die **Funktionalität**. Die Repräsentanten dieser Stilrichtung wählen bei der Produktgestaltung besonders gerne organische Materialien, wie Holz oder Horn.

- Einen anderen Weg schlagen die dem **Archetypdesign** verschriebenen Designer ein. Dabei orientiert sich die Produktgestaltung an einfachen und markanten, als Bild gespeicherten Urtypen von Erzeugnissen.

Auf der Basis des in *Abbildung* 5.33 präsentierten **Sinus-Milieu-Konzepts** läßt sich zeigen, daß die **einzelnen Designrichtungen** und -**wellen** in den verschiedenen Marktsegmenten auf **unterschiedlichen Anklang stoßen** (vgl. *Abbildung* 5.34). So bildet das **traditionelle** und **traditionslose Arbeitermilieu** noch kein Zielpublikum für Designprodukte. Dagegen fällt auf, daß der **ästhetische Funktionalismus** überaus weit verbreitet ist und das **technokratisch-liberale Milieu** ein beachtliches Designinteresse besitzt.

Vor diesem Hintergrund sind bei der Gestaltung des Leistungskerns zwei **strategische Grundfragen** zu beantworten:

(1) Ist bei der Produktgenerierung lediglich einer Designart zu folgen oder erscheint ein Pluralismus an Designvarianten, wie bei *Rosenthal* und *Alessi*, ratsam?

(2) Ist auf kurzfristig andauernde Designwellen zu setzen, zum Beispiel bei *Swatch*, oder bietet sich eher ein langfristig angelegtes Designkonzept, wie bei *Jaguar*, an?

| Soziale | Wertorientierung | | | | |
|---------|---------|---------|---------|---------|---------|
| **Schicht** | Wertekonstanz | | Wertewandel | | |
| | Traditionelle Grundorientie- rung (Bewahren) | Materielle Grundorientie- rung (Haben) | Hedonismus (Genießen) | Postmate- rialismus (Sein) | Postmoder- nismus (Haben, Sein, Genießen) |
| Ober- schicht | Konservativ- gehobenes Milieu (7%) | | Technokra- tisch-liberales Milieu (9%) | | |
| Obere Mittelschicht | | | | Alternatives Milieu (2%) | |
| Untere Mittelschicht | Kleinbürger- liches Milieu (21%) | | Aufstiegs- orientiertes Milieu (25%) | Neues Arbeit- nehmermilieu (5%) | Hedoni- stisches Milieu (13%) |
| Unter- schicht | Traditionelles Arbeitermilieu (5%) | | Traditions- loses Arbeiter- milieu (5%) | | |

Quelle: in Anlehnung an *Koppelmann*, 1995, Sp. 450

*Abbildung 5.33: Soziale Stellung und Grundorientierung*

## 11.5.2 Begleitende Dienste

Ein Blick auf das Wirtschaftsgeschehen zeigt, daß **Dienstleistungen** im Vergleich zu **Realprodukten** sehr stark an Bedeutung gewinnen. Aus Untersuchungen des *Instituts der deutschen Wirtschaft* geht hervor, daß der Anteil der im Dienstleistungssektor beschäftigten Personen Ende der 80er Jahre in den *USA* 72%, in *Japan* 57% und in *Deutschland* 53% betrug. Schätzungen des *Instituts für Arbeitsmarkt- und Beschaffungs-*

*forschung* zufolge ist in *Deutschland* mit einem Anstieg dieses Anteils bis zum Jahr 2000 auf 58% zu rechnen.

| Milieu | Designstil | | | | | | | |
|---|---|---|---|---|---|---|---|---|
| | Ästhetischer Funktionalismus | Technizismus | Ästhetizismus | Memphisbewegung | Dekonstruktivismus | Neobarock | *organic-* Design | Archetypdesign |
| Konservativ-gehobenes Milieu | ++ | - | ++ | -- | -- | + | -- | -- |
| Technokratisch-liberales Milieu | ++ | ++ | ++ | ++ | ++ | ++ | ++ | - |
| Alternatives Milieu | + | - | - | -- | - | -- | + | + |
| Kleinbürger-liches Milieu | - | -- | - | - | -- | -- | -- | ++ |
| Aufstiegsorien-tiertes Milieu | ++ | ++ | + | - | -- | -- | -- | -- |
| Neues Arbeit-nehmermilieu | - | ++ | -- | -- | -- | - | -- | ++ |
| Hedoni-stisches Milieu | + | - | - | - | ++ | ++ | ++ | -- |
| Traditionelles Arbeitermilieu | - | -- | - | -- | - | -- | - | -- |
| Traditionsloses Arbeitermilieu | -- | -- | -- | -- | -- | -- | -- | -- |
| ++ = stößt auf großes Interesse,  + = stößt auf Interesse, <br> - = stößt eher auf kein Interesse, -- = stößt auf kein Interesse | | | | | | | | |

Quelle: in Anlehnung an *Koppelmann*, 1995, Sp. 452

*Abbildung 5.34: Zuordnung von Designstilen zu Milieus*

Diese Entwicklung läßt sich durch einen Rückgriff auf die von *Albach* (1989a, S. 397 ff., und 1989b, S. 26 ff.) vorgelegte **Theorie industrieller Dienstleistungen** erklären. Hiernach ist in vielen **Wirtschaftszweigen**, wie etwa im Automobilsektor und der Branche für Unterhaltungselektronik, eine **Homogenisierung** des **Kernprodukts** zu beobachten. Um dennoch einen Vorteil gegenüber den Wettbewerbern am Markt zu erzielen, erweitern viele Anbieter ihre Offerten um **produktbegleitende Dienste**. Damit hoffen die Hersteller, den unterschiedlichen Wünschen und Vorstellungen der Nachfrager zu entsprechen, ihr Produkt hinreichend und nachhaltig zu differenzieren und dem Preiswettbewerb zu entgehen. Da viele Industrieunternehmen die **produktbegleitenden Dienste** auf dem **Markt beschaffen**, also bei kleineren und mittleren Firmen einkaufen, und mit ihrem **Kernprodukt bündeln**, weitet sich der Dienstleistungssektor aus (vgl. *Homburg/Garbe*, 1996, S. 254 ff.).

Nutzentheoretisch argumentiert, dienen Dienstleistungen dazu, das Kernprodukt anzureichern und damit einen zusätzlichen Wert - einen *added value* - zu vermitteln. Im *added value* steckt das **Potential** zur **Profilierung** und **Differenzierung** der **Unternehmensleistung**. *Abbildung* 5.35 verdeutlicht am Beispiel der *Lufthansa* AG die Gestaltung einer Leistung, die über den Grund- und Zusatznutzen hinausgehende Nutzenkomponenten bietet. Ein Leistungspaket bestehend aus **Grund-** und **Zusatznutzen** sowie einem *added value* erscheint geeignet, einen **Vorsprung** gegenüber den **Konkurrenten** am Markt zu **erzielen**.

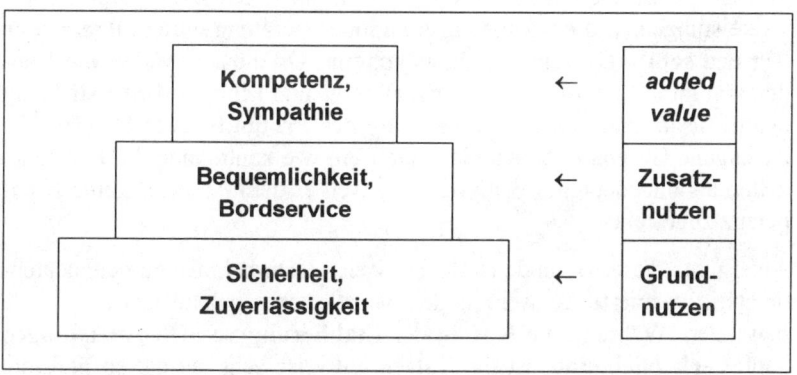

*Abbildung 5.35: Das added value-Konzept am Beispiel der Lufthansa AG*

Ausführungen von *Simon* (1993, S. 8 ff.) zufolge sind an einen **strategischen Wettbewerbsvorteil** die folgenden zentralen Anforderungen zu stellen: Kunden müssen ihn wahrnehmen und für wichtig erachten und außerdem soll er dauerhaft sein.

In Anbetracht **kürzer** werdender **Entwicklungszyklen** und **stagnierender Märkte** erscheint die **dauerhafte Aufrechterhaltung** eines **strategischen Wettbewerbsvorteils** bei Produkten als **äußerst schwierig**. Oft sind Konkurrenten innerhalb **weniger Wochen** oder **Monate** in der Lage, ein erfolgreich im Markt eingeführtes Erzeugnis zu **kopieren**. Dies hat zur Folge, daß Produkte **austauschbar sind** und die **physikalisch-chemisch-technische Beschaffenheit** ausgereizt ist.

Dagegen bieten **Dienstleistungen** einem **Anbieter** die Möglichkeit, sich beispielsweise durch die **Freundlichkeit** und **Hilfsbereitschaft** sowie die **Erfahrungen** und **Fähigkeiten** seiner Mitarbeiter von den Konkurrenten abzuheben. Ein Vorsprung bei diesen Wettbewerbsfaktoren ist für die anderen Akteure nur mit sehr viel Anstrengung aufzuholen, während sich ein Rückstand bei der technischen Ausstattung oder beim Produktdesign ohne weiteres wettmachen läßt. Beispielsweise können die Wettbewerber von *Caterpillar* eine neue Planierraupe innerhalb sehr kurzer Zeit nachbauen. Dagegen dauert es Jahre, bis sie das Service- und Ersatzteilnetz dieses Unternehmens imitieren und mit gleicher Wirtschaftlichkeit betreiben können.

Aus einer Studie von *Simon* (1993, S. 13 ff.) geht hervor, daß die von Nachfragern wahrgenommenen und als **wichtig** eingestuften industriellen Dienstleistungen **sehr nahe** am **Produkt** und am **Produktionsprozeß** liegen. Im Unterschied dazu sind alle als **weniger wichtig** angesehenen Serviceleistungen, wie etwa Finanzierung oder Beratung, **ganz allgemeiner Art** und **sehr weit** vom Erzeugnis entfernt. Offenbar erwarten die Kunden von ihren Lieferanten eine **zuverlässige** und **schnelle Unterstützung** beim Einsatz und bei der **Anwendung** des **Produkts**. Alle Dienste, die das eigene Geschäft des Kunden betreffen, wie kaufmännische Beratung, gelten als unbedeutend, wohl deshalb, weil er dem Anbieter keine Kompetenz zugesteht.

Angesichts dieser Befunde ist die bei vielen Unternehmen zu beobachtende undifferenzierte Ausweitung der Dienstleistungspalette sehr kritisch zu beurteilen. Während die **Kosten** der **Etablierung** von **Dienstleistungen** häufig **erheblich sind**, ist ihr **Nutzen** teilweise sehr gering, so daß ihre **Wirksamkeit** als *competitive edge* umstritten bleibt. Daher gilt bei der **Gestaltung** von **Diensten** der aus der Entwicklung, Produktion und Vermarktung von Erzeugnissen bekannte Grundsatz: "*Schuster bleib bei Deinen Leisten*". Folglich ist der Ratschlag zu erteilen, bei der **Konzeption** und **Etablierung** eines **Dienstleistungskranzes** zunächst mit **produktnahen Leistungen** zu beginnen, bevor **produktferne Leistungen** in Betracht kommen. Weitere Ausführungen zu diesem Thema finden sich im Kapitel 11.6.2.2.2.

Zur **Typologisierung** und **Systematisierung** liegen eine Reihe von Ansätzen vor, die sich jedoch meist auf "klassische" Dienstleistungen und weniger auf **produktbegleitende Dienste** beziehen. In *Abbildung* 5.36 sind die **Ausrichtung** der **Dienstleistung** und die **Phase** im **Kaufprozeß** als Kriterien berücksichtigt. Dabei lassen sich Dienstleistungen am Produkt in **eigen-** und **fremdproduktgerichtet** unterteilen, während Dienste am Nachfrager in die Kategorien **unmittelbar** und **mittelbar subjektgerichtet** zerfallen.

Obgleich dieses Schaubild vielfältige Ansätze zur Ergänzung und Erweiterung der **Angebotspalette** um **Dienstleistungen** suggeriert, erfährt die Gestaltung des Servicekranzes bei vielen Unternehmen kaum Aufmerksamkeit. Als besonders problematisch erweist sich die **strategische Ausrichtung**, die **organisatorische Einbindung** und die **Präsentation** dieser **Dienste** am **Markt**. Offenbar schöpfen viele Anbieter das Potential von Diensten zur **Erzielung** von **Wettbewerbsvorteilen** nicht aus. Daher ist es unerläßlich, ein Konzept zur **Planung** und **Kontrolle** von **Dienstleistungen** zu installieren, mit dem eine **systematische Ausgestaltung** des **Dienstleistungskranzes** möglich erscheint (vgl. Kapitel 11.1.1).

| Ausrichtung der Dienstleistung | Phase im Kaufprozeß | | |
|---|---|---|---|
| | Vorkauf | Kauf | Nachkauf |
| **1. Dienste am Produkt:** <br> • eigenprodukt-gerichtet <br><br> • fremdprodukt-gerichtet | • z. B. Engineering <br><br> • z. B. Wartung | • z. B. Transport <br><br> • z. B. Entsorgung | • z. B. Reparatur |
| **2. Dienste am Nachfrager:** <br> • unmittelbar subjektgerichtet <br><br> • mittelbar subjektgerichtet | • z. B. Beratung <br><br> • z. B. Problem-analyse | • z. B. Schulung <br><br> • z. B. Finanzierung | • z. B. Weiterbildung |

Quelle: angelehnt an *Homburg/Garbe*, 1996, S. 262

*Abbildung 5.36: Typologisierung industrieller Dienstleistungen*

Darüber hinaus ist die Idee einer **dienstleistungsorientierten Kultur** im Unternehmen zu verankern (vgl. *Abbildung 5.37*). Hierbei bilden die Bedürfnisse der tatsächlichen und potentiellen Nachfrager den Ausgangspunkt der unternehmens- und produktpolitischen Aktivitäten. Im folgenden sind einige Maßnahmen zur Bewältigung dieses Kulturwandels aufgelistet:

- Eine **Orientierung** der **Organisation** an den **Bedürfnissen** der **Kunden** ist unerläßlich. Die Abläufe im Unternehmen müssen sich an den Wünschen und Vorstellungen der Nachfrager ausrichten.

- Es ist erforderlich, daß die Mitarbeiter **jeden Kontakt** mit einem Kunden als einen **Augenblick** der **Wahrheit** auffassen. Hierzu müssen die Führungskräfte bereit sein, Kompetenz abzutreten.

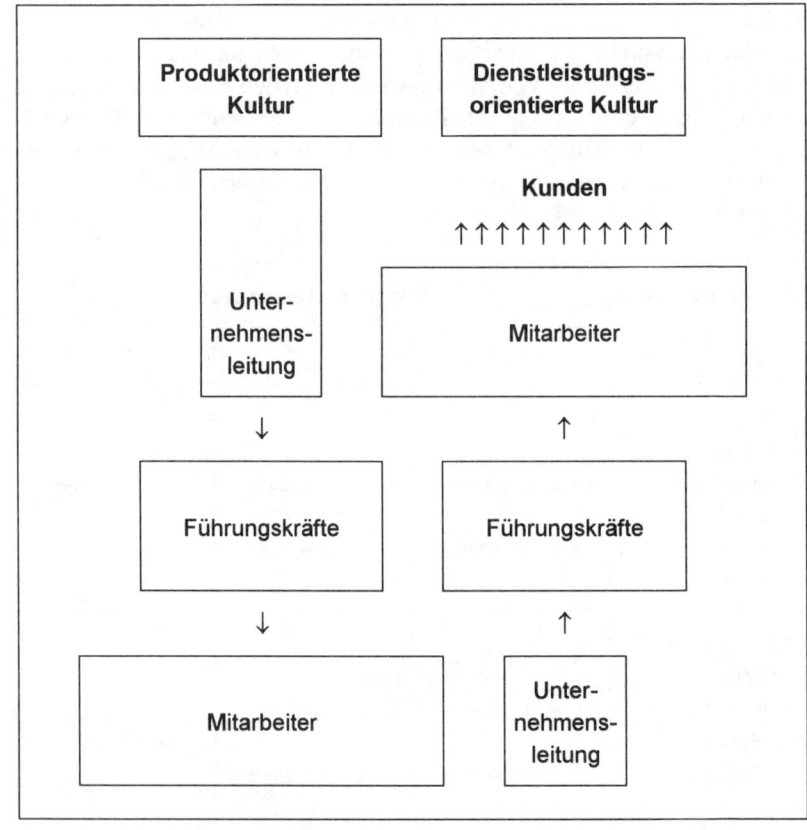

*Abbildung 5.37: Vergleich der produkt- und dienstleistungs-
orientierten Kulturen*

- **Teamstrukturen** sind zur Gestaltung einer **Servicekultur** unabdingbar. Eine unpersönliche und unerreichbare Marketingzentrale vermag die Probleme der Nachfrager nicht zu lösen.

- Die **Führungskräfte** müssen die serviceorientierten Grundsätze **vorleben** und insbesondere den Kontakt zu den Kunden pflegen. Außerdem ist die Relevanz der Kundenorientierung zu kommunizieren.

### 11.5.3 Die Verpackung

Auch die **Verpackung** ist geeignet, ein Produkt in den Augen der Nachfrager als begehrenswert erscheinen zu lassen. Obwohl ihr Zweck vornehmlich darin besteht, die **Ware** vor **Beschädigung** und **Verderb** zu schützen, bietet es sich geradezu an, die Umhüllung auch für **werbepolitische Anliegen** zu verwenden. Die Gestaltung der Verpackung ist somit eng mit der **Distributions-** und **Kommunikationspolitik** verzahnt, da die Umhüllung eines Erzeugnisses in der Regel einen geeigneten **Träger** für die **Werbebotschaft** bildet (vgl. *Meffert*, 1998, S. 440 ff., und *Wansink*, 1996, S. 1 ff.).

Im Grunde sind es **drei Referenzgruppen**, die Ansprüche an die Verpackung erheben. *Abbildung* 5.38 zeigt am Beispiel von **Getränken** diese ganz unterschiedlichen Forderungen. Da sich nicht alle gleichzeitig erfüllen lassen, sind im Einzelfall die Art der Unternehmensleistung und die Wettbewerbssituation zu berücksichtigen. Gleichwohl seien beispielhaft einige wichtige Gesichtspunkte bei der Verpackungsgestaltung erläutert (vgl. *Müller*, 1995, Sp. 2590 ff., und *Boesch*, 1989, S. 35 ff.):

- Die Verpackung besitzt die Aufgabe, das Gut verkäuflich zu machen und es bei **Transport**, **Handling** im **Laden** oder **Lager** sowie bei der **Bevorratung** zu schützen (**Schutzaspekt**). Dabei bestimmen die Abmessungen des Erzeugnisses, seine physiologische Empfindlichkeit sowie die Statik, das Gewicht und die Stabilität die von der Verpackung zu erbringende Leistung.

- In vielen Fällen ermöglicht die Verpackung erst den **Ge-** beziehungsweise **Verbrauch** eines Produkts durch beispielsweise **Dosierhilfen**, **Vorportionierung** und **Aufreißlaschen** (**Verwendungsaspekt**). Darüber hinaus befinden sich Informationen über die **Zusammensetzung** des **Guts**, die **Herkunft** der **Bestandteile** sowie das **Herstellungs-** und **Verfallsdatum** auf der Umhüllung.

- Überlegungen bei der Gestaltung der Verpackung zielen mitunter auf die **optimale Ausnutzung** der **Lager-**, **Transport-** und **Regalflächen** ab (**Logistikaspekt**). Die Bedeutung logistischer **Facetten** der **Verpackungskonzipierung** ist dort besonders groß, wo eine **vertikale Handelspartnerschaft** existiert oder eine **Integration** bevorsteht.

| Hersteller | Handel | Verbraucher |
|---|---|---|
| • hohe Abfüllgeschwindigkeit<br>• Eignung zur Profilierung<br>• Eignung als Informationsträger<br>• kostengünstig<br>• Vermittlung intendierter Preis- und Qualitätsvorstellungen | • optimale Nutzung von Regalplatz<br>• scanningfähig<br>• selbstbedienungsgerecht<br>• optimales Handling<br>• Eignung für Verkaufsförderung | • ansprechendes Design<br>• hohe Anmutungsqualität<br>• Sichtbarkeit des Inhalts<br>• leicht zu öffnen und zu schließen<br>• Verbrauchswirtschaftlichkeit<br>• Möglichkeit der Zweitverwendung<br>• ökologische Qualität |
| • stapelfähig<br>• palettierungsfähig<br>• raumsparend | • Sicherheit vor mißbräuchlicher Öffnung<br>• verbrauchergerechte Größe | |
| • gewichtsgünstig<br>• bruchsicher<br>• Schutz des Inhalts<br>• Haltbarkeit des Inhalts | | |

Quelle: *Nieschlag/Dichtl/Hörschgen*, 1997, S. 240

*Abbildung 5.38: Anforderungen an die Verpackung aus der Sicht von drei Bezugsgruppen*

- Die augenscheinlichste **kommunikative Funktion** der Verpackung besteht darin, Verbraucher zu aktivieren (**Kommunikationsaspekt**). Dabei ist unter Voraussetzung einer möglichst großen **Signalwirkung** und **Wiedererkennung** eine **Balance** zu finden zwischen **Produktidentifikation**, **Eigenständigkeit** und damit **Differenzierung** gegenüber **Konkurrenzangeboten** sowie der notwendigen **Arttypik**.

- Unter **Wirtschaftlichkeitsgesichtspunkten** spielen auch die **Maschinengängigkeit**, **Handlingeignung** und **Entsorgung** der Verpackung eine Rolle. Alle diese Facetten schlagen sich in den **Verpackungskosten** nieder (**Kostenaspekt**).

• Nicht zuletzt aufgrund einer **sensibilisierten Öffentlichkeit** und **gesetzgeberischen Aktivitäten** sind bei der Verpackungsgestaltung die **Mehrfachverwertung** und die **Abfallverarbeitung** ins Kalkül zu ziehen **(Ökoaspekt)**. Diese Aspekte gewinnen dann an Bedeutung, wenn Unternehmen freiwillig oder gezwungenermaßen Energie- und Materialbilanzen veröffentlichen.

Darüber hinaus schränken **Gesetze** und **Verordnungen** die Ausarbeitung von Verpackungskonzepten erheblich ein. Beispielsweise sind Deklarationen vorgeschrieben, die dem Schutz des Verbrauchers vor gesundheitlichen Schäden **(Lebensmittelgesetz, Arzneimittelgesetz)** dienen. Außerdem versucht der Gesetzgeber die Abnehmer vor Irreführung **(Eichgesetz, Fertigpackverordnung)** zu bewahren und die Anbieter selbst vor den Aktionen der Wettbewerber **(Ausstattungs-** und **Geschmacksmusterschutz)** zu behüten.

Als vorbildliches Beispiel sei an dieser Stelle das Verpackungskonzept des *Schweizer Migros*-Konzerns erwähnt. Dieses Leitbild steht für eine tragfähige und praxisgerechte Verpackungspolitik, die auf die Erfüllung sowohl **gesellschaftlicher** als auch **wirtschaftlicher Erfordernisse** abzielt. Der Leitsatz lautet folgendermaßen: **Die Verpackung soll ein Maximum an Effizienz auf den Stufen Produktion, Logistik, Verkauf, Konsum und Entsorgung erbringen, bei einem Minimum an ökologischer Belastung und ökonomischem Aufwand.** Die einzelnen Dimensionen dieser Verpackungspolitik finden sich in *Abbildung* 5.39.

## 11.5.4 Die Markierung

Es gibt eine Reihe von Möglichkeiten, ein Gut aus der Anonymität herauszuheben, auf bestimmte Eigenarten hinzuweisen und Verwendungszwecke sowie Nutzenversprechen zu suggerieren. Neben kommunikationspolitischen Aktivitäten, wie Werbung und Verkaufsförderung, kommt vor allem die Markierung in Betracht.

### 11.5.4.1 Begriff und Funktionen der Markierung

Im Gegensatz zur Alltagssprache und zur betriebswirtschaftlichen Literatur spricht der **Gesetzgeber** nicht von **Marke**, sondern von **Warenzeichen**. Dahinter verbirgt sich ein **Kennzeichen**, das es dem Inhaber erlaubt, seine Erzeugnisse gegenüber denen anderer Unternehmen abzuheben. Hierbei muß es sich grundsätzlich um eine flächige Darstellung, wie

etwa einen **Buchstaben**, einen **Eigennamen**, eine **Herkunftsbezeich-
nung**, ein **Phantasiewort**, ein **Bild**, eine **Zahl** oder eine **Kombination**
verschiedener **Wort-** und **Bildzeichen**, handeln. Seit der Reform des
Markenrechts 1994 lassen sich sämtliche Zeichen, auch **Personenna-
men** und **Gestaltungen** einschließlich der **Form** und **Farbe,** schützen
(vgl. *Dichtl*, 1992[a], S. 6 ff.). Erst dann, wenn das *deutsche* **Patentamt**
ein Warenzeichen in die **Zeichenrolle** aufnimmt, entsteht eine Marke. Sie

Quelle: angelehnt an *Müller*, 1995, Sp. 2595

*Abbildung 5.39: Verpackungsbeispiel des Migros-Konzerns*

gewährt dem Inhaber für 10 Jahre das Recht, die Ware oder ihre **Verpackung** und Umhüllung mit dem **Zeichen** zu versehen (vgl. *Nieschlag/ Dichtl/Hörschgen*, 1997, S. 242 ff.).

Das **klassische Markenartikelkonzept** ist begrifflich durch die Definition von *Mellerowicz* (1963, S. 39) geprägt und weist die folgenden Charakteristika auf: "... *Markenartikel sind die für den privaten Bedarf geschaffenen Fertigwaren, die in einem größeren Absatzraum unter einem besonderen, die Herkunft kennzeichnenden Merkmal ... in einheitlicher Aufmachung, gleicher Menge sowie in gleichbleibender oder verbesserter Güte erhältlich sind und sich dadurch sowie durch die für sie betriebene Werbung die Anerkennung der beteiligten Wirtschaftskreise erworben haben ...*".

Diese Wesensbestimmung erscheint jedoch nicht mehr zeitgemäß, da sie nur Fertigwaren umfaßt und Investitionsgüter, Vorprodukte und Dienstleistungen ausschließt. Seit dem Aufkommen insbesondere von **Dienstleistungsmarken**, wie *Lufthansa* und *Avis*, bedarf es einer Definition, die nicht am Merkmalsbündel, sondern an dessen **Wahrnehmung** und **Beurteilung** durch die Nachfrager ansetzt.

Daher fordern *Berekoven* (1992, S. 25 ff.) und *Größer* (1991, S. 200 ff.) die völlige Abkehr von dieser Art der Definition. Sie heben alleine auf die **Wirkung** der **markenpolitischen Aktivitäten** ab und postulieren, daß ein Markenerzeugnis aus der Wertschätzung entsteht, die ihm Individuen entgegenbringen. *Meffert* (1998, S. 785) versteht unter einer Marke ein in der Psyche des Nachfragers "... *verankertes, unverwechselbares Vorstellungsbild von einem Produkt oder einer Dienstleistung ...*". Der Anbieter offeriert die markierte Leistung über einen bestimmten Zeitraum in etwa gleichartigem Auftritt und in gleichbleibender Qualität.

Die Markierung von Erzeugnissen erfüllt Funktionen insbesondere für **Individuen**, aber auch für **Hersteller** und **Händler** (vgl. *Abbildung* 5.40).

- Die Kennzeichnung erleichtert einem Nachfrager die **Identifikation** des gewünschten Erzeugnisses.

- Das Individuum erwartet von einer Marke eine **Orientierungshilfe** bei der Auswahl von Leistungen.

- Die Marke stiftet durch ihre **Image-** oder **Prestigefunktion** dem Konsumenten einen **Zusatznutzen**.

- Warenzeichen entlasten den Käufer bei der **Suche** und **Auswahl** von **Leistungen**.

- Eine Marke signalisiert eine in einer bestimmten Periode **gleichbleibende Produktqualität**.

• Damit läßt sich das **Risiko** der **Fehlentscheidung** beim Güterkauf reduzieren.

| Funktionen der Marke | |
|---|---|
| **für einen Hersteller** | **für einen Händler** |
| • Planungs- und Verkaufshilfe | • Verminderung des Absatzrisikos durch |
| • Absatzförderungsfunktion | Selbstverkäuflichkeit der Herstellermarke |
| • Unterstützung der absatzwirtschaft- | • Renditefunktion |
| lichen Aktivitäten | • Reduzierte Beanspruchung eigener |
| • Profilierung gegenüber der Konkurrenz | Marketinginstrumente |
| • Innovationsfunktion | • Kostenersparnis durch schnellen Produkt- |
| • Aufbau eines Firmenimages | umschlag |
| • Gestaltung der Verhandlungen mit dem | • Profilierung gegenüber Herstellern |
| Handel | • Solidarisierungsfunktion im Handels- |
| • Stiftung eines Zusatznutzens | verbund |

*Abbildung 5.40: Funktionen einer Marke aus Hersteller- und Handelssicht*

### 11.5.4.2 Erscheinungsformen der Markierung

In Wissenschaft und Praxis tauchen eine Vielzahl von Wortverbindungen auf, die sich der Marke als Begriffskern bedienen (vgl. *Dichtl*, 1992[b], S. 272 ff.). *Abbildung 5.*41 zeigt verschiedene **Erscheinungsformen** von **Marken**, die sich im Hinblick auf folgende Kriterien klassifizieren lassen (vgl. *Bruhn*, 1994, S. 26 ff.): institutionelle Stellung des Markenträgers, geographische Reichweite und vertikale Reichweite der Marke, Anzahl der Markeneigner, Anzahl der markierten Güter, bearbeitete Marktsegmente, inhaltlicher Bezug der Marke, Verwendung von Markierungsmitteln, Art der Markierung und Herstellerbekenntnis.

Von besonderer Relevanz für die folgenden Ausführungen ist das Kriterium **institutionelle Stellung** des **Markenträgers**:

• Eine sehr bedeutsame Variante bildet nach wie vor die **Herstellermarke**, die nahezu alle Zweige der Konsumgüterindustrie, aber auch viele Sektoren der Gebrauchs- und Industriegüterbranche durchdrungen hat.

| Merkmalskategorien für Marken | Erscheinungs-formen | Beispiel |
|---|---|---|
| Institutionelle Stellung des Trägers der Marke | • Herstellermarke<br>• Handelsmarke<br>• Dienstleistungsmarke | • *Jacobs* Krönung<br>• *Albrecht* Kaffee<br>• *TUI* |
| Geographische Reich-weite der Marke | • Regionale Marke<br>• Nationale Marke<br>• Internationale Marke<br>• Weltmarke | • *Südmilch*<br>• *Ernte 23*<br>• *Opel*<br>• *Coca-Cola* |
| Vertikale Reichweite der Marke | • Vorproduktmarke<br>• Fertigproduktmarke | • *Intel*<br>• *Boss* |
| Anzahl der Markeneigner | • Individualmarke<br>• Kollektivmarke | • *Rosenthal*<br>• *Gruppe 21* |
| Anzahl der markierten Güter | • Einzelmarke<br>• Dachmarke | • *Odol*<br>• *Siemens* |
| Bearbeitete Marktsegmente | • Erstmarke<br>• Zweitmarke | • *Henkell Trocken*<br>• *Carstens SC* |
| Inhaltlicher Bezug der Marke | • Firmenmarke<br>• Phantasiemarke | • *Bahlsen-Kekse*<br>• *Merci-Schokolade* |
| Verwendung von Markierungmitteln | • Akustische Marke<br>• Optische Marke<br>• Olfaktorische Marke<br>• Taktile Marke | • *Dallas (Melodie)*<br>• *Mohr von Sarotti*<br>• *4711*<br>• *Nylon* |
| Art der Markierung | • Wortmarke<br>• Bildmarke | • *Mercedes-Benz*<br>• *Stern von Mercedes* |
| Herstellerbekenntnis | • Eigenmarke<br>• Fremdmarke | • *Bahlsen Schoko Leibniz*<br>• *Palazzo (Schoko-Keks)* |

Quelle: angelehnt an *Bruhn*, 1994, S. 32

*Abbildung 5.41: Klassifikation der Erscheinungsformen von Marken*

- In fast allen Betriebsformen des Handels, wie Filialbetriebe, Versandhäuser, Einkaufs- und Konsumgenossenschaften oder andere Ketten, finden sich **Handelsmarken**. Damit versuchen Handelsorganisationen sich so zu profilieren wie die Hersteller oder sich aus der Abhängigkeit von diesen zu lösen.

- Vor allem Banken und Versicherungen, Touristik- sowie Verkehrsbetriebe schaffen **Dienstleistungsmarken**. Dabei bildet häufig der Name des Unternehmens die Basis der Markenbezeichnung (z. B. *Deutsche Bank*). Allerdings wachsen nicht selten dem Angebot selbst alle Attribute eines Markenartikel zu (z. B. Bahncard).

In den letzten Jahrzehnten hat sich der Handel im besonderen Maße in einer für viele Produzenten unliebsamen Weise des Markenkonzepts bemächtigt. **Handelsmarken** in ganz unterschiedlichen Produktbereichen sind heute bei allen Betriebsformen des Handels zu erwerben. *Abbildung 5.42* vermittelt einen Überblick über die **Entwicklung** von Handelsmarken, ausgehend von *no name*-**Produkten** bis zu **segmentspezifischen Marken**. Es fällt auf, daß Handelsorganisationen nicht nur preisgünstige, qualitativ minderwertige Handelsmarken offerieren. Vielmehr bieten sie diese Erzeugnisse sehr oft als qualitativ hochwertige Güter zu einem hohen Preis an.

Den von diesen markenpolitischen Aktivitäten der Handelsketten betroffenen Erzeugern stehen grundsätzlich drei Wege offen, um die ursprüngliche Marktposition wiederzuerlangen (vgl. *Abbildung 5.43*):

- Auf einem von Markenartikel beherrschten Markt, in dem die Option zur **Produktdifferenzierung** besteht und **technologischer Fortschritt** möglich erscheint, ist dem Produzenten der Rat zu erteilen, **Handelsmarken überhaupt nicht herzustellen** oder sie lediglich **bei freien Kapazitäten zu erzeugen**.

- Dominieren hingegen *no name*-Produkte auf einem Markt, in dem die Chancen für eine **Produktdifferenzierung** schlecht stehen, lautet der Hinweis für den Hersteller, sich auf die Erzeugung von **Handelsmarken zu konzentrieren** oder sogar **nur noch diese zu produzieren**.

- Besteht hingegen auf einem Markt für Markenartikel keine Möglichkeit zur Differenzierung von Produkten, erscheint es für den Erzeuger sinnvoll, auf eine **vertraglich zugesicherte dauerhafte Herstellung** von Handelsmarken einzugehen, um den Handel zu kontrollieren. Darüber hinaus bietet sich die Produktion von Handelsmarken an, um gegen die Produzenten erfolgreicher Marken zu konkurrieren.

| Kriterium | Entwicklungsstufe | | | |
|---|---|---|---|---|
| | 1. Generation | 2. Generation | 3. Generation | 4. Generation |
| **Marke** | no name | quasi Marken | Dachmarke des Handels | segment-spezifische Handelsmarke |
| **Produkt** | Basislebens-mittel | Einzelartikel, in einem großen Volumen | Produktkatego-rien durch Mar-ken abgedeckt | Produkte, die Image bilden |
| **Technologie** | Basis-technologie | eine Generation hinter dem Marktführer | nahe am Marktführer | innovativ |
| **Qualität/Image** | deutlich ge-ringer als Her-stellermarke | mittel, aber als gering einge-schätzt | wie führende Marken | besser oder so gut wie führende Marken |
| **Kaufgrund** | 20% bis 50% unter Marken-artikel | sehr guter Preis | Preis-Qualitäts-Verhältnis | sehr gutes Produkt |
| **Hersteller** | national, zumeist nicht spezialisiert | national, häufig spezialisiert auf Handelsmarken | national, häufig spezialisiert auf Handelsmarken | international, spezialisiert auf Handelsmarken |
| Ziel des Handels | Margenverbes-serung und Kun-denbindung | Verbesserung der Marge und der Verhand-lungsposition gegenüber Hersteller | Sortimentsver-breiterung und Imagebildung | Margenverbes-serung in Pro-duktkategorie und Kundenbin-dung über Produktqualität |

*Abbildung 5.42: Entwicklungsstufen von Handelsmarken*

| Handlungsoptionen<br>eines Herstellers | Umwelt- und Markt-<br>gegebenheiten |
|---|---|
| • keine Produktion von Handelsmarken durch den Hersteller<br>• Produktion von Handelsmarken zur Füllung freier Kapazitäten | • in einem durch Marken dominierten Markt, in dem Produktdifferenzierung und technologischer Fortschritt möglich sind |
| • vertraglich zugesicherte dauerhafte Herstellung von Handelsmarken, um den Handel zu kontrollieren<br>• Herstellung von Handelsmarken, um gegen die Produzenten erfolgreicher Marken zu konkurrieren | • in einem durch Marken dominierten Markt, in dem keine Möglichkeit zur Produktdifferenzierung besteht |
| • Konzentration auf die Herstellung von Handelsmarken<br>• Hersteller produziert nur Handelsmarken und besitzt dadurch einen Kostenvorteil | • in einem Markt, in dem *no name*-Produkte vorherrschen |

*Abbildung 5.43: Optionen eines Herstellers bezüglich des Umgangs mit Handelsmarken*

### 11.5.4.3 Grundzüge der Markenpsychologie

Die psychologische Forschung hat es nicht mit dem **Objekt an sich** zu tun, nicht mit seiner physikalisch-chemisch-technischen Beschaffenheit oder seiner objektiven Realität, sondern mit der **subjektiv** erlebten Wahrnehmung und Beurteilung eines Phänomens. Viele Autoren bezeichnen dieses **innere Abbild** der **Wirklichkeit** als **Image** (vgl. *Wiswede*, 1992, S. 71 ff.), das sich als **Projektion** von **Einstellungen** auffassen läßt (vgl. Kapitel 7.1.3). Es ist üblich, das Image von Marken mit einem **mehrdimensionalen Merkmalsraum** zu erfassen (vgl. Abschnitt 8.2.3), dessen relevante Dimensionen zum Beispiel bei Pkw sportlich - unsportlich oder wirtschaftlich - unwirtschaftlich lauten.

Allerdings ist zu berücksichtigen, daß die Wahrnehmung und Beurteilung von Marken den Prinzipien der **Selektion** und **Inferenz** unterliegen (vgl. Teil 7.2.3).

- **Inferenz** besagt, daß Nachfrager bei der Urteilsbildung über das hinausgehen, was durch die verfügbaren Informationen eigentlich möglich ist. Offenbar unterliegen Individuen der Neigung zur **Verallgemeinerung** und **Vervollständigung** der Urteilsbildung.

- Dem Prinzip der **Selektion** zufolge nutzen Individuen nur einen sehr kleinen Teil der vorliegenden Informationen. Hierbei interessieren vor allem **Schlüsselinformationen**, deren Bedeutung vor dem Hintergrund des Anliegens nach Entlastung zu sehen ist.

Den bekannten Wahrnehmungs- und Beurteilungsmodellen liegt jedoch die Sichtweise zugrunde, daß ein Konsument in der Lage ist, bestimmte Facetten einer Marke isoliert zu erleben. So hebt beispielsweise das **Vektor-Modell** auf die **innere Stimmigkeit** der **Eigenschaften** einer **Marke** ab. Bei einem **stimmigen Markenbild** deuten alle Vektoren (Eigenschaften) in die gleiche Richtung, dagegen zeigen die Merkmale bei einem **unstimmigen Image** in unterschiedliche Richtungen, das heißt, sie streuen mehr oder weniger zufällig. So könnte ein Verbraucher zum Beispiel glauben, die für *Cognac* gewählte Flaschenform sei eher für Haarwasser geeignet, oder der niedrige Preis zerstört die Vorstellung von der Wirksamkeit einer Gesichtscreme. Diese Auffassung besagt, daß die Struktur eines Markenbilds aus möglichst vielen deckungsgleichen Elementen bestehen sollte.

Trotz ihrer Aussagekraft verkörpern Multi-Attribut-Modelle einen Rückfall in die Elementenpsychologie, indem sie Aspekte der **Eindrucksbildung** und **Gestalthaftigkeit** vernachlässigen. Dabei handelt es sich um Aspekte der folgenden Art:

- Die **Detaildominanz** ist durch den Schluß des Individuums von einem Merkmal auf die Beschaffenheit des Guts gekennzeichnet. Mit diesem Einfluß ist dann zu rechnen, wenn Schlüsselreize existieren.

- Liegt **Irradiation** vor, so schließt der Betroffene von einem Merkmal auf ein anderes. Dieser Effekt tritt dort auf, wo Attribute sehr diffus und wenig thematisch erlebt werden.

- Beim **Halo-Effekt** überträgt ein Konsument den Gesamteindruck auf ein einzelnes Merkmal. Man erfährt diesen Einfluß bei geringer Vertrautheit mit dem Gut und bei schwer interpretierbaren Attributen.

Ein theoretisch anspruchsvolleres, jedoch schwerer zu operationalisierendes Modell bietet das **Konzept semantischer Netzwerke** (vgl. Kapitel 7.2.1). Nach diesem Ansatz sind **Wissensstrukturen assoziativ** miteinander verbunden und zwar im **Ausmaß** der **semantischen Ähnlichkeit** verschiedener Kategorien. Zum Beispiel ist die Marke *BMW* verzahnt mit Begriffen wie *Bayern*, Motorrad, sportlich und exklusiv (vgl. *Abbildung*

5.44). Für die **Gestaltung** einer **Marke** ergeben sich aus diesem Ansatz die folgenden Hilfestellungen (vgl. *Esch*, 1993, S. 56 ff.):

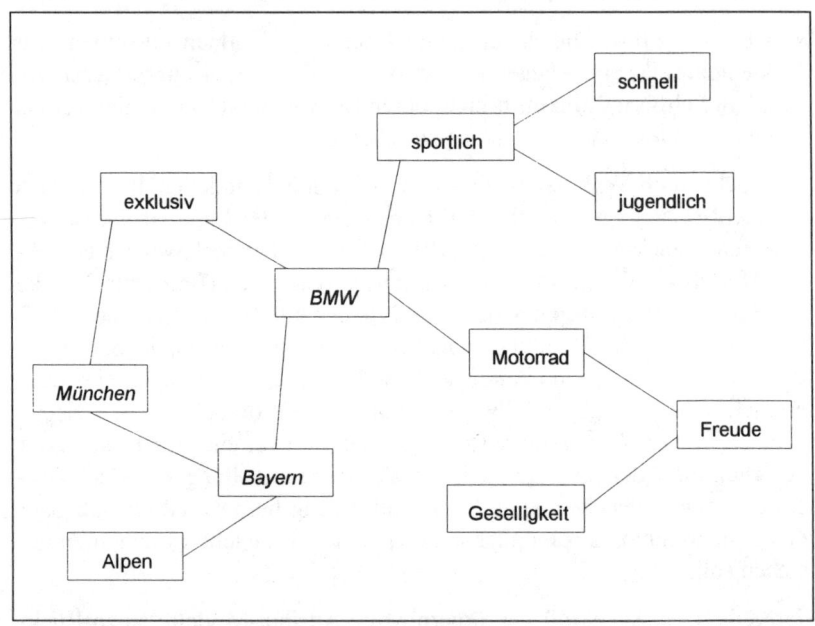

Quelle: in Anlehnung an *Esch*, 1993, S. 59

*Abbildung 5.44: Ein Auszug aus einem semantischen Netz*

- Zunächst interessiert die **Anzahl** der **Eigenschaften**, die mit der **Marke** in Verbindung stehen. Dadurch erhält der Marktforscher Auskunft über die **Intensität** der **Vernetzung** dieser **Marke** in der **Gedankenwelt** des **Nachfragers**.

- Ferner ist die **Richtung** der **Verbindung** zwischen den **Eigenschaften** und der **Marke** zu analysieren. Ist der Zugriff nur von der Marke (z. B. *Boss*) auf die Eigenschaft (Exklusivität) oder auch umgekehrt möglich (von Exklusivität auf *Boss*)?

- Auch bedarf es einer Untersuchung der **Stärke** der **Verzahnung** zwischen **Eigenschaft** und **Marke**. Dies hängt entscheidend von der Anzahl der Marken, die diese Eigenschaft für sich beanspruchen, sowie von der Konsistenz der Auftritte der Marke ab.

• Schließlich gilt die Aufmerksamkeit dem mit der **Marke** verbundenen **Inhalt**. Dieser Inhalt läßt sich **bildlich** oder **verbal** präsentieren und sollte möglichst klar und prägnant sein.

Die zentrale Aufgabe der **Markenplanung, -steuerung** und **-kontrolle** besteht darin, die Attribute, Nutzenkomponenten und Werthaltungen festzulegen, die in der Nachfragerpsyche um eine bestimmte Marke kreisen. Im Anschluß daran sind die **gewünschten semantischen Assoziationen** zu **verstärken** und die **ungewünschten** zu **schwächen**. Somit bildet die Analyse der Gedächtnisstruktur eine Voraussetzung für den Aufbau und die Pflege einer Marke. In diesem Zusammenhang tauchen zwei zentrale Probleme auf:

• Wie läßt sich angesichts der **Vielzahl** von **Marken** ein **schneller Zugriff** der Individuen auf die **ausgewählte Marke** sicherstellen?

• Wie ist ein **bestimmter Inhalt** mit der **Marke** zu verknüpfen, so daß der Nachfrager von der **Marke** auf die **Eigenschaft** und von der **Eigenschaft** auf die **Marke** schließt?

Studien der *Gesellschaft* für *Konsumforschung* zufolge ermöglichen markante, klare und eindringliche Markenbilder einen schnellen Zugriff durch die Nachfrager. Zur Unterstützung sind klare, **einfache Aussagen** sowie ein **integrativer Gesamtauftritt** der **Marke** zu empfehlen. Hierzu ist es unerläßlich, daß der Produktmanager die **marketingpolitischen Aktivitäten** abstimmt und auf eine konsistente Wiederholung der Aussagen und Bilder achtet.

Diese Vorgehensweise ist durch ein umfassendes Markencontrolling zu unterstützen. Hierbei geht es weniger um die Erfassung finanzwirtschaftlicher Größen, wie Umsatz und Gewinn. Vielmehr ist die **Veränderung** der **Gedächtnisstruktur** des Individuums aufgrund **markenpolitischer Aktionen** zu überprüfen. Wenn bei einem Betroffenen die Schnelligkeit des Zugriffs auf Assoziationen nachläßt oder spezifische Eigenschaften seltener mit der Marke einhergehen, dann liegt die Vermutung nahe, daß es zu einer Verwässerung des Markenimages kommt. Dies ist möglicherweise auf Marketingmaßnahmen zurückzuführen, die nicht in das Gesamtkonzept eingebunden sind und andere Akzente setzen.

### 11.5.4.4 Strategien zur Profilierung von Marken

Im folgenden interessieren die **Einzelmarken-,** die **Mehrmarken-,** die **Familienmarken-** und die **Dachmarkenstrategie.** Sie bieten Möglichkeiten zur Profilierung von Marken (vgl. *Meffert*, 1992ª, S. 129 ff.).

**(1) Die Einzelmarkenstrategie**

Der Anbieter offeriert bei der **Einzelmarkenstrategie** jedes **Produkt** unter einer **eigenen Marke**, die nur ein Segment besetzt. Im Konsumgüterbereich verfolgen etwa *Ferrero* und *Henkel* diese Einzelmarkenstrategie. Hier verbirgt sich das Unternehmen hinter *labels* wie *Duplo* und *Hanuta* (*Ferrero*) oder *Persil* und *Fewa* (*Henkel*). Aber auch im Dienstleistungssektor sind Einzelmarken anzutreffen, wie der Partyservice der *Lufthansa* AG. Die **Vorteile** dieser strategischen Option liegen auf der Hand (vgl. *Abbildung* 5.45):

• Für jede Marke läßt sich eine **unverwechselbare Persönlichkeit** aufbauen, indem der Hersteller die Beschaffenheit des Erzeugnisses auf die Bedürfnisse der Nachfrager ausrichtet. So bieten Waschmittelproduzenten eine Vielzahl ganz unterschiedlicher Marken an, wie *Persil* als Vollwaschmittel und *Fewa* als Feinwaschmittel, um die Wünsche und Vorstellungen der Kunden zu befriedigen.

• Der Aufbau einer individuellen Markenpersönlichkeit gestattet die Bildung eines **eigenständigen Markenimages**, das zu den **Markenbildern** anderer **Produkte** des **Unternehmens** kaum Überschneidungen aufweist. Dadurch lassen sich negative Ausstrahlungseffekte zwischen den Marken eines Anbieters, die in **verschiedenen Wirtschaftszweigen** angesiedelt sind (z. B. *Ariel* als Waschmittel und *Meister Proper* als Allzweckreiniger) vermeiden.

• Ferner erfordert die Einzelmarkenstrategie nur einen **geringen Koordinationsbedarf** der **absatzwirtschaftlichen Aktionen** der einzelnen Marken. In der Regel entfallen aufwendige Abstimmungsprozesse beispielsweise bezüglich der Preis- und Produktgestaltung mit den Verantwortlichen anderer Marken.

Allerdings treten auch einige **Nachteile** auf:

• Im allgemeinen hat eine Einzelmarke über ihren gesamten Lebenszyklus alle **marketingpolitischen Aufwendungen allein** zu **tragen**. Häufig fehlen zum Beispiel für die Produktmodifikation die erforderlichen finanziellen und personellen Mittel, so daß sich die **Lebensdauer** der Einzelmarke **erheblich verkürzt**.

• Außerdem besteht die Gefahr, daß sich aus einem Markennamen bei einer sehr erfolgreichen Markenprofilierung ein **Gattungsbegriff** entwickelt (z. B. *Aspirin* für Schmerzmittel und *Uhu* für Klebstoff). Dadurch kann die **Markenpersönlichkeit verlorengehen** und eine **unerwünschte Imagewirkung** entstehen.

| Kriterium | Strategie | | | |
|---|---|---|---|---|
| | Einzelmarken-strategie | Mehrmarken-strategie | Familienmar-kenstrategie | Dachmarken-strategie |
| Bedarf an Ressourcen | sehr hoch | hoch | mittel | gering |
| Markteintritts-barrieren | gering | mittel | hoch | hoch |
| Ausstrah-lungseffekte | sehr gering | gering | mittel | sehr hoch |
| Ansprache eines Segments | sehr eng | eng | breit | sehr breit |
| Markenper-sönlichkeit | sehr gering | sehr hoch | mittel | mittel |
| Marktaus-schöpfung | mittel | mittel | hoch | hoch |
| Substitutions-beziehungen | sehr gering | sehr hoch | mittel | mittel |
| Skalen-effekte | gering | mittel | mittel | gering |
| Synergie-nutzung | gering | mittel | hoch | hoch |
| Handels-akzeptanz | mittel | gering | mittel | hoch |
| Koordinations-bedarf | gering | gering | mittel | sehr hoch |

Quelle: angelehnt an *Bruhn*, 1995, S. 1451

*Abbildung 5.45: Vergleichende Analyse von Markenstrategien*

## (2) Die Mehrmarkenstrategie

Bei der Mehrmarkenstrategie führt ein Unternehmen **zwei** oder **mehrere Marken parallel**, die jeweils nicht auf ein spezielles Segment, sondern auf den Gesamtmarkt ausgerichtet sind. Beispielsweise offeriert *Philip Morris* die Zigarettenmarken *Marlboro* sowie *Benson & Hedges,* wohingegen *Eckes* die beiden Weinbrandmarken *Chantré* und *Mariacron* anbietet. Hieraus resultieren die folgenden Chancen (vgl. *Abbildung* 5.45):

- Diese strategische Option führt zu **Wettbewerb im eigenen Haus**. Auf diese Weise lassen sich Motivation und Ehrgeiz der Markenmanager und ihrer Teams fördern.

- Außerdem gelingt es, die nach **Abwechslung strebenden Individuen** durch eigene Marken zufriedenzustellen, anstatt sie an die Wettbewerber zu verlieren.

- Die Mehrmarkenstrategie kommt auch zur **Sicherstellung** von **Regalfläche** im Handel und zur Abschreckung von potentiellen neuen Konkurrenten in Betracht. Beispielsweise deckt *Unilever* mit *Rama, Flora Soft, SB, Sanella, Bonella, Du Darfst, Becel* und *Lätta* das Spektrum von Margarineprodukten weitgehend ab.

Wählt ein Unternehmen die Mehrmarkenstrategie tauchen die folgenden Risiken auf:

- Häufig ist zu beobachten, daß sich die Marken eines Unternehmens **gegenseitig Marktanteile wegnehmen** (Kannibalisierung). Dies tritt insbesondere dann auf, wenn die Kunden keine bedeutsamen Unterschiede zwischen den Produkten wahrnehmen.

- Darüber hinaus liefern neue am Markt eingeführte Marken im allgemeinen **lediglich kleine zusätzliche Umsätze** oder **Gewinne**. Dagegen zersplittert der Hersteller seine finanziellen und personellen Ressourcen und richtet sie nicht allein nur auf die wichtigste Marke.

## (3) Die Familienmarkenstrategie

Eine **Markenfamilie** umfaßt mehrere verwandte Produkte, wie etwa die Marke *Bild* des *Springer*-Verlags mit den Einzelmarken *Bild-Zeitung, Bild am Sonntag, Sportbild, Autobild* und *Bild der Frau*. Diese Strategie setzt voraus, daß das Unternehmen für die **Produkte** der **Familie** ganz ähnliche marketingpolitische Aktivitäten festlegt. Aus diesem Grund existieren für die Familienmarken *Nivea* konkrete **Grundsätze** für die Markenführung. Mit diesen Prinzipien strebt *Beiersdorf* (der Produzent von *Nivea*) eine umfassende Qualitätsführerschaft in allen Segmenten an. Obgleich jedes Erzeugnis eine eigene Markenpersönlichkeit darstellt, müssen alle das gleiche Nutzenversprechen (Pflege und Milde) erfüllen. Hieraus ergeben sich für ein Unternehmen folgende **Vorteile** (vgl. *Abbildung 5.45*):

- Bei der Einführung einer neuen Marke (z. B. *Milka Lila Pause*) profitiert der Anbieter vom Image seiner anderen, bereits erfolgreich etablierten Güter. Dies zeigt sich in einer **Verringerung** der **Flop-Rate** von Neuprodukten und in einer Erhöhung der Akzeptanz bei Händlern und Konsumenten.

- Da die Verbraucher bereits andere Produkte der Familie kennen, läßt sich der **kommunikationspolitische Aufwand beschränken**, und es existiert ein preispolitischer Spielraum.

Als **Nachteile** einer Familienmarkenstrategie liegen die folgenden Argumente nahe:

- Es besteht die Gefahr, daß sich das **negative Image** eines Guts auf eine **andere Marke überträgt**. Dies ist insbesondere dann der Fall, wenn das Unternehmen seine Produkte in sehr unterschiedlichen Segmenten anbietet und keine Vorgabe für die Markenführung besteht.

- Daneben ist der **Abstimmungsbedarf** bei der Gestaltung des **Marketingmix** häufig **beträchtlich**. So hat die Veränderung der Erscheinung einer Marke eine Reihe von Anpassungsmaßnahmen bei allen anderen Elementen der Familie zur Folge.

- Wie schon bei der Mehrmarkenstrategie können auch bei der Familienmarkenstrategie **Kannibalisierungseffekte** zwischen den Erzeugnissen auftreten.

**(4) Die Dachmarkenstrategie**

Zur Dachmarke gehören sämtliche Produkte eines Unternehmens, wie etwa bei *BMW* und *Audi* im Automobilsektor oder *Microsoft* und *IBM* in der Computerbranche. Diese Strategie ist geeignet, um die **Flop-Rate** bei **Neuprodukten** zu **reduzieren** und die Aufnahme eines neuen Guts bei Händlern und Nachfragern zu erhöhen. Außerdem erscheint diese strategische Option vor allem zur Ausweitung einer Produktpalette tauglich, wie bei der Molkerei *Müller*, die neben Milchprodukten auch Säfte und andere *drinks* präsentiert. Zu den **Chancen** der Dachmarkenstrategie gehören die folgenden Punkte (vgl. *Abbildung 5.45*):

- Auf Grund der sehr engen Verzahnung von Marke und Hersteller läßt die Dachmarkenstrategie im Unterschied zur Familienmarkenstrategie den Aufbau einer **unverwechselbaren Unternehmensidentität** und eines **differenzierten Markenimages** zu.

- Ferner **strahlt** ein besonders erfolgreiches Produkt **auf alle anderen Güter** des Anbieters **aus**. Dieser *good will*-**Transfer** ist auch das Argument dafür, daß Automobilhersteller bemüht sind, ein Flagschiff in ihrem Angebotsprogramm aufzuweisen.

Allerdings sind auch einige Risiken anzuführen:

- **Markenerosion** tritt dann auf, wenn die Nachfrager den Kompetenzanspruch des Unternehmens nicht mehr für alle Produkte akzeptieren. Mit dieser Schwierigkeit war *Melitta* konfrontiert, als diese Firma unter dem Markendach nicht nur Kaffee, Kaffeemaschinen und Filter, sondern auch Lebensmittelfolien, Müll- und Staubsaugerbeutel auf den Markt brachte.

- Desweiteren ist der **Aufwand** zur **Koordination** der **markenspezifischen Aktionen beträchtlich**.

- Auch stellen **negative Ausstrahlungseffekte**, verursacht durch Güter unterschiedlicher Qualität, eine erhebliche Gefahr dar.


### 11.5.4.5 Der Markentransfer

*Mars*-Eisriegel, *Audi*-Uhren, *Nivea*-Deo oder *Camel*-Kleidung sind nur einige Beispiele für den **Transfer** eines **bekannten** und **eingeführten Markennamens** auf ein **völlig artfremdes Produkt**. Die Gründe für die Attraktivität eines Markentransfers liegen auf der Hand:

- **Geringe Markteintrittsbarrieren reduzieren** die **Flop-Rate** und **erleichtern** den **Eintritt** in **völlig neue Produktbereiche**.

- Durch die Übertragung positiver Konsumerfahrungen vom **Hauptprodukt** auf das **Transferprodukt** kann sich der **Käufer kognitiv entlasten**.

- Durch das gemeinsame Auftreten zweier Produkte unter dem **gleichen Markennamen** lassen sich **Synergien** beim **Einsatz** des **Marketing-Mix** realisieren.

- Das **Image** des **Transferprodukts** vermag das **Assoziationsfeld** der **Stammarke** zu **erweitern** und dessen **Stellung** am **Markt** zu **stärken**.

Eine zentrale Voraussetzung für den Erfolg des Markentransfers bildet die **imagemäßige Affinität** zwischen Haupt- und Transfermarke. Sie ist immer dann gegeben, wenn eine hohe Übereinstimmung von sachbezogenen (**Denotationen**) und anmutungsbezogenen Assoziationen (**Konnotationen**) gegenüber den relevanten Produkteigenschaften bestehen. Beispielsweise verbindet ein Individuum mit einem Fahrzeug der Marke *Audi* denotative Assoziationen, wie hohe Geschwindigkeit, gute Verarbeitung und angemessener Preis. Dagegen stellen die Attribute Fahrfreude, Sportlichkeit und Luxus **konnotative Voraussetzungen** dar.

Zum Beispiel sei ein **semantisches Netzwerk** unterstellt, in dem das existierende Gut, ein Fahrzeug von *Porsche*, über Kanten mit den Assoziationen exklusiv, sportlich, teuer, ästhetisch und formschön verknüpft ist. Bei der Gestaltung des neuen Erzeugnisses, einer Armbanduhr mit dem Markennamen *Porsche*, ist darauf zu achten, daß es in den Augen der Nachfrager die **gleichen** oder **zumindest ähnliche Assoziationen** auslöst wie der bereits am Markt etablierte Pkw. Gelingt dies, so stehen die Chancen für einen erfolgreichen Markentransfer besonders gut.

Der Markentransfer läßt sich durch einen **gemeinsamen Marktauftritt** von **Haupt-** und **Transferprodukt** unterstützen. Dies ist einerseits durch die **gleichzeitige Präsentation** mehrerer Produkte in der Werbung möglich, andererseits erscheint eine **gemeinsame Plazierung** im Laden denkbar. Darüber hinaus bilden ein **übereinstimmendes Verwendungsumfeld** sowie **gemeinsame Erlebniswelten** und **Lebensstile** die Grundlage für einen erfolgreichen Markentransfer.

Vor dem **eigentlichen Transfer** eines **Markenartikels** sind Fragen nach seinem **Transferpotential** und der **Tragfähigkeit** zu beantworten. Läßt die interessierende Marke überhaupt in einen neuen Produktbereich übertragen? Ist die Marke für den Transfer ausreichend tragfähig?

**(1) Determinanten des Transferpotentials**

Empirische Studien für die Marke *Mövenpick* und die Marke *Bild* legen folgende Basishypothese nahe: Je **weiter entfernt** das **Transferprodukt** vom **Ursprungsprodukt** ist, desto **geringer** sind die Aussichten auf einen **erfolgreichen Markentransfer**. Hiernach spielt das **Image** einer **Marke** eine entscheidende Rolle bei der Identifikation möglicher Transferbereiche. Die beiden wichtigsten Typen von Imagestrukturen sind **produktgeprägte** und **nutzengeprägte Markenimages**.

**Produktgeprägte Images** sind dadurch charakterisiert, daß die physikalisch-chemisch-technische Beschaffenheit die Marke bestimmt. Beispiele dafür sind Versprechen der folgenden Art: *Tesa* ist eine durchsichtige Klebefolie oder eine Bohrmaschine von *Black & Decker* schafft jedes Material. Ohne Zweifel besteht ein nahezu **unauflösbarer Widerspruch**

zwischen dem **produktgeprägten Image** einer **Marke** und seiner **Tauglichkeit** zum **Transfer** und zwar aus folgenden Gründen:

* Durch die Produktprägung baut sich eine spezifische, aber gleichzeitig sehr enge Kompetenz auf, die kaum ausdehnbar oder übertragbar ist.

* Jeder Transfer bedeutet bei diesem Imagetyp eine Abkehr von den tragenden Imagekomponenten, also den objektiven Produktmerkmalen.

* Aus der Definition der Marke über ihre Attribute resultiert eine funktionale Gebundenheit. Das Individuum verknüpft ein bestimmtes Produkt (z. B. *Tempo*) mit einer speziellen Verwendung (z. B. Nase putzen).

**Nutzengeprägte Images** zeichnen sich dadurch aus, daß nicht die physikalisch-chemisch-technische Beschaffenheit der Marke, sondern deren Fähigkeit zur **Problemlösung** im Mittelpunkt steht. Ein Beispiel hierfür ist das Versprechen von *Tesa*, Gegenstände zu verbinden oder zu befestigen (vgl. auch Abschnitt 2.2).

Wieweit das Transferpotential nutzengeprägter Marken reicht, zeigen die Beispiele emotional sehr stark aufgeladener Marken wie *Armani, Cardin* oder *Dior*. Diese Firmen bieten neben exklusiver Kleidung auch Kosmetikartikel, Brillenfassungen oder Parfums an.

Offenbar läßt sich in Anlehnung an die *means end*-Theorie folgendes postulieren: Je **abstrakter** das **Problemlösungspotential** (Attribut, Nutzenkomponente, Werthaltung) einer **Marke** ist, desto **eher eignet** sie sich für einen **Markentransfer**.

Ein **gemeinsamer Markenname** ist nur eine **formale Klammer** und damit eine notwendige, aber keineswegs hinreichende Voraussetzung für einen erfolgreichen Markentransfer. Gefordert ist darüber hinaus eine **inhaltliche Klammer**, die dem **Imagekern** des **Markenartikels** entspricht und die **Stamm-** und **Transferprodukte** verzahnt. Die Bedeutung einer Transferklammer läßt sich am Beispiel von *Nivea* zeigen: Der Transfer der Marke auf ein Shampoo war überaus erfolgreich, obgleich zwischen den Produkten eine physikalisch-chemisch-technische Unverträglichkeit vorliegt. Eine Creme muß fetthaltig sein, um ihren Zweck zu erfüllen, wohingegen ein Shampoo gerade das Gegenteil bewirken soll, nämlich entfetten.

Diese Unverträglichkeit der beiden Produkte läßt sich durch eine aus dem Markenimage abgeleitete Klammer überwinden. Die konsequente Herausstellung der Transferklammer **Pflege** bei *Nivea* ist hierfür ein anschauliches Beispiel. Die Präsentation aller Transferprodukte mit dem Pflegenutzen als Transferbasis kommt bei *Nivea* in allen marketingpolitischen Aktivitäten deutlich zum Ausdruck.

Um die Glaubwürdigkeit der vor allem auf Pflege abgestellten Positionierung der Produkte nicht zu untergraben und damit das Markenimage zu verwässern, erlaubt *Beiersdorf* keine Differenzierung bestehender *Nivea*-Produkte. Beispielsweise würde die Einführung verschiedener Duftnoten für das *after shave*-Balsam die Markenkompetenz verletzen und eine Abkehr von der Pflege als relevante Transferklammer bedeuten.

Darüber hinaus ist bei der **inhaltlichen Spezifikation** einer **Transferklammer** darauf zu achten, daß sie in der ins Auge gefaßten Zielgruppe **einstellungsrelevant** ist. Auch diesbezüglich sei auf das Fallbeispiel *Nivea* verwiesen: Im Markt für Körperpflegemittel besaß bis Mitte der siebziger Jahre das insbesondere von der Marke *Fa* aufgebrachte Frischeerlebnis eine große Einstellungsrelevanz. Mit der zunehmenden Gesundheitsorientierung verlor diese Nutzenkomponente zugunsten des Pflegenutzens allerdings stark an Bedeutung. Folglich sank der Marktanteil der Deo-Frische-Seifen in den letzten 20 Jahren um mehr als 20%.

Eine **schwache Marke** läßt sich auch durch einen **Markentransfer** nicht **stärken**. Ein Produkt, das sich in seinem angestammten Bereich nicht durchsetzt, ist im neuen Bereich noch weniger dazu in der Lage. Folglich liegt die Empfehlung nahe, nur starke Marken für einen Transfer auszuwählen. Allerdings besteht die große Gefahr, daß die Ecken und Kanten der Markenpersönlichkeit ihre Transfermöglichkeit limitieren.

Alle **erfolgreichen Marken** stehen im allgemeinen für **innovative, originelle Produktideen** oder **Marketingleistungen**. In Anbetracht des unternehmerischen Dilemmas, einen **großen Innovationsdruck** zu verspüren und **kein Innovationspotential** zu erkennen, ist die Versuchung naheliegend, den Transfer einer bekannten Marke als Innovation zu vermarkten. Dementsprechend läßt sich feststellen, daß zahlreiche Markentransfers lediglich *me too*-**Produkte** sind, die im harten **Kampf** um **Marktanteile** scheitern.

Insofern ist der Markentransfer nur dann erfolgversprechend, wenn seine **Transferklammer** eine **Nutzenkomponente** zum Ausdruck bringt, die sich deutlich von denen anderer Produkte unterscheidet. Das Konzept des Markentransfers von *Nivea* gründet auf der Erfüllung dieser Anforderungen: "... *die Nivea-Produkte betonen neben ... der Erfüllung des Grund- bzw. Basisnutzens als besonderes Plus die pflegende Komponente, die Milde der Produkte. Nivea-Produkte stellen in allen zukünftigen Märkten und unter allen Konzepten des Wettbewerbs die Pflegeversion dar ...*" (*Prick*, 1989, S. 32).

**(2) Tragfähigkeit einer Marke**

Obwohl eine Marke für einen bestimmten Produktbereich Transferpotential aufweist und sich auch Erfolge beim Markentransfer einstellen, überfordern viele Unternehmen die **Tragfähigkeit** ihrer Marken. Dies schlägt sich häufig in einem **Prägnanzverlust**, einer **Deprofilierung** nieder, die in einer **schleichenden, allmählichen Aushöhlung** des **Markenimages**, einer **Markenerosion**, endet. Ein Beispiel für die **Überforderung** des **Images** einer **Kernmarke** bildet die Erfolgsmarke *Milka*. Offenbar hat *Jacobs-Suchard* seine lila Kuh mit Produkten, die vom lila Schokohasen bis zum Dominostein reichen, überfrachtet. Im wichtigsten Kernsegment Schokoladenriegel mit der *Lila Pause* verliert das Unternehmen auf dem deutschen Markt seit Jahren Marktanteile.

*Domizlaff* (1982, S. 108) versucht den **Erosionsprozeß** anhand des auf Schokolade spezialisierten Kaufmanns *Hermann Schmidt* zu illustrieren. Dieser versuchte seinen guten Namen und das ihm entgegengebrachte Vertrauen auf andere Produktklassen zu übertragen: "*... die öffentliche Meinung kann folgende Urteile enthalten: 1. Die Schokolade des Kaufmanns Hermann Schmidt (also die Sorte für 0,45 DM, in blauem Papier eingewickelt, erkennbar am Format) ist zuverlässig gut. 2. Der Kaufmann Hermann Schmidt ist vertrauenswürdig in allen Schokoladenwaren. 3. Der Kaufmann Hermann Schmidt ist vertrauenswürdig in allen Genußmitteln. 4. Der Kaufmann Hermann Schmidt ist geschäftlich vertrauenswürdig. 5. Der Kaufmann Hermann Schmidt ist ein vertrauenswürdiger Mann ...*".

Nach *Domizlaff* (1982, S. 108 ff.) sind dies fünf verschiedene Markenbegriffe, deren Wirkungsstärke im Verlauf der Skala abnimmt, da es dem Verbraucher weniger um die Person des Kaufmanns nach menschlichen Gesichtspunkten, sondern um den Erwerb eines möglichst guten Produkts geht. Je **prägnanter** das **Nutzenversprechen ist**, desto **stärker** lassen sich **Name** und **Produkt miteinander verzahnen**.

Die Unterschiede eines prägnanten und verwaschenen Images lassen sich auch in Analogie zur Vektor-Theorie mittels Richtung und Intensität von Vektoren verdeutlichen, die für die subjektiv wahrgenommenen Produkteigenschaften beziehungsweise Imagefaktoren stehen (vgl. *Hätty*, 1989, S. 73 ff.).

## 11.5.4.6 Der Markenwert

### 11.5.4.6.1 Die Grundidee

Bereits *Kern* (1962, S. 26) vertritt die Auffassung, daß "... *der Wert von Warenzeichen als die Summe der auf den gegenwärtigen Zeitpunkt diskontierten Zusatzgewinne* ..." zu interpretieren ist. Diese **finanzwirtschaftliche Sichtweise** unterstützt auch *Kaas* (1990, S. 48), der den Markenwert als "... *Bahrwert aller zukünftigen Einzahlungsüberschüsse, die der Eigentümer aus der Marke erwirtschaften kann* ..." definiert.

In den *USA* waren bis in die 90er Jahre rege **Forschungsaktivitäten** zu diesem Thema auszumachen, die allesamt in der *brand equity*-**Diskussion** mündeten. Sie ebnete der Überzeugung den Weg, bei der Bestimmung des Markenwerts **nicht nur finanzwirtschaftliche Daten** zu betrachten, sondern auch die Urteile der Nachfrager über das interessierende Erzeugnis ins Kalkül zu ziehen. Vor diesem Hintergrund umschreiben *Srivastava* und *Shocker* (1991, S. 5) **brand equity** als "... *the set of associations that permits the brand to earn greater volume or greater margins than it could without the brand name and that gives the brand a strong, sustainable and differentiated competitive advantage* ...".

Obgleich diese Wesensbestimmung das komplexe Phänomen **Markenwert** umfassend beschreibt, treten Schwierigkeiten bei der Operationalisierung und Messung auf. Insbesondere dann, wenn hypothetische Konstrukte, wie Markenkraft oder Markenvitalität, interessieren, erscheint ein Rückgriff auf kausalanalytische Verfahren unvermeidlich.

### 11.5.4.6.2 Anlässe zur Markenbewertung

Beim **Kauf** und **Verkauf** von **Unternehmen** spielt der Markenwert eine besonders wichtige Rolle. Er bildet die Basis für die **Preisbestimmung**, da die Bilanzziffern oft ganz erheblich vom Kauf- beziehungsweise Verkaufspreis abweichen. *Abbildung 5.46* zeigt die Werte bedeutsamer *amerikanischer* Marken.

Auch bei der vertraglichen Zusicherung von **Markennutzungsrechten** in Gestalt von Lizenzen oder Franchising-Verträgen kommt eine Markenbewertung in Betracht. Sie dient in diesem Fall dazu, adäquate Lizenz- oder Franchisegebühren festzulegen (vgl. *Bekmeier*, 1994, S. 383 ff.).

Ein beachtlicher Bedarf an Informationen über den Markenwert resultiert auch aus dem **Mißbrauch** von **Markenzeichen** (**Markenpiraterie**). Bei der Festlegung des Schadens ist die Rechtsprechung bislang auf die Aussagen von Gutachtern angewiesen. Die Kenntnis des Markenwerts kann dazu beitragen, Ersatzansprüche zu präzisieren.

| Unternehmen | Markenwert |
|:-----------:|:----------:|
| *Marlboro* | 39,4 Mrd. US$ |
| *Coca Cola* | 33,4 Mrd. US$ |
| *Intel* | 17,8 Mrd. US$ |
| *Kellogg`s* | 9,7 Mrd. US$ |
| *Nescafé* | 9,2 Mrd. US$ |
| *Budweiser* | 8,2 Mrd. US$ |
| *Pepsi* | 7,5 Mrd. US$ |
| *Gilette* | 7,1 Mrd. US$ |
| *Pampers* | 5,9 Mrd. US$ |
| *Bacardi* | 5,5 Mrd. US$ |

Quelle: DM Datenbank 1994

*Abbildung 5.46: Markenwerte ausgewählter Firmen*

Darüber hinaus fungiert der Markenwert auch als **Planungs-** und **Kontrollinstrument** bei **strategischen** und **operativen Marketingentscheidungen**. Hierbei geht es vor allem um Aktivitäten, die den Aufbau, Abbau und Transfer von Marken betreffen. Aber auch Maßnahmen zur Markenpflege sind denkbar, um die Stellung der Erzeugnisse gegenüber den Gütern der Wettbewerber zu verbessern. In Anlehnung an *Aaker* (1992, S. 26 ff.) führt ein hoher Markenwert zu

- ... einer größeren Effizienz von Marketingmaßnahmen, da die Sensibilität der Nachfrager steigt und sich Halo-Wirkungen einstellen,

- ...einer höheren Markentreue und einem größeren Kundenstamm, so daß sich die Abhängigkeit von Sonderaktionen reduzieren läßt,

- ... einer Ausdehnung der Markteintrittsbarrieren, die vor den Aktionen der Konkurrenten schützen,

- ... einer Verbesserung des Gewinns, da sich beispielsweise Preismaßnahmen leichter durchsetzen lassen,

- ... einer stärkeren Verhandlungsposition des Herstellers gegenüber den Händlern,

• ...einer Durchsetzung von Differenzierungs- und Modifikationsmaß-
nahmen, da ein Markentransfer möglich erscheint.

## 11.5.4.6.3 Ansätze zur Messung des Markenwerts

In Wissenschaft und Praxis finden sich zahlreiche Ansätze zur Bestimmung des Werts einer Marke. *Hammann* (1992, S. 217 ff.) empfiehlt eine
Unterteilung in **finanzwirtschaftliche** und **marktwertorientierte Modelle**. **Finanzwirtschaftliche Verfahren** bestimmen den Markenwert auf
der Basis von **Kosten** und **Erlösen**, die beim Aufbau und der Pflege einer
Marke entstehen. Dagegen gehen **marktwertorientierte Methoden** davon aus, daß sich der Wert einer Marke über den Markt, also durch **Angebot** und **Nachfrage**, ergibt.

### (1) Finanzwirtschaftliche Ansätze

Einer Analyse der **historischen Kosten** liegt die Idee zugrunde, daß die
**Marke** das **Kapital** der bisherigen Investitionen bildet. In diesem Fall ergibt sich der **Markenwert** aus der **Summe aller getätigten Investition-
en** (z. B. für Forschung und Entwicklung sowie für Maschinen und Anla-
gen in der Produktion). Im Unterschied dazu ist beim **Wiederbeschaf-
fungsansatz** die Frage zu beantworten, wieviel es kostet, die Marke neu
zu schaffen, sofern sie nicht zu kaufen ist.

Zwei Argumente sprechen gegen die Verwendung dieser Modelle:

• Der ermittelte Markenwert spiegelt lediglich die **Vorleistungen** wider,
nicht jedoch die **Wertschätzung** der Marke durch die Nachfrager.

• Weder der **gegenwärtige** noch der **zukünftige Erfolg** der Marke fließen in die Berechnung ein.

Die **ertragswertorientierten Methoden** zielen darauf ab, eine vergan-
genheits-, gegenwarts- und zukunftsbezogene Markenbewertung zu leisten. Unter Rückgriff auf Prognose-Modelle erfolgt eine Operationalisierung und Messung des Erfolgs einer Marke am Markt.

Beim *cash flow*-Ansatz legt der Marktforscher die durch die Marke realisierbaren Erträge über einen Zeitraum von 10 oder 20 Jahren fest. Diese
lassen sich mit einem Abzinsungsfaktor diskontieren und zu einem Barwert summieren. Allerdings erscheint die Prognose des Zahlungsstroms,
die Bestimmung des Zeithorizonts und die Festlegung des Abzinsungs-
faktors äußerst problematisch.

Gemäß dem *interbrand*-**Ansatz** umfaßt der Wert einer Marke alle dinglichen und geistigen Eigenschaften, die eine Marke auszeichnen. Hierzu liegt ein aus etwa 100 Indikatoren bestehender Katalog vor, der die Markenstärke mißt. Hierzu gehören zum Beispiel Alter der Marke, Umsatzentwicklung, Produktaktualität, Präsenz auf Messen und Ausstellungen sowie Marktstabilität, die allesamt in Analogie zu einem *scoring*-**Modell** eine **Gewichtung** erfahren (vgl. *Bekmeier*, 1995, S. 1459 ff.). Die **Gesamtpunktzahl** über alle **Bewertungskriterien** ergibt die **Markenstärke**, die den Ausgangspunkt für die Monetarisierung bildet.

Hierzu dient eine **Transformation** der **erzielten Punktzahl** (zwischen 0 und 100) der **Markenstärke** in einen **Multiplikator**. Dieser ergibt sich aus einer S-förmig verlaufenden **Markenindex-Kurve**, die das Verhältnis zwischen **Markenstärke** und **Markenwertmultiplikator** reflektiert. In Anbetracht empirischer Studien geht *interbrand* davon aus, daß der Multiplikator zunächst **exponentiell**, später **linear** und schließlich **degressiv** ansteigt. Zur Festlegung des Werts einer Marke erfolgt eine multiplikative Verknüpfung des der Markenstärke zugewiesenen Multiplikators mit dem **markenbezogenen Durchschnittsgewinn** der vergangenen drei Jahre.

Mit diesem Ansatz sind jedoch eine Reihe von Schwierigkeiten verbunden:

- Die Auswahl und Gewichtung der Kriterien zur Messung der Markenstärke obliegt der Willkür des Marktforschers.

- Mangelnde Unabhängigkeit der Kriterien und Interdependenzen zwischen den Indikatoren führen zu Ergebnisverzerrungen.

- Die Gültigkeit des S-förmigen Verlaufs der Markenindex-Kurve über alle Produkte und im Zeitverlauf ist äußerst fragwürdig.

**(2) Marktorientierte Ansätze**

Verfahren zur Erfassung der **Markenstärke** stellen die Urteile der Nachfrager in den Mittelpunkt ihrer Betrachtung. Detaillierte Ansätze dieser Art stammen von *Keller* (1993, S. 1 ff.), und *Aaker* (1992, S. 23 ff.), denen jedoch der Übergang zur Monetarisierung fehlt.

Bei der Methode von *Keller* bildet der Markenwert das Resultat unterschiedlicher **Reaktionen** von Nachfragern auf **Marketingaktivitäten** für eine Marke im **Vergleich** zu ihren **Verhaltensweisen** gegenüber identischen absatzwirtschaftlichen Maßnahmen bei anderen Marken. Hierzu betrachtet der Autor zwei **hypothetische Konstrukte**, das **Markenbewußtsein** und das **Markenimage**, die sich über Indikatoren operationalisieren und messen lassen. Diese Größen bilden einen Meßansatz der zwischen vier Assoziationsarten differenziert, der **Art**, der **Stärke**, der **Vorteilhaftigkeit** und der **Einzigartigkeit** der **Markenassoziation**.

Ein besonders populäres Verfahren zur Bestimmung des Markenwertes bildet das *Conjoint Measurement*. Hierbei fungiert die **Marke** als eine **Eigenschaft**, die unterschiedliche Ausprägungen aufweist. Aus den rekonstruierten **Teilnutzenwerten** läßt sich die Relevanz einzelner **Kennzeichnungen** ableiten. Hieraus resultiert ein nachfragerspezifischer preisbezogener Nutzenwert der Markierung. Durch eine Verknüpfung dieses Nutzenwerts mit den absetzbaren Einheiten des Erzeugnisses gelangt der Marktforscher zu einem monetären Markenwert (vgl. *Sattler*, 1995, S. 663 ff., und 1997, S. 4 ff.).

Der **Vorteil** dieses Ansatzes besteht darin, daß die **Urteile** der **Individuen** weder durch Kriterienvorgaben noch durch Gewichtungsfaktoren verzerrt oder verfälscht werden. Allerdings taucht der **Nachteil** auf, daß dieses Modell nur einen **relativen Markenwert** liefert. Der Ankerpunkt für einen Vergleich bildet nicht der Umsatzerlös eines markenlosen Objekts, sondern der Verkaufserfolg anderer Markenartikel.

Die von *Schulz* und *Brandmeier* Ende der 80er Jahre entwickelte **Markenbilanz** geht von einer konsumentenorientierten Markenwertbetrachtung aus (1989, S. 356): "*... der Markenwert ist die Gesamtheit aller positiven und negativen Vorstellungen, die im Konsumenten ganz oder teilweise aktiviert werden, wenn er das Markenzeichen wahrnimmt, und die sich in ökonomischen Daten des Markenwettbewerbs spiegeln ...*". In Analogie zum *interbrand*-Modell findet auch hier eine zweistufige Markenwertmessung statt. Im ersten Schritt geht es um die **Festlegung** der **Markenstärke**, die im zweiten Schritt eine **Verknüpfung** mit **Betriebsdaten** erfährt.

Die Markenwertbilanz erfaßt die Markenstärke mittels **19 Kriterien**, die sich in **6 Hauptgruppen Konsument, Handel, Marktanteil, Geltungsbereich, Marketing-Mix** und **Markt** unterteilen lassen. Alle 19 Indikatoren reflektieren die persönliche Einschätzung von *Schulz* und *Brandmeier* und besitzen einen unterschiedlichen Einfluß auf den Markenwert. Zuverlässig bekannt ist, daß eine **Marke** eine **maximale Punktzahl** von **500** erreichen kann.

Zur **Monetarisierung** schätzt *Nielsen* die Marktanteils- und Umsatzentwicklung sowie die zukünftigen Jahresüberschüsse aus der Marke. Diese lassen sich mit dem Kapitalmarktzins diskontieren und zu einem Gesamtwert summieren. Dieser Barwert gilt als Ausdruck des Markenwerts. Eine Würdigung dieses Ansatzes ist problematisch, weil relevante Informationen über Details fehlen. *Hammann* (1992, S. 205 ff.) führt zu Recht an, daß auch bei diesem Modell die für *scoring*-Ansätze typischen Probleme auftauchen, wie die Bestimmung und Gewichtung der Kriterien sowie die Interdependenz zwischen den Indikatoren.

Vergleichbar der Markenbilanz geht auch der **brand performancer** bei der Markenwertmessung **zweistufig** vor. Mittels einer Punktbewertung erfolgt eine Festlegung der **Markenstärke**, die den Ausgangspunkt zur Monetarisierung des Markenwerts bildet. Abweichend von der Markenbilanz stützt sich die Analyse jedoch auf erheblich weniger Kriterien. Es sind im einzelnen das **Marktvolumen**, der **relative Marktanteil**, das **Marktanteilswachstum**, das **Wachstum** des **Markts**, der **Marktanteil**, die **gewichtete Distribution**, die **Markenbekanntheit**, die **Markentreue** und die **Anzahl** der **Marken** im *relevant set*. Zur Bestimmung der **Gewichte** dieser **Kriterien** kommt im allgemeinen ein kausalanalytisches Verfahren zum Einsatz. Als Basis für die Ermittlung des monetären Markenwerts dienen die **relative Markenstärke**, das **Marktvolumen** und die **Umsatzrendite**. Darüber hinaus ist auch die **Lebensdauer** der **Marke** zu prognostizieren und entsprechend zu diskontieren.

Obgleich diese Methode wesentliche meßtechnische Probleme der Markenbilanz überwindet und sich nur auf eine beschränkte Anzahl von Kriterien stützt, bleibt die Schwierigkeit, der subjektiven Einschätzung wesentlicher Größen (vgl. *Sander* 1994, S. 234 ff., und 1995, S. 76 ff.).

## 11.6  Der programmpolitische Entscheidungsbereich

Die Gestaltung eines Angebotsprogramms erfordert zunächst eine Festlegung von Umfang und Struktur der zu offerierenden Erzeugnisse. Daraufhin sind Fragen nach einer Entwicklung neuer und einer Modifikation sowie Elimination bereits existierender Elemente einer Angebotspalette zu beantworten.

### 11.6.1  Grundorientierung und Leistungsgestaltung

Im Rahmen der **Programmgestaltung** sind **Entscheidungen** über die **Breite** und die **Tiefe** sowie die **grundsätzliche Ausrichtung** des Sortiments zu treffen. Dabei gibt die **Breite** die Anzahl der Produktlinien im Programm wieder, das heißt die Anzahl alternativer **Produktkategorien** (z. B. *BMW* 3er-, *BMW* 5er- und *BMW* 7er-Reihe). Die **Tiefe** reflektiert die Anzahl der **Produkte** innerhalb einer Produktlinie (z. B. *BMW* 318, *BMW* 320 und *BMW* 325) (vgl. *Urban/Hauser*, 1993, S. 595 ff.).

## (1) Breites versus schmales Sortiment

Ein breites Angebot weisen zum Beispiel Gemischtwarenläden, Warenhäuser, Verbrauchermärkte und SB-Warenhäuser auf. Ihr Sortiment erscheint umfassend, allerdings ist die Auswahl innerhalb einzelner Warenbereiche beziehungsweise Produktarten beschränkt.

## (2) Tiefes versus flaches Sortiment

Ein Sortiment läßt sich als tief kennzeichnen, sofern das Unternehmen eine größere Zahl von Artikeln und Sorten innerhalb einer Produktlinie führt. Dieser Fall ist typisch für Spezialgeschäfte, die Abstufungen zum Beispiel nach Größe, Farbe, Muster, Qualität und Preislage vornehmen.

Im allgemeinen geht ein **breites** mit einem **flachen Sortiment** und ein **schmales** mit einem **tiefen** einher. Neben Anbietern, die das Angebot einer ganzen Branche **möglichst vollständig** zu offerieren beabsichtigen, treten auch solche Firmen auf, die nur auf einem speziellen Gebiet tätig sind.

Die Entscheidung über die Breite und Tiefe eines Programms ist sehr eng verzahnt mit der Festlegung der Ausrichtung des Unternehmens und dem Ausmaß der Marktabdeckung. Darüber hinaus ergeben sich aus der Spezifikation der Programmbreite und -tiefe gravierende Auswirkungen auf die in Abschnitt 11.6.5 diskutierten **Komplexitätskosten**.

Zur **grundlegenden Bestimmung** des **Programms** kommen die folgenden Kriterien in Betracht (vgl. *Meffert*, 1998, S. 448 ff.):

*   Die **Herkunft** der **Materialien** determiniert das Programm, wie etwa bei einer Eisenwarenhandlung, einem Möbelgeschäft oder einem Textilwarenladen.

*   Man orientiert sich bei der Programmgestaltung an der **Erklärungsbedürftigkeit** oder **Selbstverkäuflichkeit** der Waren. So arbeiten Händler und Hersteller auf die Konzipierung problemloser Artikel hin, indem sie Erzeugnisse technisch vereinfachen und damit für den Verkauf im Wege der Selbstbedienung vorbereiten. Dagegen lassen sich problemvolle Güter nur auf dem Wege der sachkundigen Bedienung und individuellen Beratung über den Fach- und Spezialhandel absetzen.

*   Der Anbieter stellt sein Programm auf die **Kundenbedürfnisse** ab (z. B. Freizeitartikel oder Haushaltsgeräte). Handelsbetriebe zielen darauf ab, einem ganz bestimmten Sektor des Verbraucherbedarfs zu dienen,

und bieten alles an, was dazu gehört, gleichgültig, aus welchen Branchen die Waren stammen.

- Die Produkte werden nach ihrer Zugehörigkeit zu bestimmten **Preislagen** ins Angebot aufgenommen, wie bei *Aldi*. Damit kommt die Preispolitik als zusätzliche Leitlinie zur Spezifikation eines Sortiments hinzu.

Im Kern lassen sich diese Kriterien auf **drei wesentliche Prinzipien** der Gestaltung eines **Produktprogramms** reduzieren (vgl. *Nieschlag/Dichtl/ Hörschgen*, 1997, S. 254 ff.):

- Ein Anbieter orientiert sich bei der Zusammenstellung einer Angebotspalette an den Bedürfnissen der tatsächlichen und potentiellen Kunden. Dies hat zur Folge, daß der Hersteller oder der Händler die Vorstellungen und Wünsche seiner Kunden studiert und Problemlösungen ersinnt. Eine Produktpolitik dieser Art läßt sich als **problem-** oder **bedarfstreu** charakterisieren.

- Möglicherweise lassen die Fertigungsanlagen eine andere als die gewohnte Produktion nicht zu, oder der Hersteller ist an die Ausbeutung und Veredelung bestimmter Roh- und Betriebsstoffe sowie Materialen gebunden. In diesem Fall liegt ein absatzwirtschaftliches Verhalten nahe, das sich als **produkt-** oder **materialtreu** kennzeichnen läßt.

- Die **Wissenstreue** trägt dem Sachverhalt Rechnung, daß eine Angebotspalette auf einem bestimmten Wissens- und Erfahrungsschatz basiert. Als typische Beispiele hierfür gelten Unternehmen der Datenverarbeitungsindustrie, die oftmals ihr ganz spezifisches *know how* nicht selbst nutzen, sondern anderen Betrieben überlassen.

Die **Bildung** eines **Produktionsprogramms ist schwieriger** als die **Zusammenstellung** eines **Handelssortiments**, weil mitunter Fertigungsanlagen zu errichten, Zulieferern und Materialien auszuwählen und ein Distributionskanal aufzubauen sind. Einige vom Produktmanager zu beantwortende Fragen lassen sich wie folgt skizzieren:

- Zu welchem Zeitpunkt soll der Lebenszyklus eines Produkts abgebrochen werden?

- Sollen alle Erzeugnisse der Produktlinie selbst gefertigt werden? Welche Fertigungstiefe erscheint ratsam?

- Wie ist die Kapazität zu dimensionieren, sofern Marktchancen ausgenützt werden sollen?

- Welche Produkte sollen hergestellt werden? Welche Produktionsmenge ist pro Erzeugnis und Periode denkbar?

Ungeachtet der bei einer Produktliniengestaltung berücksichtigten Kriterien ist das **Spektrum** der **Güter** festzulegen, die eine Angebotspalette bilden. In der Automobilbranche können Neufahrzeuge und Zubehör zu einer **Produktlinie zusammengefaßt** oder aber als einzelne Bereiche behandelt werden. Dieses Problem läßt sich nur im Zusammenhang mit der Bildung strategischer Geschäftseinheiten lösen.

Desweiteren werden **Zieldivergenzen** zwischen verschiedenen **Unternehmensfunktionen** bei der Konzipierung einer Produktlinie deutlich. Die Vertreter des Marketing favorisieren **umfassende Produktlinien**, um den vielfältigen Bedürfnissen der Nachfrager gerecht werden zu können. Dagegen bevorzugen die Verantwortlichen in der Produktion **begrenzte Produktlinien**, um aufgrund einer sehr hohen Stückzahl eine Kostendegression zu erzielen. Eine **zu lange Angebotspalette** führt zu **sehr hohen Kosten** und zu **häufigen Umstellungen** in der **Produktion**. Demgegenüber bewirkt ein **zu kurzes Sortiment** einen **Gewinnentgang** aufgrund **unbefriedigter Kundenbedürfnisse** und eine **Schwächung** der **Marktposition** gegenüber Konkurrenten.

Im Anschluß an die Abgrenzung der Produktlinien sowie der Festlegung ihrer Breite und Tiefe sind im Rahmen der Gestaltung einer Angebotspalette weitere Fragen zu beantworten (vgl. *Pessemier*, 1982, S. 186 ff., und 530 ff.):

**(1) Ausweitung einer Produktlinie**

Für die **Ausweitung** einer **Angebotspalette** bieten sich zwei grundsätzliche Stoßrichtungen an: **nach oben** und **nach unten**. Angesichts **starker Konkurrenz** und **langsamen Wachstums** im oberen Qualitätsbereich nehmen viele Anbieter eine **Ausweitung nach unten** vor (*trading down*). Dabei verfolgt das Unternehmen eine Übertragung des im oberen Qualitätssegment erworbenen Images auf das untere Qualitätscluster. Beispiele hierfür sind der Eintritt von *IBM* in den Markt für Personal-Computer und die Einführung eines **Kompaktwagens** durch *Mercedes-Benz*. Als Probleme dieser **Vorgehensweise** sind die **negativen Auswirkungen** auf das **Image** der im oberen Qualitätsbereich angebotenen Produkte, die **fehlende Akzeptanz** beim Handel und die aus der Massenfertigung resultierenden **Kostenvorteile** der Konkurrenten zu nennen.

Ein Vorstoß in den **oberen Qualitätsbereich** (*trading up*) empfiehlt sich dann, wenn in diesem Segment ein **höheres Wachstum**, ein **geringerer Wettbewerb** oder eine **größere Zahlungsbereitschaft** besteht. *Toyota*, *Ford* und *Peugeot* verfolgen diese Strategie, indem sie Fahrzeuge für die Oberklasse im Pkw-Sektor entwickeln. Allerdings ist zu bedenken, daß die Nachfrager und der Handel dem Hersteller häufig die **Kompetenz** zur **Produktion hochwertiger Erzeugnisse absprechen.**

**(2) Auffüllung einer Produktlinie**

In eine bereits existierende Produktlinie lassen sich **neue Erzeugnisse** einfügen, um bislang **unbefriedigte Kundenwünsche** zu erfüllen. Hierbei tauchen jedoch die Schwierigkeiten auf, daß die Elemente der Angebotspalette **kaum mehr** zu **differenzieren sind** und sich die Güter **gegenseitig kannibalisieren.**

**(3) Modernisierung der Produktlinie**

Die Modernisierung der Produktlinie läßt sich für die einzelnen Produkte **zeitlich nacheinander** oder für alle Güter **gleichzeitig** durchführen. Die Entscheidung hängt von den **erwarteten Kundenreaktionen** und den im Unternehmen verfügbaren **personellen** und **finanziellen Ressourcen** ab.

**(4) Bestimmung von "Flagschiffen"**

Innerhalb einer Produktlinie wählt der Produktmanager häufig ein **"Flagschiff"** aus, das alle anderen Erzeugnisse repräsentiert. Hierbei handelt es sich um ein Gut, von **dem besonders starke Ausstrahlungseffekte** ausgehen. Die kommunikativen und sonstigen Maßnahmen lassen sich für dieses Gut stellvertretend für die gesamte Angebotspalette einsetzen.

**(5) Bereinigung der Produktlinie**

Es liegt auf der Hand, nicht erfolgreiche Produkte aus der Angebotspalette zu entfernen. Entscheidungen dieser Art orientieren sich an **Deckungsbeitragsanalysen** und **Ressourcenüberlegungen.** Damit läßt sich zum Beispiel Regalplatz im Handel, Transportkapazität im Vertrieb oder Verkaufskapazität im Außendienst freisetzen. Allerdings sind vor einer Elimination eines Guts die zwischen den Elementen einer Produktlinie bestehenden Verbundbeziehungen zu untersuchen.

### 11.6.2 Verbundeffekte zwischen Produkten

Sowohl in Produktions- als auch in Handelsunternehmen ist es üblich, daß Individuen **mehrere Erzeugnisse auf einmal kaufen.** Die Analyse dieser Verbundrelationen zwischen Gütern liefert wichtige Hinweise für die Gestaltung eines Produktprogramms. Grundsätzlich lassen sich **drei**

**Typen** von **Verbundbeziehungen** voneinander unterscheiden (vgl. *Meffert*, 1998, S. 547 ff.):

- Ein **Bedarfsverbund** resultiert aus dem gemeinsamen Ge- oder Verbrauch von Gütern. Die Artikel stehen in einem komplementären Zusammenhang, wie etwa Rotweinessig und Speiseöl, Farbe und Pinsel oder Bleistift und Radiergummi.

- Das Bestehen eines Bedarfverbunds bedeutet jedoch noch lange nicht, daß das Individuum die betrachteten Produkte auch in einem einzigen Geschäft erwirbt. Besteht hingegen die Absicht dazu, liegt ein **Nachfrageverbund** vor.

- Fragt ein Nachfrager mehrere Artikel bei einer Kaufgelegenheit nach, spricht man von einem **Kaufverbund**. Hierfür muß nicht zwingend ein Bedarf- oder Nachfrageverbund vorliegen, es reicht bereits aus, daß die Güter zusammen angeboten werden.

Eine Untersuchung der Einkäufe einer Vielzahl von Verbrauchern bringt zum Ausdruck, daß es Artikelpaare gibt, die häufig miteinander erstanden werden, während man andere selten beziehungsweise nie zusammen erwirbt. Zwischen den Produkten besteht demnach eine **unterschiedliche Verbundintensität**, die es zu erfassen und für absatzpolitische Zwecke zu nutzen gilt. *Tabelle* 5.9 zeigt eine **Frequenzmatrix**, die beispielsweise angibt, daß A mit B viermal, A mit C sechsmal gemeinsam gekauft worden ist. Aus einer solchen Frequenzmatrix läßt sich die in *Abbildung* 5.47 dargestellte **räumliche Repräsentation** der zwischen **Produkten** existierenden **Verbundeffekte** rekonstruieren (vgl. *Nieschlag/Dichtl/Hörschgen*, 1997, S. 258 ff.).

| Artikel | Artikel | | | | | |
|---|---|---|---|---|---|---|
| | A | B | C | D | E | F |
| A | | 4 | 6 | 2 | 6 | 2 |
| B | | | 3 | 7 | 3 | 5 |
| C | | | | 3 | 2 | 8 |
| D | | | | | 4 | 4 |
| E | | | | | | 3 |
| F | | | | | | |

*Tabelle 5.9: Frequenzmatrix der Verbundkäufe*

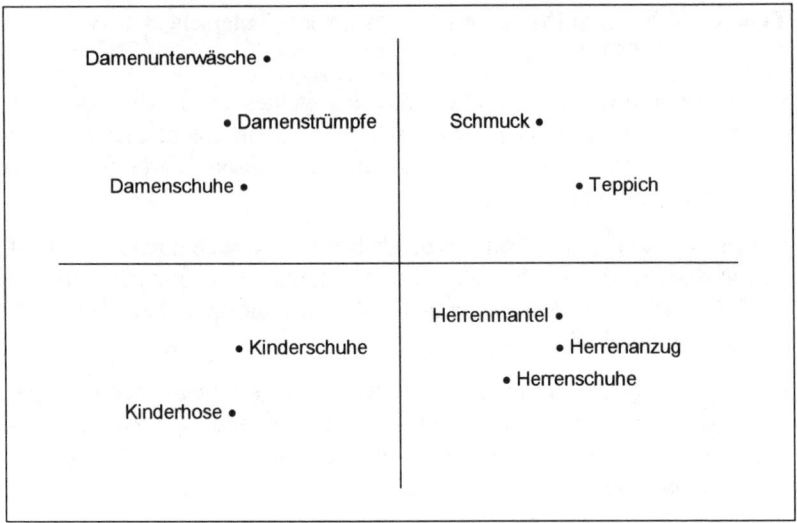

*Abbildung 5.47: Ergebnis einer Verbundanalyse*

Der Einsatz von **Scannerkassen** erlaubt eine **sehr detaillierte Analyse** von **Verbundrelationen** in einem Produktprogramm. Kassen dieser Art identifizieren den auf der **Verpackung aufgebrachten Artikelcode** und ordnen das verkaufte Gut **automatisch** einem bestimmten **Einkaufsvorgang** mit seinen **spezifischen Merkmalen** (z. B. Einkaufssumme, Artikelauswahl, Einkaufszeitpunkt) zu. Außerdem läßt sich mit Hilfe dieser Vorgehensweise das gesamte marketingpolitische Umfeld erfassen, wie die Plazierung des Erzeugnisses im Regal oder die Preise der Konkurrenzprodukte. Die Auszählung der von einem Kunden bei einer Kaufgelegenheit erworbenen Artikel erteilt Aufschluß über die Verbundeffekte im Produktprogramm (vgl. *Tabelle* 5.10).

### 11.6.3    Ansätze zur Produktliniengestaltung

Eine Blick ins Schrifttum zeigt, daß zahlreiche Ansätze zur **Optimierung** einer **Produktlinie** im Hinblick auf Absatz, Umsatz, Kosten oder Gewinn existieren (vgl. *Green/Krieger*, 1985, S. 1 ff., und *Dobson/Kalish*, 1988, S. 107 ff.). An dieser Stelle interessieren vor allem Modelle, die auf dem *Conjoint Measurement* (vgl. Kapitel 8.3.2) basieren und eine Maximierung des Gewinns erlauben. Arbeiten dieser Art stammen vor allem von

| | Abteilung | Menge | Betrag | Kasse | Datum | Zeit |
|---|---|---|---|---|---|---|
| | 640 | 0001 | 000579 | 056 | 301090 | 1502 |
| | 640 | 0001 | 000899 | 056 | 301090 | 1502 |
| | 640 | 0001 | 001250 | 056 | 301090 | 1502 |
| Kauf- | 640 | 0001 | 000999 | 056 | 301090 | 1502 |
| daten- | 640 | 0001 | 000999 | 056 | 301090 | 1502 |
| satz | 640 | 0001 | 000579 | 056 | 301090 | 1502 |
| | 320 | 0001 | 005180 | 073 | 301090 | 1510 |
| | 320 | 0001 | 001495 | 073 | 301090 | 1510 |
| | 320 | 0001 | 001495 | 073 | 301090 | 1510 |
| | 516 | 0001 | 020000 | 303 | 301090 | 1536 |

| Kauf-Nr. | Uhrzeit | Abteilung | Lage |
|---|---|---|---|
| 1 | 15.02 | Pflege | Erdgeschoß/Eingangsbereich |
| 2 | 15.10 | Strümpfe | Erdgeschoß/Zentral |
| 3 | 15.36 | Teppiche | 3. Obergeschoß/Zentral |

*Tabelle 5.10: Rekonstruktion der Kaufhandlungen eines Kunden auf der Basis eines Systems von Scannerkassen*

*Green* und *Krieger* (1987, S. 21 ff.), *Kohli* und *Sukumar* (1990, S. 1464 ff.) sowie *Gaul, Aust* und *Baier* (1995, S. 835 ff.).

Da sich diese Ansätze durch eine komplexe Modellstruktur auszeichnen, ist es nicht möglich, sie im Rahmen dieser Ausführungen umfassend zu beschreiben und detailliert zu würdigen. Obgleich eine intensive Auseinandersetzung das Studium der angegebenen Quellen erfordert, illustriert ein **Beispiel** die **methodischen Unterschiede** zwischen den **Modellen** und bringt die daraus resultierenden **Konsequenzen** für die **Spezifikation** einer **Produktlinie** zum Ausdruck. Die folgenden Überlegungen knüpfen an einen von *Gaul, Aust* und *Baier* (1995, S. 842 ff.) sowie von *Gutsche* (1995, S. 215 ff.) veröffentlichten Vergleich dieser Ansätze an.

Den Ausgangspunkt bildet eine **Molkereigesellschaft**, deren Angebotspalette bislang keinen **Naturjoghurt** umfaßt. Im Zuge der Umsetzung einer Diversifikationsstrategie plant das Unternehmen, zukünftig Produkte dieser Art am Markt zu offerieren. Zur Vereinfachung der weiteren Ausführungen sei angenommen, daß sich ein Naturjoghurt durch die Merkmale **Verpackung**, **Geschmack** und **Preis** kennzeichnen läßt. Dabei besteht die **Verpackung** aus den Ausprägungen **Glas** und **Plastik**, der **Geschmack** aus **sauer** sowie **mild** und der **Preis** aus **0,40 DM, 0,50 DM** sowie **0,70 DM**.

Aufgrund einer empirischen Untersuchung liegen dem Anbieter Informationen darüber vor, daß die Käufer von Naturjoghurt vier Segmente bilden. *Tabelle* 5.11 zeigt die im Rahmen einer ***Conjoit*-Studie** ermittelten **Teilnutzenwerte** der einzelnen Eigenschaftsausprägungen für das jeweilige Cluster.

Am Markt für Naturjoghurt agieren bislang **drei Anbieter** mit insgesamt **fünf Erzeugnissen**. Aus *Tabelle* 5.12 gehen die segmentspezifischen Gesamtnutzenwerte für die angebotenen Güter hervor. Darüber hinaus bildet *Tabelle* 5.13 alle durch die verschiedenen Ausprägungskombinationen erzeugbaren **Produktprofile** und die entsprechenden segmentspezifischen Gesamtnutzenwerte ab. Es ist zu erkennen, daß die Nachfrager im **Segment 1** die **Alternative J** (Glas, mild, 0,40 DM) wünschen, wohingegen die im **Cluster 2** zusammengefaßten Individuen das **Produkt G** mit den Ausprägungen Glas, sauer und 0,40 DM bevorzugen. Dagegen gilt für die Probanden in der **Gruppe 3** das **Erzeugnis A** (Plastik, sauer, 0,40 DM) als Favorit, während die zum **Segment 4** gehörenden Konsumenten das **Erzeugnis J** mit den Ausprägungen Glas, mild und 0,40 DM präferieren.

| Seg- | Teilnutzenwert für | | | | | | |
|------|---------|------|---------|------|---------|---------|---------|
| ment | Verpackung | | Geschmack | | Preis | | |
| | Plastik | Glas | sauer | mild | 0,40 DM | 0,50 DM | 0,70 DM |
| 1 | 0,00 | 0,06 | 0,00 | 0,44 | 0,33 | 0,17 | 0,00 |
| 2 | 0,00 | 0,06 | 0,44 | 0,00 | 0,33 | 0,17 | 0,00 |
| 3 | 0,05 | 0,00 | 0,14 | 0,00 | 0,55 | 0,27 | 0,00 |
| 4 | 0,00 | 0,53 | 0,00 | 0,27 | 0,13 | 0,07 | 0,00 |

Quelle: *Gaul/Aust/Baier*, 1995, S. 843

*Tabelle 5.11: Segmentspezifische Teilnutzenwerte für Joghurtmerkmale*

| Seg- | Gesamtnutzenwert für | | | | | Bevorzugter |
|------|----------|----------|----------|----------|----------|-------------|
| ment | Joghurt 1 | Joghurt 2 | Joghurt 3 | Joghurt 4 | Joghurt 5 | Joghurt |
| | (Glas, mild, 0,70 DM) | (Plastik, mild, 0,40 DM) | (Plastik, mild, 0,40 DM) | (Plastik, sauer, 0,50 DM) | (Plastik, mild, 0,50 DM) | |
| 1 | 0,50 | 0,77 | 0,77 | 0,17 | 0,61 | Plastik, mild, 0,40 DM |
| 2 | 0,06 | 0,33 | 0,33 | 0,61 | 0,17 | Plastik, sauer, 0,50 DM |
| 3 | 0,00 | 0,60 | 0,60 | 0,46 | 0,32 | Plastik, mild, 0,40 DM |
| 4 | 0,80 | 0,40 | 0,40 | 0,07 | 0,34 | Glas, mild, 0,70 DM |

Quelle: *Gaul/Aust/Baier*, 1995, S. 844

*Tabelle 5.12: Segmentspezifische Gesamtnutzenwerte für Joghurt-Marken*

Der Produzent eines neuen Joghurts steht vor dem Hintergrund der beschriebenen Marktsituation vor folgender Schwierigkeit: Das neue Produkt muß im ins Auge gefaßten Segment mindestens den gleichen Gesamtnutzenwert aufweisen wie das dort vorherrschende Gut, um einen Kunden zum Markenwechsel zu bewegen. Außerdem sollte das neue Erzeugnis auch hinsichtlich seiner Kosten für den Anbieter attraktiv sein. Hierzu erteilt *Tabelle 5.14* Auskunft über die **segmentabhängigen Deckungsbeiträge** und **Fixkosten**. Dabei ist die Ausprägungskombination Glas, mild und 0,40 DM als Basisprofil zu verstehen, das gerade die variablen Kosten der Produktion erlöst.

Dem Ansatz von *Green* und *Krieger* (1985, S. 1 ff.) zur Festlegung von Produktkandidaten aus der Menge aller möglichen Produktprofile in *Tabelle 5.15* liegt die **best in-Heuristik** zugrunde. Sie liefert für jedes Segment ein Erzeugnis, dessen Gesamtnutzenwert im Vergleich zu allen anderen segmentspezifischen Alternativen optimal ist:

- In den **Segmenten 1** und **4** lautet die gesuchte Ausprägungskombination **Glas, mild** und **0,40 DM**. Allerdings ist dieses Gut für einen Anbieter uninteressant, da es keinen Deckungsbeitrag erbringt.

- Dagegen läßt sich der Deckungsbeitrag in den **Segmenten 2** und **3** durch die Einführung des Produktkandidaten **Plastik, sauer** und **0,40**

**DM** steigern. Diese produktpolitische Maßnahme führt zu einem **Gesamtgewinn** von **45.000 DM**, wobei **30.000 DM** aus **Segment 2** und **15.000 DM** aus **Segment 3** stammen.

| Seg- ment | Gesamtnutzenwert für das Profil von | | | | | |
|---|---|---|---|---|---|---|
| | Joghurt A (Plastik, sauer, 0,40 DM) | Joghurt B (Plastik, sauer, 0,50 DM) | Joghurt C (Plastik, sauer, 0,70 DM) | Joghurt D (Plastik, mild, 0,40 DM) | Joghurt E (Plastik, mild, 0,50 DM) | Joghurt F (Plastik, mild, 0,70 DM) |
| 1 | 0,33 | 0,17 | 0,00 | 0,77 | 0,61 | 0,44 |
| 2 | 0,77 | 0,61 | 0,44 | 0,33 | 0,17 | 0,00 |
| 3 | 0,74 | 0,46 | 0,19 | 0,60 | 0,32 | 0,05 |
| 4 | 0,13 | 0,07 | 0,00 | 0,40 | 0,34 | 0,27 |
| | Joghurt G (Glas, sauer, 0,40 DM) | Joghurt H (Glas, sauer, 0,50 DM) | Joghurt I (Glas, sauer, 0,70 DM) | Joghurt J (Glas, mild, 0,40 DM) | Joghurt K (Glas, mild, 0,50 DM) | Joghurt L (Glas, mild, 0,70 DM) |
| 1 | 0,39 | 0,23 | 0,06 | 0,83 | 0,67 | 0,50 |
| 2 | 0,83 | 0,67 | 0,50 | 0,39 | 0,23 | 0,06 |
| 3 | 0,69 | 0,41 | 0,14 | 0,55 | 0,27 | 0,00 |
| 4 | 0,66 | 0,60 | 0,53 | 0,93 | 0,87 | 0,80 |

Quelle: *Gaul/Aust/Baier*, 1995, S. 844

*Tabelle 5.13: Segmentspezifische Gesamtnutzenwerte für Joghurtprofile*

Dem Ansatz von *Kohli* und *Sukomar* (1990, S. 1464 ff.) zufolge ist die Konzeption und Vermarktung zweier Neuprodukte ratsam:

- Das Unternehmen offeriert die Ausprägungskombination **Plastik, sauer** und **0,40 DM** in den **Segmenten 2** und **3**, während das Produktprofil **Glas, mild** und **0,50 DM** zur Bearbeitung von **Segment 4** in Betracht kommt.

- Der aus diesen Aktionen resultierende Gesamtgewinn beläuft sich auf **30.000 DM** aus **Segment 2**, **15.000 DM** aus **Segment 3** und **10.000 DM** aus **Segment 1**, so daß ein **Gesamtgewinn** von **55.000 DM** entsteht.

| | Verpackung | | Geschmack | | Preis | | |
|---|---|---|---|---|---|---|---|
| | Plastik | Glas | sauer | mild | 0,40 DM | 0,50 DM | 0,70 DM |
| Deckungs-beitrag | 0,20 DM | 0,00 DM | 0,10 DM | 0,00 DM | 0,00 DM | 0,10 DM | 0,30 DM |
| Fix-kosten | 0,00 DM | 0,00 DM | 0,00 DM | 10,00 DM | 0,00 DM | 0,00 DM | 0,00 DM |

Quelle: *Gaul/Aust/Baier*, 1995, S. 845

*Tabelle 5.14: Deckungsbeiträge und Fixkosten der Merkmals-ausprägungen*

Dies unterstreicht die eingangs formulierte Vermutung, daß die Analyse einer im vorab beschränkten Menge von neuen Produktkandidaten (vgl. den Ansatz von *Green* und *Krieger*) im Vergleich zur Berücksichtigung aller möglichen Kombinationen von Merkmalsausprägungen zu einem etwas niedrigeren Zielfunktionswert führen kann.

Im Unterschied zu den beiden bislang beschriebenen Modellen geht der **Prolin**-**Ansatz** nicht von der *first choice*-**Regel** aus. Vielmehr wird das Entscheidungsverhalten der Nachfrager mittels der **BTL**-**Heuristik** modelliert. Unter dieser Bedingung lautet der **Gesamtgewinn** bei **Einführung** der Ausprägungskombination **Plastik, sauer** und **0,40 DM** 27.000 **DM** (vgl. den Ansatz von *Green* und *Krieger*). Positioniert man die Produktprofile **Plastik, sauer** und **0,40 DM** sowie **Glas, mild** und **0,50 DM** am Markt (vgl. den Ansatz von *Kohli* und *Sukumar*), ergibt sich ein **Gesamtgewinn** von **27.200 DM** (vgl. *Tabelle 5.16*).

| Seg- | Green-Krieger-Lösung | | Kohli-Sukumar-Lösung | | | |
|---|---|---|---|---|---|---|
| ment | Joghurt A (Plastik, sauer, 0,40 DM) | | Joghurt A (Plastik, sauer, 0,40 DM) | | Joghurt K (Glas, mild, 0,50 DM) | |
| | Kauf-wahrschein-lichkeit | Gesamt-gewinn | Kauf-wahrschein-lichkeit | Gesamt-gewinn | Kauf-wahrschein-lichkeit | Gesamt-gewinn |
| 1 | 0,10 | 6.280 DM | 0,09 | 5.180 DM | 0,18 | 3..510 DM |
| 2 | 0,34 | 10.180 DM | 0,31 | 9.240 DM | 0,09 | 920 DM |
| 3 | 0,27 | 4.080 DM | 0,25 | 3.710 DM | 0,09 | 450 DM |
| 4 | 0,06 | 1.820 DM | 0,04 | 1.300 DM | 0,29 | 2.890 DM |
| Gesamt | | 22.360 DM | | 19.430 DM | | 7.770 DM |

Quelle: *Gaul/Aust/Baier*, 1995, S. 848

*Tabelle 5.15: Produktgewinne nach dem Green und Krieger-Ansatz
sowie dem Kohli und Sukumar-Modell*

Bei Zugrundelegung des **Prolin-Ansatzes** ohne eine Erfassung von **Fix-kosten** liegt die **Einführung** der **beiden Produkte Plastik, sauer, 0,40 DM** und **Plastik, mild, 0,70 DM** nahe. Der **Gesamtgewinn von 39.600 DM** setzt sich aus **21.300 DM** für **Plastik, sauer** und **0,40 DM** und **18.300 DM** für **Plastik, mild** und **0,70 DM** zusammen. Die **Zielfunkti-onsdifferenz** von **12.400 DM** zur Lösung des *Kohli* und *Sukumar*-An-satzes unterstreicht die Relevanz einer **realitätsnahen Modellierung** des Entscheidungsverhaltens der Individuen im Rahmen einer **gewinnorien-tierten Produktliniengestaltung**.

Ein noch deutlicherer Unterschied tritt bei der Berücksichtigung von **Fix-kosten** zu Tage. Da der Ansatz von *Kohli* und *Sukumar* keine fixen Ko-sten erfaßt, bleibt die aus zwei Elementen (**Plastik, sauer** und **0,40 DM** sowie **Glas, mild** und **0,50 DM**) zusammengesetzte **Produktlinie** beste-hen. Der **Gewinn** fällt im *prolin*-Modell aufgrund der fixen Kosten auf **17.200 DM**. Auch im Modell von *Green* und *Krieger* kommt es zu kei-ner Veränderung des rekonstruierten Produktprofils. Dies erscheint plau-sibel, da für das Erzeugnis **Plastik, sauer** und **0,40 DM** keine fixen Kosten anfallen. Der *prolin*-Ansatz führt zu einer **Produktlinie**, die aus den Elementen **Plastik, sauer** und **0,40 DM** sowie **Glas, sauer** und **0,70 DM** besteht. Mit diesen Erzeugnissen ergibt sich immerhin noch ein **Gewinn** von **37.800 DM**.

| Segment | prolin-Lösung | | | |
|---|---|---|---|---|
| | Joghurt A (Plastik, sauer, 0,40 DM) | | Joghurt K (Glas, mild, 0,50 DM) | |
| | Kaufwahr-scheinlichkeit | Gesamt-gewinn | Kaufwahr-scheinlichkeit | Gesamt-gewinn |
| 1 | 0,09 | 5.510 DM | 0,12 | 12.260 DM |
| 2 | 0,34 | 10.180 DM | 0,00 | 0 DM |
| 3 | 0,27 | 4.010 DM | 0,02 | 450 DM |
| 4 | 0,05 | 1.620 DM | 0,11 | 5.600 DM |
| Gesamt | | 21.320 DM | | 18.310 DM |

Quelle: *Gaul/Aust/Baier*, 1995, S. 849

*Tabelle 5.16: Produktgewinne nach dem prolin-Ansatz*

## 11.6.4 Die Veränderung der Angebotspalette

### 11.6.4.1 Die Produktinnovation

#### 11.6.4.1.1 Begriff, Relevanz und Prozeß der Innovation

Das **Ersinnen** neuer **Erzeugnisse** sowie deren Entwicklung, Produktion und Vermarktung bilden den Kern der Produkt- und Programmpolitik. In Zeiten gravierender Sättigung und erheblichen Wettbewerbs besteht die zentrale Herausforderung für den Produktmanager darin, **neue** und **zugleich erfolgreiche Güter** zu schaffen. Wie *Abbildung 5.48* zeigt, kann es sich hierbei sowohl um eine **Marktneuheit** als auch eine **Unternehmensneuheit** handeln. Erstere stellt prinzipiell eine neue Problemlösung dar, die geeignet ist, eine Aufgabe auf völlig andere Weise zu bewältigen (z. B. *E-mail* gegenüber Brief) oder ein Bedürfnis zu befriedigen, für das es bislang noch **kein Konzept** gab (z. B. Navigationssystem für einen Pkw). Letztere gehört zu jenen **Innovationen**, die sich entweder nur in ihrer Äußerlichkeit oder in einer **modifizierten, meist** in einer **verbesserten** oder **erweiterten Funktionserfüllung** von bereits am Markt etablierten Erzeugnissen unterscheiden (vgl. *Brockhoff,* 1997, S. 22).

Vor dem Hintergrund dieser Ausführungen bezeichnen *Kotler* und *Bliemel* (1992, S. 532) als **Innovation** "... *jedes Produkt, jede Dienstleistung oder Idee, die jemand als neu wahrnimmt. Sie kann schon lange vorhanden sein, doch für denjenigen, der zum ersten Mal davon hört, ist sie neu ...*".

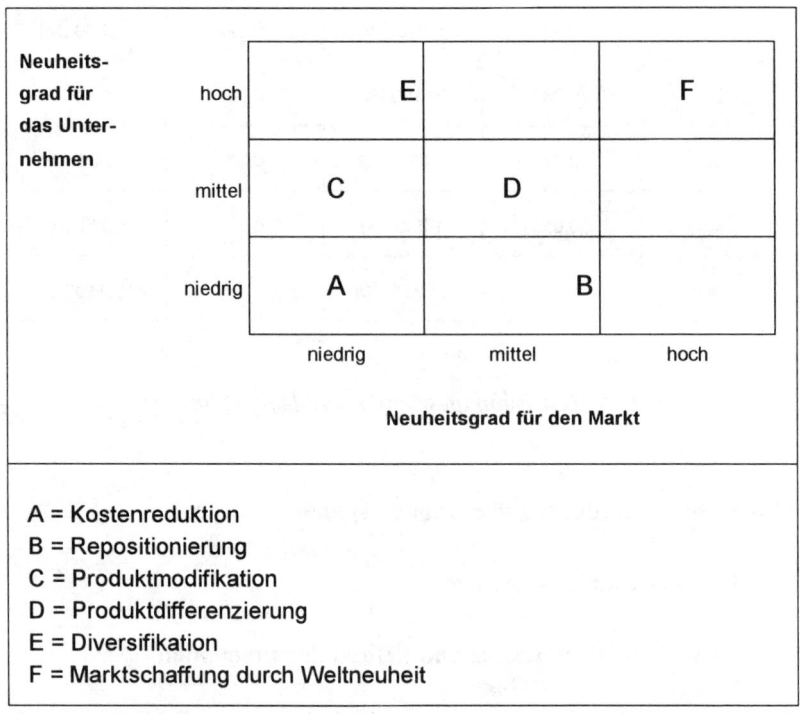

*Abbildung 5.48: Systematisierung von Innovationen*

Eine Produktinnovation geht sehr häufig mit einer **Prozeßinnovation** einher, die eine **neuartige Faktorkombination** darstellt, mit der die Herstellung eines Guts **günstiger, hochwertiger, sicherer** oder **schneller** ist (vgl. *Hauschildt*, 1997, S. 9 ff.). Dagegen berührt eine **Produktinnovation** nicht nur den Kombinationsprozeß im Unternehmen, sondern auch den Verwertungsprozeß am Markt. Während das Anliegen dieser Innovationsart darin besteht, die **Effektivität** zu steigern, zielt die Prozeßinnovation auf eine Erhöhung der **Effizienz** ab.

Die Relevanz von Produkt- und Prozeßinnovationen geht aus einer in den *USA* seit 1972 durchgeführten ***PIMS*-Studie**, die auf Zeitreihendaten von etwa 3.000 Unternehmen beruht, hervor. Durch eine Analyse dieser Daten stellten *Buzzell* und *Gale* (1989, S. 85 ff.) fest, daß neue Erzeugnisse wesentlich zur Erhöhung des Marktanteils und zur Steigerung des Umsatzes beitragen. Eine vom *Marketing Science Institute* geförderte und von *Wind* und *Mahajan* (1991, S. 4 ff.) begleitete Studie in zahlreichen Branchen brachte zu Tage, daß die analysierten Unternehmen 25% ihres Umsatzes mit Produkten erzielen, die in den letzten drei Jahren auf dem Markt eingeführt wurden. In anderen Untersuchungen lassen sich Umsatzanteile von Produkten, die nicht älter als fünf Jahre sind, von bis zu 50% nachweisen (vgl. *Cooper*, 1985, S. 179 ff.). Zu einer ähnlichen Erkenntnis gelangen Mitarbeiter von *Booz, Allen* und *Hamilton* (1982, S. 14 ff.), deren Analyse zufolge über 30% der **Gewinne** *amerikanischer* **Firmen** aus Produkten stammen, die fünf Jahre und jünger sind. Wie *Abbildung 5.49* veranschaulicht, sind haben sich die Produktlebenszyklen in wichtigen Wirtschaftszweigen erheblich vermindert.

| Branche | Zeitraum | | |
|---|---|---|---|
| | 70er Jahre | 80er Jahre | 90er Jahre |
| Anlagenbau | 13 Jahre | 11 Jahre | 9 Jahre |
| Chemische Industrie | 10 Jahre | 9 Jahre | 6 Jahre |
| Elektrotechnik | 12 Jahre | 8 Jahre | 6 Jahre |
| Fahrzeugbau | 11 Jahre | 9 Jahre | 7 Jahre |
| Informationstechnik | 11 Jahre | 8 Jahre | 5 Jahre |
| Maschinenbau | 12 Jahre | 9 Jahre | 7 Jahre |

Quelle: *Droege/Backhaus/Weiber*, 1993, S. 54

*Abbildung 5.49: Vergleich der Dauer von Lebenszyklen*

Den mit der Entwicklung, Produktion und Vermarktung eines neuen Guts verbundenen **Chancen** zur Verbesserung von Absatz, Umsatz und Gewinn stehen auch erhebliche **Risiken** gegenüber. Diese resultieren einerseits aus den enormen **Investitionen**, die für die Schaffung einer Produktinnovation erforderlich sind. Beispielsweise kostet die Konzeption eines neuen *Airbus* mit 600 Sitzplätzen voraussichtlich zwischen 8 und 15 Milliarden DM, während die **Investitionen** für einen **neuen Pkw** bei einer Milliarde DM liegen. *Abbildung 5.*50 zeigt die **Forschungs-** und **Entwicklungskosten** für ausgewählte **Speicherchip-Generationen**. Aus *Abbildung 5.*51 geht hervor, daß die durchschnittliche **Produktlebenszeit** inzwischen die durchschnittliche **Produktentwicklungszeit** in nahezu allen Sektoren **deutlich unterschreitet**.

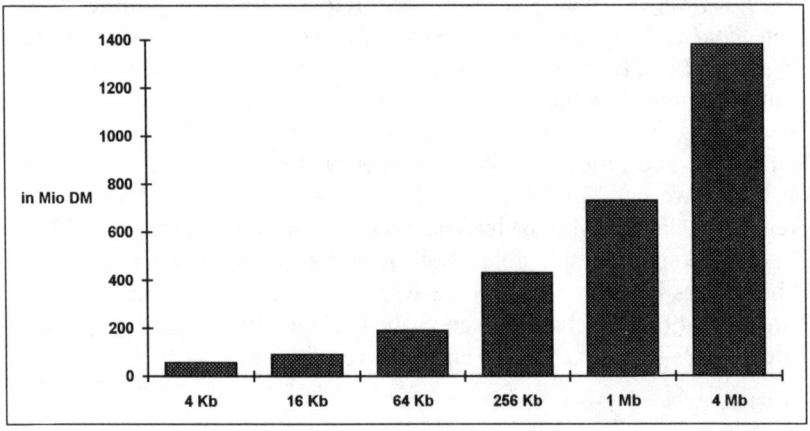

Quelle: *Maringer*, 1990, S. 427

*Abbildung 5.50: Forschungs- und Entwicklungskosten für Speicherchip-Generationen*

Andererseits ist bei der Gestaltung einer Produktinnovation mit einer sehr hohen **Flop-Rate** zu rechnen. Die Unternehmensberatung *Arthur D. Little* kommt aufgrund empirischer Untersuchungen zu dem Schluß, daß von **100 Neuproduktideen** nur aus **einer** ein **erfolgreiches Erzeugnis** entsteht. Andere Forscher berichten über branchenspezifische Flop-Raten, die um den voranstehenden Wert schwanken und sich nur dann senken lassen, wenn der interessierende Absatzmarkt beispielsweise lediglich einen Ort, eine Region oder ein Land umfaßt. Die in *Tabelle 5.17* präsentierten Flop-Raten aus ausgewählten Sektoren vermitteln eine Vorstellung über das enorme Risiko bei der Gestaltung neuer Produkte (vgl. *Brockhoff*, 1995, Sp. 981 ff., und *Sattler/Schrader*, 1995, Sp. 996 ff.).

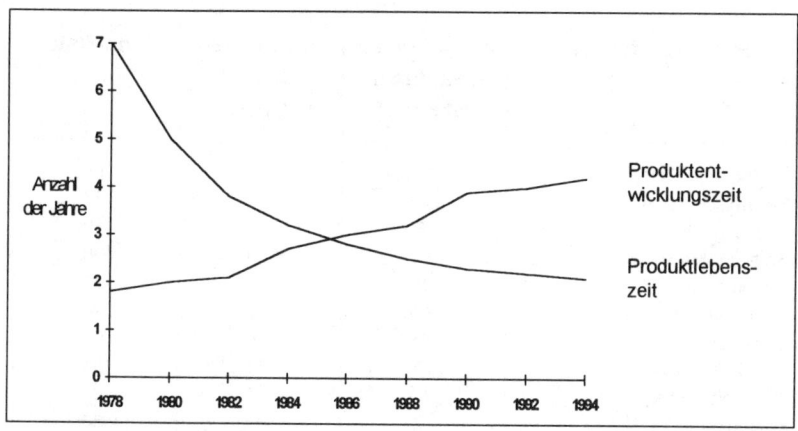

Quelle: *Bullinger*, 1989, S. 16

*Abbildung 5.51: Vergleich der Produktlebens- und -entwicklungszeit*

Die bislang geführte Diskussion verdeutlicht, daß **Produktinnovationen** für den zukünftigen Erfolg eines Unternehmens **unerläßlich sind**. Gleichwohl erfordern sie in der Gegenwart erhebliche **finanzielle** und **personelle Ressourcen**, deren Wirksamkeit in hohem Maße unsicher ist. Neben Investitionen in Forschung und Entwicklung sind vor allem auch Anstrengungen zur Anpassung des Beschaffungs- und Produktionsprozesses, zur Schaffung neuer Maschinen und Werkzeuge sowie zur Erfassung der Marktgegebenheiten zu unternehmen. *Tabelle* 5.18 zeigt, daß **mit jeder weiteren Stufe** im Rahmen des **Produktgestaltungsprozesses** die Kosten überproportional ansteigen. Gelingt die erfolgreiche Produkteinführung, bleibt trotzdem die Gefahr, daß die Produktlebenszeit zur Wiedergewinnung der Investitionskosten nicht ausreicht.

In Anbetracht der großen Bedeutung aber auch der beachtlichen Schwierigkeiten von Innovationen erscheint ein organisatorisch verankertes, mit Methoden und Kompetenz ausgestattetes **Innovationsmanagement** unerläßlich. Diese unternehmerische Einheit **initiiert**, **plant**, **steuert** und **kontrolliert** alle bei der Gestaltung eines Erzeugnisses relevanten Prozesse von der **Ideengenerierung** bis zur **Produkteinführung**. Auf diese Weise bleibt die Entstehung von erfolgreichen Neuprodukten nicht dem Zufall überlassen, sondern bildet das Resultat einer systematischen Vorgehensweise, an der zahlreiche betriebliche Instanzen beteiligt sind. Hierbei ist es zwingend erforderlich, daß Marketing, Forschung und Entwicklung sowie Produktion eine Kooperation eingehen, die **frei** von **Egoismen** und **persönlichen Animositäten** ist.

| Produktkategorie | Anzahl neuer Produkte im Jahr 1980 | Davon 1984 nicht mehr im Ordersatz | Flop-Rate in % |
|---|---|---|---|
| Alkoholfreie Getränke | 34 | 30 | 88 |
| Backmischungen | 7 | 4 | 57 |
| Bier | 5 | 4 | 80 |
| Brot- und Backwaren | 41 | 39 | 95 |
| Brotaufstrich | 15 | 14 | 93 |
| Diätische Nahrungsmittel | 59 | 53 | 90 |
| Fertiggerichte | 51 | 46 | 90 |
| Gewürze, Saucen | 101 | 81 | 81 |
| Haushaltsartikel | 81 | 71 | 88 |
| Hygieneartikel | 7 | 6 | 86 |
| Käse | 26 | 17 | 65 |
| Kosmetika | 43 | 33 | 77 |
| Konserven (Obst, Gemüse) | 32 | 31 | 97 |
| Konserven (Fleisch, Wurst) | 44 | 43 | 98 |
| Milchprodukte | 94 | 76 | 81 |
| Nährmittel | 66 | 55 | 83 |
| Pflanzenpflege | 4 | 3 | 75 |
| Sekt | 9 | 8 | 89 |
| Speiseeis | 33 | 19 | 58 |
| Speisefette | 5 | 4 | 80 |
| Spirituosen | 56 | 53 | 95 |
| Süßwaren | 56 | 49 | 88 |
| Suppen in Dosen | 48 | 42 | 88 |
| Tabakwaren | 4 | 3 | 75 |
| Tee | 43 | 42 | 98 |
| Tiefkühlkost | 42 | 32 | 76 |
| Tiernahrung | 11 | 7 | 64 |
| Wasch- und Reinigungsmittel | 12 | 8 | 67 |
| Wein | 56 | 53 | 95 |
| Wurst- und Fleischwaren | 49 | 39 | 80 |
| Gesamt | 1134 | 985 | 85 |

Quelle: *Becker*, 1993, S. 512

*Tabelle 5.17: Flop-Raten bei Neuprodukten*

Im Sinne einer Überschaubarkeit zentraler Herausforderungen an das Innovationsmanagement ist es hilfreich, die Produktgestaltung in vier Phasen zu unterteilen: **Generierung** von Ideen und Konzepten, **Prüfung** und **Auswahl** interessanter Ideen und Konzepte, **Test** der erfolgversprechenden Ideen und Konzepte sowie **Einführung** eines Produkts.

- Zur **Generierung** von **Produktideen** und **-konzepten** kommt eine Analyse von Nachfragerbedürfnissen und Wettbewerberaktivitäten in Betracht. Auch bietet sich an dieser Stelle der Einsatz von Kreativitätstechniken an.

| Produktgestaltungs-phase | Anzahl Pro-duktideen | Ausschei-dungsquote | Kosten pro Produktidee | Gesamt-kosten |
|---|---|---|---|---|
| • Ideenauswahl | 64 | 1 : 4 | $ 1000 | $ 64000 |
| • Konzepterprobung | 16 | 1 : 2 | $ 20.000 | $ 320.000 |
| • Produktgestaltung | 8 | 1 : 2 | $ 200.000 | $ 1.600.000 |
| • Markterprobung | 4 | 1 : 2 | $ 500.000 | $ 2.000.000 |
| • Produkteinführung | 2 | 1 : 2 | $ 5.000.000 | $ 10.000.000 |
| Gesamt | | | $ 5.721.000 | $ 13.984.000 |

Quelle: *Kotler/Bliemel*, 1995, S. 506

*Tabelle 5.18: Kosten eines Produktgestaltungsprogramms*

- Mittels Bewertungsmatrizen sowie Profil-, Werteskala- oder Punktwertmethoden und den Verfahren der Investitions- und Kostenrechung lassen sich die **Produktideen** und **-konzepte prüfen** und besonders erfolgversprechende **auswählen**.

- Jene **Produktideen** und **-konzepte**, die in den Augen des Produktmanagers als sehr erfolgversprechend einzustufen sind, müssen sich im Rahmen umfassender Produkt- und Markttests in ausgewählten Testregionen bewähren.

- Alle **Produktideen** und **-konzepte**, die bei den durchgeführten Tests besonders gut abschneiden, sind, sofern Überlegungen im Hinblick auf ihre Diffusion und die Ausrichtung des Unternehmens nicht dagegen sprechen, Kandidaten für ein Neuprodukt.

### 11.6.4.1.2 Generierung von Produktideen und -konzepten

Grundsätzlich entspringen Ideen für neue Erzeugnisse zwei Quellen: **Externe**, wie Nachfrager, Wettbewerber oder Berater, sowie **interne**, wie Mitarbeiter (vgl. *Abbildung 5.52*).

Ein beachtliches, selten jedoch ausgeschöpftes Potential neuer Produkt-ideen steckt in den **Köpfen** der **Beschäftigten**. Gerade die Mitarbeiter im Kundendienst sind in der Lage, Auskunft über die Anwendungsprobleme eines Produkts und das Verwendungsverhalten der Abnehmer zu erteilen. Darüber hinaus trägt das **betriebliche Vorschlagswesen** dazu bei, das Innovationspotential des Unternehmens zu aktivieren und zu kanalisieren.

**Konkurrenzprodukte**, die zum Beispiel auf Messen und Ausstellungen besichtigt werden können, das **Studium** von **Patentschriften** sowie die **Auswertung** von **Forschungsergebnissen** vermitteln bedeutsame Anre-gungen. Außerdem bedarf es einer systematischen **Sammlung** und **Ana-lyse** von **Neuproduktankündigungen** und einer **Registrierung** der **For-schungs**- und **Entwicklungstätigkeiten** der **Wettbewerber**.

| Quellen für Produktideen | | | |
|---|---|---|---|
| Interne Quellen | Externe Quellen | | |
| | Kunden | Wettbewerber | andere Quellen |
| • Beschwerde-<br>  abteilung<br>• Betriebliches<br>  Vorschlagswesen<br>• F&E-Abteilung<br>• Designabteilung<br>• Kundendienst<br>• Verkäuferstab | • Endabnehmer<br>• Großhandel<br>• Einzelhandel<br>• Lieferanten | • Ausstellungen<br>  und Messen<br>• Produkte in ande-<br>  ren Branchen<br>• Neuproduktan-<br>  kündigungen<br>• Forschung und<br>  Entwicklung | • Ministerien<br>• Marktforschungs-<br>  gesellschaften<br>• Unternehmens-<br>  beratungen<br>• Werbeagenturen<br>• Wirtschafts-<br>  verbände |

*Abbildung 5.52: Quellen für Produktideen*

Neben einer umfassenden Analyse der Wünsche und Vorstellungen der tatsächlichen und potentiellen Käufer erscheint es ratsam, häufige **Rekla-mationen**, wiederkehrende **Reparaturen** und die in Anspruch genom-menen **Garantiezusagen** auszuwerten. Auch ist auszuloten, ob und in-wieweit die Möglichkeit besteht, Individuen in die **Sammlung** und **Ent-wicklung** von **Produktideen** einzubeziehen.

Zur **Generierung** von **Produktideen** greifen Produktmanager neben den genannten Quellen auf **kreative Techniken** zurück. **Kreativität** bezeich-net einen **mentalen Prozeß** des **schöpferischen Denkens**, bei dem die

Erfahrungen und Vorstellungen der Teammitglieder vor dem Hintergrund eines bestimmten Problems eine angemessene Lösung ermöglichen.

Die Relevanz von **Kreativitätstechniken** resultiert aus dem Sachverhalt, daß Produktideen nicht nur aus sachlogischen Überlegungen resultieren. Vielmehr vermögen kreative Ansätze die **Denkmechanismen zu bereichern, einengende Denkmuster** zu **überwinden** und **Synergieeffekte** aus Teamarbeit zu **erzielen**. (vgl. *Schlicksupp*, 1995, Sp. 1289 ff.).

In der Literatur findet sich eine kaum überschaubare Anzahl von **Kreativitätstechniken**, die alle den Anspruch erheben, Ideen bezüglich neuer Produkte oder Produktmodifikationen zu generieren. Entsprechend der Art ihrer Vorgehensweise lassen sich **intuitiv-kreative Methoden** und **systematisch-logische Verfahren** voneinander unterscheiden.

**(1) Intuitiv-kreative Methoden**

Diese Ansätze zielen darauf ab, die **spontanen** und **intuitiven Eingebungen** offenzulegen. Die Produktion von Ideen erfolgt in der Regel als gruppendynamischer Prozeß, um auf diese Weise das Kreativitätspotential jedes Teilnehmers auszuschöpfen.

Beim *brainstorming* besteht das Team aus maximal **acht Teilnehmern**, die unterschiedliche betriebliche Funktionsbereiche vertreten, sehr qualifiziert sind und auf der gleichen hierarchischen Ebene stehen. Das *brainstorming* dauert etwa 60 Minuten und produziert Rohideen, die anschließend auszuarbeiten und zu präzisieren sind.

Diese auf *Osborn* (1953, S. 16 ff.) zurückgehende Technik basiert auf einer Reihe von Regeln, mit denen sich die für Gruppenarbeit typischen Konflikte ausschalten lassen:

- Jede sachliche und persönliche Wertung muß unterbleiben. Die Phase der Ideenfindung ist konsequent von der Phase der Ideenbewertung zu trennen.

- Alle Teilnehmer sollen die Bereitschaft zeigen, Ideen der anderen aufzugreifen und weiterzuentwickeln.

- Alle Ideen sind willkommen, insbesondere ist auch hypothetisches und spekulatives Denken erwünscht.

- Um einige gute und neue Produktideen zu gewinnen, sind möglichst viele Geistesblitze zu generieren.

Bei der **Methode 636**, häufig auch als *brainwriting* beschriebenes Verfahren, schreiben **sechs Teilnehmer** jeweils **drei Ideen** in **fünf Minuten** auf. Die Aufzeichnungen wandern reihum, bis jedes Mitglied die Ideen aller anderen der Arbeitsgruppe kennt. Dieser Technik liegt die Vorstellung zugrunde, daß sich die Teilnehmer **wechselseitig anregen** und die Vorschläge der anderen erweitern und variieren. Im Idealfall ergeben sich bei diesem Ansatz insgesamt 108 (= 6 · 18) Ideen.

Als Ansatz mit beachtlichem kreativen Potential gilt die **Synektik**, deren **Prinzip** in einer **schrittweisen Verfremdung** eines **Ausgangsproblems** besteht. Dabei bildet der Marktforscher Analogien zu anderen Lebensbereichen und nimmt nach mehreren Stufen die Rückbesinnung auf das ursprüngliche Anliegen vor. Auf diese Weise entstand die **Wirbelknochenantenne**, die sehr hoch ist und sich sehr schnell aufrichten und zusammenlegen läßt. Die damit befaßten Personen erinnerten sich an die **Wirbelsäule** eines **Dinosauriers**, die **lang** und **elastisch** war und es diesem Tier erlaubte, sich aufzurichten.

**(2) Systematisch-logische Verfahren**

Neue Produktideen lassen sich auch auf dem Wege einer **systematischen Analyse** bereits existierender Erzeugnisse generieren. Bei diesem **morphologischen Ansatz** geht es um die Konfiguration von bekannten Produktbausteinen zu neuen Gebilden.

Einen weit verbreiteten Ansatz dieser Art bildet der **morphologische Kasten**. Hierbei ist das interessierende Produkt (z. B. Uhr) zunächst in seine Merkmale (z. B. Motor, Anzeige, Energiequelle und Energiespeicher) zu unterteilen. Für jedes Merkmal (z. B. Motor) lassen sich daraufhin zahlreiche Ausprägungen (z. B. Federmotor, Elektromotor und hydraulischer Motor) ersinnen (vgl. *Abbildung* 5.53). Diese können schließlich zu ganz neuen und kreativen Erzeugnissen kombiniert werden. Beispielsweise ist eine Uhr vorstellbar, die aus den Komponenten Aufzug von Hand, Feder, Federmotor, Fliegkraftregler, Kettengetriebe und Wendeblätter besteht.

### 11.6.4.1.3 Prüfung und Auswahl von Produktideen und -konzepten

Das Anliegen der **Ideenanalyse** besteht darin, die **Spreu vom Weizen** zu trennen, also die erfolgversprechenden Ideen von jenen zu separieren, die nur geringe Erfolgsaussichten aufweisen. Nach einer Vorauswahl, die der **Elimination** aller **nicht realisierbaren Produktkonzepten** dient, kommen *scoring*-**Modelle** zur **Ideenselektion** zum Einsatz. Diese Ansätze zeichnen sich dadurch aus, daß sie eine mehrdimensionale, auf mehreren Kriterien basierende **Beschreibung** und **Auswahl** der **vorliegenden Alternativen** erlauben. Hierbei formulieren alle an der Produktgestaltung

| Funktions-element | Bekannte und mögliche Lösung | | |
|---|---|---|---|
| Energiequelle | Aufzug von Hand | Starkstrom-netz | Temperatur-schwankungen |
| Energiespeicher | Angehobene Gewichte | Feder | Akkumulator |
| Motor | Federmotor | Elektromotor | Hydraulischer Motor |
| Geschwindigkeits-regler | Fliehkraftregler | Hippscher-Pendel | Netzfrequenz |
| Getriebe | Zahnradgetriebe | Kettengetriebe | Magnet-getriebe |
| Anzeige | Zeiger und Zifferblatt | Rollen und Fenster | Wendeblätter |

Quelle: *Nieschlag/Dichtl/Hörschgen*, 1997, S. 266

*Abbildung 5.53: Morphologischer Kasten für eine Uhr*

beteiligten Mitarbeiter unterschiedlicher Abteilungen relevante Kriterien, zum Beispiel benötigtes Investitionsvolumen, technische Realisierbarkeit und rechtliche Beschränkungen. Diese Dimensionen lassen sich mit einem **Gewicht** versehen, das deren **relative Bedeutung** bei der Auswahl einer Produktidee widerspiegelt. Diesen Gewichten stellt der Marktforscher **Koeffizienten** gegenüber, aus denen die Ausprägungen der zu bewertenden Alternative beim jeweiligen Kriterium hervorgehen. Die Multiplikation der Koeffizienten mit den entsprechenden Gewichten und deren **Addition** ergeben einen **Index**, der die **Tauglichkeit** der **Produktidee** ausdrückt.

*Tabelle* 5.19 zeigt ein *scoring*-Modell, aus dem hervorgeht, daß das zu prüfende Produktkonzept durchaus zufriedenstellend abschneidet. Aus einem Vergleich der **Gesamtzahlen** aller **analysierten Produktideen**, ergeben sich Anhaltspunkte für die **unmittelbare Elimination** beziehungsweise **weitere Verfolgung** eines **Produktkonzepts**.

Alle Produktideen, die diesen **Selektionsprozeß überstehen**, unterzieht der Produktmanager einer konzeptionellen Analyse. Auf der Basis des in Kapitel 9.3.1 dargestellten *quality function deployment*-Ansatzes ist sicherzustellen, daß das Erzeugnis alle Merkmale und Ausprägungen aufweist, die aus der Perspektive der Nachfrager relevant sind. Auch liefert das in Abschnitt 8.3.2 erläuterte *conjoint measurement* bedeutsame Hinweise für eine den Wünschen und Vorstellungen der Nachfrager entsprechende Gestaltung eines Guts.

| Beurteilungskriterien | Punkte 1 bis 10 | Relatives Gewicht | Gewichtet Punktzahl |
|---|---|---|---|
| • Technisch realisierbar | 5 | 0,10 | 0,50 |
| • Investitionsvolumen | 6 | 0,10 | 0,60 |
| • Kundennutzen sichtbar | 4 | 0,05 | 0,20 |
| • Neue Käuferschichten | 5 | 0,05 | 0,25 |
| • Kooperation mit Handel | 8 | 0,15 | 1,20 |
| • Aktionen der Konkurrenz | 6 | 0,05 | 0,30 |
| • Umweltverträglichkeit | 7 | 0,15 | 1,05 |
| • Konjunkturelle Einflüsse | 3 | 0,05 | 0,15 |
| • Rechtliche Beschränkungen | 6 | 0,20 | 1,20 |
| • Wettbewerbsvorteil erzielen | 4 | 0,10 | 0,40 |
| **Gesamtzahl** | | 1,00 | 5,85 |

Bewertungsskala:　0,0 - 3,0 = schlecht
　　　　　　　　　3,1 - 7,0 = mittel
　　　　　　　　　7,1 - 10 = gut

*Tabelle 5.19: Beispiel für ein Punktbewertungsverfahren*

Hierbei ist insbesondere die Frage nach den **Chancen** und **Risiken** der ausgewählten Produktideen am Absatzmarkt zu beantworten. Dieses Anliegen konkretisiert sich in Fragen der folgenden Art:

• Welche bereits existierenden Erzeugnisse sind Konkurrenten für das Neuprodukt?

• Welche unterschiedlichen Nachfragergruppen lassen sich im Markt ausmachen?

- Welche eigenen Güter sind von der Markteinführung des neuen Erzeugnisses betroffen?

- Welche Produktmerkmale sind im jeweiligen Marktsegment die Nutzentreiber?

- Welches Nutzenversprechen ist in den Augen der Nachfrager mit dem Neuprodukt verbunden?

- Wie reagieren der Handel und die Presse auf das vom Unternehmen offerierte neue Gut?

Der Vorgang zur Spezifikation des Produktkonzepts besteht aus drei Elementen:

- eine **Gruppendiskussion**, die nach einer Präsentation der Produktkonzepte und deren Abschneiden zum Beispiel im Rahmen einer *conjoint*-Analyse, Aufschluß über die Erfolgsaussichten des Vorhabens erteilt,

- eine **ergänzende Einschätzung** durch die **tatsächlichen** und **potentiellen Nachfrager** und

- gegebenenfalls eine **Überprüfung** des **Verhaltens** der Personen, wobei die Probanden die Aufgabe erhalten, zwischen Konzepten, Konkurrenzprodukten und Geld zu wählen.

Ein bekanntes Beispiel dieser Konzeptspezifikation sind *car clinics*, die bei der **Entwicklung** und **Vermarktung** von **Automobilen** eine große Rolle spielen. Hierbei handelt es sich um Veranstaltungen, bei denen bis zu 1.000 Individuen neue Modelle vorgestellt werden. In Abhängigkeit des Entwicklungsstands bietet man die Konzepte auf Bildern, als Holz- beziehungsweise Plastikmodelle oder als Prototypen dar. Dabei ist zum Beispiel zu überprüfen, ob der Hersteller erkannt wird, wie man das *styling* empfindet und wie die neuen Materialien anmuten.

In der Analysephase geht es auch um die Bewertung der **verbleibenden Produktkonzepte** unter dem Aspekt der **Wirtschaftlichkeit**. Da mit der Schaffung und der Einführung eines neuen Produkts **Ein-** und **Auszahlungen** verbunden sind, bietet es sich an, die Methoden der **Investitionsrechnung** einzusetzen. Die Aussagekraft solcher Ansätze hängt jedoch entscheidend davon ab, inwieweit es gelingt, die Entwicklung der Faktorkosten und des Produktpreises sowie das Marktwachstum und die Marktanteilsveränderung einzuschätzen.

*Tabelle* 5.20 zeigt die Vorgehensweise zur Berechnung der mit einem Produkt verbundenen **Zahlungsreihen**. Bei einem **Kapitalwert**, der die Zahl Null übersteigt, erscheint das Vorhaben aus **finanzwirtschaftlicher Sicht** vorteilhaft. Im umgekehrten Fall legt das finanzwirtschaftliche Kalkül den Ratschlag nahe, von der Entwicklung und dem Absatz des Produkts abzusehen.

Ein Ansatz zur mehrdimensionalen Untersuchung eines Investitionsprojekts bildet die **Nutzwertanalyse**. Hierbei lassen sich neben dem **Kapitalwert weitere Kriterien** zur Beurteilung der Alternativen berücksichtigen. In Analogie zu *scoring*-Modellen bedarf es jedoch einer Festlegung von **relevanten Kriterien** und der **Einschätzung** bezüglich der **Ausprägungen** der zu **bewertenden Objekte** bei diesen **Kriterien** durch den

| Kriterium | Zahlungsreihe | | | | | |
|---|---|---|---|---|---|---|
| | Jahr 0 | Jahr 1 | Jahr 2 | Jahr 3 | Jahr 4 | Jahr 5 |
| • Investitionen für F&E<br>• Investitionen für Produktion und Absatz | 100.000 DM | 200.000 DM | | | | |
| • Absetzbare Stückzahl | | | 10.000 | 16.000 | 20.000 | 8.000 |
| • Erzielbarer Stückpreis (zahlungswirksam) | | | 15 DM | 16 DM | 16 DM | 17 DM |
| • Variable Kosten (zahlungswirksam) | | | 6 DM | 5 DM | 4 DM | 3 DM |
| • Fixe Kosten (zahlungswirksam) | | | 30.000 DM | 30.000 DM | 30.000 DM | 30.000 DM |
| • Einzahlungen | | | 150.000 DM | 256.000 DM | 320.000 DM | 136.000 DM |
| • Auszahlungen | | | 90.000 DM | 110.000 DM | 110.000 DM | 54.000 DM |
| • Einzahlungsüberschuß | -100.000 DM | -200.000 DM | 60.000 DM | 146.000 DM | 210.000 DM | 82.000 DM |
| Kapitalwert bei einem Zinssatz von 8% ≈ 92.000 | | | | | | |

*Tabelle 5.20: Beispiel für eine Investitionsrechnung*

Marktforscher. Bei zahlreichen Anwendungen stellte es sich heraus, daß die beteiligten Individuen zunächst das präferierte Produktkonzept identifizieren und danach jene Kriterien bestimmen, die die Wahl der favorisierten Variante begünstigen. Auf Grund dieser **markanten subjektiven Färbung** des **Untersuchungsergebnisses** sind Anwender dazu übergegangen, die Nutzwertanalyse nur in Zusammenarbeit mit neutralen Mittlern (z. B. Beratern) einzusetzen.

Liegen bereits Kostendaten vor, so lassen sich auch die Verfahren der **Kostenrechnung** heranziehen, wie die Deckungsbeitragsrechnung und die *break even*-Analyse. Das erste Verfahren vermittelt vor dem Hintergrund des Stückdeckungsbeitrags Hinweise für preispolitische Optionen. Die zweite Methode liefert eine Vorstellung über jene Absatzmenge, die zur Deckung aller Kosten eines Produkts erforderlich ist.

### 11.6.4.1.4 Test der Produktideen und -konzepte

Produktideen, die die Testphase erreichen, sind **bereits mehrfach modifiziert worden**. Gleichwohl steht ihnen die eigentliche Bewährungsprobe noch bevor. Sie müssen in ihrer endgültigen Beschaffenheit auf **Akzeptanz** bei den **Nachfragern** stoßen und auch unter **wirtschaftlichen Gesichtspunkten** erfolgreich sein. So schätzt man, daß von 1.000 ursprünglich generierten Produktideen letztlich nur noch eine einzige zu einem erfolgreichen Erzeugnis wird (vgl. *Brockhoff*, 1993, S. 194 ff.).

Da die Entwicklung und Vermarktung eines Produkts erhebliche Marketinganstrengungen erfordert, sind Unternehmen bestrebt, in jeder Phase der Produktgestaltung dessen Erfolgsträchtigkeit zu überprüfen. Dies hat zur Folge, daß ein Unternehmen gegebenenfalls ein bereits sehr weit verfolgtes Produktkonzept aufgeben muß. Um Probleme dieser Art zu lösen, kommen eine Reihe von Tests, wie **Produkt-** und **Konzepttests**, *store-* und **Markttests** sowie **Testmarktverfahren**, zum Einsatz.

### (1) Produkt- und Konzepttests

Der **Produkttest** beinhaltet eine Überprüfung der **Anmutungs-** und **Verwendungseigenschaften** eines in der Regel am Markt noch nicht erhältlichen Erzeugnisses. Vor allem interessiert die Wirkung des Guts beziehungsweise einzelner Komponenten, wie Farbe, Form und Material, auf die Probanden. Der Marktforscher zielt darauf ab, von **kaufentscheidungsrelevanten** Größen, wie Einstellungen und Präferenzen, auf den **Markterfolg** zu schließen.

Beim **Konzepttest** gilt das Augenmerk den Reaktionen der Auskunftspersonen auf eine verbal oder schriftlich präsentierte Idee, eine Modelldarstellung oder ein Funktionsmuster. Die Bauzeichnung sowie das Holz-, Gips- oder Korkmodell eines Pkw bilden Beispiele für die beim Konzepttest vorgelegten Objekte.

Demgegenüber verkörpert beim **Partialtest** ein reales Produkt den Gegenstand der Beurteilung. Kennzeichnend ist die isolierte Bewertung einzelner **Produkteigenschaften**, wie Innenraumgestaltung beim Fahrzeug oder Verpackungsdesign bei Kosmetika, durch die Auskunftspersonen. Beim **Substitutionsverfahren** werden einzelne Merkmale gegeneinander ausgetauscht, während man beim **Eliminationsverfahren** sukzessive Attribute streicht bis das anonymisierte Erzeugnis mit seiner Grundfunktion beziehungsweise seinem Grundnutzen übrig bleibt. Lassen sich die Marke und andere charakteristische Eigenschaften nicht mehr erkennen, unterliegt das Erzeugnis einem **Blindtest**. Eine Erfassung der Äußerungen und Verhaltensweisen der Probanden läßt Rückschlüsse auf die marketingpolitische Wirkung der verschiedenen Produktkomponenten zu.

Einige Autoren unterscheiden auch zwischen **Kurztests**, bei denen lediglich die Anmutung von Belang ist, und **Langtests**, die der Testperson die Gelegenheit eröffnen, das Neuprodukt über einen bestimmten Zeitraum zu verwenden.

### (2) *store*- und Markttests

Als *store*-**Test** läßt sich der **probeweise Verkauf** von **Produkten** unter **kontrollierten Bedingungen** in **ausgewählten Handelsgeschäften** beschreiben. Im Mittelpunkt steht die Analyse des **Verhaltens** der **Nachfrager** am *point of sale* unter **realen Bedingungen**. Zahlreiche Marktforschungsgesellschaften unterhalten *store*-Test-Panels, die sich vor dem Hintergrund des Untersuchungszwecks auswählen lassen. Neben den Reaktionen der Nachfrager beim Kaufakt liefert ein Test dieser Art auch Aufschluß über Verbundeffekte zwischen Produkten und Reaktionen der Individuen im Laden.

Der Vorzug des *store*-Tests besteht in einer **kostengünstigen** und **sehr schnellen** Sammlung von Marktdaten. Allerdings ist zu bedenken, daß keine Informationen über die Merkmale der Käufer, deren Motivation und Verhalten sowie über die Kaufentscheidungsprozesse vorliegen.

Beim **Markttest** steht der **probeweise Verkauf** von **Erzeugnissen** unter **kontrollierten Bedingungen** in einem **begrenzten Markt** im Mittelpunkt. Außerdem kommen alle marketingpolitischen Instrumente, wie Preis, Werbung und Distribution, im vollen Umfang zum Einsatz. Hieraus ergeben sich Hinweise auf die Marktgängigkeit eines Produkts sowie auf die **Wirksamkeit** der **einzelnen absatzwirtschaftlichen Maßnahmen**. Die Zwecke des Markttests liegen auf der Hand:

- Zunächst dient der Test dazu, die Aussichten des umrissenen Marktkonzepts auf dem Gesamtmarkt einzuschätzen.

- Auch läßt sich der Vollzug bestimmter absatzwirtschaftlicher Maßnahmen im einzelnen überprüfen.

- Schließlich kommen Markttests dazu in Betracht, alternative Produktkonzepte gegeneinander abzuwägen.

An einen Testmarkt, in dem der Markttest durchzuführen ist, sind die folgenden Anforderungen zu stellen:

- Der Testmarkt muß die Struktur des Gesamtmarkts insbesondere im Hinblick auf die Nutzenvorstellungen der Nachfrager repräsentieren.

- Die Mediastruktur im Testmarkt soll der im Gesamtmarkt hinreichend genau entsprechen.

Daneben entscheiden weitere Kriterien, wie die Bereitschaft des **Handels** zur **Mitarbeit** und eine möglichst große **Isolation** des **Verkaufsgebiets**, über die Eignung des Testmarkts.

Diese **Gesichtspunkte** determinieren zusammen mit dem **Anliegen** der **Untersuchung** die **Anzahl** der **Testmärkte** und deren **jeweilige Größe**. Außerdem ist vorab zu klären, inwieweit **Sonderanalysen**, zum Beispiel Befragung der Nachfrager über Kaufmotive, Kaufanlässe und Verwendungszwecke, hilfreich sind. Ungeachtet dieser Vorteile weist der Markttest jedoch auch einige Probleme auf:

- Es besteht die Gefahr, daß ein Anbieter die typischen Testgebiete, wie das Saarland oder Berlin, **übertestet**. Die Händler, die Wettbewerber und die Verbraucher verhalten sich **nicht normal** und verzerren das Testresultat.

- Je kleiner der Testmarkt ist, desto größer sind die **Streuverluste** beim Einsatz von **Werbung**. Ein Ausweichen auf regionale Zeitungen, Anzeigenblätter und Plakatanschlagstellen entspricht jedoch nicht den später wirksamen Gegebenheiten.

- Ein über mehrere Wochen oder Monate andauernder Test läßt sich vor den **Konkurrenten nicht verbergen**. Damit wissen diese um das zu überprüfende Marketingkonzept und das Testprodukt.

- Außerdem können Wettbewerber den Testablauf durch beispielsweise **niedrige Preise** oder **verstärkte Werbeaktivitäten stören**. Auch neigen einige Firmen dazu, alle Marketingaktivitäten zurückzunehmen, damit das Testprodukt des Konkurrenten besser abschneidet als unter regulären Bedingungen.

## (3) Testmarktersatzverfahren

Als **Testmarktersatzverfahren** stehen **Mini-Testmärkte** und **Labortestmärkte** zur Verfügung, die unter weitgehender Ausschaltung der Schwierigkeiten regulärer Testmärkte **vergleichende Einsatzmöglichkeiten** bieten.

**Mini-Testmärkte** liefern Auskunft über die **Bereitschaft** der Mitglieder eines Panels in einer möglichst **realen Umfeldsituation** das **interessierende Produkt nachzufragen**. Dazu liegen die zu testenden Erzeugnisse in einer bestimmten Anzahl von Geschäften bereit, aus deren Käuferkreis die Panel-Mitglieder stammen. Mit Hilfe von **Erkennungscodes** der **Panel-Mitglieder** und **Artikelnummern** für die **Produkte** lassen sich relevante Informationen über Scannerkassen erfassen. Die Probanden erhalten kostenlos eine Programmzeitschrift, in der die Werbeanzeigen für das Testprodukt zu sehen sind. Darüber hinaus sind auch Einblendungen von Test-Werbespots in das laufende Fernsehprogramm denkbar. *Abbildung 5.54* zeigt die Grundstruktur des **GfK-Behaviors*Scan***, das als ein sehr weit entwickelter Mini-Testmarkt gilt.

Kennzeichnend für einen **Labortestmarkt** ist der Sachverhalt, daß die Datenerhebung nicht im realen Markt, sondern im **künstlichen Studio** erfolgt. Dabei simuliert der Marktforscher den **Prozeß** der **Wahrnehmung**, **Präferenzbildung** und **Kaufentscheidung** für ein **neues Produkt**. Die **marketingpolitischen Aktionen** der anderen Anbieter sowie alle werbe-, preis- und distributionspolitischen Optionen des testenden Unternehmens bleiben ausgeschlossen. Hierbei erhalten die Probanden alle relevanten Güter zur Ansicht, um über das interessierende Erzeugnis zu entscheiden. Im Mittelpunkt des Labortestmarkts steht die Schätzung des Marktanteils beziehungsweise der abzusetzenden Menge mittels mathematisch-statistischer Methoden.

Aus **Labortestmärkten** stammende Werte lassen sich üblicherweise als **simulierte**, in **Test-** und **Minitestmärkten** erhobene Informationen als **reale Kaufdaten** bezeichnen. In beiden Fällen bilden **Durchdringungs-** und **Wiederkaufmodelle** die Basis für die Prognose des Marktanteils.

In **Durchdringungsmodellen** wird die Anzahl der Käufer, die das Testprodukt zum ersten Mal erwerben, in der Regel als von der Zeit abhängig angesehen. Somit bilden sie **zeitabhängige Marktreaktionsfunktionen**, die die kumulierte Anzahl der Erstkäufer in Abhängigkeit der Zeit darstellen. Dabei strebt der **Kurvenverlauf** auf den **Grenzwert** der **Markt-durchdringung** zu.

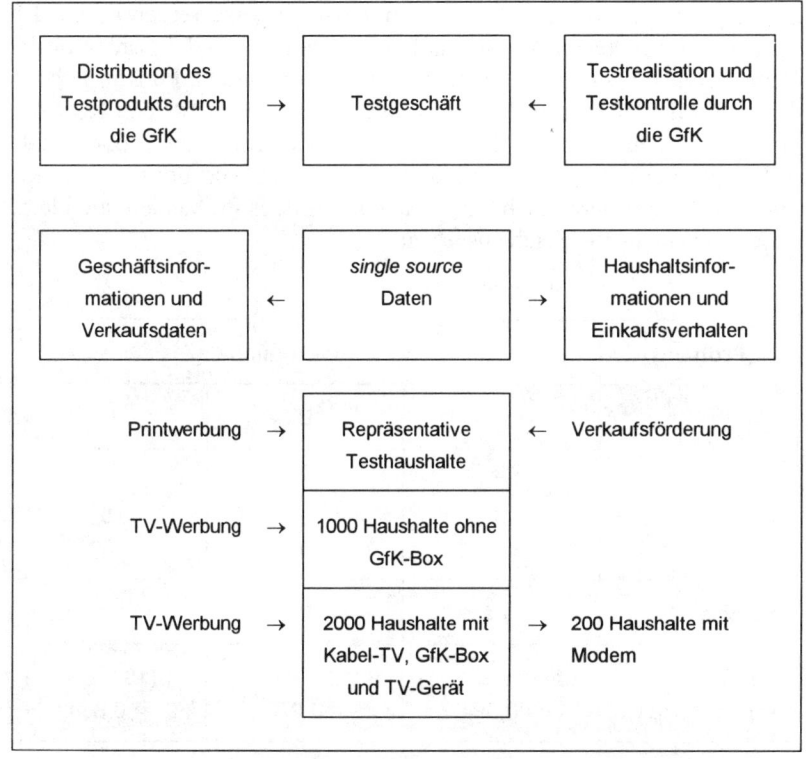

*Abbildung 5.54: Grundstruktur des GfK-BehaviorsScan*

Mit **Wiederkaufmodellen** versucht man, das Volumen der Wiederkäufer zu bestimmen. Hierbei fungiert das Ergebnis der Durchdringungsmodelle als Ausgangspunkt für die **Volumenschätzung**. Neben dem *Tesi*-**Modell** ist das *Assessor*-**Modell** der bekannteste Ansatz dieser Art:

*Silk* und *Urban* (1978, S. 171 ff.) bestimmen mit ihrem *Assessor*-**Ansatz** den von einem neuen Erzeugnis mittel- beziehungsweise langfristig **erreichbare Marktanteil**. Dieser Schätzwert stammt einerseits aus einem **Kauf-Wiederkauf-Modell** (*trial repeat*-Modell) unter Rückgriff auf simulierte Kaufdaten und andererseits aus einem **Modell** von **Kaufpräferenzen**, die sich aus dem *evoked set* vor und nach dem Ausprobieren des neuen, zu testenden Produkts ergeben.

Ein Beispiel veranschaulicht die dem *Assessor*-**Modell** zugrundeliegende Idee: Hierbei sollen die Erfolgsaussichten der neuen Waschmittelmarke *new* abgeschätzt werden (vgl. *Homburg*, 1998, S. 231 ff.). Den Ausgangspunkt bilden 10 Probanden, die die etablierten Marken A, B, C, D und E paarweise zu vergleichen hatten. Beispielsweise vergab Proband 1 beim Vergleich der Marken A und B 7 Punkte für A und 4 Punkte für B. Beim Vergleich von A und D erhielt A 6 Punkte und D 5 Punkte. *Tabelle* 5.21 zeigt die Wahrscheinlichkeiten des Nachfragers 1 für den Kauf der einzelnen Erzeugnisse. Es ist zu erkennen, daß Gut A die größte Kaufwahrscheinlichkeit aufweist und D den niedrigsten Wert besitzt. Das Produkt E gehört offenbar nicht zum *evoked set* dieses Probanden und bleibt daher von einem Vergleich ausgespart.

| Proband | Paarvergleich | | |
|---|---|---|---|
|  | A | B | D |
| 1 | 7<br>6 | 4<br><br>5 | <br>5<br>6 |
| Summe | 13 | 9 | 11 |
| Kaufwahr-scheinlichkeit | 13/(13 + 9 + 11)<br>= 0,394 | 9/(13 + 9 + 11)<br>= 0,273 | 11/(13 + 9 + 11)<br>= 0,394 |

*Tabelle 5.21: Kaufwahrscheinlichkeiten für Marken*

*Tabelle* 5.22 vermittelt einen Überblick über die Nennungen aller in der Studie befragten Personen, während *Tabelle* 5.23 die aus diesen Daten errechneten Wahrscheinlichkeiten für den Erwerb der Produkte liefert.

Nach **Bekanntmachung** des **Neuprodukts** entschieden sich in einer **simulierten Kaufsituation** die Probanden 2, 5, 7 und 8 zum Erwerb von *new*. Für diese Personen wurden nochmals Paarvergleiche erhoben, die allesamt in *Tabelle* 5.22 dargestellt sind. Die entsprechenden Kaufwahrscheinlichkeiten der Güter finden sich in *Tabelle* 5.23.

Mittels des Präferenzmodells von *Assessor* läßt sich der Marktanteil von *new* gemäß der folgenden Gleichung schätzen:

| Proband | evoked set | Paarvergleich | | | | | Paarvergleich mit *new* | | | | | |
|---|---|---|---|---|---|---|---|---|---|---|---|---|
| | | A | B | C | D | E | A | B | C | D | E | *new* |
| 1 | A, B, D | 7 | 4 | | | | | | | | | |
| | | 6 | | | 5 | | | | | | | |
| | | | 5 | | 6 | | | | | | | |
| 2 | B, C, E | | 4 | 7 | | 7 | | 4 | 7 | | | |
| | | | 7 | | | 4 | | 6 | | | 5 | |
| | | | | 8 | | 3 | | 6 | | | | 5 |
| | | | | | | | | | 7 | | 4 | |
| | | | | | | | | | 7 | | | 4 |
| | | | | | | | | | | | 5 | 6 |
| 3 | D, E | | | | 6 | 5 | | | | | | |
| 4 | A, E | 4 | | | | 7 | | | | | | |
| 5 | B, D | | 7 | | 4 | | | 7 | | 4 | | |
| | | | | | | | | 3 | | | | 8 |
| | | | | | | | | | | 2 | | 9 |
| 6 | A, D, E | 4 | | | 7 | | | | | | | |
| | | 4 | | | | 7 | | | | | | |
| | | | | | 4 | 7 | | | | | | |
| 7 | A, C, D | 5 | | 6 | | | 5 | | 6 | | | |
| | | 3 | | | 8 | | 4 | | | 7 | | |
| | | | | 5 | 6 | | 5 | | | | | 6 |
| | | | | | | | | | 5 | 6 | | |
| | | | | | | | | | 6 | | | 5 |
| | | | | | | | | | | 7 | | 4 |
| 8 | C, D | | | 7 | 4 | | | | 7 | 4 | | |
| | | | | | | | | | 6 | | | 5 |
| | | | | | | | | | | 5 | | 6 |
| 9 | B, D | | 5 | | 6 | | | | | | | |
| 10 | B, C, E | | 3 | 8 | | | | | | | | |
| | | | 6 | | | 5 | | | | | | |
| | | | | 9 | | 2 | | | | | | |

Quelle: *Homburg*, 1998, S. 236

*Tabelle 5.22: Ergebnisse von Paarvergleichen*

| Proband | Kaufwahrscheinlichkeiten | | | | | Kaufwahrscheinlichkeiten mit *new* | | | | | |
|---|---|---|---|---|---|---|---|---|---|---|---|
| | A | B | C | D | E | A | B | C | D | E | *new* |
| 1 | 0,394 | 0,273 | | 0,333 | | | 0,242 | 0,318 | | 0,212 | 0,227 |
| 2 | | | | | | | | | | | |
| 3 | | | | 0,545 | 0,455 | | | | | | |
| 4 | 0,364 | | | | 0,636 | | | | | | |
| 5 | | | | | | | 0,303 | | 0,182 | | 0,515 |
| 6 | 0,242 | | | 0,333 | 0,424 | | | | | | |
| 7 | | | | | | 0,212 | | 0,258 | 0,303 | | 0,227 |
| 8 | | | | | | | | 0,394 | 0,273 | | 0,333 |
| 9 | | 0,455 | | 0,545 | | | | | | | |
| 10 | | 0,273 | 0,515 | | 0,212 | | | | | | |
| $M_1$ | | | | | | 0,053 | 0,136 | 0,243 | 0,190 | 0,053 | 0,326 |
| $M_2$ | 0,167 | 0,167 | 0,086 | 0,293 | 0,288 | | | | | | |

$M_1$ = Summe der Kaufwahrscheinlichkeiten über eine Marke dividiert durch die Anzahl der Probanden, die *new* kauften

$M_1$ (A) = 0,212/4 = 0,053

...

$M_1$ (*new*) = (0,227 + 0,515 + 0,227 + 0,333)/4 = 0,326

$M_2$ = Summe der Kaufwahrscheinlichkeiten über eine Marke dividiert durch die Anzahl der Probanden, die *new* nicht kauften

$M_2$(A) = (0,394 + 0,364 + 0,242)/6 = 0,167

...

$M_2$ (E) = (0,455 + 0,636 + 0,424 + 0,212)/6 = 0,288

Quelle: angelehnt an *Homburg*, 1998, S. 237

*Tabelle 5.23: Kaufwahrscheinlichkeiten für etablierte Marken und das Neuprodukt*

Marktanteil (*new*) = E · $M_1$(*new*) + (1 - E) · $M_2$(*new*)     (5.8)

Dabei gilt:

E   =   Prozentualer Anteil jener Nachfrager in der Zielgruppe, die die neue Marke in ihr *evoked set* aufnehmen

$M_1$   =   Summe der Kaufwahrscheinlichkeiten über eine Marke (*new*) dividiert durch die Anzahl der Probanden, die *new* kauften (vgl. *Tabelle 5.23*)

$M_2$ = Summe der Kaufwahrscheinlichkeiten über eine Marke (*new*) dividiert durch die Anzahl der Probanden, die *new* nicht kauften (vgl. *Tabelle 5.23*)

Sofern die Prämisse gilt, daß 30% der Nachfrager in der Zielgruppe das neue Erzeugnis in ihr *evoked set* aufnehmen (E = 0,30), lautet der vermutete Marktanteil von *new* folgendermaßen:

Marktanteil (*new*) = 0,30 · 0,326 + (1 - 0,30) · 0,000 = 0,098, also 9,8%

Auf analoge Weise lassen sich die Marktanteile der anderen Güter schätzen: 13,3% für A, 15,8% für B, 13,3% für C, 26,2% für D, 21,8% für E. Aus dieser Analyse geht hervor, daß jene Nachfrager, die *new* probierten, dieses Gut auch sehr positiv einschätzen (vgl. die sehr großen Kaufwahrscheinlichkeiten in *Tabelle 5.23*). Insofern liegt der Ratschlag nahe, die Erstkaufrate zu steigern, um auf diese Weise den Marktanteil zu verbessern.

Insgesamt gesehen liefert das *Assessor*-Modell als Marktanteilsschätzung für die neue Marke den Mittelwert der Schätzungen der beiden Teilmodelle (***trial repeat*-Modell** und **Präferenzmodell**). Diese doppelte Absicherung der Schätzung ist ein wesentlicher Grund dafür, daß dieser Ansatz in zahlreichen Anwendungen eine beachtliche Treffsicherheit aufweist (vgl. *Gaul/Baier*, 1994, S. 123 ff., *Erichson*, 1996[a], S. 61 ff., und 1996[b], S. 54 ff.). *Abbildung* 5.55 verdeutlicht aus einer Gesamtschau heraus die **positiven** und **negativen** Aspekte einer **Testmarktsimulation** auf der Basis des *Assessor*-**Modells**.

| Testmarktsimulation mit dem *Assessor*-Ansatz | |
|---|---|
| **Positive Facetten** | **Negative Facetten** |
| • Hohe Treffsicherheit<br>• Geringer Zeitaufwand<br>• Niedrige Kosten<br>• Geheimhaltung ist möglich<br>• Verfügbarkeit von Marken und Probanden | • Kaum geeignet bei im Zeitverlauf instabilen Marktgegebenheiten<br>• Ungenügende Abbildung des Wiederkaufprozesses<br>• Nur bei speziellen Verbrauchsmustern anwendbar |

*Abbildung 5.55: Beurteilung des Assessor-Modells zur Testmarktsimulation*

## 11.6.4.1.5  Einführung eines Produkts

Bei der Festlegung des **Zeitpunkts** und der **Vorgehensweise** bei der **Einführung** eines **neuen Erzeugnisses** ist eine möglichst genaue Kenntnis über den Prozeß der Verbreitung neuer Produkte im Markt hilfreich. Dazu bietet sich ein Rückgriff auf die **Diffusionsforschung** an, die sich mit der Übernahme von Neuerungen in sozialen Systemen und den Bestimmungsfaktoren beschäftigt (vgl. *Gierl*, Sp. 469 ff.). Die **Dauer** und **Intensität** des **Diffusionsprozesses** hängen von einer Reihe personen-, umwelt- und produktbezogener Determinanten ab. Als Beispiele seien das Alter und Einkommen der Nachfrager, das Image des Anbieters und die als allgemein verbindlich geltenden Normen in der Gesellschaft genannt.

Aus einer **Aggregation** der **individuellen Adoptionsprozesse** lassen sich **Diffusionskurven** ableiten. Sie bringen den Anteil jener Personen zum Ausdruck, die das neue Produkt bereits angenommen haben. Aus einem Diffusionsmodell ergeben sich wertvolle Hinweise für die Produktgestaltung: Gelingt es, bei der Präsentation des neuen Guts die als Meinungsführer agierenden Innovatoren und Frühadopter zu erreichen, ist mit einer Beschleunigung bei der Durchsetzung der Neuerung zu rechnen. Auch für das *timing* der Markteinführung und die Bestimmung der Werbe- und Verkaufsstrategie liegen bedeutsame Anhaltspunkte vor: Die Massenmedien spielen vor allem in den ersten Phasen des Diffusionsprozesses eine dominierende Rolle. Hier kommt es darauf an, das neue Produkt bekannt zu machen und den Außendienst und die Händler zu überzeugen.

In diesem Zusammenhang taucht auch die bereits in Abschnitt 11.1 beantwortete Frage nach der **Zweckmäßigkeit** der **Führer-** oder **Folgerstrategie** eines Unternehmens auf. Dabei ist zu klären, ob ein Anbieter mit einem neuen Gut vor oder nach seinem Konkurrenten auf dem Markt erscheinen sollte. *Abbildung* 5.56 erteilt aus einer Gesamtschau heraus einen Überblick über relevante Argumente.

| Argumente für die Führerstrategie | Argumente für die Folgerstrategie |
|---|---|
| • Monopolsituation ausnützen<br>• Eintrittsbarrieren schaffen<br>• *economies of scale* ausschöpfen<br>• Präferenzen schaffen | • bessere Nachfrageprognose<br>• weniger Kinderkrankheiten<br>• niedrigere Imitationskosten<br>• Erfahrungen der Nachfrager |

*Abbildung 5.56: Vergleich der Führer- und Folgerstrategie*

Daß beide Strategien zum Erfolg führen können, zeigt eine Analyse des Verhaltens von Unternehmen. *Abbildung 5.57* liefert einige Beispiele, die sowohl für die eine als auch die andere Strategie sprechen (vgl. auch Kapitel 11.1).

| Produkt | Führer | Folger | Anmerkung |
|---------|--------|--------|-----------|
| Video-recorder | *Philips* | *JVC* | *JVC* setzte VHS als Standard durch |
| 32 Bit-Prozessor | *Motorola* | *Intel* | *Intel* erzielte Wettbewerbsvorteil |
| Quarz-Temperaturmeßsystem | *HP* | *Heraeus* | *Heraeus* schaffte einen Massenmarkt |
| Rekombiniertes Humaninsulin | *Gentech* | *Hoechst* | *Gentech* behält Wettbewerbsvorteil |
| Dynamische Speicherchips | *IBM, Toshiba* | *Siemens* | *Siemens* kam erst nach Preisverfall auf den Markt |

*Abbildung 5.57: Beispiele für Führer- und Folgerstrategien*

Ein Blick in die Literatur zeigt, daß **drei Arten** von **Diffusionsmodellen** existieren (vgl. *Homburg*, 1998, S. 224 ff.): jene, die **innovatives Kaufverhalten** modellieren, solche, die **imitatives Kaufverhalten** erfassen und Ansätze, die beide **Verhaltensfacetten** abbilden. Ein bekannter Vertreter der ersten Kategorie bildet das Modell von *Fourt* und *Woodlock* (1960, S. 31 ff.). Dagegen repräsentiert beispielsweise der Ansatz von *Fisher* und *Pry* (1971, S. 75 ff.) die zweite Kategorie.

Von besonderem Interesse sind **integrative Diffusionsmodelle** (also die Ansätze der dritten Kategorie), zu denen das **Modell** von *Bass* (1969, S. 215 ff.) gehört, das von zahlreichen Autoren in der Folgezeit abgewandelt und ausgebaut wurde. Es verkörpert insofern eine Mischform aus **Wirkungs-** und **Entwicklungsprognose** (vgl. *Nieschlag/Dichtl/Hörschgen*,

1997, S. 837 ff.), als der Verlauf einer interessierenden **Variablen** (z. B. Nachfrage nach einer Marke) von **spezifischen Vorstellungen** über die **Diffusion** abhängt. Hierbei geht *Bass* von folgender Überlegung aus:

Den Ausgangspunkt repräsentiert ein **neuartiges Gebrauchsgut**, das für einige Zeit nur für Erstkäufer in Betracht kommt. Folglich gilt die Prämisse, derzufolge es vorläufig keinen Ersatzbedarf gibt. Der (Erstkauf-)Absatz in einer bestimmten Periode ($S_t$) resultiert aus dem **unbelieferten Käuferrepertoire** ($M - X_{t-1}$), also der "**Bedarfslücke**", multipliziert mit der **Kaufwahrscheinlichkeit** in der betrachteten Periode ($h_t$):

$$S_t = h_t \cdot (M - X_{t-1}) \tag{5.9}$$

Für h gilt:

$$h_t = \left( p + q \cdot \frac{X_{t-1}}{M} \right) \tag{5.10}$$

Dabei bedeuten:

$M$ = Marktpotential
$X_{t-1}$ = bisherige Gesamtkäufe = $s_1 + s_2 + s_3 + \dots + s_{t-1}$
$p, q$ = Funktionsparameter

Der Term $h_t$ drückt die **bedingte Wahrscheinlichkeit** aus, derzufolge ein Nachfrager die Innovation zum Zeitpunkt t erwirbt, unter der Voraussetzung, daß er sie bis zum Zeitraum t-1 noch nicht gekauft hat. Aus dieser **Kaufwahrscheinlichkeit** ergeben sich **diffusionsendogene** und **-exogene Einflußgrößen**:

- **Diffusionsendogene** Stimuli beruhen auf der Eigendynamik der Nachfrage. Sie lassen sich über den Ausdruck $X_{t-1}/M$ erfassen, der den **Verbreitungsgrad** des **Produkts** im **Zeitpunkt t** signalisiert. Je größer der Anteil der Käufer ist, die bereits ein Gut erworben haben, desto stärker lastet der Druck auf jenen Individuen, die noch kein Erzeugnis gekauft haben (**positive Eigendynamik der Nachfrage**). Allerdings erscheint auch der umgekehrte Fall denkbar: Je stärker ein Produkt verbreitet ist, desto geringer ist der Kaufanreiz für ganz bestimmte Nachfrager, da es keinen Snobeffekt mehr gibt (**negative Eigendynamik der Nachfrage**).

- Zu den **diffusionsexogenen** Faktoren zählen beispielsweise das Verhalten der Unternehmen und ökonomische Rahmenbedingungen. Während p alle Komponenten umfaßt, die mit dem sozialen Effekt nicht in Verbindung stehen, steuert q die Wirkung zusätzlicher Größen, wie etwa die Intensität der Kommunikation. Aus diesem Grund beschreibt *Bass* p als **Innovations-** und q als **Imitationskoeffizient**.

*Tabelle 5*.24 gibt exemplarisch ausgewählte Absatzverläufe gemäß dem *Bass*-Modell wieder. Je höher der **Innovationskoeffizient** ist, desto ausgeprägter **exponentiell** entwickelt sich der Absatz. Dagegen bewirkt ein sehr hoher **Imitationskoeffizient** eine deutliche **logistische** Verteilung des Absatzes. Für die beiden Extremfälle p = 0 und q = 0 ergibt sich das exponentielle beziehungsweise logistische Modell als Spezialfälle.

| Parameter | Periode | | | | | | | Kumulierter Absatz |
|---|---|---|---|---|---|---|---|---|
| | 1 | 2 | 3 | 4 | 5 | 6 | 7 | |
| p = 0,2, q = 0,4 | 200,00 | 224,00 | 212,89 | 165,13 | 103,11 | 53,32 | 24,24 | 982,69 |
| p = 0,2, q = 0,2 | 200,00 | 192,00 | 169,27 | 137,00 | 102,49 | 71,76 | 47,75 | 920,27 |
| p = 0,4, q = 0,2 | 400,00 | 288,00 | 167,73 | 82,40 | 36,36 | 15,18 | 6,18 | 995,85 |

Quelle: *Nieschlag/Dichtl/Hörschgen*, 1997, S. 855

*Tabelle 5.24: Absatzverläufe nach dem Bass-Modell*

Eine populäre Spielart des *Bass*-**Modells** besteht darin, bei der **Rekonstruktion** des **Diffusionsverlaufs verschiedene Nachfragergruppen** voneinander zu unterscheiden. Diese Variante erlaubt eine Brücksichtigung des unterschiedlichen innovativen und imitativen Verhaltens der Individuen bei der Übernahme neuer Produkte (vgl. *Schmalen/Binninger*, 1994, S. 5 ff., und *Schmalen/Binninger/Pechtl*, 1993, S. 513 ff.).

### 11.6.4.2 Die Produktmodifikation

### 11.6.4.2.1 Die Produktvariation

Das Anliegen einer **Produktvariation** besteht darin, ein **Bündel** an **Eigenschaften** beziehungsweise **Nutzenkomponenten**, die ein bisher angebotenes Produkt auszeichnen, **ganz bewußt** zu verändern (vgl. *Meffert*, 1998, S. 423 ff., und *Nieschlag/Dichtl/Hörschgen*, 1997, S. 277 ff.). Die Frage, inwieweit durch die Modifikation ein völlig neues oder nur ein abgewandeltes Erzeugnis entsteht, vermag letztlich nur der Käufer zu entscheiden. Grundsätzlich bleiben bei der Produktvariation die **Basisfunktion** des Guts sowie sein **Verwendungszweck** und seine **Anwendungsmöglichkeiten** erhalten. Vornehmlich geht es darum, **ästhetische Facetten**, wie Design, Farbe und Form, sowie **symbolische Aspekte**, zu denen etwa die zusatznutzenstiftenden Attribute gehören, zu modifizieren. Die Gründe für diese produktpolitische Aktion sind vielfältig (vgl. *Brockhoff,* 1993, S. 268 ff.):

- Da sich die **Wünsche** und **Bedürfnisse** der Nachfrager im **Zeitverlauf ändern**, ist eine **Anpassung** der nutzenstiftenden Attribute eines Guts für den Erfolg **unerläßlich**.

- **Gesetzliche Auflagen**, wie im Automobilsektor oder in der Waschmittelbranche, zwingen ein **Unternehmen** dazu, ein **Erzeugnis** bei einem oder **mehreren Merkmalen zu variieren**.

Diese Argumente und ein Rückgriff auf die Ausführungen zur **Produktpositionierung** (vgl. Kapitel 11.4) verdeutlichen, daß die Produktvariation zwei Zielen dient:

- Ein Unternehmen ist bestrebt, eine im Hinblick auf **Absatz**, **Umsatz** oder **Gewinn** als **optimal** identifizierte **Lage** am **Markt** zu **verteidigen**, sofern andere Akteure angreifen.

- Erscheint eine andere als die bisherige Position am Markt günstiger, kommt eine **Repositionierung** in Betracht, die sich durch eine **Variation** der **nutzenstiftenden Eigenschaften** unterstützen läßt.

Ein Blick auf die produktpolitischen Aktivitäten von Unternehmen zeigt, daß zwei Spielarten der Produktvariation zu finden sind, die **Produktpflege** und der **Produkt***relaunch*. Beiden Varianten gemeinsam ist die Tatsache, daß die Gesamtzahl der vom Anbieter offerierten Erzeugnisse konstant bleibt.

Den Gegenstand der **Produktpflege** bildet die **kontinuierliche Verbesserung** des am **Markt eingeführten Erzeugnisses**. Maßnahmen dieser Art sind geeignet, die nach der Produkteinführung auftretenden Mängel zu beheben. Darüber hinaus trägt die Produktpflege dazu bei, den **Herstellungsprozeß** zu vereinfachen und die Abläufe in anderen betrieblichen Einheiten zu verbessern. Auch kommt es darauf an, die **Aktualität** eines **Guts** durch regelmäßige **Anpassung** an **Modetrends** zu sichern. Beispielsweise führt das steigende Gesundheitsbewußtsein der Individuen dazu, daß die Produzenten den Zucker- und Fettgehalt von Lebensmitteln senken. Aufgrund der Verpackungsordnung entscheiden sich viele Hersteller von Milchprodukten für leicht recycelbare Materialien anstelle der bislang üblichen Kunststoffverpackungen.

Der **Produkt*relaunch*** kennzeichnet eine **umfassende Modifikation** eines Erzeugnisses bei einer oder mehreren Produktmerkmalen. Zur Unterstützung der Absatzwirkung einer solchen Produktveränderung kommen häufig auch andere **Marketinginstrumente** zum Einsatz. Denkbar sind beispielsweise eine Reduktion des Preises, eine Intensivierung der Werbung und die Auswahl neuer Vertriebswege. Mit einem Produkt*relaunch* reagiert ein Anbieter zumeist auf eine **unbefriedigende Absatz-, Umsatz- und Gewinnentwicklung**. Viele Beispiele verdeutlichen, daß sich die **Lebensdauer** eines **Guts** durch die Modifikation mitunter erheblich verlängern läßt. Allerdings ist sorgfältig abzuwägen, inwieweit der durch den *relaunch* ausgelöste Umsatzschub die mit der Produktveränderung einhergehenden Kosten ausgleicht. Am Beispiel des Waschmittels *Persil* verdeutlichen *Feiter* und *Boy* (1997, S. 26 ff.) sowie *Brockhoff* (1993, S. 275 ff.) die produktpolitische Option, den **Lebenszyklus** eines **Produkts auszudehnen**.

*Henkel* modifizierte *Persil* seit seiner Einführung im Jahre 1907 mehrmals, um veränderten Nachfragerwünschen, rechtlichen Auflagen, und produktionstechnischen Gegebenheiten zu entsprechen. Einige **Meilensteine** sind beispielhaft in *Abbildung* 5.58 dargestellt.

| Zeit | Trend | Variation von *Persil* | Schlagwort |
|------|-------|------------------------|------------|
| 1965 | • Verbreitung der Trommelwaschmaschinen | • Beimischung von Schauminhibitoren | • Die vollkommene Waschpflege |
| 1970 | • Einführung von synthetischen Geweben | • Zusetzung von Enzymen | • *Persil* mit Weißmacher |
| 1973 | • Waschpulver muß maschinenschonend sein | • Beimengung von Korrosionsinhibitoren | • *Persil* waschmaschinenschonend |
| 1986 | • Weniger Schadstoffe sollen ins Abwasser gelangen | • Waschmittel ohne Phosphat | • *Persil* phosphatfrei |
| 1994 | • Kleinere Verpackung gewünscht | • Waschmittel als Perlen anstatt als Pulver | • *Persil* mit den Megaperls |

*Abbildung 5.58: Ausgewählte Variationen des Waschmittels Persil*

## 11.6.4.2.2 Die Produktdifferenzierung

Eine **Produktdifferenzierung** zielt auf die Modifikation eines **Guts**, in dem Sinne, daß neben das **bestehende** noch ein **abgewandeltes** tritt (vgl.

*Meffert*, 1998, S. 425 ff., und *Nieschlag/Dichtl/Hörschgen*, 1997, S. 277 ff.). Der Grund für die Popularität dieser Vorgehensweise liegt im Bestreben von Unternehmen, den **Besonderheiten einzelner Märkte** Rechnung zu tragen. Die Notwendigkeit den segmentspezifischen Anforderungen zu genügen, kann sowohl von gesetzlichen Regelungen als auch von unterschiedlichen Nachfragerpräferenzen herrühren. *Abbildung 5.59* vermittelt einen Überblick über die verschiedenen Limousinen der *E-Klasse* von *Mercedes-Benz*.

Obgleich die **Produktdifferenzierung** als geeignetes Instrument zur **segmentspezifischen Bearbeitung** der **Nachfrager** und zur **teilmarktbezogenen Herausforderung** der **Wettbewerber** gilt, tauchen bei ihrer konsequenten Umsetzung einige Schwierigkeiten auf. So sind beispielsweise der Handlungszeitpunkt, die Anzahl der Varianten und das Ausmaß der Veränderung festzulegen (vgl. *Meffert*, 1998, S. 433 ff., und *Hoitsch/Lingnau*, 1995[b], S. 390 ff.).

- Zur Ermittlung des **Handlungszeitpunkts** bietet sich ein Rückgriff auf den **Produktlebenszyklus** an. Grundsätzlich ist es ratsam, eine Differenzierung vorzunehmen, bevor das Produkt in die Stagnations- oder Degenerationsphase gelangt.

- Eine steigende Anzahl von Varianten geht in der Regel mit einer deutlich **überproportionalen Erhöhung** der **Komplexitätskosten** einher. Vor diesem Hintergrund erweist sich die **Differenzierungsentscheidung** als äußerst schwierig.

- Außerdem ist die Frage nach dem **Ausmaß** der **Veränderung** aller ins Auge gefaßten **Varianten** gegenüber dem **Basisprodukt** zu beantworten. Hierbei spielen die Bedürfnisse der Nachfrager, die Komplexitätskosten und wettbewerbspolitische Überlegungen eine Rolle.

Darüber hinaus stehen die Varianten häufig in einem vielschichtigen Wirkungsverbund, der sich im Partizipations- und Substitutionseffekt niederschlägt. Der **Partizipationseffekt** bezeichnet die durch die **Produktvariante hinzugewonnenen Nachfrager**, die bislang Produkte der Konkurrenten erwarben. Ein **Substitutionseffekt** liegt vor, sofern die Kunden von einer Produktvariante zu einer anderen wechseln, das heißt, es besteht **Wettbewerb** zwischen den **Erzeugnissen** eines **Anbieters** (Kannibalisierung).

Im Anschluß an diese grundlegenden Überlegungen zur Produktdifferenzierung interessieren zwei in der Literatur besonders intensiv diskutierte Gesichtspunkte: die Begründung der ökonomischen Relevanz der Produktdifferenzierung und die Möglichkeit, Produkt durch Dienstleistungen zu differenzieren.

| Typ | Motor und Getriebe | Leistung | Hubraum | Bereifung |
|---|---|---|---|---|
| E 220 Diesel | 4-Zylinder-Dieselmotor<br>4-Ventil-Technik<br>5-Gang-Getriebe mech. | 70 kW/<br>95 PS | 2155 cm$^3$ | 195/65<br>R 15 91 T |
| E 290 Turbodiesel | 5-Zylinder-Dieselmotor<br>mit Direkteinspritzung<br>5-Gang-Getriebe mech. | 95 kW/<br>129 PS | 2874 cm$^3$ | 205/65<br>R 15 94 H |
| E 300 Diesel | 6-Zylinder-Dieselmotor<br>4-Ventil-Technik<br>5-Gang-Getriebe mech. | 100 kW/<br>136 PS | 2996 cm$^3$ | 205/65<br>R 15 94 H |
| E 200 | 4-Zylinder-Dieselmotor<br>4-Ventil-Technik<br>5-Gang-Getriebe mech. | 100 kW/<br>136 PS | 1998 cm$^3$ | 195/65<br>R 15 91 H |
| E 230 | 4-Zylinder-Dieselmotor<br>4-Ventil-Technik<br>5-Gang-Getriebe mech. | 110 kW/<br>150 PS | 2295 cm$^3$ | 195/65<br>R 15 91 H |
| E 280 | 6-Zylinder-Dieselmotor<br>4-Ventil-Technik<br>5-Gang-Getriebe mech. | 142 kW/<br>193 PS | 2799 cm$^3$ | 215/55<br>R 15 93 W |
| E 320 | 6-Zylinder-Dieselmotor<br>4-Ventil-Technik<br>5-Gang-Getriebe auto. | 162 kW/<br>220 PS | 3199 cm$^3$ | 215/55<br>R 15 93 W |
| E 420 | 8-Zylinder-Dieselmotor<br>4-Ventil-Technik<br>5-Gang-Getriebe auto. | 205 kW/<br>279 PS | 4196 cm$^3$ | 215/55<br>R 15 93 W |

*Abbildung 5.59: Limousinen der E-Klasse von Mercedes*

## (1) Ökonomische Relevanz der Produktdifferenzierung

Die **ökonomische Relevanz** der **Produktdifferenzierung** läßt sich durch einen Rückgriff auf die Ausführungen zur **neoklassischen Haushalts-theorie** (vgl. Abschnitt 8.2.2.1) und zum **Ansatz** von *Lancaster* (vgl. Teil

8.2.2.2) verdeutlichen. Im **mikroökonomischen Grundmodell** sind die angebotenen Güter für die Nachfrager **identisch** und vollständig **substituierbar**. Die Homogenität des Angebots hat einen einheitlichen Preis zur Folge, der den Grenzkosten entspricht und für jedes Unternehmen ein Datum bildet. Bietet der Hersteller unter diesem Preis an, erleidet er einen Verlust, liegt der Preis darüber, verliert der Produzent seine Kunden.

Sind die offerierten **Leistungen** hingegen **differenziert**, weil sie aus der Sicht der Nachfrager **keine Substitute** darstellen, besitzt jeder Anbieter für sein Produkt eine individuelle Nachfragekurve. Dies eröffnet dem Unternehmen die Möglichkeit, den **Preis** seines Erzeugnisses zu **erhöhen**, ohne daß sofort alle Abnehmer zu den Wettbewerbern abwandern. Je größer das Ausmaß der Differenzierung ist, desto eher erreicht der Akteur eine Monopolstellung, das heißt, für sein Gut existiert kein Substitutionsprodukt, und es besteht Spielraum für eine Preiserhöhung.

Eine Analyse der Marktgegebenheiten in zahlreichen Wirtschaftszweigen zeigt einige wichtige Gemeinsamkeiten (vgl. *Weigand/Lehmann*, 1997, S. 477 ff.).

- Obgleich Produktvielfalt herrscht, ist die Palette an **Möglichkeiten** zur **Differenzierung** nur **unvollständig ausgeschöpft**

- Unternehmen stellen lediglich einen **sehr kleiner Teil** der **grundsätzlich möglichen Produktvarianten** her.

- Insbesondere im Konsumgütersektor fällt auf, daß **wenige Anbieter** die **Vielzahl** der **differenzierten Erzeugnisse** produzieren.

- Die Nachfrager lassen sich in nahezu allen Branchen durch **heterogene Präferenzen** charakterisieren.

- Individuen nehmen Unterschiede zwischen Produkten wahr und vergleichen diese im Hinblick auf ihre **Substituierbarkeit**.

- Jeder Konsument erwirbt selbst über einen längeren Zeitraum hinweg nur einen **kleinen Teil** der **angebotenen Güter**.

Zur Beschreibung und Erklärung dieser *awkward facts* (vgl. *Eaton/Lipsey*, 1989, S. 725 ff.) kommen zwei Ansätze in Betracht: die *address*-Modelle, die auf *Hotelling* (1929, S. 41 ff.) zurückgehen, und die *non address*-Modelle, die auf *Chamberlin* (1933, S. 17 ff.) aufbauen.

Der Ansatz von *Hotelling* läßt sich an einem Beispiel verdeutlichen (vgl. *Weigand/Lehmann*, 1997, S. 477 ff.): Hierzu seien zwei **Eisverkäufer** an einem Strand betrachtet, die **identisches Eis** anbieten, das sie zum **gleichen Einkaufspreis** beziehen. Die Badegäste besitzen **keine spezifischen Präferenzen**, außer daß sie jenen Eisverkäufer bevorzugen, der ihnen **am nächsten ist**. Aus *Abbildung* 5.60, Feld 1, ist zu erkennen, daß Badegast 1 beim Eisverkäufer A nachfragt, da dessen Stand näher liegt als der von B, während 2 aus dem gleichen Grund sein Eis bei B erwirbt. Nur Gast 3, der sich genau in der Mitte zwischen A und B befindet, ist im Hinblick auf die Wahl eines Verkaufsstands indifferent.

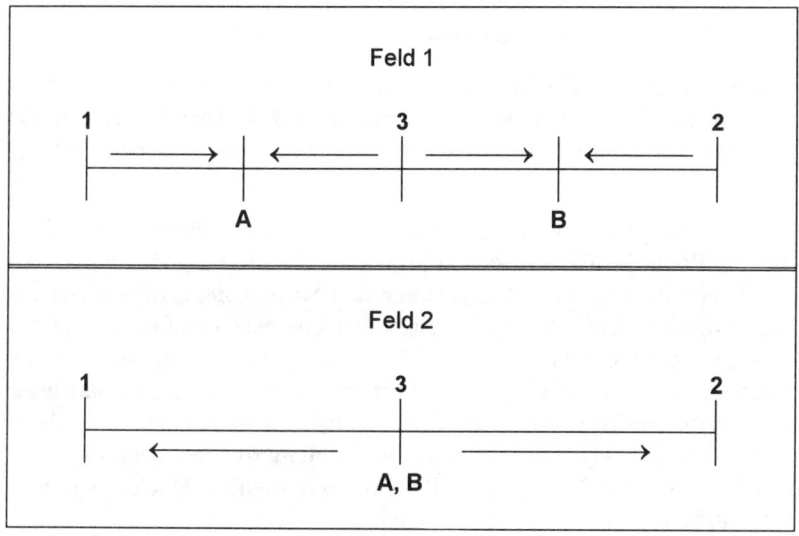

*Abbildung 5.60: Grundstruktur des Modells von Hotelling*

Angenommen, A ist bestrebt, seinen Gewinn zu maximieren, und B entscheidet sich für den in Feld 1 bereits markierten Standort, so läßt sich A genau links von B nieder, um alle Kunden, die sich bis zum linken Ende des Strands aufhalten, zu bedienen. Sofern B die Möglichkeit besitzt, nach der Standortwahl von A seinen eigenen Standort zu verlegen, wird er sich **links** von A **niederlassen**, um eine **möglichst große Zahl** von Nachfragern zu erreichen. Dieser Prozeß wird erst dann beendet, wenn sich beide Verkäufer in der Mitte des Strands befinden und jeweils die **Hälfte** der **Badegäste** bedienen (vgl. Feld 2). Dieses **Prinzip** der **minimalen Differenzierung** verliert jedoch seine Gültigkeit, sofern die beiden Akteure neben dem **Standort** auch den **Preis** unter Vernachlässigung von **Kosten** ändern können (vgl. *Asprement/Gabszewicz/Thisse*, 1979, S. 1045 ff.).

Den *address*-Modellen liegt die Vorstellung zugrunde, daß jeder Nachfrager nur ein einziges Produkt kauft. Diese Prämisse gilt für die Modellierung des Kaufs von **Gebrauchsgütern**, nicht jedoch für die Beschreibung und Erklärung des Erwerbs von **Verbrauchsgütern**. Hierfür bieten sich die *non address*-Ansätze an, zu denen das Modell von *Chamberlin* gehört. Ohne die Details dieses Ansatzes zu erläutern, läßt sich zeigen, daß die Anzahl der offerierten Produkte von zwei Faktoren abhängt:

* Obwohl der Preis kurzfristig über den variablen Durchschnittskosten liegen kann, produziert ein Hersteller das von den Nachfragern gewünschte Produkt nicht, sofern die **Fixkosten** so hoch sind, daß sich **langfristig Verluste einstellen**.

* Die Anzahl der offerierten Güter kann höher sein als im **Wohlfahrtsoptimum**, weil neue **Konkurrenten** mit **substitutiven Produkten** die **Gewinnerosion** infolge des zusätzlichen Angebots nicht berücksichtigen.

Als Fazit dieser **mikroökonomischen Ausführungen** bleibt festzuhalten, daß die **Produktdifferenzierung** prinzipiell die Möglichkeit eröffnet, einen **Preis**, der mitunter deutlich **über** den **Kosten liegt**, durchzusetzen. Allerdings reagieren die präsentierten Modelle sehr empfindlich auf bereits geringfügige Änderungen der zugrundeliegenden Annahmen. Daher liefert diese wissenschaftliche Tradition nur **sehr wenige Erkenntnisse**, die sich für die Gestaltung der produktpolitischen Aktivitäten heranziehen lassen. Um das *anything can happen*-**Problem** zu lösen, sind die in einem **Markt** mit **differenzierten Produkten geltenden Mechanismen** zu untersuchen.

**(2) Produktdifferenzierung durch Dienstleistungen**

Anknüpfend an die Ausführungen zu den begleitenden Diensten (vgl. Teil 11.5.2) liegt der Gedanke nahe, **Dienstleistungen** zur **Differenzierung** von **Produkten** heranzuziehen. Hierbei gilt das Augenmerk jenen Unternehmen, die eine Dienstleistung mit dem Kernerzeugnis verknüpfen und das **Leistungsbündel** bestehend aus einer **materiellen** Basiskomponente und einer **immateriellen** Zusatzkomponente offerieren. Hinter einer Produktdifferenzierung durch Dienstleistungen steht langfristig immer das Anliegen, den Absatz, Umsatz und vor allem den **Gewinn** zu verbessern. Allerdings kann es kurzfristig auch um **Profilierungsziele** gehen, wie die prägnante Abgrenzung verschiedener Leistungen, die Eroberung neuer Kundensegmente, die Aktualisierung der Leistungspalette und die Differenzierung gegenüber den Angeboten der Konkurrenten.

Im Gegensatz zu anderen **produktdifferenzierenden Maßnahmen**, wie kommunikations- oder distributionsbezogene Aktionen, bieten **Dienstleistungen vielfältige Möglichkeiten** zur Verbesserung der Situation eines Unternehmens im Wettbewerb (vgl. *Meyer*, 1985, S. 102 ff.):

- Der **direkte Kontakt** zwischen **Dienstleister** und **Nachfrager** erlaubt den **gezielten Einsatz** des **produktpolitischen Instrumentariums**. Dadurch läßt sich die Wirkung von Aktivitäten dieser Art steigern sowie leichter messen und kontrollieren.

- Der Anbieter erfährt in **persönlichen Gesprächen** die **Wünsche** und **Vorstellungen** der **Klientel**. Dies verbessert im Unternehmen das Bewußtsein für Kundenbedürfnisse und ermöglicht eine **marktadäquate Gestaltung** von **Leistungen**.

- Durch **innovative Dienste** läßt sich ein **homogenes, standardisiertes Kernprodukt** vom Preiswettbewerb entkoppeln. Dieses im Vergleich zu den Angeboten der Konkurrenten **differenzierte Leistungsbündel** bietet die Möglichkeit, dem **Preiskampf zu entkommen**.

- Für den Kunden bedeutet der **Erwerb** einer **Problemlösung** im Vergleich zum **Kauf** eines **Produkts**, daß sich seine **Koordinations-** und **Transaktionskosten** bei der **Alternativensuche** und -auswahl reduzieren lassen. Hieraus resultiert möglicherweise die Bereitschaft einen deutlich höheren Preis für die Option "**Alles aus einer Hand**" zu bezahlen.

Die **Differenzierungswirkung** der Dienstleistung ergibt sich aus zwei Einflußfaktoren, den **Erwartungen** der **Kunden** und der **Affinität** zwischen **Kernprodukt** und **Dienstleistung** (vgl. *Meffert*, 1998, S. 428 ff.). Im Hinblick auf die Erwartungen ist zwischen **Muß-, Soll-** und **Kann-Leistungen** zu unterscheiden, wie das in *Abbildung 5.61* dargestellte Beispiel aus der Automobilindustrie verdeutlicht. Während alle Anbieter die **Muß-Leistungen** offerieren, finden sich **Soll-Leistungen** erst bei sehr wenigen Unternehmen. Dagegen sind **Kann-Leistungen** häufig **innovative Dienste**, mit denen ein Akteur beabsichtigt, sich zu profilieren und einen Vorsprung gegenüber den Wettbewerbern zu erringen (vgl. das *Kano*-Modell in Abschnitt 9.2.2).

Bei einer **hohen Affinität** zwischen dem Produkt und der Dienstleistung ist der Nachfrager geneigt, beide **Teilleistungen** als ein **Leistungsbündel** aufzufassen. In diesem Fall fällt es dem Anbieter sehr leicht, ein **prägnantes Nutzenversprechen** abzugeben und **umfassende Kompetenz** auch bei **Dienstleistungen** auszustrahlen. Als Beispiele im Pkw-Bereich gelten alle fahrzeugnahen Dienste, wie die Durchführung der TÜV-Untersuchung und fällige Garantiearbeiten sowie die Abwicklung von Ansprüchen an die Versicherung.

| Erwartung der Kunden | Affinität von Produkt und Dienstleistung | | |
|---|---|---|---|
| | Hohe Affinität | Mittlere Affinität | Niedrige Affinität |
| Muß-Dienst-Leistung | • Garantie-arbeiten<br>• technischer Kundendienst | | |
| Soll-Dienst-Leistung | • TÜV-Untersuchung<br>• Direkt-annahme | • Mietwagen-vermittlung | • Cafeteria |
| Kann-Dienst-Leistung | • Haftpflicht-versicherung | • Mobilitäts-garantie | • Kinderhort<br>• Reisebüro |

Quelle: *Laakmann*, 1995, S. 19

*Abbildung 5.61: Schema zur Identifikation produktbegleitender Dienste*

Demgegenüber taucht bei einer **geringen Affinität** die Schwierigkeit auf, daß der Kunde dem Anbieter die **Fähigkeit** zur **Erstellung** der **Dienstleistung abspricht**. Außerdem erscheint die aus **Nutzenkomponenten** bestehende **Botschaft** des Unternehmens unscharf und nicht genau interpretierbar. Beispielsweise ist nicht jeder Kunde in der Lage, den Zusammenhang zwischen dem Kernprodukt Pkw und begleitenden Diensten, wie Einrichtung eines Kinderhorts oder einer Cafeteria, zu erkennen. Selbst wenn ihm dies gelingt, ist unklar, ob er dem Pkw-Händler die Kompetenz zutraut, diese Dienstleistungen in der geforderten Qualität bereitzustellen.

Insofern bleibt nur der Weg, den **Kranz** an **Dienstleistungen sukzessive auf-** und **auszubauen**. Den **Muß-Leistungen**, die eine **hohe Affinität** zum **Kernerzeugnis** aufweisen, folgen **Soll-** und **Kann-Leistungen** nach wie vor mit einer großen Nähe zum Produkt. Erst nach ihrer erfolgreichen Etablierung sind Dienste mit einer **mittleren** und **geringen Affinität** zum Kerngut von Interesse. Sie dienen vor allem dazu, die Nachfrager zu begeistern, ihnen positive Überraschungen zu bieten und damit eindrucksvolle Erlebnisse zu vermitteln (vgl. das *Kano*-Modell in Abschnitt 9.2.2). Darüber hinaus bedarf es einer sorgfältigen **Segmentierung** der Klientel zur segmentspezifischen Erfassung der Kundenwünsche und zur gezielten Befriedigung dieser Bedürfnisse mittels geeigneter produktpolitischer Aktivitäten.

## 11.6.4.3 Die Produktelimination

Ein Gut, das ein bestimmtes **Absatz-**, **Umsatz-** oder **Gewinnziel** nicht erreicht, in den Augen der **Nachfrager** zur **Bedürfnisbefriedigung** nicht geeignet erscheint oder im **Wettbewerb** mit den **Konkurrenzprodukten** nicht besteht, ist einer kritischen und detaillierten Analyse zu unterziehen. Da Güter um die sehr knappen **Ressourcen** eines Unternehmens konkurrieren, ist es erforderlich, die Entwicklungs-, Produktions- und Vermarktungsanstrengungen lediglich für **erfolgreiche** oder **erfolgversprechende Produkte** zu unternehmen. Insofern bedarf es einer systematischen und kontinuierlichen Untersuchung der Produktpalette, mit dem Anliegen, die **Berechtigung** für die **Beibehaltung** oder die **Notwendigkeit** für die **Elimination** der einzelnen Objekte nachzuweisen.

Bei einer solchen Entscheidung sind zwei Gesichtspunkte ins Kalkül zu ziehen:

- Häufig hat ein eliminationsverdächtiges Produkt bereits **beträchtliche Ressourcen** verschlungen. Daher darf eine Aussonderung nicht ohne vorhergehende Analyse erfolgen.

- Zur **Einführung** und **Pflege** eines Guts bedarf es vielfältiger entwicklungs-, produktions- und marketingpolitischer Anstrengungen. Folglich ist ein am Markt nicht erfolgreiches Erzeugnis aus der Angebotspalette zu nehmen, um den **weiteren unwirtschaftlichen Ressourcenverbrauch** zu stoppen.

Neben zahlreichen qualitativen Indikatoren spielt die **Kosten-** und **Erlösrechnung** eine zentrale Rolle bei der Analyse des Produktprogramms. In Abhängigkeit der Kosten, die dabei Berücksichtigung finden, ist zwischen einer **Voll-** und einer **Teilkostenrechnung** zu unterscheiden (vgl. *Weber*, 1998, S. 159 ff.).

Hierzu sei ein Unternehmen betrachtet, das die Artikel A, B, C und D im Sortiment führt (vgl. *Tabelle 5.25*). Bei einer Analyse auf **Vollkostenbasis** teilt der Produktmanager **sämtliche angefallenen Kosten** auf die **vier Bezugsobjekte** auf. Als Schlüssel zur Verteilung von zum Beispiel Verwaltungs- und Vertriebskosten kommen häufig in Ermangelung anderer Bezugsgrößen Beschaffungs- oder Herstellkosten in Betracht. Offenkundig erbringen die Produkte A und B einen Verlust von 1.400 DM beziehungsweise 4.200 DM. Vor diesem Hintergrund ist die Frage nach einer Elimination der beiden Erzeugnisse zu beantworten.

| Programmanalyse auf Vollkostenbasis | | | |
|---|---|---|---|
| **Produkt** | **Umsatz** | **Gesamtkosten** | **Gewinn** |
| A | 12.000 DM | 13.400 DM | -1.400 DM |
| B | 16.400 DM | 20.600 DM | -4.200 DM |
| C | 22.800 DM | 15.300 DM | 7.500 DM |
| D | 28.500 DM | 25.600 DM | 2.900 DM |
| Summe | | | 4.800 DM |
| **Programmanalyse auf Teilkostenbasis** | | | |
| **Produkt** | **Umsatz** | **Variable Kosten** | **Deckungsbeitrag** |
| A | 12.000 DM | 10.400 DM | 1.600 DM |
| B | 16.400 DM | 19.800 DM | -3.400 DM |
| C | 22.800 DM | 13.600 DM | 9.200 DM |
| D | 28.500 DM | 24.200 DM | 4.300 DM |
| Summe | | | 11.700 DM |
| Fixkosten | | | 6.900 DM |
| Gewinn | | | 4.800 DM |

*Tabelle 5.25: Programmanalyse auf Vollkosten- und Teilkostenbasis*

Die in den ausgewiesenen Gesamtkosten enthaltenen **fixen Kosten** fallen auch nach der Aussonderung dieser Kandidaten an. Da sie sich **nicht** in der **kurzen Frist**, **allenfalls** in der **langen Frist**, abbauen lassen, sind sie von den verbleibenden Erzeugnissen C und D zu decken. Damit würde die Kostenbelastung von C und D steigen und das **Gesamtergebnis** des Anbieters **könnte sinken**.

Offenkundig birgt eine Programmanalyse auf Vollkostenbasis die Gefahr in sich, trotz bester Absichten dem Unternehmen zu schaden. Einen Ausweg bietet der **Teilkostenansatz**, dem die Idee zugrundeliegt, zwischen **fixen** und **variablen Kosten** zu unterscheiden. Im vorliegenden Fall zeigt sich, daß Produkt A einen Beitrag von 1.600 DM zur Abdeckung der ohnehin anfallenden fixen Kosten leistet. Ein Wegfall dieses Guts würde zu einer **Reduzierung** des **Gewinns** auf 3.200 DM (= 4.800 DM - 1.600 DM) führen. Allerdings erscheint es ratsam, Erzeugnis B zu eliminieren, da es einen **negativen Deckungsbeitrag** aufweist. Seine Aussonderung würde eine **Erhöhung** des **Ergebnisses** auf 8.200 DM (= 4.800 DM + 3.400 DM) bewirken.

Neben **quantitativen Kriterien**, wie Kosten, Umsatz, Gewinn und Rentabilität spielen im Vorfeld der Entscheidung über die Beibehaltung oder Elimination eines Produkts auch **qualitative Größen** eine Rolle. *Abbildung* 5.62 zeigt ein aus mehreren **Kriterien bestehendes** *scoring*-**Modell**, die der Produktmanager allesamt als relevant erachtet. Den einzelnen Kriterien lassen sich **Gewichtungsfaktoren** zuweisen, die deren **relative** Bedeutung zum Ausdruck bringen. Aus einer Verrechnung der Gewichtungsfaktoren mit der auf der danebenstehenden **Skala** abgetragenen Einschätzung über die Ausprägung des Kriteriums ergibt sich ein **kriteriumsspezifischer Beurteilungswert**. Die **Addition** der **Teilurteile (Beurteilungswerte)** über alle **Kriterien** führt zu einem **Index**, der Chancen und Risiken einer Aussonderung beziehungsweise einer Beibehaltung des Produkts signalisiert.

Neben der grundsätzlich an *scoring*-Modellen geübten Kritik, taucht an dieser Stelle die Schwierigkeit auf, daß **keine eindeutige Entscheidungsregel** vorliegt. Dieser Index erlaubt allenfalls die Aufstellung einer **Rangliste** der eliminationsverdächtigen **Güter**. Eine klare Entscheidung über den Verbleib oder die Aussonderung eines Erzeugnisses ist jedoch nicht möglich. Komplexe Ansätze zur Einschätzung von Produkten orientieren sich simultan an Kennzahlen wie **Rentabilität, Deckungsbeitrag** oder **Umsatz** (vgl. *Brockhoff*, 1993, S. 295 ff.).

### 11.6.4.4 Die Diversifikation

Bei einer **Diversifikation** verläßt ein Unternehmen den **angestammten Aktionskreis** und dringt in **benachbarte** oder **weitabliegende Tätigkeitsgebiete** vor (vgl. *Becker*, 1993, S. 139 ff.). Empirische Untersuchungen weisen nach, daß der **Antrieb hierzu** vor allem dem **Gewinn-** und **Machtstreben** und dem damit verbundenen Ziel der **Risikostreuung** entspringt. Vor dem Hintergrund der Stagnation auf vielen Märkten, der Intensivierung des Wettbewerbs und der Reduktion von Produktlebens-

und -entwicklungszyklen besitzt diese **Strategie** für zahlreiche Unternehmen eine große Relevanz.

| Kriterium | Bewertung | | | | | |
|---|---|---|---|---|---|---|

| Kriterium | Bewertung |
|---|---|
| • Marktpotential für das Produkt? | 0,0  0,2  0,4  0,6  0,8  1,0<br>niedrig                              hoch |
| • Zusatzabsatz durch Produktveränderung? | 0,0  0,2  0,4  0,6  0,8  1,0<br>gering                               groß |
| • Beitrag des Produkts zum Verkauf anderer Güter? | 0,0  0,2  0,4  0,6  0,8  1,0<br>gering                               groß |
| • Beitrag des Produkts zur Deckung fixer Kosten? | 0,0  0,2  0,4  0,6  0,8  1,0<br>gering                               groß |
| • Alternativen für dieses Produkt? | 0,0  0,2  0,4  0,6  0,8  1,0<br>wenige                               viele |
| • Ressourcenbindung durch dieses Produkt? | 0,0  0,2  0,4  0,6  0,8  1,0<br>gering                               groß |

Quelle: angelehnt an *Meffert*, 1998, S. 439

*Abbildung 5.62: Bewertungsbogen im Rahmen der Produktelimination*

Hierbei erscheint es zweckmäßig, **Kenntnisse** und **Erfahrungen** über die **bisherige Tätigkeit** auf den **neuen Geschäftsbereich** zu übertragen, um die Risiken zu mindern oder die Chancen zu erhöhen. Bei der Schaffung eines neuen Betätigungsfelds ist es unerläßlich, an die bereits erarbeiteten **Wettbewerbsvorteile gegenüber** den **Konkurrenten** anzuknüpfen und diese auszubauen. Zu diesen Faktoren zählt zum Beispiel **spezifisches Wissen** über Marktforschung, Werbegestaltung oder die Erstellung einer

beachtlichen Anzahl von Varianten bei überschaubaren Komplexitätskosten.

Im Kern läßt sich die Diversifikation als das **Ergebnis zweier strategischer Grundsatzentscheidungen** interpretieren, der **Produktentwicklung** einerseits und der **Marktentwicklung** andererseits (vgl. *Abbildung 5.63*). Während erstere zu einem **neuen Erzeugnis** beziehungsweise einer **neuen Technologie** führt, gelangt letztere zu einer **neuen Klientel**. Es ist üblich, zwischen **horizontaler, vertikaler** und **lateraler Diversifikation** zu unterscheiden (vgl. *Nieschlag/Dichtl/Hörschgen*, 1997, S. 281 ff.).

| Markt | Produkt | | |
|---|---|---|---|
| | Altes Produkt | Verbessertes Produkt | Neues Produkt |
| Alter Markt | | Verbesserung des Produkts | Neue Problemlösung |
| Verbesserte Bearbeitung | Verbesserung des Marketing | | Erweiterung der Angebotspalette |
| Neuer Markt | Neue Verwendung | Neue Marktsegmente | Diversifikation |

*Abbildung 5.63: Der Zusammenhang zwischen Produkt und Markt*

- Bei der **horizontalen Diversifikation** steht die **Erweiterung** des bisherigen Produktprogramms um Güter für die bereits eroberten Nachfrager im Mittelpunkt. Ein Beispiel bildet die Firma *Knorr*, die ihre Angebotspalette aus Soßen, Würzen, Suppen und Fertiggerichten um Püree, Klöße und Knödel ergänzte. Der Grund dafür liegt zumeist darin, das umfangreiche Wissen und die vielfältigen Erfahrungen über die Marktgegebenheiten für die Gestaltung neuer Offerten auszuschöpfen.

- Die **vertikale Diversifikation** zielt darauf ab, die im *business cycle* **vor-** oder **nachgelagerten Erzeugnisse** aufzunehmen. Dies ist zum Beispiel dann der Fall, wenn ein Hersteller von Oberbekleidung eine eigene Stoffweberei gründet (Vorstufe) oder eine eigene Ladenkette aufbaut (Nachstufe). Als Gründe hierfür sind etwa die Sicherstellung der Rohstoffe, die Erschließung neuer Ertragsquellen und die Verbesserung der Wertschöpfung zu nennen.

* **Laterale Diversifikation** bezeichnet den Vorstoß in **völlig neue Produkt- und Marktbereiche**. Dabei stehen die neuen Erzeugnisse und Märkte in **keinem Zusammenhang** zu den bisherigen. Ein Beispiel ist ein Zigarettenproduzent, der sich im Getränkemarkt engagiert. Entscheidende Kriterien scheinen hier oftmals der Wunsch, am Wachstum einer bestimmten Branche teilzuhaben, die Streuung des Risikos, die Verzinsung des verfügbaren Kapitals und die Ausnutzung von Managementfähigkeiten zu sein.

## 11.6.5 Die Produktbündelung

### 11.6.5.1 Grundanliegen und Erscheinungsformen

Bei der Gestaltung einer marktfähigen Leistung fassen immer mehr Anbieter ihre Erzeugnisse im Hinblick auf einen möglichen **Verwendungszweck** zu einem Paket zusammen und verkaufen dieses zu einem Bündelpreis (vgl. *Eppen/Hanson/Martin*, 1991, S. 7 ff.). Im Unterschied zur **Preisbündelung** (vgl. *Simon*, 1992, S. 442 ff., und *Diller*, 1993, S. 271 ff.), bei der es vor allem um die Festlegung des Paketpreises geht, interessiert im Rahmen der **Produktbündelung** insbesondere die Gestaltung eines Bündels. Dabei sind beispielsweise Fragen nach der optimalen Anzahl der zu verknüpfenden Elemente und nach dem Ausmaß der funktionalen Zusammengehörigkeit der Komponenten zu beantworten. Folgende Beispiele verdeutlichen das Anwendungsfeld der Produktbündelung:

* Reiseveranstalter bieten beispielsweise **Pauschalreisen** an, die neben dem Flug und dem Hotel auch einen Mietwagen und ein abendliches Rahmenprogramm umfassen, während Zeitschriftenverlage ihren Kunden verschiedene **Titelkombinationen** offerieren.

* Selbst Hersteller von Industriegütern, wie Werkzeugmaschinen, elektronischen Bauteilen und chemischen Substanzen, bieten ihre Produkte häufig im Verbund mit einem **Dienstleistungskranz** zu einem Systempreis an.

* Eine besondere Relevanz besitzt die Produktbündelung auch in der Automobilindustrie. Dort bilden einzelne **Sonderausstattungskomponenten** die Basis für die Konstruktion einer Vielzahl von Paketen, die zum Beispiel unter den Begriffen *young edition* und *sport line* die Attraktivität der Pkw-Marke steigern.

Die Gründe für die Verbreitung dieser marketingpolitischen Maßnahme liegen auf der Hand:

**(1) Reduktion von Produktionskosten**

Ein erstes Argument stellt auf die **Reduktion** von **Produktionskosten** ab, die aus einer Verknüpfung von Produkten zu einem Paket resultiert (vgl. *Dansby/Conrad*, 1984, S. 377 ff.). Vor dem Hintergrund dieser Überlegung verringerte der Pkw-Hersteller *Chrysler* in den 80er Jahren die **Anzahl** der möglichen **Kombinationen** von **Sonderausstattungskomponenten** für seine Modelle *Dodge Omni* und *Plymouth Horizon* von über **8 Millionen** auf **42** vorgegebene **Produktbündel**. Die damit verbundenen Kosteneinsparungen in der Produktion ermöglichten einen Preisnachlaß auf ein durchschnittlich ausgestattetes Automobil von etwa 10%. Dieser **preispolitische Spielraum** ließ die Erschließung neuer **Marktsegmente** zu und verlängerte die **Lebenszyklen** der Modelle um mehrere Jahre. Außerdem führte die erhebliche **Reduktion** der **Komplexität** zu einer deutlichen **Verbesserung** der **Produktqualität**. Beachtliche Steigerungen des Umsatzes und des Gewinns waren die Konsequenzen dieser produktpolitischen Maßnahme.

**(2) Abschöpfung von Konsumentenrente**

Ein zweites Argument betont die Chance, mit einem Produktbündel die **Konsumentenrente** von **Nachfragern** mit **heterogenen Güterpräferenzen besser abzuschöpfen** als dies bei einem **Verkauf** zu **Einzelpreisen** möglich wäre. Zur Verdeutlichung dieser Idee dient das folgende Beispiel (vgl. *Tabelle 5*.26 sowie *Simon*, 1992, S. 446 ff.): Den Ausgangspunkt bilden die beiden Probanden 1 und 2, deren Maximalpreise für die Produkte A und B 5 DM und 6 DM beziehungsweise 8 DM und 4 DM lauten. Bei einem Preis von 5 DM für A und 4 DM für B fragt jeder Verbraucher die zwei Erzeugnisse nach. Offeriert das Unternehmen die zwei Güter als Paket zu einem Preis von 10 DM, greifen beide Individuen auf das Angebot zurück, obgleich es die Summe der Einzelpreise übersteigt.

Der zentrale Grund für die Abschöpfung von zusätzlicher Konsumentenrente durch Bündelung liegt auf der Hand: Im ersten Fall orientiert sich der Produktmanager offenbar am **niedrigsten Maximalpreis**, den einer der Personen für das jeweilige Erzeugnis nennt (5 DM für A und 4 DM für B). Im zweiten Fall dient das **geringste individuelle Budget** (die 10 DM des Befragten 2) als Basis für die Gestaltung des Paketpreises.

| Nachfrager | Maximalpreis | | Umsatz bei | Umsatz bei |
|---|---|---|---|---|
| | Produkt A | Produkt B | Preis A = 5 DM<br>Preis B = 4 DM | Bündelpreis<br>A + B = 10 DM |
| 1 | 5 DM | 8 DM | 9 DM | 10 DM |
| 2 | 6 DM | 4 DM | 9 DM | 10 DM |

*Tabelle 5.26: Maximalpreise für Einzelprodukte und Produktbündel*

**(3) Erweiterung der Menge potentieller Nachfrager**

Eine dritte Überlegung besteht darin, mittels einer Produktbündelung den Kreis der potentiellen **Abnehmer** zu **erweitern** (vgl. *Schmalensee*, 1984, S. 211 ff., und *Bell*, 1986, S. 13 ff.). Zur Verdeutlichung dieser Idee seien **vier Produkte** (A, B, C und D) und **zwei Nachfragersegmente** betrachtet. Während die Käufer des einen Clusters A, B und C wünschen, bevorzugen die Personen des anderen Segments B, C und D. Eine vielversprechende marketingpolitische Stoßrichtung besteht darin, alle vier Produkte zu einem **Paket** zu **verknüpfen** und **einen Preis festzulegen**, der das Bündel für die Nachfrager beider Cluster attraktiv erscheinen läßt. Diese Vorgehensweise zielt darauf ab, **heterogene Segmente** zu einem möglichst **großen Gesamtmarkt** zu verzahnen und diesen mit einer geringen Anzahl von Produkten zu bedienen.

Hierbei kommt es jedoch darauf an, daß der **Preis** des **segmentübergreifenden Pakets** die **Preise** der **clusterspezifischen Bündel** der **Wettbewerber** unterschreitet. Das **Keditkartengeschäft** bildet hierfür ein Beispiel: Jede Karte erlaubt die Inanspruchnahme einer Vielzahl von Dienstleistungen, die **nur sehr wenige Kunden** in **vollem Umfang nutzen**.

• **Geschäftsreisende** schätzen zum Beispiel den Versicherungsschutz, der bei der Bezahlung der Mietgebühr für einen Leihwagen in Kraft tritt oder die Möglichkeit, im Ausland *traveler's checks* zu erwerben.

• Demgegenüber legen zum Beispiel **Urlaubsreisende** großen Wert auf die beim Kauf eines Souvenirs automatisch abgeschlossene Diebstahlversicherung. Trotz der unterschiedlichen Präferenzen für die einzelnen Serviceleistungen besitzen alle Betroffenen die gleichen Karten.

## (4) Erweiterung des Kernprodukts um Dienstleistungen

Eine vierte Überlegung zielt darauf ab, das **eigentliche Kernprodukt** um einen **Kranz** aus **Dienstleistungen** zu **erweitern** (vgl. *Owen/Cooper*, 1991, S. 57 ff., und *Guiltinan*, 1987, S. 74 ff.). Für diese produktpolitische Variante lassen sich zwei Gründe anführen:

- Einerseits besitzen Anbieter die Möglichkeit, ihre Güter mittels begleitender Dienste von den Angeboten der Wettbewerber zu differenzieren.

- Andererseits tragen die Servicekomponenten dazu bei, die volle Leistungsfähigkeit des Kernprodukts zu entfalten und den Benutzer unter Umständen vor einem technischen Versagen des Gebrauchsguts zu schützen.

So zeichnet sich zum Beispiel die **Unternehmenspolitik** von *Otis*, dem weltweit führenden Anbieter von Fahrstühlen, durch eine aggressive Vermarktung von Wartungsverträgen bereits bei der Installation von Fahrstühlen aus. Alle Abnehmer, die erst nach der Inbetriebnahme des Fahrstuhls einen solchen Vertrag abschließen, müssen erhebliche preisliche Nachteile in Kauf nehmen. Da auf Grund dieser **finanziellen Anreize** die meisten Käufer unmittelbar bei der **Bestellung** eines Fahrstuhls einen **Wartungsvertrag** unterzeichnen, ist es *Otis* möglich, ein **engmaschiges Servicenetz**, das aus einem qualifizierten Service-Team, einem 24-Stunden-Notdienst und computergestützten Überwachungssystemen besteht, einzurichten.

Ein Blick auf die Produktpolitik von Unternehmen zeigt unterschiedliche Ansätze zur Produktbündelung, die sich durch verschiedene Begriffe beschreiben lassen. *Abbildung 5.64* vermittelt unter Berücksichtigung relevanter **Kriterien** einen Überblick über **bedeutsame Erscheinungsformen** der **Paketierung**. Ungeachtet der **inhaltlichen Spezifikation** eines **Bündels** und dessen genaue Bezeichnung existieren zwei Basistypen:

- Bei der **reinen Bündelung** (*pure bundling*) bietet das Unternehmen nur das Paket an. Der Kauf **einzelner Bündelkomponenten** ist **nicht möglich**.

- Die **gemischte Bündelung** (*mixed bundling*) zeichnet sich dadurch aus, daß ein Konsument **sowohl das Paket als auch** die **einzelnen Produkte kaufen** kann.

Eine in der Praxis weitverbreitete Art der Bündelung, das *add on bundling*, bedarf einer besonderen Betrachtung. Hierbei verknüpft der Anbieter ein Basiserzeugnis beziehungsweise eine Grundleistung mit einem Zusatzgut beziehungsweise einer Zusatzleistung. Häufig läßt sich die *tie in-*

Leistung, also das Zusatzprodukt, nicht selbständig verkaufen, da es mit dem Basisprodukt in einem technischen oder wirtschaftlichen Zusammenhang steht. Beispiele dafür bilden eine Fahrkarte, die eine Platzreservierung beinhaltet und ein Spielzeug, das sich in einer Packung *Kellogg's cornflakes* findet.

| Formen der Produktbündelung | | | |
|---|---|---|---|
| Verschiedenartigkeit der Komponenten | Verwendungsverbund zwischen den Komponenten | Anzahl der beteiligten Unternehmen | Art der beteiligten Unternehmen |
| • *product bundle* Bündelung von Gütern, die in einem angebots- oder nachfrageseitigen Zusammenhang stehen, wie die Kombination aus Shampoo und Haarspray <br><br> • *variety bundle* Bündelung gleicher Produkte, die sich etwa im Hinblick auf Farbe, Größe, Form und Geschwindigkeit voneinander unterscheiden, wie Kombikiste von *Coke* und Theater Abonnement. | • *complementary bundle* Bündelung von Erzeugnissen, die in einer komplementären Beziehung stehen, wie etwa *hard-* und *software* oder Stereoanlage und Boxen <br><br> • *substitutional bundle* Bündelkomponenten stehen in einer substitiven Relation, wie beispielsweise ein Schmelzkäsesotiment <br><br> • *independent bundle* Bündel umfassen Elemente, zwischen denen keine Nachfrageinterdependenz besteht, wie etwa eine Kreditkarte mit Auslandskrankenversicherung | • *intra firm bundling* Bündelung von Erzeugnissen, die von einem Anbieter stammen, wie Zahnbürste und Zahnpasta von *Colgate* oder Hausrats- und Haftpflichtversicherung von *Allianz* <br><br> • *inter firm bundling* Bündelung von Produkten, die verschiedene Anbieter bereitstellen, wie etwa Ski und Bindung von *Rossignol* und *Marker* | • *producer bundling* Hersteller stellt das Paket zusammen, wie zum Beispiel die *software*-Bündel von *Microsoft* <br><br> • *retailer bundling* Händler konzipiert das Produktbündel, wie etwa ein Geschenkkorb bestehend aus Tee, Kerzen und Servietten <br><br> • *service bundling* Servicepaket, wie ein Bündel von Versicherungsleistungen wird vom Dienstleister offeriert |

*Abbildung 5.64: Erscheinungsformen der Paketierung*

Trotz der vielen Argumente, die für eine Bündelung sprechen, ist in einigen Branchen auch ein Trend zur **Entbündelung** festzustellen. Ein bekanntes Beispiel hierfür bildet die Firma *SPSS*, die über Jahre ihre statistischen Programme im Paket offerierte. Neuerdings sind die Elemente auch einzeln zu beziehen unter Bezeichnungen wie etwa *SPSS/PC Advanced Statistics*, *SPSS/PC Tables* und *SPSS/PC Graphics*. Für diesen Ansatz lassen sich die folgenden Gründe anführen:

- Durch den Verkauf der Elemente als eigenständige Erzeugnisse lassen sich **neue Märkte erschließen**.

- Bei einer geringeren Preiselastizität für Einzelprodukte ist es möglich, den **Gewinn durch Entbündelung zu erhöhen**.

- In Märkten mit standardisierten Produkten ist es sehr leicht, ein System individuell durch den Kauf einzelner Elemente zusammenzustellen. Damit gelingt es einem Nachfrager, die vom Anbieter betriebene reine Bündelung zu unterlaufen.

### 11.6.5.2 Gestaltung eines Produktbündels

Die voranstehenden Ausführungen verdeutlichen, daß Produktpakete häufig eine geeignete Maßnahme bilden, um die Marktposition eines Unternehmens zu festigen oder Wettbewerbsvorteile gegenüber Konkurrenten zu erringen. Zur Bereitstellung dieses Instruments für produktpolitische Zwecke bedarf es einer Beantwortung der Fragen, **welche Faktoren** bei der Gestaltung eines Pakets zu berücksichtigen sind und **wie sie** einzeln oder in kombinierter Form auf das Kaufverhalten der Nachfrager wirken. Erst die Kenntnis, daß zum Beispiel die Anzahl der Elemente eines Bündels und die Höhe des Preisnachlasses auf das Paket im Vergleich zur Summe der Einzelpreise die Kaufentscheidung der Nachfrager auch tatsächlich beeinflussen, erlaubt es, Hinweise für eine marktgerechte Bündelpolitik zu vermitteln.

Im Unterschied zur Einproduktwahl geht es bei der Entscheidung über den Kauf eines Bündels nicht nur um die Aufnahme und Entschlüsselung eines von anderen Komponenten isolierten Reizes, sondern auch um die **gedankliche Verknüpfung** der **einzelnen Elemente** und der damit verbundenen **inhaltlichen Identifikation** des **Produktbündels**. Ein zur Beschreibung dieses Phänomens taugliches Kaufverhaltensmodell geht auf die Arbeit von *Lopez* zurück (vgl. *Lopez*, 1982, S. 23 ff., und *Anderson*, 1981, S. 43 ff.). Er unterscheidet drei Phasen der Wahrnehmung:

- das gedankliche Erfassen der einzelnen Paketelemente (*scanning*),

- die Festlegung eines Ankeritems (*anchoring*) und

- die Anpassung der anderen Elemente des Bündels an diese Komponente *(adjusting)*.

Die *scanning*-Phase ist dadurch gekennzeichnet, daß sich der Nachfrager einen Überblick über die Elemente des Bündels verschafft, ohne jedoch eine Beurteilung der einzelnen Items vorzunehmen. In der sich anschließenden *anchoring*-Phase erhebt der Konsument jenes **Item** zum **Ankerreiz**, das aus seiner Sicht die größte Bedeutung für die Kaufentscheidung besitzt. Diese Komponente fungiert in der darauffolgenden *adjusting*-Phase als Bezugspunkt für die funktional-inhaltliche Anpassung der anderen Elemente des betrachteten Produktbündels.

Dabei strebt die Person an, mittels einer **Umbewertung** und **Verdrängung einzelner Itemeigenschaften** einen möglichst großen Zusammenhang zwischen den Komponenten herzustellen. Je **schneller** und je **prägnanter** der Betroffene diese inhaltliche Elementenverbindung erlebt, desto stärker verankert sich dieses Produktbündel im Bewußtsein (vgl. *Yadav*, 1994, S. 342 ff., und auch *Yadav/Monroe*, 1993, S. 350 ff.). Vor dem Hintergrund dieser Überlegung lautet die erste Hypothese wie folgt:

**H1: Die Bereitschaft der Nachfrager zum Kauf eines Pakets steigt mit zunehmender funktionaler Zusammengehörigkeit der Items.**

Auf Grund der Repräsentation der einzelnen Items läßt sich noch nicht ableiten, welches Produktbündel ein Proband vorzieht oder ablehnt. Um zu einem Urteil über ein Paket zu gelangen, bedarf es einer Bewertung der einzelnen Elemente und einer sich anschließenden Verknüpfung dieser Teilurteile. Die Herausbildung dieses Gesamturteils bildet einen **komplexen Informationsverarbeitungsprozeß**, der im Kern aus einer Konfrontation der vorliegenden Komponenten mit dem **subjektiven Werte-** und **Bezugssystem** besteht.

Aus der Informationstheorie ist bekannt, daß die **individuelle Fähigkeit** zur **Aufnahme** und **Verarbeitung** von **Informationen** einer **Beschränkung unterliegt** (vgl. *Herrmann*, 1992, S. 197 ff.). Empirische Untersuchungen verdeutlichen, daß Probanden im allgemeinen nur **fünf** bis **neun Informationen** beziehungsweise Informationseinheiten (chunks) im Gedächtnis verfügbar halten können. Insofern existiert die Gefahr, daß größere Pakete die Fähigkeit des Nachfragers überfordern, das Nutzenversprechen des Anbieters zu identifizieren und ein Urteil über die Zwecktauglichkeit des Bündels abzugeben. Hieraus ergibt sich die zweite Hypothese:

**H2: Die Bereitschaft der Abnehmer zum Kauf eines Bündels sinkt mit steigender Anzahl der Bündelelemente.**

Neben diesen beiden aus dem Informationsverarbeitungsprozeß der Individuen abgeleiteten Gestaltungsfaktoren von Produktbündeln interessieren **zwei weitere Parameter**, die in vielen Untersuchungen eine Rolle spielen: die **Höhe** des **Preisnachlasses** auf das **Bündel** im Vergleich zur Summe der Preise der einzelnen Items und die **Art** der **Bündelung**, die aus den beiden Varianten **reine** und **gemischte Bündelung** besteht.

Ein Beispiel verdeutlicht diese Idee: Viele Pkw-Hersteller bieten Sonderausstattungspakete an, um den Absatz ihrer Erzeugnisse zu forcieren. So lassen sich etwa vier Sternfelgen, ein Drehzahlmesser, zwei Sportsitze und ein Drei-Speichen-Lenkrad zu einem Sportpaket zusammenfassen. Obwohl der Verkauf dieses Pakets im Mittelpunkt der produktpolitischen Anstrengungen steht, bleibt bei der gemischten Bündelung der Verkauf einzelner Komponenten nicht ausgeschlossen. Allerdings übersteigt die Summe der Itempreise im allgemeinen den Preis des Sonderausstattungspakets, so daß die Nachfrager einen Anreiz zum Kauf des Bündels besitzen. Ist hingegen der Erwerb einzelner Elemente nicht möglich, liegt eine reine Bündelung vor. Diese Maßnahme birgt die Gefahr, daß lediglich ein Teil der Individuen, die sich nur für ein oder zwei Items des Bündels interessieren, es auch kaufen. Insgesamt gesehen gilt jedoch folgender Gedanke:

**H3: Die Bereitschaft der Nachfrager zum Kauf eines Pakets ist bei der reinen Bündelung größer als bei der gemischten.**

Angesichts knapper Geldmittel entspricht es der in der Ökonomie unterstellten **Rationalität** ein bestimmtes Produkt beziehungsweise Produktbündel zu einem möglichst niedrigen Preis zu erlangen. Dies ist gleichbedeutend mit der Feststellung, daß die Kaufwahrscheinlichkeit der Nachfrager mit fallendem Preis steigt. Dieser in der mikroökonomischen Theorie mittels der **Preis-Absatz-Funktion** formalisierte Zusammenhang führt zu folgender Hypothese:

**H4: Die Bereitschaft der Nachfrager zum Kauf eines Pakets steigt mit sinkendem Bündelpreis.**

Die vier Hypothesen über die Relevanz der Faktoren (**funktionale Zusammengehörigkeit der Items**, **Anzahl** der **Bündelelemente**, **Art** der **Bündelung**, **Preisnachlaß** auf das **Bündel** im Vergleich zur Summe der Itempreise) für die erfolgreiche Gestaltung eines Produktbündels gilt es mittels einer empirischen Untersuchung zu überprüfen. Sie zielt darauf ab, Ansatzpunkte für die **Konzeption** eines **Güterbündels** zu vermitteln (vgl. *Herrmann/Huber/Coulter*, 1997, S. 99 ff.). Diesem Zweck dienen verschiedene Pkw-Angebote eines Automobilherstellers, die jeweils aus einem **Grundmodell** und einem **Sonderausstattungspaket** bestehen. Die Pakete unterscheiden sich im Hinblick auf die vier Parameter, während das Grundmodell in allen Fällen unverändert bleibt.

*Abbildung* 5.65 zeigt die in der Studie berücksichtigten Ausprägungen der einzelnen Gestaltungsfaktoren. Bei drei unterschiedlichen Preisnachlässen, drei verschiedenen Bündelgrößen, drei Spielarten der funktionalen Zusammengehörigkeit der Items und zwei Varianten der Art der Bündelung ergeben sich 54 (=3·3·3·2) experimentellen Kombinationen der Faktorstufen.

| Gestaltungsfaktor | Ausprägung |
|---|---|
| • Preisnachlaß (P)<br>• Anzahl der Komponenten (K)<br>• Funktionale Zusammen-<br>  gehörigkeit (Z)<br>• Art der Bündelung (B) | • 0%, 10%, 20%<br>• 3, 5, 7<br>• Paßt zusammen, wird gelegentlich<br>  zusammen gewählt, paßt nicht<br>  zusammen<br>• Reine Bündelung, gemischte<br>  Bündelung |

*Abbildung 5.65: Die ausgewählten Faktorstufen*

Neben der Bestimmung der unabhängigen Größen (die Faktoren P, K, Z und B) interessiert auch die Festlegung des Begriffs **Kaufabsicht**, der **abhängigen Variablen** in der Studie. Die Bedeutung dieses Konstrukts für die Erklärung des Kaufverhaltens läßt sich am einfachsten durch eine Gegenüberstellung zum Terminus **Einstellung** verdeutlichen. Unter diesem Begriff versteht man ein subjektives Urteil über die Tauglichkeit eines Produkts zur Befriedigung von Bedürfnissen. Aus dieser Prädisposition resultiert ein entsprechender Kauf, sofern die finanziellen Ressourcen vorhanden und die bevorzugte Marke verfügbar ist.

Die vom Konsumenten geäußerte Kaufabsicht reflektiert darüber hinaus unter Vorwegnahme der individuellen Ressourcenallokation und der Beschaffungssituation eine bestimmte Verhaltensweise. Diese ergibt sich zum einen aus einem subjektiven Werte- und Normensystem. Zum anderen beeinflussen situative Faktoren wie etwa die Beratungsleistung des Verkäufers das Verhalten des Nachfragers. Daher läßt sich die **Kaufabsicht** als eine psychische Größe auffassen, die als intervenierende Variable die Beziehung zwischen der Einstellung und der Wahlhandlung mitbestimmt und **näher am interessierenden Kaufverhalten liegt**.

Die erforderlichen Rohdaten wurden im November und Dezember 1994 erfaßt. Hierzu legte man jeweils 10 zufällig ausgewählten Pkw-Käufern eines der 54 Angebote mit der Aufforderung vor, die Absicht zum Kauf des Sonderausstattungspakets auf einer Siebener-Skala anzugeben. Mittels einer vierfaktoriellen Varianzanalyse läßt sich überprüfen, inwieweit die Höhe des Preisnachlasses auf das Bündel im Vergleich zur Summe der Preise der einzelnen Items (**Faktor P**), die Anzahl der zu einem Bündel zusammengefaßten Komponenten (**Faktor K**), das Ausmaß der funktionalen Zusammengehörigkeit der Elemente (**Faktor Z**) und die Art der Bündelung (**Faktor B**) einzeln oder in kombinierter Form die Kriteriumsvariable beeinflussen.

Angebot 1 zeichnet sich dadurch aus, daß die drei Ausstattungskomponenten Zentralverriegelung, Diebstahlwarnanlage und Beifahrer-Airbag ein Bündel bilden, dessen Preis 2.130 DM lautet. Die Summe der abgebildeten Itempreise bringt zum Ausdruck, daß kein Preisnachlaß auf das Paket gewährt wird. Funktional gesehen, bilden die Elemente ein Bündel, das sich als **Sicherheitspaket** charakterisieren läßt. Ferner geht aus den vorliegenden Informationen hervor, daß die Ausstattungskomponenten nur im Paket angeboten werden (reine Preisbündelung).

Genau im Hinblick auf die Art der Bündelung unterscheidet sich Angebot 2. Da die Komponenten auch einzeln erworben werden können, liegt in diesem Fall eine **gemischte Bündelung** vor. Angebot 54 zeigt ein Sonderausstattungspaket, das aus sieben Elementen besteht. Der Preisnachlaß auf das Bündel beträgt im Vergleich zur Summe der Itempreise 20%. Aus funktionaler Sicht weisen die Komponenten nur eine geringe Zusammengehörigkeit auf. Insofern läßt sich auch kein Paket konstruieren, das einen spezifischen Nutzen, wie Sicherheit, Sportlichkeit oder Komfort, stiften könnte. Darüber hinaus liegt eine gemischte Bündelung vor, da die Möglichkeit zum Kauf einzelner Items besteht.

Vor dem Hintergrund der eingangs formulierten Hypothesen lassen sich die erzielten Ergebnisse folgendermaßen interpretieren:

*   Zunächst fällt auf, daß sich die **Bereitschaft** der Nachfrager zum Kauf eines Sonderausstattungspakets mit **sinkendem Preis** beziehungsweise **steigendem Preisnachlaß** erhöht. Dieser Sachverhalt steht im Einklang mit einer Vielzahl von Erkenntnissen aus preispolitischen Experimenten. Damit findet auch der **Verlauf** der **Preis-Absatz-Funktion** eine weitere Bestätigung.

• Weiterhin geht aus den Daten hervor, daß eine **große Bereitschaft** für den Kauf von Bündeln mit **fünf Komponenten** besteht, während Pakete mit drei und sieben Elementen auf weniger Interesse stoßen. Offenbar schlägt das Anliegen fehl, mit einem aus **drei Items bestehenden Paket** (z. B. Zentralverriegelung, Diebstahlwarnanlage Beifahrer Airbag) das Nutzenversprechen (z. B. Sicherheit) zu vermitteln. Demgegenüber umfassen **größere Pakete** (z. B. mit sieben Elementen) neben den Standardkomponenten auch Items, die nicht alle Käufer wünschen.

• Ferner **steigt** die **Kaufbereitschaft** mit **zunehmender funktionaler Zusammengehörigkeit** der **Elemente** an. Offenbar kaufen die Nachfrager **nicht einzelne Items, sondern** ein **Nutzenbündel**. Dieser Gedanke läßt sich leicht verdeutlichen: Erstens kennen die Nachfrager selten alle nutzenstiftenden Facetten der einzelnen Elemente eines Paketes. Zweitens gilt in vielen Fällen, daß verschiedene Items einerseits einen konkreten Nutzen erfüllen und andererseits auf unterschiedliche Nutzenbereiche wirken.

• Schließlich führt die **reine Bündelung** zu einer **größeren Bereitschaft** zum Kauf eines Sonderausstattungspakets als die **gemischte**. Dies beruht auf der Tatsache, daß die meisten Personen nahezu alle der in dieser Untersuchung zu einem Bündel zusammengefaßten Komponenten grundsätzlich bei der Wahlhandlung in Betracht ziehen. Besteht ein Sonderausstattungspaket hingegen aus Items, die für einen Kauf nicht in Frage kommen, erscheint eine gemischte Bündelung vorteilhaft, da sonst die Gefahr besteht, daß das Bündel keine Abnehmer findet.

### 11.6.5.3 Der *Conjoint+Lingo*-Ansatz

Im Rahmen des produktpolitischen Kalküls geht es nicht nur darum, das Produktbündel an den Wünschen und Vorstellungen der Nachfrager auszurichten. Vielmehr spielen neben den Bedürfnissen der Abnehmer auch die Kosten der Entwicklung, Produktion und Vermarktung eine zentrale Rolle bei der Paketgestaltung. Hierzu legten *Albers* und *Bielert* (1996, S. 459 ff.) einen Ansatz vor, dessen Grundgedanken sich auf folgende Weise verdeutlichen läßt:

• Läßt sich ein neues Paket finden, das aus Sicht der Nachfrager die gleiche Attraktivität aufweist wie das alte Bündel, aber deutlich weniger Kosten verursacht?

- Ist ein Bündel konstruierbar, das bei gleichen Kosten wie das alte Paket in den Augen der Nachfrager attraktiver erscheint?

Bislang finden sich in Wissenschaft und Praxis vornehmlich Ansätze zur Lösung des zweiten Problems. Ungleich schwieriger zu beantworten, ist die erste Frage. Dies ist auch darauf zurückzuführen, daß bislang kein geeignetes Optimierungsverfahren vorliegt. Daher sollen die Grundzüge des auf einem **Gemischt-Ganzzahligen Linearen Programm** aufbauenden *Conjoint+Lingo*-**Modells** von *Albers* und *Bielert* (1996, S. 461 ff.) erläutert werden.

Aus einer empirischen Untersuchung geht hervor, daß die in *Tabelle* 5.27 dargestellten fünf Merkmale von finanziellen Nebenleistungen mit insgesamt 15 Ausprägungen für die Wahl eines **Nebenleistungspakets** durch **Hoteldirektoren** relevant sind. Aus den vorliegenden Merkmalsausprägungen lassen sich **243** (= 3 · 3 · 3 · 3 · 3) unterschiedliche **Nebenleistungsbündel** konstruieren. Gilt das Interesse lediglich den orthogonalen Haupteffekten, reicht es aus, ein faktorielles Design mit in diesem Fall 16 Nebenleistungsplänen zu präsentieren.

Den 51 befragten Hoteldirektoren liegt die Aufgabe vor, die 16 ihnen unterbreiteten Alternativen hinsichtlich ihrer Präferenz anzuordnen. Die sich hieraus ergebende Rangordnung der Alternativen fungiert als Dateninput für das *Conjoint Measurement* (vgl. Abschnitt 8.3.2). Eine Auswertung dieser Rohdaten liefert **Teilnutzenfunktionen** für die fünf Eigenschaften. Wie erinnerlich liegen die Nutzenwerte auf Individualniveau vor, so daß sich deren **Streuung** über die **Individuen** darstellen läßt.

Neben den individuellen Teilnutzenwerten benötigt der *Conjoint+Lingo*-Ansatz auch die **variablen Kosten** der **Merkmalsausprägungen**. In *Tabelle* 5.28 finden sich die erforderlichen Kostendaten.

| Merkmal | Merkmalsausprägung |
|---|---|
| Arbeitgeberdarlehen | 0 DM, 150.000 DM, 300.000 DM |
| Firmenwagen | 0 DM, 12.000 DM, 24.000 DM |
| Fortbildung | 0 DM, 7.000 DM, 14.000 DM |
| Lebensversicherung | 0 DM, 100.000 DM, 200.000 DM |
| Beteiligung am Unternehmen | 0 DM, 25.000 DM, 50.000 DM |

Quelle: angelehnt an *Albers/Bielert*, 1996, S. 462

*Tabelle 5.27: Relevante Merkmale und Ausprägungen von Nebenleistungen für Hoteldirektoren*

| Merkmal | Merkmalsausprägung | Variable Kosten der Merkmalsausprägung |
|---|---|---|
| Arbeitgeberdarlehen | 0 DM<br>150.000 DM<br>300.000 DM | 0 DM<br>7.820 DM<br>15.640 DM |
| Firmenwagen | 0 DM<br>12.000 DM<br>24.000 DM | 0 DM<br>12.000 DM<br>24.000 DM |
| Fortbildung | 0 DM<br>7.000 DM<br>14.000 DM | 0 DM<br>7.000 DM<br>14.000 DM |
| Lebensversicherung | 0 DM<br>100.000 DM<br>200.000 DM | 0 DM<br>3.200 DM<br>6.400 DM |
| Beteiligung am Unternehmen | 0 DM<br>25.000 DM<br>50.000 DM | 0 DM<br>1.500 DM<br>3.000 DM |

Quelle: angelehnt an *Albers/Bielert*, 1996, S. 466

*Tabelle 5.28: Variable Kosten der Merkmalsausprägungen*

Unter Rückgriff auf die rekonstruierten Nutzenfunktionen ist die Gestaltung von Nebenleistungsbündel mittels eines Gemischt-Ganzzahligen Linearen Programms möglich. Dabei gilt die Prämisse, daß sich der Nutzen für nicht ausdrücklich erfragte Merkmalsausprägungen linear zwischen den geschätzten Teilnutzenwerten interpolieren läßt. Zum Beispiel lautet der Teilnutzenwert für die Ausprägung **Lebensversicherung = 150.000 DM** 0,10, sofern der Teilnutzenwert der Ausprägungen **100.000 DM** beziehungsweise **200.000 DM** 0,05, respektive 0,15 beträgt.

Zur Lösung eines **Gemischt-Ganzzahligen Linearen Programms** kommen die *software*-Pakete **Lingo** und **OLS** in Betracht. Allerdings läßt sich trotz ihres Einsatzes in Anbetracht der **zahlreichen Kombinationsmöglichkeiten** nur eine gute Lösung finden. Aus *Tabelle 5.29* geht hervor, daß der **Zielfunktionswert**, also die Gesamtkosten der finanziellen Nebenleistungen, 1.293.896 DM beträgt. Diese finanzielle Belastung liegt

15,5% unterhalb der Kosten des bislang angebotenen Bündels an Nebenleistungen von 1.531.020 DM.

| Nebenleistungskomponente | Generiertes Paket | | |
| --- | --- | --- | --- |
| | Paket 1 (in DM) | Paket 2 (in DM) | Paket 3 (in DM) |
| Arbeitgeberdarlehen | 12.140 DM | 1.460 DM | 12.000 DM |
| Firmenwagen | 7.440 DM | 7.000 DM | 7.000 DM |
| Fortbildung | 0 DM | 54.700 DM | 150.000 DM |
| Lebensversicherung | 0 DM | 43.500 DM | 0 DM |
| Beteiligung am Unternehmen | 100.000 DM | 196.420 DM | 100.000 DM |
| Kosten | 22.780 DM | 20.207 DM | 30.020 DM |
| Bisheriger Zielfunktionswert | 1.531.020 DM | | |
| Bester Zielfunktionswert | 1.293.896 DM | | |

Quelle: angelehnt an *Albers/Bielert*, 1996, S. 470

*Tabelle 5.29: Ausprägungen der besten Nebenleistungspakete*

Das Aufspüren solcher Einsparungsmöglichkeiten ist jedoch nicht so einfach, da der Marktforscher nicht nur die Heterogenität der Nutzenfunktion berücksichtigt, sondern auch die Kosten der verschiedenen Merkmalsausprägungen betrachtet. Teilt er die Auskunftspersonen nach Maßgabe ihrer Nutzengewichte in Segmente ein und bestimmt für jedes **Segment** ein **kostenminimales Nebenleistungspaket**, ergibt sich bei einem
Zielfunktionswert von 1.407.053 DM lediglich eine Kostenreduktion von
8,1% gegenüber den ursprünglichen Kosten von 1.531.020.

## 11.6.6 Variantenvielfalt und Komplexitätskosten

Viele Unternehmen betrachten eine **variantenreiche Produktpalette** als
ein geeignetes Mittel, um angemessen auf die **vielfältigen Bedürfnisse**
und **Anforderungen** der **Nachfrager** zu **reagieren**. Vertreter dieser produktpolitischen Ausrichtung übersehen dabei sehr häufig, daß die **Variantenvielfalt** mit einer **großen Komplexität** und **hohen Kosten** einher-

geht (vgl. *Hoitsch/Lingnau*, 1995ª, S. 481 ff.). Daher gilt das Augenmerk im folgenden dem Zusammenhang zwischen der Variantenvielfalt und den Komplexitätskosten. Hierbei interessiert zunächst die Wirkung der Variantenzahl auf unternehmenspolitische Zielgrößen, wie Absatz, Umsatz, Produktivität und Umsatzrendite (vgl. *Coenenberg/Prillmann*, 1995, S. 1231 ff.).

**(1) Variantenvielfalt und Absatz, respektive Umsatz**

Aus einer Studie von *Wildemann* (1990ª, S. 314 ff.) geht hervor, daß die Variantenzahl bei 29 Unternehmen im Zeitraum 1980 bis 1990 deutlich stärker stieg als die gesamte Produktionsmenge. Insbesondere in stagnierenden Märkten ließ sich eine starke Erhöhung der Variantenzahl beobachten. Offenbar bleibt die **Ausweitung** des **Marktvolumens** hinter der **Ausdehnung** des **Variantenspektrums zurück**.

**(2) Variantenvielfalt und Produktivität respektive Umsatzrendite**

Einer empirischen Untersuchung von *Coenenberg* und *Prillmann* (1995, S. 1237 ff.) zufolge schlägt sich die Variantenzahl in den Gesamtkosten nieder. Auf die Wertschöpfung bezogen, betragen die Variantenkosten etwa 40%, die sich aus Personal-, Herstell-, Verwaltungs- und Marketingkosten zusammensetzen. Insofern ist es nicht überraschend, daß Unternehmen mit einer **geringen Variantenzahl** eine **signifikant größere Wertschöpfung** erreichen als Anbieter mit einer **hohen Variantenzahl**. Zudem weisen letztere bei einem Kostennachteil ohne Umsatzvorteil eine deutlich niedrigere Umsatzrendite auf als ihre Wettbewerber mit einer kleineren Variantenzahl.

In Anbetracht der diskutierten Analysen ist die von vielen Produktmanagern propagierte Differenzierung von Erzeugnissen im anderen Licht zu sehen. Ohne Zweifel ist Variantenvielfalt erforderlich, um die vielfältigen Wünsche und Vorstellungen der Nachfrager zu befriedigen. Gleichwohl sind die Anforderungen der Kunden mit einer möglichst geringen Anzahl von Varianten zu erfüllen.

Zur Lösung dieses Problems bedarf es einer Entscheidung darüber, ob das Unternehmen die Strategie der **Kostenführerschaft** oder die der **Differenzierung** verfolgt. Die **Kostenführerschaft** setzt eine **geringe Vielfalt** an **Varianten** bei **hohen Stückzahlen** voraus, wohingegen eine **Differenzierung** eine **größere Variantenvielfalt** bei **kleineren Stückzahlen** bedingt. Zu bezweifeln bleibt allerdings, inwieweit eine häufig praktizierte Verknüpfung der beiden Strategietypen zum gewünschten Erfolg führt. Eine ins Auge gefaßte Kostenführerschaft läßt sich kaum mit Vari-

antenvielfalt vereinbaren, genauso steht eine beabsichtigte Differenzierung im Widerspruch zu dem Anliegen, sehr niedrige Herstellungskosten
zu erreichen.

Ferner gilt die Aufmerksamkeit den aus der Variantenvielfalt resultieren-
den **Komplexitätskosten**. Nahezu alle Autoren verstehen darunter jene
Kosten, die auf die **Vielfalt** des **Entwicklungs-, Produktions-** und **Vermarktungsprozesses** zurückzuführen sind (vgl. *Homburg/Daum*, 1997,
S. 151 ff.). Dabei läßt sich grundsätzlich zwischen der **Produktvielfalt**
(Anzahl der am Markt angebotenen Erzeugnisse) und der **Teilevielfalt**
(Anzahl der eingehenden Vor- und Zwischenprodukte) unterscheiden. Da
**beide Arten** der **Komplexität** ebenso wie die häufig erwähnte **Prozeß-
komplexität** in ähnlicher Weise auf die Kosten wirken, läßt sich ganz
allgemein von der **Komplexität** als **Kostentreiber** sprechen.

Den Überlegungen von *Wildemann* (1990[b], S. 617 ff.) zufolge gilt bei einer **beachtlichen Variantenzahl** ein **umgekehrtes Erfahrungskurvengesetz** (vgl. *Abbildung 5.66*). Hiernach führt eine **Verdoppelung** der Variantenzahl zu einer **Steigerung** der **Stückkosten** um 20 bis 30%. In

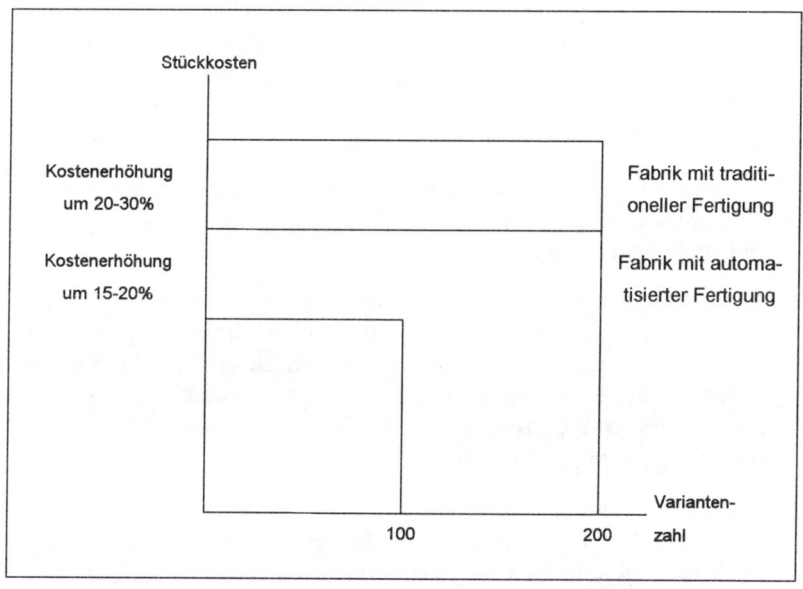

Quelle: angelehnt an *Wildemann*, 1990, S. 623

*Abbildung 5.66: Zusammenhang zwischen Variantenzahl und
Stückkosten*

Analogie zum **klassischen Erfahrungskurvengesetz** läßt sich auch hier zwischen **Skaleneffekten** und **Lerneffekten** unterscheiden (vgl. *Lingnau*, 1994, S. 307 ff.). Vor einer Würdigung der Kosteneffekte sind die Einflüsse einer neuen Variante auf die Absatzzahlen der bereits bestehenden Erzeugnisse zu berücksichtigen:

* Die Einführung einer neuen Variante kann zu Lasten der Absatzzahlen anderer Produkte gehen, das heißt, der **Gesamtabsatz bleibt gleich**. Hieraus ergibt sich in den durch die Produktion der Varianten betroffenen Bereichen ein Rückgang der produzierten Stückzahl (**Kannibalisierung**).

* Die Vermarktung der neuen Variante hat keine Auswirkungen auf die Absatzzahlen der anderen Erzeugnisse. Insofern **erhöht sich** der **Gesamtabsatz** um die Menge des neuen Guts. Allerdings verzichtet das Unternehmen auf Kosteneinsparungen, da es das neue und nicht die alten Produkte fördert.

Darüber hinaus ist eine Erhöhung der unmittelbaren stückbezogenen Kosten jedoch nur bei einer **Produktdifferenzierung** durch **Alternativvarianten** zu erwarten, bei denen der Nachfrager zwischen verschiedenen Ausprägungen entscheidet (z. B. Wagenfarbe). Eine **Produktdifferenzierung** durch **Additivvarianten**, bei denen der Anbieter zusätzliche Variantenausprägungen (z. B. Kopfstützen für die Rücksitze) offeriert, führt zu einer Steigerung der insgesamt benötigten Menge, so daß sogar eine Verminderung der unmittelbar stückbezogenen Kosten möglich erscheint.

Ohne Zweifel beklagen viele Verantwortliche, daß die **Komplexitätskosten zu hoch sind**. Zur Erläuterung dieses Sachverhalts lassen sich die folgenden Argumente anführen:

* Im Zuge der Ausdehnung des Geschäfts versäumen es viele Unternehmen, ihre **Produktpalette rechtzeitig** und **nachhaltig zu straffen**. Für die Entwicklung, Produktion und Vermarktung neuer Erzeugnisse existiert in der Regel ein detailliertes **Planungs- und Kontrollsystem**. Dagegen basiert die **Elimination** von **Gütern** bei vielen Unternehmen auf zufälligen Entscheidungen.

* Steht ein Anbieter im Wettbewerb mit Firmen aus beispielsweise *Südostasien*, läßt sich die **Strategie** der **Kostenführerschaft** in der Regel nicht realisieren. Diese Unternehmen erringen einen Vorsprung gegenüber den Konkurrenten allenfalls durch die **Strategie** der **Differenzierung**, die eine beachtliche Zahl von **Produktvarianten** für die ins Auge gefaßten **Marktnischen** zur Folge hat.

* Eine Erhöhung der Anzahl der Varianten geht häufig mit steigenden **Infrastrukturkosten** einher. Zusätzliche Erzeugnisse sind zu doku-

mentieren und zu katalogisieren sowie in die **Preisbildung** und **Kostenrechnung** aufzunehmen. Empirische Untersuchungen zeigen, daß sich bis zu 50% der Gemeinkosten proportional zur Anzahl der Varianten verhalten.

• Die Variantenvielfalt hat ihren Grund bei vielen Unternehmen auch im **Datenüberfluß** und der **Informationsarmut**. Beispielsweise gehen Manager davon aus, daß sich die **hinzukommende Variante** mit der **bestehenden Infrastruktur** entwickeln, produzieren und vermarkten läßt. Diese Prämisse mag im Einzelfall durchaus zutreffen, führt jedoch bei wiederholter Anwendung zu einem schleichenden Wachstum der Kosten.

Die folgenden Ausführungen vermitteln eine Vorstellungen über die Wirkung der Variantenvielfalt auf die Kosten im Beschaffungs-, Produktion- und Absatzbereich sowie in bereichsübergreifenden Funktionen.

**(1) Kostenwirkung im Beschaffungsbereich**

Eine steigende Anzahl von Varianten wirft im Beschaffungsbereich vielfältige Probleme auf. Beispielhaft seien einige davon im folgenden diskutiert (vgl. *Lackes*, 1991, S. 87 ff.):

• **Geringere Stückzahlen** pro **Komponente** bedeuten oft **schlechtere Konditionen**, insbesondere den **Verlust** von **Mengenrabatten** beziehungsweise die **Hinnahme** von **Kleinmengenaufschlägen**. Dies gilt nicht nur für die Preise der zu beschaffenden Komponenten, sondern auch für Transport-, Verpackungs- und Versicherungskosten. Derartige mengenmäßige Kostenstaffelungen führen zu einer **überproportionalen, gegebenenfalls sprunghaften Kostenzunahme** bei einer **abnehmenden Menge**.

• Der **Anstieg** der **Bestellpositionen** führt zu einem **größeren Aufwand** bei der **Planung, Steuerung** und **Kontrolle** der **Bestellungen**. Außerdem entsteht die Gefahr, daß der Einkauf **fehlerhaft disponiert** und der Lieferant **falsche** und **mangelhafte Teile** möglicherweise zu spät bereitstellt. Folglich muß das Unternehmen die Lagerbestände erhöhen und die angelieferten Teile einer genauen Prüfung unterziehen.

• Durch die Zunahme der Variantenzahl besteht die Gefahr, daß **Fehlmengen** auftreten, die **erhebliche Kosten** verursachen. In diesem Fall sind die Auswahl alternativer Lieferanten und das Einschalten anderer Transportmittel erforderlich.

## (2) Kostenwirkung im Produktionsbereich

Im Produktionsbereich zeigen sich die Konsequenzen einer großen Anzahl von Varianten deutlich, da die Fertigungskosten empfindlich auf die Variantenzahl reagieren. Einige Beispiele verdeutlichen diese Idee:

- Die Herstellung von Varianten erfordert die **Einführung neuer** oder die **Veränderung bestehender Arbeitsschritte**, ohne daß eine Verzahnung mit vor- oder nachgelagerten Produktionsstufen erfolgt.

- Daneben ist die Steigerung der Kosten auf die **zunehmende Zahl** der **Sortenwechsel** beziehungsweise **Rüstvorgänge** zurückzuführen. Diese können nur geringfügige Eingriffe in den Produktionsablauf bedeuten, aber auch sehr aufwendig sein, wie etwa der Modellwechsel in der Automobilindustrie.

- Ein **Sortenwechsel** verursacht in der Regel eine **Unterbrechung** der **Herstellung** aufgrund vollständiger Stillsetzung oder zumindest Drosselung von Betriebsmitteln. Eine Ausnahme bilden Fertigungseinrichtungen mit der Möglichkeit des hauptzeitparallelen Rüstens.

- Kosten der Produktionsvorbereitung entstehen zum Beispiel durch die **Beschaffung** und **Erstellung** von **Fertigungsunterlagen**, die **Einweisung** von **Arbeitskräften** und die **Bereitstellung** von **Material** sowie **Arbeits-** und **Betriebsmitteln**.

- Die Durchführung eines Sortenwechsels erfordert in vielen Fällen eine **Stillegung** der **Betriebsmittel**, was einen Auslauf der bisherigen Fertigung mit entsprechenden Tätigkeiten bedingt.
- Bei **komplexen Betriebsmitteln**, speziell bei konventionellen Transferstraßen, bedeuten Umstellungsoperationen in Form von Umbautätigkeiten einen erheblich Zeit- und Personalaufwand.

- Im Rahmen der **Anlaufphase** ist analog zur **Auslaufphase** mit einem **intensiven Energieverbrauch** zur Erreichung der Prozeßbedingungen mit **verstärktem Verschleiß** sowie **höherem Ausschuß** zu rechnen.

- **Fehlmengen** wirken sich vor allem in Form von **Stillstand-** und **Neuanlaufkosten** aus. Darüber hinaus entstehen Kosten durch eine **zeitliche** und **intensitätsmäßige Anpassung**, wie die Inbetriebnahme von Reservemaschinen oder die Fremdvergabe von Aufträgen.

## (3) Kostenwirkung im Absatzbereich

Auch im Absatzbereich treten mit einer Anhebung der Variantenzahl zusätzliche Kosten auf. Anhand einiger Beispiele läßt sich die Kostenwirkung dieser produktpolitischen Maßnahme verdeutlichen.

- Im Rahmen der **Ideenfindung** bedarf es einer **umfassenden Markt-forschung** und **sorgfältigen Ideenauswahl**, um erfolgversprechende Produktneuheiten zu ersinnen und im Unternehmen weiterzuverfolgen.

- Während der **Konzeptspezifikation** fallen erheblich Kosten für die **Erstellung** eines **Pflichtenhefts** und die **Untersuchung** der **Erfolgsaussichten** an.

- Anläßlich der **Produktentwicklung** führt die steigende Variantenzahl zu zusätzlichen Kosten bei der **Konstruktion** neuer **Elemente** sowie beim **Anfertigen** und **Verwalten** der **technischen Unterlagen**.

- Für jede Variante sind **Produkt-** und **Markttests** erforderlich: Der Test der **Prototypen** dient dazu, konstruktive Mängel zu erkennen und zu beheben, bevor die **Nullserie** über die Tauglichkeit der Produktionsanlagen und -verfahren Auskunft erteilt, bis schließlich der **Markttest** Hinweise auf Absatzchancen des Produkts vermittelt.

- Wählt das Unternehmen einen Vertriebsweg, der die **Aktivitäten** des **Außendienstes** erfordert, fallen erhebliche Kosten für die **Schulung** der Mitarbeiter und für die **Erstellung** der **Verkaufsunterlagen** an.

- Kommt ein eigener **Kundendienst** hinzu, ist mit sehr hohen Kosten zu rechnen aufgrund der Fülle der zu lagernden **Ersatzteilen** und der variantenspezifischen **Werkzeuge**.

- Im Rahmen der **Preispolitik** und **Werbepolitik** ist eine große Zahl von Produkten zu kalkulieren und unter der Berücksichtigung eigener und fremder Erzeugnisse zu positionieren. Die **Distributionspolitik** verlangt unter Umständen eine variantenspezifische Auswahl des Absatzkanals und der Logistik.

- **Fehlmengen** führen insbesondere dazu, daß sich Liefertermine nicht einhalten lassen. Dadurch entgehen Deckungsbeiträge, und Konventionalstrafen sind zu bezahlen. In jedem Fall ist mit einem kaum quantifizierbaren *goodwill*-**Verlust** zu rechnen.

## (4) Bereichsübergreifende Kostenwirkung

Neben diesen bereichsspezifischen Kosten, die aus einer Steigerung der Variantenzahl resultieren, lassen sich auch bereichsübergreifende Effekte ausmachen. Einige Beispiele verdeutlichen diese Überlegung:

- Umfassende **Eingangs-**, **Zwischen-** und **Ausgangsläger** sind erforderlich, die in allen Bereichen anfallen und erheblichen Einfluß auf die Kosten ausüben.

- Im Absatz-, Produktions- und Beschaffungsbereich steigen durch die Zunahme der Variantenzahl die **Kosten** der **Qualitätssicherung**. Qualitätsstandards sind zu definieren, und ein System zur Qualitätssicherung ist zu installieren.

- Die **Kosten** der **Koordination** steigen aufgrund einer **höheren Komplexität** der Abläufe, da mit zunehmender Variantenzahl die **Planung**, **Steuerung** und **Kontrolle** der **Prozesse** in Beschaffung, Produktion und Absatz detailliert und unter Beachtung vielfältiger Interdependenzen durchzuführen ist.

Anknüpfend an die Ausführungen anderer Autoren propagieren *Homburg* und *Daum* (1997, S. 163 ff.) eine aus vier Schritten bestehende Vorgehensweise, um die Variantenvielfalt und die damit einhergehenden Komplexitätskosten zu beherrschen:

**1. Schritt:** Die Aufgabe besteht darin, die Anzahl der Varianten zu erfassen und in einem überschaubaren Bericht zu dokumentieren.

**2. Schritt:** Es sind umfassende Nachfrager- und Wettbewerbsanalysen durchzuführen, um die Aufnahme einer weiteren Variante in die Produktpalette zu rechtfertigen.

**3. Schritt:** Eine regelmäßige Erhebung der Kosten und Preise einzelner Varianten ermöglicht Transparenz und sensibilisiert die Manager hinsichtlich variantenbedingter Kosten.

**4. Schritt:** Nach allgemein akzeptierten und eindeutig definierten Kriterien ist eine regelmäßige Bereinigung der Produktpalette vorzunehmen.

Die **Produktbündelung** bildet einen wichtigen Ansatz, um die Variantenvielfalt und damit die Komplexität des Entwicklungs-, Produktions- und Vermarktungsprozesses zu begrenzen (vgl. Abschnitt 11.3.4). Aus einer beschränkten Anzahl von Komponenten entsteht eine beachtliche Zahl von Produkten mit der Konsequenz, daß sich die Koordinationskosten teilweise erheblich reduzieren lassen. Außerdem ist das Unternehmen in der Lage, den Sicherheitsbestand an Zusatzausstattungen zu vermindern, da diese Elemente nach der Bündelung im Serienumfang enthalten sind und produktionssynchron in die Fertigung einfließen.

Neben einer Vermeidung von Komplexität ist auch die Frage nach ihrer **Bewältigung** vor dem Hintergrund des **Gewinnziels** zu beantworten. Im Mittelpunkt steht das Anliegen, das aufgrund von **Marktgegebenheiten erforderliche Maß** an **Variantenvielfalt** und damit **Komplexität überschaubar zu halten** (vgl. *Homburg/Demmler*, 1994, S. 1591 ff.).

Im Hinblick auf die Bewältigung von Komplexität ist das Augenmerk vor allem auf jenen **Zeitpunkt** zu richten, in dem aus einem **Erzeugnis** eine **Variante** entsteht, das heißt, das interessierende Gut den standardisierten Prozeß der Entwicklung, Produktion und Vermarktung verläßt. Idealerweise tritt die **Konkretisierung** einer Variante erst unmittelbar **vor dem Kauf** beziehungsweise **Konsum** des Produkts durch den Nachfrager ein. Der andere Extremfall liegt dann vor, wenn ein Erzeugnis bereits bei der Beschaffung der Materialien gesondert zu behandeln ist, so daß die Komplexität den gesamten Wertschöpfungsprozeß durchzieht.

Ein Beispiel verdeutlicht diese Idee: Ein Automobilunternehmen baut bei seinen Pkw einen **Kabelstrang** ein, der die elektrische Steuerung aller Funktionen in der Tür, wie Fensterheber und Lautsprecher, ermöglicht. Dieser Kabelstrang kommt auch dann ins Fahrzeug, wenn ein Kunde auf diese elektrisch gesteuerten Funktionen verzichtet und beispielsweise eine manuelle Bedienung der Fensterscheiben wünscht. Eine Ausstattungspolitik dieser Art führt vordergründig zu Verschwendung, da der Hersteller ganz bewußt höhere Einzelkosten in Kauf nimmt, als tatsächlich erforderlich sind. Da auf diesem Wege eine Trennung der Wagen zu Beginn des Produktionsprozesses entfällt, lassen sich Gemeinkosten in beachtlichem Umfang einsparen.

Ein anderer Ansatz besteht darin, trotz Variantenvielfalt **gleiche Bauteile** zu verwenden. Beispielsweise ist *Toyota* bekannt für seine Politik, eine beachtliche Zahl von Teilen in alle Fahrzeugvarianten einzubauen.

Das gleiche Prinzip gilt auch für die Verwendung von **Baugruppen**, die auf dem Wege der **Modulbauweise** Eingang in nahezu alle Modelle eines Anbieters finden. Eine Konsequenz hieraus ist das *modular sourcing*, das eine Reduzierung der Anzahl der Lieferanten auf sehr wenige **Modullieferanten** vorsieht, die die von ihren Lieferanten bereitgestellten Teile zu Modulen zusammenfassen. Auf diese Weise entsteht beispielsweise der *Smart*, ein Kleinwagen der Firma *Micro Compact Car*.

## 12 Die Verankerung des Qualitätsstrebens und die Sicherstellung der Kundenzufriedenheit

Wie erinnerlich, zielt der Produktmanager auf die Entwicklung, Produktion und Vermarktung einer Leistung ab, die den Wünschen und Vorstellungen der tatsächlichen und potentiellen Nachfrager entspricht. Es reicht jedoch nicht aus, dieses Anliegen allein in den Marketingabteilungen eines Unternehmens zu verbreiten. Vielmehr sind auch die Führungskräfte und Mitarbeiter anderer betrieblicher Funktionen von der Notwendigkeit eines bedürfnisgerechten beziehungsweise zwecktauglichen Erzeugnisses zu überzeugen. Im Sinne der Abicht, *make a market-driven company work*, bedarf es der Lösung zweier Probleme:

- Die Idee einer marktorientierten Unternehmensleistung sollte von allen Führungskräften und Mitarbeitern geteilt werden.

- Die aus diesem Konzept resultierenden (produktpolitischen) Maßnahmen sind konsequent umzusetzen.

Hierzu kommen die folgenden **Denkhaltungen** und **Vorgehensweisen** in Betracht.

- Das Top-Management muß **Kundenorientierung vorleben** und darf sich nicht auf die Ausarbeitung von Zielen, Strategien und Maßnahmen beschränken.

- Durch **interdisziplinäre Teams** und einer **projektorientierten Organisationsstruktur** gelangen die Erfordernisse des Markts in alle unternehmerischen Bereiche.

- Die Unternehmensleistung ist aus **Kundensicht** und nicht aus der **Perspektive** der **Unternehmensvertreter einzuschätzen**. Ansonsten besteht die Gefahr, daß das Leistungsversprechen nicht nutzenorientiert (wir tragen zur Gesundheit bei), sondern merkmalsorientiert (wir produzieren Medikamente) ist.

- Allen Mitarbeitern, die Kontakt zu Kunden haben, ist ihre **Bedeutung** für den **Unternehmenserfolg** zu **vermitteln**. Hierzu bedarf es einer Aufwertung der an der Schnittstelle angesiedelten Arbeitsplätze. Dies kann zum Beispiel durch eine höhere Bezahlung und einen besseren Status erfolgen.

- Es ist unerläßlich, die **nutzenstiftenden Leistungskomponenten** zu **identifizieren**. Bei zahlreichen Unternehmen meinen Marketer, Forscher und Entwickler, die **nutzentreibenden Produktfacetten** ohne Rücksprache mit den Kunden ganz genau zu kennen.

- Viele Hersteller **unterschätzen** die **Relevanz produktbegleitender Dienstleistungen.** Sie tragen dazu bei, daß eine Leistung hochwertig erscheint und produktbezogene Fehlleistungen korrigiert werden können.

An ausgewählten Beispielen läßt sich die **Vorgehensweise** einer **marktorientierten Produktgestaltung** aus einer Gesamtschau heraus verdeutlichen.

## (1) Nutzenstiftende Leistungskomponenten identifizieren

Ein *deutsches* Automobilunternehmen gibt mehrere Millionen DM für die Gestaltung der Innenraumbeleuchtung aus. Dagegen erfährt die Schulung jener Mitarbeiter, die Kontakt zum Kunden besitzen, in diesem *high tech-* Unternehmen nahezu keine Beachtung. Dies erscheint folgerichtig, da der Anbieter allein durch überragende Produkte auf der Ebene der physikalisch-chemisch-technischen Beschaffenheit überzeugen will. Dabei mißachtet er die Fokussierung der Kunden auf möglicherweise ganz andere Produktfacetten und deren unterschiedliches Wahrnehmungs- und Beurteilungsverhalten. Das folgende Beispiel verdeutlicht diese Idee:

Ein Pkw-Besitzer bringt sein Fahrzeug zum Händler, um es einer Inspektion zu unterziehen. Dabei nimmt der Auszubildende den Wagen entgegen und setzt sich, ohne die Ledersitze abzudecken, in seiner mit Öl beschmutzten Arbeitskleidung in das Auto. Dies verärgert den Kunden so sehr, daß er beschließt, den Händler sofort zu wechseln und beim nächsten Kauf über eine andere Marke nachzudenken.

## (2) Nutzentreiber in den Mittelpunkt stellen

Ein Transportunternehmen stellt die Pünktlichkeit seiner Fahrzeuge in den Mittelpunkt aller kommunikativen Aktivitäten. Die Gründe für die Fokussierung auf diesen Nutzentreiber liegen zum einen in der Tradition des Anbieters und zum anderen in seinem Selbstbild. Hierbei bleibt jedoch völlig unklar, ob und inwieweit sich die Kunden durch diese Kernbotschaft des Unternehmens angesprochen fühlen. Ein Beispiel hierzu:

Dieser Anbieter hat mit sehr viel Aufwand die Pünktlichkeit seiner Fahrzeuge erhöht und kommuniziert diese Verbesserung am Absatzmarkt. Der Kunde nimmt diese Leistungsverbesserung zur Kenntnis, ohne sie zu würdigen, da es für ihn ohne Bedeutung ist, falls er fünf oder zehn Minuten später ankommt. Dagegen sind aus seiner Sicht der Service und die Freundlichkeit des Personals dringend zu steigern.

## (3) Kompetenz an die Schnittstelle verlagern

Ein Transportunternehmen weiß um die Notwendigkeit einer umfassenden Betreuung der Kunden auf der Reise. Aus diesem Grund durchlaufen die Reisebegleiter ein mehrstufiges Ausbildungsprogramm, das auf vielfältige Konflikte, die zwischen Mitarbeitern und Kunden entstehen können, vorbereitet. Ein entsprechendes Verhaltenstraining ermöglicht einen sicheren Umgang in zahlreichen Konfliktsituationen. Allerdings besteht die Unternehmensleitung darauf, daß im konkreten Problemfall alle vom Mitarbeiter ins Auge gefaßten Maßnahmen mit einem Verantwortlichen abgestimmt werden. Dies läßt sich an einem Beispiel zeigen:

Ein Kunde befindet sich auf der Reise, um einen wichtigen Geschäftstermin wahrzunehmen. Im Verlauf der Reise stellt sich heraus, daß mit einer Verzögerung im Betriebsablauf zu rechnen ist. Insofern kann er den geplanten Termin nicht einhalten und wendet sich daher an einen Mitarbeiter. Obgleich dieser seinen Beitrag zur Problemlösung leisten möchte, ist es im aufgrund seiner hierarchischen Stellung beispielsweise nicht möglich, dem Fahrgast einen Gutschein über eine Taxifahrt im Innenstadtbereich auszustellen, ihn kostenlos telefonieren oder ein Fax versenden zu lassen. Auch erscheint es völlig undenkbar, den Kunden (als Zeichen der Entschädigung) zu einem *snack* in das Boardrestaurant einzuladen.

# Quellen

*Aaker, D. A.*, Management des Markenwerts, Frankfurt a. M. 1992.

*Abell, D. F./Hammond, J. S.*, Strategic Marketing Planning, Englewood Cliffs, 1979.

*Albach, H.*, Dienstleistungsunternehmen in Deutschland, in: Zeitschrift für Betriebswirtschaft, 1989a, S. 397-420.

Derselbe, Dienstleistungsunternehmen in der modernen Industriegesellschaft, München 1989b.

Derselbe, Strategische Allianzen, strategische Gruppen und strategische Familien, in: Zeitschrift für Betriebswirtschaft, 1992, S. 663-670.

*Albers, S.*, Gewinnorientierte Neuproduktpositionierung in einem Eigenschaftsraum, in: Zeitschrift für betriebswirtschaftliche Forschung, 1989, S. 186-209.

*Albers, S./Bielert, W.*, Kostenminimale Gestaltung von finanziellen Nebenleistungen für Führungskräfte, in: Zeitschrift für Betriebswirtschaft, 1996, S. 459-473.

*Anders, H. J.*, Euro-Verbraucher - Realität und Fiktion, in *Szallies, R./Wiswede, G.*, (Hrsg.), Wertewandel und Konsum, Landberg 1991, S. 233-256.

*Anderson, N. H.*, Foundations of Information Integration Theory, New York 1981.

*Aspremont, C. J./Gabszewicz, J. F./Thisse, J. F.*, On Hotelling`s Stability in Competition, in: Econometrica, 1979, S. 1045-1050.

*Atteslander, P.*, Methoden der empirischen Sozialforschung, 7., bearb. Aufl., Berlin 1993.

*Backhaus, K./Erichson, B./Plinke, W./Weiber, R.*, Multivariate Analysemethoden: eine anwendungsorientierte Einführung, 7., vollst. überarb. u. erw. Aufl., Berlin 1994.

*Backhaus, K./Meyer, M.*, Korrespondenzanalyse: ein vernachlässigtes Analyseverfahren nicht metrischer Daten in der Marketing-Forschung, in: Marketing ZFP, 1988, S. 295-307.

*Banning, T. E.*, Lebensstilorientierte Marketing-Theorie, Heidelberg 1987.

*Bannister, D./Fransella, F.*, Der Mensch als Forscher: Die Psychologie der Persönlichen Konstrukte, Münster 1981.

*Bass, F.*, A New Product Growth Model for Consumer Durables, in: Management Science, 1969, S. 215-227.

*Baubin, T.*, Effiziente Wachstumsstrategien der informationstechnischen Industrie, Vallendar 1990.

*Bauer, H. H.*, Konkurrenz- und Imageanalyse für 16 Möbelhäuser, Projektbericht, Mannheim 1984.

Derselbe, Marktabgrenzung: Konzeption und Problematik von Ansätzen und Methoden zur Abgrenzung und Strukturierung von Märkten unter besonderer Berücksichtigung von marketingtheoretischen Verfahren, Berlin 1989.

Derselbe, Unternehmensstrategie und Strategische Gruppen, in: *Kistner, K. P./ Schmidt, R.*, (Hrsg.), Unternehmensdynamik, Wiesbaden 1991, S. 389-416.

*Bauer, H. H./Herrmann, A.*, Eine Methode zur Abgrenzung von Märkten, in: Zeitschrift für Betriebswirtschaft, 1992, S. 1341-1360.

*Becker, J.*, Marketing-Konzeption: Grundlagen des strategischen Marketing-Managements, 5., verb. und erg. Aufl., München 1993.

*Becker, U. A./Becker, H./Ruhland, W. E.*, Zwischen Angst und Aufbruch, Düsseldorf 1992.

*Bekmeier, S.*, Markenwert und Markenstärke - Markenevaluierung aus konsumentenorientierter Perspektive, in: Markenartikel, 1994, S. 383-387.

Dieselbe, Markenwert, in: *Tietz, B./Köhler, R./Zentes, J.* (Hrsg.), Handwörterbuch des Marketing, 2., vollst. überarb. Aufl., Stuttgart 1995, Sp. 1459-1471.

*Belk, R.*, A free Response Approach to Developing Product-Specific Consumption Situation Taxonomies, in: *Shocker, A. D.*, (Hrsg.), Analytic Approaches to Product and Marketing Planning, Cambridge 1979, S. 177-196.

*Bell, M. L.*, Some Strategic Implications of a Matrix Approach to the Classification of Marketing Goods and Services, in: Journal of the Academy of Marketing Science, 1986, S. 13-20.

*Berekoven, L.*, Von der Markierung zur Marke, in: *Dichtl, E./Eggers, W.* (Hrsg.), Marke und Markenartikel als Instrumente des Wettbewerbs, München 1992, S. 25-46.

*Berelson, B. E.*, Content Analysis in Communication Research, New York 1971.

*Bingham, W./Moore, B. V.*, How to Interview, New York 1959.

*Boesch, M.*, Gesamtsystem Verpackung, St. Gallen 1989.

*Bortz, J.*, Statistik für Sozialwissenschaftler, 4. Aufl., Berlin 1993.

*Bos, W./Straka, G. A.*, Multivariate Verfahren zur heuristischen Analyse kategorialer Daten in: *Bos, W./Tarnai, C.* (Hrsg.), Angewandte Inhaltsanalyse in empirischer Pädagogik und Psychologie, Münster 1989, S. 211-228.

*Bos, W./Tarnai, C.*, Entwicklung und Verfahren der Inhaltsanalyse in der empirischen Sozialforschung, in: *Bos, W./Tarnai, C.* (Hrsg.), Angewandte Inhaltsanalyse in empirischer Pädagogik und Psychologie, Münster 1989, S. 1-13.

*Brockhoff, K.*, Produktpolitik, 3., erw. Aufl., Stuttgart 1993.

Derselbe, Innovationsmanagement, in: *Tietz, B./Köhler, R./Zentes, J.* (Hrsg.), Handwörterbuch des Marketing, 2., vollst. überarb. Aufl., Stuttgart 1995, Sp. 981-995.

Derselbe, Forschung und Entwicklung - Planung und Kontrolle, 4., erg. Aufl., München 1997.

*Bruhn, M.*, Begriffsabgrenzungen und Erscheinungsformen von Marken, in: *Bruhn, M.*, (Hrsg.), Handbuch Markenartikel, Bd. I, 1994, S. 3-42.

Derselbe, Markenstrategien, in: *Tietz, B./Köhler, R./Zentes, J.*, (Hrsg.), Handwörterbuch des Marketing, 2., vollst. überarb. Aufl., Stuttgart 1995, Sp. 1445-1459.

*Bullinger, H. J.*, Die Lebensdauer eines Produkts ist schon kürzer als seine Entwicklungszeit, in: Handelsblatt, 1989, S. 16.

*Buzzell, R. D./Gale, B. T.*, The PIMS Prinziples, New York 1987.

*Cattell, R. B.*, Personality and Motivation: Structure and Measurement, New York, 1957.

*Chamberlin, E. H.*, The Theory of Monopolistic Competition, Cambridge 1933.

*Coenenberg, A. G./Prillmann, M.*, Erfolgswirkungen der Variantenvielfalt und Variantenmanagement, in: Zeitschrift für Betriebswirtschaft, 1995, S. 1231-1253.

*Cooper, R. G.*, Overall Corporate Strategies for New Product Programs, in: Industrial Marketing Management, 1985, S. 179-193.

*Dansby, R. E./Conrad, C.*, Commodity Bundling, in: American Economic Review, 1984, S. 377-381.

*Day, G. S.*, Incorporating the Consumer Dimension into the Business Definition, in: *Shocker, A. D.*, (Hrsg.), Analytic Approaches to Product and Marketing Planning, Cambridge 1979, S. 139-146.

*Day, G./Shocker, A. D./Srivastava, R.*, Customer-oriented Approaches to Identifying Product-Markets, in: Journal of Marketing, 1979, S. 8-19.

*Dichtl, E.*, Grundidee, Varianten und Funktionen der Markierung von Waren und Dienstleistungen, in: *Dichtl, E./Eggers, W.* (Hrsg.), Marke und Markenartikel als Instrumente des Wettbewerbs, München 1992[a], S. 1-25.

Derselbe, Grundidee, Funktionen und Varianten des Markenartikels, in: Marketing ZFP, 1992[b], S. 270-274.

*Dichtl, E./Andritzky, K./Schobert, R.*, Ein Verfahren zur Abgrenzung des relevanten Marktes auf der Basis von Produktperzeptionen und Präferenzurteilen, in: Wirtschaftswissenschaftliches Studium, 1977, S. 290-301.

*Diller, H.*, Preisbaukästen als preispolitische Option, in: Wirtschaftswissenschaftliches Studium, 1993, S. 270-275.

*Dilthey, W.*, Gesammelte Schriften, Bd. 5: Die Entstehung der Hermeneutik, Stuttgart 1894.

*Dobson, G./Kahlish, S.*, Positioning and Pricing a Product Line, in: Marketing Science, 1988, S. 107-125.

*Domizlaff, H.*, Die Gewinnung des öffentlichen Vertrauens, Hamburg 1982.

*Drexel, G.*, Strategisches Marketing in der Praxis, in: Die Unternehmung, 1984, S. 101-119.

*Droege, W./Backhaus, K./Weiber, R.*, Strategien für Investitionsgütermärkte: Antworten auf neue Herausforderungen, Landsberg 1993.

*Eaton, B. C./Lipsey, R. G.*, Product Differentiation, in: *Schmalensee, R./Willig, R. D.* (Hrsg.), Handbook of Industrial Organisation, Amsterdam 1989, S. 725-750.

*Erichson, B.*, Testmarktsimulation zur Minderung des Risikos neuer Produkte, in: Planung und Analyse, 1996[a], S. 61-65.

Derselbe, Methodik der Testmarktsimulation, in: Planung und Analyse, 1996[b], S. 54-57.

*Eppen, G. D./Hanson, W. A./Martin, K. R.*, Bundling - New Products, New Markets, Low Risk, in: Sloan Management Review, 1991, S. 7-14.

*Esch, F. R.*, Markenwert und Markensteuerung - eine verhaltenswissenschaftliche Perspektive, in: Thexis, 1993, S. 56-64.

*Feiter, W./Boy, A.*, 90 Jahre Persil - die Geschichte einer Marke, Düsseldorf 1997.

*Fisher, J./Pry, R.*, A simple Substitution Model for Technological Change, in: Technological Forecasting and Social Change, 1971, S. 75-88.

*Fourt, L./Woodlock, J.*, Early Prediction of Market Success for New Grocery Products, in: Journal of Marketing, 1960, S. 31-38.

*Fransella, F./Bannister, D.*, A Manual for Repertory Grid Technique, London 1977.

*Franzen, O./Trommsdorff, V./Riedel, F.*, Ansätze der Markenbewertung und Markenbilanz, in: Markenartikel, 1994, S. 372-376.

*Freter, M.*, Marktsegmentierung, Stuttgart 1983.

*Friedrichs, J.*, Methoden der empirischen Sozialforschung, 14. erw. Aufl., Opladen 1990.

*Gabele, E./Kretschmer, H.*, Unternehmensgrundsätze, Frankfurt a. M. 1985.

*Gaul, W./Aust, E./Baier, D.*, Gewinnorientierte Produktliniengestaltung unter Berücksichtigung des Kundennutzens, in: Zeitschrift für Betriebswirtschaft, 1995, S. 835-855.

*Gaul, W./Baier, D.*, Marktforschung und Marketing-Management: Computerbasierte Entscheidungsunterstützung, 2. Aufl., München 1994.

*Geldsetzer, L.*, Hermeneutik, in: *Seiffert, H./Radnitzky, G.* (Hrsg.), Handlexikon zur Wissenschaftstheorie, München 1992, S. 127-139.

*Gierl, H.,* Diffusion, in: *Titz, B., Köhler, R., Zentes, J.,* (Hrsg.), Handwörterbuch des Marketing, 2., vollst. überarb. Aufl., Stuttgart 1995, Sp. 469-477.

*Green, P. E./Krieger, A. M.,* Models and Heuristics for Produkt Line Selection, in: Marketing Science, 1985, S. 1-19.

Dieselben, A Consumer-based Approach to Designing Product Line Extensions, in: Journal of Product Innovation Management, 1987, S. 21-32.

*Green, P. E./Tull, D. S.,* Methoden und Techniken der Marketingforschung, dt. Übers. von *Richard Köhler* u. Mitarb., 4. Aufl., Stuttgart 1982.

*Greenacre, M.,* Theory and Applications of Correspondence Analysis, London 1984.

Derselbe, Correspondence Analysis in Practice, London 1993.

*Größer, H.,* Der klassische Markenartikel, in: Markenartikel, 1991, S. 200-207.

*Grover, S./Srinivasan, V.,* A Simultaneous Approach to Market Segmentation and Market Structuring, in: Journal of Marketing Research, 1987, S. 139-153.

Dieselben, An Approach for Tracking within-segment Shifts in Market Shares, in: Journal of Marketing Research, 1989, S. 230-236.

*Grunert, K.,* Die Ermittlung entscheidungsrelevanter Produktmerkmale beim Automobilkauf, in: *Dichtl, E./Raffée, H./Potucek, V.,* (Hrsg.), Marktforschung im Automobilsektor, Frankfurt a. M. 1983, S. 38-58.

*Guiltinan, G. A.,* The Price Bundling of Services: A Normative Framework, in: Journal of Marketing, 1987, S. 74-85.

*Gutsche, J.,* Produktpräferenzanalyse - ein modelltheoretisches und methodisches Konzept zur Marktsimulation mittels Präferenzerfassungsmodellen, Berlin 1995.

*Haag, J.,* Marketing-Controlling, in: *Mayer, E./Weber, J.,* (Hrsg.), Handbuch Controlling, Stuttgart, S. 175-209.

*Hätty, H.,* Der Markentransfer, Heidelberg 1989.

*Hair, J. F./Anderson, R. E./Tatham, R. L./Black, W. C.,* Multivariate Data Analysis, 4. Aufl., New York, 1995.

*Hammann, P.,* Der Wert der Marke aus betriebswirtschaftlicher und rechtlicher Sicht, in: *Dichtl, E./Eggers, W.* (Hrsg.), Marke und Markenartikel als Instrumente des Wettbewerbs, München 1992, S. 205-246.

*Hauschildt, J.,* Innovationsmanagement, 2., völlig überarb. und erw. Aufl., München 1997.

*Heidegger, M.,* Sein und Zeit, 15. Aufl., Tübingen 1984.

*Herrmann, A.,* Produktwahlverhalten: Erläuterung und Weiterentwicklung von Modellen zur Analyse des Produktwahlverhaltens aus marketingtheoretischer Sicht, Stuttgart 1992.

Derselbe, Marketing-Controlling - Erläuterung der konzeptionellen Grundlagen zur Planung, Steuerung und Kontrolle der marketingpolitischen Aktivitäten am Beispiel von Unternehmen der Automobilindustrie, in: Jahrbuch der Absatz- und Verbrauchsforschung, 1993, S. 4-22.

Derselbe, Nachfragerorientierte Produktgestaltung: ein Ansatz auf Basis der "means end"-Theorie, Wiesbaden 1996.

*Herrmann, A./Huber, F./Coulter, R.,* Product and Service Bundling Decisions and their Effect on Purchase Intention, in: Pricing Strategy and Practice, 1997, S. 99-107.

*Hinterhuber, H. H.,* Wettbewerbsstrategie, Berlin 1982.

*Hoffman, D. L./Franke, G. R.,* Correspondence Analysis: Graphical Representation of Categorical Data in Marketing Research, in: Journal of Marketing Research, 1986, S. 213-227.

*Hoitsch, H. J./Lingnau, V.*, Charakteristika variantenreicher Produktion - Ergebnisse einer empirischen Untersuchung, in: Die Betriebswirtschaft, 1995ª, S. 481-491.

Dieselben, Differenzierungsstrategie und Variantenvielfalt, in: Wirtschaftswissenschaftliches Studium, 1995ᵇ, S. 390-395.

*Homburg, C.*, Quantitative Betriebswirtschaftslehre, 2., überarb. und erw. Aufl., Wiesbaden 1998.

*Homburg, C./Daum, D.*, Marktorientiertes Kostenmanagement, Frankfurt a. M. 1997.

*Homburg, C./Demmler, W.*, Instrumente zur Unternehmensstraffung und -sanierung, in: Zeitschrift für Betriebswirtschaft, 1994, S. 1591-1607.

*Homburg, C./Garbe, B.*, Industrielle Dienstleistungen: Bestandsaufnahme und Entwicklungsrichtungen, in: Zeitschrift für Betriebswirtschaft, 1996, S. 253-282.

*Hoppmann, E.*, Marktbeherrschung und Preismißbrauch, Baden-Baden 1983.

*Horsky, D./Nelson, P.*, New Brand Positioning and Pricing in an Oligopolistic Market, in: Marketing Science, 1992, S. 133-153.

*Hotelling, H.*, Stability in Competition, in: Economic Journal, 1929, S. 41-57.

*Jain, D./Bass, F./Chen, Y.*, Estimation of Latent Class Models with Heterogeneous Choice Probabilities: An Application to Market Structuring, in: Journal of Marketing Research, 1990, S. 94-101.

*Kaas, K.*, Langfristige Werbewirkung und Brand Equity, in: Werbeforschung und Praxis, 1990, S. 48-52.

*Kahn, R. L./Cannell, C. F.*, The Dynamics of Interviewing, New York 1957.

*Kamakura, W./Russel, G. J.*, A Probabilistic Choice Model for Market Segmentation and Elasticity Structure, in: Journal of Marketing Research, 1989, S. 379-390.

*Kaufer, E.*, Industrieökonomik, München 1980.

*Keller, K. L.*, Conceptualizing, Measuring, and Managing Customer Based Equity, in: Journal of Marketing, 1993, S. 1-22.

*Keon, J. W.*, Trinodal Mapping of Brand Images, Ad Images, and Consumer Preference, in: Journal of Marketing Research, 1983, S. 380-392.

*Kern, W.*, Bewertung von Warenzeichen, in: Betriebswirtschaftliche Forschung und Praxis, 1962, S. 17-31.

*Köhler, R.*, Beiträge zum Marketing-Management: Planung, Organisation, Controlling, 2., erw. Aufl., Stuttgart 1991.

*Kohli, R./Sukumar, R.*, Heuristics for Product-Line Design Using Conjoint Analysis, in: Management Science, 1990, S. 1464-1478.

*Koppelmann, U.*, Design und Marketing - Kunst contra Kommerz oder sich ergänzende Disziplinen?, in: Die Betriebswirtschaft, 1988, S. 299-309.

Derselbe, Design, in: *Tietz, B./Köhler, R./Zentes, J.*, (Hrsg.), Handwörterbuch des Marketing, 2., vollst. überarb. Aufl., Stuttgart 1995, Sp. 440-453.

Derselbe, Produktmarketing - Entscheidungsgrundlage für Produktmanager, 5., vollständig überarb. und erw. Aufl., Berlin 1997.

*Kotler, P.*, Marketing-Management, 4. Aufl., Stuttgart 1982.

*Kotler, P./Bliemel, F.*, Marketing-Management: Analyse, Planung, Umsetzung und Steuerung, 7., vollst. überarb. und erw. Aufl., Berlin 1992.

Dieselben, Marketing-Management: Analyse, Planung, Umsetzung und Steuerung, 8., vollst. überarb. und erw. Aufl., Berlin 1995.

*Kracauer, S.*, The Challenge of qualitative Content Analysis, in: Public Opinion Quarterly, Vol. 16, 1952, S. 631-642.

*Kramer, S.*, Europäische Life-Style-Analysen zur Verhaltensprognose von Konsumenten, Hamburg 1991.

*Laakmann, K.*, Value-Added-Services als Profilierungsinstrument im Wettbewerb - Analyse, Generierung, Bewertung, Frankfurt a. M. 1995.

*Lackes, R.*, Die Kostenträgerrechnung unter Berücksichtigung der Variantenvielfalt und der Forderung nach konstruktionsbegleitender Kalkulation, in: Zeitschrift für Betriebswirtschaft, 1991, S. 87-108.

*Lebart, L./Morineau, A./Warwick, K.*, Multivariate Descriptive Statistical Analysis: Correspondence Analysis and related Techniques for large Matrices, New York 1984.

*Leitherer, E.*, Design, in: *Wittmann, W./Kern, W./Köhler, R.*, Handwörterbuch der Betriebswirtschaft, Stuttgart 1993, Sp. 753-764.

*Lingnau, V.*, Kostenwirkungen der Variantenvielfalt, in: Kostenrechnungspraxis, 1994, S. 307-315.

*Lisch, R./Kriz, J.*, Grundlagen und Modelle der Inhaltsanalyse: Bestandsaufnahme - Kritik, Reinbek 1978.

*Lopez, L. L.*, Toward a Procedural Theory of Judgement, Arbeitspapier Nr. 17, University of Wisconsin, Madison 1982.

*Mann, R.*, Strategisches Controlling, in: *Mayer, E./Weber, J.*, Handbuch Controlling, Stuttgart 1990, S. 92-116.

*Maringer, A.*, Preisverfall mikroelektronischer Bauelemente am Beispiel DRAM-Speicherbauelemente, in: Zeitschrift für betriebswirtschaftliche Forschung, 1990, S. 423-439.

*Matiaske, W./Dobrov, I./Bronner, R.*, Anwendung der Korrespondenzanalyse in der Imageforschung: dargestellt am Beispiel eines Segmentes des Automobilmarktes, in: Marketing ZFP, 1994, S. 42-54.

*Mayer, E.*, Controlling als Führungskonzept: vom Reagieren zum Agieren, in: *Mayer, E./Weber, J.*, Handbuch Controlling, Stuttgart 1990, S. 33-89.

*Mayer, R. U.*, Produktpositionierung, Köln 1984.

*Mayntz, R./Holm, K./Hübner, P.*, Einführung in die Methoden der empirischen Sozialforschung, 5. Aufl., Opladen 1978.

*Mayring, P.*, Qualitative Inhaltsanalyse, in: *Jüttemann, G.* (Hrsg.), Qualitative Forschung in der Psychologie: Grundfragen, Verfahrensweisen, Anwendungsfelder, Weinheim 1985, S. 187-199.

*Derselbe*, Qualitative Inhaltsanalyse: Grundlagen und Techniken, Weinheim 1988.

*Meffert, H.*, Strategien zur Profilierung von Markenartikel, in: *Dichtl, E./Eggers, W.* (Hrsg.), Marke und Markenartikel als Instrumente des Wettbewerbs, München 1992a, S. 129-156.

*Derselbe*, Marketingforschung und Käuferverhalten, 2., vollst. überarb. und erw. Aufl., Wiesbaden 1992b.

*Derselbe*, Marketing-Management: Analyse, Strategie, Implementierung, Wiesbaden 1994.

*Derselbe*, Marketing: Grundlagen marktorientierter Unternehmensführung: Konzepte und Instrumente, Praxisbeispiele, 8., vollst. neubearb. und erw. Aufl., Wiesbaden 1998.

*Mellerowicz, K.*, Markenartikel, 2. Aufl., München 1963.

*Merton, K.*, Inhaltsanalyse: Einführung in Theorie, Methode, Praxis, Opladen 1983.

*Meyer, A.*, Produktdifferenzierung durch Dienstleistung, in: Marketing ZFP, 1985, S. 99-107.

*Minderlein, M.*, Markteintrittbarrieren und Unternehmensstrategie, Wiesbaden 1989.

*Müller, R.*, Verpackungspolitik, in: *Tietz, B./Köhler, R./Zentes, J.*, Handwörterbuch des Marketing, 2., vollst. überarb. Aufl., Stuttgart 1995, Sp. 2589-2600.

*Müller-Hagedorn, L./Vornberger, E.*, Die Eignung der Grid-Methode für die Suche nach einstellungsrelevanten Dimensionen, in: *Meffert, H./Steffenhagen, H./Freter, H.* (Hrsg.), Konsumentenverhalten und Information, Wiesbaden 1979.

*Myers, J. H./Tauber, E.*, Market Structure Analysis, Chicago 1977.

*Nieschlag, R./Dichtl, E./Hörschgen, H.*, Marketing, 18. Aufl., Berlin 1997.

*Olson, J. C./Reynolds, T. J.*, Understanding Consumer cognitive Structures: Implications for Advertising Strategy, in: *Percy, L./Woodside, A.* (Hrsg.), Advertising and Consumer Psychology, Lexington 1983, S. 77-90.

*Owen, R. S./Cooper, M. C.*, The Role of Bundled Maintenance Warranties, in: *King, R./Gables, C.*, (Hrsg.), Development in Marketing Science, New York 1991.

*Pessemier, E.*, Product Management, New York 1982.

*Porter, M.*, Wettbewerbsstrategie, 2. Aufl., Frankfurt a. M. 1984.

Derselbe, Competitive Advantage, New York 1985.

*Prick, H. J.*, Nivea-Markenstrategie, in: Gesellschaft zur Erforschung des Markenwesens, (Hrsg.), Markentransfer, Wiesbaden 1989, S. 30-34.

*Ramaswamy, V./DeSarbo, W.*, SCULPTURE: A new Methodology for Driving and Analysing Hierarchical Product-Market-Structures form Panel-Data, in: Journal of Marketing Research, 1990, S. 418-427.

*Reynolds, T. J./Gutman, J.*, Laddering Theory, Methods, Analysis, and Interpretation, in: Journal of Advertising Research, Vol. 28, 1988, S. 11-31.

*Ries, A./Trout, J.*, Positioning, Hamburg 1986.

*Sander, M.*, Die Bewertung internationaler Marken auf der Basis der hedonischen Theorie, in: Marketing ZFP, 1994, S. 234-245.

Derselbe, Markenbewertung auf der Basis der hedonischen Theorie - ein Ansatz zur Bestimmung des finanziellen Werts von Marken, in: Markenartikel, 1995, S. 76-80.

*Sattler, H.*, Markenbewertung, in: Zeitschrift für Betriebswirtschaft, 1995, S. 663-682.

Derselbe, Beurteilung der Erfolgschancen von Markentransfers, Arbeitspapier Nr. 97/07 der Universität Jena, Jena 1997.

*Sattler, H./Schrader, S.*, Innovationsmanagement, in: *Tietz, B./Köhler, R./Zentes, J.* (Hrsg.), Handwörterbuch des Marketing, 2., vollst. überarbeitete Aufl., Stuttgart 1995, Sp. 996-1008.

*Schleiermacher, F. D.*, Kritische Gesamtausgabe, Bd. 1: Jugendschriften 1787-1796, Berlin 1983.

*Schlicksupp, H.*, Kreativitätstechniken, in: *Tietz, B./Köhler, R./Zentes, J.*, (Hrsg.), Handwörterbuch des Marketing, 2., vollst. überarb. Aufl., Stuttgart 1995, Sp. 1289-1309.

*Schmalen, H./Binninger, F. M.*, Ist die klassische Diffusionsmodellierung wirklich am Ende?, in: Marketing ZFP, 1994, S. 5-11.

*Schmalen, H./Binninger, F. M./Pechtl, H.*, Diffusionsmodelle als Entscheidungshilfe zur Planung absatzpolitischer Maßnahmen bei Neuprodukteinführungen, in: Die Betriebswirtschaft, 1993, S. 513-527.

*Schmalensee, R.*, Gaussian Demand and Commodity Bundling, in: Journal of Business, 1984, S. 211-230.

*Schobert, R.*, Die Dynamisierung komplexer Marktmodelle mit Hilfe von Verfahren der Mehrdimensionalen Skalierung, Berlin 1979.

*Schwarzer, R.*, Befragung, in: Enzyklopädie der Psychologie, Themenbereich B: Methodologie und Methoden, Serie I: Forschungsmethoden der Psychologie, Bd. 2: Datenerhebung, Göttingen 1983, S. 302-320.

*Silk, A./Urban, G.*, Pre-Test Market Evaluation of New Packaged Goods: A Model and Measurement Methodology, in: Journal of Marketing Research, 1978, S. 171-191.

*Simon, H.*, Die Zeit als strategischer Erfolgsfaktor, in: Zeitschrift für Betriebswirtschaft, 1989, S. 70-93.

Derselbe, Preismanagement: Analyse, Strategie, Umsetzung, 2., vollst. überarb. und erw. Aufl., Wiesbaden 1992.

Derselbe, Industrielle Dienstleistungen und Wettbewerbsstrategie, in: *Simon, H.* (Hrsg.), Industrielle Dienstleistungen, Stuttgart 1993, S. 3-22.

*Sixtl, F.*, Meßmethoden der Psychologie, 2., Aufl., Weinheim 1982.

*Srivastava, R. K./Alpert, M. J./Shocker, A. D.*, A Customer-oriented Approach for Determining Market Structures, in: Journal of Marketing, 1984, S. 32-45.

*Srivastava, R. K./Leone, R. P./Shocker, A. D.*, Market Structure Analysis: Hierarchical Clustering of Products based on Substitution-in-Use, in: Journal of Marketing, 1981, S. 38-48.

*Srivastava, R. K./Shocker, A. D.*, Brand Equity: A Perspective on its Meaning and Measurement, Marketing Science Institute, No 91-124, Cambridge.

*Stalk, G./Hout, T. M.*, Competing Against Time, New York 1990.

*Steinmann, H./Schreyögg, G.*, Management: Grundlagen der Unternehmensführung, 3., überarb. und erw. Aufl., Wiesbaden 1996.

*Trommsdorff, V.*, Positionierung, in: *Tietz, B./Köhler, R./Zentes, J.*, (Hrsg.), Handwörterbuch des Marketing, 2., vollst. überarb. Aufl., Stuttgart 1995, Sp. 2055-2068.

*Trommsdorff, V./Zellerdorff, C.*, Produkt- und Markenpositionierung, in: *Bruhn, M.*, (Hrsg.), Handbuch Markenartikel, Bd. I, 1994, S. 349-373.

*Undeutsch, U.*, Exploration, in: Enzyklopädie der Psychologie, Themenbereich B: Methodologie und Methoden, Serie I: Forschungsmethoden der Psychologie, Bd. 2: Datenerhebung, Göttingen 1983, S. 321-361.

*Urban, G. L.*, Perceptor, in: Marketing Science, 1975, S. 858-871.

*Urban, G. L./Hauser, J. R.*, Design and Marketing of New Products, 2. Aufl., Englewood Cliffs 1993.

*Urban, G. L./Johnson, P. L./Hauser, J. R.*, Testing Competitive Market Structures, in: Marketing Science, 1984, S. 83-112.

*Wansink, B.*, Can Package Size Accelerate Usage Volume, in: Journal of Marketing, 1996, S. 1-14.

*Weber, J.*, Einführung in das Controlling, 7., vollst. überarb. Aufl., Stuttgart 1998.

*Wedel, M./Steenkamp, J. B.*, A Clusterwise Regression Method for simultaneous fuzzy Market Structuring and Benefit Segmentation, in: Journal of Marketing Research, 1991, S. 385-396.

*Weigand, J./Lehmann, E.*, Produktdifferenzierung, in: Wirtschaftswissenschaftliches Studium, 1997, S. 477-480.

*Wildemann, H.*, Das Just-in-time Konzept, 2., Aufl., München 1990[a].

Derselbe, Die Fabrik als Labor, in: Zeitschrift für Betriebswirtschaft, 1990[b], S. 611-630.

*Wind, Y.*, Life Style Analysis, in: *Allvine, F. C.*, (Hrsg.), Combined Proceedings, Evanston 1972, S. 302-315.

Derselbe, Product Policy, Reading 1982.

*Wind, Y./Mahajan, V.*, New Product Models, Marketing Science Institute, No 91-125, Cambridge.

*Windhorst, K. G.*, Wertewandel und Konsumentenverhalten, Münster 1985.

*Wiswede, G.*, Die Psychologie des Markenartikels, in: *Dichtl, E./Eggers, W.* (Hrsg.), Marke und Markenartikel als Instrumente des Wettbewerbs, München 1992, S. 71-96.

*Yadav, M. S.*, How Buyers Evaluate Product Bundles: A Model of Anchoring and Adjustment, in: Journal of Consumer Research, 1994, S. 342-353.

*Yadav, M. S./Monroe, K. B.*, How Buyers perceive Savings in a Bundle Price: An Examination of a Bundle's Transaction Value, in: Journal of Marketing Research, 1993, S. 350-358.

*Zenor, M. J./Srivastava, R. K.*, Infering Market Structure with Aggregate Data: A Latent Segment Logit Approach, in: Journal of Marketing Research, 1993, S. 369-379.

# Stichwortverzeichnis

# Die Klassiker-Reihe:

*Vahlens Handbücher der Wirtschafts- und Sozialwissenschaften*

## Arndt/Rudolf, Öffentliches Recht
Grundriß für das Studium der Rechts- und Wirtschaftswissenschaft.
Von Prof. Dr. Hans-Wolfgang Arndt und Prof. Dr. Walter Rudolf.
11., überarbeitete Auflage. 1996. XV, 283 Seiten. Gebunden DM 34,–
ISBN 3-8006-2055-3

## Backhaus, Industriegütermarketing
Von Prof. Dr. Klaus Backhaus.
5., erweiterte und überarbeitete Auflage. 1997. XXV, 812 Seiten. Gebunden DM 68,–
ISBN 3-8006-2150-9

## Blohm/Lüder, Investition
Schwachstellenanalyse des Investitionsbereichs und Investitionsrechnung.
Von Prof. Dr.-Ing. Hans Blohm und Prof. Dr. Klaus Lüder.
8., aktualisierte und ergänzte Auflage. 1995. XI, 372 Seiten. Gebunden DM 48,–
ISBN 3-8006-1926-1

## Eisele, Technik des betrieblichen Rechnungswesens
Buchführung, Kostenrechnung, Sonderbilanzen.
Von Prof. Dr. Wolfgang Eisele.
6., völlig überarbeitete und erweiterte Auflage. 1998. Rund 1200 Seiten und
2 Falttafeln. Gebunden ca. DM 78,–
ISBN 3-8006-2333-1

## Horváth, Controlling
Von Prof. Dr. Péter Horváth.
6., vollständig überarbeitete Auflage. 1996. XVI, 890 Seiten. Gebunden DM 120,–
ISBN 3-8006-2052-9

## Klunzinger, Einführung in das Bürgerliche Recht
Grundkurs für Studierende der Rechts- und Wirtschaftswissenschaften.
Von Prof. Dr. Eugen Klunzinger.
8., verbesserte Auflage. 1998. XLVIII, 488 Seiten. Gebunden DM 49,–
ISBN 3-8006-2304-8

## Kroeber-Riel/Weinberg, Konsumentenverhalten
Von Prof. Dr. Werner Kroeber-Riel † und Prof. Dr. Peter Weinberg.
6., völlig neubearbeitete Auflage. 1996. XVIII, 776 Seiten. Gebunden DM 87,–
ISBN 3-8006-2108-8

## Müller-Merbach, Operations Research
Methoden und Modelle der Optimalplanung.
Von Prof. Dr. Heiner Müller-Merbach.
3., durchgesehene Auflage. 1973. XX, 565 Seiten. Gebunden DM 49,50
ISBN 3-8006-0388-8

## Perridon/Steiner, Finanzwirtschaft der Unternehmung
Von Prof. Dr. Louis Perridon und Prof. Dr. Manfred Steiner.
9., überarbeitete Auflage. 1997. XXX, 691 Seiten. Gebunden DM 49,–
ISBN 3-8006-2154-1

**Rose/Sauernheimer, Theorie der Außenwirtschaft**
Von Prof. Dr. Klaus Rose und Prof. Dr. Karlhans Sauernheimer.
12., überarbeitete Auflage. 1995. XXII, 641 Seiten. Gebunden DM 68,–
ISBN 3-8006-1950-4

**Scholz, Personalmanagement**
Informationsorientierte und verhaltensorientierte Grundlagen.
Von Prof. Dr. Christian Scholz.
4., verbesserte Auflage. 1994. XXI, 940 Seiten. Gebunden DM 78,–
ISBN 3-8006-1904-0

**Schweitzer/Küpper, Systeme der Kosten- und Erlösrechnung**
Von Prof. Dr. Marcell Schweitzer und Prof. Dr. Hans-Ulrich Küpper.
7., überarbeitete und erweiterte Auflage. 1998
XXV, 787 Seiten. Gebunden DM 58,–
ISBN 3-8006-2276-9

**Staehle, Management**
Eine verhaltenswissenschaftliche Perspektive.
Von Prof. Dr. Wolfgang Staehle †, überarbeitet von Prof. Dr. Peter Conrad und
Prof. Dr. Jörg Sydow.
7., überarbeitete Auflage. 1994. XVI, 1019 Seiten. Gebunden DM 88,–
ISBN 3-8006-1892-3

**Teichmann, Grundriß der Konjunkturpolitik**
Von Prof. Dr. Ulrich Teichmann. 5., verbesserte und erweiterte Auflage. 1997
XVI, 396 Seiten. Gebunden DM 58,70
ISBN 3-8006-2191-6

**Wicke, Umweltökonomie**
Eine praxisorientierte Einführung.
Von Prof. Dr. Lutz Wicke unter Mitarbeit von Lieselotte Blenk.
4., überarbeitete, erweiterte und aktualisierte Auflage. 1993
XVIII, 712 Seiten. Gebunden DM 85,–
ISBN 3-8006-1720-X

**Wöhe, Einführung in die Allgemeine Betriebswirtschaftslehre**
Von Prof. Dr. Dr. h. c. mult. Günter Wöhe.
19., neubearbeitete Auflage. 1996
XXXVIII, 1403 Seiten. Gebunden DM 56,–
ISBN 3-8006-2092-8

**Woll, Allgemeine Volkswirtschaftslehre**
Von Prof. Dr. Dr. h. c. Artur Woll.
12., überarbeitete und ergänzte Auflage. 1996. XV, 691 Seiten.
Gebunden DM 48,–
ISBN 3-8006-2091-X

**Zimmermann/Henke, Finanzwissenschaft**
Eine Einführung in die Lehre von der öffentlichen Finanzwirtschaft.
Von Prof. Dr. Horst Zimmermann und Prof. Dr. Klaus-Dirk Henke.
7., völlig überarbeitete und erweiterte Auflage. 1994. XXV, 499 Seiten.
Gebunden DM 68,–
ISBN 3-8006-1819-2

Verlag Vahlen München